云南统计年鉴

YUNNAN STATISTICAL YEARBOOK

2012

（总第28期 No.28）

云南省统计局 编

Compiled by Statistical Bureau of Yunnan Province

中国统计出版社
China Statistics Press

（京）新登字 041 号

图书在版编目（CIP）数据

云南统计年鉴. 2012 / 云南省统计局，国家统计局编.
—北京：中国统计出版社，2012. 9
ISBN 978 - 7 - 5037 - 6702 - 9

Ⅰ. ①云… Ⅱ. ①云… ②国… Ⅲ. ①统计资料 - 云南省 - 2012 - 年鉴 Ⅳ. ①C832. 74 - 54

中国版本图书馆 CIP 数据核字（2012）第 219399 号

云南统计年鉴 - 2012

作　　者/ 云南省统计局
责任编辑/ 佘竞雄
封面设计/ 陈杨东
出版发行/ 中国统计出版社
通信地址/ 北京市西城区月坛南街 57 号
邮　　编/ 100826
办公地址/ 北京市丰台区西三环南路甲 6 号
电　　话/（010）63376907
Email：yearbook@ gj. stats. cn
印　　刷/ 昆明天泰彩印包装有限公司
经　　销/ 新华书店
开　　本/ 880 × 1230 毫米 1/16
字　　数/ 1000 千字
印　　张/ 37. 5
版　　别/ 2012 年 9 月第 1 版
版　　次/ 2012 年 9 月第 1 次印刷
书　　号/ ISBN 978 - 7 - 5037 - 6702 - 9
定　　价/ 468. 00 元　　Price：468. 00 RMB

《云南统计年鉴》

2012

Yunnan Statistical Yearbook

2012

编 者 说 明

一、《云南统计年鉴—2012》是一部全面反映云南省国民经济和社会发展情况的统计资料工具书，汇集了全省及各州市、县（市、区）2011 年和主要年份经济和社会发展主要统计数据。

二、本年鉴对上年度年鉴章节内容进行了较大调整，调整后全书共 19 章，即：1. 省情概况；2. 经济增长；3. 固定资产投资；4. 城乡市场消费；5. 公共财政；6. 对外经济贸易；7. 农业和农村；8. 工业和能源；9. 建筑业和房地产业；10. 交通运输和通信业；11. 金融和保险业；12. 旅游业；13. 教育、科技和文化业；14. 卫生、体育和社会管理；15. 人口与就业；16. 资源与环境；17. 民族自治地方经济概况；18. 城市经济概况；19. 县域经济概况。

三、本年鉴每个章节后多附有主要统计指标解释，对主要统计指标的含义、统计范围和统计方法作了简要说明。本年鉴的资料来源，大部分来自年度统计报表。由于统计口径范围和调查方法的差别，部分指标各州市、县（市、区）数字相加可能不等于全省总计，对于一些统计指标的统计口径范围发生变化的，本年鉴对有关数据作了相应的调整，并在有关统计表中作了解释，在使用中请注意。

四、度量衡单位均采用国家颁布的国际统一标准计量单位。本年鉴中对计量单位进一步统一调整，符号使用说明：“空格”表示无该项统计指标数据，或表示最小单位数；或资料不详；“#”表示其中项。

五、对各级党委、政府和有关部门给予《云南统计年鉴—2012》编辑工作的关心和大力支持，以及参与此项工作同志表示衷心感谢！为不断改进和完善本年鉴质量，更好地满足社会各界的需要，希望广大读者提出宝贵的意见。本年鉴如有差错之处，请读者批评指正。

EDITOR' S NOTES

Ⅰ. *Yunnan Statistical Yearbook 2012* is an annual statistics reference book which fully reflects the national economy and social development in Yunnan province. The present yearbook covers comprehensive data in each city, county and prefecture in 2011 as well as some key data in significant years of the whole province.

Ⅱ. After revision, this book contains the following Nineteen parts: 1. Provincial survey; 2. Economies; 3. Investment in Fixed Assets; 4. Urban and Rural Consumption. 5. Public Finance; 6. Foreign Trade; 7. Agriculture and Country; 8. Industry and Energy; 9. Construction and Real Estate; 10. Transport and Communications Industry; 11. Banking and Insurance; 12. Tourism; 13. Education, Science and Technology and Culture; 14. Public Health, Sports and Social Services; 15. Population and Employment; 16. Resources and Environment. 17. Survey of NationalAutonomous Area. 18. EconomicSurvey of Cities; 19. Survey ofIntra – county Economies.

Ⅲ. Explanatory Notes on Principal Statistical Indicators are provided at the end of each part to describe the content, scope and method of provincial statistical indicators briefly. The major data in this publication are obtained from annual statistical reports. It is advisable to note in the reference that the sum of data of each city, county and prefecture may not correspondingly equal the total of the whole province in some statistical indicators due to different statistical ranges and investigation methods. As for changes of statistical ranges, the relevant data are adjusted and explained accordingly in the present yearbook.

Ⅳ. The units of measurement used in this book are international standard measurement units issued by the state. Notations used in this yearbook, "(Blank)" indicates that the data are not available; or refers to numbers of minimum units or refers to numbers which are not in detail. "#" indicates that the major items of the total. Some Units of measure ment are adjusted this time.

Ⅴ. Thanks for the great support and attention given by party members and governments at every level, and colleagues who participate in this editing work. In order to perfect the yearbook and meet the requirements of the society better, comments from various readers are highly appreciated. At the same time, readers are welcome to correct our mistakes made in this book.

目 录

CONTENTS

一、省情概况

Chapter 1 Provincial Survey

二、经济增长

Chapter 2 Economies

三、固定资产投资

Chapter 3　Investment in Fixed Assets

四、城乡市场消费

Chapter 4　Urban and Rural Consumption

五、公共财政

Chapter 6 Public Finance

六、对外经济贸易

Chapter 5 Foreign Trade

七、农业和农村

Chapter 7　Agriculture and Country

八、工业和能源

Chapter 8 Industry and Energy

九、建筑业和房地产业

Chapter 9 Construction and Real Estate

十、交通运输、通信和服务业

Chapter 10 Transport, Communication Industry And Sercice

十一、金融和保险业

Chapter 11 Banking and Insurance

十二、旅游业

Chapter 12 Tourism

十三、教育、科技和文化业

Chapter 13 Education, Science and Technology and Culture

十四、卫生、体育和社会管理

Chapter 14 Public Health, Sports and Social Services

十五、人口与就业

Chapter 15 Population and Employment

十六、资源与环境

Chapter 16 Resources and Environment

十七、民族自治地方经济概况

Chapter 18 Survey of National Autonomous Areas

十八、城市经济概况

Chapter 18 Economic Survey of Cities

十九、县域经济概况

Chapter 19 Survey of Intra - county Economies

Chapter 1

一、省情概况

Provincial Survey

1-1 人口和资源(2011年)
Population and Resources (2011)

指　　标	Item	2011
全省年末人口总数（万人）	**Total Population (year-end) (10 000 persons)**	**4 631.00**
人口密度（人/平方千米）	Population Density (person/sq .km)	117.50
全省土地面积（万平方千米）	**Total Land Area (10 000 sq .km)**	**39.41**
民族自治地方土地面积（万平方千米）	Autonomous Area of Nationalities (10 000 sq.km)	27.67
全省年末耕地总资源（万公顷)(2008年)	Total Cultivated Land Resources at Year-end (10 000 hectares)(2008)	607.78
#常用耕地面积（万公顷)	Area of Cultivated Land in Common Use (10 000 hectares)	423.01
牧草地面积（万公顷)(2007年)	Area of Grassland (10 000 hectares)(2007)	78.23
全省森林面积（万公顷)	Forest Area (10 000 hectares)	1 817.73
全省森林覆盖率(%)	ForestCoverageRate(%)	47.5
全省活立木总蓄积量（亿立方米）	Standing Stock Volume (100 million cu.m)	15.54
全省水面面积（万公顷)(2008年)	Water Area (10 000 hectares)(2008)	28.00
全省水能资源理论蕴藏量（亿千瓦）	Hydropower Resources by Theoretic (100 million kw)	1.04
全省水资源总量（亿立方米）	Total of Water Resources (100 million cu.m)	1 577.00
全省铁矿保有资源储量（亿吨）	Ensured Reserves of Iron Ore (100 million tons)	35.67
全省煤矿保有资源储量（亿吨）	Ensured Reserves of Coal Ores (100 million tons)	289.84
全省磷矿石保有资源储量（亿吨）	Ensured Reserves of Phosphate Ores (100 million tons)	42.40

注：森林资源有关数据为2007年云南省第五次森林资源连续清查数据。

Note: Data of forest resource are the reviewing data of the 5th provincial continuous forest resource census in 2007.

1-2 全省行政区划及代码(2011年)
Administrative Divisions and Their Codes in Yunnan (2011)

州、市 Autonomous Prefectures and Municipalities	市、县、区 Cities at County Level, Counties and Districts under the Jurisdiction of Cities	县级市、县、区数 Number of Cities at County Level, Counties and Districts under the Jurisdiction of Cities		
		市辖区 Districts under Municipal Jurisdiction	县级市 Cities at County Level	县 Counties
昆 明 市 Kunming	呈贡区 五华区 盘龙区 官渡区 西山区 东川区 晋宁县 富民县 宜良县 石林县 嵩明县 禄劝县 寻甸县 安宁市 Chenggong, Panlong District, Wuhua District, Guandu District, Xishan District,Dongchuan District,Jinning, Fumin, YiLiang, Shilin, Songming, Luquan, Xundian, Anning City	6	1	7
曲 靖 市 Qujing	麒麟区 马龙县 陆良县 师宗县 罗平县 富源县 会泽县 沾益县 宣威市 Qilin District, Malong, Luliang, Shizong, Luoping, Fuyuan, Huize, Zhanyi, Xuanwei City	1	1	7
玉 溪 市 Yuxi	红塔区 江川县 澄江县 通海县 华宁县 易门县 峨山县 新平县 元江县 Hongta District, Jiangchuan, Chengjiang, Tonghai, Huaning, Yimen, Eshan, Xinping,Yuanjiang	1		8
保 山 市 Baoshan	隆阳区 施甸县 腾冲县 龙陵县 昌宁县 Longyang District, Shidian, Tengchong, Longling, Changning	1		4
昭 通 市 Zhaotong	昭阳区 鲁甸县 巧家县 盐津县 大关县 永善县 绥江县 镇雄县 彝良县 威信县 水富县 Zhaoyang District, Ludian, Qiaojia, Yanjin, Daguan, Yongshan, Suijiang, Zhenxiong, Yiliang, Weixin, Shuifu	1		10
丽 江 市 Lijiang	古城区 玉龙县 永胜县 华坪县 宁蒗县 Gucheng District,Yulong, Yongsheng, Huaping, Ninglang	1		4
普 洱 市 Pu'er	思茅区 宁洱县 墨江县 景东县 景谷县 镇沅县 江城县 孟连县 澜沧县 西盟县 Simao District, Ning'er, Mojiang, Jingdong, Jinggu, Zhenyuan, Jiangcheng, Menglian, Lancang, Ximeng	1		9
临 沧 市 Lincang	临翔区 凤庆县 云 县 永德县 镇康县 双江县 耿马县 沧源县 Linxiang District, Fengqing, Yunxian, Yongde, Zhenkang, Shuangjiang, Gengma, Cangyuan	1		7
楚 雄 州 Chuxiong	楚雄市 双柏县 牟定县 南华县 姚安县 大姚县 永仁县 元谋县 武定县 禄丰县 Chuxiong City, Shuangbo, Mouding, Nanhua, Yao'an, Dayao, Yongren, Yuanmou, Wuding, Lufeng		1	9
红 河 州 Honghe	蒙自市 个旧市 开远市 屏边县 建水县 石屏县 弥勒县 泸西县 元阳县 红河县 金平县 绿春县 河口县 Mengzi City, Gejiu City, Kaiyuan City, Pingbian, Jianshui, Shiping, Mile, Luxi, Yuanyang,Honghe, Jinping, Luchun, Hekou		3	10
文 山 州 Wenshan	文山市 砚山县 西畴县 麻栗坡县 马关县 丘北县 广南县 富宁县 Wenshan City, Yanshan, Xichou, Malipo, Maguan, Qiubei, Guangnan, Funing		1	7
西双版纳州 Xishuangbanna	景洪市 勐海县 勐腊县 Jinghong City, Menghai, Mengla		1	2
大 理 州 Dali	大理市 漾濞县 祥云县 宾川县 弥渡县 南涧县 巍山县 永平县 云龙县 洱源县 剑川县 鹤庆县 Dali City, Yangbi, Xiangyun, Binchuan, Midu, Nanjian, Weishan, Yongping, Yunlong,Eryuan, Jianchuan, Heqing		1	11
德 宏 州 Dehong	芒市 瑞丽市 梁河县 盈江县 陇川县 Mangshi City, Ruili City, Lianghe, Yingjiang, Longchuan		2	3
怒 江 州 Nujiang	泸水县 福贡县 贡山县 兰坪县 Lushui,Fugong,Gongshan,Lanping			4
迪 庆 州 Diqing	香格里拉县 德钦县 维西县 Shangri-La, Deqin, Weixi			3
全 省 Yunnan	**8个省辖市、8个民族自治州；13个市辖区、11个县级市、29个民族自治县、78个非民族自治县 8 Provincial Jurisdiction Cities,8 Ethinic Minority Autonomous Prefectures, 13 Municipal Jurisdiction Districts， 11 Cities at County Level,29 ethinic minority autonomous counties， 78 counties**			

1-2 续表1

单位：个

州 市	Region	县、市、区 总 计 Total	#县级市 Cities at County Level	#市辖区 Municipal Districts	#民族自治县 Ethnic Minority Autonomous Counties	#边境县 Counties of Border
全 省	**Yunnan**	**129**	**11**	**13**	**29**	**25**
昆 明	Kunming	14	1	6	3	
曲 靖	Qujing	9	1	1		
玉 溪	Yuxi	9		1	3	
保 山	Baoshan	5		1		2
昭 通	Zhaotong	11		1		
丽 江	Lijiang	5		1	2	
普 洱	Pu'er	10		1	9	4
临 沧	Lincang	8		1	3	3
楚 雄	Chuxiong	10	1			
红 河	Honghe	13	3		3	3
文 山	Wenshan	8	1			3
西双版纳	Xishuangbanna	3	1			3
大 理	Dali	12	1		3	
德 宏	Dehong	5	2			4
怒 江	Nujiang	4			2	3
迪 庆	Diqing	3			1	

continued

(unit)

乡、镇、街道办事处 合 计 Total	街道办事处 Community Offices	镇 Towns	乡 Townships	民族乡 Townships of Ethinic Minority	村、居委会 合 计 Total	居委会 Community Residents' Committees	村委会 Villagers Committees
1 367	**120**	**572**	**675**	**145**	**14 218**	**1 669**	**12 422**
128	69	43	16	4	1 619	532	1 069
115	9	62	44	8	1 604	226	1 377
75	24	25	26	10	700	259	441
72	2	30	40	10	913	40	872
143	3	54	86	17	1 284	107	1 177
63	4	13	46	18	458	48	410
103		31	72	12	1 033	40	993
77	2	32	43	13	968	31	897
103		54	49	4	1 097	60	1 037
133	3	55	75	5	1 317	126	1 185
102		43	59	16	949	50	899
32	1	18	13	7	304	21	222
112	2	68	42	11	1 143	66	1 077
51	1	23	27	5	373	37	336
29		12	17	2	269	13	256
29		9	20	3	187	13	174

1-2 续表2 continued

单位：个 (unit)

州市县	Region	行政区划代码 Administrative Division Codes	合计 Total	街道办事处 Community Offices	镇 Town	乡 Township	#民族乡 Townships of Nationalities	合计 Total	居委会 Community Residents' Committees	村委会 Villagers Committees
全 省	**Yunnan**	**530000**	**1 367**	**120**	**572**	**675**	**143**	**14 218**	**1 669**	**12 422**
昆 明 市	**Kunming**	**530100**	**128**	**69**	**43**	**16**	**4**	**1 619**	**532**	**1 069**
呈贡区	Chenggong	530114	10	10				65	65	
五华区	Wuhua	530102	11	11				97	87	
盘龙区	Panlong	530103	10	10				97	49	48
官渡区	Guandu	530111	10	10				108	108	
西山区	Xishan	530112	10	10				106	102	
东川区	Dongchuan	530113	8	1	6	1		163	28	135
晋宁县	Jinning	530122	7	1	4	2	2	134	5	129
富民县	Fumin	530124	6	1	5			75	2	73
宜良县	Yiliang	530125	8	2	4	2	2	138	23	114
石林县	Shilin	530126	5	1	3	1		93	4	89
嵩明县	Songming	530127	4	1	3			76	17	58
禄劝县	Luquan	530128	16	1	9	6		195	2	192
寻甸县	Xundian	530129	14	1	9	4		175	7	167
安宁市	Anning	530181	9	9				97	33	64
曲 靖 市	**Qujing**	**530300**	**115**	**9**	**62**	**44**	**8**	**1 604**	**226**	**1 377**
麒麟区	Qilin	530302	11	5	3	3		119	60	59
马龙县	Malong	530321	8		5	3		67	15	52
陆良县	Luliang	530322	10		8	2		140	26	113
师宗县	Shizong	530323	8		5	3	3	109	5	104
罗平县	Luoping	530324	12		6	6	3	154	30	124
富源县	Fuyuan	530325	11		10	1	1	161	18	143
会泽县	Huize	530326	21		8	13	1	376	19	357
沾益县	Zhanyi	530328	8		3	5		122	28	94
宣威市	Xuanwei	530381	26	4	14	8		356	25	331
玉 溪 市	**Yuxi**	**530400**	**75**	**24**	**25**	**26**	**10**	**700**	**259**	**441**
红塔区	Hongta	530402	11	9		2	2	103	93	10
江川县	Jiangchuan	530421	7	1	4	2	1	72	19	53
澄江县	Chengjiang	530422	6	2	4			40	18	22
通海县	Tonghai	530423	9	2	4	3	3	73	27	46
华宁县	Huaning	530424	5	1	3	1	1	77	23	54
易门县	Yimen	530425	7	2	1	4	3	57	17	40
峨山县	Eshan	530426	8	2	3	3		75	13	62
新平县	Xinping	530427	12	2	4	6		123	26	97
元江县	Yuanjiang	530428	10	3	2	5		80	23	57

1−2 续表3 continued

单位：个 (unit)

州市县	Region	行政区划代码 Administrative Division Codes	合计 Total	街道办事处 Community Offices	镇 Town	乡 Township	民族乡 Townships of Nationalities	合计 Total	居委会 Community Residents' Committees	村委会 Villagers Committees
保山市	**Baoshan**	**530500**	**72**	**2**	**30**	**40**	**10**	**913**	**40**	**872**
隆阳区	Longyang	530502	18	2	6	10	4	309	20	289
施甸县	Shidian	530521	13		5	8	2	137	2	135
腾冲县	Tengchong	530522	18		11	7		222	8	213
龙陵县	Longling	530523	10		3	7	1	121	5	116
昌宁县	Changning	530524	13		5	8	3	124	5	119
昭通市	**Zhaotong**	**530600**	**143**	**3**	**54**	**86**	**17**	**1 284**	**107**	**1 177**
昭阳区	Zhaoyang	530602	20	3	3	14	4	178	49	129
鲁甸县	Ludian	530621	12		3	9	2	84	4	80
巧家县	Qiaojia	530622	16		6	10		183	4	179
盐津县	Yanjin	530623	10		4	6		94	16	78
大关县	Daguan	530624	9		6	3	1	78	2	76
永善县	Yongshan	530625	15		6	9	2	137	4	133
绥江县	Suijiang	530626	5		4	1		35	3	32
镇雄县	Zhenxiong	530627	28		16	12	2	244	10	234
彝良县	Yiliang	530628	15		3	12	5	137	4	133
威信县	Weixin	530629	10		2	8	1	87	4	83
水富县	Shuifu	530630	3		1	2		27	7	20
丽江市	**Lijiang**	**530700**	**63**	**4**	**13**	**46**	**18**	**458**	**48**	**410**
古城区	Gucheng	530702	9	4		5	2	58	23	35
玉龙县	Yulong	530721	16		3	13	3	102	5	97
永胜县	Yongsheng	530722	15		6	9	7	147	8	139
华坪县	Huaping	530723	8		3	5	5	60	5	55
宁蒗县	Ninglang	530724	15		1	14	1	91	7	84
普洱市	**Pu'er**	**530800**	**103**		**31**	**72**	**12**	**1 033**	**40**	**993**
思茅区	Simao	530802	7		4	3	2	70	10	60
宁洱县	Ning'er	530821	9		2	7		89	4	85
墨江县	Mojiang	530822	15		2	13	2	168	5	163
景东县	Jingdong	530823	13		4	9		169	3	166
景谷县	Jinggu	530824	10		4	6		136	4	132
镇沅县	Zhenyuan	530825	9		5	4		111	2	109
江城县	Jiangcheng	530826	7		2	5		50	2	48
孟连县	Menglian	530827	6		3	3		42	3	39
澜沧县	Lancang	530828	20		3	17	7	159	4	155
西盟县	Ximeng	530829	7		2	5	1	39	3	36
临沧市	**Lincang**	**530900**	**77**	**2**	**32**	**43**	**13**	**968**	**31**	**897**
临翔区	Linxiang	530902	10	2	1	7	2	102	9	93
凤庆县	Fengqing	530921	13		8	5	3	187	4	183
云县	Yunxian	530922	12		7	5	3	196	4	190
永德县	Yongde	530923	10		3	7	2	119	2	116
镇康县	Zhenkang	530924	7		3	4	1	74	3	71
双江县	Shuangjiang	530925	6		2	4		75	3	72
耿马县	Gengma	530926	9		4	5	1	94	3	82
沧源县	Cangyuan	530927	10		4	6	1	121	3	90

1-2 续表4 continued

单位：个 (unit)

州市县	Region	行政区划代码 Administrative Division Codes	合计 Total	街道办事处 Community Offices	镇 Town	乡 Township	#民族乡 Townships of Nationalities	合计 Total	居委会 Community Residents' Committees	村委会 Villagers Committees
楚雄州	**Chuxiong**	**532300**	**103**		**54**	**49**	**4**	**1 097**	**60**	**1 037**
楚雄市	Chuxiong	532301	15		11	4		152	20	132
双柏县	Shuangbo	532322	8		5	3		84	2	82
牟定县	Mouding	532323	7		4	3		89	5	84
南华县	Nanhua	532324	10		6	4	1	128	5	123
姚安县	Yao'an	532325	9		5	4		77	4	73
大姚县	Dayao	532326	12		3	9	1	129	3	126
永仁县	Yongren	532327	7		3	4	1	63	3	60
元谋县	Yuanmou	532328	10		3	7		78	5	73
武定县	Wuding	532329	11		3	8	1	133	7	126
禄丰县	Lufeng	532331	14		11	3		164	6	158
红河州	**Honghe**	**532500**	**133**	**3**	**55**	**75**	**5**	**1 317**	**126**	**1 185**
蒙自市	Mengzi	532503	11		7	4	2	101	15	86
个旧市	Gejiu	532501	10	1	7	2		119	36	79
开远市	Kaiyuan	532502	7	2	2	3	1	74	22	52
屏边县	Pingbian	532523	7		1	6		80	4	76
建水县	Jianshui	532524	14		8	6		154	11	142
石屏县	Shiping	532525	9		7	2		115	3	112
弥勒县	Mile	532526	12		10	2		140	10	129
泸西县	Luxi	532527	8		5	3		86	5	81
元阳县	Yuanyang	532528	14		2	12		138	4	134
红河县	Honghe	532529	13		1	12		91	3	88
金平县	Jinping	532530	13		2	11	1	98	4	94
绿春县	Luchun	532531	9		1	8		87	6	81
河口县	Hekou	532532	6		2	4	1	34	3	31
文山州	**Wenshan**	**532600**	**102**		**43**	**59**	**16**	**949**	**50**	**899**
文山市	Wenshan	532601	15		8	7	5	137	16	121
砚山县	Yangshan	532622	11		4	7	4	100	7	93
西畴县	Xichou	532623	9		2	7		72	3	69
麻栗坡县	Malipo	532624	11		4	7	1	96	3	93
马关县	Maguang	532625	13		9	4		124	4	120
丘北县	Qiubei	532626	12		3	9	5	101	6	95
广南县	Guangnan	532627	18		7	11		174	7	167
富宁县	Funing	532628	13		6	7	1	145	4	141
西双版纳州	**Xishuangbanna**	**532800**	**32**	**1**	**18**	**13**	**7**	**304**	**21**	**222**
景洪市	Jinghong	532801	11	1	5	5	2	128	14	85
勐海县	Menghai	532822	11		6	5	3	96	3	85
勐腊县	Mengla	532823	10		7	3	2	80	4	52

1-2 续表5 continued

单位：个 (unit)

州市县	Region	行政区划代码 Administrative Division Codes	合计 Total	街道办事处 Community Offices	镇 Town	乡 Township	#民族乡 Townships of Nationalities	合计 Total	居委会 Community Residents' Committees	村委会 Villagers Committees
大理州	**Dali**	**532900**	**112**	**2**	**68**	**42**	**11**	**1 143**	**66**	**1 077**
大理市	Dali	532901	13	2	10	1	1	142	32	110
漾濞县	yangbi	532922	9		3	6		66	1	65
祥云县	Xiangyun	532923	10		8	2	1	136	4	132
宾川县	Binchuan	532924	10		8	2	2	90	9	81
弥渡县	Midu	532925	8		5	3	1	89	4	85
南涧县	Nanjian	532926	8		5	3		80	1	79
巍山县	Weishan	532927	10		4	6		83	4	79
永平县	Yongping	532928	7		3	4	3	73	1	72
云龙县	Yunlong	532929	11		4	7	2	86	1	85
洱源县	Eryuan	532930	9		6	3		90	2	88
剑川县	Jianchuan	532931	8		5	3		93	5	88
鹤庆县	Heqing	532932	9		7	2	1	115	2	113
德宏州	**Dehong**	**533100**	**51**	**1**	**23**	**27**	**5**	**373**	**37**	**336**
芒市	Mangshi	533103	12	1	5	6	1	93	13	80
瑞丽市	Ruili	533102	6		3	3		40	11	29
梁河县	Lianghe	533122	9		3	6	2	66	4	62
盈江县	Yingjiang	533123	15		8	7	1	103	6	97
陇川县	Longchuan	533124	9		4	5	1	71	3	68
怒江州	**Nujiang**	**533300**	**29**		**12**	**17**	**2**	**269**	**13**	**256**
泸水县	Lushui	533321	9		6	3	1	75	4	71
福贡县	Fugong	533323	7		1	6	1	58	1	57
贡山县	Gongshan	533324	5		1	4		28	2	26
兰坪县	Lanping	533325	8		4	4		108	6	102
迪庆州	**Diqing**	**533400**	**29**		**9**	**20**	**3**	**187**	**13**	**174**
香格里拉县	Shangri-La	533421	11		4	7	1	63	8	55
德钦县	Deqing	533422	8		2	6	2	42	2	40
维西县	Weixi	533423	10		3	7		82	3	79

1-3 主要年份云南国民经济指标数据

指 标	Item	1995
云南生产总值(当年价)(亿 元)	**Gross Regional Product of Yunnan Province (at current prices) (100 Million yuan)**	**1 222.15**
#非公经济增加值	#Added Value of Individual and Private Economy	188.24
年末总人口数 (万 人)	**Total Population at Year-end (10 000 persons)**	**3 989.60**
年末就业人员数 (万 人)	Total Number of Employed Persons at Year-end (10 000 persons)	2 149.00
#职工人数	Staff and Workers	311.50
工农业总产值 (亿 元)	**Gross Output Value of Industry and Agriculture (100 million yuan)**	**1 704.47**
农业总产值	Gross Output Value of Farming, Forestry, Animal Husbandry and Fishery	474.46
工业总产值(当年价)	Gross Output Value of Industry (at current prices)	1 230.01
#轻工业产值	Total Output Value of Light Industry	656.59
重工业产值	Total Output Value of Heavy Industry	573.41
主要农产品产量(万吨)	**Output of Major Agricultural Products (10 000 tons)**	
粮 食	Grain	1 188.91
油 料	Oil-bearing Crops	19.58
甘 蔗	Sugarcane	1 055.92
烤 烟	Flue-cured Tobacco	76.07
水 果	Fruits	55.71
茶 叶	Tea	6.40
猪、牛、羊肉	Pork,Beef and Mutton	120.45
水产品	Aquatic Product	8.44
主要工业产品产量	**Output of Major Industrial Products**	
原 煤	Raw Coal	2 803.00
粗 钢	Steel	140.50
成品钢材	Steel Products	144.34
发电量 (亿千瓦小时)	Electricity (100 million kwh)	228.42
糖	Sugar	94.00
卷 烟 (亿 支)	Cigarettes(100 million pieces)	3 400.00
水 泥	Cement	997.00
布 (万 米)	Cloth (10 000 m)	13 964.00
机制纸及纸板	Machine-made Paper and Paperboards	30.41
能源生产与消费(等价热值)	**Production and Consumption of Energy(Equivalent Caloricity)**	
能源生产总量(万吨标准煤)	Total Energy Production (10 000 tons of SCE)	2 313.65
能源消费总量(万吨标准煤)	Total Energy Consumption (10 000 tons of SCE)	2 640.55
万元生产总值能耗(吨标准煤/万元)	**Total Energy Consumption per 10 000 yuan of GRP (tons of SEC/10 000 yuan)**	**2.19**

注：工业总产值及轻重工业产值从1995年开始按新规定的计算方法统计，万元生产总值能耗按当年价格计算。

Principal Indicators on National Economy in Significant Years of Yunnan

2000	2005	2007	2008	2009	2010	2011
2 011.19	**3 461.73**	**4 772.52**	**5 692.12**	**6 169.75**	**7 224.18**	**8 893.12**
411.00	1 211.76	1 784.92	2 191.47	2 412.38	2 931.38	3 743.14
4 240.80	**4 450.40**	**4 514.00**	**4 543.00**	**4 571.00**	**4 601.60**	**4 631.00**
2 295.40	2 461.32	2 573.80	2 638.40	2 684.80	2 765.90	2 857.24
273.40	235.71	280.72	286.73	293.60	303.70	317.18
2 270.22	**4 318.42**	**6 552.09**	**7 380.27**	**7 967.94**	**9 691.23**	**11 901.64**
680.86	1 068.58	1 414.79	1 641.46	1 706.19	1 810.53	2 306.49
1 589.36	3 249.84	5 137.30	5 738.81	6 261.75	7 880.70	9 595.15
802.70	1 120.47	1 830.16	1 447.80	1 930.88	2 317.95	2 779.50
786.66	2 129.37	3 307.14	4 291.01	4 330.87	5 562.75	6 815.66
1 467.80	1 514.90	1 460.70	1 518.59	1 576.92	1 531.00	1 755.38
26.98	36.22	36.65	40.38	50.16	34.23	60.75
1 420.29	1 415.50	1 938.67	1 898.75	1 761.31	1 750.92	1 898.78
64.61	77.22	76.68	83.97	88.03	95.40	101.82
76.95	136.63	202.37	266.18	303.85	341.64	476.43
7.94	11.59	16.99	17.15	18.29	20.73	23.83
191.51	277.32	238.60	257.18	270.88	285.32	517.44
16.62	23.85	33.39	39.37	43.06	48.17	54.88
2 216.00	6 462.14	7 755.19	8 657.43	8 921.02	9 763.38	9 957.41
189.41	531.41	883.85	901.31	1 049.05	1 293.77	1 323.23
183.71	486.93	789.99	836.62	973.30	1 214.99	1 351.85
317.46	624.20	904.51	1 039.56	1 173.82	1 364.85	1 555.13
152.25	153.57	188.04	211.02	223.91	179.78	173.51
3 063.85	3 157.35	3 351.30	3 397.75	3 457.90	3 573.78	3 649.91
1 642.80	2 832.62	3 568.53	4 011.98	5 046.45	5 786.16	6 788.88
5 855.00	1 385.00	616.00	374.78	365.00	412.76	449.58
22.32	28.88	37.72	42.79	46.02	44.87	49.12
2 471.77	5 353.36	6 546.65	7 595.31	7 851.21	8 822.03	9 752.64
3 468.33	6 023.97	7 132.63	7 510.82	8 032.06	8 674.17	9 540.28
1.72	**1.74**	**1.49**	**1.32**	**1.30**	**1.20**	**1.09**

Note:The gross output value of light and heavy industries have been calculated by a new approach since 1995，numbers of total energy consumption per 10000 yuan of GDP are calculated at current prices.

1-3 续表

指 标	Item	1995
全社会固定资产投资总额	**Total Investment in Fixed Assets**	**380.57**
社会消费品零售总额（亿 元）	**Total Retail Sales of Consumer Goods (100 million yuan)**	**369.55**
进出口总额(亿美元)	**Total Value of Exports and Imports (USD 100 million)**	**18.96**
出口额	Exports Value	12.15
进口额	Imports Value	6.81
实际利用外商投资总额(亿美元)	Actually Utilized Foreigh Investment Value	0.34
财 政（亿 元）	**Government Finance (100 million yuan)**	
财政总收入	**Government Revenue**	**285.26**
财政支出	**Government Expenditure**	**235.10**
交通运输邮电	**Transport, Posts and Telecommunication Services**	
货运周转量（亿吨公里）	**Freight Traffic(100 million ton-km)**	**307.71**
铁 路	Railways	114.24
公 路	Highways	192.10
水 路	Waterways	1.06
民用航空	Civil Aviation	0.31
旅客周转量（亿人公里）	**Passenger Traffic(100 million passenger-km)**	**137.93**
铁 路	Railways	23.03
公 路	Highways	93.10
水 路	Waterways	0.35
民用航空	Civil Aviation	21.45
邮电业务总量（亿 元）	Total Post and Telecommunication Services(10 000 yuan)	13.97
旅游总收入(亿元)	**Total Tourism Revenue(100 million yuan)**	**60.00**
#旅游外汇收入(亿美元)	Foreign Exchange Earning from International Tourism(USD 100 million)	1.65
职工工资	**Wages of Staff and Workers**	
职工工资总额（亿 元）	Total Wages of Staff and Wokers (100 million yuan)	158.96
#国有单位职工工资总额（亿 元）	Total Wages of Staff and Wokers of State-owned Entities (100 million yuan)	137.81
职工年均工资（元）	Annual Average Wages of Staff and Workers (yuan)	5 149
#国有单位职工年均工资（元）	Annual Average Wages of Staff and Workers of State-owned Units (yuan)	5 286
居民消费价格指数（%）(上年=100)	**Consumer Price Index (%)(preceding year = 100)**	**121.3**
教育文化	**Education and Culture**	
高等学校数（所）	Number of Regular Institutions of Higher Education (unit)	26
高等学校在校学生数（万人）	Student Enrollment of Regular Institutions of Higher Education (10 000 person)	5.14
中等专业学校在校学生数（万人）	Student Enrollment of Specialized Secondary Schools (10 000 person)	10.26
普通中学在校学生数（万 人）	Student Enrollment of Regular Secondary Schools (10 000 persons)	127.25
小学在校学生数（万 人）	Student Enrollment of Primary Schools (10 000 persons)	462.41
艺术表演团体（个）	Number of Art Performance Groups (unit)	134
报纸出版数量（亿 份）	Number of Newspapers Issued (100 million pieces)	2.59
各类杂志出版数量（亿 册）	Number of Magazines Issued (100 million pieces)	0.16
图书出版数量（亿 册）	Number of Books Published (100 million copies)	1.19
卫 生	**Health Care**	
卫生机构数（个）	Number of Health Institutions (unit)	6 400
床位数（万 张）	Number of Sickbeds of Health Institutions (10 000 units)	9.56
#医院病床数（万 张）	Number of Sickbeds of Hospital (10 000 units)	8.39
专业卫生技术人员（万 人）	Number of Medical Technical Personnel (10 000 persons)	11.25
#医 生（万 人）	Doctors (10 000 persons)	5.95

注：1.进出口总额包括边境贸易，1998年以前为外贸业务数，1999年以后为海关进出口统计数。
2.财政收入为总收入，包括上划中央的“两税”收入。
3.从1996年开始卫生机构数包括主要卫生机构、诊所、卫生保健所、医务室等。

continued

2000	2005	2007	2008	2009	2010	2011
697.94	**1 777.60**	**2 759.00**	**3 435.90**	**4 526.40**	**5 528.71**	**6 185.30**
583.17	**1 034.40**	**1 422.57**	**1 764.74**	**2 051.06**	**2 542.44**	**3 000.14**
18. 13	**47. 38**	**87.80**	**95. 99**	**80. 19**	**133. 68**	**160.53**
11. 75	26. 42	47. 36	49. 87	45. 14	76. 06	94. 7
6. 38	20. 97	40. 44	46. 12	35. 05	57. 62	65. 8
2. 21	2. 92	5. 52	9. 36	9. 1	13. 29	17.4 0
432.95	**766.40**	**1 111.30**	**1 360.00**	**1 490.82**	**1 809.20**	**2 258.20**
414.11	**766.31**	**1 135.22**	**1 470.24**	**1 952.34**	**2 285.72**	**2 929.60**
479.52	**656.49**	**770.96**	**811.15**	**910.43**	**990.50**	**1 070.11**
180.76	270.37	314.23	336.20	340.95	358.31	369.70
296.65	381.96	450.83	468.63	496.14	548.53	617.27
0.98	2.93	4.59	5.16	5.42	6.91	8.19
1.13	1.23	1.31	1.16	1.16	1.29	1.04
237.94	**331.60**	**393.40**	**411.89**	**448.45**	**523.64**	**610.49**
31.35	41.04	52.63	66.61	63.37	80.73	91.63
171.20	233.12	265.80	272.98	302.22	352.10	424.57
0.78	1.05	1.21	1.54	1.55	1.78	1.96
34.57	56.39	73.76	70.76	81.31	89.03	92.34
85.64	262.20	469.35	606.99	669.99	268.94	316.22
211. 43	**430. 14**	**559. 21**	**663. 28**	**810. 73**	**1006. 83**	**1300.29**
3. 39	5. 28	8.60	10. 08	11. 72	13.2 4	16.0 9
254.46	377.15	566.49	683.69	788.38	903.72	1 111.38
209.5	283.30	398.49	473.30	546.72	619.53	709.16
9 231	16 140	20 481	24 030	26 992	30 177	35 387
9 422	16 900	22 884	26 765	30 329	34 330	40 379
97.9	**101.4**	**105.9**	**105.7**	**97.9**	**103.7**	**104.9**
24	44	51	59	61	61	64
9.04	23.21	30.21	34.35	38.95	43.69	48.76
11.92	15.56	18.63	20.53	23.37	29.00	30.15
185.97	238.88	251.77	259.48	264.97	270.63	271.29
472.06	441.23	453.31	451.04	444.14	435.21	424.08
129	135	131	127	146	142	161
3.60	4.97	5.59	5.89	6.72	6.41	6.52
0.29	0.23	0.28	0.33	0.31	0.35	0.33
1.34	1.29	1.60	1.75	1.71	1.51	1.70
13 356	10 110	9 693	9 249	9 251	9 699	9 956
9.75	10.70	11.90	12.78	14.01	15.71	17.34
6.61	7.47	8.32	9.04	9.97	11.25	12.63
12.41	11.84	12.37	12.62	13.38	14.17	14.93
6.26	5.58	5.66	5.73	5.94	6.21	6.34

Note: a.The total value of imports and exports includes frontier trade value. The data before 1998 refer to those of foreign trade, and those after 1999 refer to the statistical data of imports and exports of the customs.

b.The government revenue is the total government revenue,including two taxes turned over to the central government.

c.The number of health institutions has included main health institutions, clinics, care centers and so forth since 1996.

1-4 主要年份云南国民经济主要指标总量和增长速度

指　　标	Item	总 量 指 标	
		1978	1990
生产总值(GDP)(亿元)	**Gross Regional Product of Yunnan Province**	**69.05**	**451.67**
年末总人口(万人)	**Total Population at Year-end (10 000 persons)**	**3 091.50**	**3 730.60**
全社会固定资产投资总额(亿元)	**Total Investment in Fixed Assets (100 million yuan)**	**15.04**	**75.74**
社会消费品零售总额(亿元)	**Total Retail Sales of Consumer Goods (100 million yuan)**	**28. 38**	**145.59**
进出口总额(亿美元)	**Total Value of Exports and Imports (USD 10 000)**	**1. 04**	**5. 48**
出口额	Export Value	0.69	4. 35
进口额	Import Value	0.35	1. 14
财　政（亿 元）	**Government Finance (100 million yuan)**		
财政总收入	Government Revenue	11.76	77.43
财政支出	Government Expenditure	18.3	90.76
主要农产品产量(万吨)	**Output of Major Agriculture Products(10 000 tons)**		
粮　食	Grain	864.05	1 061.21
油　料	Oil-bearing Crops	5.51	13.31
甘　蔗	Sugarcane	160.01	661.88
烤　烟	Flue-cured Tobacco	10.63	43.60
水　果	Fruits	12.26	43.60
茶　叶	Tea	1.78	4.48
猪、牛、羊肉	Pork,Beef and Mutton	29.23	74.74
水产品	Aquatic Products	1.12	4.60
主要工业产品产量（万吨）	**Output of Major Industrial Products (10 000 tons)**		
原　煤	Raw Coal	1 483.00	2 227.00
粗　钢	Steel	35.12	80.15
成品钢材	Steel Products	25.59	68.97
发电量（亿千瓦小时）	Electricity (100 million kwh)	52.51	125.78
水　泥	Cement	131.00	471.00
卷　烟（亿 支）	Cigarettes(100 million pieces)	315.00	2 240.00
布（万 米）	Cloth (10 000 m)	10 507.00	17 974.00
机制纸及纸板	Machine-made Paper and Paperboards	5.12	15.43
糖	Sugar	14.00	51.00
运输邮电	**Transportation**		
货运周转量（亿吨公里）	Freight Traffic(100 million ton-km)	62.34	260.67
旅客周转量（亿人公里）	Passenger Traffic(100 million passenger-km)	24.25	87.67
邮电业务总量（亿 元）	Total Post and Telecommunication Services(10 000 yuan)	0.30	1.27
居民消费价格(CPI)总指数(%)	**Consumer Price Index(%)**	**100.2**	**102.8**
国有单位职工平均工资(元)	**Average Wages of Staff and Workers of State-owned Entities(yuan)**	**629**	**2 200**
教 育（万人）	**Education (10 000 persons)**		
高等学校在校学生数	Student Enrollment of Regular Institutions of Higher Education	1.59	4.35
中等专业学校在校学生数	Student Enrollment of Specialized Secondary Schools	2.66	7.38
普通中学在校学生数	Student Enrollment of Regular Secondary Schools	128.54	123.95
小学在校学生数	Student Enrollment of Primary Schools	436.03	446.86
卫　生	**Health Care**		
医院病床数(万 张)	Number of Hospital Sickbeds (10 000)	5.41	7.61
专业卫生技术人员(万人)	Number of Medical Technical Personnel (10 000 persons)	6.55	10.16
#医　生	Number of Doctors	3.11	5.39

注：2002年进出口总额因口径与1995年以前不一致，故不可比。

Growth Rate and Total Amounts of Principal Indicators on National Economy in Significant Years of Yunnan

Aggregate Data			各年比上年增长(±%) Growth Rate over Last Year				年平均增长速度(%) Average Annual Growth Rate(%)		
2000	2010	2011	1990	2000	2010	2011	1979-2011	1991-2011	2001-2011
2 011.19	**7 224.18**	**8 893.12**	**8.7**	**7.5**	**12.3**	**13.7**	**10.0**	**10.1**	**10.6**
4 240.80	**4 601.60**	**4 631.00**	**2.26**	**1.15**	**0.67**	**0.63**	**1.3**	**1.1**	**0.9**
697.94	**5 528.71**	**6 185.30**	**11.7**	**- 2.7**	**22.1**	**11.9**	**21.0**	**25.3**	**25.9**
583.17	**2 542.44**	**3 000.14**	**2.4**	**8.2**	**24.0**	**18.0**	**15.5**	**16.1**	**17.6**
18. 13	**133. 68**	**160.53**	**0.1**	**9.2**	**66.7**	**20.1**	**17.0**	**18.3**	**24.9**
11. 75	76. 06	94.70	16.2	13.6	68.5	24.5	16.4	16.3	23.1
6. 38	57. 62	65.80	- 34.2	2.0	64.4	14.2	17.9	22.9	27.7
432.95	1 809.20	2 258.71	22.4	1.8	21.4	24.8	17.3	17.4	16.2
414.11	2 285.72	2 929.60	10.8	9.5	17.1	28.2	16.6	18.0	19.5
1 467.80	1 531.00	1 755.38	6.3	4.9	- 2.9	14.7	1.9	1.9	0.5
26.98	34.23	60.75	21.9	30.8	- 31.7	77.5	6.1	5.1	2.7
1 420.29	1 750.92	1 898.78	20.1	- 7.0	- 0.6	8.4	8.0	5.3	2.4
64.61	95.40	101.82	- 4.5	6.0	8.4	6.7	- 15.1	- 10.1	4.4
76.95	397.91	476.43	27.0	4.2	16.1	19.7	11.3	11.4	18.0
7.94	20.73	23.83	4.9	5.7	13.3	15.0	8.2	8.4	11.3
191.51	474.82	517.44	9.4	6.2	75.3	9.0	7.6	7.3	4.5
16.62	48.17	54.88	4.3	7.0	11.9	13.9	12.9	13.2	12.6
2 216.00	9 763.38	9 957.41	2.1	- 16.8	9.4	2.0	6.3	8.1	17.9
189.41	1 293.77	1 323.23	11.0	6.0	23.3	2.3	12.3	15.8	23.8
183.71	1 214.99	1 351.85	11.5	0.9	24.8	11.3	13.3	16.3	23.4
317.46	1 364.85	1 555.13	10.2	6.5	16.3	13.9	11.1	13.4	17.6
1 642.80	5 786.16	6 788.88	4.1	1.2	14.7	17.3	13.0	14.1	15.0
3 063.85	3 573.78	3 649.91	10.0	1.5	3.4	2.1	8.1	2.5	1.7
5 855.00	412.76	449.58	0.4	- 4.0	13.1	8.9	- 9.9	- 18.0	- 25.5
22.32	44.87	49.12	1.4	- 6.6	- 2.5	9.5	7.3	5.8	8.1
152.25	179.78	173.51	9.9	- 6.3	- 19.7	- 3.5	8.6	6.9	1.9
479.52	990.50	1 070.11	15.7	8.2	8.8	8.0	9.3	7.3	8.4
237.94	523.64	610.49	- 6.7	0.0	16.8	16.6	10.4	9.9	9.2
85.64	773.00	845.46	15.5	39.8	15.4	9.4	24.5	32.6	13.6
97.9	**103.7**	**104.9**	**2.8**	**- 2.1**	**3.7**	**4.9**			
9 422	**34 330**	**40 379**	**13.6**	**11.5**	**13.2**	**17.6**	**13.8**	**15.6**	**15.4**
9.04	43.69	48.76	- 3.5	22.3	12.2	11.6	11.3	12.9	19.1
11.92	29.00	30.15	2.8	- 0.3	24.1	4.0	8.0	7.5	10.4
185.97	270.63	271.29	3.7	11.1	2.1	0.2	2.4	4.2	4.3
472.06	435.21	424.08	- 2.3	- 1.8	- 2.0	- 2.6	0.0	- 0.1	- 0.9
6.61	11.25	12.63	1.5	2.4	12.8	12.3	2.4	2.1	6.1
12.41	14.17	14.93	- 89.7	2.5	5.9	5.4	2.5	1.8	1.5
6.26	6.21	6.34	3.8	3.2	4.6	2.1	2.3	0.7	- 0.1

Note: The total Value of import and export in 2002 can not be compared with those before 1995 because of the different accounting approaches.

1–5 按经济类型划分的云南主要国民经济主要指标数据(2011年)

Principal National Economical Indicators by Types of Economy of Yunnan(2011)

指　　标	Item	全　省 Yunnan	比重 (%) As Percentage to Total (%) (total=100)
生产总值(GDP)(亿元)	**Gross Regional Product (100 million yuan)**	**8 893.12**	**100.0**
国有经济	State-owned Economy	3 962.27	44.6
集体经济	Collective-owned Economy	1 187.71	13.3
非公有制经济	**Non-public-owned Economy**	**3 743.14**	**42.1**
规模以上工业增加值(亿元)	**Added Value of Industry (100 million yuan)**	**2 753.64**	**100.0**
国有企业	State-owned Enterprises	574.71	20.9
集体企业	Collective-owned Enterprises	16.92	0.6
股份合作制企业	Joint Stock Cooperative Enterprises	3.76	0.1
股份制企业	Joint Stock Enterprises	1 902.06	69.1
外商及港澳台资企业	Foreign-funded and Enterprises funded by Hong Kong,Macao and Taiwan	144.91	5.3
其他工业	Other Enterprises	111.29	4.0
全社会固定资产投资总额(亿元)	**Total Investment in Fixed Assets (100 million yuan)**	**6 185.30**	**100.0**
国有经济	State-owned Economy	2 463.63	39.8
集体经济	Collective-owned Economy	99.35	1.6
个体私营经济	Individual and Private Economy	35.25	0.6
其他各种经济	Other Types of Ownership Economy	3 328.78	53.8
农村农户投资	Investment of rural households	258.29	4.2
社会消费品零售总额(亿元)	**Total Retail Sales of Consumer Goods (100 million yuan)**	**3 000.14**	**100.0**
公有经济	Public Ownership Economy	564.64	18.8
其中：国有经济	Of which:State-owned Economy	473.40	15.8
非公有经济	Individual and Private Enterprises	2 435.50	81.2
其中：私有经济	Of which: Private Economy	2 168.09	72.3
就业人员总数(万人)	**Total Number of Employed Persons (10 000 persons)**	**2 857.24**	**100.0**
城镇国有单位就业人员	Employed Persons in Urban State-owned Entities	192.02	6.7
城镇集体单位就业人员	Employed Persons in Urban Collective-owned Entities	10.86	0.4
城镇其他经济类型单位就业人员	Employed Persons in Entities of Other Types of Ownership	88.19	3.1
城镇个体私营就业人员	Self-employed Individuals and Others	375.25	13.1
乡村就业人员	Rural Employed Persons	2 190.92	76.7

注：农、林、牧、渔业总产值、工业增加值按当年价格计算。
Note: Gross output value of agriculture,forestry,animal husbandry,fishery and added value of industry are calculated at current prices.

1-6 云南省国民经济主要数据占全国的比重(2011年)

Proportion of Principal Indicators of National Economy of Yunnan Province to the Whole Country (2011)

单位：% (%)

指　标	Item	全　国 China	云　南 Yunnan	云南占全国的比重(%) Proportion of Yunnan to National Total(%)
生产总值(GDP)(亿元)	**Gross Regional Product (100 million yuan)**	**471563.70**	**8 893.12**	**1.9**
第一产业	Primary Industry	47712.00	1 411.01	3.0
第二产业	Secondary Industry	220591.60	3 780.32	1.7
第三产业	Tertiary Industry	203260.10	3 701.79	1.8
人均生产总值(元/人)	**Per Capita Gross Regional Product(yuan/person)**	**35081**	**19265**	**54.9**
年末总人口(万人)	Total Population at the Year-end (10 000 persons)	134735.00	4 631.00	3.4
城镇化率(%)	**Urbanization rate(%)**	**51.27**	**36.80**	**71.8**
全部职工平均工资(元)	Average Wages of All Staff and Workers (yuan)	42 396	35 387	83.5
城镇居民年平均可支配收入(元)	**Annual Average Disposable Income of Urban Households (yuan)**	**21 810**	**18 576**	**85.2**
农村居民年人均纯收入(元)	**Rural Per Capita Net Income (yuan)**	**6 977**	**4 722**	**67.7**
城乡居民储蓄存款余额(亿元)	Balance of Savings Deposits of Urban and Rural Residents(100 million yuan)	353536.00	6 654.87	1.9
全社会固定资产投资额(亿元)	**Total Investment in Fixed Assets of the whole Province (100 milli**	**311 021.90**	**6 185.30**	**2.0**
社会消费品零售总额(亿元)	**Total Retail Sales of Consumer Goods (100 million yuan)**	**183 918.60**	**3 000.14**	**1.6**
对外贸易进出口总额（亿美元）	**Total Value of Export and Import in Foreign Trade (USD 100 million)**	**36 420.60**	**160.53**	**0.4**
#出口总额	Total Export Value	18 986.00	94.70	0.5
外商直接投资(亿美元)	Direct Foreign Investment (USD 100 million)	1 160.10	17.40	1.5
工农业主要产品产量(万吨)	Output of Major Industrial and Farm Products (10 000 tons)			
粮　食	Grain	57 120.80	1 755.38	3.1
烤　烟	Flue-cured Tobacco	287.00	101.82	35.5
油　料	Oil-bearing Crops	3 306.80	60.75	1.8
猪、牛、羊肉	Pork , Beef and Mutton	6 093.70	517.44	8.5
原　煤	Coal	35.20	1.00	2.8
粗　钢	Steel	68 388.30	1 323.23	1.9
成品钢材	Steel Products	88 258.20	1 351.85	1.5
发电量(亿千瓦小时)	Electricity (100 million kwh)	47 000.70	1 555.13	3.3
水　泥	Cement	206 316.60	6 788.88	3.3
农用化肥(折100%)	Chemical Fertilizer	6 217.20	326.93	5.3
布(亿米)	Cloth (100 million m)	837.00	0.04	
糖	Sugar (10 000 tons)	1 187.40	173.51	14.6
卷　烟(亿支)	Cigarettes (10 billions cigarettes)	24474.0	3 649.91	14.9
普通高等学校在校学生数(万人)	Student Enrollment of Regular Institutions of Higher Education(10 000 persons)	2 308.50	48.76	2.1
卫生机构病床数(万张)	Number of Hospital Sickbeds (10 000 beds)	516.00	17.34	3.4
卫生技术人员(万人)	Medical Technical Personnel (10 000 persons)	620.30	14.93	2.4
#医生	Doctors	246.60	6.34	2.6

1-7 全省按国民经济行业分的法人单位数（2008-2011年）
Number of Corporate Units by National Economy Sector (2008-2011)

单位：个 (unit)

国民经济行业	National Economy seetor Sector	2008	2009	2010	2011
全　省	**Yunnan**	**126 405**	**148 613**	**170 936**	**197 322**
农、林、牧、渔业	Agriculture, Forestry, Animal Husbandry and Fishery	3 869	7 026	10 133	14 416
采矿业	Mining	4 680	5 092	5 282	5 645
制造业	Manufacturing	13 918	15 424	16 219	17 252
电力、燃气及水生产和供应业	Production and Supply of Electricity, Gas and Water	1 670	1 894	2 087	2 224
建筑业	Construction	3 728	4 736	6 412	8 042
批发和零售业	Wholesale and Retail Trades	20 301	30 421	39 082	48 812
交通运输、仓储和邮政业	Transport, Storage and Post	2 202	2 631	3 178	3 859
住宿和餐饮业	Hotels and Catering Services	2 530	2 671	3 044	3 324
信息传输、软件业和信息技术服务业	Information Transmission, Computer Services and Software	2 523	3 277	3 722	4 320
金融业	Financial Intermediation	770	1 156	1 544	2 112
房地产业	Real Estate	4 298	5 162	6 828	8 421
租赁和商务服务业	Leasing and Business Services	6 395	8 265	10 329	13 450
科学研究和技术服务业	Scientific Research, Technical Services and Geologic Prospecting	4 909	5 183	5 711	6 209
水利、环境和公共设施管理业	Management of Water Conservancy, Environment and Public Facilities	1 764	1 801	1 926	2 102
居民服务、修理和其他服务业	Services to Households and Other Services	1 566	2 026	2 407	2 882
教　育	Education	7 270	7 403	7 618	7 962
卫生和社会工作	Health, Social Security and Social Welfare	4 226	4 229	4 332	4 435
文化、体育和娱乐业	Culture, Sports and Entertainment	2 138	2 359	2 561	2 809
公共管理、社会保障和社会组织	Public Management and Social Organizations	37 648	37 854	38 518	39 046
国际组织	International Organization			3	3

1-8 各州市法人单位数(2006-2011年)
Number of Legal Entities by Region (2006-2011)

单位：个 (unit)

州 市	Region	2006	2007	2008	2009	2010	2011
全 省	**Yunnan**	**1 023 720**	**110 196**	**126 405**	**148 613**	**170 936**	**197 322**
昆 明	Kunming	29 430	33 341	39 353	51 453	61 867	74 604
曲 靖	Qujing	8 487	9 590	11 951	13 763	15 531	17 371
玉 溪	Yuxi	7 807	8 033	9 317	9 789	10 918	12 075
保 山	Baoshan	4 191	4 421	4 741	5 431	5 889	6 624
昭 通	Zhaotong	5 404	5 538	7 128	7 398	8 737	9 510
丽 江	Lijiang	2 697	2 931	3 453	4 011	4 720	5 522
普 洱	Pu'er	5 377	5 590	6 591	7 139	7 679	8 743
临 沧	Lincang	4 365	4 436	4 199	4 900	5 586	6 324
楚 雄	Chuxiong	6 348	6 792	6 471	7 639	8 500	9 589
红 河	Honghe	8 262	8 611	10 128	11 777	13 081	14 361
文 山	Wenshan	4 531	4 933	5 240	5 934	6 537	7 442
西双版纳	Xishuangbanna	2 394	2 597	3 034	3 708	4 295	5 233
大 理	Dali	7 318	7 343	7 901	8 057	9 150	10 557
德 宏	Dehong	3 652	3 893	3 962	4 346	4 795	5 273
怒 江	Nujiang	1 156	1 177	1 670	1 890	2 069	2 290
迪 庆	Diqing	953	970	1 266	1 378	1 582	1 804

1-9 各州市基本单位数(2011年)
Number of Basic Entities by Region (2011)

单位：个 (unit)

州 市	Region	法人单位数 Number of Impersonal Entities	单产业法人 Single-industry Corporation	多产业法人 Multi-industry Corporation	产业活动单位数 Number of Industrial Activity Entities	多产业法人单位所属产业活动 Activity of Multi-industry Corporation
全 省	**Yunnan**	**197 322**	**183 025**	**14 297**	**269 670**	**86 645**
昆 明	Kunming	74 604	72 063	2 541	86 526	14 463
曲 靖	Qujing	17 371	16 062	1 309	24 787	8 725
玉 溪	Yuxi	12 075	11 327	748	15 639	4 312
保 山	Baoshan	6 624	5 852	772	10 711	4 859
昭 通	Zhaotong	9 510	8 660	850	16 152	7 492
丽 江	Lijiang	5 522	5 137	385	7 498	2 361
普 洱	Pu'er	8 743	7 860	883	12 648	4 788
临 沧	Lincang	6 324	5 634	690	9 690	4 056
楚 雄	Chuxiong	9 589	8 192	1 397	15 470	7 278
红 河	Honghe	14 361	13 096	1 265	21 149	8 053
文 山	Wenshan	7 442	6 694	748	12 276	5 582
西双版纳	Xishuangbanna	5 233	4 791	442	7 316	2 525
大 理	Dali	10 557	9 356	1 201	15 796	6 440
德 宏	Dehong	5 273	4 593	680	8 371	3 778
怒 江	Nujiang	2 290	2 132	158	3 091	959
迪 庆	Diqing	1 804	1 576	228	2 550	974

注：本表产业活动单位的汇总范围，包括外省(地、州)法人单位在本地的产业活动单位，但不包括本省(地、州)法人单位在外地的产业活动单位。

Note: The number of industrial activity entities by region does not include the number outside the province.

Chapter 2

二、经济增长

Economies

YUNNAN STATISTICAL YEARBOOK

云南统计年鉴 2012

2-1 1978-2011年云南生产总值

Historic Gross Regional Product (1978-2011)

单位：亿元 (100 million yuan)

年份 Year	生产总值 Gross Regional Product	第一产业 Primary Industry	第二产业 Secondary Industry	工业 Industry	建筑业 Construction	第三产业 Tertiary Industry	人均生产总值（元/人） Per Capita Gross Regional Product (yuan/person)
1978	69.05	29.46	27.58	20.91	6.67	12.01	226
1979	76.83	32.38	30.50	23.56	6.94	13.95	247
1980	84.27	35.89	33.98	25.86	8.12	14.40	267
1981	94.13	41.23	35.80	28.62	7.18	17.10	294
1982	110.12	47.04	42.39	34.21	8.18	20.69	339
1983	120.07	49.33	47.28	39.08	8.20	23.46	363
1984	139.58	57.33	54.38	44.14	10.24	27.87	416
1985	164.96	66.07	65.41	52.51	12.90	33.48	486
1986	182.28	71.32	70.83	61.09	9.74	40.13	528
1987	229.03	84.06	84.30	73.30	11.00	60.67	653
1988	301.09	103.47	112.40	99.19	13.21	85.22	845
1989	363.05	119.01	138.06	124.73	13.33	105.98	1 003
1990	451.67	168.13	157.80	142.77	15.03	125.74	1 224
1991	517.41	169.48	179.56	162.32	17.24	168.37	1 377
1992	618.69	186.80	219.03	193.90	25.13	212.86	1 625
1993	783.27	191.45	325.57	284.65	40.92	266.25	2 030
1994	983.78	236.25	428.68	383.91	44.77	318.85	2 515
1995	1 222.15	302.69	534.78	480.95	53.83	384.68	3 083
1996	1 517.69	360.48	669.06	599.82	69.24	488.15	3 779
1997	1 676.17	387.02	743.82	657.05	86.77	545.33	4 121
1998	1 831.33	403.43	818.26	705.55	112.71	609.64	4 446
1999	1 899.82	406.87	811.90	686.09	125.81	681.05	4 558
2000	2 011.19	431.80	833.25	704.00	129.25	746.14	4 770
2001	2 138.31	444.42	868.06	730.81	137.25	825.83	5 015
2002	2 312.82	463.44	934.88	788.44	146.44	914.50	5 366
2003	2 556.02	494.60	1 047.66	882.08	165.58	1 013.76	5 870
2004	3 081.91	593.59	1 281.63	1 066.41	215.22	1 206.69	7 012
2005	3 462.73	661.69	1 426.42	1 168.68	257.74	1 374.62	7 809
2006	3 988.14	724.40	1 705.83	1 401.57	304.26	1 557.91	8 929
2007	4 772.52	837.35	2 038.39	1 696.29	342.10	1 896.78	10 609
2008	5 692.12	1 020.56	2 452.75	2 051.73	401.02	2 218.81	12 570
2009	6 169.75	1 067.60	2 582.53	2 088.17	494.36	2 519.62	13 539
2010	7 224.18	1 108.38	3 223.49	2 604.07	619.42	2 892.31	15 752
2011	8 893.12	1 411.01	3 780.32	2 994.30	786.02	3 701.79	19 265

注：生产总值按当年价格计算。
Note: Gross Product is calculated at current prices.

2-2 1978-2011年云南生产总值指数(一)

Historic Indices of Gross Regional Product (Ⅰ)(1978-2011)

本表按不变价计算　　Data in this table are calculated at constant price

(上年=100)　　(preceding year=100)

年份 Year	生产总值指数(%) Indices of Gross Regional Product of (%)	第一产业 Primary Industry	第二产业 Secondary Industry	工业 Industry	建筑业 Construction	第三产业 Tertiary Industry	人均生产总值指数(%) Indices of Per Capita Gross Regional Product (%)
1978	121.7	113.7	129.0	128.3	132.6	119.2	119.0
1979	103.1	93.0	105.8	106.3	103.2	114.8	101.3
1980	108.5	109.8	110.1	109.4	113.9	102.5	107.1
1981	107.8	109.3	103.3	105.7	91.5	117.2	106.3
1982	115.5	112.8	115.1	115.7	111.6	120.4	113.6
1983	108.4	104.2	108.9	110.3	100.2	113.3	106.6
1984	114.5	113.7	112.9	111.8	120.0	118.9	113.0
1985	113.0	106.8	113.6	112.6	119.3	119.6	111.5
1986	104.3	97.7	106.6	106.6	106.7	107.1	102.7
1987	112.3	107.7	110.4	110.3	111.0	120.7	110.4
1988	116.0	107.8	118.5	118.1	120.8	119.0	114.2
1989	105.8	103.2	103.9	104.5	100.4	111.3	104.1
1990	108.7	108.5	109.8	110.1	107.9	107.1	106.7
1991	106.6	101.1	108.9	109.3	105.5	111.0	104.7
1992	110.9	103.0	116.8	115.2	133.5	113.4	109.5
1993	111.1	102.5	113.7	113.2	117.8	117.0	109.6
1994	112.2	103.0	117.3	117.7	114.0	114.7	110.7
1995	111.7	105.0	113.5	114.2	107.1	115.2	110.3
1996	111.1	105.2	111.5	112.0	106.6	115.1	109.7
1997	109.7	104.6	110.6	109.6	120.4	112.3	108.3
1998	108.1	103.0	109.2	107.2	126.6	110.3	106.7
1999	107.3	104.5	107.0	106.5	110.9	109.3	106.0
2000	107.5	105.6	105.8	107.0	97.2	110.4	106.2
2001	106.8	103.9	103.9	103.9	104.2	111.7	105.6
2002	109.0	103.8	109.3	110.0	105.8	111.4	107.8
2003	108.8	105.5	110.1	110.2	109.7	109.1	107.7
2004	111.3	105.3	112.7	111.8	117.8	112.8	110.3
2005	108.9	104.8	107.5	106.4	113.6	111.7	107.9
2006	111.6	105.5	116.8	116.5	118.2	109.0	110.7
2007	112.2	104.2	115.2	117.0	107.2	112.5	111.4
2008	110.6	106.3	112.1	113.4	105.5	110.7	109.8
2009	112.1	105.2	113.6	111.2	126.3	113.1	111.4
2010	112.3	104.2	115.8	114.6	121.1	111.5	111.6
2011	113.7	106.0	117.9	117.6	119.4	112.0	113.0

2-3 1978-2011年云南生产总值指数(二)

Historic Indices of Gross Regional Product (Ⅱ)(1978-2011)

本表按不变价计算 Data in this table are calculated at constant price

(1952年=100) (year of 1952=100)

年份 Year	生产总值指数(%) Indices of Gross Regional Product (%)	第一产业 Primary Industry	第二产业 Secondary Industry	工业 Industry	建筑业 Construction	第三产业 Tertiary Industry	人均生产总值指数(%) Indices of Per Capita Gross Regional Product (%)
1978	459.8	250.1	1 441.3	1 382.2	1 874.0	362.8	253.9
1979	474.1	232.6	1 524.9	1 469.3	1 934.0	416.5	257.2
1980	514.4	255.4	1 678.9	1 607.4	2 202.8	426.9	275.5
1981	554.5	279.2	1 734.3	1 699.0	2 015.6	500.3	292.9
1982	640.4	314.9	1 996.2	1 965.7	2 249.4	602.4	332.7
1983	694.2	328.1	2 173.9	2 168.2	2 253.9	682.5	354.7
1984	794.9	373.0	2 454.3	2 424.0	2 704.7	811.5	400.8
1985	898.2	398.4	2 788.1	2 729.4	3 226.7	970.6	446.9
1986	936.8	389.2	2 972.1	2 909.5	3 442.9	1 039.5	459.0
1987	1 052.0	419.2	3 281.2	3 209.2	3 821.6	1 254.7	506.7
1988	1 220.3	451.9	3 888.2	3 790.1	4 616.5	1 493.1	578.7
1989	1 291.1	466.4	4 039.8	3 960.7	4 635.0	1 661.8	602.4
1990	1 403.4	506.0	4 435.7	4 360.7	5 001.2	1 779.8	642.8
1991	1 496.0	511.6	4 830.5	4 766.2	5 276.3	1 975.6	673.0
1992	1 659.1	526.9	5 642.0	5 490.7	7 043.9	2 240.3	736.9
1993	1 843.3	540.1	6 415.0	6 215.5	8 297.7	2 621.2	807.6
1994	2 068.2	556.3	7 524.8	7 315.6	9 459.4	3 006.5	894.0
1995	2 310.2	584.1	8 540.6	8 354.4	10 131.0	3 463.5	986.1
1996	2 566.6	614.5	9 522.8	9 356.9	10 799.6	3 986.5	1 081.8
1997	2 815.6	642.8	10 532.2	10 255.2	13 002.7	4 476.8	1 171.6
1998	3 043.7	662.1	11 501.2	10 993.6	16 461.4	4 937.9	1 250.1
1999	3 265.9	691.9	12 306.3	11 708.2	18 255.7	5 397.1	1 325.1
2000	3 510.8	730.6	13 020.1	12 527.8	17 744.5	5 958.4	1 407.3
2001	3 749.5	759.1	13 527.9	13 016.4	18 489.8	6 655.5	1 486.1
2002	4 087.0	787.9	14 786.0	14 318.0	19 562.2	7 414.2	1 602.0
2003	4 446.7	831.2	16 279.4	15 778.4	21 459.7	8 088.9	1 725.4
2004	4 949.2	875.3	18 346.9	17 640.3	25 279.5	9 124.3	1 903.1
2005	5 389.7	917.3	19 722.9	18 769.3	28 717.5	10 191.8	2 053.4
2006	6 014.9	967.8	23 036.3	21 866.2	33 944.1	11 109.1	2 273.1
2007	6 748.7	1 008.4	26 537.8	25 583.5	36 388.1	12 497.7	2 532.2
2008	7 464.1	1 071.9	29 748.9	29 011.7	38 389.4	13 835.0	2 780.4
2009	8 367.3	1 127.6	33 794.8	32 261.0	48 485.8	15 647.4	3 097.4
2010	9 396.5	1 175.0	39 134.4	36 971.1	58 716.3	17 446.9	3 456.7
2011	10 683.8	1 245.5	46 139.5	43 478.0	70 107.3	19 540.5	3 906.1

2-4 各州市生产总值(2011年)

单位：亿元

州　市	Region	生产总值 Gross Regional Product	第一产业 Primary Industry	第二产业 Secondary Industry	工业 Industry	建筑业 Construction	第三产业 Tertiary Industry
全　省	**Yunnan**	**8 893.12**	**1 411.01**	**3 780.32**	**2 994.30**	**786.02**	**3 701.79**
昆　明	Kunming	2 509.58	133.83	1 161.18	848.90	312.29	1 214.57
曲　靖	Qujing	1 209.93	225.79	647.12	577.06	70.05	337.03
玉　溪	Yuxi	876.55	81.75	551.84	530.71	21.13	242.96
保　山	Baoshan	323.24	98.30	107.06	79.98	27.08	117.88
昭　通	Zhaotong	465.03	91.59	222.87	170.86	52.02	150.56
丽　江	Lijiang	178.50	30.49	74.39	46.64	27.76	73.62
普　洱	Pu'er	301.19	89.34	109.05	69.82	39.23	102.80
临　沧	Lincang	272.43	87.82	104.06	74.05	30.01	80.55
楚　雄	Chuxiong	482.50	108.32	208.43	171.36	37.07	165.75
红　河	Honghe	780.64	124.23	422.54	363.37	59.17	233.87
文　山	Wenshan	401.40	91.53	154.16	113.03	41.13	155.71
西双版纳	Xishuangbanna	197.59	57.39	59.81	39.80	20.01	80.40
大　理	Dali	568.10	123.45	238.21	197.56	40.65	206.44
德　宏	Dehong	172.32	45.41	59.85	46.65	13.20	67.06
怒　江	Nujiang	64.63	8.22	24.03	17.04	6.98	32.38
迪　庆	Diqing	96.39	8.12	39.40	20.62	18.78	48.87

注：由于各州、市分别计算，各州、市数相加不等于全省数。

Gross Regional Product by Region (2011)

(100 million yuan)

交通运输、仓储及邮政业 Transport,Storage, Post and Telecommunication Services	批发和零售业 Wholesale and Retail Trades and Catering Services	三次产业构成 Composition (%) 第一产业 Primary Industry	第二产业 Secondary Industry	第三产业 Tertiary Industry	人均GDP(元/人) Per Capita Gross Regional Product (yuan/pearion)
217.22	**932.21**	**15.9**	**42.5**	**41.6**	**19 265**
69.62	292.86	5.3	46.3	48.4	38 831
42.10	78.10	18.7	53.5	27.8	20 588
33.31	24.51	9.3	63.0	27.7	37 913
13.91	23.16	30.4	33.1	36.5	12 847
15.49	21.76	19.7	47.9	32.4	8 877
6.38	13.66	17.1	41.7	41.2	14 279
10.24	16.67	29.7	36.2	34.1	11 795
7.12	11.55	32.2	38.2	29.6	11 166
17.31	36.96	22.4	43.2	34.4	17 899
16.02	52.59	15.9	54.1	30.0	17 270
15.46	40.61	22.8	38.4	38.8	11 364
8.41	9.13	29.0	30.3	40.7	17 357
26.98	41.39	21.7	41.9	36.4	16 376
4.77	14.34	26.4	34.7	38.9	14 157
2.35	4.83	12.7	37.2	50.1	11 968
6.24	8.73	8.4	40.9	50.7	23 996

Note:The sum of the data of all prefectures and cities is not necessary equal to the provincial total because the regional data are calculated respectively.

2-5 1978-2011年支出法云南省生产总值

年 份 Year	生产总值(亿元) Gross Regional Product of Yunnan Province by Expenditure Approach (100 million yuan)	最终消费 Final Consumption Expenditure	居民消费 Household Consumption	农村居民 Rural Households	城镇居民 Urban Households	政府消费 Government Consumption
1978	69.05	52.03	47.80	33.03	14.77	4.23
1979	76.83	58.86	54.35	36.05	18.30	4.51
1980	84.27	63.35	58.87	38.10	20.77	4.48
1981	94.13	67.85	63.04	41.12	21.92	4.81
1982	110.12	84.44	78.72	52.89	25.83	5.72
1983	120.07	89.85	83.45	54.63	28.82	6.40
1984	139.58	101.28	93.70	56.24	37.46	7.58
1985	164.96	119.86	110.69	56.90	53.79	9.17
1986	182.28	133.08	121.36	55.49	65.87	11.72
1987	229.03	155.63	141.23	58.78	82.45	14.40
1988	301.09	197.01	178.00	57.37	120.63	19.01
1989	363.05	241.71	218.26	54.94	163.32	23.45
1990	451.67	298.97	269.68	57.71	211.97	29.29
1991	517.41	361.73	325.36	65.58	259.78	36.37
1992	618.69	413.48	365.98	67.05	298.93	47.50
1993	783.27	473.88	417.49	68.68	348.81	56.39
1994	983.78	576.50	498.67	73.25	425.42	77.83
1995	1 222.15	697.85	595.27	76.74	518.53	102.58
1996	1 517.69	874.19	736.07	80.71	655.36	138.12
1997	1 676.17	1 002.35	821.93	100.56	721.37	180.42
1998	1 831.33	1 113.45	866.26	103.63	762.63	247.19
1999	1 899.82	1 286.18	998.08	193.51	804.57	288.10
2000	2 011.19	1 524.48	1 097.63	327.70	769.93	426.85
2001	2 138.31	1 473.30	962.06	417.68	544.38	511.24
2002	2 312.82	1 581.97	1 061.50	433.10	628.40	520.47
2003	2 556.02	1 656.30	1 126.28	416.22	710.06	530.02
2004	3 081.91	2 042.43	1 456.91	521.76	935.15	585.52
2005	3 462.73	2 364.21	1 704.10	616.99	1 087.11	660.11
2006	3 988.14	2 659.07	1 863.52	684.54	1 178.98	795.55
2007	4 772.52	2 955.03	2 095.31	805.52	1 289.79	859.72
2008	5 692.12	3 410.47	2 474.62	911.15	1 563.47	935.85
2009	6 169.75	3 768.76	2 723.45	954.96	1 768.49	1 045.31
2010	7 224.18	4 332.64	3 123.69	1 137.92	1 985.77	1 208.95
2011	8 893.12	5 273.62	3 821.44	1 429.23	2 392.21	1 452.18

Gross Regional Product of Yunnan Province by Expenditure Approach (1978-2011)

资本形成总额 Gross Capital Formation	固定资本 Gross Fixed Capital Formation	存货增加 Changes in Inventory	净出口 Net Export	最终消费率(%) Final Consumption Rate(%)	资本形成率(%) Capital Formation Rate (%)
26.96	20.55	6.41	-9.94	75.4	39.0
30.63	27.64	2.99	-12.66	76.6	39.9
30.30	28.70	1.60	-9.38	75.2	36.0
28.35	26.09	2.26	-2.07	72.1	30.1
35.83	29.01	6.82	-10.15	76.7	32.5
34.57	29.63	4.94	-4.35	74.8	28.8
48.01	41.97	6.04	-9.71	72.6	34.4
56.76	50.07	6.69	-11.66	72.7	34.4
63.21	55.66	7.55	-14.01	73.0	34.7
68.70	59.75	8.95	4.70	68.0	30.0
93.77	77.51	16.26	10.31	65.4	31.1
114.22	79.90	34.32	7.12	66.6	31.5
132.16	89.25	42.91	20.54	66.2	29.3
185.88	150.37	35.51	-30.20	69.9	35.9
254.18	208.41	45.77	-48.97	66.8	41.1
372.84	288.95	83.89	-63.45	60.5	47.6
437.78	337.09	100.69	-30.50	58.6	44.5
498.64	399.91	98.73	25.66	57.1	40.8
623.77	472.82	150.95	19.73	57.6	41.1
717.40	560.29	157.11	-43.58	59.8	42.8
785.64	703.15	82.49	-67.76	60.8	42.9
761.83	738.21	23.62	-148.19	67.7	40.1
746.15	722.27	23.88	-259.44	75.8	37.1
957.96	770.20	187.76	-292.95	68.9	44.8
920.50	860.67	59.83	-189.65	68.4	39.8
1 188.55	1 068.51	120.04	-288.83	64.8	46.5
1 450.44	1 352.78	97.66	-410.96	66.3	47.1
1 798.86	1 564.23	234.63	-700.34	68.3	52.0
2 025.26	1 795.88	229.38	-696.19	66.7	50.8
2 113.54	2 063.58	49.96	-296.05	61.9	44.3
3 017.36	2 302.17	715.19	- 735.71	59.9	53.0
3 756.61	3 502.42	254.19	-1 355.62	61.1	60.9
5 578.57	5 213.05	365.52	-2 687.03	60.0	77.2
7 138.91	6 678.17	460.74	-3 519.41	59.3	80.3

2-6 1978-2011年支出法云南省生产总值构成
Composition of Gross Regional Product of Yunnan Province by Expenditure Approach (1978-2011)

年份 Year	比重(资本形成总额=100)(%) Proportion (Gross Capital Formation=100)		比重(最终消费=100)(%) Proporton (Final Consumption Expenditure=100)	
	固定资本形成总额 Gross Fixed Capital Formation	存货增加 Changes in Inventory	居民消费 Household Consumption	政府消费 Government Consumption
1978	76.2	23.8	91.9	8.1
1979	90.2	9.8	92.3	7.7
1980	94.7	5.3	92.9	7.1
1981	92.0	8.0	92.9	7.1
1982	81.0	19.0	93.2	6.8
1983	85.7	14.3	92.9	7.1
1984	87.4	12.6	92.5	7.5
1985	88.2	11.8	92.3	7.7
1986	88.1	11.9	91.2	8.8
1987	87.0	13.0	90.7	9.3
1988	82.7	17.3	90.4	9.6
1989	70.0	30.0	90.3	9.7
1990	67.5	32.5	90.2	9.8
1991	80.9	19.1	89.9	10.1
1992	82.0	18.0	88.5	11.5
1993	77.5	22.5	88.1	11.9
1994	77.0	23.0	86.5	13.5
1995	80.2	19.8	85.3	14.7
1996	75.8	24.2	84.2	15.8
1997	78.1	21.9	82.0	18.0
1998	89.5	10.5	77.8	22.2
1999	96.9	3.1	77.6	22.4
2000	96.8	3.2	72.0	28.0
2001	80.4	19.6	65.3	34.7
2002	93.5	6.5	67.1	32.9
2003	89.9	10.1	68.0	32.0
2004	93.3	6.7	71.3	28.7
2005	87.0	13.0	72.1	27.9
2006	88.7	11.3	70.1	29.9
2007	97.6	2.4	70.9	29.1
2008	76.3	23.7	72.6	27.4
2009	93.2	6.8	72.3	27.7
2010	93.4	6.6	72.1	27.9
2011	93.5	6.5	72.5	27.5

2-7 支出法各州市生产总值(2011年)

Gross Regional Product by Expenditure Approach and Region (2011)

州 市	Region	生产总值(亿元) Gross Regional Product by Expenditure Approach (100 million yuan)	最终消费 Final Consumption Expenditure	资本形成总额 Gross Capital Formation	最终消费率(%) Final Consumption Rate (%)	资本形成率(%) Capital Formation Rate(%)
全 省	**Yunnan**	**8 893.12**	**5 273.62**	**7 138.91**	**59.3**	**80.3**
昆 明	Kunming	2 509.58	1 161.52	1 738.93	46.3	69.3
曲 靖	Qujing	1 209.93	504.06	587.98	41.7	48.6
玉 溪	Yuxi	876.55	294.34	306.08	33.6	34.9
保 山	Baoshan	323.24	209.92	208.49	64.9	64.5
昭 通	Zhaotong	465.03	311.35	371.62	67.0	79.9
丽 江	Lijiang	178.50	107.14	187.76	60.0	105.2
普 洱	Pu'er	301.19	236.78	324.80	78.6	107.8
临 沧	Lincang	272.43	193.45	356.34	71.0	130.8
楚 雄	Chuxiong	482.50	274.15	197.64	56.8	41.0
红 河	Honghe	780.64	376.56	433.52	48.2	55.5
文 山	Wenshan	401.40	255.28	348.15	63.6	86.7
西双版纳	Xishuangbanna	197.59	125.32	103.75	63.4	52.5
大 理	Dali	568.10	353.30	350.69	62.2	61.7
德 宏	Dehong	172.32	121.73	174.67	70.6	101.4
怒 江	Nujiang	64.63	22.15	41.00	34.3	63.4
迪 庆	Diqing	96.39	45.54	50.30	47.2	52.2

注：1.由于受净出口及计算误差影响，最终消费加资本形成总额不等于支出法地区生产总值。
2.由于各州、市分别计算,各州、市数相加不等于全省数。

Note:a.The sum of final consumption expenditure plus gross capital formation is not equal to gross regional by expenditure approach because of net export and calculation errors.
b.The sum of data of all prefectures and cities is not equal to the provincial total because the regional data are calculated respectively.

2-8 各州市资本形成总额及构成(2011年)
Gross Capital Formation and Its Composition by Region (2011)

州 市	Region	资本形成总额 (亿 元) Gross Capital Formation (100 million yuan)	固定资本 Gross Fixed Capital Formation	存货增加 Changes in Inventory	构 成(资本形成总额为100)(%) Composition (Gross Capital Formation=100) 固定资本 Gross Fixed Capital Formation	存货增加 Changes in Inventory
全 省	**Yunnan**	**7 138.91**	**6 678.17**	**460.74**	**93.5**	**6.5**
昆 明	Kunming	1 738.93	1 700.08	38.85	97.8	2.2
曲 靖	Qujing	587.98	522.55	65.43	88.9	11.1
玉 溪	Yuxi	306.08	245.82	60.26	80.3	19.7
保 山	Baoshan	208.49	198.29	10.19	95.1	4.9
昭 通	Zhaotong	371.62	346.36	25.26	93.2	6.8
丽 江	Lijiang	187.76	180.75	7.01	96.3	3.7
普 洱	Pu'er	324.80	294.99	29.81	90.8	9.2
临 沧	Lincang	356.34	339.81	16.52	95.4	4.6
楚 雄	Chuxiong	197.64	184.37	13.26	93.3	6.7
红 河	Honghe	433.52	403.50	30.01	93.1	6.9
文 山	Wenshan	348.15	307.08	41.07	88.2	11.8
西双版纳	Xishuangbanna	103.75	98.70	5.04	95.1	4.9
大 理	Dali	350.69	283.65	67.04	80.9	19.1
德 宏	Dehong	174.67	153.39	21.28	87.8	12.2
怒 江	Nujiang	41.00	36.72	4.28	89.6	10.4
迪 庆	Diqing	50.30	46.98	3.32	93.4	6.6

注：由于各州、市分别计算，各州、市数相加不等于全省数。

Note:The sum of data of all prefectures and cities is not equal to the provincial total because the regional data are calculated respectively.

2-9 各州市最终消费及构成(2011年)

Final Consumption Expenditure and Its Composition by Region (2011)

州 市	Region	最终消费(亿元) Final Consumption Expenditure(100 million yuan)	居民消费 Households Consumption	农村居民 Rural Households	城镇居民 Urban Households	政府消费 Government Consumption	构成(最终消费=100)(%) Composition (%) 居民消费 Household Consumption	政府消费 Government Consumption
全 省	**Yunnan**	**5 273.62**	**3 821.44**	**1 429.23**	**2 392.21**	**1 452.18**	**72.5**	**27.5**
昆 明	Kunming	1 161.52	867.10	191.06	676.04	294.42	74.7	25.3
曲 靖	Qujing	504.06	431.83	149.48	282.35	72.24	85.7	14.3
玉 溪	Yuxi	294.34	200.54	104.18	96.36	93.79	68.1	31.9
保 山	Baoshan	209.92	155.75	79.19	76.56	54.17	74.2	25.8
昭 通	Zhaotong	311.35	252.69	133.69	119.00	58.66	81.2	18.8
丽 江	Lijiang	107.14	71.17	29.84	41.33	35.97	66.4	33.6
普 洱	Pu'er	236.78	168.49	73.68	94.81	68.29	71.2	28.8
临 沧	Lincang	193.45	141.73	60.95	80.78	51.72	73.3	26.7
楚 雄	Chuxiong	274.15	210.48	85.74	124.74	63.67	76.8	23.2
红 河	Honghe	376.56	280.12	121.08	159.04	96.44	74.4	25.6
文 山	Wenshan	255.28	182.02	65.79	116.23	73.26	71.3	28.7
西双版纳	Xishuangbanna	125.32	92.03	30.50	61.53	33.28	73.4	26.6
大 理	Dali	353.30	271.86	123.50	148.36	81.44	76.9	23.1
德 宏	Dehong	121.73	81.53	28.27	53.27	40.20	67.0	33
怒 江	Nujiang	22.15	13.17	7.33	5.85	8.98	59.5	40.5
迪 庆	Diqing	45.54	24.83	12.13	12.70	20.71	54.5	45.5

注：由于各州、市分别计算，各州、市数相加不等于全省数。
Note:The sum of data of all prefectures and cities is not equal to the provincial total because the regional data are calculated respectively.

2-10 各州市生产总值构成(2011年)
Composition of Gross Regional Product by Region (2011)

州市 Region	生产总值(亿元) Gross Regional Product (100 million yuan)	劳动者报酬 Remuneration For Labourers	生产税净额 Net Taxe on Production	固定资产折旧 Depreciation of Surplus	营业盈余 Operating Surplus
全省 Yunnan	**8 893.12**	**4 271.34**	**1 822.40**	**1 100.03**	**1 699.35**
昆明 Kunming	2 509.58	979.16	577.87	356.28	596.27
曲靖 Qujing	1 209.93	579.76	248.73	172.34	209.10
玉溪 Yuxi	876.55	219.68	308.87	131.95	216.06
保山 Baoshan	323.24	201.27	30.49	44.62	46.85
昭通 Zhaotong	465.03	251.12	106.64	48.62	58.66
丽江 Lijiang	178.50	97.65	26.13	26.27	28.47
普洱 Pu'er	301.19	179.15	21.89	46.31	53.84
临沧 Lincang	272.43	165.78	31.49	46.52	28.64
楚雄 Chuxiong	482.50	224.51	101.54	67.91	88.53
红河 Honghe	780.64	327.06	183.76	112.76	157.06
文山 Wenshan	401.40	211.89	51.80	41.20	96.50
西双版纳 Xishuangbanna	197.59	125.32	20.87	28.66	22.74
大理 Dali	568.10	282.95	116.21	77.65	91.28
德宏 Dehong	172.32	99.76	23.04	19.47	30.05
怒江 Nujiang	64.63	28.56	8.30	8.63	19.14
迪庆 Diqing	96.39	55.11	8.51	14.46	18.31

注：由于各州、市分别计算，各州、市数相加不等于全省数。
Note:The sum of data of all prefectures and cities is not equal to the provincial total because the regional data are calculated respectively.

2-11 2005-2011年非公有制经济增加值（2005-2011）

Added Value of Non-Public Ownership Economy (2005-2011)

单位：亿元 (100 million yuan)

州 市	Region	非公经济增加值 Added Value of Non-Public ownership Economy	第一产业 Primary Industry	第二产业 Secondary Industry	第三产业 Tertiary Industry
2005		1 211.76	142.26	523.62	545.87
2006		1 457.20	159.37	674.70	623.13
2007		1 784.92	190.92	831.50	762.50
2008		2 191.47	239.80	1 056.28	895.38
2009		2 412.38	263.68	1 115.65	1 033.04
2010		2 931.38	277.06	1 423.20	1 231.12
2011		3 743.14	365.45	1 705.82	167.18
昆 明	Kunming	1 124.44	33.59	491.66	599.19
曲 靖	Qujing	509.75	90.25	265.06	154.44
玉 溪	Yuxi	284.42	30.19	167.65	86.58
保 山	Baoshan	126.55	13.09	60.37	53.09
昭 通	Zhaotong	188.34	24.18	107.32	56.84
丽 江	Lijiang	89.43	8.51	49.63	31.29
普 洱	Pu'er	117.46	22.16	55.04	40.26
临 沧	Lincang	103.25	20.52	54.95	27.78
楚 雄	Chuxiong	208.00	31.37	101.84	74.79
红 河	Honghe	260.44	21.67	149.53	89.23
文 山	Wenshan	198.05	24.44	91.79	81.82
西双版纳	Xishuangbanna	71.92	9.11	33.12	29.69
大 理	Dali	259.85	37.16	139.39	83.29
德 宏	Dehong	72.20	7.94	38.56	25.70
怒 江	Nujiang	24.61	1.60	11.27	11.74
迪 庆	Diqing	43.80	2.09	22.11	19.59

注：全省数据为年快报数。
Note: Data of whole province are preliminary data from national account.

主要统计指标解释

生产总值 即原国内生产总值，指按市场价格计算的一个国家（或地区）所有常住单位在一定时期内生产活动的最终成果（国家称国内生产总值，各省区市称地区生产总值）。生产总值有三种表现形态，即价值形态、收入形态和产品形态。从价值形态看，它是所有常住单位在一定时期内生产的全部货物和服务价值超过同期投入的全部非固定资产货物和服务价值的差额，即所有常住单位的增加值之和；从收入形态看，它是所有常住单位在一定时期内创造并分配给常住单位和非常住单位的初次收入之和；从产品形态看，它是所有常住单位在一定时期内最终使用的货物和服务价值减去货物和服务进口价值。在实际核算中，生产总值有三种计算方法，即生产法、收入法和支出法。

生产法 是从生产的角度衡量常住单位在核算期内新创造价值的一种计算方法。即从生产的全部货物和服务总产品的价值中，扣除生产过程中投入的中间产品的价值，得到增加值。全社会所有常住单位增加值的总和就是生产总值。计算公式为：

增加值＝总产出－中间投入

国（地区）外净要素收入 是指本国（或本地区）居民对国（或本地区）外从事投资和提供劳务所得的要素收入，与外国（或本地区）居民对本国（或本地区）从事投资和提供劳务所得的要素收入的差额。

三次产业 三次产业的划分是世界上较为常用的产业结构分类，但各国的划分不尽一致。中国的三次产业划分是：

第一产业：是指农（种植）、林、牧、渔业，农林牧渔服务业。

第二产业：是指采掘业，制造业，电力、燃气及水的生产和供应业，建筑业。

第三产业：是指除第一、二产业以外的其他行业。包括：交通运输、仓储和邮政业，信息传输、计算机服务和软件业，批发和零售业，住宿和餐饮业，金融业，房地产业，租赁和商务服务业，科学研究、技术服务和地质勘查业，水利、环境和公共设施管理业，居民服务和其他服务业，教育，卫生、社会保障和社会福利业，文化、体育和娱乐业，公共管理和社会组织。

总产出 指常住单位在核算期内生产的货物和服务的价值总和，总产出中既包括核算期内新增加的价值，也包括中间投入的转移价值，它反映了国民经济各个部门生产活动的总规模。

中间投入 指常住单位在生产货物或提供服务的过程中，消耗和使用的所有原材料、燃料动力等货物和各种服务的价值。中间投入也称中间消耗，货物投入是生产过程中消耗或转换的有形的物质产品，不包括固定资产。服务投入是在生产过程中消耗的各种服务，包括金融保险、运输邮电、文化教育等等。

劳动者报酬 指劳动者因从事生产活动所获得的全部报酬。包括劳动者获得的各种形式的工资、奖金和津贴，既包括货币形式的，也包括实物形式的，还包括劳动者所享受的公费医疗和医药卫生费、上下班交通补贴、单位支付的社会保险费、住房公积金等。对于个体经济来说，其所有者所获得的劳动报酬和经营利润不易区分，这两部分统一作为劳动者报酬处理。

生产税净额 指生产税减生产补贴后的余额。生产税指政府对生产单位从事生产、销售和经营活动以及因从事生产活动使用某些生产要素（如固定资产、土地、劳动力）所征收的各种税、附加费和规费。生产补贴与生产税相反，指政府对生产单位的单方面转移支出，因此视为负生产税，包括政策亏损补贴、价格补贴等。

固定资产折旧 指一定时期内为弥补固定资产损耗按照规定的固定资产折旧率提取的固定资产折旧，或按国民经济核算统一规定的折旧率虚拟计算的固定资产折旧。它反映了固定资产在当期生产中的转移价值。各类企业和企业化管理的事业单位的固定资产折旧是指实际计提的折旧费；不计提折旧的政府机关、非企业化管理的事业单位和居民住房的固定资产折旧是按照统一规定的折旧率和固定资产原值计算的虚拟折旧。原则上，固定资产折旧应按固定资产当期的重置价值计算，但是目前我国尚不具备对全社会固定资产进行重估价的基础，所以暂时只能采用上述办法。

营业盈余 指常住单位创造的增加值扣除劳动者报酬、生产税净额和固定资产折旧后的余额。它相当于企业的营业利润加上生产补贴，但要扣除从利润中开支的工资和福利等。

支出法地区生产总值 是从最终使用的角度反映一个国家或地区一定时期内生产活动最终成果的一种方法，包括最终消费支出、资本形成总额及货物和服务净出口三部分。计算公式为：

支出法地区生产总值＝最终消费支出＋资本形成总额＋货物和服务净出口

最终消费支出 指常住单位为满足物质、文化和精神生活的需要，从本国经济领土和国外购买的货物和服务的支出。它不包括非常住单位在本国经济领土内的消费支出。最终消费支出分为居民消费支出和政府消费支出。

居民消费支出 指常住住户在一定时期内对于货物和服务的全部最终消费支出。居民消费支出除了直接以货币形式购买的货物和服务的消费支出外，还包括以其他方式获得的货物和服务的消费支出，即所谓的虚拟消费支出。居民虚拟消费支出包括如下几种类型：单位以实物报酬及实物转移的形式提供给劳动者的货物和服务；住户生产并由本住户消费了的货物和服务，其中的服务仅指住户的自有住房服务和付酬的家庭雇员提供的家庭和个人服务；金融机构提供的金融媒介服务。

政府消费支出 指政府部门为全社会提供的公共服务的消费支出和免费或以较低的价格向居民住户提供的货物和服务的净支出，前者等于政府服务的产出价值减去政府单位所获得的经营收入的价值，后者等于政府部门免费或以较低价格向居民住户提供的货物和服务的市场价值减去向住户收取的价值。

资本形成总额 指常住单位在一定时期内获得减去处置的固定资产和存货的净额，包括固定资本形成总额和存货增加两部分。

固定资本形成总额 指常住单位在一定时期内获得的固定资产减处置的固定资产的价值总额。固定资产是通过生产活动生产出来的，且其使用年限在一年以上、单位价值在规定标准以上的资产，不包括自然资产。可分为有形固定资本形成总额和无形固定资本形成总额。有形固定资本形成总额包括一定时期内完成的建筑工程、安装工程和设备工器具购置（减处置）价值，以及土地改良、新增役、种、奶、毛、娱乐用牲畜和新增经济林木价值。无形固定资本形成总额包括矿藏的勘探、计算机软件等获得减处置。

存货增加 指常住单位在一定时期内存货实物量变动的市场价值，即期末价值减期初价值的差额，再扣除当期由于价格变动而产生的持有收益。存货增加可以是正值，也可以是负值，正值表示存货上升，负值表示存货下降。存货包括生产单位购进的原材料、燃料和储备物资等存货，以及生产单位生产的产成品、在制品和半成品等存货。

货物和服务净出口 指货物和服务出口减货物和服务进口的差额。出口包括常住单位向非常住单位出售或无偿转让的各种货物和服务的价值；进口包括常住单位从非常住单位购买或无偿得到的各种货物和服务的价值。由于服务活动的提供与使用同时发生，一般把常住单位从非常住单位得到的服务作为进口，非常住单位从常住单位得到的服务作为出口。货物的出口和进口都按离岸价格计算。

Explanatory Notes on Principal Statistical Indicators

Gross Regional Product was called gross domestic Product under national level before. At national level, it is still called gross domestic product , It refers to the final products at market prices produced by all resident entities in a country (or territory) during a certain period of time. Gross regional product is expressed in three different forms, i. e. value, income, and product respectively. Gross regional product in its value form refers to the difference between the total value of all goods and services produced by all resident entities during a certain period of time and that of goods and services of the nature of non – fixed assets input in the same period, i. e. it is the sum of added value of all resident entities. Gross regional product in the form of income refers to the total initial income created by all resident entities and distributed to resident and non – resident entities in a certain period of time. Gross regional product in the form of product refers to the balance of the value of all goods and services for final consumption by all resident units minus the net export value of goods and services during a given period of time. In the practice of national accounting, gross regional product is calculated by three approaches, i. e. production approach, income approach and expenditure approach.

Production Approach refers to the calculation method for measuring the newly increased value of resident entities in the accounting period from the perspective of production, i. e. the value of total goods and services produced minus that of intermediate products input in the process of production is added value. The sum of added value created by all resident entities makes GDP. The formula is as follows: Added Value = Total Output - Intermediate Input

Net Factor Income from Abroad refers to the difference between factor income earned by residents of a country (or territory) from their investment and labor services in foreign countries (or territories) and that earned by residents of foreign countries (or territories) from their investment and labor services in that country (or territory).

Three Industries Classification of economic activities into three industries is a common practice in the world, although the grouping varies to some extent form country to country. In China, economic activities are categorized as follows: Primary industry refers to farming, forestry, animal husbandry and fishery. Secondary industry refers to mining and quarrying, manufacturing, production and supply of electricity, water, fuel gas and construction.

Tertiary industry refers to all other economic activities not included in primary or secondary industry, including services of farming, forestry, animal husbandry and fishery, communications and transportation, storage and postal services, information transmission, computer and software services wholesale and retail trade, hotel and food services, banking, real estate, lease and commercial services, scientific research and technical service, geological prospecting, management services of water conservancy, environment and public facilities, resident and other services, education, health care, social security and welfare, culture, sports and entertainment, public management and social organizations.

Total Output refers to the total value of goods and services produced by resident entities in the accounting period, including newly increased value and transfer value in intermediate input, which reflects the general scale of productive activities of each sector of the national economy.

Intermediate Input also known as intermediate consumption refers to the value of goods such as raw materials, fuels, power, etc. and various services consumed and used in the process of production or provision of services. Goods input refers to tangible material products consumed or transferred in production; and services input are those consumed in production, including banking, insurance, communications and transportation, culture, education, etc.

Compensation of Employees refers to the total payment of various forms to employees for the productive activities they are engaged in. It includes wages, bonuses and allowances, which the employees earn in cash or in kind.

It also includes the free medical services provided to the employees and the medicine expenses, transport subsidies and social insurance, and housing fund paid by the employers. As regards the individual economy, since compensation of employees is not easily distinguishable from the operating surplus, both parts are treated as compensation of employees.

Net Taxes on Production refers to taxes on production less subsidies on production. The taxes on production refers to the various taxes, extra charges and fees levied on the production units on their production, sale and business activities as well as on the use of some factors of production, such as fixed assets, land and labour in the production activities they are engaged in. In contrast to taxes on production, subsidies on production refer to the unilateral government transfer to the production units and are therefore regarded as negative taxes on production. They include subsidies on the loss due to implementation of government policies, price subsidies, etc.

Depreciation of Fixed Assets refers to the depreciation of fixed assets in a given period, drawn in accordance with the stipulated depreciation rate for the purpose of compensating the wear – and – tear loss of the fixed assets or the depreciation of fixed assets imputed in accordance with the stipulated unified depreciation rate in the national economic accounting system. It reflects the value of transfer of the fixed assets in the production of the current period. The depreciation of fixed assets in various enterprises and institutions managed as enterprises refers to the depreciation expenses actually drawn. In government agencies and institutions not managed as enterprises which do not draw the depreciation expenses, as well as for the houses of residents, the depreciation of fixed assets is the imputed depreciation, which is calculated in accordance with the stipulated unified depreciation rate. In principle, the depreciation of fixed assets should be calculated on the basis of the re – purchased value of the fixed assets. However, currently the conditions in China do not facilitate the revaluation of all the fixed assets. Therefore, only the above – mentioned methods can be adopted at present.

Operating Surplus refers to the balance of the value added created by the resident units after deducting the labourers remuneration, net taxes on production and the depreciation of fixed assets. It is equivalent to the business profit of the enterprises plus subsidies to production, but the wages and welfare expenses paid from the profits should be deducted.

Gross Regional Product by Expenditure Approach refers to the method of measuring the final results of production activities of a country or region during a given period from the perspective of final uses. It includes final consumption expenditure, gross capital formation and net export of goods and services. The formula for computation is. :

Gross Regional Product by expenditure approach = final consumption expenditure + gross capital formation + net export of goods and services

Final Consumption Expenditure refers to the total expenditure of resident units for purchases of goods and services from both the domestic economic territory and abroad to meet the needs of material, cultural and spiritual life. It does not include the expenditure of non – resident units on consumption in the economic territory of the country. The final consumption expenditure is broken down into household consumption expenditure and government consumption expenditure.

Household Consumption Expenditure refers to the total expenditure of resident households on the final consumption of goods and services. In addition to the consumption of goods and services bought by the households directly with money, the household consumption expenditure also includes expenditure on goods and services obtained by the households in other ways, i. e. the so – called imputed consumption expenditure, which includes the following: a) the goods and services provided to households by employers in the form of payment in kind and transfer in kind; b) goods and services produced and consumed by the households themselves, in which the services refer to the owner – occupied housing and services offered by payed family employees; c) financial intermediate services provided by financial institution.

Government Consumption Expenditure refers to the consumption expenditure spent for the provision of public services provided by the government to the whole country and the net expenditure on the goods and services provided by the government to households free of charge or at reduced prices. The former equals to the output value of the government services minus the value of operating income obtained by the government departments. The latter equals to the market value of the goods and services provided by the government free of charge or at reduced prices to the households minus the value received by the government from the households.

Gross Capital Formation refers to the fixed assets acquired less disposals and the net value of inventory, thus including gross fixed capital formation and changes in inventories. Gross Fixed Capital Formation refers to the value of acquisitions less those disposals of fixed assets during a given period. Fixed assets are the assets produced through production activities with unit value above a specified amount and which could be used for over one year. Natural assets are not included. Gross fixed capital formation can be categorized into total tangible fixed capital formation and total intangible fixed capital formation. Total tangible fixed capital formation includes the value of the construction projects and installation projects completed and the equipment, apparatus and instruments purchased (less those disposed) as well as the value of land improved, the value of draught animals, breeding stock and animals for milk, for wool and for recreational purposes and the newly increased forest with economic value. Total intangible fixed capital formation includes the prospecting of minerals and the acquisition of computer software minus the disposal of them.

Changes in Inventories refers to the market value of the change in the physical volume of inventory of resident units during a given period, i. e. the difference between the values at the beginning and at the end of the period minus the gains due to the change in prices. The changes in inventories can have a positive or a negative value. A positive value indicates an increase in inventory while a negative value indicates a decrease in inventory. The inventory includes raw materials, fuels and reserve materials purchased by the production units as well as the inventory of finished products, semi – finished products and work – in – progress.

Net Export of Goods and Services refers to the exports of goods and services subtracting the imports of goods and services. Exports include the value of various goods and services sold or gratuitously transferred by resident units to non – resident units. Imports include the value of various goods and services purchased or gratuitously acquired resident units from non – resident units. Because the provision of services and the use of them happen simultaneously, the acquisition of services by resident units from abroad is usually treated as import while the acquisition of services by non – resident units in this country is usually treated as export. The exports and imports of goods are calculated at FOB.

Chapter 3

三、固定资产投资

Investment in Fixed Assets

YUNNAN STATISTICAL YEARBOOK

3-1 1978-2011年全社会固定资产投资总额

Historic Total Investment in Fixed Assets of the Whole Province (1978-2011)

单位：亿元 (100 million yuan)

年 份 Year	固定资产投资额 Investment in Fixed Assets	国有经济 State-owned Entities	集体经济 Collective-owned Entities	其他经济 Others	个体经济 Self-employed Entities	农 村 Rural
1978	15.04	13.43	1.15		0.46	0.46
1979	16.77	14.45	1.26		1.07	1.07
1980	20.90	15.95	1.45		3.50	3.50
1981	18.68	13.99	1.47		3.22	3.20
1982	24.55	20.25	1.75		2.55	2.50
1983	24.50	20.23	1.11		3.15	3.11
1984	32.99	24.13	3.92		4.94	4.83
1985	46.28	31.99	7.43		6.85	6.58
1986	49.92	33.91	8.48		7.53	7.15
1987	54.38	36.09	10.02		8.27	7.72
1988	67.77	45.61	10.80		11.35	10.17
1989	67.80	41.72	14.00		12.08	10.40
1990	75.74	51.22	12.57		11.96	11.05
1991	98.32	71.19	14.21		12.92	12.10
1992	140.69	103.93	20.32		16.44	14.87
1993	251.40	181.38	37.26	9.81	22.96	19.82
1994	321.73	221.11	38.69	26.76	35.17	31.56
1995	380.57	262.84	38.55	39.66	39.52	35.95
1996	448.02	298.67	47.56	55.34	46.45	41.98
1997	540.50	367.04	51.30	68.92	53.24	47.40
1998	672.54	483.90	51.21	77.87	59.56	51.50
1999	717.28	498.35	52.43	66.13	100.37	45.65
2000	697.94	466.20	47.44	74.28	110.03	49.75
2001	734.81	490.41	42.44	73.81	128.16	55.86
2002	828.65	522.34	53.36	117.10	135.85	56.09
2003	1 021.18	544.48	54.89	223.89	197.93	65.68
2004	1 330.60	617.34	58.04	376.44	278.78	72.50
2005	1 755.30	815.27	79.47	619.98	240.58	63.28
2006	2 220.45	1 067.50	136.81	639.11	377.03	142.90
2007	2 798.89	1 211.78	193.99	806.76	586.36	234.12
2008	3 526.60	1 426.95	228.97	1 118.10	752.58	261.70
2009	4 527.02	2 144.32	111.54	1 851.44	419.72	386.48
2010	5 528.71	2 623.07	107.41	2 549.41	24.44	224.39
2011	6 185.30	2 463.63	99.35	3 328.78	35.25	258.29

注：1.2006年国家对全社会固定资产投资口径和计算方法作了调整。

2.2010年国家对全社会固定资产投资口径范围、统计起点和计算方法作了调整，投资项目统计起点由50万元提高到500万以上

Note: a.In 2006,the National Bureau of Statistics adjusted the coverage and calculation method for calculating total investment in fixed assets.

b.In 2010,the National Bureau of Statistics adjusted the coverage ,statistical starting point and calculation method for calculating total

3-2 1978-2011年按经济类型分固定资产投资构成
Historic Total Investment in Fixed Assets of the Whole Province by Economic Types (1978-2011)

单位：% (%)

年 份 Year	固定资产投资构成 Investment in Fixed Assets	国有经济 State-owned Entities	集体经济 Collective-owned Entities	其他经济 Others	个体经济 Self-employed Entities	农 村 Rural
1978	100.0	89.3	7.6		3.1	3.1
1979	100.0	86.2	7.5		6.3	6.4
1980	100.0	76.3	6.9		16.8	16.7
1981	100.0	74.9	7.9		17.2	17.1
1982	100.0	82.5	7.1		10.4	10.2
1983	100.0	82.6	4.5		12.9	12.7
1984	100.0	73.1	11.9		15.0	14.6
1985	100.0	69.1	16.1		14.8	14.2
1986	100.0	67.9	17.0		15.1	14.3
1987	100.0	66.4	18.4		15.2	14.2
1988	100.0	67.3	15.9		16.8	15.0
1989	100.0	61.5	20.6		17.9	15.3
1990	100.0	67.6	16.6		15.8	14.6
1991	100.0	72.4	14.5		13.1	12.3
1992	100.0	73.9	14.4		11.7	10.6
1993	100.0	72.1	14.8	3.9	9.2	7.9
1994	100.0	68.7	12.1	8.3	10.9	9.8
1995	100.0	69.1	10.1	10.4	10.4	9.4
1996	100.0	66.7	10.5	12.4	10.4	9.4
1997	100.0	67.9	9.5	12.7	9.9	8.8
1998	100.0	72.0	7.5	11.6	8.9	7.7
1999	100.0	69.5	7.3	9.2	14.0	6.4
2000	100.0	66.8	6.8	10.6	15.8	7.1
2001	100.0	66.7	5.8	10.0	17.5	7.6
2002	100.0	63.0	6.4	14.1	16.5	6.8
2003	100.0	53.3	5.4	21.9	19.4	6.4
2004	100.0	46.4	4.4	28.3	20.9	5.4
2005	100.0	46.4	4.5	35.3	13.8	3.6
2006	100.0	48.1	6.2	28.8	16.9	6.4
2007	100.0	43.3	6.9	28.8	21.0	8.4
2008	100.0	40.5	6.5	31.7	21.3	7.4
2009	100.0	47.4	2.5	40.9	9.3	8.5
2010	100.0	47.5	1.9	46.1	0.4	4.1
2011	100.0	39.8	1.6	53.8	0.6	4.2

3-3 2011年全社会固定资产投资情况(一)

Total Investment in Fixed Asset of the Whole Province by Rural and Urban Areas (Ⅰ)(2011)

单位：亿元 (100 million yuan)

国民经济行业	National Economic Sector	固定资产投资 Total Investment	房地产开发 Investment in Real Estate Development
全社会固定资产投资总额	**Total Investment in Fixed Assets of the uhole province**	**6 185.30**	**1 272.72**
按登记注册类型分	**Grouped by Registration Status**		
内　资	Domestic Fund	6 017.77	1 239.59
国　有	State-owned	2 380.82	47.23
集　体	Collective-owned	98.59	11.79
联　营	Joint Ownership	7.58	0.05
股份制	Share Holding	369.28	53.47
其　他	Others	3 161.50	1 127.05
港澳台商投资	Fund from Hong Kong,Macao and Taiwan	58.58	26.93
# 合资经营	Joint Venture	19.49	11.49
合作经营	Collaborative Operation	0.11	
独　资	Solely Foreign-owned	20.11	15.44
外商投资	Fund from Overseas	73.70	6.19
# 合资经营	Joint Venture	31.13	1.80
合作经营	Collaborative Operation	5.51	4.39
独　资	Solely Foreign-owned	9.65	
按隶属关系分	**Grouped by Jurisdiction of Management**		
中　央	Central Investment	646.03	2.29
地　方	Local Investment	5 280.98	1 270.43
省	Province	580.82	51.02
州(市)	Prefectures(Cities)	592.40	75.74
县(区、县级市)	Counties(Regions and Cities at County Level)	1 389.55	148.88
其　他	Others	2 976.50	994.79
按建设性质分	**Grouped by Type of Construction**		
# 新　建	New Construction	3 731.67	
扩　建	Expansion	581.71	
改建和技术改造	Reconstruction and Technical Transformation	501.63	
单纯建造生活设施	Housing	12.95	
迁　建	Removal and Reconstruction	38.76	
恢　复	Resumption	4.01	
单纯购置	Purchase only	41.84	

3-4 2010年全社会固定资产投资情况(二)
Total Investment in Fixed Assets of the Whole province by Rural and Urban Areas (Ⅱ)(2010)

单位：亿元 (100 million yuan)

类　别	Category	全　省 Yunnan	地　方 Local
全社会固定资产投资额	**Total Investment in Fixed Assets of the uhole province**	**6 185.30**	**5 280.98**
#住宅投资	Residential Buildings	1 026.25	1 024.03
#经济适用房	Economically Affordable Houses	17.01	16.95
按构成分	**Investment by Structure**		
建筑工程	Construction	4 296.99	3 787.63
安装工程	Installation	312.02	248.22
设备工器具购置	Purchase of Equipment and Instruments	655.76	522.04
#购置旧设备	Purchase of Second-hand Equipments	4.70	4.70
#用于更新的设备	Purchase of Equipment to Renew Old Ones	128.75	87.40
其他费用	Others	920.54	723.09
#旧建筑物购置费	Purchase of Used Buildings	19.24	19.24
#土地购置费	Purchase of Field	410.77	408.10
本年新增固定资产	**Newly Increased Real Estate**	**3 071.16**	**2 938.75**
本年施工房屋面积(万平方米)	Project under Construction (10 000 sq.m)	17 187.44	17 069.82
#住　宅	Residential Building	9 620.24	9 589.87
#经济适用房	Economically Affordable Houses	165.83	164.82
本年竣工房屋面积(万平方米)	Project Completed and Put into Use (10 000 sq.m)	2 920.21	2 910.55
#住　宅	Residential Building	1 681.89	1 679.09
#经济适用房	Economically Affordable Houses	61.24	61.24
本年竣工房屋价值	Project Completed and Put into Use	545.28	543.02
#住　宅	Residential Building	301.44	300.60
施工项目个数（个）	Number of Projects Under Construction (unit)	12 684	12 482
#本年新开工	Started This Year	6 660	6 561
本年投产项目个数(个)	Number of Projects Put into Use (unit)	5 908	5 816
规划用地面积(万平方米)	Land Space Planned (10 000 sq.m)	117 558.04	60 222.35
本年实际征用和购置土地面积(万平方米)	Land Space Purchased and Used This Year (10 000sq.m)	7 678.23	7 556.33
本年实际征用和购置土地成交价款	Value of Land Purchased and Used This Year	433.45	423.23
本年资金来源合计	**Total Fund of Different Sources**	**7 078.24**	**6 360.78**
上年末结余资金	Fund Left Last Year	832.22	795.77
本年资金来源小计	Total Fund of This Year	6 246.02	5 565.02
国家预算内资金	State Budgetary Appropriations	420.94	404.05
国内贷款	Domestic Loans	1 066.87	755.84
债　券	Stock	3.51	3.51
利用外资	Overseas Funds	11.82	11.37
#外商直接投资	Direct Foreign Investment	7.82	7.37
自筹资金	Self-raising Fund	3 648.39	3 349.23
#企事业单位自有资金	Fund of Enterprises	1 070.26	907.12
其他资金来源	Other Sources of Funds	1 094.49	1 041.00
本年各项应付款合计	**Total of Account Payable**	**857.20**	**813.69**
#工程款	for Projects	400.72	388.41

3-5 按国民经济行业分的固定资产投资(2011年)
Investment in Fixed Assets by National Economic Sector (2011)

单位：亿元 (100 million yuan)

国民经济行业	National Economic Sector	全 省 Yunnan
全社会固定资产投资额	**Total Investment in Fixed Assets of the uhole province**	**6 185.30**
农、林、牧、渔业	**Farming, Forestry, Animal Husbandry and Fishery**	**153.15**
农 业	Farming	55.90
林 业	Forestry	16.57
畜牧业	Animal Husbandry	13.11
渔 业	Fishery	1.22
农、林、牧、渔服务业	Services for Farming, Forestry, Animal Husbandry and Fishery	66.36
采矿业	**Mining**	**2 624.20**
煤炭开采和洗选业	Mining and Washing of Coal	94.90
石油和天然气开采业	Extraction of Petroleum and Natural Gas	0.17
黑色金属矿采选业	Mining and Dressing of Ferrous Metal Ores	35.50
有色金属矿采选业	Mining and Dressing of Nonferrous Metals Ores	105.88
非金属矿采选业	Mining and Dressing of Nonmetal Ores	21.36
其他采矿业	Mining and Dressing of Other Ores	4.61
制造业	**Manufacture**	**895.50**
农副食品加工业	Processing of Farm and Sideline Food	57.22
食品制造业	Manufacture of Food	23.74
饮料制造业	Manufacture of Beverage	24.20
烟草制品业	Tobacco Products	36.43
纺织业	Textile Industry	18.14
纺织服装、鞋、帽制造业	Manufacture of Textile Garments, Footwear and Headgear	2.93
皮革、毛皮、羽毛(绒)及其制品业	Feather, Furs, Down and Related Products	1.82
木材加工及木、竹、藤、棕、草制品业	Timber Processing, Bamboo, Cane, Palm Fiber & Straw Products	16.44
家具制造业	Manufacture of Furniture	6.15
造纸及纸制品业	Papermaking and Paper Products	11.54
印刷业和记录媒介的复制	Printing and Record Medium Reproduction	9.01
文教体育用品制造业	Manufacture of Cultural, Educational and Sports Goods	1.28
石油加工、炼焦及核燃料加工业	Petroleum Refining, Coking and Nuclear Fuel Processing	22.41
化学原料及化学制品制造业	Manufacture of Raw Chemical Materials and Chemica Products	88.34
医药制造业	Manufacture of Medicines	25.19
化学纤维制造业	Manufacture of Chemical Fibers	0.63
橡胶制品业	Rubber Products	3.66
塑料制品业	Plastic Products	16.35
非金属矿物制品业	Nonmetal Mineral Products	130.41
黑色金属冶炼及压延加工业	Smelting and Pressing of Ferrous Metals	85.68
有色金属冶炼及压延加工业	Smelting and Pressing of Nonferrous Metals	115.86
金属制品业	Metal Products	25.34
通用设备制造业	Manufacture of General Purpose Equipment	18.03
专用设备制造业	Manufacture of Special Purpose Equipment	12.66
交通运输设备制造业	Manufacture of Transport Equipment	19.63
电气机械及器材制造业	Manufacture of Electrical Machinery and Equipment	24.15
通信设备、计算机电子设备制造业及其他	Manufacture of Communication Equipment, Computers and Other Electronic Equipment	7.27
仪器仪表及文化、办公用机械制造业	Manufacture of Instruments, Meters and Machinery for Cultural and Office Use	0.99
工艺品及其他制造业	Handicraft and Other Manufactures	79.80
废弃资源和废旧材料回收加工业	Recycling and Disposal of Waste	10.20
电力、燃气及水的生产和供应业	**Production and Supply of Electric,Gas and Water**	**792.61**
电力、热力的生产和供应业	Production and Supply of Electric Power and Heat Power	756.19
燃气生产和供应业	Production and Supply of Gas	9.17
水的生产和供应业	Production and Supply of Tap Water	27.25
建筑业	**Construction**	**6.13**
房屋和土木工程建筑业	Building and Civil Engineering Construction	4.34
建筑安装业	Construction Installment	0.14
建筑装饰业	Construction Decoration	0.77
其他建筑业	Other Construction	0.90

3-5 续表 continued

单位：亿元

国民经济行业	National Economic Sector	全　省 Yunnan
交通运输、仓储和邮政业	**Transport, Storage and Postal Services**	**842.80**
铁路运输业	Railway Transport	69.43
道路运输业	Road Transport	601.45
城市公共交通业	Urban Public Traffic	73.16
水上运输业	Waterway Transport	2.14
航空运输业	Air Transport	67.41
管道运输业	Pipeline Transport	0.80
装卸搬运和其他运输服务业	Loading and Unloading and Other Transport Services	0.88
仓储业	Storage	27.33
邮政业	Postal Services	0.19
信息传输、计算机服务和软件业	**Information Transmission, Computer Services and Software**	**48.64**
电信和其他信息传输服务业	Telecommunications and Other Information Transmission Services	47.91
计算机服务业	Computer Services	0.73
软件业	Software	
批发和零售业	**Wholesale and Retail Trades**	**253.87**
批发业	Wholesale Trade	162.90
零售业	Retail Trade	90.97
住宿和餐饮业	**Hotels and Catering Services**	**97.55**
住宿业	Hotels	92.55
餐饮业	Catering Services	5.00
金融业	**Finance**	**4.10**
银行业	Banking	4.10
证券业	Securities	
保险业	Insurance	
其他金融活动	Other Financial Activities	
房地产业	**Real Estate**	**1482.11**
租赁和商务服务业	**Leasing and Business Services**	**21.49**
租赁业	Leasing Services	0.28
商务服务业	Business Services	21.21
科学研究、技术服务和地质勘查业	**Scientific Research, Technical Services and Geological Prospecting**	**33.28**
研究与试验发展	Research and Experimental Development	4.93
专业技术服务业	Special Technical Services	27.42
科技交流和推广服务业	Scientific & Technological Exchange and Promotion Services	0.24
地质勘查业	Geological Prospecting	0.70
水利、环境和公共设施管理业	**Management of Water Conservancy,Environment and Public Facilities**	597.18
水利管理业	Management of Water Conservancy	174.47
环境管理业	Management of Environment	84.31
公共设施管理业	Management of Public Facilities	338.40
居民服务和其他服务业	**Services to Households and Other Services**	**14.46**
居民服务业	Services to Households	9.23
其他服务业	Other Services	5.23
教　育	**Education**	**126.05**
卫生、社会保障和社会福利业	**Health Care, Social Security and Social Welfare**	**81.54**
卫　生	Health Care	69.40
社会保障业	Social Security	8.92
社会福利业	Social Welfare	3.22
文化、体育和娱乐业	**Culture, Sports and Recreation**	**98.63**
新闻出版业	Publication	0.36
广播、电视、电影和音像业	Radio, Television, Film and Video	1.98
文化艺术业	Culture and Arts	23.72
体　育	Sports	14.14
娱乐业	Recreation	58.43
公共管理和社会组织	**Public Administration and Social Organizations**	**115.49**
中国共产党机关	Organs of Communist Party of China	0.06
国家机构	Government Agencies	88.39
人民政协和民主党派	CPPCC and Democratic Parties	0.40
群众团体、社会团体和宗教组织	Mass Organizations, Social Organizations and Religious Organizations	13.86
基层群众自治组织	Self-governing Mass Organizations at the Grass-roots Level	12.79
国际组织	**International Organizations**	

3−6 新增生产能力(2011年)

Newly Increased Production Capacity (2011)

单位：万吨/年 (10 000 tons/year)

生产能力(或)效益名称	Item	建设规模 Total Construction Size	本年施工规模 Under Construction This Year	本年新开工 Started This Year	累计新增 Production Newly Increased	本年新增 Newly Increased This Year
原煤开采	Coal Mining	3220.08	2938.88	843.38	2178.38	583.38
洗　煤	Coal Washing	2682.00	2507.00	1745.00	2405.00	1815.00
焦　炭	Coke	787.30	713.30	413.30	534.30	253.30
铁矿开采(原矿)	Iron Ore Mining	1443.25	782.85	277.05	685.90	565.70
铁矿选矿处理量)	Iron Ore Processing Capacity	171.00	162.00	85.00	74.00	60.00
铁矿石成品矿	Refined Iron Ore Mine	35.00	35.00	15.00	20.00	20.00
生　铁	Pig Iron	453.20	388.50	255.70	393.70	346.60
铁合金	Ferroalloy	510.30	395.48	387.23	400.32	336.32
钢　材	Rolled Steel	942.24	857.44	572.20	617.24	362.44
铜冶炼	Copper Smelting	29.42	27.12	8.30	6.22	23.30
氧化铝	Aluminum Oxide	80.00	40.00		40.00	
铝加工	Aluminum Machining	64.80	43.11	40.11	22.14	11.31
发电机组容量(万千瓦)	Installation Capacity of Power Generation (10 000 kw)	5383.47	4113.40	507.63	1374.85	481.70
水力发电	Hydro Power Generation	4944.62	3740.82	393.68	1303.27	421.55
火力发电	Thermal Power Generation	289.35	267.25	27.25	11.25	10.95
其他发电	Others	29.75	21.35	5.25	7.85	2.65
输电线路长度(11万伏及以上)(公里)	Length of Transmission Line (over 110kv) (km)	1 269	1 269	253	1 119	1 119
水　泥	Cement	3498.65	3314.65	1492.65	1745.40	1335.40
氮　肥	Nitrogen Fertilizers	41.62	41.12	1.62	38.37	37.62
磷　肥	Phosphate Fertilizers	66.04	55.15	39.15	61.15	51.15
塑料树脂及共聚物	Plastics,Colophony and Copolymer	0.55	0.45	0.40	0.55	0.45
合成橡胶	Synthetic Rubber	0.50	0.30	0.30	0.30	0.30
酒	Liquor	47.38	36.98	23.10	22.68	12.68
啤　酒	Beer	42.00	32.00	20.00	20.00	10.00
白　酒	Wine	4.88	4.68	2.80	2.38	2.38
机制纸浆　(万吨/年)	Machine-made Pulp	15.10	15.10	1.00	1.00	
新建公路(公里)	Length of Newly-built Highway (km)	5 752	5 093	1 733	3 290	2 641
# 高速公路	Expressway	1 077	636	159	65	65
一级公路	Class-A Highway	164	153	86	81	61
二级公路	Class-B Highway	2 650	2 569	288	1 808	1 347
改建公路(公里)	Length of Reconstructed Highway (km)	7 094	6 697	3 885	4 630	4 242
一级公路	Class-A Highway	123	123	30	32	32
二级公路	Class-B Highway	1 886	1 807	583	1 588	1 406
新建独立公路桥梁（延长米)	Length of Newly-built Bridges (m)	5 886	5 486	3 621	3 382	3 219
新建独立公路桥梁(座)	Number of Newly-built Bridges (set)	22	22	14	9	9
新(扩)建客、货运站(个)	Cargo or Passenger Terminals (unit)	24	23	17	19	17
新(扩)建客货运站（万平方米)	Cargo or Passenger Terminals (10 000 sq.m)	31	8	8	28	6
候机楼（座)	Terminals (unit)					
候机楼（平方米)	Terminals (sq.m)					
城市自来水供水能力(万吨/日)	Urban Volume of Water Supply (10 000 tons/day)	136.46	122.66	105.51	112.31	97.50
城市污水处理能力(万吨/日)	Urban Capacity of Sewage Treatment (10 000 tons/day)	70.06	66.60	33.98	33.39	32.38

主要统计指标解释

固定资产投资 是以货币形式表现的在一定时期内建造和购置固定资产的工作量以及与此有关的费用的总称。该指标是反映固定资产投资规模、结构和发展速度的综合性指标，又是观察工程进度和考核投资效果的重要依据。固定资产投资按登记注册类型可分为国有、集体、个体、联营、股份制、外商、港澳台商、其他等。固定资产投资统计口径为各种登记注册类型的企业、事业、行政单位及个体户进行的计划总投资（或实际需要总投资）500万元以上的建设项目投资。

全社会固定资产投资 根据国家投资统计制度规定，从2010年起全社会固定资产投资统计口径为500万元以上建设项目（含房地产开发）投资和农村农户投资。

固定资产投资按国民经济行业分 根据建设项目建成投产后的主要产品或主要用途及社会经济活动性质来确定国民经济行业。一般情况下，一个建设项目或一个企业、事业单位只能属于一种国民经济行业。

固定资产投资按隶属关系分 是按建设单位或企业、事业、行政单位的主管上级机关确定的。

（1）中央：是指中共中央、人大常委会和国务院各部、委、局、总公司以及直属机构直接领导的建设项目和企业、事业、行政单位。这些单位的固定资产投资计划由国务院各部门直接编制和下达，建设中所需物资、主要设备以及建设中的问题都由中央有关部门安排和解决。

（2）地方：是由省（自治区、直辖市）、地区（州、盟、省辖市）、县（旗、县级市）三级政府及业务主管部门直接领导和管理的建设项目、企业、事业、行政单位。地方项目还包括不隶属以上各级政府及主管部门的建设项目和企业、事业单位，如外商投资企业和无主管部门的企业等。

固定资产投资按建设性质分 根据整个建设项目情况来确定。建设项目的性质一般分为新建、扩建、改建和技术改造、迁建、恢复等。

（1）新建：一般指从无到有开始建设的企业、事业和行政单位或建设项目。现有企业、事业、行政单位一般不属于新建。但如有的单位原有基础很小，经过建设后新增的固定资产价值超过该企、事业、行政单位原有固定资产价值（原值）三倍以上的也应作为新建。

（2）扩建：指在厂内或其他地点，为扩大原有产品的生产能力（或效益）或增加新的产品生产能力，而增建主要的生产车间（或主要工程）、分厂、独立的生产线。行政、事业单位在原单位增建业务用房（如学校增建教学用房、医院增建门诊部、病房等）也作为扩建。

现有企、事业单位为扩大原有主要产品生产能力或增加新的产品生产能力，增建一个或几个主要生产车间（或主要工程）、分厂，同时进行一些更新改造工程的，也应作为扩建。

（3）改建和技术改造：指现有企业、事业单位，对原有设施进行技术改造或更新（包括相应配套的辅助性生产、生活福利设施）的建设项目。现有企业、事业单位为适应市场变化的需要，而改变企业的主要产品种类（如军工企业转产民用品等）的建设项目，应作为改建。原有产品生产作业线由于各工序（车间）之间能力不平衡，为填平补齐充分发挥原有生产能力而增建不增加本企业主要产品设计能力的车间，也应作为改建。技术改造是指企业、事业单位在现有基础上，用先进的技术代替落后的技术，用先进的工艺和装备代替落后的工艺和装备，以改变企业落后的技术经济面貌，实现以内涵为主的扩大再生产，达到提高产品质量、促进产品更新换代、节约能源、降低消耗、扩大生产规模、全面提高社会经济效益的目的。技术改造具体包括以下内容：机器设备和工具的更新改造；生产工艺改革、节约能源和原材料的改造；厂房建筑和公共设施的改造；保护环境进行的“三废”治理改造；劳动条件和生产环境的改造等。

固定资产投资按构成分 固定资产投资活动按其工作内容和实现方式分为建筑工程、安装工程，设备、工具、器具购置，其他费用四个部分。

（1）建筑工程：指各种房屋、建筑物的建造工程，又称建筑工作量。包括各种房屋建造工程；各种用途设备基础和各种工业窑炉的砌筑工程及金属结构工程；为施工而进行的各种准备工作和临时工程以及完工后的清理工作等；铁路、道路的铺设，矿井的开凿及石油管道的架设等；水利工程；防空地下建筑等特殊工程；列入房屋工程预算内的暖气、卫生、通风、照明、煤气等设备的价值及装设油饰工程；列入建筑工程预算内的各种管道（蒸汽、压缩空气、石油、给排水等管道）、电力、电讯电缆导线等的敷设工程；房地产开发单位进行的商品房屋开发建设工程、土地开发工程。

（2）安装工程：指各种设备、装置的安装工程，又称安装工作量。包括各种需要安装设备的装配和安装，与设备相连的装设工程及附属于被安装设备的其他工程；为测定安装工程质量，对设备进行的试运工作。但不包括被安装设备本身的价值。

（3）设备、工具、器具购置：指建设单位或企、事业单位购置或自制的，达到固定资产标准的设备、工具、器具的价值。新建单位及扩建单位的新建车间，按照设计或计划要求购置或自制的全部设备、工具、器具，不论是否达到固定资产标准均计入"设备、工具、器具购置"中。

（4）其他费用：指在固定资产建造和购置过程中发生的，除上述几项内容以外的各种应分摊计入固定资产的费用。

新增固定资产 指已经完成建造和购置过程，并已交付生产或使用单位的固定资产的价值。包括已经建成投入生产或交付使用的工程投资和达到固定资产标准的设备、工具、器具的投资及有关应摊入的费用。属于增加固定资产价值的其他建设费用，应随同交付使用的工程一并计入新增固定资产。

施工房屋面积 指报告期内施工的全部房屋建筑面积。包括本期新开工的面积和上期开工跨入本期继续施工的房屋面积，以及上期已停缓建在本期复工的房屋面积。本期竣工和本期施工后又停缓建的房屋，其建筑面积仍计入本期施工房屋面积中。

房屋新开工面积 指报告期内新开工的全部房屋建筑面积，以单位工程为核算对象。房屋新开工面积指整栋房屋的全部建筑面积，不能分割计算。

竣工房屋面积 指在报告期内房屋建筑按照设计要求已全部完工，达到住人和使用条件，经验收鉴定合格（或达到竣工验收标准），可正式移交使用的各栋房屋建筑面积的总和。

竣工房屋价值 指在报告期内竣工房屋本身的建造价值。竣工房屋价值按房屋设计和预算规定的内容计算。

施工项目 指报告期内进行过建筑或安装施工活动的项目。凡是报告期内施过工的建设项目，不论施工时间长短，均作为施工项目统计。施工项目个数可以反映一定时期固定资产投资的实际规模，与同期全部建成投产项目个数相比，可以从建设速度的角度反映固定资产投资的效果。

全部建成投产项目 报告期内按设计文件规定建成主体工程和相应配套的辅助设施，形成生产能力或工程效益，经验收合格，并且已正式投入生产或交付使用的建设项目。

新增生产能力 指通过固定资产投资活动而增加的设计能力或工程效益，它是用实物形态表示的固定资产投资的成果。新增生产能力的计算，是以能独立发挥生产能力或效益的工程为对象。当工程建成，经有关部门鉴定合格，正式移交投入生产，即可计算新增生产能力。

规划用地面积 指根据经有关部门批准的项目规划，建设项目需要使用的土地面积。

实际征用和购置土地面积 指报告期内通过征用等各种方式获得使用权的土地面积。

实际征用和购置土地成交价款 指报告期内征用和购置土地进行土地使用权交易活动的最终金额。征用和购置的土地成交价款与征用和购置土地面积同口径，目的是正确计算平均土地征用和购置价格。

固定资产投资的资金来源 根据固定资产投资的资金来源不同，分为上年末结余资金和本年资金来源。其中本年资金来源又分为六种：

（1）国家预算资金：包括中央预算资金和地方预算资金。其中中央预算资金分为财政拨款和财政安排的贷款两部分。

（2）国内贷款：指报告期固定资产投资项目单位向银行及非银行金融机构借入的用于固定资产投资的各种国内借款。包括银行利用自有资金及吸收的存款发放的贷款、上级主管部门拨入的国内贷款、国家专项贷款（包括煤代油贷款、劳改煤矿专项贷款等），地方财政专项资金安排的贷款、国内储备贷款、周转贷款等。银行贷款、非银行金融机构贷款等。

（3）债券：（是企业（公司）或金融机构通过发行各种债券筹集到的用于固定资产投资的资金。包括由银行代理国家专业投资公司发行的重点企业债券和基本建设债券。指企业或金融机构为筹集用于固定资产投资的资金向投资者出具的承诺按一定发行条件还本付息的债务凭证，包括金融债券和债券。

（4）利用外资：指报告期收到的用于固定资产建造和购置投资的境外资金（包括设备、材料、技术在内）。计算利用外资时，需要折算成人民币，折算中所使用的外汇汇率按现汇计算，即按使用外汇时的汇率计算。

（5）自筹资金：指固定资产投资单位报告期收到的，由各地区、各部门及企业、事业单位筹集用于固定资产投资的预算外资金，包括中央各部门、各级地方和企业、事业单位的自有资金。

（6）其他资金来源：指在报告期收到的除以上各种资金之外其他用于固定资产投资的资金。包括社会集资、个人资金、无偿捐赠的资金及其他单位拨入的资金等。

Explanatory Notes on Principle Statistical Indicators

Total Investment in Fixed Assets refers to the volume of activities in construction and purchases of fixed assets and related fees, expressed in monetary terms during the reference period. It is a comprehensive indicator which shows the size, structure and growth of the investment in fixed assets, providing a basis for observing the progress of construction projects and evaluating results of investment. Total investment in fixed assets includes, by type of ownership, the investment by State – owned units, collective – owned units, individuals, joint ownership units, share – holding units, as well as investments by entrepreneurs from foreign countries and from Hong Kong, Macao and Taiwan, and by other units. Its statistical range is construction projects involving a total planned (or required) investment over 5 million yuan by enterprises of various types of ownership, institutions, administrative units and individuals in urban areas. In other words, all investments that take place in county towns and urban areas, investment in construction projects under the direct leadership and management of government agencies at and above county levels and investments by enterprises and institutions at and above county levels are covered in urban investment in fixed assets.

Investment in Fixed Assets of the Whole Society According to the regulations of national investment system, statistical coverage of the investment in fixed assets of the whole province refers to the construction projects investment and rural household investment over 5 million yuan (excludes that of real estate).

Investment in Fixed Assets by Sector The classification of construction projects by sector is determined by the major products or the purpose of the projects when they are put into production or use, and by the nature of their social economic activities. In general, one project or one enterprise or institution can only be classified into one sector.

Investment in Fixed Assets by Jurisdiction of Management refers to the classification of investment by the competent authorities under which investment is made by construction units, enterprises, institutions or administrative units.

(1) **Central Investment** refers to the investment in projects or by enterprises, institutions or administrative units which are under the direct leadership and management of the State Council and of the national commissions, ministries, agencies and State – owned large corporations. Various ministries and departments of the State Council prepare and implement plans for investment in fixed assets by those departments, and arrange and ensure the supply of materials and key equipment required for the projects.

(2) **Local Investment** refers to the investment in projects or by enterprises, institutions or administrative units which are under the direct leadership and management of departments under the provincial, prefecture and county governments. Also included are projects by foreign – invested enterprises and enterprises without competent managing authorities.

Investment in Fixed Assets by Type of Construction Construction projects in general can be classified, by the type of construction, into new construction, expansion, reconstruction and technical transformation, moving and restoration.

(1) **New Construction in General** refers to construction projects, which start from scratch, of enterprises, in-

stitutions, administrative agencies. Construction in existing enterprises, institutions or agencies is generally not considered as new construction. In case the size of the existing unit is quite small, and the value of newly added fixed assets is more than three times of the original value, the expansion will be considered as new construction.

(2) **Expansion** refers to construction of new major production workshop, branch factory or independent production line within a factory or in other locations, for the purpose of increasing the production capacity (or improving efficiency) or adding new production capacity. Newly constructed accommodation for the operation of institutions and administrative organizations (such as newly constructed buildings for teaching in schools, buildings for clinics or wards in hospitals, etc.) are also classified as expansion.

Also included in expansion are investments by existing enterprises or institutions in building major production line (s) or branch factory (ies) along with some work on innovation, for the purpose of expanding the production capacity of original products or producing new products. (3) **Reconstruction and technical transformation** refers to construction projects by existing enterprises or institutions in innovation or technical transformation of the old facilities (including auxiliary production equipment and welfare facilities). Also considered as reconstruction is the construction of new workshops by the existing enterprises or institutions to change the variety of products to meet the market demand (such as the production of civil products by defense industries), or to bring the designed production capacity into full play through a more balanced production process on production lines. Technical transformation refers to replacement of old technology or equipment by new technology or equipment, in order to expand the reproduction through improvement of technology contents in production, to improve product quality, to promote new products, to save energy, to reduce consumption, to expand the production scale and to improve overall social - economic efficiency. Contents of technical transformation include: updating of machinery, equipment and tools; reforming production process by using energy or materials saving technology; construction of factory workshops and transformation of public facilities; improvement of working conditions and environment, etc.

Investment in Fixed Assets by Structure By their contents and the mode of implementation, investment activities are classified into 3 categories, i. e. construction and installation, purchase of equipment and instrument, and other expenses.

(1) **Construction** (**work volume of construction**) refers to the construction of houses and buildings, They include construction of houses; equipment foundations, industrial kilns and stoves, and metal structure work; preparation works and temporary works for project construction, and clearing up works post project construction; pavement of railways and roads, drilling of mines and putting up of oil pipes; construction of water conservancy; construction of underground air - raid shelters and construction of other special projects; value of equipment for heating, sanitation, ventilation, lighting, gas, painting, etc. that are covered by the budget of housing projects; laying out of various pipelines (for steam, compressed air, petroleum, tap water and sewage) and wiring and cabling for electric power and for communications; installation of various machinery and equipment; testing operation for pre - testing the quality of installation projects, and land and other development work conducted by real estate developers for commercialized housing.

(2) **Installation** (**work volume of installation**) refers to the installation of various kinds of equipment and instruments, the installation projects connected with the equipment and other projects attach to the installation equipment; preparing work of the equipment to test the quality of the installation projects. The value of equipment installed is itself not included in the value of installation projects.

(3) **Purchase of Equipment and Instruments** refers to the total value of equipment, tools, and instruments purchased or self - produced which come up to the cut - off point for fixed assets by the construction units or investing enterprises or institutions. Equipment, tools and instruments purchased or self - produced for new workshops by newly established or expanded units are categorized as " purchase of equipment and instruments" no matter whether they come up to the cut - off point for fixed assets.

(4) **Other Expenses** refer to expenses arising during the construction or purchase of fixed assets other than

those mentioned above.

Newly Increased Fixed Assets refer to the newly increased value of fixed assets, constructed or purchased, that have been transferred to the investors. This is an indicator that demonstrates the results of investment in fixed assets in monetary terms, and an important indicator to reflect the speed of construction and to calculate the efficiency of investment.

Floor Space under Construction refers to total floor space of all buildings under construction during the reference period, including floor space of newly started buildings during the reference period, floor space of construction extended from the previous period to the current period, and floor space of construction suspended during the previous period and resumed in the current period. Floor space of construction completed in the current period, and floor space of construction started and then suspended in the current period are also included in the floor space under construction of the current year.

Floor Space of Newly Started refers to the total floor space of buildings of newly started in the reference period and its accounting coverage is the unit construction. It is the total floor space of the whole building and it should be calculated as a whole.

Floor Space Completed refers to the floor space of all buildings completed in the reference period, which has been appraised and accepted (or come up to the designed standards) and has been transferred to owner units.

Value of Floor Space Completed refers to the value of floor space of all buildings completed in the reference period, it is calculated according to the building design and the content of the budget regulation.

Projects under Construction refer to projects with construction and installation activities undertaken in the reference period. The number of projects under construction can reflect the actual size of investment in fixed assets during a given period, and when compared with the number of projects completed and put into use during the same period, it demonstrates the results of investment in fixed assets from the angle of the speed of the construction. Depending on the nature of construction activities, projects under construction can also be classified into projects beginning construction in current year, winding – up projects in current year and stopped or suspended projects in previous years (with resumption of work in current year).

Projects Completed and Put into Use refers to the construction projects which have been completed the main work and responding supporting facilities which has built up the productivity or project benefit in accordance with the design documents, have been checked and accepted after relevant examination; and have been formally delivered for use in the reference period.

Newly Increased Production Capacity (or Project Efficiency) refers to the increase in design capacity (or project efficiency) through investment in fixed assets, which reflects the accomplishment of investment in fixed assets in physical form, and its calculating coverage is the construction which can produce the production capacity and project efficiency independently and has been appraised and accepted (or come up to the designed standards) and has been transferred to use formally when it is completed.

Plan Land Area for Use refers to the land area of the construction projects and the project planning which have been approved by relevant department.

Actual Requisitioning and Purchased Land Area refers to the area of the land obtained by requisition and other ways in the reference period.

Actual Sales Amount of Requisitioning and Purchasing Land refers to the final amount of money spent on requisitioning and purchasing land in the reference period. In order to calculating the average requisitioning land and purchasing price correctly, the coverage of requisitioning and purchasing land area is same as that of actual price of requisitioning and purchasing land.

Sources of Funds for Investment in Fixed Assets are categorized as surplus fund from the year – end of preceding year and source of funds this year , depending on the sources of investment. Source of funds this year are categorized as follows:

(1) **Fund from the State Budget Consists of Budgetary Appropriation Includes Central Budget Funds and Local Budget Funds.** central budget funds includes funds from the budget of the central government, capital construction fund (operation fund and non - operational fund), special expenses (e. g. expenses on substituting petroleum with coal), loans from repayment, discount fund, expenses on innovation and trial production of new products, expenses on urban construction, expenses on temporary construction from business departments, development fund for less developed areas, as well as local budgetary fund transferred from the central budget.

(2) **Domestic loans** refer to loans of various forms borrowed by investing units from banks and non - bank financial institutions during the reference period for the purpose of investment in fixed assets, including loans issued by banks from their self - owned funds and deposit, loans appropriated by higher authorities, special loans by government, loans arranged by local government from special funds, domestic reserve loan, and working loan.

(3) **Bond** refers to the funds raised by enterprises (corporations) or financial institutions through bonds issue and used for the investment in fixed assets, including the key enterprises bond and fundamental construction bond issued by banks deputized for national professional investment corporations.

(4) **Foreign investment** refers to foreign funds received during the reference period for the construction and purchase of investment in fixed assets (covering equipment, materials and technology). In calculating the utilization of foreign capital, foreign currencies are converted into Chinese Renminbi applying the current exchange rate when the foreign capitals are actually used.

(5) **Self - raised funds** refer to extra - budgetary funds for investment in fixed assets received during the reference period by investing units from central government ministries, local governments, enterprises and institutions, including their self - raised funds.

(6) **Others** refer to funds for investment in fixed assets received from sources other than those listed above, including capital raised through issuing bonds by enterprises or financial institutions, funds raised from individuals and through donations, and funds transferred from other units.

Chapter 4

四、城乡市场消费

Urban and Rural Consumption

YUNNAN STATISTICAL YEARBOOK

4-1 全省主要年份流通业基本情况
Basic Statistics on Circulation of Commodities of Yunnan Province in Significant Years

类　　别	Category	2007	2008	2009	2010	2011
全省限额以上法人企业（个）	**Corporate Enterprises above Designated Size (unit)**	**1 671**	**2 004**	**2 017**	**2 445**	**2 798**
批发和零售业	Wholesale and Retail Trades	1 070	1 518	1 512	1 842	2 098
住宿业	Hotels	518	359	373	423	479
餐饮业	Catering Services	83	127	132	180	221
全省限额以上企业从业人员(万人)	**Employed Persons in Enterprises above Designated Size (10 000 person)**	**19.48**	**20.12**	**21.64**	**26.21**	**31.49**
批发和零售业	Wholesale and Retail Trades	13.46	14.04	14.72	17.39	21.60
住宿业	Hotels	4.82	4.67	5.22	5.97	6.20
餐饮业	Catering Services	1.21	1.42	1.71	2.85	3.69
全省批发和零售业（亿元）	**Wholesale and Retail Trade (100 million yuan)**					
商品购进总额	Total Purchases	2 184.84	2 727.88	2 662.38	3 677.09	4 715.39
商品销售总额	Total Sales	3 426.84	4 699.22	4 847.27	6 229.16	5 240.31
商品库存总额	Total Inventory	330.19	469.74	562.87	700.06	618.28
全省社会消费品零售总额(亿元)	**Total Retail Sales of Consumer Goods (100 million yuan)**	**1 422.57**	**1 764.74**	**2 051.06**	**2 542.44**	**3 000.14**
按销售单位所在地分	**Grouped by Location of Marketing Establishments**					
城　镇	Urban Areas	1 111.53	1 387.01	1 622.74	2 183.32	2 602.61
#城　区	Cities	786.82	985.53	1 255.02	1 664.65	1 950.22
乡　村	Rural Areas	311.04	377.73	428.32	359.12	397.53
按行业分	**Grouped by Sector**					
批发和零售业	Wholesale and Retail Trades	1 093.98	1 351.77	1 626.15	2 023.54	2 390.50
住宿和餐饮业	Hotels and Catering Services	236.87	306.76	304.82	362.82	437.21
按经济成分分	**Grouped by Type of Economic Ownership**					
公有制经济	Public Ownership Economy	248.89	305.93	335.24	475.35	564.64
#国有经济	Of Which: State-owned Economy	165.98	198.37	223.62	359.11	473.40
非公有制经济	Non-public Ownership Economy	1 173.68	1 458.81	1 715.82	2 067.10	2 435.50
#私有经济	Of Which: Private Ownership Economy	987.35	1 207.23	1 440.72	1 843.61	2 168.09

注：1．2008年数据为第二次经济普查数据，统计口径与非普查年份有差异；2009年起购销存数据包括达到限额标准的个体户。
2．限额以上住宿业的统计口径，2008年后为年主营业务收入200万元以上的企业，2007年及以前的为评为星级的住宿企业。
3．2005—2008年零售额相关数据根据2008年第二次经济普查结果有所调整。
4．零售额按行业分为其中数，未包括其他行业数据。

Note: a.Data of 2008 are that of the Second Economic Census,and the statistical coverage of 2008 differs from that of years without census. Buying,selling and stocking data of 2009 include that of individual-employed people up to limited standards.
b. The calculating standard of business of star-rated hotels in 2008 are enterprises of revenue from principal business above 2 million Yuan, while in 2007, the star-rated hotels.
c.Relevant data of retail sales from year 2005 to 2008 have been adjusted according to the Second Economic Census held in 2008.
d.Data of retail Sales are that of each Sector under retail trades,exclude data of other sector.

4-2 1978-2011年社会消费品零售总额

Historical Total Retail Sales of Consumer Goods (1978-2011)

单位：亿元 (100 million yuan)

年份 Year	社会消费品零售总额 Total Retail Sales of Consumer Goods	城镇 Urban Areas	#城区 Cities	乡村 Rural Areas	按行业分 Grouped by Sector: 批发零售贸易业 Wholesale and Retail Trades	住宿餐饮业 Hotels and Catering Services
1978	28.38	18.74	6.93	9.64		
1979	32.60	20.36	8.49	12.24		
1980	37.96	24.35	10.79	13.61		
1981	42.04	26.33	10.24	15.71		
1982	44.54	27.71	11.89	16.84		
1983	55.19	34.21	14.66	20.97		
1984	65.58	41.25	21.01	24.34		
1985	84.45	54.38	31.54	30.07		
1986	91.91	58.08	30.35	33.83		
1987	102.55	65.76	33.94	36.79		
1988	135.57	89.13	46.24	46.44		
1989	142.15	94.10	49.98	48.05		
1990	145.59	97.58	52.44	48.02		
1991	163.75	111.73	59.90	52.02		
1992	204.60	144.05	81.00	60.55		
1993	261.90	195.20	117.62	66.70		
1994	304.97	228.78	142.05	76.19		
1995	369.55	277.47	172.30	92.08		
1996	414.18	309.01	192.07	105.17		
1997	467.07	353.25	227.60	113.82		
1998	500.09	382.53	256.26	117.55		
1999	538.95	413.04	283.37	125.91	463.07	61.78
2000	583.17	448.36	309.28	134.81	493.53	74.87
2001	640.80	493.65	343.41	147.14	533.82	90.10
2002	711.25	550.37	384.61	160.88	585.57	106.61
2003	782.46	605.75	425.26	176.71	635.42	124.63
2004	915.31	710.20	498.96	205.11	732.07	134.55
2005	1 041.29	809.19	568.30	232.10	829.62	156.54
2006	1 204.75	938.82	659.75	265.93	963.16	181.23
2007	1 422.57	1 111.53	786.82	311.04	1 093.98	236.87
2008	1 764.74	1 387.01	985.53	377.73	1 351.77	306.76
2009	2 051.06	1 622.74	1 255.02	428.32	1 626.15	304.82
2010	2 542.44	2 183.32	1 664.65	359.12	2 023.54	362.82
2011	3 000.14	2 602.61	1 950.22	397.53	2 390.50	437.21

注：2005-2008年零售额相关数据根据2008年第二次经济普查结果有所调整。

Note:Relevant data of retail sales from 2005 to 2008 have been adjusted according to the Second Economic Census held in 2008.

4-3 各州市社会消费品零售总额(2011年)

单位：亿元

州 市	Region	社会消费品零售总额 Total Retail Sales of Consumer Goods	按销售单位所在地分 Grouped by Location of Marketing Establishments		
			城 镇 Urban Areas	#城 区 Cities	乡 村 Rural Areas
全 省	**Yunnan**	**3 000.14**	**2 602.61**	**1 950.22**	**397.53**
昆 明	Kunming	1 271.73	1 220.33	1 168.06	51.40
曲 靖	Qujing	280.76	197.09	151.07	83.66
玉 溪	Yuxi	168.36	132.22	93.57	36.15
保 山	Baoshan	101.47	68.66	47.64	32.80
昭 通	Zhaotong	126.83	90.60	30.05	36.23
丽 江	Lijiang	55.67	39.97	22.38	15.69
普 洱	Pu'er	86.22	67.92	25.71	18.30
临 沧	Lincang	87.10	56.56	37.98	30.54
楚 雄	Chuxiong	158.32	124.31	71.45	34.01
红 河	Honghe	184.21	145.50	63.87	38.71
文 山	Wenshan	173.13	114.20	7.56	58.93
西双版纳	Xishuangbanna	60.70	43.73	25.02	16.97
大 理	Dali	170.50	142.16	99.90	28.34
德 宏	Dehong	65.28	44.60	35.37	20.68
怒 江	Nujiang	17.65	11.58	8.17	6.07
迪 庆	Diqing	25.34	14.80	4.01	10.54

注：分州市相加不等于全省合计数。

Total Retail Sales of Consumer Goods by Region (2011)

按行业分 Grouped by Sector		按经济成分分 Grouped by Type of Ownership			
批发零售贸易业 Wholesale and Retail Trades	住宿餐饮业 Hotels and Catering Services	公有制经济 Public Ownership Economy	国有经济 Of Which: State-owned Economy	非公有制经济 Non-public Ownership Economy	私有经济 Of Which: Private Ownership Economy
2 390.50	**437.21**	**564.64**	**473.40**	**2 435.50**	**2 168.09**
1 083.48	188.25	169.00	139.93	1 102.73	855.61
243.39	37.37	60.32	33.74	220.44	192.04
138.78	29.59	37.21	28.59	131.15	109.84
86.30	15.17	29.94	27.79	71.53	71.13
111.14	15.69	27.59	27.25	99.24	88.76
41.42	14.25	6.36	5.56	49.30	47.27
71.38	14.83	10.76	8.41	75.46	75.00
69.95	17.15	12.22	10.51	74.88	66.34
132.48	25.84	35.97	30.80	122.35	116.65
150.64	33.57	75.37	65.78	108.85	87.94
141.91	31.23	35.97	27.55	137.17	137.12
52.53	8.17	11.95	10.60	48.76	40.50
144.44	26.07	39.68	34.90	130.82	121.08
56.09	9.19	10.42	7.79	54.86	52.72
14.94	2.71	3.81	3.75	13.84	9.20
22.38	2.96	8.68	6.91	16.66	16.66

Note: The sum of the data of various regions is not equal to the provincial total.

4-4 限额以上批发和零售业商品购进、销售、库存总额(2011年)

单位：亿元

类　别	Category	法人企业数(个) Number of Corporate Enterprises (unit)	产业活动单位和个体户数(个) Number of Industrial Activity Entities and Self-employed Entities (unit)
全　省	**Yunnan**	**2 098**	**388**
批发业	**Wholesale Trade**	**944**	**33**
按登记注册类型分	**Grouped by Status of Registration**		
内资企业	Domestic-funded Enterprises	932	11
国有企业	State-owned Enterprises	61	1
集体企业	Collective-owned Enterprises	31	
股份合作企业	Joint Stock Cooperative Enterprises	9	
联营企业	Joint Ownership Enterprises	4	
有限责任公司	Limited Liability Companies	244	2
股份有限公司	Incorporated Corporations	53	5
私营企业	Private Enterprises	485	3
其他企业	Other Enterprises	45	
港澳台商投资企业	Enterprises Invested by Hong Kong, Macao and Taiwan	8	
外商投资企业	Foreign-funded Enterprises	4	
按国民经济行业分	**Grouped by Sector**		
农畜产品批发业	Wholesale of Farm and Livestock Products	35	3
食品、饮料及烟草制品批发业	Wholesale of Food, Beverages and Tobaccos	111	8
米、面制品及食用油批发业	Wholesale of Rice, Flour and Edible Oil	34	1
饮料及茶叶批发	Wholesale of Beverages and Tea	22	
烟草制品批发业	Wholesale of Tobaccos	16	
纺织、服装及日用品批发业	Wholesale of Textiles, Garments and Daily Consumer Articles	23	4
文化、体育用品及器材批发业	Wholesale of Culture, Sports Appliances and Equipments	10	1
医药及医疗器材批发业	Wholesale of Medicines and Medical Appliances	87	
矿产品、建材及化工产品批发业	Wholesale of Mineral Products, Building Materials and Chemical Products	514	14
煤炭及制品批发业	Wholesale of Coal and Related Products	46	
石油及制品批发业	Wholesale of Petrolem and Related Products	36	
金属及金属矿批发业	Wholesale of Metal Materials	191	4
建材批发业	Wholesale of Building Materials	46	2
化肥批发业	Wholesale of Chemical Fertilizer	97	4
其他化工产品批发	Wholesale of Other Chemical Products	89	1
机械设备、五金交电及电子产品批发业	Wholesale of Machinery, Hardware and Electronic Products	125	2
汽车、摩托车及零配件批发业	Wholesale of Motor Vehicles, Motorcycles and Parts	22	1
家用电器批发业	Wholesale of Household Electrical Appliances	14	
计算机、软件及辅助设备批发业	Wholesale of Computer; Software and Assistant Appliances	17	
其他机械设备及电子产品批发	Wholesale of Machinery and Electronic Products	44	
贸易经纪与代理	Trade Broker and Agency	2	
其他批发业	Other Wholesale Trades	37	1

Total Purchases, Sales and Inventory of Enterprises above Designated Size of Wholesale and Retail Trades (2011)

(100 million yuan)

从业人员数（人）Number of Employed Persons (person)	商品购进总额 Total Purchases of Goods	进口 Imports of Goods	商品销售总额 Total Sales of Goods	批发 Wholesale	出口 Outputs	零售 Retail	年末库存总额 Inventory at Year-end	年末零售营业面积（万平方米）Retail Operating Area at Year-end (10 000 sq.m)
215 979	**5 095.79**	**207.08**	**5 616.23**	**4 181.39**	**163.07**	**1 434.84**	**662.97**	**813.34**
100 840	**3 825.21**	**157.15**	**4 284.97**	**4 077.29**	**162.49**	**207.69**	**508.63**	**365.15**
99 046	3 789.82	148.92	4 246.30	4 042.30	158.51	204.00	507.44	362.40
23 939	1 422.23	18.22	1 633.10	1 603.99	68.66	29.11	248.58	125.23
1 200	16.21	0.57	16.90	14.63	0.32	2.27	2.22	10.23
279	4.12	0.00	4.71	4.30	0.24	0.40	0.71	0.60
167	11.75		12.34	12.30		0.04	0.85	
13 845	873.60	31.03	855.80	844.04	6.87	11.77	126.76	37.56
7 847	283.04	3.22	453.13	363.90	12.40	89.23	13.06	110.58
50 561	1 047.39	20.14	1 118.27	1 048.68	69.92	69.59	107.50	76.14
1 208	131.50	75.74	152.05	150.48	0.10	1.58	7.77	2.08
972	12.22		14.98	12.74	0.36	2.24	0.39	0.51
76	4.19		4.08	4.08	0.36		0.16	0.02
1 512	99.13	77.99	109.98	107.72	2.22	2.25	6.09	18.03
25 312	975.82	6.86	1 188.87	1 184.11	13.01	4.75	257.18	22.87
2 181	58.45	5.04	60.34	59.29	3.26	1.06	21.24	10.21
2 288	19.57		36.74	36.50	1.41	0.24	26.78	0.20
18 797	811.09		1 001.76	1 000.70		1.06	204.62	2.46
33 610	283.56	0.05	282.04	235.08	18.07	46.95	30.56	43.37
495	26.91	1.39	26.12	25.52	1.60	0.60	9.85	0.21
8 394	188.11	1.92	193.69	187.64	3.80	6.05	18.03	8.40
23 184	1 771.18	43.00	2 024.33	1 886.63	22.78	137.70	137.84	262.51
2 874	117.28		117.92	115.09		2.83	10.01	4.32
7 793	281.72	0.07	486.91	367.06	3.42	119.84	8.38	123.14
4 124	777.62	9.11	824.74	815.07	1.75	9.67	43.39	9.34
901	111.45	6.08	110.86	110.75	0.42	0.11	6.67	92.46
3 828	265.13	2.72	237.66	232.97	7.05	4.68	51.11	24.29
3 314	209.31	24.98	238.19	237.73	8.91	0.46	15.66	6.40
6 813	226.05	4.26	215.04	207.65	35.04	7.39	34.87	3.88
851	35.17		36.58	34.55	3.08	2.03	5.13	1.20
1 380	70.34	0.05	56.29	56.17	1.83	0.12	16.19	0.03
724	17.41		17.77	16.34		1.43	1.98	0.28
2 542	73.25	4.14	73.75	72.91	17.72	0.84	9.78	1.29
112	92.47	19.11	93.88	93.88	43.78		3.96	
1 408	161.99	2.57	151.03	149.04	22.19	1.99	10.25	5.90

4-4 续表

单位：亿元

类别	Category	法人企业数(个) Number of Corporate Enterprises (unit)	产业活动及个体户数(个) Number of Industnial Activity Entities and Self-employed Entities(unit)
零售业	**Retail Trade**	**1 154**	**355**
按登记注册类型分	**Grouped by Status of Registration**		
内资企业	Domestic Funded Enterprises	1 127	31
国有企业	State-owned Enterprises	76	8
集体企业	Collective-owned Enterprises	32	
股份合作企业	Joint Stock Cooperative Enterprises	39	1
有限责任公司	Limited Liability Companies	288	9
股份有限公司	Incorporated Corporations	31	5
私营企业	Private Enterprises	587	8
其他企业	Other Enterprises	73	
港澳台商投资企业	Enterprises Invested by Hong Kong, Macao and Taiwan	14	
外商投资企业	Foreign-funded Enterprises	13	
按国民经济行业分	**Grouped by Sector**		
综合零售业	Integrated Retail	232	137
百货零售业	Retail of General Merchandise	92	45
超级市场零售业	Retail of Supermarkets	88	57
食品、饮料及烟草制品专门零售业	Retail of Food, Beverages and Tobaccos	101	76
纺织、服装及日用品专门零售业	Retail of Textiles, Garments and Daily Consumer Articles	17	11
服装零售业	Retail of Garments	10	8
文化、体育用品及器材专门零售业	Retail of Culture, Sports Appliances and Equipments	59	2
图书零售业	Retail of Books	41	
医药及医疗器材专门零售业	Retail of Medicines and Medical Equipments	65	12
药品零售业	Retail of Medicines	65	12
汽车、摩托车、燃料及零配件专门零售	Retail of Motor Vehicles, Motorcycles,Fuel and Parts	485	43
汽车零售业	Retail of Motor Vehicles	341	13
摩托车及零配件零售	Retail of Motorcycle and Parts	57	8
机动车燃料零售业	Retail of Fuel of Motor Vehicles	71	22
家用电器及电子产品专门零售业	Special Retail of Household Electric Appliances and Electronic Products	137	39
家用电器零售业	Retail of Household Electric Appliances	64	31
计算机、软件及辅助设备零售业	Retail of Computer, Software and Assistant Appliances	59	2
通讯设备零售业	Retail of Communication Equipments	12	6
五金、家具及室内装修材料专门零售业	Special Retail of Hardware, Furniture and Decoration Materials	24	31
无店铺及其他零售业	Non-shop and Other Retails	34	4
其他未列明的零售	Other Retail Trades not Listed Here	22	2
各州市限额以上批发和零售业	**Wholesale and Retail Enterprises above Designated Size of Regions**		
昆　明	Kunming	758	17
曲　靖	Qujing	205	70
玉　溪	Yuxi	145	15
保　山	Baoshan	59	6
昭　通	Zhaotong	69	13
丽　江	Lijiang	50	14
普　洱	Pu'er	70	74
临　沧	Lincang	44	32
楚　雄	Chuxiong	115	37
红　河	Honghe	134	21
文　山	Wenshan	107	25
西双版纳	Xishuangbanna	71	4
大　理	Dali	103	33
德　宏	Dehong	138	27
怒　江	Nujiang	9	
迪　庆	Diqing	21	

continued

(100 million yuan)

从业人员数（万人）Number of Employed Persons (10 000 persons)	商品购进总额 Total Purchases of Goods	进口 Imports	销售总额 Total Sales	批发 Wholesale	出口 Outputs	零售 Retail	年末库存总额 Inventory at Year-end	年末零售营业面积（万平方米）Retail Operating Area at Year-end (10 000 sq.m)
11.51	**1 270.58**	**49.93**	**1 331.26**	**104.10**	**0.58**	**1 227.15**	**154.33**	**448.19**
9.18	1 032.50	21.91	1 084.72	91.84	0.57	992.88	121.32	378.08
0.65	248.21	8.70	210.70	24.57		186.13	6.09	26.55
0.19	22.05		22.84	2.39		20.45	0.87	11.77
0.20	11.97		12.85	4.50		8.35	1.40	17.44
3.27	293.01	5.44	345.57	22.31	0.52	323.27	51.72	150.21
0.40	60.40	0.22	89.79	4.78		85.00	6.07	14.93
4.02	342.02	7.39	347.33	31.59	0.05	315.73	49.05	145.08
0.45	53.41	0.02	54.19	1.69		52.50	5.93	12.10
0.28	85.53		86.56	5.44	0.01	81.11	8.57	10.23
0.59	80.79	28.02	85.62	0.05		85.57	17.36	16.02
3.90	216.73		259.30	17.90	0.03	241.40	28.07	156.37
1.35	93.89		124.08	11.02		113.06	10.02	58.18
1.95	92.88		104.14	2.29	0.03	101.85	14.50	67.36
1.14	55.75		59.76	6.40	0.01	53.36	13.42	42.03
0.29	20.48		20.80	4.15		16.65	11.04	8.78
0.25	18.44		18.75	4.15		14.60	10.27	8.05
0.53	44.20	0.49	45.56	5.70		39.86	14.65	17.94
0.28	19.26		19.12	1.00		18.12	4.16	15.68
1.74	37.46		42.19	8.10		34.09	4.65	20.76
1.74	37.46		42.19	8.10		34.09	4.65	20.76
2.72	770.25	22.86	777.66	56.32	0.01	721.34	61.11	145.90
1.73	416.65	21.29	433.16	7.38		425.77	48.68	75.66
0.13	8.63	0.12	10.15	2.08	0.01	8.07	1.94	4.69
0.77	315.93		305.67	45.39		260.28	8.50	62.22
0.73	99.09	26.56	91.22	3.24	0.49	87.97	17.47	32.03
0.41	41.93		43.63	0.44		43.19	4.20	29.06
0.19	21.87		22.47	2.28		20.20	1.71	1.14
0.09	8.61		9.02	0.49	0.49	8.52	0.97	1.82
0.34	19.58		25.99	0.56		25.43	3.42	16.42
0.13	7.05	0.02	8.78	1.73	0.04	7.05	0.49	7.96
0.09	5.74		6.59	1.45		5.14	0.40	5.53
10.99	3 382.95	178.33	3 584.70	2 803.40	90.69	781.30	350.23	370.25
2.04	337.05	1.20	385.64	241.74	0.07	143.90	71.09	78.97
1.26	210.81		292.08	211.04	3.71	81.04	24.50	49.99
0.36	100.52	0.25	89.76	51.48	0.31	38.28	22.97	20.59
0.65	98.46		116.71	81.93		34.78	18.70	11.98
0.37	81.70		89.04	74.36		14.68	12.30	28.42
0.63	87.31	3.50	99.46	73.60	0.43	25.85	14.51	19.53
0.44	64.70	0.60	68.12	46.42	0.09	21.70	14.64	12.05
0.66	83.28	0.13	133.27	102.64	1.00	30.62	30.27	37.64
1.10	148.81	4.52	179.64	97.21	2.39	82.42	8.87	35.91
0.75	86.39		88.39	33.13	0.28	55.27	7.10	43.73
0.35	80.55	2.16	89.25	60.15	3.35	29.10	7.38	19.47
1.04	187.50		223.10	159.65	1.01	63.44	27.05	54.55
0.67	121.69	16.39	132.96	110.03	59.75	22.92	26.01	18.03
0.06	6.21		8.46	4.28		4.18	0.49	8.97
0.23	17.86		35.67	30.31		5.36	26.86	3.23

4-5 限额以上批发和零售业商品销售情况(2010-2011年)
Total Sales of Enterprises above Designated Size in Wholesale and Retail Trades by Category of Commodities (2010-2011)

单位：亿元 (100 million yuan)

类别	Category	商品销售额 Sales		批发 Wholesale Trade		零售 Retail Trade	
		2010	2011	2010	2011	2010	2011
全省	**Yunnan**	**4 182.07**	**5 427.68**	**3 138.93**	**4 082.74**	**1 043.14**	**1 344.94**
食品、饮料、烟酒类	Food,Beverages,Tobacco and Liquor	741.69	1 048.03	643.40	914.41	98.28	133.61
粮油类	Grain and Oil	89.50	109.55	60.14	69.49	29.36	40.06
肉禽蛋类	Meat,Poultry and Eggs	17.68	25.32	1.42	2.08	16.25	23.23
其他食品类	Other Foodstuffs	93.93	108.24	64.51	69.58	29.42	38.66
饮料类	Beverages	14.52	19.75	6.13	6.44	8.39	13.31
烟酒类	Tobacco and Liquor	526.06	785.17	511.19	766.82	14.87	18.35
服装、鞋帽、针、纺织品类	Clothing, Footwerw, Headgear Kaitting and Textiles	206.87	303.87	130.57	201.48	76.30	102.39
服装类	Clothing	137.80	231.77	83.38	153.65	54.42	78.12
鞋帽类	Footwear and Headgear	27.87	34.42	15.28	18.71	12.59	15.71
针、纺织类	Knitting and Textile	41.19	37.67	31.91	29.11	9.29	8.56
化妆品类	Cosmetics	15.44	19.50	3.58	5.68	11.86	13.82
金银珠宝类	Gold,Silver and Jewelry	21.71	26.46	5.76	2.64	15.95	23.82
日用品类	Articles for Daily Use	53.60	63.50	27.05	28.88	26.56	34.63
洗涤用品类	Washing Articles	20.50	24.50	10.77	12.77	9.73	11.74
儿童玩具类	Children Toys	4.06	3.92	2.10	1.78	1.96	2.14
五金、电料类	Hardware and Electrical Materials	11.28	11.51	8.14	7.58	3.14	3.94
体育、娱乐用品类	Sports and Recreation Articles	4.81	5.30	0.82	0.82	3.98	4.48
书报杂志类	Newspapers and Magazines	30.76	34.53	14.76	16.88	16.00	17.66
电子出版物及音像制品类	E-journals and Audio-visual Products Series Products	1.29	1.51	0.74	0.92	0.55	0.59

4—5 续表 continued

单位：亿元 (100 million yuan)

类 别	Category	商品销售额 Sales		批 发 Wholesale Trade		零 售 Retail Trade	
		2010	2011	2010	2011	2010	2011
家用电器和音像器材类	Household Appliances and Audio-visual Equipment	82.83	93.59	36.94	40.02	45.90	53.57
中西药品类	Traditional Chinese and Western Medicines	197.61	224.73	156.52	178.09	41.09	46.65
西药	Western Medicine	169.03	192.40	137.57	157.49	31.46	34.91
中草药及中成药	Herban Medicine and Traditional Chinese Medicines Products	23.95	26.28	17.27	18.83	6.68	7.44
文化办公用品类	Cultural Goods and Office Stationary	46.05	53.01	26.43	28.00	19.62	25.00
家具类	Furniture	4.24	5.66	0.41	0.59	3.82	5.07
通讯器材类	Communication Equipment	21.75	23.46	10.03	8.70	11.72	14.76
煤炭及制品类	Coal and Related Products	87.14	122.21	82.49	114.37	4.65	7.84
木材及制品类	Timber and Related Products	7.32	8.33	7.32	8.33		
石油及制品类	Petroleum and Related Products	587.54	787.13	350.94	422.27	236.60	364.87
化工材料及制品类	Chemical Industrial Materials and Related Products	271.21	410.72	271.21	410.72		
化肥类	Fertilizer	103.62	179.63	103.62	179.63		
金属材料类	Metal Materials	630.21	850.55	630.21	850.55		
建筑及装潢材料类	Building and Decoration Materials	30.00	26.82	22.38	14.54	7.62	12.28
机电产品及设备类	Mechanical and Electric Products and Equipment	107.58	119.87	90.70	93.66	16.87	26.22
农机类	Agricultural Machinary	6.14	6.83	6.14	6.83		
汽车类	Automobiles	431.02	470.86	44.46	35.04	386.56	435.82
种子饲料类	Seeds and Forage	8.00	8.46	8.00	8.46		
棉麻类	Cotton and Hemp	0.97	1.74	0.94	1.71	0.02	0.03
其他类	Others	581.16	706.30	565.10	688.41	16.06	17.89

4-6 限额以上批发和零售业企业财务状况(2011年)

单位：亿元

类　别	Category	企业数(个) Number of Enterprises (unit)
全　省	**Yunan**	**2 098**
批发业	**Wholesale Trade**	**944**
# 国有及国有控股	Of Which: State-owned and State-holding	131
按登记注册类型分	**Grouped by Status of Registration**	
内　资	Domestic Funded Enterprises	932
国　有	State-owned	61
集　体	Collective-owned	31
股份合作	Cooperative	9
联营企业	Joint Ownership	4
有限责任公司	Limited Liability Corporations	244
股份有限公司	Share-holding Corporations Ltd.	53
私营企业	Private-funded Enterprises	485
其　他	Others	45
港澳台商投资企业	Enterprises with Funds from Hong Kong,Macao and Taiwan	8
外商投资企业	Share-holding Corporations Ltd. with Foreign Investment	4
按国民经济行业分	**Grouped by Sector**	
农畜产品批发业	Wholesale of Farm and Livestock Products	35
食品、饮料及烟草制品批发业	Wholesale of Food, Beverages and Tobaccos	111
米、面制品及食用油批发业	Wholesale of Rice, Flour and Edible Oil	34
饮料及茶叶批发	Wholesale of Beverages and Tea	22
烟草制品批发业	Wholesale of Tobaccos	16
纺织、服装及日用品批发业	Wholesale of Textiles, Garments and Daily Consumer Articles	23
文化、体育用品及器材批发业	Wholesale of Culture, Sports Appliances and Equipments	10
医药及医疗器材批发业	Wholesale of Medicines and Medical Appliances	87
矿产品、建材及化工产品批发业	Wholesale of Mineral Products, Building Materials and Chemical Products	514
煤炭及制品批发业	Wholesale of Coal and Related Products	46
石油及制品批发业	Wholesale of Petrolem and Related Products	36
金属及金属矿批发业	Wholesale of Metal Materials	191
建材批发业	Wholesale of Building Materials	46
化肥批发业	Wholesale of Chemical Fertilizer	97
其他化工产品批发	Wholesale of Other Chemical Products	89
机械设备、五金交电及电子产品批发业	Wholesale of Machinery, Hardware and Electronic Products	125
汽车、摩托车及零配件批发业	Wholesale of Motor Vehicles, Motorcycles and Parts	22
家用电器批发业	Wholesale of Household Electrical Appliances	14
计算机、软件及辅助设备批发业	Wholesale of Computer, Software and Assistant Appliances	17
其他机械设备及电子产品批发	Wholesale of Machinery and Electronic Products	44
贸易经纪与代理	Trade Broker and Agency	2
其他批发业	Other Wholesale Trades	37

Financial Indicators of Enterprises above Designated Size of Wholesales and Retail Trades (2011)

(100 million yuan)

年末资产负债 Assets and Liabilities at Year-end					
流动资产合计 Total Working Capitals	固定资产原价 Original Value of Fixed Assets	本年折旧 Depreciation in the Year	资产合计 Total Assets	负债合计 Total Liabilities	所有者权益合计 Total Owners' Equities
2 234.51	**321.23**	**17.37**	**2 994.69**	**2 220.48**	**774.21**
1 812.40	**207.76**	**11.52**	**2 375.40**	**1 791.74**	**583.66**
978.14	161.47	8.54	1 314.94	745.50	569.44
1 807.79	207.11	11.50	2 369.57	1 788.11	581.47
806.27	113.62	5.28	909.98	518.57	391.41
4.83	1.41	0.03	6.41	4.28	2.13
1.50	0.67	0.03	2.59	1.76	0.84
1.61	0.68	0.01	5.21	3.57	1.65
469.63	22.10	1.16	788.36	743.65	44.71
83.72	41.93	3.09	158.38	88.00	70.39
399.36	25.76	1.79	455.21	389.34	65.87
40.87	0.94	0.11	43.41	38.94	4.47
3.81	0.60	0.02	4.89	3.10	1.79
0.80	0.05	0.01	0.93	0.53	0.40
24.90	2.22	0.15	30.26	23.49	6.77
681.25	106.72	4.77	870.96	666.31	204.65
33.05	7.06	0.32	47.79	36.08	11.71
45.66	0.38	0.02	145.28	271.20	- 125.92
580.00	95.65	4.35	648.53	335.86	312.66
13.82	0.26	0.02	14.36	10.62	3.74
11.66	1.57	0.07	16.66	9.84	6.82
77.28	6.43	0.96	87.58	62.35	25.23
731.68	78.56	4.83	1 045.69	794.41	251.28
58.72	4.42	0.45	143.01	59.77	83.24
46.76	46.09	2.97	118.58	48.77	69.81
336.76	11.30	0.59	430.49	394.86	35.64
50.99	0.89	0.10	73.98	55.28	18.69
96.12	7.06	0.25	111.53	94.16	17.36
137.89	7.43	0.42	162.20	136.95	25.25
154.23	5.07	0.41	178.06	140.62	37.44
13.55	1.14	0.08	17.36	13.43	3.94
55.78	0.26	0.02	55.99	50.38	5.61
6.03	0.19	0.02	7.61	5.89	1.72
71.79	2.95	0.26	89.19	65.57	23.61
63.20	0.04	0.00	63.66	61.83	1.83
54.38	6.89	0.31	68.17	22.26	45.90

4-6 续表1

单位：亿元

类　别	Category	营业收入合计 Total Business Revenue
全　省	**Yunnan**	**4 918.63**
批 发 业	**Wholesale Trade**	**3 743.22**
# 国有及国有控股	Of Which: State-owned and State-holding	2 172.23
按登记注册类型分	**Grouped by Status of Registration**	
内　资	Domestic Funded Enterprises	3 725.92
国　有	State-owned	1 520.53
集　体	Collective-owned	16.30
股份合作	Cooperative	4.52
联营企业	Joint Ownership	11.13
有限责任公司	Limited Liability Corporations	817.78
股份有限公司	Share-holding Corporations Ltd.	414.24
私营企业	Private-funded Enterprises	800.17
其　他	Others	141.26
港澳台商投资企业	Enterprises with Funds from Hong Kong,Macao and Taiwan	13.62
外商投资企业	Share-holding Corporations Ltd. with Foreign Investment	3.68
按国民经济行业分	**Grouped by Sector**	
农畜产品批发业	Wholesale of Farm and Livestock Products	95.68
食品、饮料及烟草制品批发业	Wholesale of Food, Beverages and Tobaccos	1 097.56
米、面制品及食用油批发业	Wholesale of Rice, Flour and Edible Oil	51.59
饮料及茶叶批发	Wholesale of Beverages and Tea	57.36
烟草制品批发业	Wholesale of Tobaccos	912.21
纺织、服装及日用品批发业	Wholesale of Textiles, Garments and Daily Consumer Articles	34.98
文化、体育用品及器材批发业	Wholesale of Culture, Sports Appliances and Equipments	17.66
医药及医疗器材批发业	Wholesale of Medicines and Medical Appliances	173.00
矿产品、建材及化工产品批发业	Wholesale of Mineral Products, Building Materials and Chemical Products	1 872.12
煤炭及制品批发业	Wholesale of Coal and Related Products	112.25
石油及制品批发业	Wholesale of Petrolem and Related Products	447.58
金属及金属矿批发业	Wholesale of Metal Materials	749.55
建材批发业	Wholesale of Building Materials	100.31
化肥批发业	Wholesale of Chemical Fertilizer	233.57
其他化工产品批发	Wholesale of Other Chemical Products	221.48
机械设备、五金交电及电子产品批发业	Wholesale of Machinery, Hardware and Electronic Products	198.61
汽车、摩托车及零配件批发业	Wholesale of Motor Vehicles, Motorcycles and Parts	29.28
家用电器批发业	Wholesale of Household Electrical Appliances	56.14
计算机、软件及辅助设备批发业	Wholesale of Computer, Software and Assistant Appliances	15.59
其他机械设备及电子产品批发	Wholesale of Machinery and Electronic Products	70.82
贸易经纪与代理	Trade Broker and Agency	104.31
其他批发业	Other Wholesale Trades	149.31

continued

(100 million yuan)

损 益 及 分 配 Losses,Profits and Distribution						
#主营业务收入 Revenue from Principal Business	主营业务成本 Cost of Principal Business	主营业务税金及附加 Taxes and Other Charges on Principal Business	其他业务利润 Profits from otlerl Business	销售费用 Expenses on Business	管理费用 Expenses on Management	财务费用 Expenses on Finance
4 881.02	**4 375.33**	**28.46**	**14.42**	**172.83**	**92.40**	**22.31**
3 715.01	**3 331.12**	**25.06**	**6.39**	**115.42**	**62.87**	**14.51**
2 148.10	1 854.04	22.82	3.79	79.50	46.37	- 0.11
3 697.78	3 315.82	25.02	6.34	114.47	62.58	14.47
1 501.16	1 250.86	22.01	1.65	60.52	38.70	- 2.07
16.28	15.01	0.04	0.16	0.53	0.46	0.17
4.51	3.93	0.01	0.02	0.23	0.21	0.04
11.13	10.63	0.01		0.17	0.14	0.12
813.90	774.84	0.97	3.08	20.23	8.78	5.96
410.46	379.49	0.46	0.69	11.76	5.60	1.10
799.12	758.06	1.41	0.59	18.42	8.01	8.49
141.21	122.99	0.10	0.15	2.61	0.68	0.67
13.55	11.81	0.04	0.05	0.80	0.25	0.03
3.68	3.49			0.14	0.04	0.01
95.54	92.55	0.09	0.15	1.63	0.98	0.85
1 079.10	843.60	21.91	0.72	51.33	35.99	- 3.02
51.35	49.79	0.03	0.49	1.10	1.00	0.96
57.35	45.85	0.15	0.01	4.57	1.41	0.23
894.11	675.12	21.69	0.15	44.28	33.03	- 4.85
34.98	27.33	0.13		4.86	0.24	0.04
17.54	15.73	0.07	0.08	0.98	0.43	0.09
172.26	158.56	0.27	0.19	6.29	3.04	0.74
1 864.77	1 776.87	2.18	3.89	33.19	15.21	14.45
110.34	104.60	0.36	1.46	3.39	1.20	2.34
445.82	416.17	0.50	0.34	12.27	4.41	0.94
748.72	729.99	0.43	0.60	8.98	3.60	6.61
100.14	97.34	0.10	0.23	1.01	0.88	2.14
231.34	223.20	0.56	0.95	4.02	2.63	1.19
221.03	198.80	0.24	0.27	3.17	2.29	1.20
197.28	183.51	0.25	1.21	6.36	4.44	0.68
29.20	27.44	0.03	0.08	0.92	0.52	0.08
55.76	52.25	0.06	0.31	1.14	0.37	
15.49	14.88	0.02	0.03	0.28	0.24	0.09
70.19	63.76	0.11	0.64	3.02	2.89	· 0.42
104.31	93.50	0.04		8.68	0.41	0.65
149.23	139.46	0.14	0.15	2.09	2.15	0.03

4-6　续表2

单位：亿元

类　别	Category	营业利润 Profits from Business
全　省	**Yunnan**	**206.79**
批 发 业	**Wholesale Trade**	**174.96**
# 国有及国有控股	Of Which: State-owned and State-holding	150.57
按登记注册类型分	**Grouped by Status of Registration**	
内　资	Domestic Funded Enterprises	174.31
国　有	State-owned	133.10
集　体	Collective-owned	0.24
股份合作	Cooperative	0.11
联营企业	Joint Ownership	0.23
有限责任公司	Limited Liability Corporations	8.13
股份有限公司	Share-holding Corporations Ltd.	12.57
私营企业	Private-funded Enterprises	5.57
其　他	Others	14.35
港澳台商投资企业	Enterprises with Funds from Hong Kong,Macao and Taiwan	0.66
外商投资企业	Share-holding Corporations Ltd. with Foreign Investment	
按国民经济行业分	**Grouped by Sector**	
农畜产品批发业	Wholesale of Farm and Livestock Products	- 0.42
食品、饮料及烟草制品批发业	Wholesale of Food, Beverages and Tobaccos	130.59
米、面制品及食用油批发业	Wholesale of Rice, Flour and Edible Oil	- 1.04
饮料及茶叶批发	Wholesale of Beverages and Tea	5.13
烟草制品批发业	Wholesale of Tobaccos	125.11
纺织、服装及日用品批发业	Wholesale of Textiles, Garments and Daily Consumer Articles	2.38
文化、体育用品及器材批发业	Wholesale of Culture, Sports Appliances and Equipments	0.47
医药及医疗器材批发业	Wholesale of Medicines and Medical Appliances	4.16
矿产品、建材及化工产品批发业	Wholesale of Mineral Products, Building Materials and Chemical Products	27.44
煤炭及制品批发业	Wholesale of Coal and Related Products	0.74
石油及制品批发业	Wholesale of Petrolem and Related Products	11.08
金属及金属矿批发业	Wholesale of Metal Materials	0.20
建材批发业	Wholesale of Building Materials	- 1.09
化肥批发业	Wholesale of Chemical Fertilizer	0.79
其他机械设备及电子产品批发	Wholesale of Other Chemical Products	15.68
机械设备、五金交电及电子产品批发业	Wholesale of Machinery, Hardware and Electronic Products	3.78
汽车、摩托车及零配件批发业	Wholesale of Motor Vehicles, Motorcycles and Parts	0.38
家用电器批发业	Wholesale of Household Electrical Appliances	2.25
计算机、软件及辅助设备批发业	Wholesale of Computer, Software and Assistant Appliances	0.01
其他机械设备及电子产品批发	Wholesale of Machinery and Electronic Products	1.07
贸易经纪与代理	Trade Broker and Agency	0.70
其他批发业	Other Wholesale Trades	5.86

continued

(100 million yuan)

损　益　及　分　配 Losses,Profits and Distribution				人工成本及增值税 Labour Cost and Added-value Tax	
补贴收入 Subsidy Income	营业外收入 Non-operating Income	利润总额 Total Profits	应交所得税 Income Tax Payable	应付职工薪酬 Total Wages Payable	本年应交增值税 Value Added Tax Payable
16.96	**22.61**	**206.39**	**50.26**	**73.99**	**99.54**
16.25	**20.43**	**177.90**	**44.44**	**38.30**	**74.19**
14.54	18.37	166.07	41.08	26.40	51.89
16.25	20.42	177.32	44.30	37.92	72.86
13.88	16.89	149.12	38.20	19.72	46.02
0.32	0.36	0.23	0.03	0.63	0.14
	0.01	0.11	0.03	0.14	0.07
		0.20	0.05	0.10	0.04
0.81	1.81	9.89	2.12	6.91	7.40
0.23	0.44	11.06	2.05	4.45	4.03
0.99	0.80	6.33	1.73	5.60	14.42
0.02	0.10	0.37	0.08	0.36	0.74
	0.01	0.58	0.14	0.35	1.32
				0.03	0.02
0.07	0.33	- 0.12	0.03	0.37	0.17
14.13	17.57	147.35	38.45	19.05	42.55
0.51	1.13	0.22	0.03	0.70	0.16
	0.17	5.21	1.06	1.73	2.71
13.58	16.25	140.60	37.13	16.10	39.05
	0.01	2.39	0.36	0.36	1.58
	0.03	0.48	0.06	0.28	0.56
0.02	0.33	3.22	0.59	3.11	2.41
1.55	1.46	13.55	3.31	10.37	18.86
	0.03	0.70	0.17	1.14	1.02
	0.13	10.27	1.71	3.94	5.30
0.08	0.10	0.08	0.63	1.68	10.09
0.01	0.01	- 1.20	0.03	0.31	1.10
1.44	0.98	1.88	0.43	2.03	0.25
0.02	0.13	1.74	0.34	1.18	1.05
0.46	0.64	4.50	0.96	3.44	1.88
	0.02	0.37	0.07	0.42	0.19
	0.07	2.22	0.36	0.51	0.46
		0.05	0.01	0.25	0.27
0.45	0.49	1.74	0.47	1.73	0.76
	0.02	0.72	0.16	0.16	5.25
0.01	0.03	5.83	0.51	1.15	0.93

4-6 续表3

单位：亿元

类别	Category	土地和固定资产支出 Expenses on Land and Fixed Assets
全 省	**Yunnan**	**36.36**
批发业	Wholesale Trade	23.55
# 国有及国有控股	Of Which: State-owned and State-holding	14.66
按登记注册类型分	**Grouped by Status of Registration**	
内 资	Domestic Funded Enterprises	23.54
国 有	State-owned	11.23
集 体	Collective-owned	0.06
股份合作	Cooperative	0.05
联营企业	Joint Ownership	
有限责任公司	Limited Liability Corporations	3.05
股份有限公司	Share-holding Corporations Ltd.	3.00
私营企业	Private-funded Enterprises	6.01
其 他	Others	0.15
港澳台商投资企业	Enterprises with Funds from Hong Kong,Macao and Taiwan	0.01
外商投资企业	Share-holding Corporations Ltd. with Foreign Investment	
按国民经济行业分	**Grouped by Sector**	
农畜产品批发业	Wholesale of Farm and Livestock Products	0.26
食品、饮料及烟草制品批发业	Wholesale of Food, Beverages and Tobaccos	13.56
米、面制品及食用油批发业	Wholesale of Rice, Flour and Edible Oil	3.07
饮料及茶叶批发	Wholesale of Beverages and Tea	0.01
烟草制品批发业	Wholesale of Tobaccos	10.33
纺织、服装及日用品批发业	Wholesale of Textiles, Garments and Daily Consumer Articles	0.01
文化、体育用品及器材批发业	Wholesale of Culture, Sports Appliances and Equipments	0.04
医药及医疗器材批发业	Wholesale of Medicines and Medical Appliances	0.40
矿产品、建材及化工产品批发业	Wholesale of Mineral Products, Building Materials and Chemical Products	8.28
煤炭及制品批发业	Wholesale of Coal and Related Products	0.39
石油及制品批发业	Wholesale of Petrolem and Related Products	1.79
金属及金属矿批发业	Wholesale of Metal Materials	4.94
建材批发业	Wholesale of Building Materials	0.40
化肥批发业	Wholesale of Chemical Fertilizer	0.38
其他机械设备及电子产品批发	Wholesale of Other Chemical Products	0.36
机械设备、五金交电及电子产品批发业	Wholesale of Machinery, Hardware and Electronic Products	0.76
汽车、摩托车及零配件批发业	Wholesale of Motor Vehicles, Motorcycles and Parts	0.09
家用电器批发业	Wholesale of Household Electrical Appliances	
计算机、软件及辅助设备批发业	Wholesale of Computer, Software and Assistant Appliances	0.03
其他机械设备及电子产品批发	Wholesale of Machinery and Electronic Products	0.64
贸易经纪与代理	Trade Broker and Agency	
其他批发业	Other Wholesale Trades	0.25

continued

(100 million yuan)

土地购置 Purchase of Land	房屋和建筑物 Houses and Buildings	机器设备 Machinery Equipment	运输工具 Transportation Means	其他费用 Other Expenses
6.01	**15.13**	**7.20**	**4.63**	**3.39**
4.33	10.51	4.22	2.49	2.00
2.80	6.92	2.11	1.25	1.58
4.33	10.51	4.22	2.49	2.00
1.42	5.75	1.76	1.16	1.14
	0.05			0.01
	0.05			
1.65	0.58	0.27	0.48	0.07
0.51	1.63	0.36	0.06	0.43
0.74	2.37	1.81	0.75	0.34
0.01	0.08	0.01	0.04	
0.06	0.14	0.04	0.02	
1.63	6.58	2.66	1.30	1.38
0.58	1.03	0.94	0.24	0.29
			0.01	
1.06	5.46	1.71	1.03	1.08
			0.01	
0.02		0.01	0.01	
0.21	0.01	0.12	0.05	0.01
2.41	3.16	1.30	0.81	0.59
	0.05	0.12	0.20	0.02
0.13	1.30	0.18	0.03	0.15
1.82	1.56	0.84	0.40	0.32
0.29	0.04	0.01	0.02	0.03
0.08	0.13	0.05	0.11	0.02
0.10	0.07	0.09	0.06	0.05
	0.51	0.05	0.19	0.01
	0.04		0.04	
			0.00	
		0.02	0.01	
	0.47	0.03	0.13	0.01
	0.11	0.03	0.10	

4-6 续表4

单位：亿元

类别	Category	企业数 (个) Number of Enterprises (unit)
零售业	**Retail Trade**	**1 154**
# 国有及国有控股	Of Which: State-owned and State-holding	118
按登记注册类型分	**Grouped by Status of Registration**	
内资	Domestic Funded Enterprises	1 127
国有	State-owned	76
集体	Collective-owned	32
股份合作	Cooperative	39
联营企业	Joint Ownership	1
有限责任公司	Limited Liability Corporations	288
股份有限公司	Share-holding Corporations Ltd.	31
私营企业	Private-funded Enterprises	587
其他	Others	73
港澳台商投资企业	Enterprises with Funds from Hong Kong,Macao and Taiwan	14
外商投资企业	Share-holding Corporations Ltd. with Foreign Investment	13
按国民经济行业分	**Grouped by Sector**	
综合零售业	Integrated Retail	232
百货零售业	Retail of General Merchandise	92
超级市场零售业	Retail of Supermarkets	88
食品、饮料及烟草制品专门零售业	Retail of Food, Beverages and Tobaccos	101
纺织、服装及日用品专门零售业	Retail of Textiles, Garments and Daily Consumer Articles	17
服装零售业	Retail of Garments	10
文化、体育用品及器材专门零售业	Retail of Culture, Sports Appliances and Equipments	59
图书零售业	Retail of Books	41
医药及医疗器材专门零售业	Retail of Medicines and Medical Equipments	65
药品零售业	Retail of Medicines	65
汽车、摩托车、燃料及零配件专门零售业	Retail of Motor Vehicles, Motorcycles,Fuel and Parts	485
汽车零售业	Retail of Motor Vehicles	341
摩托车及零配件零售业	Retail of Motorcycle and Parts	57
机动车燃料零售业	Retail of Fuel of Motor Vehicles	71
家用电器及电子产品专门零售业	Special Retail of Household Electric Appliances and Electronic Prod	137
家用电器零售业	Retail of Household Electric Appliances	64
计算机、软件及辅助设备零售业	Retail of Computer, Software and Assistant Appliances	59
通讯设备零售业	Retail of Communication Equipments	12
五金、家具及室内装修材料专门零售业	Special Retail of Hardware, Furniture and Decoration Materials	24
无店铺及其他零售业	Non-shop and Other Retails	34
其他未列明的零售业	Other Retail Trades not Listed Here	22
各州市限额以上批发和零售业	**Wholesale and Retail Enterprises above Designated Size of Regions**	
昆明	Kunming	758
曲靖	Qujing	205
玉溪	Yuxi	145
保山	Baoshan	59
昭通	Zhaotong	69
丽江	Lijiang	50
普洱	Pu'er	70
临沧	Lincang	44
楚雄	Chuxiong	115
红河	Honghe	134
文山	Wenshan	107
西双版纳	Xishuangbanna	71
大理	Dali	103
德宏	Dehong	138
怒江	Nujiang	9
迪庆	Diqing	21

continued

(100 million yuan)

年末资产负债 Assets and Liabilities at Year-end					
流动资产合计 Total Working Capitals	固定资产原价 Original Value of Fixed Assets	本年折旧 Depreciation in the Year	资产合计 Total Assets	负债合计 Total Liabilities	所有者权益合计 Total Owners' Equities
422.11	**113.47**	**5.85**	**619.29**	**428.75**	**190.54**
55.94	29.58	1.32	126.23	75.22	51.01
347.42	101.77	5.01	532.21	376.23	155.98
23.19	16.56	0.84	60.04	23.65	36.40
2.93	2.63	0.05	6.21	23.65	1.71
1.34	1.98	0.03	3.27	2.07	1.20
0.29	0.02		0.35	0.24	0.11
150.84	39.19	1.75	206.60	146.52	60.08
29.53	12.56	0.43	63.35	51.42	11.93
125.48	24.81	1.55	172.29	132.86	39.43
13.81	4.04	0.35	20.11	14.98	5.13
42.50	3.08	0.38	47.53	29.64	17.90
32.19	8.62	0.46	39.55	22.88	16.67
87.05	34.94	1.79	131.32	88.31	43.01
50.03	15.57	0.89	71.11	46.53	24.58
33.05	12.99	0.78	45.15	32.51	12.64
19.02	7.59	0.24	28.87	17.20	11.68
12.55	0.87	0.11	14.19	9.88	4.31
11.50	0.78	0.11	13.07	8.74	4.33
25.90	14.35	0.50	39.29	19.16	20.13
8.63	5.34	0.22	13.35	7.74	5.61
20.04	2.58	0.15	27.37	16.84	10.53
20.04	2.58	0.15	27.37	16.84	10.53
220.61	45.03	2.60	330.61	243.89	86.72
165.27	20.06	1.37	200.45	160.69	39.76
4.04	0.68	0.03	4.94	3.74	1.20
39.06	23.87	1.18	112.31	67.67	44.64
28.12	4.21	0.23	33.98	24.87	9.11
12.58	3.63	0.18	16.75	11.68	5.08
5.64	0.34	0.03	6.75	4.82	1.92
2.94	0.15	0.02	3.06	2.45	0.61
4.10	1.97	0.09	5.81	3.23	2.58
4.71	1.93	0.14	7.84	5.37	2.47
3.52	1.44	0.12	5.41	3.67	1.75
1 519.63	120.80	7.34	1 828.51	1 437.09	391.42
147.71	40.75	1.92	254.84	90.12	164.73
100.84	26.43	0.91	129.45	60.40	69.05
36.80	11.64	0.59	51.67	29.20	22.47
42.72	12.29	0.27	56.01	29.48	26.53
29.23	6.13	0.35	56.17	31.45	24.72
28.39	7.49	0.49	42.00	24.40	17.60
22.12	6.98	0.32	33.21	22.39	10.82
57.16	18.59	0.66	80.29	38.07	42.23
83.50	22.02	0.83	133.74	80.83	52.91
15.32	8.08	0.53	24.24	15.52	8.72
24.34	7.01	0.32	33.07	22.30	10.77
56.94	25.00	2.03	91.08	46.61	44.46
25.06	4.41	0.70	31.78	21.51	10.27
1.69	1.76	0.09	3.31	1.32	1.99
43.04	1.86	0.03	145.31	269.80	- 124.49

4−6 续表5

单位：亿元

类 别	Category	营业收入 Total Business Revenue
零 售 业	**Retail Trade**	**1 175.40**
# 国有及国有控股	Of Which: State-owned and State-holding	307.65
按登记注册类型分	**Grouped by Status of Registration**	
内 资	Domestic Funded Enterprises	1 019.99
国 有	State-owned	203.10
集 体	Collective-owned	18.61
股份合作	Cooperative	12.23
联营企业	Joint Ownership	1.46
有限责任公司	Limited Liability Corporations	311.86
股份有限公司	Share-holding Corporations Ltd.	92.48
私营企业	Private-funded Enterprises	327.34
其 他	Others	52.90
港澳台商投资企业	Enterprises with Funds from Hong Kong,Macao and Taiwan	78.67
外商投资企业	Share-holding Corporations Ltd. with Foreign Investment	76.74
按国民经济行业分	**Grouped by Sector**	
综合零售业	Integrated Retail	194.30
百货零售业	Retail of General Merchandise	98.50
超级市场零售业	Retail of Supermarkets	79.43
食品、饮料及烟草制品专门零售业	Retail of Food, Beverages and Tobaccos	42.86
纺织、服装及日用品专门零售业	Retail of Textiles, Garments and Daily Consumer Articles	15.23
服装零售业	Retail of Garments	13.45
文化、体育用品及器材专门零售业	Retail of Culture, Sports Appliances and Equipments	42.48
图书零售业	Retail of Books	17.41
医药及医疗器材专门零售业	Retail of Medicines and Medical Equipments	45.38
药品零售业	Retail of Medicines	45.38
汽车、摩托车、燃料及零配件专门零售业	Retail of Motor Vehicles, Motorcycles,Fuel and Parts	731.12
汽车零售业	Retail of Motor Vehicles	400.90
摩托车及零配件零售业	Retail of Motorcycle and Parts	8.89
机动车燃料零售业	Retail of Fuel of Motor Vehicles	294.02
家用电器及电子产品专门零售业	Special Retail of Household Electric Appliances and Electronic Products	80.28
家用电器零售业	Retail of Household Electric Appliances	35.86
计算机、软件及辅助设备零售业	Retail of Computer, Software and Assistant Appliances	21.74
通讯设备零售业	Retail of Communication Equipments	6.49
五金、家具及室内装修材料专门零售业	Special Retail of Hardware, Furniture and Decoration Materials	15.21
无店铺及其他零售业	Non-shop and Other Retails	8.54
其他未列明的零售业	Other Retail Trades not Listed Here	6.80
各州市限额以上批发和零售业	**Wholesale and Retail Enterprises above Designated Size of Regions**	
昆 明	Kunming	3 101.69
曲 靖	Qujing	342.15
玉 溪	Yuxi	261.66
保 山	Baoshan	90.99
昭 通	Zhaotong	103.86
丽 江	Lijiang	82.06
普 洱	Pu'er	75.08
临 沧	Lincang	57.02
楚 雄	Chuxiong	115.25
红 河	Honghe	181.21
文 山	Wenshan	67.75
西双版纳	Xishuangbanna	79.53
大 理	Dali	192.93
德 宏	Dehong	102.71
怒 江	Nujiang	7.76
迪 庆	Diqing	57.00

continued

(100 million yuan)

损 益 及 分 配 Losses Profits and Distribution						
# 主营业务收入 Revenue from Principal Business	主营业务成本 Cost of Principal Business	主营业务税金及附加 Taxes and Other Charges on Principal Business	其他业务利润 Profits from otlerl Business	销 售 费 用 Expenses on Business	管 理 费 用 Expenses on Management	财 务 费 用 Expenses on Finance
1 166.01	**1 044.21**	**3.40**	**8.02**	**57.42**	**29.52**	**7.81**
305.06	282.52	0.44	0.63	10.59	4.00	0.77
1 011.58	911.20	2.99	5.95	46.75	25.91	7.76
202.60	190.72	0.20	0.26	5.67	1.83	0.47
18.60	16.81	0.08	0.01	0.93	0.46	0.11
12.19	11.14	0.01	0.03	0.54	0.37	0.05
1.45	1.30		0.01	0.09	0.03	0.01
306.97	269.67	1.11	3.81	17.04	11.67	2.66
91.89	80.65	0.35	0.27	3.53	1.45	0.52
325.03	292.69	0.93	1.37	16.92	9.12	3.45
52.85	48.23	0.31	0.19	2.02	1.00	0.51
78.06	68.41	0.13	0.69	4.11	1.38	0.16
76.38	64.61	0.28	1.38	6.56	2.23	- 0.12
191.88	161.09	1.13	3.47	14.70	8.84	1.12
96.42	81.10	0.55	1.82	5.32	5.20	0.60
79.13	66.08	0.41	1.62	8.31	3.04	0.42
41.98	36.77	0.13	0.35	1.48	1.26	0.57
15.18	12.37	0.04	0.05	2.14	0.44	0.28
13.45	10.80	0.04		2.00	0.40	0.26
42.02	30.19	0.42	0.51	3.37	3.54	0.62
17.01	12.06	0.09	0.38	2.03	2.19	0.03
45.04	32.82	0.21	0.15	8.26	1.92	0.24
45.04	32.82	0.21	0.15	8.26	1.92	0.24
726.20	678.58	1.02	2.32	21.40	10.83	4.78
398.65	371.32	0.66	1.90	11.48	7.09	3.98
8.89	8.24	0.01	0.02	0.36	0.19	0.07
291.71	273.53	0.32	0.25	8.99	3.00	0.67
80.00	71.63	0.31	1.10	5.07	2.01	
35.72	30.90	0.17	0.82	3.52	0.97	0.11
21.72	20.03	0.05	0.10	0.89	0.51	0.08
6.38	5.75	0.02	0.16	0.36	0.21	0.02
15.21	14.04	0.06	0.04	0.51	0.18	0.09
8.50	6.73	0.07	0.03	0.48	0.51	0.09
6.77	5.28	0.06	0.01	0.37	0.41	0.07
3 085.13	2 815.72	9.52	10.75	94.50	43.08	17.87
337.79	289.78	3.45	0.86	15.30	8.49	0.85
260.35	233.23	1.49	0.85	8.22	5.69	0.23
88.54	75.64	1.28	0.18	5.05	2.88	0.25
102.01	86.07	2.07	0.08	4.86	4.04	0.08
81.39	73.16	0.86	0.13	2.91	2.18	1.28
72.89	60.31	1.07	0.12	4.19	2.40	0.19
55.64	45.80	1.01	0.08	3.07	2.09	0.09
115.00	94.40	1.40	0.52	6.57	3.70	0.25
178.59	152.54	2.13	0.22	8.26	5.98	- 0.08
67.57	61.86	0.27	0.04	2.48	1.24	0.40
79.37	72.79	0.75	- 0.01	2.30	1.67	0.09
189.77	166.38	1.93	0.47	7.91	5.41	0.27
102.49	96.45	0.66	0.08	2.24	1.48	0.27
7.51	5.78	0.23	0.04	0.52	0.47	0.02
56.97	45.44	0.34	0.01	4.47	1.60	0.28

4-6　续表6

单位：亿元

类　别	Category	营业利润 Profits from Business
零售业	**Retail Trade**	**31.82**
# 国有及国有控股	Of Which: State-owned and State-holding	7.24
按登记注册类型分	**Grouped by Status of Registration**	
内　资	Domestic Funded Enterprises	23.07
国　有	State-owned	3.89
集　体	Collective-owned	0.22
股份合作	Cooperative	0.12
联营企业	Joint Ownership	0.03
有限责任公司	Limited Liability Corporations	8.75
股份有限公司	Share-holding Corporations Ltd.	5.63
私营企业	Private-funded Enterprises	3.45
其　他	Others	0.97
港澳台商投资企业	Enterprises with Funds from Hong Kong,Macao and Taiwan	4.56
外商投资企业	Share-holding Corporations Ltd. with Foreign Investment	4.19
按国民经济行业分	**Grouped by Sector**	
综合零售业	Integrated Retail	8.66
百货零售业	Retail of General Merchandise	5.69
超级市场零售业	Retail of Supermarkets	2.45
食品、饮料及烟草制品专门零售业	Retail of Food, Beverages and Tobaccos	2.13
纺织、服装及日用品专门零售业	Retail of Textiles, Garments and Daily Consumer Articles	- 0.04
服装零售业	Retail of Garments	- 0.04
文化、体育用品及器材专门零售业	Retail of Culture, Sports Appliances and Equipments	4.39
图书零售业	Retail of Books	0.98
医药及医疗器材专门零售业	Retail of Medicines and Medical Equipments	1.70
药品零售业	Retail of Medicines	1.70
汽车、摩托车、燃料及零配件专门零售业	Retail of Motor Vehicles, Motorcycles,Fuel and Parts	11.84
汽车零售业	Retail of Motor Vehicles	6.13
摩托车及零配件零售业	Retail of Motorcycle and Parts	0.04
机动车燃料零售业	Retail of Fuel of Motor Vehicles	5.32
家用电器及电子产品专门零售业	Special Retail of Household Electric Appliances and Electronic Produ	2.08
家用电器零售业	Retail of Household Electric Appliances	0.87
计算机、软件及辅助设备零售业	Retail of Computer, Software and Assistant Appliances	0.25
通讯设备零售业	Retail of Communication Equipments	0.18
五金、家具及室内装修材料专门零售业	Special Retail of Hardware, Furniture and Decoration Materials	0.40
无店铺及其他零售业	Non-shop and Other Retails	0.66
其他未列明的零售业	Other Retail Trades not Listed Here	0.58
各州市限额以上批发和零售业	**Wholesale and Retail Enterprises above Designated Size of Regions**	
昆　明	Kunming	118.42
曲　靖	Qujing	20.72
玉　溪	Yuxi	12.34
保　山	Baoshan	3.70
昭　通	Zhaotong	4.93
丽　江	Lijiang	1.11
普　洱	Pu'er	4.87
临　沧	Lincang	3.31
楚　雄	Chuxiong	9.19
红　河	Honghe	10.02
文　山	Wenshan	1.30
西双版纳	Xishuangbanna	1.76
大　理	Dali	8.25
德　宏	Dehong	1.46
怒　江	Nujiang	0.54
迪　庆	Diqing	4.86

continued

(100 million yuan)

损益及分配 Losses,Profits and Distribution				人工成本及增值税 Labour Cost and Value Added Tax	
补贴收入 Subsidy Income	营业外收入 Non-operating Income	利润总额 Total Profits	应交所得税 Income Tax Payable	应付职工薪酬 Wages Payable	本年应交增值税 Value Added Tax Payable
0.71	**2.18**	**28.49**	**5.82**	**35.69**	**25.35**
0.43	0.33	5.89	0.80	5.17	2.36
0.69	2.04	19.72	4.12	32.34	19.98
0.23	0.19	3.79	0.43	2.77	1.00
0.01	0.01	0.19	0.03	0.28	0.05
	0.04	0.07		0.18	0.05
		0.03	0.01	0.05	0.03
0.27	0.80	8.05	1.87	10.64	10.71
0.01	0.17	4.19	0.90	1.75	2.12
0.15	0.71	2.50	0.66	15.68	5.46
0.02	0.11	0.89	0.23	0.98	0.57
	0.08	4.67	0.91	0.99	3.45
0.02	0.06	4.10	0.79	2.37	1.91
0.05	0.44	8.23	1.66	7.48	4.27
0.02	0.14	5.43	1.04	3.20	2.30
0.02	0.22	2.45	0.61	3.76	1.83
0.50	0.32	2.11	0.44	1.60	0.30
	0.02	-0.02	0.04	0.49	0.17
	0.02	-0.03	0.04	0.45	0.15
0.02	0.06	4.17	0.89	3.44	1.87
0.01	0.02	0.79	0.13	1.81	0.53
	0.23	1.86	0.31	10.45	1.53
	0.23	1.86	0.31	10.45	1.53
0.12	0.53	8.95	1.96	9.50	12.71
0.10	0.46	4.90	1.43	6.13	10.79
0.01		0.02	0.01	0.23	0.07
0.01	0.07	3.76	0.46	2.82	1.71
0.03	0.48	2.27	0.40	2.13	4.16
0.02	0.42	1.05	0.15	1.25	3.41
	0.01	0.21	0.01	0.43	0.14
		0.18	0.03	0.22	0.25
	0.02	0.33	0.03	0.33	0.17
	0.09	0.58	0.09	0.26	0.17
	0.02	0.46	0.05	0.17	0.11
2.54	4.48	106.11	26.04	38.97	59.06
3.06	2.99	22.22	4.71	3.42	6.64
1.62	1.84	13.63	3.49	3.04	4.51
0.09	2.45	5.99	1.57	2.39	3.05
0.82	0.76	5.58	1.67	3.39	2.99
0.87	1.09	2.05	0.63	1.34	1.49
1.47	1.63	6.16	1.52	2.50	1.92
1.72	1.88	4.60	1.26	1.97	1.75
1.95	2.01	10.84	2.56	3.05	3.78
1.56	1.61	10.02	2.55	4.40	4.04
0.09	0.07	1.05	0.20	1.06	0.68
0.02	0.13	1.91	0.35	1.35	0.81
1.09	1.18	9.21	2.32	3.99	4.59
0.05	0.26	1.69	0.36	1.09	1.27
0.01	0.04	0.58	0.10	0.26	0.24
	0.19	4.74	0.94	1.78	2.72

4-6 续表7

单位：亿元

类 别	Category	土地和固定资产支出 Expenses on Land and Fixed Assets
零 售 业	**Retail Trade**	**12.80**
# 国有及国有控股	Of Which: State-owned and State-holding	2.25
按登记注册类型分	**Grouped by Status of Registration**	
内 资	Domestic Funded Enterprises	9.78
国 有	State-owned	1.53
集 体	Collective-owned	0.18
股份合作	Cooperative	0.02
联营企业	Joint Ownership	0.00
有限责任公司	Limited Liability Corporations	2.28
股份有限公司	Share-holding Corporations Ltd.	0.67
私营企业	Private-funded Enterprises	4.08
其 他	Others	1.02
港澳台商投资企业	Enterprises with Funds from Hong Kong,Macao and Taiwan	0.55
外商投资企业	Share-holding Corporations Ltd. with Foreign Investment	2.48
按国民经济行业分	**Grouped by Sector**	
综合零售业	Integrated Retail	4.04
百货零售业	Retail of General Merchandise	1.25
超级市场零售业	Retail of Supermarkets	2.68
食品、饮料及烟草制品专门零售业	Retail of Food, Beverages and Tobaccos	0.46
纺织、服装及日用品专门零售业	Retail of Textiles, Garments and Daily Consumer Articles	
服装零售业	Retail of Garments	
文化、体育用品及器材专门零售业	Retail of Culture, Sports Appliances and Equipments	0.62
图书零售业	Retail of Books	0.08
医药及医疗器材专门零售业	Retail of Medicines and Medical Equipments	0.09
药品零售业	Retail of Medicines	0.09
汽车、摩托车、燃料及零配件专门零售业	Retail of Motor Vehicles, Motorcycles,Fuel and Parts	7.43
汽车零售业	Retail of Motor Vehicles	4.30
摩托车及零配件零售业	Retail of Motorcycle and Parts	0.03
机动车燃料零售业	Retail of Fuel of Motor Vehicles	2.97
家用电器及电子产品专门零售业	Special Retail of Household Electric Appliances and Electronic Produ	0.10
家用电器零售业	Retail of Household Electric Appliances	0.07
计算机、软件及辅助设备零售业	Retail of Computer, Software and Assistant Appliances	0.01
通讯设备零售业	Retail of Communication Equipments	0.01
五金、家具及室内装修材料专门零售业	Special Retail of Hardware, Furniture and Decoration Materials	0.01
无店铺及其他零售业	Non-shop and Other Retails	0.06
其他未列明的零售业	Other Retail Trades not Listed Here	0.05
各州市限额以上批发和零售业	**Wholesale and Retail Enterprises above Designated Size of Regions**	
昆 明	Kunming	15.99
曲 靖	Qujing	2.87
玉 溪	Yuxi	1.50
保 山	Baoshan	1.13
昭 通	Zhaotong	0.39
丽 江	Lijiang	1.14
普 洱	Pu'er	4.67
临 沧	Lincang	1.14
楚 雄	Chuxiong	2.70
红 河	Honghe	1.21
文 山	Wenshan	1.10
西双版纳	Xishuangbanna	0.60
大 理	Dali	1.57
德 宏	Dehong	0.22
怒 江	Nujiang	0.02
迪 庆	Diqing	0.10

continued

(100 million yuan)

土地购置 Purchase of Land	房屋和建筑物 Houses and Buildings	机器设备 Machinery Equipment	运输工具 Transportation Means	其他费用 Other Expenses
1.68	**4.63**	**2.98**	**2.14**	**1.39**
0.48	0.83	0.07	0.24	0.62
1.68	4.08	1.21	1.72	1.09
0.48	0.76	0.04	0.20	0.04
	0.17		0.01	
	0.02			0.01
0.14	1.38	0.26	0.34	0.15
	0.04	0.02	0.02	0.59
1.02	1.24	0.84	0.71	0.28
0.03	0.48	0.04	0.44	0.02
	0.09	0.04	0.40	0.02
	0.46	1.72	0.02	0.28
0.40	1.02	2.12	0.15	0.35
0.10	0.83	0.21	0.09	0.03
0.31	0.10	1.91	0.05	0.31
0.03	0.21	0.15	0.04	0.03
0.02	0.52	0.03	0.03	0.02
0.02	0.01	0.02	0.03	0.01
	0.03	0.02	0.03	0.01
	0.03	0.02	0.03	0.01
1.19	2.83	0.65	1.82	0.94
0.68	1.79	0.25	1.46	0.12
	0.01		0.02	0.00
0.51	0.93	0.38	0.32	0.82
0.02		0.01	0.04	0.03
0.02			0.03	0.02
			0.01	
			0.01	
0.02	0.02		0.02	0.01
0.02	0.01		0.02	0.01
2.94	4.89	3.97	2.81	1.38
0.49	0.96	0.37	0.17	0.87
0.45	0.60	0.22	0.14	0.08
0.17	0.60	0.13	0.08	0.15
	0.18	0.13	0.06	0.02
0.46	0.54	0.09	0.04	
0.49	2.88	0.64	0.64	0.02
0.23	0.64	0.19	0.06	0.02
0.04	1.42	0.94	0.18	0.12
	0.32	0.13	0.16	0.60
0.47	0.52	0.03	0.05	0.02
0.04	0.37	0.08	0.11	0.01
0.22	1.04	0.22	0.06	0.03
	0.13	0.04	0.05	0.01
			0.02	
	0.05		0.01	0.04

4-7 限额以上住宿和餐饮业经营情况(2011年)

单位：亿元

类　别	Category	法人企业数(个) Number of Corporate Enterprises (unit)	产业单位和个体户数(个) Number of Industrial Activity Entities and Self-employed Entities(unit)
全　省	**Yunnan**	**700**	**503**
住 宿 业	Hotel Industry	478	130
按登记注册类型分组	**Grouped by Status of Registration**		
内资企业	Domestic-funded Enterprises	455	41
国有企业	State-owned Enterprises	92	14
集体企业	Collective-owned Enterprises	20	2
股份合作企业	Joint Stock Cooperative Enterprises	7	
联营企业	Joint Ownership Enterprises	3	
国有联营企业	State -owned Joint Ownership	1	
集体联营	Collective-owned Joint Ownership	1	
有限责任公司	Limited Liability Companies	117	11
国有独资公司	Wholly State-funded Companies	3	
其他有限责任公司	Other Joint Ownership Enterprises	114	11
股份有限公司	Incorporated Corporations	15	4
私营企业	Private Enterprises	161	9
私营独资企业	Private Sale Proprietorship Enterprises	42	
私营合伙企业	Private Partnership Enterprises	4	1
私营有限责任公司	Private Limited Liability Companies	108	8
私营股份有限公司	Private Incorporated Corporations	7	
其他企业	Other Enterprises	40	1
港澳台商投资企业	Enterprises Funded by Hong Kong, Macao and Taiwan	10	
合资经营企业	Joint Ventures	6	
合作经营企业	Cooperative Enterprises	1	
独资经营企业	Enterprises Wholly Funded by Hong Kong, Macao and Taiwan	2	
外商投资企业	Foreign-funded Enterprises	13	
中外合资经营企业	Sino-foreign Joint Ventures	8	
中外合作经营企业	Sion-foreign-funded Cooperative Enterprises		
外资企业	Wholly Foreign-funded Enterprises	5	
按国民经济行业分组	**Grouped by Sector**		
旅游饭店	Tour Hotel	366	62
一般旅馆	General Hotel	99	65
其他住宿服务	Other Accommodation Services	13	3

Basic Statistics on Commodity Sales of Hotels Industry Attained Star level and Catering Services above Designated Size (2011)

(100 million yuan)

从业人员数 (万人) Number of Employed Persons (10 000 persons)	营业总收入 Total Business Income	客房收入 Hotels	餐费收入 Catering Services	商品销售收入 Retail Sales of Commodities	其他收入 Other	年末餐饮营业面积(万平方米) Catering Services Operational Area at Year-end (10 000 sq.m)	床位数 (万个) Number of Hotel beds (10 000 units)	餐位数 (万位) Number of Dining Seats (10 000 units)
9.89	**121.80**	**41.21**	**68.49**	**3.92**	**8.18**	**254.80**	**14.76**	**54.48**
6.21	72.33	40.05	22.84	2.25	7.20	144.83	13.78	24.51
5.46	62.37	34.47	19.71	2.12	6.06	128.92	11.97	21.56
1.16	13.31	6.68	4.31	0.64	1.68	24.90	2.56	4.73
0.19	1.53	0.85	0.50	0.02	0.16	2.41	0.45	0.95
0.06	0.46	0.29	0.12	0.02	0.03	1.33	0.16	0.14
0.04	0.51	0.24	0.23		0.05	0.27	0.07	0.15
0.02	0.15	0.08	0.06		0.01	0.04	0.03	0.04
0.01	0.04	0.03	0.02			0.03	0.01	0.03
1.79	24.67	13.86	7.88	0.79	2.14	41.05	3.49	6.50
0.01	0.16	0.07	0.07	0.02		0.19	0.05	0.06
1.78	24.51	13.79	7.81	0.77	2.14	40.86	3.44	6.43
0.24	3.40	1.82	1.28	0.11	0.19	12.38	0.63	1.31
1.63	14.21	8.42	4.16	0.47	1.16	32.89	3.71	6.07
0.27	2.58	1.33	0.88	0.20	0.17	4.95	0.65	1.20
0.03	0.35	0.21	0.12		0.01	0.65	0.08	0.13
1.29	10.91	6.67	2.99	0.27	0.98	26.69	2.83	4.59
0.05	0.38	0.21	0.16		0.01	0.60	0.15	0.16
0.36	4.27	2.31	1.22	0.08	0.66	13.69	0.90	1.72
0.22	3.07	1.60	1.11	0.01	0.36	4.36	0.44	0.60
0.14	1.97	1.08	0.69		0.20	1.83	0.29	0.44
0.02	0.50	0.23	0.17		0.10		0.05	
0.03	0.30	0.15	0.10		0.05	1.06	0.06	0.08
0.18	3.21	1.83	0.96		0.41	1.50	0.32	0.56
0.10	1.33	0.60	0.42		0.30	1.02	0.20	0.36
0.08	1.88	1.23	0.54		0.11	0.48	0.12	0.19
5.01	59.60	32.79	19.24	1.55	6.02	115.12	10.92	18.47
1.07	11.85	6.75	3.35	0.66	1.08	28.33	2.64	5.60
0.13	0.88	0.50	0.25	0.04	0.10	1.38	0.22	0.44

4-7 续表

单位：亿元

类　别	Category	法人企业数(个) Number of Corporate Enterprises (unit)	产业单位和个体户数(个) Number of Industrial Activity Entities and Self-employed Entities(unit)
餐 饮 业	**Total of Catering Services**	**222**	**373**
按登记注册类型分组	**Grouped by Status of Registration**		
内资企业	Domestic-funded Enterprises	212	14
国有企业	State-owned Enterprises	11	7
集体企业	Collective-owned Enterprises	5	
股份合作企业	Joint Stock Cooperative Enterprises	2	
有限责任公司	Limited Liability Companies	52	5
其他有限责任公司	Other Joint Ownership Enterprises	51	5
股份有限公司	Incorporated Corporations	1	
私营企业	Private Enterprises	114	2
私营独资企业	Private Sale Proprietorship Enterprises	27	
私营有限责任公司	Private Limited Liability Companies	79	2
私营股份有限公司	Private Incorporated Corporations	7	
其他企业	Other Enterprises	27	
港澳台商投资企业	Enterprises Funded by Hong Kong, Macao and Taiwan	5	
合资经营企业	Joint Ventures	2	
独资经营企业	Enterprises Wholly Funded by Hong Kong, Macao and Taiwan	3	
外商投资企业	Foreign-funded Enterprises	5	
中外合资经营企业	Sino-foregin Joint Ventures	3	
外资企业	Wholly Foreign-funded Enterprises	2	
按国民经济行业分组	**Grouped by Sector**		
正餐服务	Dinner Service	213	351
快餐服务	Snack Service	4	11
饮料及冷饮服务	Service of Beverages and Cold Drink	2	2
其他餐饮服务	Others Catering Services	3	9

continued

(100 million yuan)

从业人员数(万人) Number of Employed Persons (10 000 persons)	营业总收入 Total Business Income	客房收入 Hotels	餐费收入 Catering Services	商品销售收入 Retail Sales of Commodities	其他收入 Other	年末餐饮营业面积(万平方米) Catering Services Operational Area at the Year-end (10 000 sq.m)	床位数(万个) Number of Hotel beds (10 000 units)	餐位数(万位) Number of Dining Seats (10 000 units)
3.68	**49.47**	**1.17**	**45.65**	**1.67**	**0.98**	**109.97**	**0.98**	**29.97**
2.02	26.52	0.94	24.02	0.99	0.58	65.94	0.57	15.19
0.18	1.55	0.17	1.36	0.02	0.01	7.14	0.14	1.60
0.02	0.22	0.04	0.17			0.77	0.05	0.30
0.01	0.07		0.07			0.33		0.05
0.54	8.66	0.24	7.46	0.84	0.12	14.81	0.11	4.68
0.54	8.63	0.22	7.45	0.84	0.12	14.78	0.10	4.67
	0.11		0.11			0.20		0.04
1.05	13.17	0.41	12.28	0.11	0.37	34.73	0.23	6.39
0.25	1.99	0.04	1.90	0.03	0.02	5.07	0.05	1.46
0.74	10.67	0.33	9.94	0.07	0.33	28.72	0.17	4.69
0.06	0.49	0.04	0.43		0.02	0.84	0.02	0.22
0.21	2.75	0.07	2.57	0.03	0.07	7.96	0.03	2.13
0.11	2.84		2.43	0.26	0.15	1.56		0.49
0.02	0.60		0.36	0.24		0.32		0.14
0.09	2.24		2.08	0.02	0.15	1.24		0.36
0.44	5.09		4.93		0.16	2.18		0.49
0.06	0.91		0.75		0.16	0.16		0.08
0.38	4.18		4.18			2.02		0.41
3.09	41.84	1.17	38.40	1.61	0.67	101.09	0.98	26.53
0.51	6.27		6.10	0.02	0.15	7.60		2.91
0.01	0.10		0.10			0.31		0.08
0.08	1.25		1.05	0.04	0.16	0.97		0.46

4-8 限额以上住宿和餐饮业企业财务状况(2011年)

单位：亿元

类　别	Category	企业数(个) Number of Enterprises (unit)	流动资产合计 Total Working Capitals
全　省	**Yunnan**	**700**	**79.19**
住 宿 业	**Hotels**	**478**	**62.98**
# 国有及国有控股	Of Which: State-owned and State-holding	121	21.34
按登记注册类型分	**Grouped by Status of Registration**		
内 资	Domestic Funded Enterprises	455	55.56
国 有	State-owned	92	8.48
集 体	Collective-owned	20	0.70
股份合作	Cooperative	7	0.36
联营企业	Joint Ownership	3	0.22
国有联营	State Joint Ownership	1	0.05
集体联营	Collective Joint Ownership	1	0.02
国有与集体联营	Joint State-collective	1	0.15
其他联营	Other Joint Ownership		
有限责任公司	Limited Liability Corporations	117	26.15
国有独资公司	State Sole Funded Corporations	3	0.05
其他有限责任公司	Other Limited Liability Corporations	114	26.10
股份有限公司	Share-holding Corporations Ltd.	15	2.17
私营企业	Private Enterprises	161	11.96
私营独资	Private-funded Enterprises	42	1.28
私营合伙	Private Partnership Enterprises	4	0.33
私营有限责任公司	Private Limited Liability Corporations	108	10.09
私营股份有限公司	Private Share-holding Corporations Ltd.	7	0.27
其 他	Others	40	5.51
港澳台商投资企业	Enterprises with Funds from Hong Kong,Macao and Taiwan	10	4.28
与港澳台商合资经营	Joint-venture	6	3.35
与港澳台商合作经营	Cooperative	1	0.57
港澳台商独资	Sole Investment	2	0.14
外商投资企业	Foreign Funded Enterprises	13	3.15
中外合资经营	Joint-venture	8	1.08
中外合作经营	Cooperative		
外资企业	Sole Foreign Investment	5	2.07
按国民经济行业分	**Grouped by Sector**		
旅游饭店	Tourist Hotels	366	56.16
一般旅馆	General Hotels	99	5.52
其他住宿服务	Other Accommodation Services	13	1.31

Financial Indicators of Enterprises above Designated Size of Catering Services by Region (2011)

(100 million yuan)

年末资产负债 Assets and Liabilities at Year-end				
固定资产原价 Original Value of Fixed Assets	本年折旧 Depreciation in the Year	资产合计 Total Assets	负债合计 Total Liabilities	所有者权益合计 Total Owners' Equities
173.99	**9.56**	**241.51**	**139.75**	**101.76**
157.17	**8.51**	**205.95**	**114.09**	**91.85**
63.35	3.37	68.01	28.12	39.88
136.42	7.87	183.08	101.19	81.89
33.73	1.47	32.78	13.02	19.75
2.97	0.13	2.39	1.87	0.52
0.99	0.04	1.06	0.38	0.69
0.38	0.02	0.40	0.19	0.22
0.23	0.01	0.17	0.02	0.15
0.03		0.03	0.01	0.01
0.12	0.01	0.20	0.15	0.05
52.43	3.68	71.70	38.53	33.17
0.09		0.12	0.09	0.03
52.34	3.68	71.57	38.44	33.14
7.28	0.24	7.02	3.79	3.23
31.47	1.64	53.74	35.94	17.80
5.87	0.21	7.63	2.69	4.94
0.55	0.03	0.93	0.38	0.55
24.02	1.35	43.74	31.60	12.14
1.02	0.05	1.44	1.27	0.17
7.17	0.65	13.99	7.48	6.52
10.57	0.36	11.98	8.60	3.39
4.27	0.15	5.62	2.64	2.98
2.63	0.05	3.35	4.18	- 0.83
2.04	0.09	0.91	0.78	0.13
10.17	0.27	10.89	4.31	6.58
3.53	0.14	4.56	1.71	2.85
6.64	0.13	6.32	2.60	3.73
139.05	7.32	179.87	96.64	83.23
15.94	1.00	22.70	15.40	7.31
2.19	0.18	3.37	2.05	1.32

4-8 续表1

单位：亿元

类别	Category	营业收入 Business Revenue	主营业务收入 Revenue from Principal Business
全 省	**Yunnan**	**97.63**	**95.09**
住 宿 业	Hotels	65.19	62.92
# 国有及国有控股	Of Which: State-owned and State-holding	21.90	21.55
按登记注册类型分	**Grouped by Status of Registration**		
内 资	Domestic Funded Enterprises	58.62	56.69
国 有	State-owned	12.15	11.97
集 体	Collective-owned	1.47	1.45
股份合作	Cooperative	0.45	0.40
联营企业	Joint Ownership	0.52	0.52
国有联营	State Joint Ownership	0.15	0.15
集体联营	Collective Joint Ownership	0.05	0.05
国有与集体联营	Joint State-collective	0.32	0.32
其他联营	Other Joint Ownership		
有限责任公司	Limited Liability Corporations	23.96	23.71
国有独资公司	State Sole Funded Corporations	0.16	0.16
其他有限责任公司	Other Limited Liability Corporations	23.80	23.54
股份有限公司	Share-holding Corporations Ltd.	2.29	2.24
私营企业	Private Enterprises	13.98	12.66
私营独资	Private-funded Enterprises	2.54	2.53
私营合伙	Private Partnership Enterprises	0.33	0.33
私营有限责任公司	Private Limited Liability Corporations	10.72	9.41
私营股份有限公司	Private Share-holding Corporations Ltd.	0.38	0.38
其 他	Others	3.81	3.75
港澳台商投资企业	Enterprises with Funds from Hong Kong,Macao and Taiwan	3.07	3.07
与港澳台商合资经营	Joint-venture	1.97	1.97
与港澳台商合作经营	Cooperative	0.50	0.50
港澳台商独资	Sole Investment	0.30	0.30
港澳台商独资股份有限公司	Share-holding Corporations Ltd. with Sole Investment		
外商投资企业	Foreign Funded Enterprises	3.49	3.16
中外合资经营	Joint-venture	1.32	1.28
中外合作经营	Cooperative		
外资企业	Sole Foreign Investment	2.18	1.88
外商投资股份有限公司	Share-holding Corporations Ltd. with Foreign Investment		
按国民经济行业分	**Grouped by Sector**		
旅游饭店	Tourist Hotels	55.29	53.16
一般旅馆	General Hotels	9.13	9.02
其他住宿服务	Other Accommodation Services	0.77	0.74

continued

(100 million yuan)

损 益 及 分 配 Losses Profits and Distribution					
主营业务成本 Cost of Principal Business	主营业务税金及附加 Taxes and Other Charges on Principal Business	其他业务利润 Profits of Other Business	营 业 费 用 Expenses on Business	管 理 费 用 Expenses on Management	财 务 费 用 Expenses on Finance
39.42	**5.06**	**1.28**	**26.25**	**20.30**	**2.20**
21.97	3.37	0.98	18.93	16.43	1.73
6.94	1.18	0.30	7.57	6.33	0.27
20.27	3.07	0.98	17.53	14.69	1.67
4.25	0.65	0.16	4.03	3.51	0.16
0.59	0.08	0.01	0.43	0.30	0.01
0.21	0.03	0.02	0.12	0.09	0.01
0.16	0.03		0.19	0.12	
0.04	0.01		0.06	0.04	
0.02			0.01	0.01	
0.10	0.02		0.12	0.07	
6.93	1.27	0.22	7.75	5.96	0.55
0.08	0.01		0.05	0.02	
6.85	1.26	0.22	7.70	5.93	0.55
0.68	0.11	0.09	0.69	0.84	0.10
5.58	0.71	0.43	3.38	2.89	0.77
1.23	0.12	0.01	0.37	0.41	0.11
0.20	0.01		0.05	0.05	0.02
3.90	0.56	0.41	2.88	2.33	0.63
0.26	0.02		0.08	0.10	
1.88	0.20	0.04	0.93	0.98	0.07
0.73	0.18		0.84	1.02	0.04
0.42	0.11		0.50	0.65	0.05
0.22	0.04		0.07	0.18	
0.04	0.01		0.12	0.09	
0.96	0.13		0.56	0.72	0.01
0.50	0.07		0.33	0.25	0.06
0.45	0.05		0.23	0.46	- 0.05
17.21	2.85	0.79	16.61	14.47	1.50
4.49	0.47	0.15	2.14	1.61	0.20
0.26	0.05	0.04	0.18	0.34	0.03

4-8 续表2

单位：亿元

类　别	Category	营业利润 Profits from Business	补贴收入 Subsidy Income
全　省	**Yunnan**	**3.10**	**0.03**
住宿业	Hotels	1.41	0.02
# 国有及国有控股	Of Which: State-owned and State-holding	- 0.47	0.01
按登记注册类型分	**Grouped by Status of Registration**		
内资	Domestic Funded Enterprises	0.38	0.02
国有	State-owned	- 0.48	
集体	Collective-owned	0.06	
股份合作	Cooperative	- 0.03	
联营企业	Joint Ownership	0.01	
国有联营	State Joint Ownership		
集体联营	Collective Joint Ownership		
国有与集体联营	Joint State-collective		
其他联营	Other Joint Ownership		
有限责任公司	Limited Liability Corporations	1.47	
国有独资公司	State Sole Funded Corporations		
其他有限责任公司	Other Limited Liability Corporations	1.47	
股份有限公司	Share-holding Corporations Ltd.	- 0.10	
私营企业	Private Enterprises	- 0.29	0.02
私营独资	Private-funded Enterprises	0.29	
私营合伙	Private Partnership Enterprises	0.01	
私营有限责任公司	Private Limited Liability Corporations	- 0.52	0.02
私营股份有限公司	Private Share-holding Corporations Ltd.	- 0.07	
其他	Others	- 0.26	
港澳台商投资企业	Enterprises with Funds from Hong Kong,Macao and Taiwan	0.26	
与港澳台商合资经营	Joint-venture	0.25	
与港澳台商合作经营	Cooperative	0.01	
港澳台商独资	Sole Investment	0.03	
港澳台商独资股份有限公司	Share-holding Corporations Ltd. with Sole Investment		
外商投资企业	Foreign Funded Enterprises	0.78	
中外合资经营	Joint-venture	0.05	
中外合作经营	Cooperative		
外资企业	Sole Foreign Investment	0.72	
外商投资股份有限公司	Share-holding Corporations Ltd. with Foreign Investment		
按国民经济行业分	**Grouped by Sector**		
旅游饭店	Tourist Hotels	1.24	0.02
一般旅馆	General Hotels	0.26	
其他住宿服务	Other Accommodation Services	- 0.09	

continued

(100 million yuan)

损 益 及 分 配 Losses Profits and Distribution			人工成本及增值税 Labour Cost and Value-added Tax	
营业外收入 Non-operating Income	利润总额 Total Profits	应交所得税 Income Tax Payable	本年应付职工薪酬 Wages Payable This Year	本年应交增值税 Value-added Tax Payable This Year
0.68	**2.31**	**1.37**	**17.11**	**0.20**
0.60	0.73	0.87	12.71	0.06
0.18	-0.40	0.27	4.78	0.02
0.43	-0.32	0.82	11.50	0.05
0.12	-0.45	0.04	2.68	0.01
	0.06	0.01	0.37	
	-0.04	0.01	0.10	
	0.01		0.15	
			0.06	
			0.01	
	0.01		0.08	
0.12	1.20	0.58	4.36	0.02
			0.03	
0.12	1.19	0.58	4.33	0.02
0.07	-0.15	0.02	0.47	
0.10	-0.65	0.14	2.54	0.02
0.01	0.16	0.01	0.41	
	0.01		0.05	
0.08	-0.74	0.13	2.00	0.02
	-0.07		0.08	
0.02	-0.31	0.02	0.83	
0.17	0.42	0.01	0.62	
0.17	0.41	0.01	0.45	
	0.01		0.04	
	0.03		0.06	
	0.63	0.04	0.59	
	-0.10		0.27	
	0.73	0.04	0.32	
0.56	0.81	0.73	10.85	0.05
0.03		0.14	1.66	0.01
	-0.08		0.20	

4-8 续表

单位：亿元

类别	Category	土地和固定资产支出 Expenses on Land and Fixed Assets	土地购置 Purchase of Land
全省	**Yunnan**	**10.24**	**1.63**
住宿业	Hotels	9.68	1.51
# 国有及国有控股	Of Which: State-owned and State-holding	1.05	
按登记注册类型分	**Grouped by Status of Registration**		
内资	Domestic Funded Enterprises	9.10	1.51
国有	State-owned	0.22	
集体	Collective-owned	0.01	
股份合作	Cooperative		
联营企业	Joint Ownership		
国有联营	State Joint Ownership		
集体联营	Collective Joint Ownership		
国有与集体联营	Joint State-collective		
其他联营	Other Joint Ownership		
有限责任公司	Limited Liability Corporations	2.66	0.03
国有独资公司	State Sole Funded Corporations		
其他有限责任公司	Other Limited Liability Corporations	2.66	0.03
股份有限公司	Share-holding Corporations Ltd.	0.77	0.01
私营企业	Private Enterprises	5.36	1.42
私营独资	Private-funded Enterprises		
私营合伙	Private Partnership Enterprises		
私营有限责任公司	Private Limited Liability Corporations	5.36	1.42
私营股份有限公司	Private Share-holding Corporations Ltd.		
其他	Others	0.07	0.05
港澳台商投资企业	Enterprises with Funds from Hong Kong,Macao and Taiwan	0.47	
与港澳台商合资经营	Joint-venture	0.47	
与港澳台商合作经营	Cooperative		
港澳台商独资	Sole Investment		
港澳台商独资股份有限公司	Share-holding Corporations Ltd. with Sole Investment		
外商投资企业	Foreign Funded Enterprises	0.11	
中外合资经营	Joint-venture	0.11	
中外合作经营	Cooperative		
外资企业	Sole Foreign Investment		
外商投资股份有限公司	Share-holding Corporations Ltd. with Foreign Investment		
按国民经济行业分	**Grouped by Sector**		
旅游饭店	Tourist Hotels	7.89	1.32
一般旅馆	General Hotels	1.09	0.01
其他住宿服务	Other Accommodation Services	0.70	0.19

continued

(100 million yuan)

房屋和建筑物 Houses and Buildings	机器设备 Machinery Equipment	运输工具 Transportation Means	其他费用 Other Expenses
6.17	**0.97**	**0.49**	**0.98**
6.06	0.72	0.46	0.93
0.69	0.18	0.08	0.09
5.64	0.61	0.43	0.90
0.07	0.06	0.05	0.05
	0.01		
2.09	0.24	0.04	0.26
2.09	0.24	0.04	0.26
0.42	0.03	0.04	0.27
3.06	0.26	0.31	0.32
3.06	0.26	0.31	0.31
	0.01		0.01
0.35	0.07	0.02	0.03
0.35	0.07	0.02	0.03
0.08	0.03		
0.08	0.03		
4.80	0.53	0.44	0.80
0.84	0.10	0.01	0.13
0.42	0.09		

4-8 续表4

单位：亿元

类　别	Category	企业数(个) Number of Enterprises (unit)	流动资产合计 Total Working Capitals
餐 饮 业	**Catering Service**	**222**	**16.20**
# 国有及国有控股	Of Which: State-owned and State-holding	17	2.04
按登记注册类型分	**Grouped by Status of Registration**		
内 资	Domestic Funded Enterprises	212	14.61
国 有	State-owned	11	0.44
集 体	Collective-owned	5	0.07
股份合作	Cooperative	2	0.10
联营企业	Joint Ownership		
国有联营	State Joint Ownership		
集体联营	Collective Joint Ownership		
国有与集体联营	Joint State-collective		
其他联营	Other Joint Ownership		
有限责任公司	Limited Liability Corporations	52	5.05
国有独资公司	State Sole Funded Corporations	1	
其他有限责任公司	Other Limited Liability Corporations	51	5.05
股份有限公司	Share-holding Corporations Ltd.	1	0.11
私营企业	Private Enterprises	114	7.91
私营独资	Private-funded Enterprises	27	1.15
私营合伙	Private Partnership Enterprises	1	
私营有限责任公司	Private Limited Liability Corporations	79	6.58
私营股份有限公司	Private Share-holding Corporations Ltd.	7	0.18
其 他	Others	27	0.93
港澳台商投资企业	Enterprises with Funds from Hong Kong,Macao and Taiwan	5	0.60
与港澳台商合资经营	Joint-venture	2	0.25
与港澳台商合作经营	Cooperative		
港澳台商独资	Sole Investment	3	0.34
港澳台商独资股份有限公司	Share-holding Corporations Ltd. with Sole Investment		
外商投资企业	Foreign Funded Enterprises	5	1.00
中外合资经营	Joint-venture	3	0.87
中外合作经营	Cooperative		
外资企业	Sole Foreign Investment	2	0.13
外商投资股份有限公司	Share-holding Corporations Ltd. with Foreign Investment		
按国民经济行业分	**Grouped by Sector**		
正餐服务业	Dinner Service	213	14.76
快餐服务业	Snack Service	4	0.46
饮料及冷饮服务业	Service of Beverages and Cold Drinks	2	0.01
其他餐饮服务业	Other Carering Services	3	0.98

continued

(100 million yuan)

年末资产负债 Assets and Liabilities at Year-end				
固定资产原价 Original Value of Fixed Assets	本年折旧 Depreciation in the Year	资产合计 Total Assets	负债合计 Total Liabilities	所有者权益合计 Total Owners' Equities
16.81	**1.06**	**35.57**	**25.66**	**9.91**
1.70	0.07	4.34	2.71	1.63
14.33	0.82	31.55	23.67	7.87
0.65	0.02	0.95	0.57	0.38
0.10		0.16	0.14	0.02
0.14		0.60	0.35	0.25
3.36	0.20	9.59	6.93	2.67
0.02		0.03		0.03
3.35	0.20	9.56	6.93	2.63
0.01		0.11	0.07	0.04
9.36	0.55	18.17	14.62	3.55
1.44	0.08	2.75	1.19	1.56
7.70	0.44	15.09	13.32	1.77
0.23	0.03	0.33	0.11	0.22
0.70	0.04	1.96	0.99	0.97
0.69	0.05	1.68	1.04	0.63
0.05		0.26	0.09	0.17
0.64	0.05	1.42	0.95	0.46
1.79	0.18	2.34	0.94	1.40
0.20	0.02	1.07	0.32	0.75
1.59	0.16	1.28	0.62	0.65
14.26	0.82	31.34	23.51	7.82
2.24	0.21	2.57	1.42	1.14
0.03		0.04	0.01	0.03
0.28	0.02	1.62	0.71	0.91

4-8 续表5

单位：亿元

类 别	Category	营业收入 合 计 Business Revenue	主营业务收入 Revenue from Principal Business
餐 饮 业	**Catering Service**	**32.44**	**32.18**
# 国有及国有控股	Of Which: State-owned and State-holding	2.76	2.75
按登记注册类型分	**Grouped by Status of Registration**		
内 资	Domestic Funded Enterprises	24.22	24.10
国 有	State-owned	0.70	0.70
集 体	Collective-owned	0.22	0.22
股份合作	Cooperative	0.07	0.07
联营企业	Joint Ownership		
有限责任公司	Limited Liability Corporations	7.44	7.42
国有独资公司	State Sole Funded Corporations	0.03	0.03
其他有限责任公司	Other Limited Liability Corporations	7.42	7.39
股份有限公司	Share-holding Corporations Ltd.	0.11	0.11
私营企业	Private Enterprises	12.95	12.88
私营独资	Private-funded Enterprises	2.03	2.01
私营合伙	Private Partnership Enterprises	0.02	0.02
私营有限责任公司	Private Limited Liability Corporations	10.42	10.36
私营股份有限公司	Private Share-holding Corporations Ltd.	0.49	0.49
其 他	Others	2.73	2.72
港澳台商投资企业	Enterprises with Funds from Hong Kong,Macao and Taiwan	2.84	2.69
与港澳台商合资经营	Joint-venture	0.60	0.60
与港澳台商合作经营	Cooperative		
港澳台商独资	Sole Investment	2.24	2.09
港澳台商独资股份有限公司	Share-holding Corporations Ltd. with Sole Investment		
外商投资企业	Foreign Funded Enterprises	5.39	5.38
中外合资经营	Joint-venture	0.91	0.90
中外合作经营	Cooperative		
外资企业	Sole Foreign Investment	4.48	4.48
外商投资股份有限公司	Share-holding Corporations Ltd. with Foreign Investment		
按国民经济行业分	**Grouped by Sector**		
正餐服务业	Dinner Service	25.34	25.22
快餐服务业	Snack Service	6.18	6.03
饮料及冷饮服务业	Service of Beverages and Cold Drinks	0.03	0.03
其他餐饮服务业	Other Carering Services	0.89	0.89

continued

(100 million yuan)

损益及分配 Losses Profits and Distribution					
主营业务成本 Cost of Principal Business	主营业务税金及附加 Taxes and Other Charges on Principal Business	其他业务利润 Profits from Other Business	营业费用 Expenses on Business	管理费用 Expenses on Management	财务费用 Expenses on Finance
17.45	**1.69**	**0.30**	**7.32**	**3.87**	**0.48**
1.68	0.09	0.02	0.40	0.44	- 0.01
13.39	1.28	0.18	5.18	3.24	0.47
0.34	0.03		0.13	0.20	
0.13	0.01		0.05	0.04	
0.06	0.01		0.02	0.02	
4.36	0.38	0.08	1.49	0.71	0.10
			0.01	0.01	
4.35	0.38	0.08	1.48	0.70	0.10
0.07	0.01		0.02	0.01	
6.94	0.70	0.09	2.58	2.10	0.31
1.11	0.10	0.01	0.40	0.07	0.03
0.02					
5.61	0.58	0.09	2.02	1.89	0.27
0.21	0.03		0.16	0.14	
1.49	0.14		0.89	0.17	0.05
1.29	0.14	0.11	1.08	0.14	0.02
0.41	0.02		0.12	0.02	0.01
0.88	0.12	0.11	0.96	0.12	0.02
2.77	0.26		1.05	0.49	- 0.01
0.64	0.02		0.05	0.17	- 0.02
2.14	0.25		1.00	0.33	
14.06	1.34	0.18	5.47	3.28	0.48
2.69	0.33	0.11	1.82	0.44	0.01
0.01					
0.69	0.02		0.03	0.15	- 0.02

4-8 续表6

单位：亿元

类　别	Category	营业利润 Profits from Business	补贴收入 Subsidy Income
餐 饮 业	**Catering Service**	**1.68**	**0.01**
# 国有及国有控股	Of Which: State-owned and State-holding	0.17	
按登记注册类型分	**by Status of Registration**		
内 资	Domestic Funded Enterprises	0.74	0.01
国 有	State-owned		
集 体	Collective-owned	- 0.01	
股份合作	Cooperative	- 0.04	
联营企业	Joint Ownership		
有限责任公司	Limited Liability Corporations	0.45	
国有独资公司	State Sole Funded Corporations		
其他有限责任公司	Other Limited Liability Corporations	0.45	
股份有限公司	Share-holding Corporations Ltd.	- 0.01	
私营企业	Private Enterprises	0.38	0.01
私营独资	Private-funded Enterprises	0.31	0.01
私营合伙	Private Partnership Enterprises		
私营有限责任公司	Private Limited Liability Corporations	0.12	
私营股份有限公司	Private Share-holding Corporations Ltd.	- 0.05	
其 他	Others	- 0.03	
港澳台商投资企业	Enterprises with Funds from Hong Kong,Macao and Taiwan	0.13	
与港澳台商合资经营	Joint-venture	0.02	
与港澳台商合作经营	Cooperative		
港澳台商独资	Sole Investment	0.11	
港澳台商独资股份有限公司	Share-holding Corporations Ltd. with Sole Investment		
外商投资企业	Foreign Funded Enterprises	0.82	
中外合资经营	Joint-venture	0.05	
中外合作经营	Cooperative		
外资企业	Sole Foreign Investment	0.77	
外商投资股份有限公司	Share-holding Corporations Ltd. with Foreign Investment		
按国民经济行业分	**by Sector**		
正餐服务业	Dinner Service	0.79	0.01
快餐服务业	Snack Service	0.86	
饮料及冷饮服务业	Service of Beverages and Cold Drinks	0.02	
其他餐饮服务业	Other Carering Services	0.02	

continued

(100 million yuan)

损益及分配 Losses Profits and Distribution			人工成本及增值税 Labour Cost and Added-value Ta	
营业外收入 Non-operating Income	利润总额 Total Profits	应交所得税 Income Tax Payable	本年应付职工薪酬 Total Wages Payable	本年应付增值税 Value Added Tax Payable
0.08	**1.57**	**0.49**	**4.40**	**0.15**
	0.16	0.04	0.56	0.11
0.08	0.62	0.28	3.46	0.08
	-0.01		0.12	
	-0.01		0.04	
	-0.04		0.02	
0.04	0.46	0.11	1.01	0.07
			0.01	
0.04	0.45	0.11	1.00	0.07
	-0.01			
0.04	0.31	0.14	1.89	0.01
	0.25	0.03	0.23	0.01
			0.00	
0.03	0.10	0.11	1.51	
	-0.05		0.14	
	-0.07	0.02	0.38	
	0.13	0.04	0.20	
	0.02	0.01	0.04	
	0.11	0.03	0.16	
	0.82	0.18	0.74	0.06
	0.05	0.01	0.27	0.06
	0.77	0.17	0.47	
0.08	0.68	0.29	3.55	0.08
	0.85	0.20	0.58	
	0.02			
	0.02	0.01	0.27	0.06

4-8　续表7

单位：亿元

类　别	Category	土地和固定资产支出 Expenses on Land and Fixed Assets	土 地 购 置 Purchase of Land
餐 饮 业	**Catering Service**	**0.56**	**0.12**
# 国有及国有控股	Of Which: State-owned and State-holding	0.03	
按登记注册类型分	**by Status of Registration**		
内 资	Domestic Funded Enterprises	0.41	0.12
国 有	State-owned		
集 体	Collective-owned		
股份合作	Cooperative		
联营企业	Joint Ownership		
有限责任公司	Limited Liability Corporations	0.06	
国有独资公司	State Sole Funded Corporations		
其他有限责任公司	Other Limited Liability Corporations	0.06	
股份有限公司	Share-holding Corporations Ltd.		
私营企业	Private Enterprises	0.33	0.12
私营独资	Private-funded Enterprises	0.09	0.05
私营合伙	Private Partnership Enterprises		
私营有限责任公司	Private Limited Liability Corporations	0.24	0.06
私营股份有限公司	Private Share-holding Corporations Ltd.		
其 他	Others	0.01	
港澳台商投资企业	Enterprises with Funds from Hong Kong,Macao and Taiwan	0.05	
与港澳台商合资经营	Joint-venture		
与港澳台商合作经营	Cooperative		
港澳台商独资	Sole Investment	0.05	
港澳台商独资股份有限公司	Share-holding Corporations Ltd. with Sole Investment		
外商投资企业	Foreign Funded Enterprises	0.10	
中外合资经营	Joint-venture		
中外合作经营	Cooperative		
外资企业	Sole Foreign Investment	0.10	
外商投资股份有限公司	Share-holding Corporations Ltd. with Foreign Investment		
按国民经济行业分	**by Sector**		
正餐服务业	Dinner Service	0.41	0.12
快餐服务业	Snack Service	0.15	
饮料及冷饮服务业	Service of Beverages and Cold Drinks		
其他餐饮服务业	Other Carering Services		

continued

(100 million yuan)

房屋和建筑物 Houses and Buildings	机器设备 Machinery Equipment	运输工具 Transportation Means	其他费用 Other Expenses
0.11	**0.25**	**0.03**	**0.05**
	0.01	0.02	0.01
0.09	0.12	0.03	0.05
	0.04	0.02	0.01
	0.04	0.02	0.01
0.09	0.07	0.01	0.04
0.03			
0.06	0.06	0.01	0.04
	0.01		
0.02	0.03		
0.02	0.03		
	0.10		
	0.10		
0.09	0.12	0.03	0.05
0.02	0.13		

4-9 各州市限额以上住宿和餐饮业企业财务状况(2011年)

单位：亿元

州 市	Region	企业数(个) Number of Enterprises (unit)	流动资产合计 Total Working Capitals	固定资产原价 Original Value of Fixed Assets	本年折旧 Depreciation in the Year	资产合计 Total Assets	负债合计 Total Liabilities	所有者权益合计 Total Owners' Equities
全 省	**Yunnan**	**700**	**79.19**	**173.99**	**9.56**	**241.51**	**139.75**	**101.76**
昆 明	Kunming	266	39.53	77.35	3.51	104.11	61.26	42.85
曲 靖	Qujing	69	3.75	10.72	0.60	14.21	10.50	3.70
玉 溪	Yuxi	50	2.80	11.31	0.62	10.49	6.30	4.19
保 山	Baoshan	13	1.55	2.88	0.35	7.85	5.41	2.44
昭 通	Zhaotong	28	1.17	4.37	0.19	5.51	3.70	1.81
丽 江	Lijiang	52	7.11	14.67	0.79	21.93	10.51	11.42
普 洱	Pu'er	16	0.58	2.08	0.11	2.59	1.09	1.50
临 沧	Lincang	10	1.01	1.85	0.07	2.44	1.77	0.67
楚 雄	Chuxiong	35	1.93	4.00	0.11	6.16	3.39	2.78
红 河	Honghe	46	9.40	13.50	1.26	22.20	8.18	14.02
文 山	Wenshan	23	1.61	3.59	0.22	5.28	3.91	1.38
西双版纳	Xishuangbanna	25	2.68	7.68	0.76	8.73	5.67	3.06
大 理	Dali	32	1.75	8.19	0.24	8.59	5.82	2.78
德 宏	Dehong	13	1.99	5.94	0.50	13.27	7.71	5.56
怒 江	Nujiang	6	0.25	1.51	0.11	1.51	1.25	0.26
迪 庆	Diqing	16	2.07	4.36	0.13	6.62	3.28	3.34

Financial Indicators of Enterprises above Designated Size of Catering Services by Region (2011)

(100 million yuan)

营业收入 Business Revenue	主营业务收入 Revenue from Principal Business	主营业务成本 Cost of Principal Business	主营业务税金及附加 Taxes and Other Charges on Principal Business	其他业务利润 Profits from Other Business	营业费用 Expenses on Business	管理费用 Expenses on Management	财务费用 Expenses on Finance
97.63	**95.09**	**39.42**	**5.06**	**1.28**	**26.25**	**20.30**	**2.20**
53.64	53.08	20.08	2.93	0.59	15.42	11.25	0.77
8.67	8.65	5.43	0.40	0.03	1.25	0.95	0.10
3.74	3.72	1.95	0.22	0.03	0.75	0.87	0.11
2.13	2.12	0.65	0.13		0.95	0.47	0.04
1.81	1.78	0.90	0.10	0.02	0.33	0.46	0.11
8.65	8.30	3.27	0.32	0.02	1.79	1.88	0.15
0.87	0.79	0.40	0.04	0.06	0.20	0.20	0.03
0.63	0.61	0.27	0.04	0.01	0.13	0.17	0.06
1.81	1.75	0.93	0.09	0.02	0.43	0.40	0.08
5.04	4.98	2.01	0.24	0.08	2.27	0.80	0.08
1.43	1.40	0.66	0.09	0.03	0.24	0.47	0.06
2.88	2.74	1.01	0.16	0.11	0.80	0.91	0.06
2.47	2.43	0.86	0.13	0.02	0.72	0.84	0.15
2.09	0.97	0.33	0.07	0.28	0.57	0.19	0.27
0.38	0.38	0.14	0.02	0.01	0.11	0.10	0.01
1.39	1.38	0.53	0.08	-0.03	0.29	0.36	0.12

4-9 续表2

单位：亿元

州 市	Region	营业利润 Profits from Business	补贴收入 Subsidy Income	营业外收入 Non-operating Income	利润总额 Total Profits	应交所得税 Income Tax Payable	本年应付职工薪酬 Total Wages Payable
全 省	**Yunnan**	**3.10**	**0.03**	**0.68**	**2.31**	**1.37**	**17.11**
昆 明	Kunming	3.19		0.23	3.02	1.08	9.42
曲 靖	Qujing	0.56		0.02	0.33	0.18	1.25
玉 溪	Yuxi	- 0.14	0.01	0.03	- 0.21		0.74
保 山	Baoshan	- 0.12		0.07	- 0.05		0.43
昭 通	Zhaotong	- 0.10			- 0.10		0.39
丽 江	Lijiang	0.92		0.01	0.74	0.01	1.22
普 洱	Pu'er	- 0.02			- 0.03		0.17
临 沧	Lincang	- 0.04		0.02	- 0.04	0.01	0.11
楚 雄	Chuxiong	- 0.15		0.01	- 0.22	0.02	0.37
红 河	Honghe	- 0.34		0.04	- 0.43	0.01	0.76
文 山	Wenshan	- 0.08			- 0.14		0.35
西双版纳	Xishuangbanna	- 0.11		0.01	- 0.12	0.02	0.68
大 理	Dali	- 0.25	0.02	0.18	- 0.06	0.01	0.54
德 宏	Dehong	- 0.18		0.05	- 0.27		0.31
怒 江	Nujiang				- 0.01		0.08
迪 庆	Diqing	- 0.03			- 0.12	0.01	0.28

continued

本年应交增值税 Value Added Tax Payable	土地和固定资产支出 Expenses on Land and Fixed Assets	土地购置 Purchase of Land	房屋和建筑物 Houses and Buildings	机器设备 Machinery Equipment	运输工具 Transportation Means	其他费用 Other Expenses
0.20	**10.24**	**1.63**	**6.17**	**0.97**	**0.49**	**0.98**
0.14	1.93	0.03	0.80	0.48	0.14	0.49
0.01	0.61		0.50	0.04	0.01	0.06
0.01	0.08	0.06	0.01	0.01		
	0.37		0.06	0.09	0.01	0.21
0.01	0.21		0.16	0.03	0.01	0.01
	0.17	0.05	0.08	0.02		0.01
	0.04			0.02		0.01
	0.15	0.05	0.05	0.03		0.01
0.01	0.22		0.19	0.02	0.01	
	1.29	0.33	0.83	0.12		
0.01	1.07		1.00	0.02	0.01	0.04
	0.32	0.04	0.12	0.06	0.01	0.07
0.01	3.37	1.04	2.04	0.02	0.27	
	0.40	0.01	0.32			0.07
	0.02	0.01				

主要统计指标解释

社会消费品零售总额 指国民经济各行业直接销售给城乡居民和社会集团的消费品总额。它是反映各行业通过多种商品流通渠道向居民和社会集团供应的生活消费品总量，是研究国内零售市场变动情况、反映经济景气变化程度的重要指标。

社会消费品零售总额包括：(1) 售给城乡居民作为生活用品和修建房屋用的建筑材料；(2) 售给社会集团的各种办公用品和公用消费品；(3) 售给机关、团体、学校、部队、企业、事业单位的职工食堂和旅店（招待所）附设专门供本店旅客食用，不对外营业的食堂的各种食品、燃料；企业、事业单位和国营农场直接售给本单位职工和职工食堂的自己生产的产品；(4) 售给部队干部、战士生活用的粮食、副食品、衣着品、日用品、燃料；(5) 售给来华的外国人、华侨、港澳台同胞的消费品（包括友谊商店、在海关前后设立的免税商店、外轮供应公司等）；(6) 居民自费购买的中、西药品、中药材及医疗用品；(7) 报社、出版社直接售给居民和社会集团的报纸、图书、杂志，集邮公司（包括集邮专柜）出售的新、旧纪念邮票、特种邮票、首日封、集邮册、集邮工具等；(8) 旧货寄售商店（信托商店）自购、自销部分的商品；(9) 煤气公司、液化石油气站售给居民和社会集团的煤气、灶具和罐装液化石油气。

批发零售业商品购、销、存总额 指各种登记注册类型的批发、零售贸易企业（单位）以本企业（单位）为总体的，从国内、国外市场购进的商品总量、销售和出口的商品总量、库存商品总量等情况。该指标对促进工农业生产发展、活跃市场、平抑物价、保障供给、满足需求具有举足轻重的作用。该指标可以反映商品流通过程中商品的购进、销售、库存之间的比例关系和存在的问题。

商品购进总额 指从本企业（单位）以外的单位和个人购进（包括从境外直接进口）作为转卖或加工后转卖的商品总额。它反映批发零售贸易业从国内、国外市场上购进商品的总量。

商品购进总额包括：(1) 从工农业生产者购进的商品；(2) 从出版社、报社的出版发行部门购进的图书、杂志、报纸和音像制品；(3) 从各种登记注册类型的批发零售贸易企业（单位）购进的商品；(4) 从其他单位购进的商品，如：从机关、团体、企业等单位购进的剩余物资，从餐饮业、服务业购进的商品，从海关、市场管理部门购进的缉私和没收的商品，从居民手中收购的废旧商品等；(5) 从国（境）外直接进口的商品。

商品销售总额 指对本企业（单位）以外的单位和个人出售（包括对境外直接出口）的商品总额。它反映批发零售贸易业在国内市场上销售商品以及出口商品的总量。商品销售总额包括：(1) 售给城乡居民和社会集团消费用的商品；(2) 售给工业、农业、建筑业、运输邮电业、批发零售贸易业、餐饮业、服务业等作为生产、经营使用的商品；(3) 售给批发零售贸易业作为转卖或加工后转卖的商品；(4) 对国（境）外直接出口的商品。

批发零售业库存 指报告期末各种登记注册类型的批发零售贸易企业（单位）已取得所有权的商品。它反映批发零售贸易企业（单位）的商品库存情况和对市场商品供应的保证程度。

期末库存包括：(1) 存放在批发零售业经营单位（如：门市部、批发站、经营处）仓库、货场、货柜和货架中的商品；(2) 挑选、整理、包装中的商品；(3) 已记入购进而尚未达到本单位的商品，即发货单或银行承兑凭证已到而货未到的部分；(4) 寄放他处的商品，如：因购货方拒绝承付而暂时存放在购货方的商品和已办理加工成品收回手续而未提回的商品；(5) 委托其他单位代销（未作销售或调出）尚未售出的商品；(6) 代其他单位购进尚未交付的商品。

Explanatory Notes on Principal Statistical Indicators

Total Retail Sales of Consumer Goods refer to the total amount of consumer goods directly sold by all sectors of the national economy to urban and rural residents and social groups. This indicator is used to show the total supplies of consumer goods through various channels of commodity circulation to households and institutions, and to study changes in the domestic retail market and in economic climate.

Total retail sales of consumer goods include: 1). commodities sold to urban and rural residents for their daily use and building materials sold to them for construction or repair of houses; 2). office appliances and supplies sold to social groups; 3). food and fuels sold to staff canteens of government departments, organizations institutions, enterprises, schools, military units and to canteens attached to hotels and hostels that only serve their guests, and commodities produced by enterprises, institutions or state farms and sold directly to their employees or their staff canteens; 4). grain and non – staple food, clothing, articles for daily use and fuels sold to military personnel; 5). consumer goods sold to foreigners, overseas Chinese, and Chinese compatriots from Taiwan, Hong Kong and Macao during their stay in the mainland of China(including friendship store, duty – free shops near customs and ocean shipping supply company. 6). Chinese and western medicines, Chinese herbal medicine and medical facilities purchased by residents; 7). newspapers, books and magazines directly sold to residents and social groups by publishers, new and old commemorative stamps, special stamps, first – day covers, stamp albums and other stamp – collection articles sold by stamp companies(including stamp collecting counter); 8). consumer goods purchased and then sold by second – hand shops(trust shop); 9). stoves, coal gas and liquefied petroleum gas sold by gas companies to households and social groups.

Total Purchases, Sales and Inventory of Commodities in Wholesale and Retail Trade refer to the total volume of commodities purchased, total volume of sales and exports, and inventory of commodities by wholesale and retail enterprises (establishments) of different status of registration from domestic and overseas markets. This indictor plays an important role in promoting industrial and agricultural production, thriving market, stabilizing prices, ensuring market supply and meeting the needs of consumers. It also reflects the proportional relationship among purchase, sales and inventory of commodities in the circulation of goods and reveals the existing problems.

Total Purchases of Commodities refer to the total volume of commodities purchased by the enterprises (establishments) from other establishments or individuals (including direct imports from abroad) for the purpose of re – selling, either with or without further processing of the commodities purchased. This indicator is used to show the total volume of commodities purchased by wholesale and retail establishments from domestic and overseas markets. Total purchases include: 1). agricultural and industrial products purchased from producers; 2). books, publishers; 3). commodities purchased from wholesale and retail establishments of different status of registration; 4). commodities purchased from other entities, such as surplus materials purchased from government departments, enterprises or institutions, commodities purchased from food and service establishments, confiscated goods purchased from customs authorities or market management agencies, second – hand goods and wastes purchased from residents; and 5). commodities directly imported from abroad.

Total Sales of Commodities refer to total volume of commodities sold by the establishments to other establishments and individuals (including direct exports). This indicator is used to show the total volume of commodities sold at domestic markets and exports. Total sales include: 1). commodities sold to urban and rural residents and social groups for their consumption; 2). commodities sold to establishments in industry, agriculture, construction, transportation, post and telecommunications, wholesale and retail trade, food service and other service industries for their production and operation; 3). commodities sold to wholesale and retail establishments for re – selling, with or without further processing; and 4). commodities for direct export to other countries.

Inventory of Commodities of Wholesale and Retail Enterprises refers to total commodities possessed by wholesale and retail enterprises (establishments) of various status of registration at the end of the report period, which reflects the commodity inventory level of various wholesale and retail enterprises and the potential for market supply. It includes: 1). commodities stored in warehouses, goods yards, counters, and shelves of operating establishments (such as stores, wholesale centers, and operating offices) of wholesale and retail trade; 2). commodities in the process of selecting, sorting, and packing; 3). commodities not arrived but recorded as purchase in the account, i. e. commodities not arrived but payment receipts for the commodities from the sellers or the banks arrived; 4). commodities deposited in other places rather than places mentioned above, for instance: commodities in the hold of purchasers temporarily due to the refusal of payment and commodities not taken back after going through the formalities; 5). commodities entrusted to other entities to sell but not sold yet; 6). commodities purchased for other entities but not delivered yet.

Chapter 5

五、公共财政

Public Finance

YUNNAN STATISTICAL YEARBOOK

云南统计年鉴 2012

5-1 1980-2011年地方财政一般预算收支额
General Budgetary Revenue and Expenditure of Local Government (1980-2011)

单位：亿元 (100 million yuan)

年份 Year	地方财政一般预算收入 The Local Government Budgetary Revenue	增值税 Value Added Tax	营业税 Business Tax	企业所得税 Enterprise Income Tax	地方财政一般预算支出 The Local Government Budgetary Expenditure	农业支出 Expenditure for Agriculture	文教科卫事业费 Expenditure for Culture, Education, Science and Health	行政管理费 Expenditure for Government Administration	社会保障补助支出 Expenditure for Social Security
1980	11.64				17.32	2.65	3.79	2.05	
1981	12.69				15.73	2.46	4.30	2.21	
1982	15.66				18.80	3.15	5.14	2.47	
1983	17.17				24.23	3.68	6.55	2.98	
1984	19.73				30.77	4.41	8.15	4.54	
1985	27.41			5.98	36.70	4.18	9.38	4.92	
1986	30.01			4.50	47.31	5.71	11.29	5.75	
1987	37.49			4.78	53.86	6.66	12.59	6.29	
1988	50.53			7.59	64.84	8.39	15.56	6.45	
1989	63.27			9.19	81.89	11.62	18.15	7.50	
1990	77.43			7.21	90.76	13.20	21.32	8.88	
1991	99.78			8.09	110.82	15.91	24.08	10.56	
1992	109.32			5.17	121.59	18.53	28.76	13.86	
1993	204.94			4.99	200.62	23.82	37.36	16.73	
1994	76.70	22.52	11.75	6.72	203.73	25.06	48.91	21.40	
1995	98.35	23.28	15.40	7.87	235.10	28.28	54.06	24.47	
1996	130.01	26.54	21.21	9.42	270.39	32.51	69.04	30.22	
1997	150.42	27.84	25.36	9.70	313.20	33.82	75.01	30.58	
1998	168.23	30.57	29.76	14.47	328.00	34.66	80.50	32.07	2.71
1999	172.67	31.06	33.94	14.95	378.05	36.59	89.86	33.47	7.33
2000	180.75	31.37	36.00	20.17	414.11	39.20	98.70	37.24	15.89
2001	191.28	33.62	36.68	26.29	496.43	45.26	116.70	44.76	26.21
2002	206.76	34.42	41.41	25.78	526.89	46.35	132.37	49.36	25.67
2003	229.00	39.11	45.17	21.50	587.35	48.99	143.99	55.43	42.30
2004	263.36	45.56	56.57	27.78	663.64	71.90	170.60	67.76	33.31
2005	321.65	56.02	67.64	33.35	766.31	73.50	192.06	78.12	29.03
2006	379.97	67.50	89.49	41.30	893.58	83.86	236.16	95.21	34.15
2007	486.71	85.72	112.47	55.71	1135.22	127.60	300.55	187.01	170.48
2008	614.05	99.41	136.63	66.03	1470.24	177.77	392.19	217.12	224.72
2009	698.25	97.53	175.79	65.29	1952.34	267.28	510.84	237.22	304.10
2010	871.19	112.78	237.26	82.28	2285.72	327.21	615.46	246.50	304.69
2011	1 111.16	136.64	277.71	110.61	2929.60	409.80	793.63	282.05	386.50

注：1.本表中1994年以来的财政收支及分组口径调整，与历史资料不可比。
2.2006年以前农业支出包括农业支出、林业支出、水利气象支出和农林水利气象部门事业费。
3.2007年以后财政支出科目调整，对应关系为：农业支出对应农林水事务、文教科卫事业费对应文教科卫支出、行政管理费对应一般公共服务、社会保障补助支出对应社会保障和就业。

Note: a.Since 1994,the local government revenue and expenditure and the grouping standard in this table are not comparable with the previous years.
b.Before 2006,the expenditure for agriculture included the spending on agriculture,forestry,water conservancy and meteorology and operating expenses for agriculture,forestry,water conservancy and meteorology.
c.After2007, the local government expenditure category changed,the corresponding relationships are as follows:operating expense for agriculture refers to the expenditure for agriculture,forestry and water conservancy,operating expense for culture,education,science and technology and health care refers to expenditure for culture,education,science and technology and health care,operating expense for government administration refers to the expenditure for public service,operating expense for social security refers to the expenditure for social security and employment.

5-2 地方财政一般预算收入(2010-2011年)

General Budgetary Revenue of Local Government (2010-2011)

单位：亿元 (100 million yuan)

类 别	Category	2010	2011	2011年比2010年增长(%) Increase rate in 2011 over 2010 (%)
地方财政一般预算收入	**Local Government Budgetary Revenue**	**871.19**	**1 111.16**	**27.5**
税收收入	**Tax Revenue**	**702.16**	**881.95**	**25.6**
增值税	Value-added Tax	112.78	136.64	21.2
营业税	Business Tax	237.26	277.71	17.0
企业所得税	Enterprise Income Tax	82.28	110.61	34.4
个人所得税	Personal Income Tax	32.23	41.38	28.4
资源税	Resource Tax	12.92	14.08	9.0
固定资产投资方向调节税	Tax Raised from Adjustment of Real-estate Investn			
城市维护建设税	Tax on City Maintenance and Construction	67.66	79.39	17.3
房产税	**Tax on Real Estates**	**17.18**	**18.08**	**5.2**
印花税	Stamp Tax	9.00	9.95	10.5
城镇土地使用税	Holding Tax on Urban and County Land	13.99	15.33	9.6
土地增值税	Land Value Added Tax	14.36	30.09	109.5
车船税	Tax on Vehicles and Their Registration	5.66	7.42	31.0
耕地占用税	Farmland Occupation Tax	33.73	46.82	38.8
契 税	Contract Tax	32.53	54.90	68.8
烟叶税	Tobacco Leaf Tax	30.57	39.55	29.4
其他税收收入	Others			
非税收入	**Non-tax Revenue**	**169.02**	**229.21**	**35.6**
专项收入	Specific Revenue	52.80	80.32	52.1
行政性收费收入	Income from Administrative Fees	33.49	54.18	61.8
罚没收入	Penalty and Confiscatory Income	33.92	36.26	6.9
国有资本经营收入	Profits of State-owned Enterprises	10.94	8.97	-18.1
国有资源(资产)有偿使用收入	Revenue of Compensable Use of State-owned Resources (Assets)	14.28	22.17	55.2
其他收入	Others	23.59	27.32	15.8

5-3 地方财政一般预算支出（2010-2011年）

General Budgetary Expenditure of Local Government(2010-2011)

单位：亿元 (100 million yuan)

类　别	Item	2010	2011	2011年比2010年增长(%) Increase rate in 2011 over 2010 (%)
地方财政一般预算支出	**Local Government Budgetary Expenditure**	**2 285.72**	**2 929.60**	**28.2**
一般公共服务	General Public Service	246.50	282.05	14.4
公共安全	Public Security	145.42	165.32	13.7
教　育	Education	374.79	483.00	28.9
科学技术	Science and Technology	21.43	28.30	32.1
文化体育与传媒	Culture, Sports and Media	35.53	45.34	27.6
社会保障和就业	Social Security and Employment	304.69	386.50	26.8
医疗卫生	Health	183.70	236.98	29.0
环境保护	Environment Protection	86.41	95.86	10.9
城乡社区事务	Urban and Rural Community Affairs	86.66	122.96	41.9
农林水事务	Farming, Forestry and Irrigation Affairs	327.21	409.80	25.2
交通运输	Transport	139.88	276.19	97.4
工业商业金融等事务	Industrial,Commercial and Financial Affairs	95.65	98.46	2.9
其他各项支出	Others	52.93	44.23	-16.4

5-4 各州市财政一般预算收入(2010-2011年)
General Budgetary Revenue by Region of Local Government (2010-2011)

单位：亿元 (100 million yuan)

州 市	Region	2010	2011	2011年比2010年增长(%) Increase Rate in 2011 over 2010 (%)
全 省	**Yunnan**	**871.19**	**1 111.16**	**27.5**
昆 明	Kunming	253.83	317.69	25.2
曲 靖	Qujing	72.43	88.31	21.9
玉 溪	Yuxi	64.73	77.25	19.3
保 山	Baoshan	21.38	28.20	31.9
昭 通	Zhaotong	25.62	32.59	27.2
丽 江	Lijiang	16.46	26.26	59.6
普 洱	Pu'er	30.86	39.29	27.3
临 沧	Lincang	14.51	21.39	47.4
楚 雄	Chuxiong	30.70	37.58	22.4
红 河	Honghe	61.22	72.79	18.9
文 山	Wenshan	22.03	27.45	24.6
西双版纳	Xishuangbanna	11.26	17.60	56.3
大 理	Dali	37.62	45.95	22.1
德 宏	Dehong	13.24	18.91	42.8
怒 江	Nujiang	5.84	6.66	14.0
迪 庆	Diqing	5.97	8.60	44.1

5-5 各州市地方财政支出(2010-2011年)

General Budgetary Expenditure by Region of Local Government (2010-2011)

单位：亿元 (100 million yuan)

州 市	Region	2010	2011	2011年比2010年增长(%) Increase Rate in 2011 over 2010 (%)
全 省	**Yunnan**	**2 285.72**	**2 929.60**	**28.2**
昆 明	Kunming	346.29	441.73	27.6
曲 靖	Qujing	181.59	222.19	22.4
玉 溪	Yuxi	107.30	139.65	30.1
保 山	Baoshan	82.29	106.43	29.3
昭 通	Zhaotong	146.60	178.28	21.6
丽 江	Lijiang	59.11	81.49	37.9
普 洱	Pu'er	114.11	145.75	27.7
临 沧	Lincang	90.77	128.79	41.9
楚 雄	Chuxiong	108.58	126.76	16.7
红 河	Honghe	169.42	213.19	25.8
文 山	Wenshan	114.12	143.79	26.0
西双版纳	Xishuangbanna	42.43	67.12	58.2
大 理	Dali	124.24	159.62	28.5
德 宏	Dehong	58.11	92.30	58.8
怒 江	Nujiang	34.04	42.68	25.4
迪 庆	Diqing	43.15	66.11	53.2

主要统计指标解释

财政收入 指国家财政参与社会产品分配所取得的收入，是实现国家职能的财力保证。

地方财政一般预算收入 是指按照一定的形式和程序，由地方各级财政部门组织并纳入地方财政一般预算管理的各项收入。主要包括：

1. **税收收入：**包括国内增值税、营业税、企业所得税、个人所得税、资源税、城市维护建设税、各银行总行、各保险公司总公司集中交纳的部分、房产税、印花税、城镇土地使用税、土地增值税、车船税、耕地占用税、契税、烟叶税等。

2. **非税收入：**包括专项收入、行政事业性收费、罚没收入、国有资本经营收入、国有资源（资产）有偿使用收入和其他收入。

财政支出 指国家财政将筹集起来的资金进行分配使用，以满足经济建设和各项事业的需要。

地方财政一般预算支出 是指地方各级财政部门对所集中的预算收入有计划地分配和使用而安排的支出。主要包括：

1. **一般公共服务：**指政府提供基本公共管理与服务的支出，包括人大事务、政协事务、政府办公厅（室）及相关机构事务、发展与改革事务、统计信息事务、财政事务、税收事务、审计事务、海关事务、人力资源事务、纪检监察事务、人口与计划生育事务、商贸事务、知识产权事务、工商行政管理事务、国土资源事务、海洋管理事务、测绘事务、地震事务、气象事务、民族事务、宗教事务、港澳台侨事务、档案事务、共产党事务、民主党派事务及工商联事务、群众团体事务、彩票事务等。

2. **公共安全：**指政府维护社会公共安全方面的支出，包括武装警察、公安、国家安全、检察、法院、司法行政、监狱、劳教、国家保密、缉私警察等。

3. **教育：**指政府教育事务支出，包括教育行政管理、学前教育、小学教育、初中教育、普通高中教育、普通高等教育、初等职业教育、中专教育、技校教育、职业高中教育、高等职业教育、广播电视教育、留学生教育、特殊教育、干部继续教育、教育机关服务等。

4. **科学技术：**指用于科学技术方面的支出，包括科学技术管理事务、基础研究、应用研究、技术研究与开发、科技条件与服务、社会科学、科学技术普及、科技交流与合作等。

5. **文化教育与传媒：**指政府在文化、文物、体育、广播影视、新闻出版等方面的支出。

6. **社会保障和就业：**指政府在社会保障与就业方面的支出，包括社会保障和就业管理事务、民政管理事务、财政对社会保险基金的补助、补充全国社会保障基金、行政事业单位离退休、企业改革补助、就业补助、抚恤、退役安置、社会福利、残疾人事业、城市居民最低生活保障、其他城镇社会救济、农村社会救济、自然灾害生活救助、红十字事务等。

7. **医疗卫生：**指政府医疗卫生方面的支出，包括医疗卫生管理事务支出、医疗服务支出、医疗保障支出、疾病预防控制支出、卫生监督支出、妇幼保健支出、农村卫生支出等。

8. **环境保护：**指政府环境保护支出，包括环境保护管理事务支出、环境监测与监察支出、污染治理支出、自然生态保护支出、天然林保护工程支出、退耕还林支出、风沙荒漠治理支出、退牧还草支出、已垦草原退耕还草、能源节约利用、污染减排、可再生能源和资源综合利用等支出。

9. **城乡社区事务：**指政府城乡社区事务支出，包括城乡社区管理事务支出、城乡社区规划与管理支出、城乡社区公共设施支出、城乡社区住宅支出、城乡社区环境卫生支出、建设市场管理与监督支出等。

10. **农林水事务：**指政府农林水事务支出，包括农业支出、林业支出、水利支出、扶贫支出、农业综合开发支出等。

11. **交通运输：**指政府交通运输和邮政业方面的支出，包括公路运输支出、水路运输支出、铁路运输支出、民用航空运输支出、邮政业支出等。

12. **工业商业金融等事务**：指政府对工业、商业及金融等方面的支出，包括采掘业支出、制造业支出、建筑业支出、工业和信息产业监管支出、国有资产监管支出、商业流通事务支出、金融业监管支出、旅游业管理与服务支出等。

Explanatory Notes on Principal Statistical Indicators

Government Revenue refers to income for the government finance through participating in the distribution of social products. It is the financial guarantee to ensure government functioning.

Local Government Budgetary Revenue refers to incomes which were organized and managed by the financial departments of local governments at all levels according to certain forms and procedures.

The contents of the local government budgetary revenue include the following main items:

1. **Tax Revenues** including domestic value added tax (VAT), domestic consumption tax, VAT and consumption tax from imports, VAT and consumption tax rebate for exports, business tax, corporate income tax, individual income tax, resource tax, city maintenance and construct tax, house property tax, stamp tax, urban land use tax, land appreciation tax, tax on vehicles and boat operation, ship tonnage tax, vehicle purchase tax, tariffs, farm land occupation tax, deed tax, and tobacco leaf tax, etc.

2. **Non - tax Revenue** including special program receipts, charge of administrative and institutional units, penalty receipts and others non - tax receipts.

Government Expenditure refers to the distribution and use of the funds which the government finance has raised, so as to meet the needs of economic construction and various causes.

Local Government Budgetary Expenditure refers to the planned distribution and use of the raised budgetary revenue by the financial departments of local government at all levels.

It includes the following main items

1. **Expenditure for General Public Services** refers to the spending on the basic public management and services which provided by governments, including the expense on affairs of People's Congress, affairs of People's Political Consultative Conference, affairs of government general office and relative institutions, affairs of development and reform, affairs of statistics, affairs of finance, affairs of taxation, affairs of audit, affairs of customs, affairs of human resources and social security, affairs of discipline inspection and supervision, affairs of population and family planning, affairs of commerce and trade, affairs of intellectual property, affairs of administration for industry and commerce, affairs of land and resources, affairs of oceanic administration, affairs of surveying and mapping, affairs of earthquake, ethnic affairs, religious affairs, affairs of Hong Kong, Macao, Taiwan, and Overseas Chinese, affairs of archives administration, affairs of Chinese Communist Party, affairs of democratic parties and federation of industry and commerce, affairs of mass organization, and affairs of lottery, etc.

2. **Expenditure for Public Security** refers to the spending of government on maintaining social and public security, including the expense on armed police force, public security, state security, prosecution, courts, justice, prison, labour education and rehabilitation, protection of state secrecy, anti - smuggling police, etc.

3. **Expenditure for Education** refers to the spending of government on education, including the expense on the administration of education, pre - primary education, primary education, secondary education, high school education, regular higher education, primary vocational education, secondary vocational education, technical school education, vocational high school education and higher vocational education, radio and television education, student a-

broad education, special education, on the job training of cadres, education authorities services, etc.

4. **Expenditure for Science and Technology** refers to the spending of government on science and technology (S&T), including the expense on the administration of S&T, basic research, applied research, research and development, conditions and services of S&T, popularization of social science, science and technology, exchanges and cooperation of S&T, etc.

5. **Expenditure for Culture, Sport and Media** refers to the spending of government on culture, cultural heritage, sports, radio, film, television, press and publication, etc.

6. **Expenditure for Social Safety Net and Employment Effort** refers to the spending of government on social safety net and employment, including the expense on administration of social safety net and employment, civil affairs, budgetary subsidy on the social insurance funds, subsidy on National Social Security Fund, retirees of administrative units and institutions, subsidy on enterprise reform, subsidy on employment effort, pension, placement of ex-serviceman, social welfare, the handicapped undertakings, the system of cost of living allowances for urban residents, other urban social relief, rural social relief, living relief of natural disasters, affairs of Red Cross Society, etc.

7. **Expenditure for Medical and Health Care** refers to the spending of government on medical and health care, including the expense on administration of medical and health care, medical services, health care, disease prevention and control, health inspection and supervision, women and children's health, rural health care, etc.

8. **Expenditure for Environment Protection** refers to the spending of government on environment protection, including the expense on administration of environment protection, environment monitoring and supervision, pollution control, natural ecology protection, project of virgin forests protection, reforesting farmland, controlling the sources of dust storms, returning pastureland to grassland, returning pastureland to grassland, returning cultivated land to grassland, energy conservation, emissions reduction, comprehensive utilization of renewable energy and resources, etc.

9. **Expenditure for Urban and Rural Community Affairs** refers to the spending of government on urban and rural community affairs, including the expense on administration of urban and rural community, planning and management of urban and rural community, public facilities of urban and rural community, housing of urban and rural community, sanitation of urban and rural community, management and supervision on the construction market, etc.

10. **Expenditure for Agriculture, Forestry and Water Conservancy** refers to the spending of government on agriculture, forestry and water conservancy, including the expense on agriculture, forestry, water conservancy, poverty alleviation, comprehensive agricultural development, etc.

11. **Expenditure for Transportation** refers to the spending of government on transportation and postal services, including the expense on road transportation, waterway transportation, railway transportation, civil aviation transportation, and postal services.

12. **Expenditure for Industry, Commerce and Banking** refers to the spending of government on industry, commerce and banking, including the expense on mining, manufacturing, construction, industry and information technology supervision and administration, State-owned assets supervision and administration, commerce and circulation affairs, financial intermediation supervision and administration, tourism administration and service, etc.

Chapter 6

六、对外经济贸易

Foreign Trade

6-1 主要年份进出口贸易总额

Historic Total Value of Import and Export Trade in Significant Years

单位：亿美元 (USD 100 million)

年 份 Year	进出口总额 Total Value of Export and Import	出口额 Exports	进口额 Imports	差 额 (出超+、入超-) Balance (Favorable balance(+), Trade Deficit(-))
1980	1.10	0.96	0.14	0.82
1981	1.35	1.03	0.31	0.72
1982	1.36	1.09	0.27	0.82
1983	1.47	1.19	0.29	0.90
1984	1.51	1.11	0.39	0.72
1985	2.10	1.29	0.81	0.48
1986	2.65	1.69	0.96	0.72
1987	3.42	2.62	0.80	1.82
1988	4.44	3.42	1.02	2.40
1989	5.48	3.74	1.73	2.01
1990	5.48	4.34	1.14	3.21
1991	5.51	4.01	1.50	2.51
1992	6.71	4.67	2.04	2.63
1993	8.40	5.23	3.17	2.06
1994	13.44	9.10	4.34	4.76
1995	18.96	12.15	6.81	5.35
1996	19.22	10.96	8.26	2.70
1997	19.37	11.72	7.65	4.08
1998	19.03	11.74	7.30	4.44
1999	16.60	10.34	6.25	4.09
2000	18.13	11.75	6.38	5.37
2001	19.89	12.44	7.45	4.99
2002	22.26	14.30	7.97	6.33
2003	26.77	16.77	9.91	6.85
2004	37.48	22.39	15.09	7.30
2005	47.38	26.42	20.97	5.45
2006	62.32	33.91	28.40	5.51
2007	87.80	47.36	40.44	6.92
2008	95.99	49.87	46.12	3.75
2009	80.19	45.14	35.05	10.09
2010	133.68	76.06	57.62	18.43
2011	160.53	94.73	65.80	28.93

6-2 历史年份云南省主要贸易方式进出口总额(1980-2011年)
Total Value of Main Trade Modes of Import and Export (1980-2011)

单位：亿美元 (USD 100 million)

年份 Year	进出口总额 Total Value of Export and Import			一般贸易		边境小额贸易	
		出口额 Exports	进口额 Imports	出口额 Exports	进口额 Imports	出口额 Exports	进口额 Imports
1980	1.10	0.96	0.14				
1981	1.35	1.03	0.31				
1982	1.36	1.09	0.27				
1983	1.47	1.19	0.29				
1984	1.51	1.11	0.39				
1985	2.10	1.2 9	0.81			0.21	0.23
1986	2.65	1.69	0.96			0.28	0.31
1987	3.42	2.62	0.80			0.61	0.64
1988	4.44	3.42	1.02			1.31	1.01
1989	5.48	3.74	1.73			1.66	0.90
1990	5.48	4.34	1.14			1.28	0.75
1991	5.51	4.01	1.50			1.03	0.53
1992	6.71	4.67	2.04			1.55	0.75
1993	8.40	5.23	3.17			2.08	0.77
1994	13.44	9.10	4.34			1.46	1.11
1995	18.96	12.15	6.81			1.18	1.13
1996	19.22	10.96	8.26			0.45	0.91
1997	19.37	11.72	7.65			0.42	0.32
1998	19.03	11.31	5.22	9.25	3.60	0.89	0.42
1999	16.60	10.34	6.25	7.23	4.71	2.32	0.56
2000	18.13	11.75	6.38	7.84	4.21	2.78	0.78
2001	19.89	12.44	7.45	8.66	5.25	2.30	1.16
2002	22.26	14.29	7.97	10.57	5.25	2.31	1.37
2003	26.77	16.76	9.92	12.82	6.97	2.53	1.66
2004	37.48	22.39	15.04	16.73	11.27	3.09	2.15
2005	47.38	26.42	20.97	18.24	15.21	3.86	2.69
2006	62.32	33.91	28.40	22.34	20.28	4.65	3.11
2007	87.80	47.36	40.44	34.54	30.15	5.68	4.43
2008	95.99	49.87	46.12	39.96	37.51	5.72	6.29
2009	80.19	45.14	35.05	35.85	27.74	7.07	5.54
2010	133.68	76.03	57.62	44.34	47.23	9.88	7.47
2011	160.53	94.73	65.80	67.98	53.32	12.16	7.88

6-3 主要年份边境贸易进出口总额(1996-2011年)

Total Value of Imports and Exports of Border Trade in Significant Years (1996-2011)

单位：亿美元 (USD 100 million)

年 份 Year	边境贸易进出口总额 Total Value of Export and Import	出口额 Exports	进口额 Imports
1996	1.36	0.45	0.91
1997	0.74	0.42	0.32
1998	1.31	0.89	0.42
1999	2.78	2.32	0.56
2000	3.56	2.78	0.78
2001	3.46	2.30	1.16
2002	3.68	2.31	1.37
2003	4.19	2.53	1.66
2004	5.24	3.09	2.15
2005	6.55	3.86	2.69
2006	7.76	4.65	3.11
2007	10.11	5.68	4.43
2008	12.01	5.72	6.29
2009	12.61	7.07	5.54
2010	17.36	9.88	7.47
2011	20.05	12.16	7.88

6-4 各州市进出口总额(2011年)
Total Value of Import and Export by Region (2011)

单位：亿美元 (USD 100 million)

州 市	Region	进出口总额 Total Value of Import and Export	出口额 Exports	2011年比2010年增长(%) Increase Rate Over 2010(%)	进口额 Imports	2011年比2010年增长(%) Increase Rate Over 2010(%)	2011年比2010年增长(%) Increase Rate Over 2010(%)
全 省	**Yunnan**	**160.53**	**94.73**	**24.6**	**65.80**	**13.20**	**19.6**
昆 明	Kunming	120.22	66.03	24.0	54.19	12.00	18.3
曲 靖	Qujing	1.74	1.26	-20.0	0.48	157.60	- 1.3
玉 溪	Yuxi	4.01	3.58	35.1	0.43	106.20	40.2
保 山	Baoshan	1.90	0.94	-18.1	0.97	21.10	- 2.0
昭 通	Zhaotong	0.06	0.05	65.6	0.01	- 94.30	- 54.2
丽 江	Lijiang	0.62	0.62	63.8		- 63.60	63.4
普 洱	Pu'er	2.10	1.24	30.0	0.86	14.80	23.3
临 沧	Lincang	1.56	0.61	38.2	0.95	90.60	66.0
楚 雄	Chuxiong	1.36	1.34	37.2	0.02	- 29.70	35.3
红 河	Honghe	6.52	4.27	16.5	2.25	51.90	26.7
文 山	Wenshan	1.09	0.96	64.5	0.13	- 44.70	33.7
西双版纳	Xishuangbanna	3.02	0.95	24.6	2.07	17.00	19.3
大 理	Dali	2.27	1.67	55.4	0.59	- 22.10	23.3
德 宏	Dehong	13.84	11.10	30.5	2.74	- 4.80	21.6
怒 江	Nujiang	0.11	0.01	200.0	0.10	55.50	60.1
迪 庆	Diqing	0.12	0.10	122.9	0.02	-	163.6

6-5 主要年份引进利用外资概况

Utilization of Foreign Capital in Significant Years

年份 Year	协议利用外资 Utilization of Foreign Capital		对外借款 Foreign Borrowings		外商直接投资 Foreign Direct Investment		外商其他投资 Other Foreign Investment	
	项目（个）Number of Projects (unit)	金额（亿美元）Value (USD 100 million)	项目（个）Number of Projects (unit)	金额（亿美元）Value (USD 100 million)	项目（个）Number of Projects (unit)	金额（亿美元）Value (USD 100 million)	项目（个）Number of Projects (unit)	金额（亿美元）Value (USD 100 million)
签订利用外资协议（合同）额 Total Amount of Contracted Foreign Capital								
1986	9				7		2	
1987	9	0.14			9	0.11		0.04
1988	9		1		8			
1989	10	0.04			10	0.03		0.01
1990	16				11			
1991	31	0.60		0.34	22	0.16	6	0.10
1992	202				202			
1993	509	5.64			509	5.01		0.63
1994	262				262			
1995	277		8		269			
1996	159		6		153			
1997	135	3.25	8	0.57	127	2.67		
1998	122		3		119			
1999	140		2		138			
2000	110		4		106			
2001	140	2.94			140	2.94		
2002	150				150			
2003	167	5.44			167	5.44		
2004	167				167			
2005	152	4.36			152	4.36		
2006	204				204			
2007	170	9.66			170	9.66		
2008	228				228			
2009	190	16.82			190	16.82		
2010	163				163			
2011	163	21.54			163	21.54		

注：从1991年起实际利用外资额中对外借款从国家外汇管理局云南分局取得数字，1990年以前是从中国银行昆明分行取得数字。1994年后对外借款从云南省发改委外经处取得数字。

Note:Since 1991,data of borrowings in the foreign investment actually used have been obtained from Yunnan Branch of State Foreign Exchange Admistration Bureau,Before 1990,they were obtained from Kunming Branch of Bank of China. Since 1994, data of foreign exchange borrowings have been obtained from Foreign Trade Section of Provincial Development and Reform Commission.

6-5　续表1　continued

年　份 Year	协议利用外资 Utilization of Foreign Capital		对外借款 Foreign Borrowings		外商直接投资 Foreign Direct Investment		外商其他投资 Other Foreign Investment	
	项目（个） Number of Projects (unit)	金额（亿美元） Value (USD 100 million)	项目（个） Number of Projects (unit)	金额（亿美元） Value (USD 100 million)	项目（个） Number of Projects (unit)	金额（亿美元） Value (USD 100 million)	项目（个） Number of Projects (unit)	金额（亿美元） Value (USD 100 million)
实际利用外资金额 Total Amount of Foreign Capital Actually Used								
1986		0.06		0.02		0.04		
1987								
1988		0.08				0.03		0.05
1989								
1990				0.04		0.03		0.05
1991								
1992		0.50		0.21		0.23		0.06
1993								
1994		3.14		1.11		2.03		
1995			27					
1996		3.38		1.58		1.80		
1997								
1998		2.98		1.52		1.46		
1999								
2000								
2001								
2002		2.84		1.72		1.12		
2003								
2004		2.14		0.73		1.42		
2005								
2006		4.29		1.27		3.02		
2007								
2008		9.36		1.59		7.77		
2009								
2010		13.29				13.29		
2011		17.38				17.38		

6-6 对外签订利用外资协议(合同)额(1986-2011年)
Amount of Foreign Capital Utilized through the Signed Agreements (Contracts) (1986-2011)

项 目 Item	利用外资协议 Committed Amount of Foreign Investment Utilized		外商直接投资 Foreign Direct Investment	
	项 目(个) Number of Projects(unit)	金 额(亿美元) Value(USD100 million)	项 目(个) Number of Projects(unit)	金 额(亿美元) Value(USD100 million)
1986	7	0.02	7	0.02
1987	9	0.11	9	0.11
1988	8	0.11	8	0.11
1989	10	0.03	10	0.03
1990	11	0.02	11	0.02
1991	22	0.16	22	0.16
1992	202	1.68	202	1.68
1993	509	5.01	509	5.01
1994	262	2.85	262	2.85
1995	269	3.74	269	3.74
1996	153	2.02	153	2.02
1997	127	2.67	127	2.67
1998	119	3.30	119	3.30
1999	138	3.26	138	3.26
2000	106	2.97	106	2.97
2001	140	2.94	140	2.94
2002	150	3.33	150	3.33
2003	167	5.44	167	5.44
2004	167	3.18	167	3.18
2005	152	4.36	152	4.36
2006	204	7.98	204	7.98
2007	170	9.66	170	9.66
2008	228	16.86	228	16.86
2009	190	16.82	190	16.82
2010	163	15.18	163	15.18
2011	163	21.54	163	21.54

6-7 分行业利用外商直接投资情况(2011年)

Utilization of Foreign Direct Investment by Sector (2011)

单位：亿美金 (USD 100 million)

国民经济行业	National Economic Sector	协议投资 Contracted Investment		实际投资金额 Actual Investment Amount
		项目(个) Number of Projects(unit)	金额 Value	
全　　省	**Yunnan**	**163**	**21.54**	**17.38**
农、林、牧、渔业	Farming,Forestry,Animal Husbandry and Fishery	17	0.24	1.47
采矿业	Mining and Quarrying	4	0.45	0.45
制造业	Manufacturing	24	3.40	2.60
电力、煤气及水的生产和供应业	Production and Supply of Electricity,Gas and Water	17	2.33	2.36
建筑业	Construction	9	3.90	2.75
地质勘查、水利管理业	Geological Prospecting and Water Conservancy			
交通运输、仓储及邮电通信业	Transport,Storage,Postal and Telecommunication Services		0.04	0.04
批发和零售贸易餐饮业	Wholesale and Retail Trade and Food Services	41	1.45	2.18
房地产业	Real Estate	3	7.59	2.94
社会服务业	Social Services	45	1.66	2.13
卫生体育和社会福利业	Health Care,Sports and Social Welfare			
教育、文化艺术和广播电影电视业	Education,Culture and Arts,Broadcasting,Film and Television			
科学研究和综合技术服务业	Scientific Research and Polytechnic Services	3	0.54	0.47
其他行业	Others			

6-8 各州市利用外商直接投资情况(2010-2011年)
Utilization of Foreign Direct Investment by Region (2010-2011)

单位：亿美金 (USD 100 million)

州市	Region	协议投资 Contracted Investment				实际投资金额 Actual Investment	
		项目(个) Number of Projects (unit)		金额 Value			
		2010	2011	2010	2011	2010	2011
全省	**Yunnan**	**163**	**163**	**15.18**	**21.54**	**13.29**	**17.38**
昆明	Kunming	82	77	7.03	9.47	8.13	11.00
曲靖	Qujing	6	5	0.79	0.47	0.22	0.28
玉溪	Yuxi	5	2	0.18	0.20	0.32	0.34
保山	Baoshan	3	4	0.66	3.34	0.34	0.52
昭通	Zhaotong		2		1.50	0.01	0.04
丽江	Lijiang		3		0.07	0.03	0.03
普洱	Pu'er	1	5	0.07	0.31	0.01	0.42
临沧	Lincang	2	5	0.38	0.26	0.21	0.30
楚雄	Chuxiong	2	4	0.01	0.20	0.13	0.25
红河	Honghe	6	3	1.23	0.43	0.15	0.22
文山	Wenshan		5		0.27	0.03	0.08
西双版纳	Xishuangbanna	3	7	0.05	0.69	0.04	0.05
大理	Dali	7	4	0.12	0.04	0.22	0.30
德宏	Dehong	2	5	0.22	0.68	0.24	0.52
怒江	Nujiang			0.05	0.03	0.08	0.15
迪庆	Diqing	2	2	0.20	0.04	0.07	1.03
省直	Those Directly under Provincal Government	42	30	5.08	4.55	3.07	1.83

6-9 主要年份实际利用外资额

Foreign Investment Actually Utilized in Significant Years

单位：亿美元　　(USD 100 million)

项　目	Item	2006	2007	2008	2009	2010	2011
全　省	**Yunnan**	**4.29**	**5.52**	**9.36**	**9.10**	**13.29**	**17.38**
外商直接投资	Foreign Direct Investment	3.02	3.95	7.77	9.10	13.29	17.38
合资经营企业	Joint Ventures	2.18	1.71	2.95	3.65	4.68	5.58
合作经营企业	Cooperative Enterprises	0.18	0.23	0.29	0.36	0.68	0.65
独资企业	Sole Proprietorship Enterprises	0.63	2.01	4.53	5.08	6.96	10.12
外商投资股份制企业	Foreign-funded Joint Stock Enterprises	0.03			0.01	0.96	1.03

6-10 主要年份对外承包工程和劳务合作
Contracted Projects and Labor Cooperation with Foreign Countries in Significant Years

单位：亿美元 (USD 100 million)

年份 Year	合同份数（份） Number of Contracts (unit)	合同金额 Contracted Value	完成营业额 Value of Business Fulfilled
承包工程 Contracted Projects			
1990	19	0.07	0.04
1991	19	0.11	0.08
1992	6	0.15	0.15
1993	3	0.40	0.26
1994	15	1.02	0.21
1995	46	2.20	1.01
1996	25	0.78	1.22
1997	47	0.77	0.91
1998	72	3.06	0.99
1999	120	2.50	1.25
2000	162	2.96	1.53
2001	60	1.53	1.45
2002	107	2.94	2.25
2003	71	3.07	2.44
2004	83	3.16	3.36
2005	131	5.34	3.87
2006	85	6.04	4.33
2007	96	7.00	4.99
2008	94	7.80	6.17
2009	63	9.24	7.38
2010	22	9.71	9.85
2011	47	11.21	11.45
劳务合作 Labor Consultation Senice			
1990	3		
1991	4	0.01	
1992	3	0.01	
1993	9	0.01	
1994	7	0.03	0.01
1995	7	0.02	0.01
1996	9	0.02	0.01
1997	13	0.10	0.03
1998	11	0.04	0.01
1999	14	0.02	0.03
2000	8	0.04	0.02
2001	9	0.02	0.01
2002	2		0.01
2003	2	0.01	
2004	2		0.01
2005	1		
2006			
2007	2	0.01	0.02
2008	6	0.15	0.04
2009	26	0.06	0.04
2010	16	0.05	0.05
2011			

注：从2009年起承包工程统计包括设计咨询在内。
Note:Since 2009, statistics of design consultation had been included in that of construction projects under contract.

6-11 云南省对主要国家或地区出口总额(2010-2011年)

Total Value of Provincial Exports to Major Countries and Regions (2010-2011)

单位：亿美元 (USD 100 million)

国家或地区	Country or Region	2010	2011	2011年比2010年增长(%) Increase Rate in 2011 Over 2010 (%)
亚洲小计	**Asia**	**51.14**	**61.76**	**20.8**
阿富汗	Afghanistan			-
孟加拉国	Bangladesh	1.23	1.44	16.3
文 莱	Brunei	0.01	0.01	- 20.6
缅 甸	Myanmar	11.10	14.00	26.0
柬埔寨	Cambodia	0.04	0.07	77.8
朝鲜	The Democratic People's Republic of Korea	0.01		- 71.3
中国香港	Hong Kong,China	2.17	5.94	173.3
中国澳门	Macao，China	0.13	0.15	14.1
中国台湾	Taiwan,China	1.02	1.14	11.0
印 度	India	5.16	6.94	34.4
印度尼西亚	Indonesia	1.68	2.43	44.9
伊 朗	Iran	1.60	1.38	- 13.6
以色列	Israel	0.38	0.37	- 4.0
日 本	Japan	2.27	3.03	33.2
约 旦	Jordan	0.22	0.20	- 8.2
科威特	Kuwait	0.08	0.17	111.3
老 挝	Laos	1.03	1.04	1.9
黎巴嫩	Lebanon	0.19	0.12	- 35.7
马来西亚	Malaysia	2.11	2.48	17.7
尼泊尔	Nepal			-
阿 曼	Oman	0.02	0.01	- 43.8
巴基斯坦	Pakistan	0.82	0.31	- 61.6
菲律宾	The Philippines	0.39	0.52	34.7
沙特阿拉伯	Saudi Arabia	0.80	0.56	30.7
新加坡	Singapore	1.43	1.20	- 15.7
韩 国	The Republic of Korea	1.58	1.62	1.9
斯里兰卡	Sri Lanka	0.44	0.62	42.0
叙利亚	Syria	0.28	0.13	- 53.2
泰 国	Thailand	3.33	4.01	20.2
土耳其	Turkey	0.24	0.30	25.2
阿拉伯联合酋长国	The United Arab Emirates	0.90	0.99	10.3
越 南	Vietnam	7.89	9.73	23.2
非洲小计	**Africa**	**5.31**	**4.29**	**- 19.2**
阿尔及利亚	Algeria	0.65	0.24	- 63.2
埃 及	Egypt	0.67	0.58	- 13.2
埃塞俄比亚	Ethiopia	0.02	0.02	- 22.6
肯尼亚	Kenya	0.31	0.26	- 15.2
毛里求斯	Mauritius	0.08	0.07	- 17.1
摩洛哥	Morocco	0.25	0.35	39.9

6-11 续表1 continued

单位：亿美元 (USD 100 million)

国家或地区	Country or Region	2010	2011	2011年比2010年增长(%) Increase Rate in 2011 Over 2010(%)
尼日尔	Niger			
尼日利亚	Nigeria	0.14	0.19	36.0
南非(阿扎尼亚)	South Africa (Azania)	0.40	0.62	56.1
多　哥	Togo	0.10	0.11	6.0
津巴布韦	Zimbabwe	0.05	0.02	- 49.8
欧洲小计	**Europe**	**10.19**	**13.76**	**35.2**
比利时	Belgium	1.12	1.80	60.9
丹　麦	Denmark	0.03	0.08	183.7
英　国	The United Kingdom	0.51	1.31	157.7
德　国	Germany	2.06	2.84	37.4
法　国	France	0.70	1.00	44.5
爱尔兰	Ireland	0.03	0.02	- 17.0
意大利	Italy	1.13	1.34	18.4
荷　兰	The Netherlands	1.19	2.19	84.1
希　腊	Greece	0.22	0.22	- 3.4
葡萄牙	Portugal	0.24	0.14	- 41.0
西班牙	Spain	1.05	1.14	8.6
奥地利	Austria			- 43.2
保加利亚	Bulgaria	0.06	0.04	- 22.6
芬　兰	Finland	0.06	0.05	- 18.4
匈牙利	Hungary	0.01	0.01	- 32.8
马耳他	Malta	0.07	0.11	50.6
挪　威	Norway	0.01	0.01	- 40.7
波　兰	Poland	0.18	0.29	59.8
罗马尼亚	Romania	0.21	0.12	- 43.5
瑞　典	Sweden	0.04	0.07	69.1
瑞　士	Switzerland	0.02	0.02	16.0
拉脱维亚	Latvia	0.01	0.01	- 31.7
立陶宛	Lithuania	0.03	0.02	- 6.3
俄罗斯联邦	Russia	0.24	0.29	19.9
乌克兰	Ukraine	0.43	0.30	- 30.3
南斯拉夫	Yugoslavia			
斯洛文尼亚	Slovenia	0.06	0.13	121.6
捷　克	Czech	0.01	0.01	- 31.0
拉丁美洲小计	**Latin America**	**4.60**	**6.08**	**32.0**
阿根廷	Argentina	0.77	0.46	- 40.4
巴　西	Brazil	1.53	2.81	83.8
智　利	Chile	0.37	0.42	13.9
哥伦比亚	Colombia	0.13	0.12	- 3.1
多米尼加联邦	The Commonwealth of Dominica			

6−11　续表2　continued

单位：亿美元　(USD 100 million)

国家或地区	Country or Region	2010	2011	2011年比2010年增长(%) Increase Rate in 2011 Over 2010 (%)
古　巴	Cuba	0.01	0.01	- 25.0
多米尼加共和国	The Dominican Republic	0.03	0.02	- 43.7
海　地	Haiti	0.01		- 45.2
墨西哥	Mexico	0.58	0.81	39.9
巴拿马	Panama	0.34	0.76	125.7
巴拉圭	Paraguay	0.02	0.03	7.7
秘　鲁	Peru	0.10	0.14	42.1
波多黎各	Puerto Rico			
圣卢西亚岛	Saint Lucia			
萨尔瓦多	El Salvador	0.03	0.02	- 35.0
乌拉圭	Uruguay	0.19	0.09	- 51.1
委内瑞拉	Venezuela	0.16	0.10	- 38.0
北美洲小计	**North America**	**3.83**	**7.77**	**103.1**
加拿大	Canada	0.30	0.44	48.4
美　国	The United States	3.51	7.31	108.3
大洋洲小计	**Oceanica**	**0.99**	**1.07**	**8.0**
澳大利亚	Australia	0.73	0.81	11.9
斐　济	Fiji	0.02	0.01	- 58.7
新西兰	New Zealand	0.15	0.18	17.5
巴布亚新几内亚	Papua New Guinea	0.07	0.05	- 25.8
合计中：东南亚国家联盟	**Total of ASEAN**	**29.00**	**35.49**	**22.4**
合计中：欧洲联盟	**Total of European Union**	**8.77**	**12.79**	**45.9**

6-12 云南省对主要国家或地区进口总额(2010-2011年)

Total Value of Provincial Imports from Major Countries and Regions (2010-2011)

单位：亿美元 (USD 100 million)

国家或地区	Country or Region	2010	2011	2011年比2010年增长(%) Increase Rate in 2011 Over 2010(%)
亚洲小计	**Asia**	**26.08**	**33.91**	**30.3**
缅 甸	Myanmar	6.49	6.72	3.6
中国香港	Hong Kong,China	0.06	0.08	40.1
中国澳门	Macao,China			
中国台湾	Taiwan,China	0.11	0.20	78.8
印 度	India	1.62	1.48	- 9.7
印度尼西亚	Indonesia	2.68	2.78	3.8
伊 朗	Iran	0.34	0.38	29.4
以色列	Israel	0.09	0.09	0.3
日 本	Japan	2.29	1.95	- 14.8
科威特	Kuwait	0.07	0.17	135.4
老 挝	Laos	1.01	1.62	60.7
马来西亚	Malaysia	3.47	6.73	93.9
菲律宾	The Philippines	0.05	0.14	218.4
卡塔尔	Qatar	0.26	0.21	- 18.8
沙特阿拉伯	Saudi Arabia	0.82	1.84	124.2
新加坡	Singapore	0.14	0.28	97.0
韩 国	The Republic of Korea	0.07	0.18	148.5
泰 国	Thailand	1.31	3.37	157.7
阿拉伯联合酋长国	The United Arab Emira	0.06	0.26	321.9
越 南	Vietnam	1.61	2.41	53.3

6-12 续表 continued

单位：亿美元 (USD 100 million)

国 家 或 地 区	Country or Region	2010	2011	2011年比2010年增长(%) Increase Rate in 2011 Over 2010 (%)
非洲小计	**Africa**	**2.58**	**5.94**	**119.6**
南非(阿扎尼亚)	South Africa	0.95	3.57	263.7
坦桑尼亚	Tanzania			
欧洲小计	**Europe**	**7.15**	**5.72**	**- 20.2**
比利时	Belgium	0.02	0.26	1 121.3
丹 麦	Denmark	0.23	0.05	- 76.2
英 国	The United Kingdon	0.22	0.18	- 14.8
德 国	Federal Republic of Germany	1.53	2.33	52.5
法 国	France	0.44	0.16	- 63.6
爱尔兰	Ireland			
意大利	Italy	0.52	0.38	- 26.6
荷 兰	The Netherlands	0.47	0.55	16.6
西班牙	Spain	0.64	0.09	- 86.3
奥地利	Austria	1.48	0.74	- 49.8
芬 兰	Finland	0.01	0.03	226.5
罗马尼亚	Romania			
瑞 典	Sweden	0.14	0.19	35.4
瑞 士	Switzerland	0.12	0.09	- 26.8
哈萨克斯坦	Kazakhstan			
俄罗斯联邦	Russia	0.37	0.11	- 69.5
乌克兰	Ukraine		0.05	950.0
拉丁美洲小计	**Latin America**	**13.39**	**11.67**	**- 16.6**
阿根廷	Argentina	0.16	0.23	44.3
巴 西	Brazil	2.47	2.36	- 3.9
智 利	Chile	1.47	1.19	- 17.8
圭亚那	Guyana			
墨西哥	Mexico	1.67	2.78	56.5
秘 鲁	Peru	6.85	4.91	- 33.6
北美洲小计	**North America**	**2.82**	**3.36**	**19.7**
加拿大	Canada	0.38	0.52	37.3
美 国	The United States	2.44	2.84	16.9
大洋洲小计	**Oceanica**	**5.60**	**5.20**	**- 4.2**
澳大利亚	Australia	5.59	5.17	- 4.5
新西兰	New Zealand	0.01	0.03	91.2
东南亚国家联盟	**Total of ASEAN**	**16.76**	**24.05**	**43.9**
欧洲联盟	**Total of European Union**	**5.83**	**5.12**	**12.2**

6-13 实际利用外商直接投资额(按国别或地区分)(2010-2011年)
Actually Utilized Foreign Direct Investment by Country and Region (2010-2011)

单位：亿美元 (USD 100 million)

国家或地区	Country or Region	2010	2011	名称	Item	2010	2011
总 计	**Total**	**13.29**	**17.38**	丹 麦	Denmark		0.06
亚 洲	**Asia**			爱尔兰	Ireland		
#中国香港	Hong Kong,China	7.38	10.40	希 腊	Greece		
中国台湾	Taiwan,China	0.08	0.09	葡萄牙	Portugal		
中国澳门	Macao,China	0.09	0.05	西班牙	Spain		0.23
菲律宾	The Philippines	0.40	0.25	芬 兰	Finland		
泰 国	Thailand	0.01	0.01	瑞 士	Switzerland	0.41	0.08
新加坡	Singapore	0.77	0.32	俄罗斯联邦	Russia		
马来西亚	Malaysia	0.01		**拉丁美洲**	**Latin America**		
日 本	Japan	0.07	0.02	#巴 西	Brazil		
韩 国	The Republic of Korea	0.03	0.10	维尔京群岛	Virgin Islands	2.10	1.85
缅 甸	Myanmar	0.02	0.09	开曼群岛	Cayman Islands	0.05	0.08
非 洲	**Africa**			**北美洲**	**North America**		
欧 洲	**Europe**			#加拿大	Canada	0.29	0.10
#德 国	Germany			美 国	The United States	0.50	0.17
法 国	France	0.02	0.26	**大洋洲**	**Oceanica**		
意大利	Italy		0.00	#澳大利亚	Australia		
荷 兰	The Netherlands		0.05	新西兰	New Zealand		
英 国	The United Kingdom		0.04	**其 他**	**Others**		
比利时	Belgium						

主要统计指标解释

进出口总额 指对外经济贸易中实际进出云南省境内的货物总金额。包括对外贸易实际进出口货物，来料加工装配进出口货物，国家间、联合国及国际组织无偿援助物资和赠送品，华侨、港澳同胞和外籍华人捐赠品，租赁期满归承租人所有的租赁货物，进料加工进出口货物，边境地方贸易及边境地区小额贸易进出口货物（边民互市贸易除外），中外合资企业、中外合作经营企业、外商独资经营企业进出口货物和公用物品，到、离岸价格在规定限额以上的进出口货样和广告品（无商业价值、无使用价值和免费提供出口的除外），从保税仓库提取在中国境内销售的进口货物，以及其他进出口货物。该指标可以观察一个国家在对外贸易方面的总规模。我国规定出口货物按离岸价格统计，进口货物按到岸价格统计。

商品经营单位所在地进、出口额 指所在地海关注册登记的有进出口经营权的企业实际进、出口额。利用外资 指各级政府、部门、企业和其他经济组织通过对外借款、吸收外商直接投资以及用其他方式筹措的境外现汇、设备、技术等。

对外借款 指通过对外正式签订借款协议，从境外筹措的资金，包括政府贷款、国际金融组织贷款、外国银行商业贷款、出口信贷以及以前还包括对外发行股票。该指标是利用外资的重要部分。

外商直接投资 指外国企业和经济组织或个人（包括华侨、港澳同胞以及云南省在境外注册的企业）按中国有关政策、法规，用现汇、实物、技术等在云南境内开办外商独资企业、与中国境内的企业或经济组织共同举办中外合资经营企业、合作经营企业或合作开发资源的投资（包括外商投资收益的再投资），以及政府有关部门批准的项目投资总额内企业从境外借入的资金。

外商其他投资 指除对外借款和外商直接投资以外的各种利用外资的形式。包括企业在境内外股票市场公开发行的以外币计价的股票（目前主要是在香港证券市场发行的 H 股和在境内证券市场发行的 B 股）发行价总额，国际租赁进口设备的应付款，补偿贸易中外商提供的进口设备、技术、物料的价款，加工装配贸易中外商提供的进口设备、物料的价款。

对外承包工程 指各对外承包公司以招标议标承包方式承揽的下列业务：（1）承包国外工程建设项目；（2）承包云南对外经援项目；（3）承包云南驻外机构的工程建设项目；（4）承包云南境内利用外资进行建设的工程项目；（5）与外国承包公司合营或联合承包工程项目时云南公司分包部分；（6）对外承包兼营的房屋开发业务。对外承包工程营业额是以货币表现的本期内完成的对外承包工程工作量，包括以前年度签订的合同和本年度新签订的合同在报告期内完成的工作量。

对外劳务合作 指以收取工资的形式向业主或承包商提供技术和劳动服务活动。云南对外承包公司在境外开办的合营企业，中国公司同时又提供劳务的，其劳务部分也纳入劳务合作统计。劳务合作营业额按报告期内雇主提交的结算数（包括工资、加班费和奖金等）统计。

Explanatory Notes on Principal Statistical Indicators

Total value of Imports and Exports refers to the total value of goods imported into and exported from the boundary of China, including the actual imports and exports through foreign trade, imported and exported goods under the processing and assembling trade gifts and supplies as aid given gratis between governments and by the United Nations and other international organizations, and contributions donated by overseas Chinese, compatriots in Hong Kong and Macao and Chinese with foreign citizenship, leasing commodities owned by leaseholders at the expiration of the lease term, imported and exported goods processed with imported materials, commodities trading in border areas (excluding mutual exchange goods), imported and exported goods and articles for public use of the Sino - foreign joint ventures, cooperative enterprises and wholly foreign - funded enterprises. Imported or exported samples and advertising goods for whose CIF or FOB value are beyond the permitted ceiling (excluding goods of no trading or use value and free commodities for export), imported goods sold in China from bonded warehouses and other imported or exported goods. This indicator can be used to observe the general scale of foreign trade in a country. In accordance with the stipulation of the Chinese government, imp orts are calculated at CIF, while exports are calculated at FOB.

Import and Export Value by Location of operating Establishments refers to actual value of import and export business operated by establishments which have been registered by the local customhouse and are entitled to run import and export business.

Utilization of Foreign Capital refers to spot exchange, equipment and technology raised from abroad, by foreign borrowings, foreign direct investment and other forms undertaken by t he Chinese governments at all levels, various departments, enterprises and other economic entities.

Foreign Borrowings refer to funds raised from abroad through formal borrowing agreements with foreign institutions, including loans of foreign governments, loans of international financial institutions, commercial loans of foreign banks, export credit, and funds raised by Chinese stocks issued abroad (before 1996). It is an import ant part of China's utilization of foreign capital.

Foreign Direct Investment refers to the investments inside China by foreign enterprises and economic organizations or individuals (including overseas Chinese, compatriots from Hong Kong, Macao and Taiwan, and Chinese enterprises registered abroad), following the relevant policies and laws of China, for the establishment of wholly foreign – funded enterprises, Sino – foreign joint ventures and cooperative enterprises or for co – operative exploration of resources with enterprises or economic organizations in Yunnan. It also includes the reinvestment of the foreign entrepreneurs with the profits gained from the original investment and the funds that enterprises borrow from abroad in the total investment of projects, which are approved by the relevant government departments.

Other Foreign Investment refers to all forms of utilization of foreign capital except foreign borrowings and foreign direct investment. It includes the total value of stocks in foreign currencies issued by enterprises at domestic or foreign stock exchanges (now mainly consisting of H shares issued at Hong Kong Security Market and B shares issued at the domestic security markets), rent payable for imported equipment through international leasing arrangement, costs of imported equipment, technology and materials provided by foreign counterparts in compensation trade and processing and assembling trade.

International Contracted Projects refer to projects undertaken by Chinese contractors (contracting companies) through bidding process, including: 1). overseas construction projects financed by foreign investors; 2). overseas projects financed by the Yunnan provincial government through its foreign aid programs; 3). construction projects of Yunnan diplomatic missions, trade offices and other institutions stationed abroad; 4). construction projects in Yunnan financed by foreign investors; 5). sub – contracted projects undertaken by Yunnan contractors in joint or united contracts with foreign contractor(s); 6). housing development projects. Business volume of international contracted projects is the work volume of contracted projects completed during the report period, expressed in monetary terms, including completed work on projects contracted in previous years and the current year.

International Cooperation refers to the supply of technology and labor services to employers or contractors by receiving salaries and wages. Labor services provided by joint ventures of Yunnan international contracting corporations should be included in the statistics of labor co – operation with foreign countries. Business volume of labor cooperation is calculated according to the settled amount (including wages and salaries, overtime pay, bonuses, etc) provided by the employers during the report period.

Chapter 7

七、农业和农村

Agriculture and Country

YUNNAN STATISTICAL YEARBOOK

云南统计年鉴 2012

7-1 云南省农村和农业生产基本情况(2007-2011年)
Basic Statistics on Rural Areas and Agriculture Production (2007-2011)

指标	Item	2007	2008	2009	2010	2011
农村基层组织情况（个）	**Rural Grass-roots Units (unit)**					
乡镇个数	Number of Townships and Towns	1 201	1 206	1 188	1 188	1 181
#镇个数	Number of Towns	479	476	492	497	506
村委会个数	Number of Villagers' Committees	13 120	13 099	13 034	12 927	12 911
乡村户数及人口	**Number of Rural Households and Population**					
乡村户数（万户）	Number of Rural Households(10 000 households)	900	915	928	947	961.21
乡村人口数（万人）	Rural Population (10 000 persons)	3 620	3 640	3 671	3 711	3 740.76
乡村从业人员（万人）	**Number of Rural Employed Persons (10 000 persons)**	**2 097**	**2 113**	**2 137**	**2 167**	**2 190.92**
按人口性别分	**Popucation Grouped by Sex**					
男	Male (10 000 persons)	1 093	1 099	1 117	1 137	1 152.71
女	Female (10 000 persons)	1 004	1 014	1 021	1 030	1 038.21
按国民经济行业分	**Grouped by National Economic Sector**					
农、林、牧、渔	Farming, Forestry, Animal Husbandry and Fishery	1 664	1 659	1 658	1 650	1 646.28
工 业	Industry	69	72	75	81	
建筑业	Construction	76	81	88	100	
交通运输、仓储和邮政业	Employed Persons of Transport,Storage and Post Service	42	44	47	49	
批发与零售业	Employed Persons of Wholesale and Retail Trade	40	42	44	46	
其 他	Others	206	188	197	208	

注：1.乡村总人口是按1984年前的老口径统计，故本表的数字大于人口篇乡村总人口数。乡镇个数中不包括城关镇、街道办事处。

2."交通运输、仓储和邮政业就业人员"2003年以前统计口径为"交通运输和邮电通讯业就业人员"；"批发与零售业就业人员"2003年以前统计口径为"批发、零售、餐饮、金融、保险就业人员"。 2011年，制度变化，无分来行业从业人员。

Note: a. The total rural population is calculated accolding to original standards before 1984, so the data in this table are larger than the rural population in chapter on population. since 2001,the data of townships and towns have not included those of urban towns.

b.The employed persons of transport, storage and post service have calculated including the telecommunication service and unincorporated the stoarge before 2003;employed persons of wholesale trade, retail trade refers to the employed persons of holesale trade, retail trade, food services,wbanking and insurance trades.

7-2 1978-2011年主要农业机械拥有量

Historic Number of Major Agricultural Machinery Owned (1978-2011)

年 份 Year	农业机械总动力(万千瓦) Total Power of Agricultural Machinery (10 000 kw)	农用大中型拖拉机(万台/亿瓦特) Large and Medium-sized Agricultural Tractors (10 000 units/ 100 million watt)	农用小型及手扶拖拉机(万台/亿瓦特) Small and Walking Agricultural Tractors (10 000 units/ 100 million watt)	大中型拖拉机机引农具(万部) Farm Tools Towed by Large and Medium Sized Tractors (10 000 units)	小型拖拉机机引农具(万部) Farm Tools Towed by Small Tractors (10 000 units)	农用水泵(万台) Water Pumps for Agricultural Use (10 000 units)	联合收割机(台) Combine Harvesters (unit)	机动脱粒机(万台) Power-driver Shellers (10 000 units)
1978	243	1.44	2.52	2.23	1.87	1.71	215	4.19
1979	292	1.67	3.13	2.19	2.42	2.12	201	5.07
1980	295	1.72	3.34	2.11	2.96	2.21	184	5.36
1981	328	1.68	3.42	2.06	3.11	2.24	156	5.28
1982	335	1.65	3.80	1.86	2.88	2.19	170	4.84
1983	369	1.82	4.90	1.76	3.35	2.66	93	4.22
1984	407	1.84	6.11	1.47	3.20	2.79	68	3.97
1985	439	1.77	7.38	1.28	2.95	2.82	53	3.38
1986	475	1.91	8.62	1.10	4.00	3.24	53	3.13
1987	513	1.78 / 6.92	9.06 / 14.75	1.06	3.53	3.45	42	3.17
1988	579	1.75 / 6.86	11.57 / 10.27	1.02	3.91	3.71	60	3.74
1989	612	1.68 / 6.68	12.81 / 11.40	0.97	4.41	4.22	124	3.39
1990	649	1.62 / 6.39	14.13 / 12.62	0.94	5.40	4.46	120	3.66
1991	710	1.55 / 6.19	15.99 / 14.30	0.90	6.45	4.77	154	4.14
1992	754	1.39 / 5.58	17.22 / 15.36	0.86	6.40	5.01	125	4.59
1993	788	1.17 / 4.84	18.42 / 16.56	0.76	7.54	5.19	197	5.05
1994	850	1.05 / 4.42	19.87 / 17.99	0.67	8.00	4.46	126	5.44
1995	906	0.96 / 3.95	21.62 / 19.69	0.66	8.97	5.70	134	5.92
1996	1 003	0.84 / 3.57	26.03 / 24.04	0.35	6.52	5.41	101	8.01
1997	1 104	0.85 / 3.61	29.16 / 27.99	0.34	7.47	5.89	171	9.70
1998	1 177	1.01 / 3.89	31.41 / 3.05	0.36	8.17	6.20	257	10.22
1999	1 255	1.56 / 4.99	30.44 / 29.83	0.82	13.90	7.88	360	9.24
2000	1 301	3.83 / 10.16	30.07 / 29.94	0.81	15.03	8.88	450	11.10
2001	1 398	5.26 / 13.75	30.48 / 29.98	0.88	15.79	9.03	484	11.57
2002	1 460	6.69 / 17.69	29.91 / 30.39	1.03	16.46	9.49	483	11.58
2003	1 543	8.63 / 23.10	30.51 / 30.71	0.91	17.20	10.19	652	11.24
2004	1 608	9.15 / 25.08	30.48 / 31.04	0.90	16.66	11.01	817	11.57
2005	1 666	4.50 / 12.14	27.48 / 30.74	1.15	18.08	11.77	1 150	12.40
2006	1 755	4.86 / 12.83	27.88 / 28.13	1.23	18.83	12.72	1 570	14.82
2007	1 862	7.51 / 18.10	28.68 / 32.81	1.51	20.23	14.73	2 168	17.67
2008	2 014	17.51 / 37.90	29.57 / 31.17	1.91	22.30	17.09	2 537	21.80
2009	2 159	20.89 / 44.63	32.12 / 33.86	2.79	25.79	20.55	3 016	24.31
2010	2 411	22.51 / 49.41	33.92 / 35.82	3.15	27.69	21.66	3 496	27.10
2011	2 628	24.32 / 54.34	35.52 / 36.87	3.86	30.51	25.62	4 299	31.85

7–3 各州市农村基本情况及农业生产条件(2011年)

Basic Conditions of Rural Areas and Agricultural Production by Region (2011)

州 市	Region	乡镇个数(个) Number of Townships and Towns (unit)	镇个数(个) Number of Towns (unit)	村委会个数(个) Number of Villagers ' Commitees (unit)	自来水受益村数(个) Villages with Tap Water Supply (unit)	通汽车村数(个) Villages with Highway (unit)	通电话村数(个) Villages with Telephone Service (unit)	农村用电量(亿千瓦时) Rural Consumption of Electricity (100 million kwh)	乡村办电站/装机容量(个/亿千瓦) Number of Power Stations Owned by Villages and Their Installed Capacity (unit/100 million kw)
全 省	**Yunnan**	**1 181**	**506**	**12 911**	**12 159**	**12 793**	**12 695**	**66.78**	**367 / 44.29**
昆 明	Kunming	62	47	1 054	1 039	1 050	1 051	8.28	41 / 12.89
曲 靖	Qujing	101	57	1 533	1 413	1 529	1 489	8.20	14 / 0.58
玉 溪	Yuxi	64	37	658	644	658	658	13.42	24 / 2.77
保 山	Baoshan	72	30	881	870	881	880	3.14	40 / 2.25
昭 通	Zhaotong	130	47	1 177	1 061	1 172	1 176	4.81	100 / 8.57
丽 江	Lijiang	55	9	450	359	447	434	1.19	37 / 3.18
普 洱	Pu'er	94	21	995	995	921	908	2.00	10 / 0.22
临 沧	Lincang	68	25	897	883	888	890	1.43	5 / 0.30
楚 雄	Chuxiong	93	44	1 037	1 020	1 035	1 037	3.52	7 / 1.64
红 河	Honghe	118	42	1 180	1 076	1 180	1 136	7.39	8 / 0.59
文 山	Wenshan	94	35	947	791	947	942	3.93	10 / 1.59
西双版纳	Xishuangbanna	31	18	222	222	222	220	1.00	
大 理	Dali	98	57	1 097	1 028	1 084	1 096	6.41	50 / 4.00
德 宏	Dehong	46	19	340	331	340	335	0.76	
怒 江	Nujiang	29	9	259	259	255	259	0.49	12 / 5.66
迪 庆	Diqing	26	9	184	168	184	184	0.81	9 / 0.03

7-4 水库库容量(2010-2011年)

Storage Capacity of Reservoirs (2010-2011)

类 型	Item	水 库（座） Number of Reservoirs (unit)		水库库容量（亿立方米） Reservoir Capacity (100 million cu.m)		2011年比2010年增长（%） Increase Rate in 2011 Over 2010(%)	
		2010	2011	2010	2011	水 库 Number of Reservoirs	水库库容量 Capacity of Reservoirs
全 省	**Yunnan**	**5 555**	**5 590**	**111.04**	**114.19**	**0.6**	**2.8**
大型水库	Large Reservoirs	7	7	22.69	22.69	持平	持平
中型水库	Medium Sized Reservoirs	188	201	53.46	56.15	6.9	5.0
小型水库	Small Reservoirs	5 360	5 382	34.89	35.35	0.4	1.3

7-5 各州市农田水利情况(2011年)

Basic Conditions of Farmland Water Conservancy by Region (2011)

单位：万公顷 (10 000 hectares)

州 市	Region	水库座数 (座) Number of Reservoirs (unit)	水库总库容 (亿立方米) Capacity of Reservoirs (100 million cu.m)	农田水利情况 Irrigation and Water Conservancy		
				有效灌溉面积 Irrigated Area	旱涝保收面积 Area with Stable Yields Despite Drought or Waterlogging	机电排灌面积 Mechenical and Electric Irrigation and Drainage Area
全 省	**Yunnan**	**5 590**	**114.19**	**163.42**	**93.54**	**18.36**
昆 明	Kunming	806	26.25	12.98	8.70	4.12
曲 靖	Qujing	675	17.48	18.40	11.36	2.66
玉 溪	Yuxi	566	7.11	8.16	5.65	1.76
保 山	Baoshan	265	4.32	11.41	8.31	0.66
昭 通	Zhaotong	177	6.20	13.56	5.51	0.46
丽 江	Lijiang	136	3.62	7.06	3.65	0.84
普 洱	Pu'er	293	5.46	11.70	6.31	0.07
临 沧	Lincang	225	3.26	9.15	4.67	0.17
楚 雄	Chuxiong	1 071	11.04	12.21	8.02	1.00
红 河	Honghe	427	9.73	17.73	9.35	3.19
文 山	Wenshan	231	5.23	11.34	5.64	0.52
西双版纳	Xishuangbanna	183	3.33	4.80	2.82	0.01
大 理	Dali	432	7.03	14.57	7.95	2.65
德 宏	Dehong	69	3.52	6.73	3.39	0.03
怒 江	Nujiang	20	0.36	1.51	1.05	
迪 庆	Diqing	14	0.24	2.14	1.19	0.20

7-6 各州市农用化肥及农用薄膜施用量(2011年)

Quantity of Chemical Fertilizers and Chemical Film Used for Farming by Region (2011)

单位：万吨 (10 000 tons)

州 市	Region	化肥施用量 Consumption of Chemical Fertilizer	氮 肥 Nitrogenous Fertilizer	磷 肥 Phosphate Fertilizer	钾 肥 Potash Fertilizer	复合肥 Compound Fertilizer	农用塑料薄膜使用量 Plastic Film	地膜使用量 Mulching Film	农药使用量 Compound Fertilizer
全 省	**Yunnan**	**200.47**	**103.24**	**29.62**	**19.73**	**47.80**	**9.12**	**7.30**	**4.82**
昆 明	Kunming	17.63	9.48	3.28	1.26	3.62	1.52	1.00	0.44
曲 靖	Qujing	34.90	16.81	6.51	3.30	8.22	2.09	1.88	0.56
玉 溪	Yuxi	8.52	5.01	1.11	1.82	0.58	0.69	0.53	0.41
保 山	Baoshan	12.15	6.69	1.48	1.74	2.20	0.50	0.45	0.47
昭 通	Zhaotong	13.69	8.35	1.97	1.40	1.97	0.62	0.53	0.14
丽 江	Lijiang	7.90	3.52	2.08	0.69	1.61	0.26	0.22	0.12
普 洱	Pu'er	6.95	4.84	0.63	0.63	0.84	0.31	0.19	0.35
临 沧	Lincang	19.24	6.53	0.69	0.88	11.14	0.21	0.17	0.22
楚 雄	Chuxiong	13.07	7.67	2.41	0.50	2.50	0.66	0.55	0.29
红 河	Honghe	21.53	10.77	3.31	2.43	5.02	1.09	0.74	0.73
文 山	Wenshan	14.57	8.28	2.28	1.40	2.61	0.32	0.29	0.21
西双版纳	Xishuangbanna	4.66	2.39	0.37	1.10	0.79	0.04	0.04	0.31
大 理	Dali	16.86	7.05	2.51	1.89	5.40	0.54	0.48	0.38
德 宏	Dehong	7.04	4.84	0.65	0.63	0.92	0.16	0.15	0.15
怒 江	Nujiang	0.66	0.39	0.08	0.02	0.17	0.04	0.03	0.01
迪 庆	Diqing	1.12	0.62	0.24	0.04	0.22	0.06	0.06	0.02

注：化肥施用量按折纯计算。

Note：Consumption of chemical fertilizers is calculated according to the volume of effective component of the chemical fertilizers.

7-7 1978-2011年农、林、牧、渔业总产值
Historic Total Output Value of Farming, Forestry, Animal Husbandry and Fishery (1978-2011)

(按当年价格计算) (at current prices)

单位：亿元 (100 million yuan)

年 份 Year	农业总产值 Historic Total Output Value of Farming	农 业 Farming	林 业 Forestry	牧 业 Animal Husbandry	渔 业 Fishery	农、林、牧、渔服务业 Services in Support of Agriculture,Forestry, Animal Husbandry and Fishery
1978	40.02	28.58	2.48	7.08	0.08	1.80
1979	44.71	31.03	3.17	8.27	0.09	2.15
1980	48.20	33.02	2.94	10.22	0.19	1.83
1981	55.20	38.32	3.77	10.74	0.20	2.17
1982	61.84	41.90	3.87	12.79	0.21	3.07
1983	65.68	42.30	4.73	13.84	0.24	4.57
1984	77.36	48.78	5.97	15.79	0.27	6.55
1985	88.88	52.02	7.90	20.33	0.40	8.23
1986	96.01	51.80	7.40	26.14	0.71	9.96
1987	111.25	61.75	8.85	29.42	0.95	10.28
1988	135.39	76.11	10.05	37.01	1.56	10.66
1989	152.68	84.30	12.97	41.68	1.93	11.80
1990	211.72	119.63	18.27	54.01	1.39	18.42
1991	222.93	130.67	18.69	55.68	1.37	16.52
1992	250.35	146.70	22.84	61.54	2.02	17.25
1993	281.21	179.39	25.39	72.89	3.54	
1994	356.78	228.99	30.41	92.13	5.25	
1995	474.46	299.48	40.53	127.19	7.26	
1996	567.51	369.36	43.21	146.03	8.91	
1997	612.01	397.09	40.40	163.93	10.59	
1998	620.02	381.26	41.77	184.83	12.16	
1999	642.48	394.96	45.60	188.82	13.10	
2000	680.86	416.36	49.75	201.49	13.26	
2001	703.53	431.31	47.21	210.63	14.38	
2002	737.55	445.35	53.52	223.49	15.19	
2002(新口径)	743.75	414.89	59.27	223.49	15.19	
2003	799.33	433.91	73.17	242.53	16.56	33.16
2004	965.22	516.92	86.40	305.42	19.14	35.19
2005	1 068.58	559.32	105.53	339.68	22.97	41.08
2006	1 209.76	630.19	142.59	362.89	26.30	44.78
2007	1 414.79	707.15	156.27	459.63	35.73	56.00
2008	1 641.46	790.87	183.60	570.01	38.12	58.86
2009	1 706.19	850.65	196.13	557.76	41.96	59.69
2010	1 810.53	925.58	184.23	588.81	48.06	63.85
2011	2 306.49	1 124.72	245.67	808.20	55.93	71.98

注：1. “农林牧渔服务业”1992年及以前年份为“副业”。

2. 从2003年开始，按新国民经济行业分类标准，农业总产值中取消“农民家庭兼营的商品性工业”；“木材采运”改为全社会口径；增加“农林牧渔服务业”。“农林牧渔服务业”包含在“农业总产值”中(下同)。

Note: a. Services in Support of farmin;, forestry,animal husbandry and fishery was called sideline production before 199

b. According to the new standards for the classification of National Economy,subsidiary commercial industry operated by farmers has been deleted from the output value of agriculture since 2003. The Statitcal Coverage of logging and transport of timber has been changed to the whole society. Services in support of farming, forestry,animal husbandry and fishery are added.Services of farming, forestry,animal husbandry and fishery are included in the output value of agriculture (The same as below).

7-8 1978-2011年农、林、牧、渔业总产值指数
Indices of Historic Gross Output Value of Farming, Forestry, Animal Husbandry and Fishery (1978-2011)

(以1952年为100) (1952=100)

年 份 Year	农业总产值指数 Indices of Historic Gross Output Value of Farming	农 业 Farming	林 业 Forestry	牧 业 Animal Husbandry	渔 业 Fishery	农、林、牧、渔服务业 Services in Support of Agriculture,Forestry, Animal Husbandry and Fishery
1978	249.2	233.0	13 119.8	410.2	1 296.6	103.5
1979	235.2	213.5	14 288.8	404.3	1 619.3	103.9
1980	251.2	231.3	14 938.3	418.3	1 759.0	104.9
1981	273.6	255.7	16 118.2	439.9	1 886.9	105.7
1982	302.9	274.1	16 885.3	525.0	1 946.7	150.0
1983	319.7	274.8	19 622.1	568.2	2 225.7	222.2
1984	368.3	303.7	25 504.0	645.6	2 500.9	321.5
1985	391.8	308.2	29 241.5	700.0	3 058.1	404.4
1986	382.6	288.0	25 449.1	717.4	3 599.1	489.3
1987	406.0	315.8	24 428.5	738.9	4 402.0	504.9
1988	432.8	339.7	25 935.5	781.7	5 771.3	524.1
1989	445.3	346.4	27 366.2	821.8	5 091.1	530.0
1990	474.5	366.1	29 995.2	882.9	5 318.0	566.6
1991	501.1	398.6	30 756.4	929.5	5 702.4	514.0
1992	523.0	416.5	33 893.6	968.5	6 181.4	503.7
1993	538.8	422.1	40 280.4	991.9	7 462.5	479.0
1994	555.4	426.3	42 959.2	1 050.2	9 256.1	
1995	591.2	457.0	43 946.1	1 112.7	11 177.8	
1996	634.9	490.8	46 714.7	1 195.0	13 223.3	
1997	686.9	530.1	49 941.7	1 303.4	14 728.1	
1998	718.1	533.2	52 506.4	1 467.9	18 282.1	
1999	753.7	555.6	53 943.5	1 571.6	20 274.7	
2000	802.7	589.3	56 155.9	1 705.5	20 850.3	
2001	831.5	611.7	54 154.9	1 800.6	22 289.4	
2002	870.0	633.3	59 030.7	1 892.0	24 368.0	
2003	927.8	663.1	67 532.6	2 027.4	25 600.1	105.1
2004	990.7	703.8	70 033.8	2 204.5	28 027.2	116.6
2005	1 059.1	734.0	76 196.7	2 431.6	31 222.3	121.1
2006	1 148.5	791.1	86 271.6	2 610.6	36 558.9	132.5
2007	1 232.3	844.1	94 553.7	2 767.3	44 309.4	146.7
2008	1 329.7	899.8	105 521.9	3 016.3	47 278.1	152.1
2009	1 407.2	938.0	112 529.3	3 255.4	52 293.3	153.9
2010	1 472.9	972.1	119 348.5	3 440.4	57 204.7	158.6
2011	1 562.2	1 038.5	133 935.2	3 527.5	62 460.7	170.5

注：1.本表按可比价格计算。
2."农林牧渔业"1993年及以前年份为"副业"。
3.农林牧渔服务业产值指数从2003年开始计算，为新农业发展速度口径。

Note: a. The data in this table are calculated at comparable prices.
b.Farming, forestry,animal husbandry and fishery in 1993 and years before 1993 were called sideline production.
c.The indices of services in support of agriculture,forestry,animal husbandry and fishery has been calculated according the new calculating coverage of agriculture developing speed since 2003.

7-9 农、林、牧、渔业总产值(2010-2011年)
Gross Output Value of Farming, Forestry, Animal Husbandry and Fishery (2010-2011)

单位：亿元 (100 million yuan)

项 目	Item	按当年价格计算 At Current Prices	
		2010	2011
农、林、牧、渔业总产值	**Gross Output Value of Farming, Forestry, Animal Husbandry and Fishery**	**1 810.53**	**2 306.49**
农业产值	**Gross Output Value of Farming**	**925.58**	**1 124.72**
谷物及其他作物	Cereals and Other Crops	542.14	665.58
#谷物	Corn Cereals	241.65	266.94
薯类	Tubers	46.86	46.52
油料	Oil-bering Crops	15.47	29.16
豆类	Beans and Peas	24.58	42.75
糖料	Sugar Crops	42.02	72.15
烟草	Tobacco	140.78	179.46
蔬菜园艺作物	Vegetables and Horticultural Crops	229.37	251.20
水果、坚果、饮料和香料作物	Fruits，Nuts, Beverages and Spiceberry Crops	129.28	183.03
中药材	Traditional Chinese Medicinal Materials	24.80	24.91
林业产值	**Gross Output Value of Animal Husbandry**	**184.23**	**245.67**
林木的培育和种植	Cultivation of Forest Trees	37.50	48.89
竹木采运	Logging and Transport of Timber and Bamboo	49.81	72.99
林产品	Forest Products	96.93	123.78
牧业产值	**Gross Output Value of Animal Husbandry**	**588.81**	**808.20**
牲畜饲养产值	Livestock Raising	114.41	127.45
生猪产值	Hogs	378.00	563.89
家禽产值	Poultry	87.85	106.99
狩猎和捕捉动物	Hunting	0.09	0.09
其他畜牧业	Others	8.46	9.77
渔业产值	**Gross Output Value of Fishery**	**48.06**	**55.93**
农、林、牧、渔服务业产值	**Output Value of Services in Support of Farming, Forestry，Animal Husbandry and Fishery**	**63.85**	**71.98**

7-10 各州市农、林、牧、渔业总产值(2011年)
Gross Output Value of Farming, Forestry, Animal Husbandry and Fishery by Region (2011)

(按当年价格计算) (at current prices)
单位：亿元 (100 million yuan)

州 市	Region	农业总产值 Gross Output Value of Farming	农 业 Farming	林 业 Forestry	牧 业 Animal Husbandry	渔 业 Fishery	农、林、牧、渔服务业 Services in Support of Agriculture,Forestry, Animal Husbandry and Fishery
全 省	**Yunnan**	**2 306.49**	**1 124.72**	**245.67**	**808.20**	**55.93**	**71.98**
昆 明	Kunming	225.07	120.32	6.71	85.66	4.77	7.61
曲 靖	Qujing	376.89	155.87	10.74	198.60	7.60	4.09
玉 溪	Yuxi	141.82	78.60	3.70	55.73	2.08	1.72
保 山	Baoshan	160.64	82.83	12.60	59.33	3.21	2.67
昭 通	Zhaotong	142.95	63.63	4.34	71.75	0.52	2.70
丽 江	Lijiang	53.01	23.98	2.95	22.57	1.98	1.54
普 洱	Pu'er	148.75	68.87	35.07	35.75	6.00	3.06
临 沧	Lincang	144.55	87.77	10.70	41.28	1.90	2.89
楚 雄	Chuxiong	181.29	94.92	6.99	64.69	2.19	12.50
红 河	Honghe	207.56	100.75	10.89	86.54	6.23	3.16
文 山	Wenshan	151.71	80.16	6.28	60.44	2.69	2.14
西双版纳	Xishuangbanna	97.63	33.91	52.64	6.91	2.52	1.65
大 理	Dali	234.82	126.23	7.61	89.88	5.14	5.97
德 宏	Dehong	71.45	43.19	7.84	16.13	2.40	1.90
怒 江	Nujiang	12.48	5.17	1.51	4.86	0.03	0.90
迪 庆	Diqing	13.20	5.93	1.77	4.11	0.24	1.15

注：由于省、州(市)农业总产值实行分级核算，所以各州(市)加总不等于全省合计数(下同)。
Note:Total agricultural output value is not the value calculated by plusing the agricultural output value of each prefecture(city) because the agricultural output value of the province and prefecture(city) are accounted at different levels.(Same as below).

7-11 各州市农、林、牧、渔业总产值指数(2011年)

Indices of Gross Output Value of Agriculture, Forestry, Animal Husbandry and Fishery by Region (2011)

(以上年为100)　　　　(preceding year= 100)

单位：%　　　　(%)

州　市	Region	指　数 Indices of Gross Output Value of Agriculture	农　业 Farming	林　业 Forestry	牧　业 Animal Husbandry	渔　业 Fishery	农、林、牧、渔服务业 Services in Support of Agriculture,Forestry, Animal Husbandry and Fishery
全　省	**Yunnan**	**106.1**	**106.8**	**112.2**	**102.5**	**109.2**	**107.5**
昆　明	Kunming	106.8	108.2	109.8	104.6	109.9	102.7
曲　靖	Qujing	108.5	106.3	107.2	111.1	104.0	95.5
玉　溪	Yuxi	108.0	110.8	97.3	105.3	102.3	101.9
保　山	Baoshan	108.2	114.4	108.4	115.4	111.3	109.4
昭　通	Zhaotong	107.4	104.5	109.7	110.2	120.9	101.8
丽　江	Lijiang	107.3	107.3	114.8	104.0	99.5	107.9
普　洱	Pu'er	108.4	119.8	109.6	107.1	134.6	121.2
临　沧	Lincang	107.9	108.3	103.6	107.8	125.7	104.6
楚　雄	Chuxiong	108.5	115.4	95.9	107.6	98.5	110.2
红　河	Honghe	108.0	109.3	92.5	108.2	111.3	115.0
文　山	Wenshan	108.6	113.6	82.5	105.7	143.8	96.5
西双版纳	Xishuangbanna	108.2	109.1	109.3	104.4	113.5	103.0
大　理	Dali	107.5	119.0	98.6	112.2	109.5	113.0
德　宏	Dehong	108.6	109.1	102.9	109.6	113.1	109.5
怒　江	Nujiang	107.6	102.4	141.8	111.8	141.7	114.3
迪　庆	Diqing	107.3	105.7	112.0	107.9	105.3	107.7

注：本表按可比价格计算。

Note : The data in the table are calculated at comparable prices.

7-12 各州市农、林、牧、渔业总产值构成(2011年)

Composition of Gross Output Value of Farming, Forestry, Animal Husbandry and Fishery by Region (2011)

(按当年价格计算) (at current prices)

单位：% (%)

州 市	Region	构 成 Composition	农 业 Farming	林 业 Forestry	牧 业 Animal Husbandry	渔 业 Fishery	农、林、牧、渔服务业 Services in Support of Agriculture,Forestry, Animal Husbandry and Fishery
全 省	**Yunnan**	**100.0**	**48.8**	**10.7**	**35.0**	**2.4**	**3.1**
昆 明	Kunming	100.0	53.5	3.0	38.1	2.1	3.4
曲 靖	Qujing	100.0	41.4	2.8	52.7	2.0	1.1
玉 溪	Yuxi	100.0	55.4	2.6	39.3	1.5	1.2
保 山	Baoshan	100.0	51.6	7.8	36.9	2.0	1.7
昭 通	Zhaotong	100.0	44.5	3.0	50.2	0.4	1.9
丽 江	Lijiang	100.0	45.2	5.6	42.6	3.7	2.9
普 洱	Pu'er	100.0	46.3	23.6	24.0	4.0	2.1
临 沧	Lincang	100.0	60.7	7.4	28.6	1.3	2.0
楚 雄	Chuxiong	100.0	52.4	3.9	35.7	1.2	6.9
红 河	Honghe	100.0	48.5	5.2	41.7	3.0	1.5
文 山	Wenshan	100.0	52.8	4.1	39.8	1.8	1.4
西双版纳	Xishuangbanna	100.0	34.7	53.9	7.1	2.6	1.7
大 理	Dali	100.0	53.8	3.2	38.3	2.2	2.5
德 宏	Dehong	100.0	60.4	11.0	22.6	3.4	2.7
怒 江	Nujiang	100.0	41.4	12.1	39.0	0.3	7.2
迪 庆	Diqing	100.0	44.9	13.4	31.1	1.8	8.7

7-13 各州市农、林、牧、渔业增加值(2011年)
Added Value of Farming, Forestry, Animal Husbandry and Fishery by Region (2011)

(按当年价格计算) (at current prices)
单位：亿元 (100 million yuan)

州市	Region	农业增加值 Added Value of Farming	农业 Farming	林业 Forestry	牧业 Animal Husbandry	渔业 Fishery	农、林、牧、渔服务业 Services in Support of Agriculture, Forestry, Animal Husbandry and Fishery
全省	**Yunnan**	**1 411.15**	**742.65**	**171.97**	**435.62**	**33.56**	**27.35**
昆明	Kunming	133.83	76.02	4.36	46.79	2.47	4.19
曲靖	Qujing	225.79	97.39	6.62	114.86	3.99	2.92
玉溪	Yuxi	81.28	51.12	2.46	25.16	1.41	1.13
保山	Baoshan	98.30	53.28	6.75	34.47	2.03	1.77
昭通	Zhaotong	91.59	45.24	3.35	40.78	0.36	1.86
丽江	Lijiang	30.49	13.56	1.66	13.10	1.21	0.97
普洱	Pu'er	89.34	42.94	22.51	18.80	3.14	1.96
临沧	Lincang	87.82	55.96	6.07	22.79	1.04	1.95
楚雄	Chuxiong	108.33	62.58	1.77	35.60	1.24	7.14
红河	Honghe	124.23	62.78	6.89	48.78	3.88	1.90
文山	Wenshan	91.52	45.35	4.45	38.38	2.07	1.27
西双版纳	Xishuangbanna	57.39	19.40	31.58	3.37	1.76	1.28
大理	Dali	128.11	70.45	4.18	47.04	2.91	3.52
德宏	Dehong	45.41	26.78	6.54	9.57	1.46	1.06
怒江	Nujiang	8.22	3.46	1.12	3.13	0.02	0.49
迪庆	Diqing	8.12	3.37	1.57	2.09	0.17	0.92

注：从2003年开始，农林牧渔业增加值为新口径核算数。
Note:The data of added value of farming, forestry, animal husbandry and fishery have been calculated according to the new standards since 2003.

7-14 各州市农、林、牧、渔业中间消耗(2011年)
Intermediate Consumption of Farming, Forestry, Animal Husbandry and Fishery by Region (2011)

(按当年价格计算) (at current prices)
单位：亿元 (100 million yuan)

州 市	Region	农业中间消耗 Intermediate Consumption of Farming	农 业 Farming	林 业 Forestry	牧 业 Animal Husbandry	渔 业 Fishery	农、林、牧、渔服务业 Services in Support of Agriculture, Forestry, Animal Husbandry and Fishery
全 省	**Yunnan**	**895.35**	**382.07**	**73.70**	**372.58**	**22.37**	**44.63**
昆 明	Kunming	91.24	44.30	2.36	38.87	2.30	3.42
曲 靖	Qujing	151.10	58.47	4.12	83.74	3.61	1.16
玉 溪	Yuxi	60.54	27.48	1.24	30.57	0.66	0.59
保 山	Baoshan	62.34	29.55	5.85	24.86	1.18	0.90
昭 通	Zhaotong	51.35	18.39	1.00	30.96	0.16	0.84
丽 江	Lijiang	22.52	10.42	1.28	9.47	0.77	0.58
普 洱	Pu'er	59.41	25.93	12.56	16.95	2.87	1.10
临 沧	Lincang	56.73	31.80	4.63	18.49	0.86	0.94
楚 雄	Chuxiong	72.96	32.34	5.22	29.09	0.95	5.36
红 河	Honghc	83.33	37.97	4.00	37.76	2.35	1.26
文 山	Wenshan	60.19	34.81	1.84	22.06	0.61	0.87
西双版纳	Xishuangbanna	40.25	14.52	21.06	3.54	0.76	0.37
大 理	Dali	106.71	55.78	3.43	42.84	2.22	2.44
德 宏	Dehong	26.04	16.41	1.30	6.56	0.93	0.83
怒 江	Nujiang	4.26	1.72	0.39	1.73	0.01	0.41
迪 庆	Diqing	5.08	2.56	0.21	2.02	0.07	0.22

7–15 各州市农林牧渔业中间消耗、增加值占总产值比重(2011年)

Proportion of Intermediate Consumption and Added Value of Farming, Forestry, Animal Husbandry and Fishery to Gross Output Value by Region (2011)

(按当年价格计算) (at current prices)

单位：亿元 (100 million yuan)

州市 Region	农、林、牧、渔业总产值 Gross Output Value of Farming, Forestry, Animal Husbandry and Fishery	农、林、牧、渔业中间消耗 Intermediate Consumption of Farming, Forestry, Animal Husbandry and Fishery	农、林、牧、渔业增加值 Added Value of Farming,Forestry, Animal Husbandry and Fishery	占农、林、牧、渔业总产值比重(%) Proportion to Gross Output Value (%)	
				中间消耗 Intermediate Consumption	增加值 Added Value
全省 Yunnan	**2 306.49**	**895.35**	**1 411.15**	**38.8**	**61.2**
昆明 Kunming	225.07	91.24	133.83	40.5	59.5
曲靖 Qujing	376.89	151.10	225.79	40.1	59.9
玉溪 Yuxi	141.82	60.54	81.28	42.7	57.3
保山 Baoshan	160.64	62.34	98.30	38.8	61.2
昭通 Zhaotong	142.95	51.35	91.59	35.9	64.1
丽江 Lijiang	53.01	22.52	30.49	42.5	57.5
普洱 Pu'er	148.75	59.41	89.34	39.9	60.1
临沧 Lincang	144.55	56.73	87.82	39.2	60.8
楚雄 Chuxiong	181.29	72.96	108.33	40.2	59.8
红河 Honghe	207.56	83.33	124.23	40.1	59.9
文山 Wenshan	151.71	60.19	91.52	39.7	60.3
西双版纳 Xishuangbanna	97.63	40.25	57.39	41.2	58.8
大理 Dali	234.82	106.71	128.11	45.4	54.6
德宏 Dehong	71.45	26.04	45.41	36.4	63.6
怒江 Nujiang	12.48	4.26	8.22	34.2	65.8
迪庆 Diqing	13.20	5.08	8.12	38.5	61.5

7-16 主要年份主要农产品产量

Output of Major Farm Products in Significant Years

单位：万吨 (10 000 tons)

年份 Year	粮食 Grain	稻谷 Rice	小麦 Wheat	玉米 Corn	豆类 Beans	#大豆 Soybeans	薯类 Tubers	油料 Oil-bearing Crops	花生 Peanuts	油菜籽 Rapeseeds	烟叶 Tobacco	烤烟 Flue-cured Tobacco
1978	864.05	411.60	85.95	233.10		9.70	48.65	5.51	2.05	3.18		12.26
1979	792.90	382.50	70.55	225.05		6.50	46.90	4.61	1.63	2.74		10.59
1980	865.55	387.60	78.55	263.05		7.05	53.60	6.48	1.83	4.18		10.38
1981	917.09	436.20	73.81	269.79		7.86	53.40	10.71	2.63	7.25		16.36
1982	945.90	463.90	67.20	278.20		8.70	56.00	13.81	3.00	9.95		25.10
1983	954.35	456.90	86.60	268.95		8.80	55.90	13.80	2.57	10.63		14.44
1984	1 005.00	500.90	82.00	273.95		10.00	60.55	12.37	3.06	8.37		27.50
1985	935.00	482.95	61.90	248.75		9.60	63.00	11.81	3.60	7.17		41.00
1986	870.00	440.00	43.50	257.80		9.50	64.70	10.98	3.44	6.70		28.60
1987	934.84	457.96	74.58	249.81		8.42	64.29	13.52	2.88	10.03		33.56
1988	940.72	458.32	82.72	250.37		9.37	60.75	11.89	2.77	8.57		50.73
1989	998.41	467.54	80.40	292.79		10.18	66.31	10.32	2.93	6.72		45.67
1990	1 061.21	509.44	106.79	280.56		10.12	67.51	13.31	2.93	9.65	44.70	43.60
1991	1 093.00	516.87	115.11	300.15		10.10	69.64	17.16	3.14	13.07		58.18
1992	1 070.40	503.39	127.57	272.20		8.82	66.50	18.85	2.96	14.88		77.80
1993	1 085.24	479.31	135.58	289.12		10.08	73.89	13.37	3.37	9.04		87.44
1994	1 146.47	510.23	124.07	332.36		11.14	78.55	13.95	4.11	9.06		59.23
1995	1 188.91	515.77	138.50	341.83		13.13	79.48	19.58	4.33	14.29	76.83	76.07
1996	1 246.30	535.15	145.39	365.03		12.02	82.72	18.81	4.32	13.61	90.19	88.39
1997	1 271.90	533.77	166.14	365.63		12.54	85.10	17.43	3.82	12.80	110.16	109.28
1998	1 319.50	540.86	152.22	420.72		12.95	87.58	17.46	4.55	11.95	57.29	56.37
1999	1 399.25	534.34	153.47	463.44		13.43	98.86	20.62	4.78	14.54	62.66	60.95
2000	1 467.80	536.29	151.19	473.30		13.99	145.46	26.98	5.35	19.11	65.57	64.61
2001	1 486.30	595.87	137.88	477.30		15.97	148.96	27.66	5.40	20.42	61.47	60.08
2002	1 424.74	543.20	134.11	461.50		15.89	153.88	27.52	5.37	20.52	71.80	66.15
2003	1 471.01	635.89	124.35	399.93		14.81	172.29	29.70	5.34	22.75	65.49	63.68
2004	1 509.50	639.40	121.67	425.66		20.62	191.39	33.41	5.59	26.23	70.75	69.24
2005	1 514.93	646.34	106.86	449.31		17.39	193.60	36.22	5.75	29.02	79.09	77.22
2006	1 457.60	612.90	93.00	478.00	93.80	10.90	157.40	39.01	5.80	31.57	77.73	75.78
2007	1 460.70	589.70	91.20	498.60	80.10	17.90	162.20	36.65	6.11	29.07	79.12	76.68
2008	1 518.59	621.01	83.05	529.55	112.12	26.16	169.76	40.38	6.70	32.10	86.38	83.97
2009	1 576.92	636.23	92.30	542.67	130.36	29.06	172.18	50.16	7.13	41.41	91.69	88.03
2010	1 650.00	492.75	40.52	741.29	84.51	26.54	226.08	34.23	7.01	25.98	99.14	95.40
2011	1 755.38	509.20	85.81	704.80	113.01	46.53	250.02	60.75	7.04	51.84	105.57	101.82

7-16 续表 continued

单位：万吨 (10 000 tons)

年 份 Year	糖 料 Sugar Crops	甘 蔗 Sugar cane	茶 叶 Tea	水 果 Fruits	猪牛羊肉 Pork, Beef and Mutton	禽 蛋 Poultry Eggs	水产品 Aquatic Products	麻 类 Fiber Crops	棉 花 Cotton
1978	160.04	160.01	1.78	11.62	29.23		1.12		
1979	181.46	181.44	1.49	9.74	30.01		1.40		
1980	184.59	184.45	1.78	11.63	30.91		1.52		
1981	224.95	224.74	2.04	13.90	35.92		1.63		
1982	307.44	307.12	2.28	14.12	37.84	2.59	1.69		
1983	354.60	354.15	2.57	16.77	46.91	2.78	1.93		
1984	378.01	377.76	2.82	22.64	51.54	3.97	2.17		
1985	480.13	479.77	3.11	21.18	56.82	3.90	2.65		
1986	529.85	529.49	3.41	27.49	56.73	3.84	3.12		
1987	558.80	558.47	3.92	31.63	59.62	4.04	3.81		
1988	584.29	583.83	4.28	33.96	64.55	4.09	4.13		
1989	551.82	551.28	4.27	34.32	68.34	4.59	4.41		
1990	662.32	661.88	4.48	31.97	74.74	4.90	4.60	0.22	0.04
1991	821.29	820.74	4.77	36.74	81.27	5.13	4.94		
1992	907.20	906.89	2.29	42.83	87.28	4.82	5.37		
1993	900.03	899.92	6.10	47.72	96.16	5.17	5.83		
1994	928.46	928.00	6.38	50.14	107.68	6.42	6.85		
1995	1 056.31	1 055.92	6.40	55.71	120.45	6.85	8.44	0.22	0.07
1996	1 143.36	1 143.08	6.82	59.01	133.37	7.41	10.20	0.30	0.06
1997	1 435.18	1 434.92	7.08	66.02	148.95	8.51	11.89	0.23	0.07
1998	1 598.09	1 597.71	7.75	68.07	166.21	8.70	13.84	0.22	0.08
1999	1 526.89	1 526.53	7.51	73.83	180.35	9.83	15.53	0.21	0.06
2000	1 420.61	1 420.29	7.94	76.95	191.51	10.63	16.62	0.19	0.05
2001	1 481.49	1 481.10	8.07	79.29	203.84	11.80	18.02	0.49	0.05
2002	1 733.66	1 733.36	8.36	85.63	218.74	13.16	19.26	2.33	0.04
2003	1 695.24	1 694.96	8.59	96.53	234.53	14.39	20.43	4.49	0.03
2004	1 688.80	1 688.49	9.51	115.52	257.10	16.49	22.05	13.66	0.03
2005	1 415.89	1 415.50	11.59	136.63	277.32	20.35	23.85	14.10	0.02
2006	1 679.06	1 678.73	13.82	162.56	296.13	20.54	29.24	5.88	0.02
2007	1 938.81	1 938.67	16.99	202.37	238.60	18.00	33.39	2.42	0.03
2008	1 898.88	1 898.75	17.15	266.18	257.18	19.41	39.37	2.28	0.04
2009	1 761.42	1 761.31	18.29	342.74	270.88	20.75	43.06	1.84	0.04
2010	1 750.97	1 750.92	20.73	397.91	474.82	37.78	48.17	0.56	0.04
2011	1 898.78	1 898.78	23.83	476.43	517.44	40.98	54.88	1.05	0.04

注：1.1991年起粮食总产量为抽样调查数，2001年起分品种粮食为抽样调查数，2010年起粮食产量为全面统计数。
2.2006-2007年粮食产量、猪、牛、羊肉产量为农业普查衔接数，2008年起为抽样调查数，2010年起畜牧业数据为全面统计数。

Note: a.Since 1991, the data of total output of grain are numbers of sample surveys.Since 2001,grain data by variety are numbers of sample surveys.
b.The data of grain output and output of pork,beef and mutton are linked up with the agricultural census from 2006 to 2007,and since 2008, they are numbers of sample surveys.

7-17 1978-2011年粮食播种面积和产量

Historic Sown Areas and Grain Yields (1978-2011)

单位：万吨，万公顷 (10 000 tons,10 000 hectares)

年 份 Year	粮食产量 Total Yield of Grain	夏收粮 Summer Harvest Grain		秋收粮 Autumn Harvest Grain	
		面积 Area	粮食产量 Grain Yield	面积 Area	粮食产量 Grain Yield
1978	864.05	105.26	134.79	262.52	729.26
1979	792.90	103.81	107.27	264.93	685.63
1980	865.55	93.99	126.64	265.28	738.91
1981	917.10	88.24	124.01	265.75	793.09
1982	945.90	82.72	111.59	264.67	834.31
1983	954.35	84.86	140.28	262.22	814.07
1984	1 005.00	85.43	135.28	258.70	869.72
1985	935.00	84.55	109.23	247.30	825.77
1986	870.00	84.42	75.48	248.87	794.52
1987	934.84	85.87	133.89	250.58	800.95
1988	940.72	92.86	138.49	248.92	802.23
1989	998.41	97.85	132.19	254.86	866.22
1990	1 061.21	102.87	170.02	259.36	891.19
1991	1 093.00	104.41	184.25	257.48	908.75
1992	1 070.40	105.62	196.00	252.58	874.40
1993	1 085.24	106.54	211.24	246.17	874.00
1994	1 146.47	113.62	201.36	253.26	945.11
1995	1 188.91	112.69	228.18	251.59	960.73
1996	1 246.30		234.30		1 012.00
1997	1 271.90		254.70		1 017.20
1998	1 319.50		240.15		1 079.35
1999	1 399.25	130.09	234.49	274.12	1 164.76
2000	1 467.80	126.48	241.00	272.69	1 226.80
2001	1 486.30	133.00	233.86	300.90	1 252.44
2002	1 424.74	121.82	240.85	294.24	1 183.89
2003	1 471.01	119.45	244.55	287.39	1 226.46
2004	1 509.50	117.67	236.32	298.17	1 273.18
2005	1 514.93	118.89	222.31	306.50	1 292.62
2006	1 457.60	110.55	220.60	291.66	1 237.00
2007	1 460.70	109.72	223.40	289.73	1 237.30
2008	1 518.59	110.17	207.58	299.42	1 311.01
2009	1 576.92	112.83	236.47	307.18	1 340.45
2010	1 650.00	116.23	139.44	313.67	1 484.98
2011	1 755.38	118.00	237.22	318.45	1 441.40

注：1991-2009年粮食数据为抽样调查数，2010年起粮食数据为全面统计数。粮食总计为夏收粮、早稻与秋收粮之和。

Note:Numbers of total yield of grain from year 1991 to 2009 are data of sample survey,but since 2010,complete statistical survey.Total yield of grain refers to the sum of summer grain,early rice and autumn grain.

7-18 各州市主要农作物播种面积(2011年)
Total Sown Areas of Major Farm Crops by Region (2011)

单位：万公顷 (10 000 hectares)

州 市	Region	总播种面积 Total Sown Area	粮食播种面积 Sown Area of Grain Crops	稻谷 Rice	小麦 Wheat	玉米 Corn	豆类 Beans	薯类 Tubers
全 省	**Yunnan**	**674.30**	**440.24**	**79.23**	**40.29**	**157.00**	**58.42**	**66.76**
昆 明	Kunming	42.74	27.46	3.58	3.43	8.20	4.52	4.04
曲 靖	Qujing	108.08	64.98	5.70	3.72	20.53	6.86	19.45
玉 溪	Yuxi	25.90	11.03	2.26	1.68	4.45	1.09	0.56
保 山	Baoshan	40.31	25.59	6.91	1.59	8.44	3.19	2.02
昭 通	Zhaotong	73.60	54.36	2.92	5.20	22.23	4.59	17.20
丽 江	Lijiang	18.09	13.69	1.90	1.70	3.79	2.63	2.43
普 洱	Pu'er	47.05	34.64	8.92	2.68	15.92	3.98	1.57
临 沧	Lincang	46.63	28.71	4.63	3.88	12.54	4.03	1.80
楚 雄	Chuxiong	36.80	24.43	5.97	3.62	5.57	4.91	1.69
红 河	Honghe	59.71	37.78	9.92	3.89	11.94	4.99	3.26
文 山	Wenshan	78.49	49.36	6.82	5.24	19.19	9.66	7.09
西双版纳	Xishuangbanna	12.67	9.23	4.28	0.02	4.50	0.24	0.15
大 理	Dali	41.73	30.47	6.43	1.66	9.39	5.29	1.90
德 宏	Dehong	26.29	15.27	6.62	0.75	5.59	0.66	1.60
怒 江	Nujiang	10.09	8.23	0.70	0.74	2.81	1.96	1.09
迪 庆	Diqing	6.12	5.01	0.30	1.04	1.80	0.65	0.49

7-18 续表 continued

单位：万公顷 (10 000 hectares)

州 市	Region	油料播种面积 Oil-bearing Crops	#花 生 Peanuts	#油菜籽 Rapeseeds	甘 蔗 Sugarcane	烤烟播种面积 Flue-cured Tobacco	蔬菜播种面积 Vegetables and Melon	其他作物 Other Farm Crops
全 省	**Yunnan**	**34.23**	**4.86**	**27.29**	**30.67**	**47.60**	**73.51**	**35.88**
昆 明	Kunming	0.93	0.07	0.79	0.00	4.23	6.90	3.00
曲 靖	Qujing	7.97	0.09	7.20	0.00	9.59	12.21	12.67
玉 溪	Yuxi	1.93	0.07	1.82	1.59	4.95	5.55	0.68
保 山	Baoshan	3.59	0.07	3.49	3.42	3.46	2.54	0.93
昭 通	Zhaotong	3.11	0.50	2.57	0.17	2.65	7.22	5.43
丽 江	Lijiang	0.60	0.07	0.48	0.12	1.49	0.88	0.41
普 洱	Pu'er	1.41	0.94	0.46	3.19	2.78	2.34	2.22
临 沧	Lincang	1.11	0.19	0.85	10.14	2.31	1.86	1.35
楚 雄	Chuxiong	2.13	0.11	1.91	0.03	4.26	4.89	0.70
红 河	Honghe	2.25	0.90	1.31	2.12	4.28	8.17	4.21
文 山	Wenshan	6.00	1.56	3.06	2.90	3.47	14.23	1.75
西双版纳	Xishuangbanna	0.18	0.18		1.33		1.17	0.21
大 理	Dali	1.75	0.04	1.68	0.11	4.03	3.48	1.23
德 宏	Dehong	1.31	0.07	1.23	5.44	0.07	1.20	0.55
怒 江	Nujiang	0.33	0.02	0.25	0.12		0.72	0.17
迪 庆	Diqing	0.20		0.19		0.03	0.15	0.37

注：2001年起全省粮食播种面积为抽样调查数。2010年起全省粮食播种面积为全面统计数。
Note: Since 2001 the data from sample surveys have been used for the total sown area of grain crops in the whole province.

7−19　茶叶、水果生产情况(2009−2011年)
Planting Areas and Output of Tea and Fruits (2009-2011)

单位：万公顷、万吨　　(10 000 hectares,10 000 tons)

指　标	Item	2009		2010		2011	
		面积 Area	产量 Output	面积 Area	产量 Output	面积 Area	产量 Output
茶 叶	**Tea**	**35.46**	**18.29**	**36.77**	**20.73**	**38.00**	**23.83**
水 果(全口径)	**Fruits**	**32.72**	**342.74**	**31.52**	**397.91**	**37.69**	**476.43**
香 蕉	Bananas	5.85	115.59	6.32	133.58	7.98	168.74
苹 果	Apples	3.05	26.93	3.09	25.79	3.19	25.29
柑 橘	Citrus	3.41	38.31	3.43	41.66	3.65	45.04
梨	Pears	4.83	27.87	5.16	33.20	4.89	36.41
葡 萄	Grapes	0.96	16.71	1.23	20.60	1.92	35.61
菠 萝	Pineapples	0.43	3.65	0.38	3.62	0.41	3.63
瓜 果	Melon and Fruit	1.78	38.89	2.49	56.27	2.84	71.04
# 西 瓜	Watermelon	1.40	31.36	2.11	48.22	2.39	60.28

7-20 橡胶、咖啡和香料作物面积和产量(2007-2011年)

Areas and Output of Rubber,Coffee and Perfume (2007-2011)

单位：万公顷、万吨 (10 000 hectare,10 000 tons)

年 份 Year	橡 胶 Rubber			咖 啡 Coffee			香料作物(折香料油) Perfume Plants (perfume oil)		
	年末实有面积 Real Area at Year-end	收获面积 Harvest Area	总 产 量 Total Output	年末实有面积 Real Area at Year-end	收获面积 Harvest Area	总 产 量 Total Output	年末实有面积 Real Area at Year-end	收获面积 Harvest Area	总 产 量 Total Output
2007	39.65	16.66	28.22	2.04	1.49	2.96	0.52	0.40	0.09
2008	43.58	17.35	25.72	2.43	1.62	3.29	0.45	0.38	0.10
2009	46.14	48.67	18.46	3.66	2.24	4.76	0.48	0.34	0.11
2010	48.67	21.04	33.06	4.31	2.50	4.94	0.60	0.52	0.08
2011	53.03	22.25	36.34	6.13	2.94	6.51	0.60	0.51	0.11

7-21 各州市营造林生产情况
Forestry Production by Region

单位：万公顷 (10 000 hectares)

年份 Year / 州市 Region		造林面积 Afforested Area	迹地更新面积 Area of Reforested Slash	幼林抚育作业面积 Area of Cultivating Young Growth	成林抚育面积 Area of Cultivating Mature Forest	零星(四旁)植树(万株) Area of Planting Trees Around(10 000 trees)	育苗面积(公顷) Area of Growing Seedings (hectare)	本年新育苗面积(公顷) Newly Raising Seeding (hectare)
2000		43.07	15.18	15.06	18.14	13 433	1 886	
2001		33.50	0.84	11.59	6.77	13 151	2 642	
2002		40.23	1.80	9.59	5.64	11 226	2 579	
2003		49.51	2.19	9.25	3.12	11 972	3 303	
2004		25.93	1.30	8.71	3.02	10 990	3 098	
2005		21.10	1.32	8.03	1.65	11 687	3 748	
2006		15.88	1.07	8.22	6.11	10 112	2 040	
2007		31.92	1.03	6.40	3.96	8 650	1 911	
2008		56.61	1.04	7.49	2.42	8 891	3 627	
2009		71.35	0.50	2.16	3.84	9 166	4 332	3 090
2010		66.15	0.64	3.06	4.86	9 261	5 823	3 505
2011		61.96	0.28	4.28	12.73	9 323	4 358	2 964
昆　明	Kunming	1.79			0.67	1 658	168	113
曲　靖	Qujing	5.99			1.87	1 569	341	256
玉　溪	Yuxi	2.60			0.47	320	97	34
保　山	Baoshan	3.29			1.00	281	317	264
昭　通	Zhaotong	5.88			0.53	1 118	475	461
丽　江	Lijiang	4.09		0.43	0.43	124	197	
普　洱	Pu'er	1.72	0.27	2.58	1.02	237	471	304
临　沧	Lincang	4.92			0.33	371	187	129
楚　雄	Chuxiong	5.48	1.30		1.23	1 203	248	65
红　河	Honghe	4.66			1.23	340	633	321
文　山	Wenshan	5.60			0.53	811	304	189
西双版纳	Xishuangbanna	0.35			0.27	170	45	
大　理	Dali	8.75			1.40	789	475	448
德　宏	Dehong	3.60	1.30	0.20	0.69	122	323	314
怒　江	Nujiang	1.65			0.07	71	62	62
迪　庆	Diqing	1.63			0.87	138	15	4

7–22 各州市主要林产品产量(2011年)
Output of Major Forest Products by Region (2011)

单位：万吨 (10 000 tons)

州 市	Region	橡 胶 Rubber	松 脂 Pine Resin	油桐籽 Tung-oil Seeds	油茶籽 Rapeseeds	核 桃 Walnuts	板 栗 Chestnuts	紫 胶 Shellac
全 省	**Yunnan**	**36.34**	**14.12**	**1.12**	**0.51**	**31.01**	**3.95**	**0.22**
昆 明	Kunming					0.36	1.49	
曲 靖	Qujing			0.11	0.02	1.15	0.41	
玉 溪	Yuxi		0.21			0.38	0.36	
保 山	Baoshan		0.04	0.02	0.03	3.73	0.19	0.01
昭 通	Zhaotong			0.26		0.88	0.10	
丽 江	Lijiang		0.02	0.02		0.84	0.06	
普 洱	Pu'er	3.58	11.49			0.75	0.07	0.06
临 沧	Lincang	2.36	0.89	0.06	0.01	5.98	0.05	0.07
楚 雄	Chuxiong		0.99			2.62	0.75	
红 河	Honghe	1.40	0.01			0.27	0.08	0.07
文 山	Wenshan		0.01	0.50	0.44	0.12	0.07	
西双版纳	Xishuangbanna	28.30	0.27				0.06	
大 理	Dali		0.05	0.04		11.89	0.13	
德 宏	Dehong	0.70	0.12	0.02	0.01	0.19	0.04	
怒 江	Nujiang			0.08		0.54	0.03	
迪 庆	Diqing		0.01			1.31	0.05	

7-23 主要年份畜牧业生产情况

Basic Conditions of Animal Husbandry Production in Significant Years

单位：万头、万吨 (10 000 heads,10 000tons)

指　　标	Item	2007	2008	2009	2010	2011
牲畜年末头数	**Number of Livestock (at year-end)**					
大 牲 畜	Large Livestock	903.07	883.57	919.54	923.06	1180.37
牛	Cattle and Buffaloes	725.67	706.43	742.57	746.65	998.38
马	Horses	75.48	75.30	74.36	74.30	75.87
驴	Donkeys	33.97	34.19	34.06	35.02	39.27
骡	Mules	67.95	67.65	68.55	67.09	66.85
猪	Hogs	2 457.60	2 669.03	2 736.17	3 698.90	3 866.48
羊（万只）	Goats and Sheep (10 000 heads)	825.82	843.27	877.59	1 112.38	1 163.72
畜禽产品产量	**Output of Livestock and Poultry Products**					
肉类总产量	**Total Output of Meat**	**266.10**	**288.28**	**304.59**	**512.60**	**563.51**
猪 肉	Pork	203.60	219.58	230.82	418.65	455.81
牛 肉	Beef	24.80	26.12	27.99	40.89	45.30
羊 肉	Mutton	10.20	11.47	12.07	15.29	16.33
其他畜禽产品产量	**Output of Other Livestock and Poultry Products**					
牛 奶	Milk	42.30	44.67	48.38	59.31	62.00
绵羊毛	Sheep Wool	0.39	0.15	0.17	0.19	0.16
禽 蛋	Poultry Eggs	18.00	19.41	20.75	37.78	40.98
蚕 茧	Silkworm Cocoons	2.96	2.84	2.66	2.50	2.94

注：2006—2007年畜牧业主要产品数据为第二次农业普查修正数据，2008年—2010为抽样调查数。2010起为全面统计数。

Note: From 2006 to 2007, the data of animal husbandry production is corrected by The Census of Agriculture, and the data of 2008 are on the basis of sample survey.

7-24 各州市畜产品产量(2011年)

Output of Livestock Products by Region (2011)

单位：万吨 (10 000 tons)

州 市	Region	畜产品产量 Output of Livestock Products	猪 肉 Pork	牛 肉 Beef	羊 肉 Mutton	奶 类 Milk	牛 奶 Cow Milk	绵羊毛(吨) Sheep Wool（ton）	禽 蛋 Eggs	蜂 蜜 Honey
全 省	**Yunnan**	**517.44**	**455.81**	**45.30**	**16.33**	**66.22**	**62.00**	**1 602**	**40.98**	**0.74**
昆 明	Kunming	39.54	34.70	3.15	1.69	11.35	10.12	178	7.54	0.07
曲 靖	Qujing	143.83	130.52	9.19	4.12	2.16	0.50	197	4.88	0.17
玉 溪	Yuxi	22.03	19.39	1.98	0.66	0.55	0.52	27	8.59	0.02
保 山	Baoshan	33.14	29.42	2.94	0.78	0.90	0.90	5	1.34	0.08
昭 通	Zhaotong	41.66	38.59	2.30	0.77	0.06	0.06	721	2.04	0.02
丽 江	Lijiang	10.67	8.48	1.33	0.86	0.76	0.76	181	0.46	0.02
普 洱	Pu'er	13.32	11.80	1.24	0.28	0.02	0.02		0.63	0.05
临 沧	Lincang	19.74	17.19	1.93	0.62	0.07	0.07		0.50	0.03
楚 雄	Chuxiong	32.36	26.03	4.69	1.64	0.11	0.11	29	0.90	0.08
红 河	Honghe	56.63	52.81	3.01	0.81	3.41	2.44	44	6.01	0.07
文 山	Wenshan	45.08	39.06	5.35	0.67	0.03	0.03		1.24	0.01
西双版纳	Xishuangbanna	2.90	2.46	0.43	0.01				0.20	0.01
大 理	Dali	43.18	34.18	6.18	2.83	45.02	44.67	161	5.95	0.07
德 宏	Dehong	7.74	6.77	0.85	0.12	0.35	0.35		0.49	0.01
怒 江	Nujiang	3.22	2.53	0.33	0.36	0.00	0.00	37	0.11	0.02
迪 庆	Diqing	2.40	1.86	0.41	0.13	1.43	1.43	22	0.10	0.01

7-25 各州市水产品产量及养殖面积(2011年)

Output of Aquatic Products and Aquaculture Areas by Region (2011)

单位：万吨，万公顷 (10 000 tons,10 000 hectare)

州 市	Region	水产品产量 Output of Aquatic Products	养殖产量 Artificially Cultured	捕捞产量 Naturally Grown	鱼类 Fish	虾蟹类 Shrimps, Prawns and Crabs	贝类 Shellfish	其他 Others	水产养殖面积 Aquiculture Area
全省	**Yunnan**	**54.88**	**51.02**	**3.87**	**54.13**	**0.51**	**0.13**	**0.11**	**11.70**
昆明	Kunming	3.66	2.98	0.68	3.53	0.12		0.01	0.69
曲靖	Qujing	8.93	8.38	0.55	8.91	0.02			1.72
玉溪	Yuxi	1.52	1.33	0.19	1.51	0.01			1.01
保山	Baoshan	2.74	2.60	0.13	2.73				0.82
昭通	Zhaotong	1.68	1.64	0.04	1.68				0.45
丽江	Lijiang	1.13	0.96	0.17	1.08			0.05	0.40
普洱	Pu'er	6.52	6.36	0.17	6.48	0.03	0.02		0.81
临沧	Lincang	3.29	3.04	0.25	3.22	0.01	0.04	0.02	1.04
楚雄	Chuxiong	1.70	1.68	0.03	1.70				0.86
红河	Honghe	6.20	6.16	0.04	6.17	0.03			1.33
文山	Wenshan	4.92	4.49	0.43	4.87	0.03	0.02	0.01	0.94
西双版纳	Xishuangbanna	4.20	4.05	0.15	4.19	0.02			0.45
大理	Dali	5.00	4.11	0.90	4.78	0.22			0.78
德宏	Dehong	3.06	2.92	0.14	2.96	0.02	0.06	0.02	0.34
怒江	Nujiang	0.06	0.06		0.06				0.01
迪庆	Diqing	0.28	0.27	0.01	0.28				0.05

7–26 各州市主要蔬菜产品产量(2011年)

Output of Major Vegetable Products by Region (2011)

单位：万吨 (10 000 tons)

州　市	Region	蔬菜产量 Yield of Vegetable	叶菜类 Leaf Vegetables	瓜菜类 Melon Vegetables	块根块茎类 Root and Stem Vegetables	茄果菜类 Eggplant Vegetables	葱蒜类 Onion and Garlic Vegetables
全　省	**Yunnan**	**1 340.00**	**157.79**	**87.13**	**254.88**	**161.45**	**101.74**
昆　明	Kunming	200.62	53.48	13.50	21.90	14.07	11.24
曲　靖	Qujing	209.49	17.89	6.22	65.68	22.42	7.41
玉　溪	Yuxi	153.65	11.76	8.17	28.54	11.24	15.50
保　山	Baoshan	48.36	6.40	4.54	5.25	13.66	2.11
昭　通	Zhaotong	106.90	7.48	6.44	21.51	8.65	3.63
丽　江	Lijiang	21.20	1.56	1.38	1.31	2.92	4.79
普　洱	Pu'er	31.54	5.58	5.28	4.73	4.29	1.47
临　沧	Lincang	41.28	3.92	6.21	8.54	4.08	2.08
楚　雄	Chuxiong	127.18	3.29	5.74	33.59	15.93	4.22
红　河	Honghe	182.94	23.54	13.15	36.14	34.09	7.79
文　山	Wenshan	82.78	6.15	6.90	13.71	15.76	1.89
西双版纳	Xishuangbanna	12.21	0.32	2.38	0.38	6.70	0.31
大　理	Dali	97.65	11.56	4.09	8.70	5.66	37.75
德　宏	Dehong	13.80	3.12	1.84	1.66	1.18	0.77
怒　江	Nujiang	7.00	1.13	0.89	2.83	0.44	0.17
迪　庆	Diqing	3.40	0.61	0.39	0.42	0.35	0.60

注：2010年蔬菜按照新口径进行统计，叶菜类中减少大白菜和圆白菜两项。

Note:Output of vegetable is calculated by new statical coverage in 2010,Chinese cabbage and cabbage are excluded from the coverage of leaf vegetables.

7-27 各州市特种作物生产情况(2011年)
Output of Special Crops by Region (2011)

州　市	Region	鲜切花 (亿 枝) Fresh Cut Flowers (100 million branches)	药　材 (万 吨) Medicinal Materials (10 000 tons)	食用菌 (万 吨) Edible Mushrooms (10 000 tons)
全　省	**Yunnan**	**65.03**	**6.55**	**2.05**
昆　明	Kunming	45.50		0.07
曲　靖	Qujing	5.45		0.67
玉　溪	Yuxi	6.21	0.16	0.01
保　山	Baoshan	0.03	0.11	0.47
昭　通	Zhaotong	4.48	0.92	
丽　江	Lijiang	0.20	1.15	
普　洱	Pu'er	0.12	0.23	0.05
临　沧	Lincang	0.02		0.13
楚　雄	Chuxiong	1.41	0.23	0.25
红　河	Honghe	1.24	1.43	0.06
文　山	Wenshan	0.03	0.51	0.02
西双版纳	Xishuangbanna		0.01	0.05
大　理	Dali	0.31	1.02	0.15
德　宏	Dehong	0.01	0.17	0.10
怒　江	Nujiang		0.12	
迪　庆	Diqing	0.01	0.51	0.01

7-28 各州市农村改水、改厕投入情况(2011年)

Basic Statistics on Rural Improventing Water Use and Rural Improved on Sanitation Lavatories by Region (2011)

单位:亿元 (100 million yuan)

州、市	Region	农村改水投入 Investment in Rural Improventing Water Use	国家 State Investment	集体 Collective Investment	个人 Individual Investment	农村改厕投入 Investment in Rural Improved on Sanitation Lavatories	国家 State Investment	集体 Collective Investment	个人 Individual Investment
全省	**Yunnan**	**11.19**	**8.63**	**1.01**	**1.13**	**4.23**	**2.47**	**0.13**	**1.58**
昆明	Kunming	1.11	0.79	0.18	0.09	0.58	0.31	0.08	0.19
曲靖	Qujing	1.51	1.47	0.01	0.02	0.38	0.20	0.01	0.16
玉溪	Yuxi	0.39	0.35	0.02	0.01	0.18	0.07		0.10
保山	Baoshan	0.72	0.59	0.01	0.11	0.15	0.09		0.06
昭通	Zhaotong	2.51	1.52	0.54	0.13	0.24	0.16		0.06
丽江	Lijiang	0.09	0.08		0.01	0.08	0.04		0.04
普洱	Pu'er	0.26	0.18	0.01	0.06	0.22	0.15		0.07
临沧	Lincang	0.80	0.72		0.08	0.45	0.23		0.22
楚雄	Chuxiong	0.50	0.36	0.01	0.14	0.35	0.26	0.01	0.09
红河	Honghe	0.75	0.58	0.01	0.17	0.37	0.29	0.01	0.07
文山	Wenshan	0.70	0.51		0.18	0.20	0.09		0.08
西双版纳	Xishuangbann	0.32	0.32			0.10	0.02		0.08
大理	Dali	1.05	0.72	0.19	0.10	0.55	0.35	0.02	0.18
德宏	Dehong	0.19	0.14	0.02	0.01	0.26	0.12		0.14
怒江	Nujiang	0.21	0.20		0.01	0.05	0.04		0.02
迪庆	Diqing	0.10	0.10			0.07	0.06	0.01	0.01

7-29 各州市农村改水、改厕情况(2011年)
Basic Statistics on Rural Improventing Water Use and Improved on Sanitation Lavatories by Region(2011)

州 市	Region	农村改水(万人) Number of Rural Persons Benefited from Improventing Water Use (10 000 persons)				农村改厕(万户) Number of Rural Households Improved on Sanitation Lavatories (10 000 units)				
		农村总人口 Total Number of Rural Population	累计已改水受益人口 Number of Rural Persons Benefited from Improventing Water Use by Accumulative	自来水 Tap Water	手压机井 Manual Pumped Well	农村总户数 Total Number of Rural Households	累计使用卫生厕所户数 Number of Rural Households Using Sanitation Lavatories by Accumulative	卫生厕所普及率(%) Percentage of Rural Households with Access to Sanitation Lavatories	无害化卫生厕所普及率(%) Harmless Health Center Penetration (%)	累计使用卫生公厕户数 Number of Rural Households Using Sanitation Lavatories by Accumulative
全 省	**Yunnan**	**3695.9**	**3255.92**	**2443.58**	**95.42**	**953.4**	**531.3**	**55.1**	**30.8**	**144.57**
昆 明	Kunming	277.77	254.25	218.03	5.38	81.57	58.39	71.6	40.6	13.91
曲 靖	Qujing	529.41	550.31	322.28	23.6	142.16	75.77	53.3	29.7	16.80
玉 溪	Yuxi	177.77	167.01	166.11		51.37	29.98	58.4	50.6	6.73
保 山	Baoshan	230.47	191.61	155.86	0.91	56.12	31.74	56.6	16.5	0.30
昭 通	Zhaotong	496.18	386.61	136.4	31.17	123.94	62.86	50.7	26.9	9.46
丽 江	Lijiang	103.98	83.27	75.91	1.35	27.27	13.87	50.9	20.2	2.30
普 洱	Pu'er	209.76	169.5	157.12	0.03	56.40	28.59	50.7	27.7	4.11
临 沧	Lincang	209.83	197.76	175.59	5.29	50.27	29.30	58.3	29.8	3.14
楚 雄	Chuxiong	225.76	196.58	150.58	5.26	61.29	43.15	70.4	37.1	3.75
红 河	Honghe	360.1	305.79	229.04	8.86	93.19	52.27	56.1	36.8	35.10
文 山	Wenshan	316.09	284.08	151.56	1.97	73.14	38.90	53.2	28.2	5.40
西双版纳	Xishuangbanna	81.42	71.27	66.23	5.04	18.22	10.24	56.2	22.1	2.91
大 理	Dali	314.79	244.22	194.9	3.87	78.74	38.83	49.3	28.0	8.31
德 宏	Dehong	80.59	89.43	81.4	2.7	19.72	11.38	57.7	33.1	1.27
怒 江	Nujiang	50.72	39.91	39.91		12.61	2.02	16.0	13.2	0.86
迪 庆	Diqing	31.26	24.31	22.67		7.40	4.02	54.3	27.6	0.22

主要统计指标解释

农、林、牧、渔业总产值 指以货币形式表现的农林渔业全部产品总量和对农、林、牧、渔业生产活动进行的各种支持性服务活动的价值。它反映了一定时期（通常指一年）农、林、牧、渔业生产及其服务的总成果和总规模。

1957 年以前的农业总产值包括了厩肥和农民自给性手工业（如农民自制衣服、鞋、袜，自己从事粮食初步加工等）。1958 年及以后的农业总产值，林业中增加了村及村以下竹木采伐产值；牧业中取消了厩肥产值；副业中取消了农民自给性手工业产值，增加了村及村以下的工业产值；渔业中增加了机械化捕鱼产值。1980 年及以后农业总产值，在副业中增加了农民商品性家庭手工业的产值。从 1984 年起村及村以下办工业产值划归工业。1993 年取消副业产值，农业总产值改为农、林、牧、渔业总产值。原副业产值的采集野生植物和农民家庭兼营商品性工业划归农业产值；捕猎野兽野禽划归牧业产值。2003 年开始，增加农林牧渔服务业产值，同时取消农民家庭兼营商品性工业，竹木采运由村及村以下扩大到全社会口径。

农、林、牧、渔业中间消耗 指各种经济类型的农业生产单位和农户在农业生产经营过程中投入（或消耗）的各种物质产品和劳务价值的总和。包括中间物质消耗和中间劳务消耗两个部份。计入中间消耗必须具备以下两个条件：一是与总产出相对应的生产过程中消耗的物质产品和劳务活动；二是本期投入并一次性消耗的不属于固定资产的非耐用品。

农、林、牧、渔业增加值 指农、林、牧、渔及农林牧渔服务业生产货物或提供服务活动而增加的价值。增加值的计算方法有两种，一是生产法：农、林、牧、渔业增加值 = 农、林、牧、渔业总产出 - 农、林、牧、渔业中间消耗；二是分配法：农、林、牧、渔业增加值 = 固定资产折旧 + 劳动者报酬 + 生产税净额（生产税 - 生产补贴） + 营业盈余。

自来水受益村数 包括取水、净水、输配水三部分组成的自来水供给的，或由取水和输配水两部分的符合饮用卫生标准的简易自来水年末实际受益的村委会个数。

通汽车村数 指拥有乡级以上公路通过，并通达客运或货运汽车的村委会个数。

粮食产量 指全社会的产量。包括国营农场等全民所有制经营的、集体统一经营的和农民家庭经营的粮食产量，还包括工矿企业家属办的农场和其他生产单位的产量。粮食除包括稻谷、小麦、玉米、高粱、谷子及其他杂粮外，还包括薯类和大豆。其产量计算方法，豆类按去豆荚后的干豆计算；薯类（包括甘薯和马铃薯，不包括芋头和木薯）1963 年以前按每 4 公斤鲜薯折 1 公斤粮食计算，从 1964 年以后按 5 公斤鲜薯折 1 公斤粮食计算。其他粮食一律按脱粒后的原粮计算。

谷物 指稻谷、小麦、玉米、谷子、高粱和其他谷物，不包括薯类和豆类。其他谷物指除稻谷、小麦、玉谷、高粱以外的一些子实主要用作粮食的作物，包括大麦、元麦（青稞）、莜麦、荞麦、糜子等。

油料产量 指全部油料作物的生产量。包括花生、油菜籽、芝麻、向日葵子、胡麻子（亚麻子）和其他油料。不包括大豆、木本油料和野生油料。花生以带壳干花生计算。

水产品产量 指人工养殖的水产品天然生长的水产品的捕捞量。包括海水的鱼类、虾蟹类、贝类和藻类以及淡水的鱼类、虾蟹类、贝类，不包括淡水水生植物。

猪、牛、羊产量 指当年的猪、牛、羊的肉产量。即屠宰后除去头、蹄、下水后带骨肉（即胴体重）的重量。

期初（末）畜禽存栏头（只）数 指报告期初（末）农村各种合作经济组织和国营农场、农民个人、机关、团体、学校、工矿企业、部队等单位以及城镇居民饲养的大牲畜、猪、羊、家禽等畜禽的存栏数。数据上报方式及数据调整情况同猪、牛、羊肉产量。

灌溉面积 指有效灌溉面积，即具有一定的水源，地块比较平整，灌溉工程或设备已经配套，在一般年景下当年能够正常灌溉的耕地面积。

迹地更新面积 在新、旧采伐迹地和火烧迹地上，进行人工更新或人工促进天然更新的面积（包括乔木林和灌木林）称迹地更新面积。迹地更新面积不包括未经人工措施的天然更新面积以及补植面积。

农作物播种面积 指实际播种或移植有农作物的面积。凡是实际种植有农作物的面积，不论种植在耕地上还是种植在非耕地上，均包括在农作物播种面积中。在播种季节基本结束后，因遭灾而重新改种和补种的农作物面积，也包括在内。它是反映我国耕地面积利用情况的一个重要指标。目前，农作物播种面积主要包括粮食、棉花、油料、糖料、麻类、烟叶、蔬菜和瓜类、药材和其他农作物九大类。

农用化肥施用量 指本年内实际用于农业生产的化肥数量，包括氮肥、磷肥、钾肥和复合肥。化肥施用量要求按折纯量计算数量。折纯量是指把氮肥、磷肥、钾肥分别按含氮、含五氧化二磷、含氧化钾的百分之百成分进行折算后的数量。复合肥按其所含主要成分折算。公式为：

折纯量 = 实物量 × 某种化肥有效成份含量的百分比

农业机械总动力 指主要用于农、林、牧、渔业的各种动力机械的动力总和。包括耕作机械、排灌机械、收获机械、农用运输机械、植物保护机械、牧业机械、林业机械、渔业机械和其他农业机械（内燃机按引擎马力折成瓦（特）计算、电动机按功率折成瓦（特）计算）。不包括专门用于乡、镇、村、组办工业、基本建设、非农业运输、科学试验和教学等非农业生产方面用的动力机械与作业机械。这个指标的统计数据主要来源于农机部门。

农村自来水普及率 指农村饮用自来水人口数占农村人口总数的百分比。计算公式为：

$$农村自来水普及率 = \frac{农村饮用自来水人口数}{农村人口总数} \times 100\%$$

农村卫生厕所普及率 指使用各种类型卫生厕所的农户数占农村总户数的百分比。其中，农村卫生厕所包括三格化粪池式、双瓮漏斗式、三联沼气池式、粪尿分集式、完整下水道水冲式和其他类型的厕所，以及粪便及时清理并进行高温堆肥无害化处理的非水冲式厕所。农村总户数指县城以下农村农户总数。计算公式为：

$$农村卫生厕所普及率 = \frac{使用卫生厕所农户数}{农村总户数} \times 100\%$$

Explanatory Notes on Principal Statistical Indicators

Gross Output Value of Farming, Forestry, Animal Husbandry and Fishery refers to the total value of products of farming, forestry, animal husbandry and fishery and the value of support services for production of farming, forestry, animal husbandry and fishery, which reflects the total scale and result of agricultural production and services during a given period (generally one year).

The gross agricultural output value before 1957 included output value of barnyard manure and farmers' self-supporting handicraft industry (e. g., self-made clothing, shoes, socks, initial grain processing, etc.). Since 1958, output value of felling timber and bamboo by villages and organizations has been included in below village that of forestry; output value of barnyard manure has been excluded from that of animal husbandry; output value of farmers' self-supporting handicraft industry has been excluded from that of sideline production, while output value of industries run by villages and organizations had been included in it; output value of mechanized fishing has been included in that of fishery. Since 1980, output value of farmers' commercial household handicraft industry has been added to that of sideline production. Since 1984, output value of industries run by villages or organizations below village has been classified into that of industry. Since 1993, output value of sideline production has been cancelled and gross agricultural output value has been changed to gross output value of farming, forestry, animal husbandry and fishery; output value of wild plants gathering and commercial industry run by rural households has been incorporated to agricultural output value; output value of animal and bird hunting has been classified into that of animal husbandry. Since 2003, output value of services of farming, forestry, animal husbandry and fishery has been added while farmers' commercial household industry has been cancelled, and transporting and felling timber and bamboo by villages and organizations below village has been expanded to all levels.

Intermediate Consumption of Farming, Forestry, Animal Husbandry and Fishery refers to the total value of material products and labor input (or consumed) by various agricultural production entities and rural households in the process of agricultural production and operation. It is composed of intermediate material consumption and intermediate labor consumption. Items calculated into intermediate consumption should satisfy the following two conditions: first, they are material products and labor consumed in the process of production against total output; second, they are is non – durable goods that do not belong to fixed assets but input and consumed up one time in the present phase.

Added Value of Farming, Forestry, Animal Husbandry and Fishery refers to the added Value produced by manufacturing goods or supplying service in farming, forestry, animal husbandry, fishery and service in support of farming, forestry, animal husbandry, fishery. There are two methods to calculate value added: one is the method of production: added value of farming, forestry, animal husbandry and fishery = total output of farming, forestry, animal husbandry and fishery – intermediate consumption of farming, forestry, animal husbandry and fishery; the other is the method of distribution: added value of farming, forestry, animal husbandry and fishery = depreciation of fixed assets – remuneration of laborers + net production tax (production tax — production subsidy) + business surplus.

Number of Villages Benefiting from Tap Water Supply refers to the number of villages practically enjoying tap water supply composed of water intakes, water treatment and water conveyance and distribution or up – to – standard potable water supply composed of water intakes and water conveyance and distribution at the year – end.

Number of Villages Accessible to Motor Vehicle refers to the number of villages with town – level road passing through and transport service.

Grain Yield refers to the total yield in the whole country including grain produced by state farms, collective entities, rural households, industrial enterprises and mines. Grain includes rice, wheat, maize, sorghum, millet and other cereals as well as tubers and soybeans. Output of beans refers to dry beans without pods. Output of tubers (sweet potatoes and potatoes, not including taros and cassava) was converted into that of grain at the ratio 4:1, i. e. 4 kilograms of fresh tubers was equivalent to 1 kilogram of grain up to 1963. Since 1964 the ratio for conversion has been 5:1. Tubers supplied as vegetables (such as potatoes) in cities and suburbs are calculated as fresh vegetables and their output is not included in the output of grain. Other kinds of grain are calculated as husked grain.

Cereals refer to rice, wheat, maize millet, sorghum and other kinds of grain, but tubers and beans are not included. Other kinds of grain refer to some crops whose seeds are mainly used for food such as barley, highland barley, naked oats, buckwheat, broom corn millet, etc.

Output of Oil – bearing Crops refers to the total production of oil – bearing crops of various kinds, including peanuts (dry, in shell), rapeseeds, sesame, sunflower seeds, flax seeds, and other oil – bearing crops. Soybeans, oil – bearing woody plants, and wild oil – bearing crops are not included.

Output of Aquatic Products refers to catches of both artificially cultured and naturally grown aquatic products, including fish, shrimps, crabs and shellfish in sea and inland water as well as seaweed. Freshwater plants are not included.

Output of Pork, Beef, and Mutton refers to the weight of the meat of slaughtered hogs, cattle, sheep and goats with head, feet, and offal taken away.

Number of Livestock or Poultry in Stock at Beginning (or End) of Period refers to the total number of large animals, pigs, sheep, fowls, etc. raised by rural cooperative organizations, State farms, rural individuals, government agencies, schools, industrial and mining enterprises, army, and urban residents at the beginning (or end) of the reference period. Data reporting system and data adjustment are the same as that in the output of pork, beef and mutton.

Irrigated Area refers to area under effective irrigation, i. e., area of cultivated land which is relatively level and has water source and complete sets of irrigation facilities to lift and move adequate water for irrigation purpose under normal conditions.

Reforested area refers to the area created by artificial reforestation or artificial measures promoting regeneration (including arbor and shrubbery forests) in new and old cut – over areas and burned areas. Reforested area excludes natural forest regeneration area and reinforcement planting area.

Sown Area of Crops refers to area of land sown or transplanted with crops regardless of being in cultivated area or non – cultivated area. Area of land re – sown due to natural disasters is also included. This is an important indicator that can reflect the utilization condition of the cultivated land in China. At present, the sown area of crops mainly include the following 9 categories of crops: grain, cotton, oil – bearing crops, sugar crops, flax crops, tobacco, vegetables and melons, medicinal materials and other farm crops.

Consumption of Chemical Fertilizers in Agriculture refers to the quantity of chemical fertilizers applied in agriculture in the year, including nitrogenous fertilizer, phosphate fertilizer, potash fertilizer, and compound fertilizer. The consumption of chemical fertilizers is calculated in terms of volume of effective components by means of converting the gross weight of the respective fertilizers into weight containing effective component (e. g. nitrogen content in nitrogenous fertilizer, phosphorous pentoxide contents in phosphate fertilizer, and potassium oxide contents in potash fertilizer). Compound fertilizer is converted in regard to its major components. The formula is:

Volume of effective component = physical quantity × effective component of certain chemical fertilizer (%)

Total Power of Agricultural Machinery refers to total mechanical power of machinery used in agriculture, forestry, animal husbandry and fishery, including machinery for ploughing, irrigation and drainage, harvesting, transport, plant protection, animal husbandry, forestry and fishery and other agricultural machineries. (For the power of internal combustion engines, it is converted from its horsepower into watts while for electric motors the output power is converted into watts.) Machinery employed for non – agricultural purposes, such as the machines used in township – run and village – run industry, construction, non – agricultural transport, scientific experiments and teaching, are not included. Data are mainly from agricultural machinery agencies.

Ratio of Access to tap water in rural areas refers to the percentage of the population drinking the tap water in rural areas over the rural population. It is calculated as:

Ratio of Access to tap water in rural areas = the population drinking the tap water in rural areas ÷ the rural population × 100%

Dissemination Ratio of the Sanitation Toilets in Rural Areas refers to the percentage of the number of rural families using all types of sanitation toilets over number of the rural families. In which, the sanitation toilets in rural areas include the toilets with three lattices cesspool, funnel toilets with two urns, triad marsh gas tank toilets, toilets with separate collection of the excrement and urine, flushing toilets with integrated sewer and other types of toilets and the non – flushing toilets which can clean the excrement and urine in time and can disposed them with high temperature compost harmlessly. The number of rural families refers to the number of the rural families under the county towns.

It is calculated as:

Dissemination ratio of the sanitation toilets in rural areas = number of rural families using all types of sanitation toilets ÷ number of rural families × 100%.

Chapter 8

八、工业和能源

Industry and Energy

YUNNAN STATISTICAL YEARBOOK

云南统计年鉴 2012

8-1 1978-2011年工业总产值及其指数

单位：亿元 (100 million yuan)

年 份 Year	工业总产值 Gross Industrial Output Value	轻 工 业 Light Industry	重 工 业 Heavy Industry	占全部工业总产值的比重(%) Share in Gross Industrial Output Value(%) 轻 工 业 Light Industry	重 工 业 Heavy Industry
1978	55.43	23.84	31.60	43.0	57.0
1979	62.38	26.26	36.12	42.1	57.9
1980	65.35	29.54	35.81	45.2	54.8
1981	72.54	35.18	37.36	48.5	51.5
1982	83.60	41.30	42.30	49.4	50.6
1983	95.11	47.37	47.75	49.8	50.2
1984	112.27	55.13	57.15	49.1	50.9
1985	136.26	65.93	70.33	48.4	51.6
1986	147.02	67.71	79.31	46.1	53.9
1987	181.85	85.53	96.32	47.0	53.0
1988	244.63	121.64	122.99	49.7	50.3
1989	304.91	154.61	150.30	50.7	49.3
1990	345.26	181.14	164.12	52.5	47.5
1991	393.63	203.85	189.78	51.8	48.2
1992	477.07	240.85	236.22	50.5	49.5
1993	690.08	333.28	356.79	48.3	51.7
1994	948.71	514.69	434.02	54.3	45.7
1995	1 230.01	656.60	573.41	53.4	46.6
1996	1 291.38	695.56	595.82	53.9	46.1
1997	1 440.11	751.15	688.96	52.2	47.8
1998	1 503.23	774.72	728.52	51.5	48.5
1999	1 561.08	793.88	767.20	50.9	49.1
2000	1 589.36	802.70	786.66	50.5	49.5
2001	1 675.11	863.76	811.35	51.6	48.4
2002	1 850.46	954.27	896.19	51.6	48.4
2003	2 176.40	1 014.70	1 161.69	46.6	53.4
2004	2 479.07	917.21	1 561.86	37.0	63.0
2005	3 249.84	1 120.47	2 129.37	34.5	65.5
2006	4 110.25	1 269.63	2 840.61	30.9	69.1
2007	5 137.30	1 830.16	3 307.14	35.6	64.4
2008	5 738.81	1 447.80	4 291.01	25.2	74.8
2009	6 261.75	1 930.88	4 330.87	30.8	69.2
2010	7 880.70	2 317.95	5 562.75	29.4	70.6
2011	9 595.15	2 779.50	6 815.66	29.0	71.0

注：本表总产值按当年价格计算。

8-2 规模以上工业增加值(2006-2011年)

单位：亿元

工业行业	Industrial Sector	2006 工业增加值 Industrial Added Value	2006 比上年增长(%) Increase Pate over 2005(%)
全　省	**Yunnan**	**1 240.36**	**17.8**
轻工业	Light Industry	598.51	9.6
重工业	Heavy Industry	641.85	27.1
煤炭开采和洗选业	Mining and Washing of Coal	23.76	2.4
石油和天然气开采业	Extraction of Petroleum and Natural Gas	0.02	22.0
黑色金属矿采选业	Mining and Processing of Ferrous Metal Ores	7.95	35.8
有色金属矿采选业	Mining and Processing of Non-Ferrous Metal Ores	48.57	64.0
非金属矿采选业	Mining and Processing of Nonmetal Ores	13.11	59.9
其他矿采选业	Mining of Other Ores		
农副食品加工业	Processing of Food from Agricultural Products	26.70	8.3
食品制造业	Manufacture of Foods	3.28	11.5
饮料制造业	Manufacture of Beverages	16.20	29.0
烟草制品业	Manufacture of Tobacco	483.20	9.2
纺织业	Manufacture of Textile	2.06	-3.3
纺织服装、鞋、帽制造业	Manufacture of Textile Wearing Apparel,Footware and Caps	0.26	38.6
皮革、毛皮、羽毛(绒)及其制品业	Manufacture of Leather, Fur, Feather and Related Products		-71.5
木材加工及木、竹、藤、棕、草制品业	Processing of Timber, Manufacture of Wood,Bamboo, Rattan, Palm and Straw Products	3.47	-3.8
家具制造业	Manufacture of Furniture	0.01	52.0
造纸及纸制品业	Manufacture of Paper and Paper Products	11.14	-5.4
印刷业和记录媒介的复制	Printing, Reproduction of Recording Media	15.10	13.5
文教体育用品制造业	Manufacture of Articles for Culture, Education and Sport Activities	0.01	-19.2
石油加工、炼焦及核燃料加工业	Processing of Petroleum, Coking, Processing of Nuclear Fuel	16.17	14.2
化学原料及化学制品制造业	Manufacture of Raw Chemical Materials and Chemical Products	81.12	22.0
医药制造业	Manufacture of Medicines	24.36	13.5
化学纤维制造业	Manufacture of Chemical Fibers	4.20	9.8
橡胶制品业	Manufacture of Rubber	0.60	9.2
塑料制品业	Manufacture of Plastics	3.56	9.6
非金属矿物制品业	Manufacture of Non-metallic Mineral Products	36.25	24.8
黑色金属冶炼及压延加工业	Smelting and Pressing of Ferrous Metals	58.51	13.0
有色金属冶炼及压延加工业	Smelting and Pressing of Non-ferrous Metals	143.27	49.5
金属制品业	Manufacture of Metal Products	2.51	14.4
通用设备制造业	Manufacture of General Purpose Machinery	8.37	24.5
专用设备制造业	Manufacture of Special Purpose Machinery	10.42	13.1
交通运输设备制造业	Manufacture of Transport Equipment	14.13	9.3
电气机械及器材制造业	Manufacture of Electrical Machinery and Equipment	8.47	25.9
通信设备、计算机及其他电子设备制造	Manufacture of Communication Equipment, Computers and Other Electronic Equipment	2.44	8.8
仪器仪表及文化、办公用机械制造业	Manufacture of Measuring Instruments and Machinery for Cultural Activity and Office Work	1.14	12.0
工艺品及其他制造业	Manufacture of Artwork and Other Manufacturing	1.33	-5.6
废弃资源和废旧材料回收加工业	Recycling and Disposal of Waste	0.72	-24.0
电力、热力的生产和供应业	Production and Supply of Electric Power and Heat Power	160.85	24.1
燃气生产和供应业	Production and Supply of Gas	0.23	-6.7
水的生产和供应业	Production and Supply of Water	6.90	18.3

注：本表绝对数按当年价格计算，增幅按可比价计算。

Added Value of Industry Above Designated Size (2006-2011)

(100 million yuan)

2007		2008		2009		2010		2011	
工业增加值 Industrial Added Value	比上年增长(%) Increase Rate over 2006(%)	工业增加值 Industrial Added Value	比上年增长(%) Increase Rate over 2007(%)	工业增加值 Industrial Added Value	比上年增长(%) Increase Rate over 2008(%)	工业增加值 Industrial Added Value	比上年增长(%) Increase Rate over 2009(%)	工业增加值 Industrial Added Value	比上年增长(%) Increase Rate over 2010(%)
1 494.38	**17.5**	**1 803.62**	**12.6**	**1 904.38**	**11.2**	**2 246.91**	**15.0**	**2 753.64**	**18.0**
691.08	17.9	818.60	14.2	884.66	13.0	1 037.45	15.0	1 245.65	17.9
803.30	16.5	985.02	11.3	1 019.72	9.8	1 209.46	15.0	1 507.99	18.0
30.78	5.1	78.93	35.2	93.39	3.1	130.87	14.8	174.16	29.0
0.03	-16.1	0.03	-48.8	0.01	-58.3		-55.3		
18.18	37.6	31.31	33.6	32.50	10.5	34.39	14.7	60.89	33.8
65.20	18.5	56.42	6.2	49.90	7.4	62.27	5.7	87.62	18.2
14.20	12.5	20.20	20.9	23.88	7.3	25.56	9.2	34.71	18.9
37.79	20.0	37.75	14.5	46.24	15.4	62.43	9.7	87.36	19.7
5.84	27.4	7.80	17.4	9.50	14.0	19.39	27.1	26.54	27.2
27.89	44.9	24.10	-4.2	28.22	15.3	33.59	22.6	47.68	25.1
539.89	17.7	659.39	15.3	689.82	11.4	797.20	16.0	938.05	17.5
2.47	12.5	2.87	21.6	2.59	-14.9	2.78	17.7	3.22	5.6
0.36	34.3	0.41	-0.1	0.32	-9.7	0.33	14.9	0.27	-1.9
	-65.7	0.03	17.7	0.03	-12.9	0.02	11.3	0.77	
4.43	5.2	3.94	7.7	4.54	12.8	8.76	39.2	8.31	7.6
0.07	-24.8	0.24	13.0	0.22	-8.0	0.24	39.8	0.20	-14.0
12.40	17.6	13.02	7.6	14.69	15.7	16.19	2.8	17.97	15.3
16.51	15.0	16.28	-2.8	18.86	14.6	23.25	8.8	25.71	10.6
		0.02	0.5						
30.70	47.4	57.49	35.5	50.59	0.9	35.96	15.8	46.29	3.5
86.49	18.6	125.80	19.3	114.86	5.4	125.91	17.1	187.30	22.1
31.48	24.0	39.76	18.9	46.97	17.2	47.68	12.0	58.61	22.7
3.79	4.8	4.00	1.5	4.39	2.6	4.67	-2.4	5.00	1.1
0.71	11.0	0.81	4.2	2.80	-0.9	0.80	48.1	1.74	24.5
4.26	6.5	7.16	40.8	8.04	14.7	9.23	9.6	10.32	14.7
39.73	5.1	40.37	11.8	52.51	20.7	73.83	18.9	89.52	20.1
76.62	33.0	110.98	8.0	97.76	9.1	113.53	18.7	153.01	12.6
199.54	7.0	177.54	-4.7	152.74	3.6	223.80	11.0	247.68	16.7
3.80	10.5	4.16	12.1	10.40	76.7	13.09	4.2	13.17	11.6
15.58	40.9	17.99	9.4	17.15	-7.7	23.37	42.7	30.07	15.7
12.92	19.2	12.43	5.1	16.36	15.2	18.39	9.8	18.85	-0.2
17.56	18.7	23.12	29.6	34.60	50.4	33.95	-0.1	36.07	9.6
9.26	8.9	11.32	22.3	12.41	12.8	17.12	4.7	16.39	5.6
3.64	18.4	3.75	26.0	3.71	6.4	3.43	54.2	5.65	28.2
1.80	4.6	2.29	7.7	2.78	10.0	4.84	10.2	4.40	5.6
1.67	11.9	1.62	14.6	9.59	567.6	6.80	-29.0	10.24	4.6
0.18	-68.8	0.38	69.4	0.40	35.1	1.41	3.7	1.52	28.6
172.14	15.9	203.31	12.1	242.36	16.6	255.70	19.9	290.53	18.3
0.86	107.2	0.77	21.4	2.42	122.1	6.38	39.1	5.50	-13.6
5.62	2.4	5.84	3.7	6.83	15.8	9.75	-3.1	8.32	-4.4

Note:Absolute figures in this table are calculated at current prices and rates of increase are calculated at comparable prices.

8-3 规模以上工业发展指数(2001-2011年)

(按可比价格计算，按上年为100)

工业行业	Industrial Sector	2001	2002
全　省	**Yunnan**	**105.6**	**108.1**
轻工业	Light Industry	98.6	104.5
重工业	Heavy Industry	111.3	113.2
煤炭开采和洗选业	Mining and Washing of Coal	110.0	110.0
石油和天然气开采业	Extraction of Petroleum and Natural Gas	102.0	250.6
黑色金属矿采选业	Mining and Processing of Ferrous Metal Ores	136.6	142.2
有色金属矿采选业	Mining and Processing of Non-Ferrous Metal Ores	104.5	96.7
非金属矿采选业	Mining and Processing of Nonmetal Ores	103.2	112.5
其他采矿业			
农副食品加工业	Processing of Food from Agricultural Products	86.9	118.7
食品制造业	Manufacture of Foods	129.8	115.9
饮料制造业	Manufacture of Beverages	110.6	111.8
烟草制品业	Manufacture of Tobacco	101.3	98.9
纺织业	Manufacture of Textile	93.9	95.0
纺织服装、鞋、帽制造业	Manufacture of Textile Wearing Apparel,Footware and Caps	109.3	69.0
皮革、毛皮、羽毛(绒)及其制品业	Manufacture of Leather, Fur, Feather and Related Products	109.4	57.4
木材加工及木、竹、藤、棕、草制品业	Processing of Timber, Manufacture of Wood, Bamboo, Rattan, Palm and Straw Products	104.5	103.5
家具制造业	Manufacture of Furniture	51.0	63.6
造纸及纸制品业	Manufacture of Paper and Paper Products	94.1	120.8
印刷业和记录媒介的复制	Printing, Reproduction of Recording Media	109.1	115.2
文教体育用品制造业	Manufacture of Articles for Culture, Education and Sport Activities	113.7	111.2
石油加工、炼焦及核燃料加工业	Processing of Petroleum, Coking, Processing of Nuclear Fuel	135.7	111.4
化学原料及化学制品制造业	Manufacture of Raw Chemical Materials and Chemical Produc	117.7	120.9
医药制造业	Manufacture of Medicines	126.8	110.9
化学纤维制造业	Manufacture of Chemical Fibers	100.0	100.0
橡胶制品业	Manufacture of Rubber	62.4	79.6
塑料制品业	Manufacture of Plastics	100.0	118.9
非金属矿物制品业	Manufacture of Non-metallic Mineral Products	97.9	113.5
黑色金属冶炼及压延加工业	Smelting and Pressing of Ferrous Metals	105.9	126.5
有色金属冶炼及压延加工业	Smelting and Pressing of Non-ferrous Metals	112.6	122.8
金属制品业	Manufacture of Metal Products	94.7	118.0
通用设备制造业	Manufacture of General Purpose Machinery	123.0	127.7
专用设备制造业	Manufacture of Special Purpose Machinery	104.5	127.8
交通运输设备制造业	Manufacture of Transport Equipment	118.1	105.5
电气机械及器材制造业	Manufacture of Electrical Machinery and Equipment	112.5	108.8
通信设备、计算机及其他电子设备制造	Manufacture of Communication Equipment, Computers and Other Electronic Equipment	110.2	107.2
仪器仪表及文化、办公用机械制造业	Manufacture of Measuring Instruments and Machinery for Cultural Activity and Office Work	176.5	96.3
工艺品及其他制造业	Manufacture of Artwork and Other Manufacturing	83.3	109.4
废弃资源和废旧材料回收加工业	Recycling and Disposal of Waste	104.5	106.7
电力、热力的生产和供应业	Production and Supply of Electric Power and Heat Power	110.8	111.2
燃气生产和供应业	Production and Supply of Gas	112.5	102.8
水的生产和供应业	Production and Supply of Water	103.2	116.1
昆　明	Kunming	105.6	107.4
曲　靖	Qujing	111.8	113.0
玉　溪	Yuxi	95.8	100.3
保　山	Baoshan	103.4	109.5
昭　通	Zhaotong	88.6	117.1
丽　江	Lijiang	94.8	116.8
普　洱	Pu'er	99.6	111.7
临　沧	Lincang	94.5	110.5
楚　雄	Chuxiong	114.2	113.6
红　河	Honghe	108.3	110.4
文　山	Wenshan	112.9	125.6
西双版纳	Xishuangbanna	92.9	107.2
大　理	Dali	106.2	117.8
德　宏	Dehong	82.0	117.6
怒　江	Nujiang	96.7	131.2
迪　庆	Diqing	125.8	114.6

Development Indices of Industry above Designated by Sector Size (2001-2011)

2003	2004	2005	2006	2007	2008	2009	2010	2011
109.1	**116.6**	**108.4**	**117.8**	**117.5**	**112.6**	**111.2**	**115.0**	**118.0**
108.7	110.8	105.8	109.6	117.9	114.2	113.0	115.0	117.9
109.6	126.4	111.8	127.1	116.5	111.3	109.8	115.0	118.0
111.7	119.1	118.7	102.4	105.1	135.2	103.1	114.8	129.0
88.6	68.4	118.3	122.0	83.9	51.2	41.7	44.7	
71.5	383.0	81.4	135.8	137.6	133.6	110.5	114.7	133.8
109.7	120.2	123.2	164.0	118.5	106.2	107.4	105.7	118.2
99.0	147.3	126.1	159.9	112.5	120.9	107.3	109.2	118.9
181.6	139.3	97.1	108.3	120.0	114.5	115.4	109.7	119.7
181.9	144.8	92.6	111.5	127.4	117.4	114.0	127.1	127.2
132.0	129.3	126.1	129.0	144.9	95.8	115.3	122.6	125.1
103.0	108.5	106.1	109.2	117.7	115.3	111.4	116.0	117.5
111.8	208.1	113.9	96.7	112.5	121.6	85.1	117.7	105.6
115.0	103.2	73.4	138.6	134.3	99.9	90.3	114.9	98.1
35.4	48.7	58.4	28.5	34.4	117.7	87.1	111.3	
122.6	124.7	85.6	96.2	105.2	107.7	112.8	139.2	107.6
136.1	210.9	58.5	152.0	75.2	113.0	92.0	139.8	86.0
100.4	121.4	89.4	94.6	117.6	107.6	115.7	102.8	115.3
109.1	118.7	103.5	113.5	115.0	97.2	114.6	108.8	110.6
104.6	135.6	97.9	80.8	100.0	100.5			
170.7	124.4	142.7	114.2	147.4	135.5	100.9	115.8	103.5
113.7	122.8	119.0	122.0	118.6	119.3	105.4	117.1	122.1
102.2	113.8	109.4	113.5	124.0	118.9	117.2	112.0	122.7
97.9	98.4	218.7	109.8	104.8	101.5	102.6	97.6	101.1
105.0	118.2	106.8	109.2	111.0	104.2	99.1	148.1	124.5
114.6	88.4	86.4	109.6	106.5	140.8	114.7	109.6	114.7
145.8	127.5	97.8	124.8	105.1	111.8	120.7	118.9	120.1
124.9	137.2	98.2	113.0	133.0	108.0	109.1	118.7	112.6
125.4	122.5	112.8	149.5	107.0	95.3	103.6	111.0	116.7
67.4	94.5	136.6	114.4	110.5	112.1	176.7	104.2	111.6
49.6	139.5	112.0	124.5	140.9	109.4	92.3	142.7	115.7
113.0	108.5	105.6	113.1	119.2	105.1	115.2	109.8	99.8
195.9	170.3	108.7	109.3	118.7	129.6	150.4	99.9	109.6
101.0	125.1	108.5	125.9	108.9	122.3	112.8	104.7	105.6
87.4	139.4	114.7	108.8	118.4	126.0	106.4	154.2	128.2
94.8	85.5	87.9	112.0	104.6	107.7	110.0	110.2	105.6
121.9	56.0	139.4	94.4	111.9	114.6	667.6	71.0	104.6
100.0	100.0	66.9	76.0	31.2	169.4	135.1	103.7	128.6
126.1	122.0	116.6	124.1	115.9	112.1	116.6	119.9	118.3
295.2	149.1	91.0	93.4	207.2	121.4	222.1	139.1	86.4
99.9	112.2	109.4	118.3	102.4	103.7	115.8	96.9	95.6
108.4	119.4	113.2	117.4	117.7	113.0	110.1	115.8	116.6
106.2	112.4	117.4	127.9	114.9	113.1	112.7	115.1	115.9
110.1	108.8	102.6	118.5	119.5	116.6	111.5	115.9	116.6
110.6	123.4	127.4	141.8	118.9	112.7	125.8	115.2	125.6
104.8	140.6	113.0	120.7	116.2	106.2	111.3	116.8	122.9
131.8	114.8	100.2	143.2	125.1	121.0	117.2	124.4	132.7
114.3	120.1	119.4	122.4	129.8	129.2	118.2	114.0	126.8
110.8	106.0	105.2	116.9	123.4	124.1	102.7	104.6	124.2
104.6	107.5	120.3	111.5	119.7	114.1	110.0	114.4	116.2
109.4	111.7	105.6	115.8	111.7	109.3	110.1	110.1	117.1
114.2	113.0	132.5	128.4	128.8	116.1	118.6	116.1	124.2
125.7	165.3	123.6	161.3	137.6	100.7	112.2	110.1	118.8
115.9	127.3	112.5	123.5	121.7	113.6	116.2	115.8	124.7
138.0	110.4	68.9	146.7	133.5	103.7	131.4	128.1	119.1
122.4	111.7	149.8	289.6	107.6	101.3	107.7	93.2	101.1
110.8	177.1	143.4	108.1	109.4	106.9	118.3	115.1	111.9

8-4 规模以上工业企业主要经济数据

单位：亿元

年份 类别	Year Item	企业单位数（个）Number of Enterprises (unit)	亏损企业 Lossmaking Enterprises
1998		2 516	1 092
1999		2 212	973
2000		2 124	862
2001		2 031	853
2002		2 072	911
2003		1 995	846
2004		2 407	856
2005		2 362	829
2006		2 601	813
2007		2 698	744
2008		3 320	1 056
2009		3 489	1 036
2010		3 599	832
2011		2 773	599
按登记注册类型分	**Grouped by Registration Status**		
内资企业	Domestic Funded Enterprises	2 599	566
国有企业	State-owned Enterprises	196	42
集体企业	Collective-owned Enterprises	56	14
股份合作企业	Share Holding Enterprises	26	7
联营企业	Joint Ownership Enterprises	7	3
有限责任公司	Limited Liability Corporations	790	202
股份有限公司	Share-holding Corporations Limited	124	26
私营企业	Private Enterprises	1285	247
其他企业	Other Enterprises	115	25
港、澳、台商投资企业	Enterprises with Funds from Hong Kong, Macao and Taiwa	84	12
外商投资企业	Foreign Funded Enterprises	90	21
在总计中：亏损企业	Of which:Lossmaking Enterprises	599	599
在总计中：国有控股企业	Of which:State-holding Enterprises	508	117
按轻重工业分	**Grouped by Light & Heavy Industries**		
轻工业	Light Industry	726	95
重工业	Heavy Industry	2 047	504
按企业规模分	**Grouped by Size of Enterprises**		
大型企业	Large Enterprises	107	10
中型企业	Medium-sized Enterprises	657	115
小型企业	Small Enterprises	1 935	446
微型企业	Mini Enterprises	74	28

Main Economic Indicators of Industrial Enterprises above Designated Size

(100 million yuan)

工业总产值 Gross Industrial Output Value	工业销售产值 Industrial Sale Output Value	出口交货值 Delivery Value of Exports	资产合计 Total Assets	产成品 Finished Goods
1 017.29	993.64		2 077.82	78.12
1 002.88	990.57		2 155.11	85.90
1 063.36	1 050.45		2 310.22	75.61
1 157.40	1 141.31		2 585.06	80.17
1 320.62	1 307.43		2 722.14	82.86
1 557.17	1 547.14		3 033.50	131.01
2 093.98	2 061.84	94.04	3 567.17	116.54
2 596.21	2 577.47	89.63	3 964.32	146.72
3 393.09	3 338.22	115.76	4 808.98	186.21
4 298.29	4 225.66	159.26	5 834.12	219.13
5 144.58	4 896.85	116.03	7 185.11	259.64
5 178.21	4 962.99	99.14	7 674.88	266.08
6 464.63	6 247.87	115.14	9 611.09	317.04
7 780.83	7 527.74	114.19	11 053.93	417.82
7 370.26	7 121.31	100.89	10 492.56	395.88
1 082.30	1 056.10	1.22	1 604.09	55.67
82.82	81.39	0.04	50.87	2.81
18.45	17.08		25.83	2.20
6.10	6.15		6.60	0.34
3 217.65	3 127.10	50.08	5 526.35	156.68
1 194.39	1 155.62	24.30	1 615.40	68.53
1 635.36	1 548.67	22.83	1 528.84	103.71
133.20	129.21	2.41	134.56	5.94
174.87	175.54	6.94	202.13	10.45
235.69	230.89	6.37	359.25	11.48
723.29	688.94	9.57	1 470.52	52.21
4 413.78	4 328.28	46.10	7 343.87	196.95
2 113.32	2 041.10	48.55	2 433.89	126.75
5 667.51	5 486.64	65.64	8 620.04	291.07
3 932.99	3 850.43	41.74	5 792.75	152.60
1 937.24	1 863.33	42.39	2 543.56	122.68
1 878.28	1 782.11	29.51	2 643.70	141.28
32.32	31.87	0.55	73.93	1.25

8-4 续表1

单位：亿元

年 份 / 类 别	Year / Item	负债合计 Total Liabilities	主营业务收入 Revenue from Principal Business
1998		1 182.83	999.43
1999		1 187.45	979.15
2000		1 280.62	1 058.91
2001		1 399.56	1 161.38
2002		1 475.14	1 313.29
2003		1 664.86	1 537.37
2004		1 878.60	2 052.46
2005		2 068.42	2 569.71
2006		2 638.14	3 357.53
2007		3 173.66	4 306.61
2008		4 168.36	4 961.12
2009		4 382.48	4 968.08
2010		5 735.24	6 356.24
2011		6 763.81	7 621.91
按登记注册类型分	**Grouped by Registration Status**		
内资企业	Domestic Funded Enterprises	6 451.57	7 208.01
国有企业	State-owned Enterprises	1 104.59	1 067.46
集体企业	Collective-owned Enterprises	33.87	81.41
股份合作企业	Share Holding Enterprises	13.58	17.59
联营企业	Joint Ownership Enterprises	3.92	6.43
有限责任公司	Limited Liability Corporations	3 304.94	3 116.82
股份有限公司	Share-holding Corporations Limited	971.11	1 236.99
私营企业	Private Enterprises	938.74	1 556.23
其他企业	Other Enterprises	80.82	125.09
港、澳、台商投资企业	Enterprises with Funds from Hong Kong, Macao and Taiwan	110.59	175.88
外商投资企业	Foreign Funded Enterprises	201.65	238.02
在总计中：亏损企业	Of which:Lossmaking Enterprises	1 191.00	688.60
在总计中：国有控股企业	Of which:State-holding Enterprises	4 433.37	4 411.13
按轻重工业分	**Grouped by Light & Heavy Industries**		
轻工业	Light Industry	923.04	2 004.86
重工业	Heavy Industry	5 840.77	5 617.05
按企业规模分	**Grouped by Size of Enterprises**		
大型企业	Large Enterprises	3 347.72	3 899.45
中型企业	Medium-sized Enterprises	1 609.24	1 878.05
小型企业	Small Enterprises	1 758.21	1 811.58
微型企业	Mini Enterprises	48.64	32.82

continued

(100 million yuan)

主营业务税金及附加 Taxes and Other Charges on Principal Business	销售费用 Operating Expenses	管理费用 Administration Expenses	利润总额 Total Profits	亏损企业亏损总额 Total Losses of Lossmaking Enterprises	利税总额 Total Pre-tax Profits	本年应交增值税 Value Added Tax Payable	全部从业人员年均人数(万人) Employed Persons at Year-end (10 000 persons)
171.25	22.57	80.82	68.48	37.40	323.75	84.03	92.60
173.28	23.81	84.58	53.20	36.71	309.41	82.94	87.23
174.86	26.58	86.12	69.75	23.15	333.13	88.52	11.63
171.03	36.40	94.09	82.19	20.15	347.40	94.18	2.22
192.48	52.00	102.95	73.16	30.04	371.47	105.83	0.79
207.08	57.37	119.55	108.06	29.44	439.03	123.90	0.10
227.08	64.86	144.36	215.47	24.63	593.76	151.21	27.05
245.62	76.28	154.21	227.91	31.18	651.22	177.68	9.83
278.24	90.70	179.26	310.18	32.78	806.86	218.45	35.15
327.11	108.45	208.88	388.61	28.21	996.13	280.41	0.46
389.51	133.66	275.17	310.14	99.67	1 005.52	305.87	2.12
442.36	150.01	282.10	360.25	59.77	1 094.18	291.57	3.25
507.41	198.84	371.07	599.34	38.14	1 444.33	337.57	92.60
619.98	214.50	402.02	639.70	57.08	1 664.48	404.80	90.62
614.59	190.40	381.63	589.81	52.93	1 589.44	385.05	85.78
6.31	23.91	71.24	53.99	10.41	117.18	56.88	11.99
0.48	1.41	2.79	7.89	0.36	11.18	2.81	1.45
0.31	0.35	1.42	1.56	0.10	2.85	0.98	0.59
0.17	0.20	0.27	0.86	0.11	1.43	0.40	0.12
591.02	85.69	175.41	288.10	27.97	1 109.93	230.81	30.89
4.24	39.08	57.21	92.27	4.75	126.86	30.35	9.98
11.00	36.42	66.86	127.04	8.28	195.03	56.99	28.39
1.06	3.34	6.42	18.10	0.94	24.99	5.83	2.39
1.26	5.47	9.15	32.74	1.41	43.26	9.26	2.16
4.14	18.63	11.24	17.15	2.75	31.78	10.49	2.68
3.86	17.16	40.18	- 57.08	57.08	- 30.53	22.69	14.66
596.86	113.44	255.32	337.79	32.79	1 215.64	280.99	36.60
584.81	101.51	119.70	260.41	6.23	1 030.54	185.69	20.29
35.17	113.00	282.31	379.29	50.86	633.94	219.11	70.33
591.48	97.30	197.25	330.51	10.19	1 166.67	244.69	28.35
15.44	68.22	119.87	176.13	24.69	279.76	88.19	36.80
12.95	48.53	83.93	131.21	21.07	214.91	70.74	25.32
0.11	0.45	0.96	1.85	1.14	3.14	1.18	0.15

8-4 续表2

单位：亿元

类 别	Item	企业单位数(个) Number of Enterprises (unit)	亏损企业 Lossmaking Enterprises
按行业类别分	**Grouped by Industry Sector**		
采矿业	**Mining**	**579**	**103**
煤炭开采和洗选业	Coal Mining and Dressing	402	71
石油和天然气开采业	Petroleum & Natural Gas Extraction		
黑色金属矿采选业	Mining & Dressing of Ferrous Metals	61	15
有色金属矿采选业	Mining and Processing of Non-Ferrous Metal Ores	85	14
非金属矿采选业	Mining and Processing of Nonmetal Ores	31	3
开采辅助活动	Assitant Activities of Mining		
其他采矿业	Mining of Other Ores		
制造业	**Manufacturing Industry**	**1 919**	**430**
农副食品加工业	Processing of Food from Agricultural Products	251	24
食品制造业	Manufacture of Foods	75	10
酒、饮料和精制茶制造业	Manufacture of Wine,Beverage and Refined Tea	95	16
烟草制品业	Manufacture of Tobacco	15	
纺织业	Manufacture of Textile	20	4
纺织服装、服饰业	Manufacture of Textile Wearing Apparel and Dress Adornment	4	1
皮革、毛皮、羽毛及其制品业和制鞋业	Manufacture of Leather.Fur,Feather and Related Products	3	1
木材加工及木、竹、藤、棕、草制品业	Processing of Timber, Manufacture of Wood, Bamboo, Rattan, Palm and Straw Products	52	15
家具制造业	Manufacture of Furniture	3	
造纸和纸制品业	Manufacture of Paper and Paper Products	59	10
印刷和记录媒介复制业	Printing, Reproduction of Recording Media	47	3
文教、工美、体育和娱乐用品制造业	Manufacture of Articles for Culture,Education,Arts, Sport Activities and Entertainment	6	
石油加工、炼焦及核燃料加工业	Processing of Petroleum, Coking, Processing of Nuclear Fuel	39	11
化学原料和化学制品制造业	Manufacture of Raw Chemical Materials and Chemical Products	269	88
医药制造业	Manufacture of Medicines	81	12
化学纤维制造业	Manufacture of Chemical Fibers	1	
橡胶和塑料制品业	Manufacture of Rubber and Plastics	64	7
非金属矿物制品业	Manufacture of Non-metallic Mineral Products	250	84
黑色金属冶炼和压延加工业	Smelting and Pressing of Ferrous Metals	159	55
有色金属冶炼和压延加工业	Smelting and Pressing of Non-ferrous Metals	171	48
金属制品业	Manufacture of Metal Products	54	13
通用设备制造业	Manufacture of General Purpose Machinery	46	4
专用设备制造业	Manufacture of Special Purpose Machinery	42	11
汽车制造业	Manufacture of Cars	25	6
铁路、船舶、航空航天和其他运输设备制造	Manufacture of Railways,Boats,Aerospace and Other Transport Equipment	2	
电气机械及器材制造业	Manufacture of Electrical Machinery and Equipment	53	5
计算机、通信和其他电子设备制造业	Manufacture of Computer,Communication Equipment and Electronic Equipmei	9	
仪器仪表制造业	Manufacture of Measuring Instruments and Machinery	14	
其他制造业	Other Manufacturing Industry	7	1
废弃资源综合利用业	Comprehensive Utilization of Waste	3	1
金属制品、机械和设备修理业	Manufacture of Metal Products, Machinery and Equipment Repairing		
电力、燃气及水的生产和供应业	**Production and Supply of Electricity Gas and Water**	**275**	**66**
电力、热力的生产和供应业	Production and Supply of Electric Power and Heat Power	254	58
燃气生产和供应业	Production and Supply of Gas	4	1
水的生产和供应业	Production and Supply of Water	17	7

continued

(100 million yuan)

工业总产值 Gross Industrial Output Value	工业销售产值 Industrial Sale Output Value		资产合计 Total Assets	产成品 Finished Goods
		出口交货值 Delivery Value of Exports		
737.65	**711.55**	**2.28**	**1 234.48**	**27.34**
353.58	349.68	2.27	463.71	8.76
147.85	140.88		324.47	7.45
163.83	153.50		313.25	7.66
72.39	67.49		133.05	3.48
6 088.61	**5 864.75**	**111.91**	**6 704.67**	**297.26**
300.65	293.84	13.46	270.68	13.18
97.17	94.42	10.93	69.04	4.79
114.44	107.55	1.99	156.92	10.67
1 185.25	1 152.92	11.41	1 348.43	46.15
14.69	12.97	2.98	36.59	1.55
1.56	1.62	0.19	4.66	0.61
3.15	2.98		1.52	0.35
30.62	27.55	0.59	41.24	2.92
0.90	0.90		1.85	0.05
56.70	54.07		87.06	6.08
58.40	57.14	0.01	73.08	4.67
19.10	17.89		4.28	0.51
252.60	248.64		282.59	7.80
767.02	724.44	31.33	943.35	37.31
172.40	157.27	3.91	231.20	10.02
12.74	12.80		9.88	0.53
49.96	49.00	0.41	36.63	3.78
287.83	278.32	0.32	441.26	12.48
932.64	912.89	0.18	728.01	29.17
1 264.99	1 206.40	22.17	1 365.25	64.04
54.44	54.94	1.44	75.54	6.07
78.22	75.53	2.12	75.75	7.20
60.67	59.45	1.23	75.24	5.07
121.70	115.85	1.91	108.45	7.85
35.93	29.66		46.14	0.80
77.42	79.77	2.22	97.00	11.92
17.05	16.10	0.67	30.20	0.41
11.93	11.68	1.60	49.14	0.95
6.66	6.48	0.84	11.87	0.28
1.80	1.67		1.82	0.05
954.56	**951.44**		**3 114.78**	**5.51**
907.41	904.84		3 010.25	4.39
32.77	32.22		37.84	1.02
14.38	14.38		66.70	0.10

8-4 续表3

单位：亿元

类别	Sector	负债合计 Total Liabilities
按行业类别分	**Grouped by Industry Sector**	
采矿业	**Mining**	**692.18**
煤炭开采和洗选业	Coal Mining and Dressing	262.16
石油和天然气开采业	Petroleum & Natural Gas Extraction	
黑色金属矿采选业	Mining & Dressing of Ferrous Metals	187.34
有色金属矿采选业	Mining and Processing of Non-Ferrous Metal Ores	169.10
非金属矿采选业	Mining and Processing of Nonmetal Ores	73.59
其他采矿业	Mining of Other Ores	
制造业	**Manufacturing Industry**	**3 706.62**
农副食品加工业	Processing of Food from Agricultural Products	165.73
食品制造业	Manufacture of Foods	30.33
酒、饮料和精制茶制造业	Manufacture of Wine,Beverage and Refined Tea	89.17
烟草制品业	Manufacture of Tobacco	333.38
纺织业	Manufacture of Textile	21.98
纺织服装、服饰业	Manufacture of Textile Wearing Apparel and Dress Adornment	2.89
皮革、毛皮、羽毛及其制品业和制鞋业	Manufacture of Leather.Fur,Feather and Related Products	1.04
木材加工及木、竹、藤、棕、草制品业	Processing of Timber, Manufacture of Wood, Bamboo, Rattan, Palm and Straw Products	25.48
家具制造业	Manufacture of Furniture	1.06
造纸和纸制品业	Manufacture of Paper and Paper Products	53.05
印刷和记录媒介复制业	Printing, Reproduction of Recording Media	29.48
文教、工美、体育和娱乐用品制造业	Manufacture of Articles for Culture,Education,Arts, Sport Activities and Entertainment	1.86
石油加工、炼焦及核燃料加工业	Processing of Petroleum, Coking, Processing of Nuclear Fuel	200.58
化学原料和化学制品制造业	Manufacture of Raw Chemical Materials and Chemical Products	604.78
医药制造业	Manufacture of Medicines	109.96
化学纤维制造业	Manufacture of Chemical Fibers	2.05
橡胶和塑料制品业	Manufacture of Rubber and Plastics	19.09
非金属矿物制品业	Manufacture of Non-metallic Mineral Products	284.19
黑色金属冶炼和压延加工业	Smelting and Pressing of Ferrous Metals	482.37
有色金属冶炼和压延加工业	Smelting and Pressing of Non-ferrous Metals	920.02
金属制品业	Manufacture of Metal Products	58.43
通用设备制造业	Manufacture of General Purpose Machinery	42.71
专用设备制造业	Manufacture of Special Purpose Machinery	53.82
汽车制造业	Manufacture of Cars	56.55
铁路、船舶、航空航天和其他运输设备制造	Manufacture of Railways,Boats,Aerospace and Other Transport Equipme	28.73
电气机械及器材制造业	Manufacture of Electrical Machinery and Equipment	61.18
计算机、通信和其他电子设备制造业	Manufacture of Computer,Communication Equipment and Electronic Eq	11.60
仪器仪表制造业	Manufacture of Measuring Instruments and Machinery	8.17
其他制造业	Other Manufacturing Industry	5.45
废弃资源综合利用业	Comprehensive Utilization of Waste	1.49
金属制品、机械和设备修理业	Manufacture of Metal Products, Machinery and Equipment Repairing	
电力、燃气及水的生产和供应业	**Production and Supply of Electricity Gas and Water**	**2 365.00**
电力、热力的生产和供应业	Production and Supply of Electric Power and Heat Power	2 309.01
燃气生产和供应业	Production and Supply of Gas	22.49
水的生产和供应业	Production and Supply of Water	33.49

continued

(100 million yuan)

主营业务收入 Revenue from Principal Business	主营业务税金及附加 Taxes and Other Charges on Principal Business	销售费用 Operating Expenses	管理费用 Administration Expenses	利润总额 Total Profit	亏损企业亏损总额 Total Losses of Loss making Enterprises	利税总额 Total Pre-tax Profit	本年应交增值税 Value Added Tax Payable	全部从业人员年均人数(万人) Employed Persons at Year-end (10 000 persons)
728.93	**17.90**	**30.75**	**74.23**	**112.54**	**6.32**	**195.24**	**64.80**	**20.41**
356.51	7.95	15.17	34.93	49.84	3.85	91.83	34.03	13.73
143.33	4.40	10.29	14.08	20.49	1.91	34.82	9.93	1.92
156.17	2.48	2.18	15.51	31.68	0.48	49.09	14.93	3.45
72.92	3.06	3.11	9.71	10.52	0.08	19.50	5.91	1.31
5 947.68	**594.36**	**170.83**	**275.13**	**483.22**	**30.47**	**1 351.47**	**273.88**	**62.04**
299.03	1.38	8.94	14.35	43.74	0.91	56.41	11.29	5.05
92.95	0.25	8.07	4.34	7.65	0.37	10.71	2.81	1.91
113.46	2.71	10.32	5.41	12.93	1.37	19.71	4.07	3.39
1 105.82	575.82	30.91	66.73	138.27		860.82	146.73	2.99
14.35	0.11	0.14	1.16	1.60	0.11	2.06	0.36	0.75
1.74	0.01	0.06	0.10	0.18	0.01	0.22	0.04	0.09
2.52	0.01	0.03	0.08	0.47	0.07	0.54	0.06	0.17
27.64	0.19	0.90	2.16	1.64	0.54	3.05	1.23	1.23
0.87	0.01	0.09	0.05	0.02		0.05	0.02	0.06
52.84	0.22	2.47	3.91	3.54	1.34	5.95	2.19	1.28
56.73	0.34	0.93	4.88	11.31	0.08	15.28	3.63	1.06
17.64	0.17	0.09	0.98	3.66		4.48	0.65	0.14
239.70	0.58	2.37	4.67	15.19	2.01	22.35	6.58	1.76
726.16	2.93	31.58	38.13	45.69	8.12	61.82	13.20	8.00
158.08	1.07	31.34	11.85	25.13	0.93	36.23	10.02	2.04
12.80	0.09	0.03	0.63	3.31		4.17	0.76	0.03
49.11	0.13	1.40	2.46	2.94	0.19	4.12	1.05	0.88
273.28	1.60	7.31	13.93	16.51	4.39	31.30	13.20	5.24
953.24	1.40	8.93	19.88	36.84	3.35	56.18	17.94	7.23
1 290.02	3.82	11.85	51.50	82.62	3.28	113.46	27.03	11.12
56.12	0.26	0.87	2.89	2.65	0.14	3.89	0.98	1.19
79.31	0.32	3.35	4.18	5.13	0.07	7.64	2.19	1.33
59.56	0.18	1.58	4.82	1.64	2.11	3.11	1.29	1.46
116.09	0.16	2.51	4.76	9.21	0.38	10.71	1.35	1.51
29.69	0.18	0.49	2.59	2.63		4.21	1.40	0.20
80.34	0.30	2.97	4.46	4.36	0.67	7.37	2.71	1.19
18.78	0.09	0.76	1.93	2.35		3.01	0.57	0.23
11.90	0.02	0.18	1.65	1.42		1.69	0.25	0.27
6.43	0.02	0.11	0.59	0.52	0.01	0.78	0.25	0.21
1.47		0.27	0.06	0.10	0.02	0.15	0.05	0.04
945.30	**7.73**	**12.91**	**52.65**	**43.93**	**20.29**	**117.77**	**66.12**	**8.17**
898.68	5.36	10.51	49.77	41.80	20.04	112.05	64.89	7.57
33.06	0.09	0.83	1.45	0.96	0.05	1.59	0.54	0.24
13.56	2.28	1.57	1.43	1.17	0.19	4.13	0.68	0.35

8-5 规模以上工业企业主要财务分析数据(2011年)

类别	Item	综合经济效益指数 (%) Composite Economic Performance Index (%)
全省	**Yunnan**	**286.1**
按登记注册类型分组:	**By Status of Registration**	
内资企业	**Domestic Funded**	**285.9**
国有企业	State-owned Enterprises	237.0
中央企业	Central Enterprises	386.3
地方企业	Local Enterprises	208.7
集体企业	Collective-owned Enterprises	206.4
股份合作企业	Cooperative Enterprises	126.6
联营企业	Joint Ownership Enterprises	328.8
国有联营企业	State Joint Ownership Enterprises	278.0
集体联营企业	Collective Joint Ownership Enterprises	15.0
国有与集体联营企业	Joint State-collective Enterprises	447.7
其他联营企业	Other Joint Ownership Enterprises	534.3
有限责任公司	Limited Liability Corporations	426.5
国有独资公司	State Sole Funded Corporations	1 029.6
其他有限责任公司	Other Limited Liability Corporations	222.9
股份有限公司	Share-holding Corporations Limited	253.9
私营企业	Private Enterprises	175.3
私营独资企业	Private-funded Enterprises	204.5
私营合伙企业	Private Partnership Enterprises	126.4
私营有限责任公司	Private Limited Liability Corporations	174.7
私营股份有限公司	Private Share-holding Corporations Ltd.	180.5
其他企业	Other Enterprises	453.0
港、澳、台商投资企业	**Enterprises with Funds from Hong Kong,**	**340.3**
合资经营企业(港或澳、台资)	Macao and Taiwan	365.0
合作经营企业(港或澳、台资)	Joint-venture Enterprises	148.8
港澳台商独资经营企业	Cooperative Enterprises	262.5
港澳台商投资股份有限公司	Enterprises with Sole Investment	474.5
其他港澳台投资	Share-holding Corporations Ltd.	43.3
外商投资企业	**Foreign Funded Enterprises**	**257.5**
中外合资经营企业	Joint-venture Enterprises	280.8
中外合作经营企业	Cooperation Enterprises	153.8
外资企业	Enterprises with Sole Funds	217.8
外商投资股份有限公司	Share-holding Corporations Ltd.	387.6
其他外商投资	Other Foreign-funded Enterprises	170.3
在总计中:亏损企业	of Which:Loss-suffering Enterprises	988.5
在总计中:国有控股企业	**of Which:State-holding Enterprises**	**413.3**
在总计中:农村工业	of Which:Rural Area Industry	181.4
在总计中:轻工业	of Which: Light Industry	566.8
重工业	Heavy Industry	207.1
在总计中:大型企业	of Which: Large Enterprises	497.1
中型企业	Medium-sized Enterprises	196.2
小型企业	Small Enterprises	162.2

Main Financial Analytical Indicators of Industry above Designated Size (2011)

总资产贡献率 (%) Ratio of Total Assets to Industrial Output Value (%)	资本保值增值率 (%) Capital Maintenance and Increment Ratio (%)	资产负债率 (%) Assets Liability Ratio (%)	流动资产周转率 (%) Ratio of Turnover of Working Capitals (%)	成本费用利润率 (%) Ratio of Profits to Cost (%)	全员劳动生产率 (万元/人) Overall Labor Productivity (10 000 yuan/person)	产品销售率 (%) Proportion of Products Sold (%)
17.8	**111.2**	**61.2**	**1.7**	**9.7**	**26.36**	**96.8**
17.9	**111.8**	**61.5**	**1.7**	**9.5**	**26.43**	**96.6**
6.8	67.7	68.9	2.5	5.0	24.62	97.6
4.5	47.8	74.3	3.6	3.0	50.15	97.2
11.1	105.7	62.5	1.9	7.3	17.05	97.9
23.0	81.5	66.6	3.4	10.7	9.15	98.3
11.4	119.8	52.6	1.2	9.8	2.63	92.6
33.0	171.4	59.4	3.1	15.5	21.36	100.9
18.7	385.3	66.4	2.9	5.2	19.72	100.2
- 15.9	62.4	63.1	4.6	- 9.1		107.6
68.5	234.3	61.3	2.1	37.1	16.98	101.0
47.6	115.0	44.9	4.6	46.8	30.21	98.6
26.2	135.1	59.8	1.5	12.4	45.01	97.2
51.1	127.0	38.0	1.3	19.9	132.66	97.8
11.1	146.6	71.9	1.7	9.1	18.11	96.7
10.4	113.1	60.1	1.6	7.8	24.54	96.8
13.8	95.4	61.4	1.8	8.9	10.01	94.7
21.2	105.4	51.3	1.7	18.5	6.56	94.3
16.4	85.7	49.8	3.1	5.8	1.22	95.2
12.6	88.4	64.1	1.9	7.6	11.36	94.7
11.1	146.8	58.0	1.6	8.9	10.92	95.1
37.5	1 466.1	60.1	2.1	16.3	13.20	97.0
25.0	**115.6**	**54.7**	**1.6**	**23.0**	**24.84**	**100.4**
26.6	117.2	51.6	1.7	24.4	27.24	101.3
7.5	43.6	51.5	2.4	6.5	9.76	74.0
20.2	115.5	67.2	1.1	19.2	17.00	98.3
29.7	147.8	26.8	3.5	13.8	47.30	99.9
	100.0					
10.6	**95.8**	**56.1**	**1.7**	**7.8**	**25.32**	**98.0**
10.8	103.9	54.9	1.8	7.5	28.96	99.6
5.5	276.6	70.9	1.1	3.5	10.20	92.2
11.5	76.0	59.6	1.6	8.5	18.75	92.8
7.9	30.9	19.6	1.6	43.5	27.02	93.7
32.8	100.0	19.8	3.1	7.3		99.8
0.7	7 134.8	81.0	1.5	- 7.7	5.27	95.3
19.2	**109.8**	**60.4**	**1.7**	**9.2**	**47.20**	**98.1**
19.0	54.9	67.3	2.2	17.6	4.64	91.9
45.6	106.9	37.9	1.4	22.0	57.05	96.6
9.8	113.7	67.8	1.9	7.0	17.45	96.8
28.3	159.4	57.8	1.7	10.6	56.29	97.9
9.6	64.1	63.3	1.8	10.1	14.84	96.2
10.2	102.8	66.5	1.7	7.9	9.90	94.9

8-5 续表

类　　别	Sector	综合经济效益指数(%) Composite Economic Performance Index (%)
按行业类别分	**Grouped by Industry Sector**	
采矿业	**Mining**	**228.1**
煤炭开采和洗选业	Coal Mining and Dressing	210.6
石油和天然气开采业	Petroleum & Natural Gas Extraction	43.3
黑色金属矿采选业	Mining & Dressing of Ferrous Metals	279.0
有色金属矿采选业	Mining and Processing of Non-Ferrous Metal Ores	288.6
非金属矿采选业	Mining and Processing of Nonmetal Ores	282.6
其他采矿业	Mining of Other Ores	43.3
制造业	**Manufacturing Industry**	**320.5**
农副食品加工业	Processing of Food from Agricultural Products	254.5
食品制造业	Manufacture of Foods	193.2
饮料制造业	Manufacture of Beverages	186.4
烟草制品业	Manufacture of Tobacco	2 101.9
纺织业	Manufacture of Textile	137.8
纺织服装、鞋、帽制造业	Manufacture of Textile Wearing Apparel,Footware and Caps	126.0
皮革、毛皮、羽毛(绒)及其制品业	Manufacture of Leather, Fur, Feather and Related Products	1 145.4
木材加工及木、竹、藤、棕、草制品业	Processing of Timber, Manufacture of Wood, Bamboo, Rattan, Palm and Straw Products	114.0
家具制造业	Manufacture of Furniture	116.5
造纸及纸制品业	Manufacture of Paper and Paper Products	154.8
印刷业和记录媒介的复制	Printing, Reproduction of Recording Media	297.2
文教体育用品制造业	Manufacture of Articles for Culture, Education and Sport Activities	43.3
石油加工、炼焦及核燃料加工业	Processing of Petroleum, Coking, Processing of Nuclear Fuel	234.9
化学原料及化学制品制造业	Manufacture of Raw Chemical Materials and Chemical Products	211.1
医药制造业	Manufacture of Medicines	316.9
化学纤维制造业	Manufacture of Chemical Fibers	1 149.7
橡胶制品业	Manufacture of Rubber	103.7
塑料制品业	Manufacture of Plastics	165.1
非金属矿物制品业	Manufacture of Non-metallic Mineral Products	228.8
黑色金属冶炼及压延加工业	Smelting and Pressing of Ferrous Metals	232.4
有色金属冶炼及压延加工业	Smelting and Pressing of Non-ferrous Metals	121.7
金属制品业	Manufacture of Metal Products	170.9
通用设备制造业	Manufacture of General Purpose Machinery	123.1
专用设备制造业	Manufacture of Special Purpose Machinery	219.4
交通运输设备制造业	Manufacture of Transport Equipment	146.4
电气机械及器材制造业	Manufacture of Electrical Machinery and Equipment	253.1
通信设备、计算机及其他电子设备制造业	Manufacture of Communication Equipment, Computers and Other Electronic Equipment	
仪器仪表及文化、办公用机械制造业	Manufacture of Measuring Instruments and Machinery for Cultural Activity and Office Work	162.2
工艺品及其他制造业	Manufacture of Artwork and Other Manufacturing	306.0
废弃资源和废旧材料回收加工业	Recycling and Disposal of Waste	131.7
电力、燃气及水的生产和供应业	**Production and Supply of Electricity Gas and Water**	**293.6**
电力、热力的生产和供应业	Production and Supply of Electric Power and Heat Power	302.3
燃气生产和供应业	Production and Supply of Gas	200.5
水的生产和供应业	Production and Supply of Water	209.8

continued

总资产贡献率 (%) Ratio of Total Assets to Industrial Output Value (%)	资本保值增值率 (%) Capital Maintenance and Increment Ratio (%)	资产负债率 (%) Assets Liability Ratio(%)	流动资产周转率 (%) Ratio of Turnover of Working Capitals (%)	成本费用利润率 (%) Ratio of Profits to Cost (%)	全员劳动生产率 (万元/人) Overall Labor Productivity (10 000 yuan /person)	产品销售率 (%) Proportion of Products Sold (%)
18.7	**114.9**	**56.0**	**1.3**	**18.3**	**11.69**	**96.4**
23.8	129.0	56.5	1.6	16.7	7.41	98.9
	100.0					
12.4	97.2	57.5	0.9	16.1	24.43	95.2
19.1	124.4	54.0	1.2	24.7	17.61	93.7
17.2	102.4	55.3	1.4	17.4	21.90	93.2
	100.0					
23.2	**111.5**	**55.4**	**1.7**	**9.8**	**30.39**	**96.3**
24.4	118.4	61.2	2.1	17.0	13.84	97.7
18.3	128.8	44.6	2.7	8.8	9.46	97.4
15.1	116.9	56.5	1.4	13.0	9.12	93.9
67.9	105.1	24.7	1.3	34.1	296.11	97.3
6.7	124.2	60.1	1.1	12.0	4.67	88.3
5.8	104.9	62.1	0.6	11.6	4.34	103.8
347.8	108.3	69.4	9.5	41.3	34.56	94.5
8.2	94.9	61.3	1.3	5.8	4.46	90.3
8.1	139.3	67.1	1.6	5.2	4.18	89.7
8.4	93.9	60.9	1.3	7.0	10.40	95.4
22.2	108.2	40.2	1.3	24.6	18.25	97.9
	100.0					
11.1	106.1	71.0	1.6	6.5	22.68	98.4
9.6	114.2	65.3	1.8	6.7	18.40	94.5
18.0	122.9	47.6	1.1	19.0	26.39	91.2
43.3	98.7	20.7	1.6	35.3	145.37	100.5
4.1	143.8	56.7	2.1	- 1.1	5.73	89.0
9.0	107.5	64.4	1.7	6.4	11.49	96.7
10.3	112.1	65.7	2.7	4.1	21.28	97.8
11.2	121.6	67.6	1.8	6.5	21.53	95.5
5.8	106.4	77.8	1.0	4.9	7.86	101.0
11.2	111.2	58.3	1.5	6.4	11.63	96.7
6.9	92.0	72.6	1.3	4.6	7.68	97.8
10.6	108.9	55.2	1.6	8.9	18.36	92.4
9.6	109.6	63.1	1.2	5.7	9.17	103.0
11.2	109.9	37.7	1.0	15.6	20.51	94.0
4.5	197.9	17.3	0.7	11.4	8.58	97.9
35.4	99.0	45.3	2.2	20.6	16.88	94.6
8.1	44.9	82.0	0.9	7.0	9.50	92.8
6.1	**108.1**	**75.6**	**3.1**	**4.3**	**33.07**	**99.6**
6.1	107.9	76.3	3.3	4.3	34.24	99.6
5.2	215.4	59.4	2.0	2.9	17.56	98.3
6.6	90.7	50.2	0.8	10.3	18.63	100.0

8-6 各州市规模以上工业企业主要经济数据(2011年)

Main Economic Indicators of Industry above Designated Size (2011)

单位：亿元 (100 million yuan)

州市	Region	企业单位数(个) Number of Enterprises (unit)	大型企业 Large Enterprises	中型企业 Medium-sized Enterprises	小型企业 Small Enterprises	微型企业 Mini Eenterprises	亏损企业数(个) Number of Loss making Enterprises (unit)	工业总产值 Gross Industrial Output Value
全省	**Yunnan**	**2 773**	**107**	**657**	**1 935**	**74**	**599**	**7 780.83**
昆明	Kunming	792	35	145	582	30	156	2 603.74
曲靖	Qujing	435	21	132	278	4	118	1 203.54
玉溪	Yuxi	261	11	68	179	3	60	1 110.86
保山	Baoshan	94	3	19	67	5	15	153.06
昭通	Zhaotong	191	3	47	140	1	25	264.01
丽江	Lijiang	66	2	15	49		6	95.94
普洱	Pu'er	99	1	26	67	5	33	124.82
临沧	Lincang	73	2	25	45	1	19	121.28
楚雄	Chuxiong	138	2	26	107	3	26	362.68
红河	Honghe	194	13	64	112	5	51	874.94
文山	Wenshan	111	3	18	84	6	20	235.20
西双版纳	Xishuangbanna	42	2	10	27	3	9	53.91
大理	Dali	172	5	42	122	3	29	418.69
德宏	Dehong	68	2	12	49	5	20	93.43
怒江	Nujiang	18	1	4	13		7	31.80
迪庆	Diqing	19	1	4	14		5	32.94

8–6 续表1 cntinued

单位：亿元 (100 million yuan)

州 市	Region	国有工业 State-owned Enterprises	集体工业 Collective-owned Enterprises	股份合作企业 Share Holding Enterprises	联营企业 Joint Ownership Enterprises	有限责任公司 Limited Liability Corporations	股份有限公司 Share-holding Corporations Limited
全 省	**Yunnan**	**1 082.30**	**82.82**	**18.45**	**6.10**	**3 217.65**	**1 194.39**
昆 明	Kunming	445.46	12.25	3.03	1.09	783.08	757.54
曲 靖	Qujing	204.77	14.99			547.95	111.81
玉 溪	Yuxi	46.84	51.60	2.63		612.60	39.09
保 山	Baoshan	4.37		4.41		60.43	33.41
昭 通	Zhaotong	33.96	0.85	0.87	1.59	80.54	22.86
丽 江	Lijiang	2.86	0.14	1.70		37.58	10.81
普 洱	Pu'er	19.10				41.46	14.83
临 沧	Lincang	3.77				67.00	4.81
楚 雄	Chuxiong	26.59	1.76	0.92		183.58	11.74
红 河	Honghe	191.75	0.18	0.22	0.14	440.69	79.01
文 山	Wenshan	40.23		0.45	0.88	57.26	71.39
西双版纳	Xishuangbanna	8.42		1.25		27.53	0.46
大 理	Dali	41.54	0.48	0.65	2.39	201.38	29.25
德 宏	Dehong	6.53	0.56			40.93	2.84
怒 江	Nujiang	6.13		0.66		19.34	
迪 庆	Diqing			1.66		16.29	4.55

8-6 续表2 cntinued

单位：亿元 (100 million yuan)

州 市	Region	私营企业 Private Enterprises	其他企业 Other Enterprises	港澳台商投资企业 Enterprises with Funds from Hong Kong, Macao and Taiwan	外商投资企业 Foreign Funded Enterprises	工业销售产值（当年价） Sales Value of Industry (at current price)	出口交货值 Delivery Value of Exports
全 省	**Yunnan**	**1 635.36**	**133.20**	**174.87**	**235.69**	**7 527.74**	**114.19**
昆 明	Kunming	389.01	11.97	78.53	121.78	2 543.20	49.81
曲 靖	Qujing	227.53	48.53	9.32	38.64	1 185.89	18.83
玉 溪	Yuxi	324.98	3.18	16.27	13.66	1 076.59	6.83
保 山	Baoshan	39.50	0.53	7.83	2.58	141.31	6.05
昭 通	Zhaotong	104.78	12.59	5.96		253.66	0.95
丽 江	Lijiang	33.40	6.49		2.97	93.16	1.01
普 洱	Pu'er	35.79	6.06	0.21	7.38	118.07	0.45
临 沧	Lincang	28.34	12.78	2.10	2.47	116.46	1.22
楚 雄	Chuxiong	116.08	10.56	8.98	2.47	346.96	4.27
红 河	Honghe	145.37	3.35	3.13	11.11	823.67	12.40
文 山	Wenshan	58.89	6.09			215.19	1.04
西双版纳	Xishuangbanna	9.79	0.38	6.09		52.50	
大 理	Dali	95.55	10.52	15.72	21.21	402.28	10.24
德 宏	Dehong	19.06		20.72	2.80	96.29	0.44
怒 江	Nujiang	5.08	0.18		0.41	31.68	
迪 庆	Diqing	2.23			8.21	30.85	0.64

8-6 续表3 Continued

单位：亿元 (100 million yuan)

州 市	Region	资产合计 Total Assets	产成品 Finished Goods	流动资产 Annual Average Balance of Working Capitals	固定资产净值 Annual Average Balance of Net Value of Fixed Assets	负债合计 Total Liabilities
全 省	**Yunnan**	**11 053.93**	**417.82**	**4 458.32**	**3 892.42**	**6 763.81**
昆 明	Kunming	3 161.14	147.44	1 609.75	811.06	1 834.83
曲 靖	Qujing	1 584.40	34.70	622.11	618.10	1 046.31
玉 溪	Yuxi	1 126.68	58.68	581.73	242.39	492.00
保 山	Baoshan	377.71	15.14	98.31	170.08	258.63
昭 通	Zhaotong	522.85	9.39	202.65	177.22	309.15
丽 江	Lijiang	238.83	4.04	59.90	149.58	164.32
普 洱	Pu'er	471.67	6.86	87.39	261.04	359.73
临 沧	Lincang	487.47	7.07	82.65	213.89	350.67
楚 雄	Chuxiong	398.28	18.26	188.44	112.04	217.99
红 河	Honghe	1 169.34	60.44	502.87	445.32	752.74
文 山	Wenshan	308.91	23.65	105.14	142.73	181.44
西双版纳	Xishuangbanna	227.06	3.12	55.21	89.83	159.10
大 理	Dali	596.56	18.61	170.11	257.27	371.35
德 宏	Dehong	227.50	5.16	48.09	135.16	158.34
怒 江	Nujiang	80.30	1.89	23.11	37.58	48.00
迪 庆	Diqing	75.24	3.34	20.87	29.13	59.21

8-6 续表4 cntinued

单位：亿元 (100 million yuan)

州 市	Region	主营业务收入 Revenue from Principal Business	主营业务税金及附加 Taxes and Other Charge on Principal Business	营业费用 Operating Expenses	管理费用 Administration Expenses
全 省	**Yunnan**	**7 621.91**	**619.98**	**214.50**	**402.02**
昆 明	Kunming	2 667.24	143.97	96.85	119.31
曲 靖	Qujing	1 167.67	89.07	25.72	60.09
玉 溪	Yuxi	1 057.61	206.94	25.67	48.91
保 山	Baoshan	142.99	1.89	4.96	10.45
昭 通	Zhaotong	246.53	31.80	8.35	22.35
丽 江	Lijiang	91.94	1.02	3.19	4.16
普 洱	Pu'er	114.57	0.95	2.97	8.10
临 沧	Lincang	118.04	1.31	3.01	7.49
楚 雄	Chuxiong	342.17	40.18	7.13	23.82
红 河	Honghe	844.92	74.73	15.08	47.39
文 山	Wenshan	217.41	1.81	5.19	15.22
西双版纳	Xishuangbanna	55.34	0.61	2.33	5.76
大 理	Dali	395.89	24.39	9.18	19.31
德 宏	Dehong	97.36	0.71	1.69	4.46
怒 江	Nujiang	31.75	0.26	0.61	2.82
迪 庆	Diqing	30.48	0.36	2.58	2.38

8-6 续表5 Continued

单位：亿元 (100 million yuan)

州 市	Region	利税总额 Total Pre-tax Profits	本年应交增值税 Value Added Tax Payable	利润总额 Total Profit	亏损企业亏损总额 Total Losses of Loss making Enterprises	全部从业人员年均人数(万人) Employed Persons at Year-end (10 000 persons)
全 省	**Yunnan**	**1 664.48**	**404.80**	**639.70**	**57.08**	**90.62**
昆 明	Kunming	429.19	104.48	180.74	13.06	23.32
曲 靖	Qujing	219.93	59.07	71.78	24.05	16.52
玉 溪	Yuxi	382.20	70.19	105.07	2.38	8.81
保 山	Baoshan	28.87	9.64	17.35	1.45	2.77
昭 通	Zhaotong	74.98	20.58	22.61	2.80	4.90
丽 江	Lijiang	17.48	5.81	10.65	0.39	1.94
普 洱	Pu'er	25.60	8.66	15.99	1.37	3.55
临 沧	Lincang	31.96	9.01	21.64	2.24	2.12
楚 雄	Chuxiong	82.29	18.21	23.91	0.80	4.04
红 河	Honghe	177.21	46.19	56.30	3.60	11.26
文 山	Wenshan	48.88	17.79	29.28	1.11	2.53
西双版纳	Xishuangbanna	17.32	4.94	11.77	1.00	1.11
大 理	Dali	93.09	18.33	50.37	0.72	4.81
德 宏	Dehong	24.44	7.92	15.81	1.27	1.62
怒 江	Nujiang	4.07	2.39	1.42	0.25	0.89
迪 庆	Diqing	6.96	1.59	5.01	0.59	0.43

8-7 各州市规模以上工业主要财务分析数据(2011年)

Main Financial Analytical Indicators of Industry above Designated Size by Region (2011)

州 市	Region	综合经济效益指数(%) Composite Economic Performance Index (%)	总资产贡献率(%) Ratio of Total Assets to Industrial Output Value (%)	资本保值增值率(%) Capital Maintenance and Increment Ratio (%)	资产负债率(%) Assets-Liability Ratio (%)	流动资产周转率(%) Ratio of Turnover of Working Capitals (%)	成本费用利润率(%) Ratio of Profits to Cost (%)	全员劳动生产率(万元/人) Overall Labor Productivity (10 000 yuan /person)	产品销售率(%) Proportion of Products Sold(%)
全 省	**Yunnan**	**286.1**	**17.8**	**111.2**	**61.2**	**1.7**	**9.7**	**26.36**	**96.8**
昆 明	Kunming	367.6	20.7	149.6	59.8	1.6	9.1	38.54	98.0
曲 靖	Qujing	154.7	9.1	79.4	70.5	2.0	5.4	10.69	98.2
玉 溪	Yuxi	593.8	45.1	132.1	40.1	1.7	15.0	64.87	96.6
保 山	Baoshan	201.1	12.2	117.9	64.7	1.4	12.5	12.88	91.9
昭 通	Zhaotong	157.6	9.2	85.2	64.9	1.2	9.0	9.83	96.4
丽 江	Lijiang	233.7	13.4	192.9	68.8	1.5	12.8	15.98	97.1
普 洱	Pu'er	180.3	9.0	107.9	75.6	1.3	13.7	10.66	94.1
临 沧	Lincang	232.5	10.1	71.7	62.4	1.4	19.3	15.44	95.1
楚 雄	Chuxiong	172.4	8.9	61.3	65.1	2.0	5.8	13.58	95.9
红 河	Honghe	207.4	9.4	86.4	69.3	1.8	5.8	19.29	93.0
文 山	Wenshan	365.6	17.6	116.1	58.7	2.1	16.2	34.86	91.5
西双版纳	Xishuangbanna	228.0	8.6	56.7	59.0	0.9	24.1	13.06	96.8
大 理	Dali	255.9	11.1	58.6	60.4	2.6	13.8	20.57	96.1
德 宏	Dehong	266.0	12.8	102.4	69.6	2.0	19.2	18.65	103.1
怒 江	Nujiang	144.6	7.3	114.7	59.8	1.4	4.7	9.70	99.6
迪 庆	Diqing	242.6	13.1	121.8	78.7	1.5	16.9	17.25	93.7

8-8 主要工业产品产量(2011年)

Output of Major Industrial Products (2011)

单位：万吨 (10 000 tons)

名　　称	Item	生产量 Output
原　煤	Coal	9 957.41
洗精煤	Washed Coal	1 142.14
焦　炭	Coke	1 602.74
#机 焦	Machine-made Coke	469.34
发电量（亿千瓦小时）	Electricity (100 million kwh)	1 555.13
#水 电	Thermal Power	1 007.41
火 电	Hydro Power	536.06
铁矿石原矿量	Ironstone in Original Iron Ores	2 820.33
锰矿石成品矿	Manganese Ore	103.03
铜选矿产品含铜量	Copper Content of Copper Dressing Products	26.86
铅选矿产品含铅量	Lead Content of Lead Dressing Products	11.55
锌选矿产品含锌量	Zinc Content of Zinc Dressing Products	51.67
锡选矿产品含锡量	Stannum Content of Stannum Dressing Products	4.14
钨精矿折含量	tungsten ores & concentrates (ton)	0.48
硫铁矿（折S 35%）	Pyrite Ore(converted into 35% sulphur)	36.61
磷矿石（折P_2O_3 30%）	Rock Phosphate (converted into 30% P_2O_3)	2 356.40
生　铁	Pig Iron	1 350.01
粗　钢	Crude Steel	1 323.23
钢　材	Rolled Steel	1 351.85
中小型型钢	Medium and Small Rolled Steel	42.16
棒　材	Steel Bar	45.51
钢　筋	Corrugated Steel Bar	657.14
盘　条（线材）	Wire Rod	391.10
中　板	Medium Steel Plate	12.38
铁合金	Ferroalloy	84.50
十种有色金属	Ten Kinds of Nonferrous Metals	270.79
#铜	Copper	39.08
原 铝	Primary Aluminum	88.32
铅	Lead	43.15
锌	Zinc	89.67
锡	Stannum	7.65
锑	Stibium	2.77
硫　酸（折100%）	Sulfuric Acid(converted into 100% H_2SO_4)	0.12
烧　碱（折100%）	Caustic soda (converted into 100% sodium hydroxide)	19.90
电　石（折合量）	Calcium Carbide	63.71
三聚磷酸钠	Sodium tripolyphosphate	10.68
黄　磷	Yellow Phosphorus	46.88
纯　碱	Soda ash	15.22
塑　料	Plastic	20.23
合成氨	Synthetic ammonia	226.58
化　肥(折100%)	Chemical Fertilizer(converted into 100% nitrogen,phosphorus and kalium)	326.93
#氮　肥	Nitrogen Fertilizer	108.02
磷　肥	Phosphate fertilizer	218.91
化学农药	Chemical Pesticide	0.12
农用簿膜	Agriculture Plastic Film	5.45
小型拖拉机（万台）	Agricultural Transport Machinery(10 000units)	3.54
饲料	Forage	168.90
复烤烟叶	Flue-cured Tobacco	56.58
卷　烟（亿支）	Cigarettes(100 million pieces)	3 649.91
成品糖	Sugar of Finished Product	173.51
发酵酒精（折96度)(万升)	Fermenting Alcohol (10 000 kiloliters)	17 682.22
精制茶叶	Refined Tea	13.95

8-8 续表 continued

单位：万吨 (10 000 tons)

名 称	Item	生产量 Output
原 盐	Salt	100.76
饮料酒（亿升）	Liquor (100 million kiloliters)	11.88
#白 酒（折65度）	White Spirit (converted into 65% alcoholicity)	3.84
啤 酒	Beer	7.62
葡萄酒(万升)	Wine(10 000 kiloliters)	2 466.50
软饮料	Soft Drinks	310.62
罐 头	Canned Food	2.35
乳制品	Milk Products	34.84
糖 果	Candy	0.68
化学纤维	Chemical Fiber	3.57
纱	Yarn (ton)	0.47
布（万米）	Cloth (10 000 m)	449.58
#纯棉布	Cotton Cloth	449.58
印染布（万米）	Printed Fabric (10 000 m)	1 636.00
丝（吨）	Silk (ton)	2 108.48
丝织品（万米）	Silk Products (10 000 m)	60.60
服 装（万件）	Garments (10 000 pieces)	694.11
塑料制品	Plastic Products	34.91
自来水生产量（万立方米）	tap water output (10 000 cu.m)	71 478.17
合成洗涤剂	Synthetic Detergents	1.58
肥 皂(吨)	Soap (ton)	849.00
卫生陶瓷器（万件）	Ceramics for Daily Use (10 000 units)	10 716.80
日用玻璃制品	Glass Products for Daily Use (ton)	15.98
干电池（万只）	Dry Battery(10 000 units)	
皮 鞋（万双）	Leather Shoe (10 000 pairs)	51.80
纸 浆	paper pulp	23.78
机制纸及纸板	Machine-made Paper and Cardboard	49.12
大 米	Rice	179.23
小麦粉	wheat flour	30.20
食用植物油	Edible Vegetable Oil	15.74
水 泥	Cement	6 788.88
平板玻璃（万重量箱）	Plate Glass (10 000 weight boxes)	850.03
大理石板材（万平方米）	Marble Building Block (10 000 sq.m)	632.48
商品混凝土（万立方米）	Concrete (10 000 cu.m)	1 009.43
人造板（万立方米）	Manmade Plates (10 000 cu.m)	152.95
复合地板（万平方米）	Engineered Floor(10 000 cu.m)	137.69
松 香	Rosin	17.77
矿山设备	Mining Equipment	3.35
金属轧制设备	Metal Shaping Equipment	0.22
起重设备	lifting equipment	2.22
发电设备（万千瓦）	Power Equipment (10 000 kw.)	62.89
交流电动机（万千瓦）	Alternating Current Motor (10 000 kw.)	132.25
变压器（万千伏安）	Transformer (10 000 KVA)	1 603.49
金属切削机床（万台）	Metal-cutting Machine Tools (10 000 units)	7.42
汽 车（万辆）	Motor Vehicles (10 000 units)	9.72
#轿 车	Cars	
内燃机（万千瓦）	Internal Combustion Engines (10 000 kw)	1 122.59
电力电缆（万公里）	Electric Power Cable (km)	35.07
轴 承（万套）	Bearing (10 000 units)	69.00
打印机（万台）	Printers (unit)	11.69
单色印刷（万令）	single-color printing (10 000 reams)	197.84
轻 革（万平方米）	Light Leather (10 000 sq.m.)	1.15
化学医药	Chemical Medicine	0.15
中成药	Chinese Traditional Patent Medicine	2.59
轮胎外胎（万条）	Outer Tyre (10 000 units)	0.34

8-9 主要年份能源生产和消费总量及其构成
Total Production and Consumption of Energy and Their Composition in Significant Years

单位：万吨标准煤 (10 000 tons of SCE)

年 份 Year	能源生产总量 Total Production of Energy	占能源生产总量的比重(%) Percentage to Total Production (%)		能源消费总量 Total Consumption of Energy	占能源消费总量的比重(%) Percentage to Total Consumption (%)			
		原 煤 Coal	一次电 Hydro Power		煤 炭 Coal	石 油 Petroleum	天然气 Natural Gas	一次电 Hydro Power
1952	17.50	90.30	9.70	19.00	83.20	7.90		8.90
1957	114.30	96.00	4.00	119.20	92.00	4.10		3.90
1962	224.70	93.50	6.50	256.30	89.30	4.50		6.20
1965	326.10	93.90	6.10	348.70	87.80	6.50		5.70
1970	555.60	91.80	8.20	591.50	86.20	6.10		7.70
1975	861.10	85.60	14.40	920.30	80.10	6.40		13.50
1976	751.20	85.40	14.60	797.00	79.40	6.80		13.80
1977	893.20	86.30	13.70	931.10	79.60	7.30		13.10
1978	1 002.60	84.50	15.50	1 065.90	78.20	7.20		14.60
1979	933.90	82.70	17.30	1 072.20	72.00	7.50	5.40	15.10
1980	841.90	79.60	20.40	946.10	67.00	9.00	5.70	18.30
1981	872.50	77.90	22.10	948.40	65.90	8.60	5.90	19.60
1982	930.20	81.90	18.10	1 020.60	69.70	8.30	4.90	17.10
1983	966.30	83.30	16.70	1 094.70	72.20	8.50	4.60	14.70
1984	1 076.30	81.50	18.50	1 226.30	71.20	8.30	4.20	16.30
1985	1 162.80	80.40	19.60	1 298.33	69.60	8.50	4.40	17.50
1986	1 220.30	79.50	20.50	1 399.07	69.70	8.40	4.10	17.80
1987	1 355.30	91.10	8.90	1 533.22	72.20	8.40	3.50	15.90
1988	1 404.50	83.50	16.50	1 622.52	75.70	6.90	3.10	14.30
1989	1 522.79	81.80	18.20	1 706.87	72.30	8.10	3.20	16.40
1990	1 594.50	79.80	20.20	1 954.18	71.70	7.20	2.80	18.30
1991	1 649.02	75.30	24.70	1 961.92	67.00	8.50	2.80	21.70
1992	1 763.66	77.10	22.90	2 016.61	69.40	8.00	2.70	19.90
1993	1 811.57	76.70	24.30	2 089.80	70.00	8.00	2.70	19.30
1994	2 073.79	71.50	28.50	2 282.80	66.00	7.70	2.50	23.80
1995	2 313.65	69.20	30.80	2 640.55	66.10	6.90	2.20	24.80
1996	2 556.85	68.60	31.40	2 819.43	64.50	6.90	2.50	26.10
1997	2 619.97	71.85	28.15	3 428.98	71.38	6.01	2.01	20.60
1998	2 451.49	71.99	28.01	3 364.49	71.31	6.52	1.76	20.41
1999	2 267.97	67.06	32.94	3 287.97	68.22	7.18	1.88	22.72
2000	2 471.77	64.03	32.11	3 468.33	62.61	7.46	1.81	25.39
2001	2 611.54	65.48	30.53	3 741.03	62.33	10.62	1.72	22.57
2002	3 259.95	67.19	29.41	4 131.31	61.04	11.12	1.51	23.70
2003	3 608.45	64.24	30.78	4 449.97	60.85	11.64	1.53	22.01
2004	4 455.68	68.13	27.04	5 209.81	63.30	11.13	1.34	20.16
2005	5 353.36	68.93	26.61	6 023.97	62.48	11.14	1.35	21.11
2006	6 075.09	75.29	22.42	6 620.57	67.70	11.52	1.09	17.62
2007	6 546.65	73.82	23.70	7 132.63	66.47	12.37	1.02	17.93
2008	7 595.31	68.87	29.48	7 510.82	60.83	12.81	0.93	23.79
2009	7 851.21	68.65	28.59	8 032.06	62.62	12.74	0.75	21.22
2010	8 822.03	66.60	32.05	8 674.17	56.73	15.11	0.56	23.98
2011	9 752.64	63.97	35.03	9 540.28	55.97	14.88	0.53	27.72

注：采用数据为等价热值，2005至2008年数据根据云南省第二次全国经济普查数据修正。

Note:Data used in this table are equivalent caloricity.Data from year 2005 to 2008 are regulated according to that of the Second National Economic Census.

8-10 全省综合能源平衡表(2011年)

行　　业	Sector	能源消费总量(万吨标准煤) Total Energy Consumption (10 000 tons of SCE)
一.可供本地区消费的能源量	**Total Energy Available for Consumption**	**9 540.23**
1.年初库存量	Stock in Early Year	775.12
2.一次能源生产量	Primary Energy Output	9 752.64
3.外省(区、市)调入量	Quantity of Fold	2 609.31
4.进　口　量	Imports	88.96
5.境内轮船和飞机在境外加油量	Fueling Charge in Foreign Countries of Domestic Motorship Engine	7.83
6.本省(区、市)调出量(－)	Quantity of Call-out (-)	-2 746.06
7.出　口　量(－)	Exports	- 155.89
8.境外轮船和飞机在境内加油量(－)	Fueling Charge in Foreign Counteries of Foreign Motorship Engine	- 6.92
9.年末库存量(－)	Stock at Year-end	- 784.76
二.加工转换投入(－)产出(+)量	**Input(-) and Outputin(+) Processing and Transformation**	**- 188.45**
三.损 失 量	**Losses(-)**	**317.28**
四.终端消费量	**Final Energy Consumpltion**	**8 750.92**
(一)第一产业	Primary Indusrty	194.55
1.农.林.牧.渔业	Farming,Forestry,Animal Husbandry,Fishery	194.55
(二)第二产业	Secondary Industry	6 341.20
1.工　　业	Industry	6 149.93
2.建 筑 业	Construction	191.26
(三)第三产业	Tertiary Industry	1 392.31
1.交通运输.仓储和邮政业	Transport、Storage、Post and Telecommunication Services	947.28
2.批发、零售业和住宿、餐饮业	Wholesale and Retail Trades、Hotels and Catering Services.	224.81
3.其他	Others	220.22
(四)生活消费	**Residential Consumption**	**822.86**
1. 城　　镇	Urban Areas	367.02
2. 乡　　村	Rural Areas	455.84
五.平衡差额（+、－）	**Balance**	**- 0.05**
六.消费量合计	**Total Consumption of Energy**	**9 540.28**

注：本表为等价热值。

Balance Sheet of Overall Energy (2011)

原 煤 (万 吨) Coal (10 000 tons)	焦 炭 (万 吨) Coke (10 000 tons)	石油及石油制品 (万 吨) Petroleum and Related Products (10 000 tons)	天 然 气 (亿立方米) Natural Gas Consumption (100 million cu.m)	电 力 (亿千瓦小时) Electricity Consumption (100 million kwh)
9 535.07	**- 384.27**	**975.43**	**4.20**	**666.75**
830.84	73.92	32.38		
9 957.41		0.03	0.07	1 017.73
580.46	20.64	995.07	4.13	0.43
		3.65		24.91
		5.33		
-1 078.38	- 394.29	- 14.95		- 330.35
		- 1.11		- 45.96
		- 4.71		
- 755.27	- 84.54	- 40.27		
-6 250.60	**1 602.74**	**- 1.04**		**537.41**
				94.53
3 284.45	**1 218.44**	**974.40**	**4.20**	**1 109.63**
195.49	1.94	25.62	0.01	11.69
195.49	1.94	25.62	0.01	11.69
2 667.87	1 216.22	199.40	3.85	871.55
2 638.18	1 216.22	137.34	3.85	849.86
29.69		62.07		21.70
111.01		662.71	0.12	93.60
17.66		594.49	0.06	18.55
60.56		40.64	0.05	30.44
32.79		27.58	0.01	44.61
310.09	**0.28**	**86.67**	**0.22**	**132.78**
27.34	0.17	42.97	0.22	75.75
282.75	0.11	43.70		57.03
0.02	**0.02**	**- 0.01**		
9 535.05	**1 218.44**	**975.44**	**4.20**	**1 204.16**

Note:Data used in this table are equivalent caloricity.

8−11 全省能源生产弹性系数(1980−2011年)
Elasticity Ratio of Energy Production at Current Year (1980-2011)

年 份 Year	当年能源生产增长(%) Growth Rate of Energy Production at Current Year (%)	当年电力生产增长(%) Growth Rate of Electricity Production at Current Year (%)	当年生产总值增长(%) Growth Rate of Gross Regional Product of Yunnan province at Current Year (%)	当年能源生产弹性系数 Elasticity Ratio of Energy Production at Current Year	当年电力生产弹性系数 Elasticity Ratio of Electricity Production at Current Year
1980	-9.85	1.63	8.5	-1.16	0.19
1981	3.63	6.17	7.8	0.47	0.79
1982	6.61	3.96	15.5	0.43	0.26
1983	3.88	-0.63	8.4	0.46	-0.07
1984	11.38	14.00	14.5	0.78	0.97
1985	8.04	7.37	13.0	0.62	0.57
1986	4.94	12.02	4.3	1.15	2.80
1987	11.06	11.61	12.3	0.90	0.94
1988	3.63	8.41	16.0	0.23	0.53
1989	8.42	11.60	5.8	1.45	2.00
1990	4.71	10.22	8.7	0.54	1.17
1991	3.42	11.98	6.6	0.52	1.82
1992	6.95	10.58	10.9	0.64	0.97
1993	2.72	10.48	11.1	0.24	0.94
1994	14.47	18.22	12.2	1.19	1.49
1995	11.57	12.29	11.7	0.99	1.05
1996	10.51	11.05	11.1	0.95	1.00
1997	2.47	-0.20	9.7	0.25	-0.02
1998	-6.43	4.54	8.1	-0.79	0.56
1999	-7.49	12.69	7.3	-1.03	1.74
2000	8.99	6.46	7.5	1.20	0.86
2001	5.65	13.25	6.8	0.83	1.95
2002	24.83	18.76	9.0	2.76	2.08
2003	10.69	11.20	8.8	1.21	1.27
2004	23.48	15.43	11.3	2.08	1.37
2005	20.15	13.89	9.0	2.26	1.56
2006	13.48	20.74	11.6	1.16	1.79
2007	7.76	20.02	12.2	0.64	1.64
2008	16.02	14.93	10.6	1.51	1.41
2009	3.37	12.91	12.1	0.28	1.07
2010	12.37	16.27	12.3	1.01	1.32
2011	10.55	13.94	13.7	0.77	1.02

注：2005至2008年数据根据云南省第二次全国经济普查数据修正。

Note: Data from year 2005 to 2008 are regulated according to that of the Second National Economic Census.

8−12 全省能源消费弹性系数(1980−2011年)

Elasticity Ratio of Energy Production at Current Year (1980-2011)

年 份 Year	当年能源消费增长(%) Growth Rate of Energy Consumption at Current Year (%)	当年电力消费增长(%) Growth Rate of Electricity Consumption at Current Year (%)	当年生产总值增长(%) Growth Rate of Gross Regional Product at Current Year of Yunnan province (%)	当年能源消费弹性系数 Elasticity Ratio of Energy Consumption at Current Year	当年电力消费弹性系数 Elasticity Ratio of Electricity Consumption at Current Year
1980	- 11.76	5.07	8.5	-1.38	0.60
1981	0.24	3.42	7.8	0.03	0.44
1982	7.61	4.47	15.5	0.49	0.29
1983	7.26	- 0.21	8.4	0.86	-0.02
1984	12.02	13.15	14.5	0.83	0.91
1985	5.87	9.05	13.0	0.45	0.70
1986	7.76	17.69	4.3	1.81	4.12
1987	9.59	4.44	12.3	0.78	0.36
1988	5.82	20.80	16.0	0.36	1.30
1989	5.20	4.74	5.8	0.90	0.82
1990	14.49	12.60	8.7	1.67	1.45
1991	0.40	13.26	6.6	0.06	2.01
1992	2.79	9.79	10.9	0.26	0.90
1993	3.63	26.98	11.1	0.33	2.43
1994	9.24	- 0.58	12.2	0.76	-0.05
1995	15.67	14.41	11.7	1.34	1.23
1996	6.77	12.82	11.1	0.61	1.16
1997	21.62	4.56	9.7	2.23	0.47
1998	- 1.88	2.44	8.1	-0.23	0.30
1999	- 2.27	9.75	7.3	-0.31	1.34
2000	5.49	6.93	7.5	0.73	0.92
2001	7.86	9.40	6.8	1.16	1.38
2002	10.43	13.37	9.0	1.16	1.48
2003	7.71	4.15	8.8	0.88	0.47
2004	17.08	15.96	11.3	1.51	1.41
2005	15.63	17.27	8.9	1.74	1.94
2006	9.90	15.86	11.6	0.85	1.37
2007	7.73	15.47	12.2	0.63	1.27
2008	5.30	11.26	10.6	0.50	1.06
2009	6.94	7.44	12.1	0.57	0.62
2010	7.99	22.04	12.3	0.65	1.79
2011	9.98	19.90	13.7	0.73	1.45

注：2005至2008年数据根据云南省第二次全国经济普查数据修正。

Note:Data from year 2005 to 2008 are regulated according to that of the Second National Economic Census.

8-13 主要年份能源利用经济效益指标（一）
Indicators on Economic Benefits from Energy Utilization in Significant Years (Ⅰ)

(按当年价格计算) (Calculated at current prices)

年 份 Year	能源消费量 (万吨标准煤) Total Consumption of Energy (10 000 tons of SCE)	工业部门消费 Industrial Consumption	万元工业产值耗能 (吨标准煤/万元) Energy Consumption of Industrial Output Value per 10 000 yuan (ton of SCE/10 000 yuan)	万元生产总值耗能 (吨标准煤/万元) Energy Consumption of Gross Regional Product per 10 000 yuan (ton of SCE/10 000 yuan)	吨能创造工业产值(万元) Industrial Output Value Created by Energy of One Ton (10 000 yuan)	吨能创造生产总值(万元) Gross Regional Product Created by Energy of One Ton (10 000 yuan)
1952	19.00	11.40	4.99	1.61	0.20	0.62
1957	119.20	72.70	10.65	5.29	0.09	0.19
1962	256.30	166.60	17.72	10.46	0.06	0.10
1965	348.70	226.70	17.17	10.37	0.06	0.10
1970	591.50	390.40	19.19	15.36	0.05	0.07
1975	920.30	607.40	21.74	16.95	0.05	0.06
1976	797.00	494.10	24.45	16.18	0.04	0.06
1977	931.10	605.20	20.14	16.67	0.05	0.06
1978	1 065.9	692.80	19.23	15.44	0.05	0.06
1979	1 072.2	696.90	17.19	13.96	0.06	0.07
1980	946.10	615.50	14.48	11.23	0.07	0.09
1981	948.40	612.60	13.07	10.08	0.08	0.10
1982	1 020.60	668.20	12.21	9.27	0.08	0.11
1983	1 094.70	651.30	11.51	9.12	0.09	0.11
1984	1 226.30	709.70	10.92	8.79	0.09	0.11
1985	1 298.33	761.10	9.53	7.87	0.11	0.13
1986	1 399.07	875.00	9.52	7.68	0.11	0.13
1987	1 533.22	937.80	8.43	6.69	0.12	0.15
1988	1 622.52	991.50	6.63	5.39	0.15	0.19
1989	1 706.87	1 037.10	5.60	4.70	0.18	0.21
1990	1 954.18	1 143.60	5.66	4.33	0.18	0.23
1991	1 961.92	1 143.40	4.98	3.79	0.20	0.26
1992	2 016.61	1 189.10	4.23	3.26	0.24	0.31
1993	2 089.80	1 282.00	3.03	2.68	0.33	0.37
1994	2 282.80	1 402.70	2.41	2.34	0.42	0.43
1995	2 640.55	1 948.65	2.48	2.19	0.40	0.46
1996	2 819.43	2 036.82	2.55	1.89	0.39	0.53
1997	3 428.98	2 429.07	2.77	2.09	0.36	0.48
1998	3 364.49	2 383.39	2.40	1.88	0.42	0.53
1999	3 287.97	2 224.42	2.20	1.77	0.45	0.56
2000	3 468.33	2 346.44	1.48	1.72	0.68	0.58
2001	3 741.03	2 481.69	1.48	1.75	0.67	0.57
2002	4 131.31	2 796.86	1.51	1.79	0.66	0.56
2003	4 449.97	3 132.01	1.44	1.74	0.69	0.57
2004	5 209.81	3 802.21	1.53	1.69	0.65	0.59
2005	6 023.97	4 390.68	1.35	1.74	0.74	0.57
2006	6 620.57	4 883.00	1.19	1.66	0.84	0.60
2007	7 132.63	5 300.98	1.03	1.49	0.97	0.67
2008	7 510.82	5 597.96	0.98	1.32	1.03	0.76
2009	8 032.06	5 868.90	0.94	1.30	1.07	0.77
2010	8 674.17	6 088.39	0.90	1.20	1.11	0.83
2011	9 540.28	6 939.30	0.87	1.09	1.15	0.92

注：1.能源综合数据按等价热值计算。
2.生产总值、工业总产值按当年价计算。
3.2005至2008年能源消费量根据云南省全国第二次经济普查数据进行了调整。

Note: a.Comprehensive data of energy were calculated according to equivalent caloricity
b.Total output value and gross value of industrial output were calculated according to the prices of their respective years.
c.The energy consumption volume of year 2005 to 2008 were regulated according to the materials of the second National Economic Census.

8-14 主要年份能源利用经济效益指标（二）
Indicators on Economic Benefits from Energy Utilization in Significant Years (Ⅱ)

年 份 Year	能源消费总量（万吨标准煤）Total Consumption of Energy (10 000 tons of SCE) 等价热值 Equivalent Caloricity	能源消费总量 当量热值 Equivalent Heat Value	规模以上工业综合能耗（万吨标准煤）Comprehensive Energy Consumption of the Industrial Enterprises above Designated Size (10 000 tons of SCE) 当量热值 Equivalent Heat Value	万元生产总值耗能（吨标准煤/万元）Energy Consumption of Gross Regional Product per 10 000 yuan (tons of SCE/10 000 yuan) 按等价热值 Equivalent Caloricity	万元生产总值耗能 按当量热值 Equivalent Heat Value	规模以上万元工业增加值能耗（吨标准煤/万元）Energy Consumption per 10 000 yuan of Industrial Added Value above Designated Size (ton of SCE/10 000 yuan) 按当量热值 Equivalent Heat Value
	按2000年可比价计算					
2000	3 468.33	2 940.74		1.72	1.46	
2001	3 741.03	3 240.39		1.74	1.51	
2002	4 131.31	3 576.86		1.76	1.53	
2003	4 449.97	3 861.70		1.75	1.52	
2004	5 209.81	4 576.79	3 338.83	1.83	1.61	4.35
2005	6 023.97	5 219.55	3 546.35	1.95	1.69	4.26
	按2005年可比价计算					
2005	6 023.97	5 219.55	3 546.35	1.74	1.51	3.55
2006	6 620.57	5 976.53	4 095.81	1.71	1.55	3.40
2007	7 132.63	6 487.79	4 269.52	1.65	1.50	3.16
2008	7 510.82	6 534.34	4 212.50	1.57	1.37	2.85
2009	8 032.06	7 222.76	4 446.47	1.49	1.34	2.74
2010	8 674.17	7 655.60	4 607.10	1.44	1.26	2.47
	按2010年可比价计算					
2010	8 674.17	7 655.60	4 607.10	1.20	1.06	1.67
2011	9 540.28	8 121.85	4 974.14	1.16	0.99	1.53

注：采用数据为等价热值，2005至2008年数据根据云南省第二次全国经济普查数据修正。

Note:Data used in this table are equivalent caloricity.Data from year 2005 to 2008 are regulated according to that of the Second National Economic Census.

8-15 主要国民经济行业能源消费总量和构成(2007-2011年)

单位：万吨标准煤

国民经济行业	National Economic Sector	2007 能源消费量 Total Consumption of Energy	2007 构成(%) Percentage (%)
工 业	**Industry**	**5 300.95**	**100.00**
轻工业	Light Industry	316.22	5.97
重工业	Heavy Industry	4 984.73	94.03
采矿业	**Mining**	**436.80**	**8.24**
煤炭开采和洗选业	Coal Mining and Dressing	198.59	3.75
石油和天然气开采业	Petroleum and Natural Gas Extraction	0.03	
黑色金属矿采选业	Ferrous Metals Mining and Dressing	70.63	1.33
有色金属矿采选业	Nonferrous Metals Mining and Dressing	120.54	2.27
非金属矿采选业	Nonmetal Minerals Mining and Dressing	47.01	0.89
其他采矿业	Other Mining		
制造业	**Manufacturing**	**4 432.17**	**83.61**
农副食品加工业	Agricultural Non-staple Food Processing	138.88	2.62
食品制造业	Food Manufacturing	18.61	0.35
饮料制造业	Beverage Manufacturing	26.48	0.50
烟草制品业	Tobacco Production	35.05	0.66
纺织业	Textile Industry	11.49	0.22
纺织服装、鞋、帽制造业	Textile,Clothing, Footwear Production	0.64	0.01
皮革、毛皮、羽绒及其制品业	Leather, Furs, Down and Related Products	0.02	
木材加工及竹、藤、棕、草制品业	Timber Processing, Bamboo, Cane, Palm Fiber and Straw Products	15.45	0.29
家具制造业	Furniture Manufacturing	0.13	
造纸及纸制品业	Papermaking and Paper Products	61.36	1.16
印刷业	**Printing**	**3.26**	**0.06**
文教体育用品制造业	Cultural, Educational and Sports Goods	0.01	

注：采用数据为等价热值，2005至2008年数据根据云南省第二次全国经济普查数据修正。

Total Consumption of Energy of Main National Economic Sectors and Its Composition (2007-2011)

(10 000 tonsof SCE)

2008		2009		2010		2011	
能源消费量 Total Consumption of Energy	构 成 (%) Percentage (%)	能源消费量 Total Consumption of Energy	构 成 (%) Percentage (%)	能源消费量 Total Consumption of Energy	构 成 (%) Percentage (%)	能源消费量 Total Consumption of Energy	构 成 (%) Percentage (%)
5 597.99	**100.00**	**5 868.90**	**100.00**	**6 301.64**	**100.00**	**6 939.30**	**100.00**
306.51	5.48	387.31	6.60	299.01	4.74	320.45	4.62
5 291.48	94.52	5 481.59	93.40	6 002.63	95.26	6 618.85	95.38
530.14	**9.47**	**530.39**	**9.04**	**569.22**	**9.03**	**662.95**	**9.55**
285.27	5.10	222.90	3.80	279.44	4.43	293.13	4.22
		0.01		0.01		0.90	0.01
95.07	1.70	104.95	1.79	93.05	1.48	115.88	1.67
100.63	1.80	113.91	1.94	110.94	1.76	187.85	2.71
49.17	0.88	88.62	1.51	85.79	1.36	65.19	0.94
4 611.61	**82.38**	**5 023.18**	**85.59**	**5 111.43**	**81.11**	**5 675.65**	**81.79**
100.13	1.79	182.66	3.11	122.76	1.95	100.10	1.44
11.31	0.20	18.63	0.32	15.04	0.24	22.51	0.32
26.76	0.48	35.31	0.60	28.25	0.45	36.43	0.52
33.58	0.60	34.18	0.58	34.09	0.54	47.09	0.68
17.00	0.30	13.59	0.23	9.36	0.15	8.30	0.12
0.93	0.02	1.35	0.02	2.73	0.04	0.73	0.01
0.25		0.23		0.18		0.77	0.01
33.37	0.60	20.11	0.34	15.30	0.24	29.21	0.42
3.75	0.07	4.92	0.08	0.51	0.01	1.72	0.02
61.54	1.10	62.53	1.07	57.92	0.92	62.82	0.91
4.11	**0.07**	**5.13**	**0.09**	**4.05**	**0.06**	**6.50**	**0.09**
0.17						0.71	0.01

Note:Data used in this table are equivalent caloricity.Data from year 2005 to 2008 are regulated according to that of the Second National Economic Census.

8-15 续表

单位：万吨标准煤

国民经济行业	National Economic Sector	2007	
		能源消费量 Total Consumption of Energy	构 成 (%) Percentage (%)
石油加工、炼焦及核燃料加工业	Petroleum Processing,Coking and Nuclear Fuel Processing	147.02	2.77
化学原料及化学品制造业	Raw Chemical Materials and Chemical Products	1 143.41	21.57
医药制造业	Medical and Pharmaceutical Products	11.42	0.22
化学纤维制造业	Chemical Fiber	7.13	0.13
橡胶制品业	Rubber Products	2.00	0.04
塑料制品业	Plastic Products	6.97	0.13
非金属矿物制品业	Nonmetal Mineral Products	658.21	12.42
黑色金属冶炼及压延加工业	Smelting and Pressing of Ferrous Metals	1 403.78	26.48
有色金属冶炼及压延加工业	Smelting and Pressing of Nonferrous Metals	707.62	13.35
金属制品业	Metal Products	3.09	0.06
通用设备制造业	General-purpose Machinery Manufacturing	9.87	0.19
专用设备制造业	Special Purposes Equipment	4.04	0.08
交通运输设备制造业	Transport Equipment	7.44	0.14
电气机械及器材制造业	Electric Equipment and Machinery	3.43	0.06
通信设备、计算机及其他电子设备制造业	Communication Equipment, Computers and Other Electronic Equipment Production	0.53	0.01
仪器仪表、文化办公用机械制造业	Instruments, Meters, Cultural and Clerical Machinery	1.36	0.03
工艺品及其他制造业	Handicraft Articles and Other Goods Production	1.73	0.03
废弃资源和废旧材料回收加工业	Recycling and Disposal of Waste	1.74	0.03
电力、燃气及水生产和供应业	**Production and Supply of Electric Power, Gas and Water**	**431.98**	**8.15**
电力、热力的生产和供应业	Production and Supply of Electric Power and Heat	397.49	7.50
燃气生产和供应业	Gas Production and Supply	26.92	0.51
水的生产和供应业	Water Production and Supply	7.57	0.14
建筑业	**Construction**	**95.01**	
交通运输、仓储及邮电通信业	**Transport, Storage and Post Services**	**671.23**	

注：能源综合消费量按等价热值计算。

continued

(10 000 tonsof SCE)

2008		2009		2010		2011	
能源消费量 Total Consumption of Energy	构　成 (%) Percentage (%)	能源消费量 Total Consumption of Energy	构　成 (%) Percentage (%)	能源消费量 Total Consumption of Energy	构　成 (%) Percentage (%)	能源消费量 Total Consumption of Energy	构　成 (%) Percentage (%)
239.05	4.27	192.05	3.27	250.56	3.98	358.56	5.17
1 199.93	21.44	1 170.43	19.94	1 149.29	18.24	1 302.22	18.77
12.15	0.22	14.72	0.25	13.50	0.21	16.51	0.24
5.63	0.10	6.13	0.10	5.86	0.09	5.25	0.08
2.20	0.04	3.71	0.06	2.64	0.04	3.01	0.04
10.76	0.19	14.28	0.24	12.18	0.19	20.25	0.29
654.47	11.69	895.02	15.25	954.47	15.15	1 033.76	14.90
1 433.82	25.61	1 472.20	25.08	1 495.21	23.73	1 508.78	21.74
663.17	11.85	760.64	12.96	873.26	13.86	1 004.46	14.47
20.59	0.37	40.06	0.68	14.23	0.23	33.26	0.48
20.93	0.37	13.72	0.23	16.05	0.25	25.58	0.37
5.17	0.09	7.27	0.12	5.41	0.09	9.48	0.14
8.72	0.16	31.36	0.53	12.00	0.19	13.42	0.19
4.55	0.08	4.95	0.08	3.94	0.06	4.58	0.07
0.63	0.01	0.60	0.01	1.05	0.02	1.72	0.02
1.36	0.02	1.37	0.02	1.26	0.02	1.59	0.02
29.20	0.52	7.93	0.14	4.76	0.08	11.02	0.16
6.38	0.11	8.10	0.14	5.57	0.09	5.33	0.08
456.25	**8.15**	**315.33**	**5.37**	**620.99**	**9.85**	**600.70**	**8.66**
433.92	7.75	293.71	5.00	594.31	9.43	568.78	8.20
16.60	0.30	15.23	0.26	21.77	0.35	20.14	0.29
5.73	0.10	6.39	0.11	4.91	0.08	11.77	0.17
116.29		**130.80**		**159.53**		**191.26**	
690.45		**709.33**		**881.94**		**947.28**	

Note:The energy consumption volume was calculated according to the equivalent caloricity.

8-16 主要国民经济行业原煤消费量和构成(2007-2011年)

单位：万吨

国民经济行业	National Economic Sector	2007 原煤消费量 Total Consumption of Coal	2007 构成(%) Percentage (%)
工　业	**Industry**	**6 893.22**	**100.00**
轻工业	Light Industry	223.01	3.24
重工业	Heavy Industry	6 670.21	96.76
采矿业	**Mining**	**1 397.03**	**20.27**
煤炭开采和洗选业	Coal Mining and Dressing	1 305.56	18.94
石油和天然气开采业	Petroleum and Natural Gas Extraction		
黑色金属矿采选业	Ferrous Metals Mining and Dressing	46.51	0.67
有色金属矿采选业	Nonferrous Metals Mining and Dressing	12.88	0.19
非金属矿采选业	Nonmetal Minerals Mining and Dressing	32.08	0.47
其他采矿业	Other Mining		
制造业	**Manufacturing**	**2 476.05**	**35.92**
农副食品加工业	Agricultural Non-staple Food Processing	56.43	0.82
食品制造业	Food Manufacturing	19.57	0.28
饮料制造业	Beverage Manufacturing	18.74	0.27
烟草制品业	Tobacco Production	23.89	0.35
纺织业	Textile Industry	11.79	0.17
纺织服装、鞋、帽制造业	Textile,Clothing, Footwear Production	0.65	0.01
皮革、毛皮、羽绒及其制品业	Leather, Furs, Down and Related Products	0.02	
木材加工及竹、藤、棕、草制品业	Timber Processing, Bamboo, Cane, Palm Fiber and Straw Products	8.67	0.13
家具制造业	Furniture Manufacturing	0.07	
造纸及纸制品业	Papermaking and Paper Products	63.49	0.92
印刷业	Printing	0.33	
文教体育用品制造业	Cultural, Educational and Sports Goods		

注：2005至2008年数据根据云南省第二次全国经济普查数据修正。

Total Consumption Coal of Main National Economic Sectors and Its Composition (2007-2011)

(10 000 tons)

2008		2009		2010		2011	
原煤消费量 Total Consumption of Coal	构　成 (%) Percentage (%)	原煤消费量 Total Consumption of Coal	构　成 (%) Percentage (%)	原煤消费量 Total Consumption of Coal	构　成 (%) Percentage (%)	原煤消费量 Total Consumption of Coal	构　成 (%) Percentage (%)
7 273.29	**100.00**	**7 884.94**	**100.00**	**8 397.26**	**100.00**	**8888.78**	**100.00**
240.62	3.31	259.74	3.29	273.44	3.26	232.42	2.61
7 032.68	96.69	7 625.19	96.71	8 123.82	96.74	8 656.36	97.39
1 569.77	**21.58**	**1 498.21**	**19.00**	**1 825.27**	**21.74**	**2 059.15**	**23.17**
1 508.80	20.74	1 409.73	17.88	1 731.78	20.62	1 996.11	22.46
						0.01	
12.20	0.17	12.25	0.16	12.54	0.15	11.48	0.13
12.48	0.17	34.18	0.43	35.37	0.42	0.88	0.01
36.29	0.50	42.05	0.53	45.58	0.54	50.67	0.57
3 065.01	**42.14**	**3 195.65**	**40.53**	**3 369.23**	**40.12**	**3 445.64**	**38.76**
64.58	0.89	64.44	0.82	63.91	0.76	32.52	0.37
9.61	0.13	14.30	0.18	15.55	0.19	14.84	0.17
26.66	0.37	34.92	0.44	34.41	0.41	38.43	0.43
26.63	0.37	29.49	0.37	25.36	0.30	26.60	0.30
20.18	0.28	15.03	0.19	15.16	0.18	7.18	0.08
0.55	0.01	0.35		22.21	0.26	0.34	
0.45	0.01	0.02		0.02		0.10	
30.76	0.42	5.78	0.07	5.07	0.06	10.60	0.12
0.45	0.01	0.01		0.01		0.10	
61.95	0.85	65.38	0.83	66.42	0.79	69.35	0.78
0.51	0.01	0.84	0.01	0.84	0.01	0.64	0.01
						0.01	

Note:Data from year 2005 to 2008 are regulated according to that of the Second National Economic Census.

8-16 续表

单位：万吨

国民经济行业	National Economic Sector	2007 原煤消费量 Total Consumption of Coal	2007 构成(%) Percentage (%)
石油加工、炼焦及核燃料加工业	Petroleum Processing,Coking and Nuclear Fuel Processing	609.77	8.85
化学原料及化学品制造业	Raw Chemical Materials and Chemical Products	639.41	9.28
医药制造业	Medical and Pharmaceutical Products	10.25	0.15
化学纤维制造业	Chemical Fiber	10.91	0.16
橡胶制品业	Rubber Products	1.66	0.02
塑料制品业	Plastic Products	1.04	0.02
非金属矿物制品业	Nonmetal Mineral Products	695.85	10.09
黑色金属冶炼及压延加工业	Smelting and Pressing of Ferrous Metals	183.46	2.66
有色金属冶炼及压延加工业	Smelting and Pressing of Nonferrous Metals	107.22	1.56
金属制品业	Metal Products	1.34	0.02
通用设备制造业	General-purpose Machinery Manufacturing	1.64	0.02
专用设备制造业	Special Purposes Equipment	0.86	0.01
交通运输设备制造业	Transport Equipment	1.54	0.02
电气机械及器材制造业	Electric Equipment and Machinery	0.43	0.01
通信设备、计算机及其他电子设备制造业	Communication Equipment, Computers and Other Electronic Equipment Production		
仪器仪表、文化办公用机械制造业	Instruments, Meters, Cultural and Clerical Machinery	0.15	
工艺品及其他制造业	Handicraft Articles and Other Goods Production	6.87	0.10
废弃资源和废旧材料回收加工业	Recycling and Disposal of Waste	0.01	
电力、燃气及水生产和供应业	**Production and Supply of Electric Power, Gas and Water**	**3 020.14**	**43.81**
电力、热力的生产和供应业	Production and Supply of Electric Power and Heat	3 015.14	43.74
燃气生产和供应业	Gas Production and Supply	5.00	0.07
水的生产和供应业	Water Production and Supply		
建筑业	**Construction**	**25.68**	
交通运输、仓储及邮电通信业	**Transport, Storage and Post Services**	**24.96**	

continued

(10 000 tons)

2008		2009		2010		2011	
原煤消费量 Total Consumption of Coal	构　成 (%) Percentage (%)	原煤消费量 Total Consumption of Coal	构　成 (%) Percentage (%)	原煤消费量 Total Consumption of Coal	构　成 (%) Percentage (%)	原煤消费量 Total Consumption of Coal	构　成 (%) Percentage (%)
974.18	13.39	693.88	8.80	762.86	9.08	623.28	7.01
738.65	10.16	773.21	9.81	835.25	9.95	1 044.71	11.75
12.15	0.17	12.23	0.16	12.72	0.15	12.71	0.14
9.21	0.13	9.35	0.12	10.89	0.13	6.32	0.07
1.90	0.03	2.56	0.03	2.52	0.03	1.19	0.01
1.76	0.02	2.47	0.03	2.82	0.03	2.14	0.02
751.68	10.33	1 072.19	13.60	1 070.36	12.75	1 034.63	11.64
193.32	2.66	235.14	2.98	253.39	3.02	294.32	3.31
116.88	1.61	112.52	1.43	120.64	1.44	192.83	2.17
5.70	0.08	20.64	0.26	21.80	0.26	2.58	0.03
3.56	0.05	2.51	0.03	3.06	0.04	2.55	0.03
0.94	0.01	1.70	0.02	2.82	0.03	3.02	0.03
1.55	0.02	1.83	0.02	1.88	0.02	0.71	0.01
0.56	0.01	0.05		0.06		0.19	
						0.01	
0.16		0.17		0.18		23.27	
7.69	0.11	13.40	0.17	5.94	0.07	0.37	
2.81	0.04	11.25	0.14	13.08	0.16	3 383.99	38.07
2 638.50	**36.28**	**3 191.08**	**40.47**	**3 202.76**	**38.14**	**3 383.99**	**38.07**
2 632.39	36.19	3 186.70	40.42	3 198.59	38.09	3 380.97	38.04
5.80	0.08	4.38	0.06	4.17	0.05	2.62	0.03
0.31						0.40	
28.48		**20.06**		**19.58**		**29.69**	
18.75		**18.33**		**18.38**		**17.66**	

8-17 主要国民经济行业焦炭消费量和构成(2007-2011年)

单位：万吨

国民经济行业	National Economic Sector	2007 焦炭消费量 Total Consumption of Coke	2007 构成(%) Percentage (%)
工　业	**Industry**	**1 373.49**	**100.00**
轻工业	Light Industry	0.15	0.01
重工业	Heavy Industry	1 373.34	99.99
采矿业	**Mining**	**17.26**	**1.26**
煤炭开采和洗选业	Coal Mining and Dressing	5.97	0.43
石油和天然气开采业	Petroleum and Natural Gas Extraction		
黑色金属矿采选业	Ferrous Metals Mining and Dressing	9.70	0.71
有色金属矿采选业	Nonferrous Metals Mining and Dressing	1.54	0.11
非金属矿采选业	Nonmetal Minerals Mining and Dressing	0.05	
其他采矿业	Other Mining		
制造业	**Manufacturing**	**1 354.59**	**98.62**
农副食品加工业	Agricultural Non-staple Food Processing	0.13	0.01
食品制造业	Food Manufacturing		
饮料制造业	Beverage Manufacturing		
烟草制品业	Tobacco Production		
纺织业	Textile Industry		
纺织服装、鞋、帽制造业	Textile,Clothing, Footwear Production		
皮革、毛皮、羽绒及其制品业	Leather, Furs, Down and Related Products		
木材加工及竹、藤、棕、草制品业	Timber Processing, Bamboo, Cane, Palm Fiber and Straw Products		
家具制造业	Furniture Manufacturing		
造纸及纸制品业	Papermaking and Paper Products		
印刷业	Printing		

注：2005至2008年数据根据云南省第二次全国经济普查数据修正。

Total Consumption of Coke of Main National Economic Sectors and Its Composition (2007-2011)

(10 000tons)

2008		2009		2010		2011	
焦炭消费量 Total Consumption of Coke	构成 (%) Percentage (%)	焦炭消费量 Total Consumption of Coke	构成 (%) Percentage (%)	焦炭消费量 Total Consumption of Coke	构成 (%) Percentage (%)	焦炭消费量 Total Consumption of Coke	构成 (%) Percentage (%)
1 327.99	**100.00**	**1 275.55**	**100.00**	**1 229.53**	**100.00**	**1 216.22**	**100.00**
0.38	0.03	0.98	0.08	0.12	0.01	0.40	0.03
1 327.61	99.97	1 274.57	99.92	1 229.41	99.99	1 215.82	99.97
26.36	**1.99**	**22.20**	**1.74**	**9.19**	**0.75**	**15.69**	**1.29**
4.89	0.37	0.80	0.06	0.10	0.01	0.71	0.06
19.63	1.48	13.82	1.08	8.29	0.67	14.07	1.16
1.77	0.13	1.58	0.12	0.45	0.04	0.82	0.07
0.07	0.01	6.00	0.47	0.35	0.03	0.10	0.01
1 300.27	**97.91**	**1 253.16**	**98.24**	**1 219.74**	**99.20**	**1 195.19**	**98.27**
0.22	0.02	0.46	0.04	0.11	0.01	0.20	0.02
0.04		0.25	0.02			0.10	0.01
0.07	0.01					0.10	0.01
		0.02					

Note:Data from year 2005 to 2008 are regulated according to that of the Second National Economic Census.

8−17　续表

单位：万吨

国民经济行业	National Economic Sector	2007 焦炭消费量 Total Consumption of Coke	2007 构　成 (%) Percentage (%)
石油加工、炼焦及核燃料加工业	Petroleum Processing,Coking and Nuclear Fuel Processing	5.38	0.39
化学原料及化学品制造业	Raw Chemical Materials and Chemical Products	291.47	21.22
医药制造业	Medical and Pharmaceutical Products		
化学纤维制造业	Chemical Fiber		
橡胶制品业	Rubber Products		
塑料制品业	Plastic Products		
非金属矿物制品业	Nonmetal Mineral Products	6.95	0.51
黑色金属冶炼及压延加工业	Smelting and Pressing of Ferrous Metals	980.18	71.36
有色金属冶炼及压延加工业	Smelting and Pressing of Nonferrous Metals	64.67	4.71
金属制品业	Metal Products	0.38	0.03
通用设备制造业	General-purpose Machinery Manufacturing	3.31	0.24
专用设备制造业	Special Purposes Equipment	0.39	0.03
交通运输设备制造业	Transport Equipment	1.24	0.09
电气机械及器材制造业	Electric Equipment and Machinery	0.20	0.01
通信设备、计算机及其他电子设备制造业	Communication Equipment, Computers and Other Electronic Equipment Production		
仪器仪表、文化办公用机械制造业	Instruments, Meters, Cultural and Clerical Machinery	0.02	
工艺品及其他制造业	Handicraft Articles and Other Goods Production	0.01	
废弃资源和废旧材料回收加工业	Recycling and Disposal of Waste	0.26	0.02
电力、燃气及水生产和供应业	**Production and Supply of Electric Power, Gas and Water**	**1.64**	**0.12**
电力、热力的生产和供应业	Production and Supply of Electric Power and Heat	0.21	0.02
燃气生产和供应业	Gas Production and Supply	1.43	0.10
水的生产和供应业	Water Production and Supply		
建筑业	**Construction**	**1.54**	
交通运输、仓储及邮电通信业	**Transport, Storage and Post Services**	**0.64**	

continued

10 000 tons

2008		2009		2010		2011	
焦炭消费量 Total Consumption of Coke	构 成 (%) Percentage (%)	焦炭消费量 Total Consumption of Coke	构 成 (%) Percentage (%)	焦炭消费量 Total Consumption of Coke	构 成 (%) Percentage (%)	焦炭消费量 Total Consumption of Coke	构 成 (%) Percentage (%)
5.75	0.43	0.11	0.01			0.10	0.01
274.35	20.66	233.38	18.30	217.57	17.70	176.28	14.49
0.02		0.04				0.10	0.01
3.46	0.26	4.00	0.31	3.07	0.25	3.25	0.27
923.40	69.53	903.27	70.81	908.03	73.85	942.22	77.47
84.10	6.33	82.73	6.49	78.57	6.39	58.86	4.84
0.67	0.05	2.11	0.17	0.34	0.03	0.70	0.06
5.34	0.40	4.17	0.33	7.26	0.59	7.66	0.63
0.38	0.03	0.35	0.03	0.30	0.02	0.32	0.03
2.01	0.15	21.97	1.72	4.46	0.36	5.24	0.43
0.02		0.02		0.02		0.06	0.01
0.05		0.26	0.02	0.01			
0.40	0.03	0.02					
1.36	**0.10**	**0.20**	**0.02**	**0.60**	**0.05**	**5.34**	**0.44**
0.05		0.04				5.34	0.44
1.31	0.10	0.15	0.01	0.60	0.05		
1.62							
0.45							

8-18 主要国民经济行业石油消费量和构成(2007-2011年)

单位：万吨

国民经济行业	National Economic Sector	2007	
		石油消费量 Total Consumption of Petroleum	构 成 (%) Percentage (%)
工 业	**Industry**	**40.83**	**100.00**
轻工业	Light Industry	4.02	9.84
重工业	Heavy Industry	36.81	90.16
采矿业	**Mining**	**10.86**	**26.60**
煤炭开采和洗选业	Coal Mining and Dressing	2.26	5.54
石油和天然气开采业	Petroleum and Natural Gas Extraction		
黑色金属矿采选业	Ferrous Metals Mining and Dressing	2.99	7.32
有色金属矿采选业	Nonferrous Metals Mining and Dressing	2.61	6.40
非金属矿采选业	Nonmetal Minerals Mining and Dressing	3.00	7.35
其他采矿业	Other Mining		
制造业	**Manufacturing**	**25.22**	**61.76**
农副食品加工业	Agricultural Non-staple Food Processing	1.66	4.06
食品制造业	Food Manufacturing	0.81	1.98
饮料制造业	Beverage Manufacturing	0.33	0.81
烟草制品业	Tobacco Production	0.31	0.76
纺织业	Textile Industry	0.04	0.10
纺织服装、鞋、帽制造业	Textile,Clothing, Footwear Production	0.04	0.09
皮革、毛皮、羽绒及其制品业	Leather, Furs, Down and Related Products		
木材加工及竹、藤、棕、草制品业	Timber Processing, Bamboo, Cane, Palm Fiber and Straw Products	0.14	0.35
家具制造业	Furniture Manufacturing	0.02	0.06
造纸及纸制品业	Papermaking and Paper Products	0.34	0.82
印刷业	Printing	0.13	0.33
文教体育用品制造业	Cultural, Educational and Sports Goods		

注：2005至2008年数据根据云南省第二次全国经济普查数据修正。

Total Consumption of Petroleum of Main National Economic Sectors and Its Composition (2007-2011)

(10 000 tons)

2008		2009		2010		2011	
石油消费量 Total Consumption of Petroleum	构　成 (%) Percentage (%)	石油消费量 Total Consumption of Petroleum	构　成 (%) Percentage (%)	石油消费量 Total Consumption of Petroleum	构　成 (%) Percentage (%)	石油消费量 Total Consumption of Petroleum	构　成 (%) Percentage (%)
60.80	**100.00**	**72.29**	**100.00**	**124.28**	**100.00**	**138.38**	**100.00**
4.82	7.92	7.09	**9.81**	8.02	6.45	11.31	8.17
55.98	92.08	65.19	90.19	116.27	93.55	127.07	91.83
23.88	**39.28**	**29.97**	**41.46**	**43.60**	**35.08**	**41.70**	**30.14**
5.32	8.75	7.36	10.18	10.09	8.12	10.66	7.71
						0.31	0.22
7.59	12.49	6.13	8.48	8.48	6.82	9.82	7.09
4.62	7.59	5.53	7.65	9.10	7.32	9.23	6.67
6.35	10.45	10.95	15.14	15.93	12.82	11.69	8.44
32.64	**53.69**	**39.47**	**54.60**	**76.82**	**61.81**	**90.37**	**65.31**
1.55	2.56	1.98	2.73	2.29	1.84	3.14	2.27
0.87	1.43	1.26	1.75	1.48	1.19	2.83	2.04
0.56	0.92	1.04	1.43	1.14	0.92	1.12	0.81
0.31	0.51	0.45	0.63	0.51	0.41	0.76	0.55
0.10	0.17	0.12	0.16	0.14	0.11	0.15	0.11
0.12	0.20	0.25	0.35	0.26	0.21	0.15	0.11
						0.21	0.15
0.35	0.58	0.62	0.85	0.38	0.31	1.25	0.90
0.09	0.16	0.21	0.30	0.30	0.24	0.21	0.15
0.42	0.69	0.43	0.60	0.44	0.36	0.65	0.47
0.37	0.61	0.39	0.54	0.47	0.38	0.49	0.35
0.02	0.03					0.36	0.26

Note:Data from year 2005 to 2008 are regulated according to that of the Second National Economic Census.

8-18 续表

单位：万吨

国民经济行业	National Economic Sector	2007 石油消费量 Total Consumption of Petroleum	2007 构 成 (%) Percentage (%)
石油加工、炼焦及核燃料加工业	Petroleum Processing,Coking and Nuclear Fuel Processing	0.55	1.34
化学原料及化学品制造业	Raw Chemical Materials and Chemical Products	2.23	5.46
医药制造业	Medical and Pharmaceutical Products	0.31	0.76
化学纤维制造业	Chemical Fiber		0.01
橡胶制品业	Rubber Products	0.03	0.06
塑料制品业	Plastic Products	0.26	0.65
非金属矿物制品业	Nonmetal Mineral Products	6.44	15.78
黑色金属冶炼及压延加工业	Smelting and Pressing of Ferrous Metals	2.25	5.50
有色金属冶炼及压延加工业	Smelting and Pressing of Nonferrous Metals	7.71	18.87
金属制品业	Metal Products	0.16	0.38
通用设备制造业	General-purpose Machinery Manufacturing	0.21	0.51
专用设备制造业	Special Purposes Equipment	0.42	1.03
交通运输设备制造业	Transport Equipment	0.57	1.39
电气机械及器材制造业	Electric Equipment and Machinery	0.19	0.45
通信设备、计算机及其他电子设备制造业	Communication Equipment, Computers and Other Electronic Equipment Production	0.01	0.02
仪器仪表、文化办公用机械制造业	Instruments, Meters, Cultural and Clerical Machinery	0.02	0.06
工艺品及其他制造业	Handicraft Articles and Other Goods Production	0.02	0.06
废弃资源和废旧材料回收加工业	Recycling and Disposal of Waste	0.02	0.06
电力、燃气及水生产和供应业	**Production and Supply of Electric Power, Gas and Water**	**4.75**	**11.64**
电力、热力的生产和供应业	Production and Supply of Electric Power and Heat	4.55	11.13
燃气生产和供应业	Gas Production and Supply	0.15	0.37
水的生产和供应业	Water Production and Supply	0.06	0.14
建筑业	**Construction**	**20.94**	
交通运输、仓储及邮电通信业	**Transport, Storage and Post Services**	**415.50**	

continued

(10 000 tons)

2008		2009		2010		2011	
石油消费量 Total Consumption of Petroleum	构　成 (%) Percentage (%)	石油消费量 Total Consumption of Petroleum	构　成 (%) Percentage (%)	石油消费量 Total Consumption of Petroleum	构　成 (%) Percentage (%)	石油消费量 Total Consumption of Petroleum (10 000 tons)	构　成 (%) Percentage (%)
0.71	1.16	0.53	0.73	0.82	0.66	0.82	0.59
2.78	4.57	2.38	3.30	2.70	2.17	3.28	2.37
0.29	0.49	0.37	0.51	0.40	0.32	0.65	0.47
						0.10	0.07
0.04	0.07	0.11	0.16	0.12	0.10	0.26	0.19
0.45	0.75	0.51	0.71	0.56	0.45	0.99	0.71
9.31	15.32	12.35	17.09	22.34	17.97	24.23	17.51
2.62	4.30	3.09	4.28	4.15	3.34	4.22	3.05
9.11	14.99	9.19	12.71	34.18	27.50	39.68	28.68
0.44	0.73	1.07	1.47	0.69	0.56	0.72	0.52
0.40	0.65	0.37	0.52	0.37	0.30	0.62	0.45
0.47	0.78	0.60	0.83	0.61	0.49	0.89	0.64
0.70	1.16	1.11	1.54	1.27	1.02	1.03	0.75
0.24	0.39	0.27	0.37	0.40	0.32	0.39	0.28
0.02	0.04	0.02	0.03	0.03	0.02	0.06	0.04
0.07	0.11	0.06	0.09	0.07	0.06	0.16	0.11
0.09	0.16	0.59	0.81	0.57	0.46	0.49	0.35
0.11	0.18	0.08	0.12	0.10	0.08	0.46	0.33
4.27	**7.03**	**2.85**	**3.94**	**3.87**	**3.11**	**6.30**	**4.55**
3.96	6.52	2.61	3.61	3.60	2.90	5.89	4.26
0.21	0.35	0.13	0.19	0.15	0.12	0.27	0.19
0.10	0.16	0.10	0.14	0.12	0.10	0.14	0.10
35.20		**46.25**		**55.01**		**62.07**	
430.42		**442.66**		**555.84**		**594.49**	

8-19 主要国民经济行业电力消费量和构成(2007-2011年)

单位：亿千瓦小时

国民经济行业	National Economic Sector	2007 电力消费量 Total Consumption of Electricity	2007 构成(%) Percentage (%)
工　业	**Industry**	**589.35**	**100.00**
轻工业	Light Industry	22.85	3.88
重工业	Heavy Industry	566.50	96.12
采矿业	**Mining**	**57.49**	**9.75**
煤炭开采和洗选业	Coal Mining and Dressing	11.52	1.95
石油和天然气开采业	Petroleum and Natural Gas Extraction	0.01	
黑色金属矿采选业	Ferrous Metals Mining and Dressing	11.75	1.99
有色金属矿采选业	Nonferrous Metals Mining and Dressing	27.62	4.69
非金属矿采选业	Nonmetal Minerals Mining and Dressing	6.59	1.12
其他采矿业	Other Mining		
制造业	**Manufacturing**	**423.66**	**71.89**
农副食品加工业	Agricultural Non-staple Food Processing	7.33	1.24
食品制造业	Food Manufacturing	1.04	0.18
饮料制造业	Beverage Manufacturing	1.46	0.25
烟草制品业	Tobacco Production	4.67	0.79
纺织业	Textile Industry	0.99	0.17
纺织服装、鞋、帽制造业	Textile,Clothing, Footwear Production	0.04	0.01
皮革、毛皮、羽绒及其制品业	Leather, Furs, Down and Related Products		
木材加工及竹、藤、棕、草制品业	Timber Processing, Bamboo, Cane, Palm Fiber and Straw Products	2.46	0.42
家具制造业	Furniture Manufacturing	0.01	
造纸及纸制品业	Papermaking and Paper Products	4.64	0.79
印刷业	Printing	0.79	0.13
文教体育用品制造业	Cultural, Educational and Sports Goods		

注：2005至2008年数据根据云南省第二次全国经济普查数据修正。

Total Consumption of Electricity of Main National Economic Sectors and Its Composition (2007-2011)

(100 million kwh)

2008		2009		2010		2011	
电力消费量 Total Consumption of Electricity	构 成 (%) Percentage (%)	电力消费量 Total Consumption of Electricity	构 成 (%) Percentage (%)	电力消费量 Total Consumption of Electricity	构 成 (%) Percentage (%)	电力消费量 Total Consumption of Electricity	构 成 (%) Percentage (%)
650.52	**100.00**	**678.77**	**100.00**	**770.26**	**100.00**	**944.39**	**100.00**
35.00	5.38	40.07	5.90	28.04	3.64	34.69	3.67
615.52	94.62	638.69	94.10	742.22	96.36	909.70	96.33
54.48	**8.37**	**64.01**	**9.43**	**65.00**	**8.44**	**98.36**	**10.42**
12.47	1.92	12.23	1.80	12.47	1.62	18.87	2.00
						0.13	0.01
13.29	2.04	16.02	2.36	16.25	2.11	21.43	2.27
22.84	3.51	23.61	3.48	24.86	3.23	51.31	5.43
5.88	0.90	12.15	1.79	11.42	1.48	6.62	0.70
484.38	**74.46**	**525.21**	**77.38**	**536.05**	**69.59**	**680.57**	**72.06**
9.01	1.39	17.13	2.52	10.60	1.38	7.76	0.82
1.06	0.16	2.11	0.31	1.23	0.16	2.21	0.23
1.75	0.27	2.77	0.41	2.11	0.27	3.05	0.32
4.60	0.71	4.89	0.72	5.02	0.65	8.06	0.85
1.58	0.24	1.32	0.20	0.69	0.09	1.02	0.11
0.13	0.02	0.22	0.03	0.04	0.01	0.08	0.01
		0.06	0.01	0.05	0.01	0.11	0.01
4.25	0.65	4.13	0.61	3.13	0.41	6.05	0.64
0.90	0.14	1.28	0.19	0.02		0.20	0.02
5.32	0.82	5.73	0.84	4.88	0.63	5.66	0.60
0.91	0.14	1.12	0.17	0.87	0.11	1.41	0.15
0.04	0.01					0.05	0.01

Note:Data from year 2005 to 2008 are regulated according to that of the Second National Economic Census.

8-19 续表

单位：亿千瓦小时

国民经济行业	National Economic Sector	2007 电力消费量 Total Consumption of Electricity	2007 构成(%) Percentage (%)
石油加工、炼焦及核燃料加工业	Petroleum Processing,Coking and Nuclear Fuel Processing	4.54	0.77
化学原料及化学品制造业	Raw Chemical Materials and Chemical Products	111.28	18.88
医药制造业	Medical and Pharmaceutical Products	1.10	0.19
化学纤维制造业	Chemical Fiber	0.59	0.10
橡胶制品业	Rubber Products	0.24	0.04
塑料制品业	Plastic Products	1.64	0.28
非金属矿物制品业	Nonmetal Mineral Products	45.37	7.70
黑色金属冶炼及压延加工业	Smelting and Pressing of Ferrous Metals	76.82	13.04
有色金属冶炼及压延加工业	Smelting and Pressing of Nonferrous Metals	153.18	25.99
金属制品业	Metal Products	0.44	0.08
通用设备制造业	General-purpose Machinery Manufacturing	1.45	0.25
专用设备制造业	Special Purposes Equipment	0.67	0.11
交通运输设备制造业	Transport Equipment	1.14	0.19
电气机械及器材制造业	Electric Equipment and Machinery	0.71	0.12
通信设备、计算机及其他电子设备制造业	Communication Equipment, Computers and Other Electronic Equipment Production	0.13	0.02
仪器仪表、文化办公用机械制造业	Instruments, Meters, Cultural and Clerical Machinery	0.33	0.06
工艺品及其他制造业	Handicraft Articles and Other Goods Production	0.18	0.03
废弃资源和废旧材料回收加工业	Recycling and Disposal of Waste	0.40	0.07
电力、燃气及水生产和供应业	**Production and Supply of Electric Power, Gas and Water**	**108.20**	**18.36**
电力、热力的生产和供应业	Production and Supply of Electric Power and Heat	105.61	17.92
燃气生产和供应业	Gas Production and Supply	0.51	0.09
水的生产和供应业	Water Production and Supply	2.08	0.35
建筑业	**Construction**	**12.43**	
交通运输、仓储及邮电通信业	**Transport, Storage and Post Services**	**13.10**	

continued

(100 million kwh)

2008		2009		2010		2011	
电力消费量 Total Consumption of Electricity	构 成 (%) Percentage (%)	电力消费量 Total Consumption of Electricity	构 成 (%) Percentage (%)	电力消费量 Total Consumption of Electricity	构 成 (%) Percentage (%)	电力消费量 Total Consumption of Electricity	构 成 (%) Percentage (%)
7.70	1.18	8.62	1.27	9.55	1.24	15.77	1.67
136.83	21.03	133.74	19.70	131.69	17.10	147.33	15.60
1.31	0.20	1.88	0.28	1.51	0.20	2.01	0.21
0.55	0.08	0.55	0.08	0.52	0.07	0.50	0.05
0.30	0.05	0.58	0.09	0.21	0.03	0.55	0.06
2.54	0.39	3.36	0.50	2.82	0.37	4.98	0.53
59.16	9.09	65.75	9.69	63.11	8.19	91.63	9.70
88.69	13.63	87.66	12.91	93.07	12.08	132.06	13.98
136.91	21.05	167.13	24.62	196.74	25.54	227.67	24.11
4.49	0.69	6.85	1.01	1.65	0.21	8.73	0.92
3.65	0.56	2.02	0.30	2.07	0.27	4.58	0.48
0.98	0.15	1.26	0.19	0.70	0.09	1.41	0.15
1.24	0.19	1.96	0.29	1.43	0.19	1.88	0.20
0.96	0.15	1.16	0.17	0.89	0.12	1.06	0.11
0.15	0.02	0.15	0.02	0.29	0.04	0.48	0.05
0.33	0.05	0.33	0.05	0.31	0.04	0.39	0.04
7.85	1.21	1.01	0.15	0.50	0.06	2.57	0.27
1.20	0.18	0.42	0.06	0.35	0.05	1.31	0.14
111.67	**17.17**	**89.55**	**13.19**	**169.21**	**21.97**	**165.46**	**17.52**
109.42	16.82	87.04	12.82	166.96	21.68	161.14	17.06
0.74	0.11	0.77	0.11	0.88	0.11	0.98	0.10
1.50	0.23	1.74	0.26	1.37	0.18	3.34	0.35
12.92		**14.12**		**18.10**		**21.70**	
14.24		**14.59**		**15.96**		**18.55**	

8-20 按三次产业划分能源消费量(1995-2011年)

Total Consumption of Energy by Three Industries (1995-2011)

单位：万吨标准煤　　(10 000 tons of SCE)

年 份 Year	能源消费总量 Total Consumption of Energy	第一产业 Primary Industry	第二产业 Secondary Industry	工 业 Industry	第三产业 Tertiary Industry	居民生活消费 Household Consumption
1995	2 640.55	133.38	1 971.39	1 948.65	190.02	345.76
1996	2 819.43	150.90	2 069.64	2 036.82	208.20	390.69
1997	3 428.98	182.86	2 466.80	2 429.07	240.75	538.57
1998	3 364.49	179.42	2 420.41	2 383.39	236.22	528.44
1999	3 287.97	282.40	2 261.68	2 224.42	275.50	468.40
2000	3 468.33	297.89	2 385.74	2 346.44	290.61	494.09
2001	3 741.03	271.83	2 518.84	2 481.69	404.99	545.37
2002	4 131.31	264.90	2 840.50	2 796.86	473.48	552.43
2003	4 449.97	239.17	3 180.70	3 132.01	525.53	504.57
2004	5 209.81	216.33	3 859.73	3 802.21	616.96	516.79
2005	6 023.97	228.12	4 468.59	4 390.68	734.12	593.14
2006	6 620.57	225.14	4 975.84	4 883.00	791.77	627.81
2007	7 132.63	237.90	5 395.98	5 300.98	848.27	650.47
2008	7 510.82	205.26	5 714.25	5 597.96	910.28	681.03
2009	8 032.06	215.93	5 999.71	5 868.90	971.21	845.21
2010	8 674.17	177.49	6 461.17	6 301.64	1 214.52	820.99
2011	9 540.28	194.55	7 130.56	6 939.30	1 392.31	822.86

注：采用数据为等价热值，2005至2008年数据根据云南省第二次全国经济普查数据修正。

Note:Data used in this table are equivalent caloricity.Data from year 2005 to 2008 are regulated according to that of the Second National Economic Census.

8-21 全省规模以上工业企业能源消费与库存(2011年)
Total Consumption and Inventory of Energy of Industrial Enterprises above Designated Size (2011)

单位：万吨 (10 000 tons)

名 称	Item	年初库存 Stock in Early Year	能源消费量 Consumption	工业生产 Industrial Production	非工业生产 Non-industrial Production	年末库存 Stock at Year-end
原 煤	Raw Coal	727.53	7 886.38	7 861.68	24.70	574.81
洗精煤	Well Washed Coal	98.67	1 696.66	1 696.63	0.03	67.04
其他洗煤	Other Washed Coal	8.15	51.37	51.36	0.01	3.70
煤制品	Manufacture of Coal	1.36	16.05	16.05		1.21
焦 炭	Coke	50.30	1 159.77	1 157.40	2.38	56.75
其他焦化产品	Other Coked Products	3.16	41.26	41.26		3.34
焦炉煤气（亿立方米）	Coal Gas of Coking Furnace (100 million cu.m)		16.88	16.88		
高炉煤气（亿立方米）	Coal Gas of Furnace (100 million cu.m)		157.70	157.70		
其他煤气（亿立方米）	Other Coal Gas (100 million cu.m)		6.78	6.78		
天然气(亿立方米)	Natural Gas (100 million cu.m)		3.77	3.76	0.01	
液化天然气	Liquefied Natural Gas		0.02	0.02		
原 油	Raw Oil	0.01	0.02	0.02		0.01
汽 油	Gasoline	0.13	3.51	1.35	2.16	0.08
煤 油	Kerosene	0.01	0.15	0.14		0.01
柴 油	Diesel Oil	1.77	31.77	27.07	4.70	2.22
燃料油	Fuel Oil	0.08	2.57	2.57		0.07
液化石油气	Liquefied Petroleum Gas		0.50	0.48	0.02	0.01
炼厂干气	Gas of Metallurgical Plant					
其他石油制品	Other Petroleum Products)	3.18	35.13	35.13		2.82
热 力（万百万千焦）	Heat (10 000 million kilo-joule)		526.63	526.63		
电 力（亿千瓦小时）	Electricity (100 million kwh)		744.41	732.40	12.01	
其他燃料(万吨标准煤)	Other Fuel (10 000 tons of SCE)		2.96	2.96		0.09

主要统计指标解释

工业 我国的工业包括以下四个方面的生产活动：

1. 对自然资源的开采，如：采矿、晒盐等，但不包括禽兽捕猎、水产捕捞和森林采伐。

2. 对农副产品的加工、再加工，如：粮油加工、食品加工、缫丝、纺织、制革等。

3. 对采掘品的加工、再加工，炼铁、炼钢、轧钢、化工生产、石油加工、机械制造、木材加工等，以及电力、水、燃气的生产和供应等。

4. 对工业品的修理、翻新，如：机器设备的修理等。

1984 年以前农村的村及村以下办工业归属农业，1984 年及以后划归工业。

独立核算法人工业企业和工业活动单位 工业统计调查单位分为两类：独立核算法人工业企业和工业活动单位。

独立核算法人工业企业 是指从事工业生产经营活动的单位。应同时具备以下条件：

1. 依法成立，有自己的名称，组织机构和场所，能够承担民事责任。

2. 独立拥有和使用资产，承担负债，有权与其他单位签订合同。

3. 独立核算盈亏，并能够编制资产负债表。

工业活动单位 是指在一个场所从事一种或主要从事一种工业生产活动的经济单位。一般应同时具备以下三个条件：

1. 具有一个场所，从事一种或主要从事一种工业活动。

2. 单独组织工业生产、经营或业务活动。

3. 单独核算收入和支出。

规模以上工业 2011 年年报规模以上工业是指年经营业务收入 2000 万元及以上工业企业。

国有经济（全民所有制工业） 是指生产资料归国家所有的一种经济类型。包括中央和地方各级国家机关，事业单位和社会团体使用国有资产和使用自有资金投资举办的工业企业。1957 年以前的公私合营和私营工业，后均改造为国营工业，这部分工业资料不单独列时，均包括在国有经济内。

集体经济 是指生产资料归公民、集体所有的一种经济类型，包括城乡所有使用集体投资举办的工业企业，以及部分个人通过集体自愿放弃所有权并依法经工商行政管理机关认定为集体所有制的工业企业。

私营经济 是指生产资料归公民私人所有，以雇佣劳动力为基础的一种经济类型，包括私营独资企业，私营合伙企业和私营有限责任公司。

个体经济 是指生产资料归劳动者个人所有，以个体劳动为基础，劳动成果归劳动者个人占有和支配的一种经济类型。

“三资工业” 包括外商投资经济和港、澳、台投资经济。

其他经济 指除国有经济、集体经济、联营经济、股份有限公司、股份制经济、外商投资经济、港、澳、台投资经济、私营、个体经济等以外的其他经济。

轻工业 指提供生活消费品和制作手工工具的工业，是为满足人们吃、穿、用需要的工业。按其所使用的原料不同，可分为两大类：

1. **以农产品为原料的轻工业** 是指直接或间接以农产品为基本原料的轻工业。主要包括食品制造、饮料制造、烟草加工、纺织、缝纫、皮革和毛皮制作、造纸以及印刷等工业。

2. **以非农产品为原料的轻工业** 是指以工业品为原料的轻工业，主要包括文教体育用品、化学药品制造、合成纤维制造、日用化学制品、日用玻璃制品、日用金属制品、手工工具制造、医疗器械制造、文化和办公用机械制造等工业。

重工业 指生产生产资料的工业，是为国民经济各部门提供物质技术基础的工业。按其生产和产品用途，可分为下列三大类：

1. **采掘工业** 是指对自然资源的开采，包括石油开采、煤炭开采、金属矿开采和非金属矿开采等工业；

2. **原材料工业** 是指提供国民经济各部门使用的原料、动力和燃料的工业。包括金属冶炼及加工、炼焦及焦炭化学、化工原料、水泥、人造板以及电力、石油和煤炭加工等工业；

3. **加工工业** 是指对原材料进行加工制造的工业。包括装备国民经济各部门的机械设备制造工业、金属结构、水泥制品等工业，以及为农业提供的生产资料和化肥、农药等工业。

根据上述划分原则，修理业中修理作业对象是重工业的划为重工业，反之划为轻工业。

大、中、小型企业 从2011年年报开始企业规模的划分标准，执行工业和信息化部、国家统计局、发展改革委、财政部制定《中小企业划型标准规定》，按照企业从业人员、主营业务收入，将企业划分为大型、中型、小型和微型。

工业总产值 是以货币表现的工业企业在一定时间内生产的工业产品总量，它反映工业生产的总规模和总水平。它包括：在本企业内不再进行加工，经检验、包装入库的成品价值、对外加工费收入、自制半成品、在制品期末期初差额价值。工业总产值采用" 工厂法" 计算，即以工业企业作为一个整体，按企业工业生产活动的最终成果计算，企业内部不允许重复计算，不能把企业内部各个车间（分厂）生产的成果相加。但在企业之间、行业之间、地区之间存在重复计算。

轻重工业总产值的划分也是按“工厂法”计算的，即一个工业企业在正常情况下生产的主要产品的性质属于轻工业，则该企业的全部总产值作为轻工业总产值；一个工业企业生产的主要产品的性质属于重工业，则该企业的全部总产值作为重工业总产值。

工业总产值新规定的主要修订内容 自1992年起，国务院决定以国内生产总值作为衡量国民经济发展的总量指标，以工业增加值作为衡量工业经济的总量指标，淡化工业总产值指标的作用。但工业增加值指标的计算仍然要以工业总产值为基础。为使工业总产值的计算口径与工业中间投入的计算相配套，减少计算难度，保证工业增加值计算的准确性，在第三次全国工业普查方案中，针对工业总产值计算原规定的缺陷，对其作了下列四个方面的修订：

1. 凡用自备原材料生产的产品，不论其加工的繁简程度如何，一律按全价，即工业总产值包括自备原材料的价值。

2. 凡承接来料加工生产的产品，加工企业一律按财务上结算的加工费计算工业总产值，即不包括定货者来料的价值。

3. 自制半成品、在制品期末期初差额价值，原则上应计入工业总产值，不再按生产周期是六个月以上还是六个月以下来区分是否计入工业总产值。

4. 现价工业总产值一律采用不含销项税额的价格计算。

工业总产值计算新规定与原规定的区别主要包括以下两点：

1. 计算口径不同

（1）全价与加工费的计算原则不同：新规定凡用自备原材料生产的产品，不论其加工的繁简程度如何，一律按加工费计算工业总产值。原规定则根据加工的繁简程度，有一些特殊规定，即对某些来料加工，允许按全价计算工业总产值，对某些自备原材料生产的产品，只允许按加工费计算总产值。

（2）自制半成品、在制品期末、期初差额价值计算规定不同：新规定要求原则上将自制半成品在制品期末期初差额价值计入工业总产值，并明确，凡是企业会计产品成本核算计算了这部分价值，工业总产值中也相应包括，否则可不包括；原规定，凡生产周期在六个月以上的产品，在计算工业总产值时应包括这部分差额价值，否则，可不包括这部分价值。

2. 计算价格不同

按新规定计算的工业总产值按不含销项税额的价格计算；原规定则按含销项税额的价格计算。

工业增加值 是指工业企业在一定时期内以货币表现的工业生产活动的最终成果。

工业企业主要财务指标

1. **资产总计** 指企业过去的交易或者事项形成的、由企业拥有或者控制的、预期会给企业带来经济利益的资源。资产一般按流动性分为流动资产和非流动资产。其中流动资产可分为货币资金、交易性金融资产、应收票据、应收账款、预付款项、其他应收款、存货等；非流动资产可分为长期股权投资、固定资产、无形资产及其他非流动资产等。根据会计“资产负债表”中“资产总计”项目的期末余额数填报。

2. **固定资产原价（原值）** 指企业在建造、购置、安装、改建、扩建、技术改造某项固定资产时所支出的全部货币总额。一般包括买价、包装费、运杂费和安装费等。

3. **流动资产平均余额** 流动资产是指可以在一年或者超过一年的一个营业周期内变现或者耗用的资产，包括现金及各种存款、短期投资、存货等；流动资产平均余额指全部流动资产报告期平均余额。计算公式为：

流动资产月平均余额 = 月初、月末流动资产余额之和 ÷ 2

流动资产季平均余额 = 季内各月流动资产平均余额之和 ÷ 3

流动资产年平均余额 = 1 至 12 月各月流动资产平均余额之和 ÷ 12

工业企业主要经济效益指标

1.**全员劳动生产率** 指根据产品的价值量指标的平均每一职工在单位时间内的产品生产量。目前我国的全员劳动生产率是用工业总产值或工业增加值除以同一时期全部职工的平均人数来计算的。计算公式为：

全员劳动生产率 = 工业总产值/全部职工平均人数 × 12/累计月份

或 = 工业增加值/全部职工平均人数 × 12/累计月份

2. **工业产品销售率** 指报告期工业销售产值与同期全部工业总产值之比，反映工业产品生产已实现销售的程度。计算公式为：

工业产品销售率（%）= 报告期现价工业销售产值/报告期现价工业总产值 × 100%

3. **工业资产利税率** 指报告期已实现的利税总额与同期的资产（流动资产和固定资产净值）之比，反映企业资金运用的经济效益。计算公式为：

工业资产利税率（%）= 报告期止累计实现利税总额/报告期平均流动资产 + 固定资产净值平均余额 × 12/累计月数 × 100%

4. **工业增加值率** 指报告期工业增加值与同期工业总产值之比，反映降低中间消耗的经济效益。计算公式为：

工业增加值率（%）= 报告期工业增加值/（报告期现价工业总产值（新规定）+ 报告期销项税额）× 100%

5. **工业成本费用利润率** 指报告期实现利润总额与成本费用之比，反映降低成本的经济效益。计算公式为：

工业成本费用利润率（%）= 报告期实现利润总额/报告期成本费用总额 × 100%

成本费用是产品销售成本、产品销售费用、管理费用、财务费用之和

6. **流动资产周转率** 指一定时期内流动资产完成的周转次数，反映流动资产的周转速度。计算公式为：

流动资产周转率 = 报告期止累计产品销售收入/报告期平均流动资产 × 12/累计月数

7. **资产负债率** 又称债务比率，该比率反映在企业资产总额中有多少资产是通过借债而得到的。是反映企业长期偿债能力的指标之一，也可以用于衡量企业利用债权人提供资金进行经营活动的能力以及企业在清算时保护债权人利益的程度。计算公式为：

资产负债率 = 负债总额 ÷ 资产总额 × 100%

8. **总资产贡献率** 是反映全部资产的获利能力，是企业管理水平和经营业绩的集中体现。计算公式为：

总资产贡献率（%）= 利润总额 + 利息支出/平均资产总额 × 12/累计月数 × 100%

平均资产总额为资产总计期初、期末之和的算术平均值。即：

平均资产总额 =（期初资产总额 + 期末资产总额）÷ 2

9. **资本保值增值率** 反映企业资产的变动状况，是企业发展能力的集中体现。计算公式为：

资产保值增值率（%）= 期末所有者权益/期初所有者权益 × 100%

能源生产总量 指一定时期内全国（地区）一次能源生产量的总和。一次能源生产量包括原煤、原油、天然气、水电及其他动力能发电量（如风能、地热能等），不包括生物质能、太阳能等的利用和由一

次能源加工转换而成的二次能源产量。能源生产总量是观察全国（地区）能源生产水平、规模、构成和发展速度的总量指标。

能源消费总量 指一定时期内全国（地区）用于生产和生活的各种能源消费量的总和。能源消费总量包括原煤和原油及其制品、天然气、电力的消费量，不包括生物质能和太阳能等的利用。能源消费总量分为三部分，即终端能源消费量、能源加工转换损失量和损失量。它是观察能源消费水平、构成和增长速度的总量指标。

1. **终端能源消费量** 指一定时期内全国（地区）物质生产部门、非物质生产部门和生活消费的各种能源数量，不包括用于加工转换的中间能源消费量、加工转换损失量和损失量。

2. **能源加工转换损失量** 指一定时期内全国（地区）投入加工转换的各种能源数量之和与产出各种能源产品及其他石油制品和其他焦化产品之和的差额。它是观察能源在加工转换过程中损失量变化的指标。

3. **能源损失量** 指一定时期内能源在生产、输送、储存过程中发生的经营管理损失和由于客观原因造成的各种损失量，不包括各种气体能源放空、放散量。

能源生产弹性系数 是研究能源生产量的增长与国民经济增长之间的关系的指标。其计算公式为：

能源生产弹性系数 = 能源生产总量年平均增长速度/国民经济年平均增长速度

国民经济年平均增长速度，可根据不同的目的或需要，用工农业总产值、生产总值等指标来计算，本资料是采用生产总值指标计算的。

电力生产弹性系数 是研究电力生产量的增长与国民经济增长之间关系的指标。一般来说，电力的发展应当快于国民经济的发展，也就是说电力应超前发展。其计算公式为：

电力生产弹性系统 = 电力生产量年平均增长速度/国民经济年平均增长速度

能源消费弹性系数 是反映能源消费增长速度与国民经济增长之间比例关系的指标。其计算公式为：

能源消费弹性系数 = 能源消费年平均增长速度/国民经济年均增长速度

能源节约量 指在满足相等需求，达到相等目标的条件下节约和少用的能源数量。它是评价和考核节约能源工作好坏的重要指标。包括由于提高管理水平和技术水平，使单位产品能耗降低而节约能源的数量，以及由于调整产业结构、产品结构等使产值能耗降低而少用的能源数量。

能源节约率 是反映能源节约程度的综合性指标。能源节约率一般按年计算，如果要研究一个时期内能源节约程度的一般水平，可计算平均能源节约率指标。计算公式为：

能源节约率 = （报告期单位能源消费量/基期单位能源消费量 - 1） ×100%

年平均节能率 = （$\sqrt[n]{\text{报告期单位能源消费量/基期单位能源消费源}}$ - 1） ×100%

公式中：单位能源消费量可以按生产总值、国民收入或工业总产值等计算

n 为基期与报告期间隔的年份数。

能源加工转换效率 指一定时期内能源经过加工转换后，产出的各种能源产品及其他石油制品和其他焦化产品的数量与同期内投入加工转换的各种能源数量的比率。它是观察能源加工转换装置和生产工艺先进与落后、管理水平高低等的重要指标。

能源折算标准 各种能源由于原始计算单位不同，热值也不一样。因此，必须折算成同一标准计算单位，才能进行汇总、对比和分析。国际上习惯采用两种标准计算单位：一种为标准煤，另一种为标准油。目前我国采用标准煤为能源的计算单位。标准煤亦称煤当量，就是将不同品种、不同含热量的能源按各自不同的含热量折合成为一种标准含量的统一计量单位的能源。各类能源折算标准煤是按 1 公斤标准煤的热值为 7000 千卡进行折算的。

当量热值 当量热值又称理论热值（或实际发热值），是指某种能源一个度量单位本身所含热量。其热值的计算可根据试样在充氧的弹筒中（放有浸没氧弹的水的容器）完全燃烧所放出的热量（用燃烧后水温升高计算出来的）进行实测。

等价热值 是指加工转换产出的某种二次能源与相应投入的一次能源的当量，即获得一个度量单位的某种二次能源所消耗的，以热值表示的一次能源量。也就是消耗一个度量单位的某种二次能源，就等价于消耗了以热值表示的一次能源量。等价热值是个变动值，随着能源加工转换工艺的提高和能源管理工作的

加强，转换损失逐渐减少，等价热值会不断降低。等价热值是对二次能源及消耗工质而言，因此一次能源不存在折算问题，因此也无所谓等价热值。

等价热值＝二次能源具有的能量÷转换效率

转换效率＝二次能源产出标准量÷加工转换投入能源标准量

原材料、能源消费量 指在报告期内实际使用的原材料、能源的数量，包括企业主营活动和附营活动实际使用的数量。消费的核算原则为："谁消费谁统计"，即按使用权来统计。核算方法为当进入第一道生产工序，改变原来的形态或性能、或已实际投入使用，即作消费统计。

原材料、能源库存量 指在报告期期初、期末实际结存的原材料、能源数量。库存的核算原则为"谁支配，谁统计"，即按所有权来统计。核算方法是指企业有权支配动用的某一时点实际结存的原材料、能源的数量。

Explanatory Notes on Principal Statistical Indicators

Industry refers to the material production sector which is engaged in the following four aspects:

1. Extraction of natural resources, such as mining, salt production, but not including hunting, fishing and logging;

2. Processing and reprocessing of farm and sideline produces, such as rice husking, food processing, flour milling, wine making, oil pressing, cotton ginning, silk reeling, spinning and weaving, and leather making;

3. Manufacturing of extracted products, such as steel making, iron smelting, chemicals manufacturing, petroleum processing, machine building, timber processing; water and gas production and electricity generation and supply;

4. Repairing and renovating of industrial products, such as the repairing of machinery, equipment and means of transport (including cars) etc..

Prior to 1984, the rural industry run by villages and cooperative organizations under village was classified into agriculture. Since 1984, it has been grouped into industry.

Corporate Industrial Enterprises with Independent Accounting System and Industrial Activity Entities Units of industrial statistics and inquiry are classified into two categories: corporate industrial enterprises with independent accounting system and industrial activity entities.

Corporate Industrial Enterprises with Independent Accounting System refer to enterprises engaging in industrial production activities, which meet the following requirements:

1. Established legally, having their own names, organizations, location, and being able to take civil liability;

2. Legally possessing and having the right to their assets independently, to assume liabilities, and to sign contracts with other entities;

3. Being able to calculate profit and loss independently and prepare their own balance sheets. Industrial Activity Entities refer to the economic entities located in one single place and engaged entirely or primarily in one kind of industrial activity. Which generally meet the following requirements:

1. Having regular location and entirely or mainly engaging in one kind of industrial activity;

2. Operating and managing their industrial production activities independently;

3. Having independent accounting system for income and expenditures.

State - owned Enterprises (Whole People Owned Industry) refers to a type of industrial enterprises where the means of production are owned by the state. It includes the industrial enterprises run by the central and local state agencies at all levels and by institutions and social groups in using state - owned assets and self - owned funds. Joint state - private industries and private industries, which existed before 1957, have been transformed into state industries. Statistics on these enterprises has been included in the state - owned industries since 1957 when separation of data was no longer necessary.

Collective – owned Enterprises refers to a type of industrial enterprises where the means of production are owned collectively, including urban and rural enterprises invested by collectives and some enterprises which were formerly owned privately but have been registered in industrial and commercial administration agencies as collective entities through raising funds from the public.

Private Enterprises refers to a type of economic entities where the means of production are owned privately and employed labor force is taken as their basis. It includes private solely – funded enterprises, private partnership enterprises and private limited liability companies.

Individual Enterprises refers to a type of economic entities where the means of production are owned by individual laborer, individual labor is taken as their basis and labor fruits are owned by individual laborer.

Other Enterprises refers to other enterprises excluding state – owned, collective – owned, private – owned and individual enterprises. It includes joint ownership enterprises, joint stock enterprises, foreign funded enterprises, and enterprises funded by Hong Kong, Macao and Taiwan, etc.

Light Industry refers to the industry that produces consumer goods and hand tools, satisfying people's need of eating, clothing and using. It consists of two categories, depending on the materials used:

1. Industries using farm products as raw materials. These are branches of light industry which directly or indirectly use farm products as basic raw materials, including food and beverages production, tobacco processing, textile, clothing, fur and leather making, paper making, printing, etc. ;

2. Industries using non – farm products as raw materials. These are branches of light industry which use manufactured goods as raw materials, including the manufacture of cultural, educational articles and sports goods, chemicals, synthetic fiber, chemical products for daily use, glass products for daily use, metal products for daily use, hand tools, medical apparatus and instruments, and cultural and clerical machinery.

Heavy Industry refers to the industry, which produces capital goods, and provides various sectors of the national economy with necessary material and technical basis. It consists of the following three branches according to the purpose of production or the use of products:

1. **Mining, quarrying and logging industry** refers to the industry that extracts natural resources, including extraction of petroleum, coal, metal and non – metal ores and logging;

2. **Raw materials industry** refers to the industry that provides various sectors of the national economy with raw materials, fuels and power. It includes smelting and processing of metals, coking and coke chemistry, chemical materials and building materials such as cement, plywood, and power, petroleum refining and coal dressing;

3. **Manufacturing industry** refers to the industry that processes raw materials. It includes machine building industry which equips sectors of the national economy, industries of metal structure and cement products, industries producing means of agricultural production, such as chemical fertilizers and pesticides.

According to the above principle of classification, repairing trades which are engaged primarily in repairing products of heavy industry are classified into heavy industry while those engaged in repairing products of light industry are classified into light industry.

Large – scale, Medium – scale and Small – scale Enterprises Enterprises are classified into three categories: large – scale, medium – scale and small – scale enterprises according to their total assets, annual sales revenue of products and average number of employed persons. The regulations of Methods of Classification of Enterprises by Scale in Statistics have been carried out as the standards of classification since 2003.

Gross Industry Output Value is the total volume of industrial products produced during a given period in monetary terms, which reflects the total achievements and overall scale of industrial production. It includes value of finished products, which are not to be further processed in the enterprises and have been inspected, packed and put in storage, income from external processing, and differential value of self – made semi – finished products and products in process at the end and beginning of the report period. The gross industrial output value is calculated by the "factory method", i. e. an industrial enterprise is treated as the basic amounting unit in calculating the gross industrial output value; no double calculations are to be made within the same enterprise, e. g. the output value of the different workshops (branch factories) of an enterprises should not be added, however, this method does not exclude the possibility of double counting among different enterprises, industries and regions.

Output value of light and heavy industries is also classified by the "factory" method, i. e. if the major products of an industrial enterprise belongs to light industry products, the gross output value of that enterprise is classified wholly into light industry; the same principle applies to heavy industry.

Explanation: differences between the new regulations and the original ones for calculation of gross industrial output value (main points) Since 1992 the State Council has decided to adopt gross domestic product as the total amount index to measure development of the national economy, to adopt added value of industry as the total amount index to measure industrial economy and to downplay the function of the index of gross industrial output value. But the calculation of industrial added value is still based on gross industrial output value. In order to coordinate the principles of calculation of gross industrial output value and of calculation of industrial intermediate input, to reduce the difficulty of calculation and to ensure the accuracy of industrial added value, the revision was made in the following four aspects to counter the defects in the original regulations for the calculation of gross industrial output value in the Third National Industrial General Survey Scheme:

1. Products produced with self - prepared raw material are calculated at all - round price in reporting the gross industrial output value, irrespective complexity of simplicity of production, i. e., the gross industrial output value includes the value of self - prepared raw material.

2. Products processed with supplied materials are calculated, according to processing charges financially settled in reporting the gross industrial output value, i. e., the gross industrial output value excludes the value of orders' material.

3. Differential value of self - made semi - finished products and product in process at the end and beginning of the report period should be calculated into the gross industrial output value in principle and the old method in which inclusion or exclusion of the differential value is determined by whether the production cycle is over or below six months is not applied.

4. Current gross industrial output value is all calculated at price without sales tax. There are two main differences between the new regulations and the original one for calculation of gross industrial output value:

1. Difference in principle of calculation

1) Different principles of calculation for all - round price and processing charge: according to the new regulations, the product produced with self - prepared raw material is calculated at all - round price in reporting the gross industrial output value, no matter how complex or simple its processing is. Under the original regulations, the use of all - round price or processing charge in calculation the complexity or simplicity of processing, i. e., for some products processed with supplied materials gross industrial output value was calculated at all - round price and for some products produced with self - prepared materials, gross industrial output value was calculated only according to the processing charge.

2) Different principles of calculating the differential value of self - made semi - finished products and product in process at the end and beginning of the report period: according to the new regulations, the differential value (of self - made semi - product and product in progress at the beginning and end of period) is calculated into gross industrial output value in principle and it is made clear that if the value is included in product cost, it should be included in gross industrial output value accordingly, otherwise it can not be included. Under the original regulations, for the product with the production cycle over six months, gross industrial output value should include the differential value, otherwise it can not be included.

2. Difference in calculation price Gross industrial output value is calculated at price without sales tax under the new regulations, while at price with sales tax under the original regulations. The gross industrial output value calcu-

lated at fixed price in 1990 does not involve the question of whether value added tax is deducted from calculation price.

The details of the new regulations for calculation of gross industrial output value can refer to the Third National Industrial General Survey Scheme.

Added Value of Industry refers to the final results of industrial production of industrial enterprises in monetary terms during the report period.

Principal Finance Indicators of Industrial Enterprises

1. **Original Value of Fixed Assets** refers to the value of payment made by enterprises, in building, purchase, installation, reconstruction, expansion, and technical transformation of a particular item of fixed assets, which includes expenses on purchase, package, transportation, and installation, etc.

2. **Net value of fixed assets** refers to the balance of the original value of fixed assets minus the amount of accumulated depreciation.

3. **Average balance of current assets**: current assets refer to the assets which can be liquidated or consumed within an operating cycle of one year or over one year, including cash and various deposits, short – term investment, inventory, etc.; average balance of current assets refers to the average balance of all the current assets in the report period. The formulae are as follows:

Monthly Average Balance of Current Assets = Sum of Balance of Current Assets at Beginning and End of Month ÷ 2

Quarterly Average Balance of Current Assets = Sum of Balance of Current Assets in Each Month of Quarter ÷ 3

Annual Average Balance of Current Assets = Sum of Balance of Current Assets in Each Month from January to December ÷ 12

Principal Indicators on Economic Performances of Industrial Enterprises

1. **Overall Labor Productivity** refers to the average output per employed person of industrial enterprises in unit time in value terms. At present, gross industrial output value or added value of industry and average number of staff and workers of an industrial enterprise in a given period are used to calculate overall labor productivity. The formula used is as follows:

Overall Labor Productivity = Gross Industrial Output Value/Average Number of Staff and Workers × 12/Aunmulated Months or = Added Value of Industry/Average Number of Staff and Workers × 12/Aunmulated Months

2. **Ratio of Sales to Gross Output Value** refers to the ratio of industrial sales value in the report period to gross industrial output value in the same period, which reflects the linkage between the industrial production and the realized sales. The formula is as follows:

Ratio of Sales to Gross Output Value = (Industrial Sales Value at Current Price in the Report Period/Gross Industrial Output Value at Current Price in the Report Period) × 100%

3. **Ratio of Profits and Tax to Assets** refers to the ratio of total realized profits and tax in the report period to assets (net value of current assets and fixed assets) in the same period, which reflects the economic efficiency of fund utilization. The formula is as follows:

Ratio of Profits and Tax to Assets (%) = [Total Accumulated Profit and Tax by the End of Report Period/(Average Current Assets in the Report Period + Average Balance of Net Value of Fixed Assets)] × 12/Accumulated Months × 100%

4. **Value – added Rate of Industry** refers to the ratio of added value of industry in the report period to gross output value in the same period, which reflects the economic efficiency of reduction in intermediate input and is calculated as follows:

Value – added Rate of Industry (%) = (Added Value of Industry in the Report Period/Gross Industrial Output Value at Current Price) in the Report Period + Sales Tax in the Report Period) × 100%

5. **Ratio of Profits to Total Costs and Expenses** refers to the ratio of profits realized in the report period to the total costs and expenses in the same period, which reflects the economic efficiency of cost reduction. It is calculated

as follows:

Ratio of Profits to Total Costs and Expenses (%) = (Total Profits Realized in the Report Period/Total Costs and Expenses in the Report Period) ×100%

Costs and expenses are the sum of product sales cost, product sales expenses and financial expenses.

6. **Turnover Rate of Current Assets** refers to the number of times of turnover of current assets in a given period of time, which reflects the speed of the turnover of current assets. It is calculated as follows:

Turnover Rate of Current Assets (%) = (Accumulated Sales Revenue of Products by the End of Report Period/Average Current Assets in the Report Period) ×12/Accumulated Months

7. **Ratio of Debts to Assets** reflects the proportion of assets obtained by borrowing in the total assets of an enterprise. It is one of the indicators reflecting the debt repaying capability of an enterprise in the long run and can also be used to measure the operating capability of an enterprise with the capital from creditors and the degree to which an enterprise can protect the interest of creditor during liquidation. The formula is as follows:

Ratio of Debts to Assets (%) = (Total Debts/Total Assets) ×100%

8. **Contribution Rate of Total** Assets reflects the profit – making capability of all assets and it is a key indicator manifesting the performance and management level of an enterprise. The formula is as follows: Contribution Rate of Total Assets (%) = [(Total Profits and Tax + Interest Payment)/Total Average Assets] × 12/Accumulated Months ×100%

Total average assets refer to the arithmetic average value of total assets at the beginning and end of period, i. e. Total Average Assets = (Total Assets at the Beginning of Period + Total Assets at the End of Period) ÷2.

9. **Rate of Asset Hedge and Increment** reflects the variation of assets of an enterprise and manifests the development capability of an enterprise. The formula is as follows:

Rate of Asset Hedge and Increment (%) = (Owner's Equity at the End of Period/ Owner's Equity at the Beginning of Period) ×100%

Total Energy Production Volume refers to the total production volume of primary energy by all energy production enterprises in the country in a given period of time. It is a comprehensive indicator to show the capacity, scale, composition and development of energy production of the country. The production volume of primary energy includes that of coal, crude oil, natural gas, hydro – power and electricity generated by nuclear energy and other means such as wind power and geothermal power, but excludes that of fuels of low calorific value, bio – energy, solar energy and the secondary energy converted from the primary energy.

Total Domestic Energy Consumption refers to the total consumption of energy of various kinds by material production sectors, non – material production sectors and households in the country in a given period of time. It is a comprehensive indicator to show the scale, composition and development of energy consumption. The total energy consumption includes that of coal, crude oil and their products, natural gas and electricity, but excludes that of fuels of low calorific value, bio – energy and solar energy. It can be divided into three parts: 1. ***Final energy consumption*** refers to the total energy consumption by material production sectors, non – material production sectors and households in the country (region) in a given period of time, but excludes the consumption in conversion of the primary energy into the secondary energy and the loss in the process of energy conversion.

2. ***Loss in the process of energy conversion*** refers to the total input of various kinds of energy for conversion, minus the total output of various kinds of energy in the country in a given period of time. It is an indicator to show the loss that occurs in the process of energy conversion.

3. ***Loss of energy*** refers to the total loss of energy during the course of energy transport, distribution and storage and the loss caused by any objective reason in a given period of time. The loss of various kinds of gas due to gas discharges and stocktaking is excluded.

Elasticity Ratio of Energy Production is an indicator to show the relationship between the growth rate of energy production and that of the national economy. The formula is as follows:

Elasticity Ratio of Energy Production = Average Annual Growth Rate of Energy Production/Average Annual Growth Rate of National Economy.

The average annual growth rate of the national economy can be calculated by gross output value of industry and agriculture, gross output value or other indicators, depending upon the purposes or needs. Gross output value is used in calculation of the ratio in this chapter.

Elasticity Ratio of Electricity Production is an indicator to show the relationship between the growth rate of electricity production that of the national economy. The formula is as follows:

Elasticity Ratio of Electricity Production = Average Annual Growth Rate of Electricity Production/Average Annual Growth Rate of National Economy.

Elasticity Ratio of Energy Consumption is an indicator to show the relationship between the growth rate of energy consumption and that of the national economy. The formula is as follows:

Elasticity Ratio of Energy Consumption = Average Annual Growth Rate of Energy Consumption/Average Annual Growth Rate of National Economy.

Quantity of Energy Conservation refers to the quantity of energy saved and less used in a certain period. It is an important indicator to appraise and examine the work of energy conservation. It includes the quantity of energy saved in unit product by improving management level and technology level and the quantity of energy less used due to the adjustment of industrial structure and product structure.

Ratio of Energy Conservation is a comprehensive indicator reflecting the degree of energy conservation. Ratio of energy conservation is usually calculated annually. The indicator of average ratio of energy conservation can be calculated for the study of the energy conservation in a certain period. The formula is as follows:

Ratio of Energy Conservation = [(Unit Energy Consumption in the Report Period/Unit Energy Consumption in the Base Period) - 1] × 100%

Annual Average Ratio of Energy Conservation = the N – the Root of [(Unit Energy Consumption in the Report Period/Unit Energy Consumption in the Base Period) - 1] × 100%

In which: The unit energy consumption can be calculated according to gross output value, national product or gross industrial output value, etc. The n represents the number of years between base period and report period.

Efficiency of Energy Processing and Conversion refers to the ratio of the total output of energy products of various kinds after processing and conversion to the total input of energy of various kinds for processing and conversion in the same report period. It is an important indicator to show the current conditions of energy processing and conversion equipment, production technique and management.

Energy Conversion Standard Different units are often used to compute different caloric value of various energy sources, so a uniform standard computing unit has to be conversed to summarize, compare and analyze energy. There are two standard computing units practiced internationally: one is standard coal and the other is standard oil. Currently, standard coal is adopted as the computing unit in China for energy calculation, Standard coal also call calorie value equivalent, it refers a uniform standard energy of communistically unit is converted into by differed kinds, different caloric value of various energy . Every kind of energy is converted into standard coal according to one kilogram standard coal quail caloric of 7,000 kilocalories.

Equivalent Caloricity also called theoretic caloricity (or actual calorific value) refers to the heat value contained in one measurement unit of certain energy. The calculation of the heat value is according to the actual measurement of the heat released by complete burning of the test specimen in the cylinder filled with oxygen (container with the oxygen bomb immersed by water).

Equivalent Heat Value refers to certain secondary energy produced by conversion and its equivalent value of corresponding input of the primary energy, which means the quantity of the primary energy expressed by heat value and consumed to obtain one measurement unit of certain secondary energy. It is variation value. With the advancement of the energy conversion technology and the improvement of the energy management, the conversion loss becomes less and less, and the equivalent heat value will reduce gradually. Equivalent heat value is specific to secondary energy and consumed actuating medium, so when it comes into primary energy, there is no equivalent heat value.

Equivalent Heat Value = Energy Content of Secondary Energy ÷ Conversion Efficiency

Conversion Efficiency = Output Standardized Quantity of Secondary Energy ÷ Energy Standardized Quantity Input by Conversion

Consumption of Raw Materials and Energy refers to the quantity of raw materials and energy actually used in the report period. It includes the volume actually used in the main business line and sideline activities of an enterprise. The calculation principle of consumption is: "The one who consumes energy is responsible for conducting statistics on its consumption", i. e., statistics is made according to the use right. The calculation method is that when raw materials or energy enter the first production sequence and the original form or property is changed or they are put into actual use, they are treated as consumption statistics.

Inventory of Raw Materials and Energy refers to the quantity of raw materials and energy actually stored in the beginning and end of the report period. The calculation principle of inventory is: "The one who disposes energy is responsible for conducting statistics on its inventory", i. e., statistics is made according to the ownership. The calculation method refers to the quantity of raw materials and energy actually stored at a certain time that can be disposed by an enterprise.

Chapter 9

九、建筑业和房地产业

Construction and Real Estate

YUNNAN STATISTICAL YEARBOOK

云南统计年鉴 2012

9-1 主要年份建筑施工企业数、人数和施工产值
Number of Construction Enterprises, Employed Persons and Their Output Value in Significant Years

年份 Year	全省 Yunnan	国有建筑施工企业 State-owned Construction Enterprises	集体建筑施工企业 Collective-owned Construction Enterprises	其他 Others
施工企业数(个) Number of Enterprises (unit)				
1985	2 522	144	2 378	
1990	3 010	123	2 887	
1995	2 657	140	2 517	6
2000	1 564	201	854	509
2001	1 583	190	713	680
2002	1 317	152	440	725
2003	1 231	129	330	772
2004	1 663	122	325	1 216
2005	1 648	111	258	1 279
2006	1 796	110	243	1 443
2007	1 903	107	232	1 564
2008	2 150	105	230	1 815
2009	2 117	100	212	1 805
2010	2 176	99	198	1 879
2011	2 227	99	197	1 931
施工企业人数(万人) Number of Employed Persons (10 000 persons)				
1985	46.64	16.70	29.95	
1990	47.61	16.10	31.56	
1995	64.65	18.10	46.39	0.10
2000	53.55	15.90	25.38	12.30
2001	55.58	14.15	22.30	19.12
2002	51.77	12.45	17.03	22.28
2003	57.37	15.35	13.60	28.42
2004	50.30	10.56	10.28	29.46
2005	55.31	9.47	8.63	37.21
2006	63.32	10.53	9.01	43.78
2007	64.77	11.64	7.42	45.71
2008	65.81	11.49	6.86	47.46
2009	70.99	13.44	6.05	51.50
2010	70.99	12.45	5.69	0.05
2011	89.44	9.34	5.28	74.82
建筑业总产值(亿元) Gross Output Value (100 million yuan)				
1985	21.28	10.00	11.01	
1990	36.68	19.00	18.09	
1995	181.22	74.00	107.14	0.34
2000	311.34	131.00	108.83	72.00
2001	345.51	127.83	100.46	117.23
2002	358.24	121.88	77.76	158.59
2003	396.97	132.23	68.24	196.50
2004	448.50	136.31	66.41	245.78
2005	539.59	138.96	58.03	342.60
2006	672.88	183.95	63.78	425.16
2007	763.32	205.86	64.12	493.33
2008	907.58	227.54	71.47	608.57
2009	1 196.86	304.28	77.84	814.74
2010	1 511.85	364.41	83.04	1 064.00
2011	1 869.65	478.01	99.91	1 291.73

注：1996年起各种经济类型的，具有资质等级证书的建筑企业均纳入国家统计；集体企业中的农村集体1996年的数据为测算数，以前年度为省乡镇企业局统计数。

Note: Since 1996, the state statistical coverage has included the construction enterprises of various types of ownership with credentials. The figures of rural collective-owned enterprises in 1996 in this table are estimated figures, while before 1996, they were included in the statistical coverage of the provincial bureau of township and town enterprises.

9-2 总承包专业承包建筑施工企业生产情况(2011年)

单位：亿元

类　别	Category	企业个数(个) Number of Enterprises (unit)	建筑业总产值 Gross Output Value of Construction
全　省	**Yunnan**	**2 227**	**1 868.40**
按企业控股情况分	**Grouped by Share Holding**		
国有控股	State-controlled	133	662.32
集体控股	Collective-controlled	263	207.70
私人控股	Private-controlled	1 753	906.65
按国民经济行业分	**Grouped by Sector**		
房屋建筑业	Building Construction Industry	1 490	1 703.91
土木工程建筑业	Civil Engineering Construction Industry	307	100.62
建筑安装业	Construction Installation	333	26.17
建筑装饰和其他建筑业	Architectural Decoration and Other Construction Industry	97	37.71
按企业资质等级分	**Grouped by Qualification Criteria**		
施工总承包	Construction Contract	1 394	1 700.02
特　级	Special Grade	3	169.54
一　级	First Grade	61	661.63
二　级	Second Grade	456	543.56
专业承包	Professional Contract	788	168.38
一　级	First Grade	60	61.96
二　级	Second Grade	279	55.22
劳务分包	Labor Subcontract	45	
按州市分	**Grouped by Region**		
昆　明	Kunming	1 031	1 199.35
曲　靖	Qujing	203	134.33
玉　溪	Yuxi	154	52.98
保　山	Baoshan	54	46.36
昭　通	Zhaotong	71	34.64
丽　江	Lijiang	60	26.82
普　洱	Pu'er	83	44.24
临　沧	Lincang	49	32.65
楚　雄	Chuxiong	125	58.35
红　河	Honghe	125	91.40
文　山	Wenshan	41	27.08
西双版纳	Xishuangbanna	28	9.78
大　理	Dali	135	70.03
德　宏	Dehong	36	25.51
怒　江	Nujiang	13	5.92
迪　庆	Diqing	19	8.95

Construction Situation of Construction Enterprises of General Contractors and Professional Contractors (2011)

(100 million yuan)

建筑工程 Output Value of Construction Projects	安装工程 Output Value of Installation Projects	竣工产值 Value of Construction Completed	房屋建筑施工面积(万平方米) Floor Space under Construction (10 000 sq.m)	本年新开工面积 Newly Started Building Area in This Year	房屋建筑竣工面积(万平方米) Floor Space Completed (10 000 sq.m)	房屋建筑面积竣工率(%) Ratio of Floor Space Completed (%)
1 666.80	**156.00**	**1 047.13**	**10 452.72**	**5 158.16**	**4 444.94**	**42.5**
591.12	62.38	277.61	2 667.50	1 144.77	682.42	25.6
181.72	20.33	123.96	1 122.57	598.22	598.98	53.4
828.21	49.58	598.63	6 045.54	3 113.59	2 895.01	47.9
1 584.36	82.95	934.90	10 325.66	5 068.30	4 392.03	42.5
28.61	70.04	69.65	100.89	74.46	45.71	45.3
21.51	2.15	17.41	26.17	15.40	7.20	27.5
32.33	0.86	25.17				
1 567.05	94.78	934.28	10 227.96	5 037.81	4 351.84	42.5
163.20	3.40	78.41	432.88	173.75	126.24	29.2
599.17	56.85	263.04	4 239.85	1 758.12	1 358.53	32.0
506.32	22.11	357.13	3 467.22	1 827.95	1 702.92	49.1
99.76	61.22	112.85	224.75	120.35	93.10	41.4
42.40	19.00	38.03	72.42	12.77	31.56	43.6
32.89	20.86	39.33	66.34	57.72	22.22	33.5
1 057.64	124.32	584.59	5 861.70	2 663.56	2 122.68	36.2
122.74	4.28	90.57	932.54	465.68	511.10	54.8
49.42	2.16	39.28	487.64	268.17	233.06	47.8
41.74	3.05	40.52	287.01	136.95	184.55	64.3
31.62	2.68	25.81	342.72	295.17	165.11	48.2
24.17	1.23	21.03	171.53	105.39	121.71	71.0
41.61	2.01	32.40	241.55	119.93	119.74	49.6
30.61	0.80	28.45	175.78	113.67	97.86	55.7
48.01	3.67	47.86	455.70	304.89	199.45	43.8
82.76	6.28	44.36	605.28	314.58	256.71	42.4
25.73	0.88	10.94	251.57	65.64	117.57	46.7
9.52	0.14	6.16	94.72	54.14	47.47	50.1
63.91	2.99	47.71	336.80	174.48	151.60	45.0
23.92	1.29	15.37	133.49	52.99	66.53	49.8
4.52	0.16	2.97	24.91	16.21	11.45	46.0
8.89	0.06	9.10	49.78	6.71	38.35	77.0

9-2 续表

类　别	Category	施　工 Construction 自有机械设备净值(亿元) Net Value of Machinery and Equipment Owned (100 millions yuan)	施　工 Construction 自有机械设备总台数(万台) Number of Machinery and Equipment Owned (10 000 unit)
全　省	**Yunnan**	**95.63**	**18.19**
按企业控股情况分	**Grouped by Share Holding**		
国有控股	State-controlled	25.43	3.61
集体控股	Collective-controlled	9.71	3.04
私人控股	Private-controlled	57.34	10.66
按国民经济行业分	**Grouped by Sector**		
房屋建筑业	Building Construction Industry	89.14	16.77
土木工程建筑业	Civil Engineering Construction Industry	2.67	0.83
建筑安装业	Construction Installation	0.76	0.32
建筑装饰和其他建筑业	Architectural Decoration and Other Construction Industry	3.06	0.27
按企业资质等级分	**Grouped by Qualification Criteria**		
施工总承包	Construction Contract	87.67	16.36
特　级	Special Grade	13.75	1.63
一　级	First Grade	16.26	2.71
二　级	Second Grade	36.14	6.39
专业承包	Professional Contract	7.96	1.83
一　级	First Grade	2.44	0.62
二　级	Second Grade	2.79	0.65
劳务分包	Labor Subcontract		
按州市分	**Grouped by Region**		
昆　明	Kunming	47.91	7.60
曲　靖	Qujing	13.74	1.41
玉　溪	Yuxi	5.90	1.69
保　山	Baoshan	2.89	1.04
昭　通	Zhaotong	1.49	0.31
丽　江	Lijiang	1.39	0.22
普　洱	Pu'er	2.12	0.40
临　沧	Lincang	2.42	0.58
楚　雄	Chuxiong	3.71	1.20
红　河	Honghe	4.70	0.93
文　山	Wenshan	0.23	0.51
西双版纳	Xishuangbanna	0.30	0.20
大　理	Dali	6.07	1.54
德　宏	Dehong	1.93	0.36
怒　江	Nujiang	0.64	0.19
迪　庆	Diqing	0.18	0.01

continued

机 械 设 备 Machinery and Equipment			计算建筑业劳动生产率的平均人数（万人） Average Persons of calculating the Labor Productivity (10000persons)	年末从业人数（万人） Number of Employed Persons at Year-end (10000persons)	全员劳动生产率（万元/人） Overall Labor Productivity of Construction Enterprises (yuan/per)
自有机械设备总功率（万千瓦） Total Power of Machinery and Equipment Owned (10 000kw)	技 术 装备率（万元/人） Value of Machinery Per Laborer (10 000 yuan/person)	动 力 装备率（千瓦/人） Power of Machinery Per Laborer (kw/per)			
406.56	**1.07**	**4.55**	**89.44**	**62.66**	**20.89**
87.87	1.77	6.11	14.38	11.94	46.05
44.35	1.04	4.77	9.30	8.91	22.33
258.94	1.35	6.08	42.57	39.53	21.30
370.34	1.41	5.87	63.06	56.99	27.02
17.58	0.11	0.75	23.36	3.23	4.31
9.62	0.44	5.52	1.74	1.38	15.02
9.03	2.39	7.05	1.28	1.05	29.47
366.93	1.41	5.89	62.28	56.00	27.30
27.87	10.89	22.08	1.26	1.39	134.32
132.00	0.97	7.84	16.83	13.08	39.32
130.67	1.34	4.86	26.88	25.36	20.22
39.63	0.29	1.46	27.11	6.54	6.21
15.27	1.55	9.69	1.58	1.50	39.32
15.02	0.96	5.14	2.92	2.68	18.90
			0.05	0.12	
220.82	0.88	4.07	54.25	29.48	22.11
30.66	2.13	4.75	6.45	6.01	20.81
25.19	1.87	7.97	3.16	3.26	16.77
20.55	0.77	5.47	3.76	4.04	12.34
6.27	1.06	4.46	1.41	1.54	24.62
8.42	0.94	5.70	1.48	0.94	18.14
5.77	0.87	2.36	2.45	1.88	18.07
12.87	1.47	7.83	1.64	1.76	19.86
20.02	0.96	5.20	3.85	2.91	15.16
16.89	1.27	4.55	3.71	2.96	24.61
2.04	0.23	2.01	1.01	1.19	26.68
2.92	0.64	6.30	0.46	0.49	21.08
23.24	1.80	6.91	3.37	3.83	20.81
5.61	1.47	4.27	1.31	1.17	19.42
4.67	1.29	9.35	0.50	0.57	11.88
0.62	0.29	1.01	6.16	6.50	145.21

9-3 总承包专业承包建筑施工企业财务状况(2011年)

单位：亿元

类 别	Item	资产合计 Total Assets	固定资产 Fixed Assets	负债合计 Total Liabilities	流动负债 Liquid Liabilities	所有者权益 Owners' Equity
全 省	**Yunnan**	**1 763.02**	**270.87**	**1 149.90**	**1 058.76**	**613.12**
按企业控股情况分	**Grouped by Share Holding**					
国有控股	State-controlled	618.19	57.08	484.94	445.53	133.25
集体控股	Collective-controlled	227.32	41.84	140.01	124.42	87.32
私人控股	Private-controlled	838.97	163.32	470.98	438.34	367.99
按国民经济行业分	**by Sector**					
房屋建筑业	Building Construction Industry	1 568.23	243.98	1 028.32	946.16	539.91
土木工程建筑业	Civil Engineering Construction Industry	125.58	16.45	82.75	77.10	42.83
建筑安装业	Construction Installation	44.66	4.05	23.23	20.87	21.43
建筑装饰和其他建筑业	Architectural Decoration and Other Construction Industry	24.55	6.40	15.60	14.62	8.95
按企业资质等级分	**by Qualification Criteria**					
施工总承包	Construction Contract	1 555.45	238.44	1 023.35	942.28	532.10
特 级	Special Grade	138.57	18.81	109.57	96.65	29.00
一 级	First Grade	627.26	45.30	496.54	465.43	130.72
二 级	Second Grade	465.80	94.70	266.29	242.69	199.51
专业承包	Professional Contract	207.57	32.43	126.55	116.48	81.01
一 级	First Grade	47.15	6.93	29.86	26.85	17.29
二 级	Second Grade	84.69	11.24	55.89	51.33	28.80
劳务分包	Labor Subcontract					
按州市分	**by Region**					
昆 明	Kunming	1 193.24	130.83	846.70	781.15	346.54
曲 靖	Qujing	108.81	29.76	50.72	42.50	58.09
玉 溪	Yuxi	46.78	13.28	19.50	16.75	27.28
保 山	Baoshan	27.42	7.52	14.14	13.65	13.27
昭 通	Zhaotong	32.16	7.45	16.60	15.51	15.56
丽 江	Lijiang	27.76	5.02	16.71	16.11	11.05
普 洱	Pu'er	35.49	6.74	23.19	21.97	12.30
临 沧	Lincang	19.13	6.36	4.98	4.52	14.15
楚 雄	Chuxiong	51.03	15.43	29.05	28.35	21.98
红 河	Honghe	70.51	15.25	42.81	41.06	27.70
文 山	Wenshan	22.13	4.07	8.88	7.22	13.25
西双版纳	Xishuangbanna	7.85	1.56	4.94	4.81	2.90
大 理	Dali	86.93	14.73	58.49	55.35	28.44
德 宏	Dehong	23.15	9.81	8.61	6.73	14.54
怒 江	Nujiang	3.77	1.70	1.06	0.92	2.72
迪 庆	Diqing	6.85	1.36	3.52	2.16	3.33

Financial Indicators of Construction Enterprises of General Contractors and Professional Contractors (2011)

(100 million yuan)

实收资本 Paid-in Capitals	工程结算收入 Revenue of Project Settlement Accounts	工程结算成本 Cost of Project Settlement Accounts	工程结算税金及附加 Taxes and Extra Charges on Project Settlement Accounts	工程结算利润 Profits of Project Settlement Accounts	经营费用 Operation Expenses	管理费用 Management Expenses	税金 Tax	财务费用 Financial Expenses
390.91	**1 651.35**	**1 449.83**	**56.66**	**133.31**	**11.55**	**60.25**	**2.67**	**13.64**
85.61	611.96	556.60	18.09	36.41	0.86	20.86	0.49	4.09
46.73	194.76	166.44	7.02	19.48	1.82	8.36	0.52	1.78
242.21	757.62	648.59	28.66	71.72	8.66	27.60	1.48	7.17
337.01	1 491.67	1 315.89	51.65	114.94	9.19	49.77	2.26	12.13
31.47	99.78	84.87	3.02	10.16	1.72	6.98	0.27	0.79
15.70	27.58	22.50	0.86	3.99	0.23	1.85	0.05	0.57
6.72	32.32	26.57	1.12	4.22	0.40	1.64	0.10	0.15
333.16	1 489.66	1 317.13	51.68	111.88	8.98	50.03	2.26	12.08
10.91	167.66	150.94	4.19	12.52	0.01	4.53	0.03	1.27
81.21	601.31	550.62	19.23	30.79	0.66	17.17	0.43	5.17
125.57	460.40	398.24	17.76	40.73	3.67	16.70	0.83	3.43
57.74	161.69	132.71	4.98	21.43	2.57	10.22	0.41	1.56
10.84	52.21	44.18	1.68	5.55	0.81	2.29	0.10	0.37
23.13	56.84	47.26	1.55	7.50	0.53	3.89	0.11	0.95
214.05	1 104.77	984.27	35.52	80.34	4.64	39.09	1.50	9.30
36.80	100.59	85.09	4.27	9.59	1.64	3.26	0.22	0.85
19.91	49.92	42.31	2.03	4.93	0.65	1.96	0.06	0.35
9.87	37.05	31.11	1.57	4.09	0.28	1.67	0.03	0.20
11.11	30.45	25.09	1.40	3.73	0.24	2.47	0.05	0.12
9.32	19.95	17.62	0.75	1.40	0.18	0.55	0.03	0.17
10.25	40.24	33.45	1.48	4.78	0.52	1.21	0.08	0.24
10.89	32.30	26.86	1.34	2.87	1.23	0.90	0.05	0.17
17.81	45.11	40.07	1.51	2.92	0.61	1.65	0.17	0.38
15.65	64.72	56.17	2.21	5.88	0.46	3.16	0.24	0.58
4.52	19.47	16.60	0.61	2.19	0.07	0.37	0.01	0.11
2.47	7.56	6.69	0.30	0.28	0.29	0.18	0.01	0.01
17.35	70.34	61.62	2.50	5.95	0.28	2.60	0.15	1.00
7.21	15.01	12.01	0.62	2.16	0.23	0.49	0.02	0.06
2.05	4.36	3.41	0.19	0.67	0.09	0.35	0.03	0.01
1.62	9.52	7.46	0.35	1.55	0.15	0.33	0.02	0.09

9-3 续表

单位：亿元

类别	Item	利润总额 Total Profits
全省	Yunnan	63.91
按企业控股情况分	Grouped by Share Holding	
国有控股	State-controlled	13.95
集体控股	Collective-controlled	10.58
私人控股	Private-controlled	36.99
按国民经济行业分	by Sector	
房屋建筑业	Building Construction Industry	58.02
土木工程建筑业	Civil Engineering Construction Industry	3.33
建筑安装业	Construction Installation	1.60
建筑装饰和其他建筑业	Architectural Decoration and Other Construction Industry	0.97
按企业资质等级分	by Qualification Criteria	
施工总承包	Construction Contract	56.15
特级	Special Grade	6.61
一级	First Grade	11.40
二级	Second Grade	20.75
专业承包	Professional Contract	7.76
一级	First Grade	1.52
二级	Second Grade	2.31
劳务分包	Labor Subcontract	
按州市分	by Region	
昆明	Kunming	36.09
曲靖	Qujing	4.88
玉溪	Yuxi	2.60
保山	Baoshan	1.31
昭通	Zhaotong	1.17
丽江	Lijiang	0.66
普洱	Pu'er	3.42
临沧	Lincang	1.90
楚雄	Chuxiong	1.55
红河	Honghe	2.40
文山	Wenshan	1.89
西双版纳	Xishuangbanna	0.12
大理	Dali	2.97
德宏	Dehong	1.50
怒江	Nujiang	0.32
迪庆	Diqing	1.14

continued

(100 million yuan)

应交所得税 Value-added Tax Payale	企业总收入 Total Revenue	上缴税金 Tax Payment	产值利税率(%) Ratio of Profits & Taxes to Output Value(%)	资产利税率(%) Ratio of Profits and Taxes to Assets(%)
12.04	**1 677.20**	**71.37**	**6.6**	**7.0**
2.75	627.66	21.33	4.9	5.3
2.02	199.02	9.56	8.7	8.0
6.62	763.17	36.76	7.4	8.0
10.69	1 512.76	64.60	6.6	7.1
0.84	104.07	4.14	6.6	5.3
0.24	27.95	1.15	9.6	5.6
0.27	32.42	1.49	5.8	8.9
10.49	1 512.74	64.43	6.5	7.1
1.09	168.20	5.32	6.4	7.8
2.66	615.67	22.32	4.7	5.0
3.75	464.31	22.35	7.2	8.4
1.55	164.46	6.94	7.8	6.3
0.33	52.67	2.12	5.3	7.0
0.54	57.81	2.20	7.2	4.7
7.52	1 125.85	44.55	6.1	6.1
0.97	101.59	5.47	7.0	8.6
0.70	50.37	2.79	8.8	10.0
0.27	37.09	1.87	6.3	10.6
0.10	30.50	1.54	7.5	8.1
0.08	19.95	0.87	5.4	5.2
0.29	40.43	1.85	11.3	14.0
0.24	32.49	1.64	10.1	17.2
0.33	45.52	2.01	5.5	6.3
0.48	65.19	2.93	5.3	6.9
0.28	19.72	0.90	9.3	11.3
0.03	7.90	0.34	4.4	5.5
0.44	71.64	3.09	8.0	6.5
0.22	15.06	0.86	8.4	9.2
0.02	4.37	0.24	9.1	14.2
0.06	9.52	0.44	17.0	22.2

9-4　2011年全省房地产业发展情况

单位：亿元

类　别	Category	房地产开发投资 Investment in Real Estate Revelopment	国　有 State-owned Economy
本年固定资产投资完成额	**Investment in Fixed Assete Completed This Year**	**1 272.72**	**65.05**
#土地开发投资额	in Land Development		
配套工程投资	in Related Projects	13.69	1.57
按构成分	**Grouped by Use of Funds**		
建筑工程	Construction	961.32	45.95
安装工程	Installation	77.44	3.88
设备工器具购置	Purchase of Equipment and Instruments	16.13	0.46
其他费用	Others	217.83	14.77
#旧建筑物购置费	Purchase of Used Building	10.69	
土地购置费	Purchase of Land	129.87	5.25
按工程用途分	**Grouped by Use of Buildings**		
住　宅	Residential Buildings	873.90	43.34
#90平方米以下住房	Residential Buildings below 90 sq.m	175.38	8.97
经济适用房	Economically Affordable Housing	14.58	3.10
别墅、高档公寓	Villas and Upper-scale Apartments	78.17	9.21
办公楼	Office Buildings	44.25	1.40
商业营业用房	Buildings for Business	164.34	5.43
其　他	Others	190.23	14.90
本年新增固定资产	**Newly Increased Fixed Assets**	**435.18**	**34.33**
本年资金来源合计	**Total Funds of All Sources**	**2 115.97**	**126.77**
上年末结余资金	Fund Left from Last Year	467.87	36.19
本年资金来源小计	Fund of All Sources in Currrent Year	1 648.09	90.58
国内贷款	Domestic Loans	129.50	6.17
#银行贷款	from Banks	96.69	5.26
非银行金融机构贷款	from Other Financial Deparments	32.81	0.91
利用外资	Foreign Investment	0.90	
#外商直接投资	Foreign Direct Investment	0.30	
自筹资金	Self-Raising Funds	773.24	35.13
#自有资金	Self-owned Funds	371.59	10.34
其他资金来源	Others	744.45	49.28
#定金及预收款	Earnest Money and Advance Charge	426.18	33.33
个人按揭贷款	Mortgage Loans	202.98	8.22
本年各项应付款合计	**Account Payable**	**311.45**	**14.26**
#工程款	Payment for Construction	135.55	8.20
本年完成开发土地面积(万平方米)	**Space of Land Developed in Current Year (10 000 sq.m)**		
待开发土地面积(万平方米)	**Space of Land to be Developed (10 000 sq.m)**	**1 013.42**	**32.11**
本年购置土地面积(万平方米)	**Space of Land Purchased in Current Year (10 000 sq.m)**	**1 425.38**	**84.28**
本年土地成交价款	**Value of Commercial Land**	**242.13**	**12.04**

Basic Statistics on Real Estate Development (2011)

(100 million yuan)

集　体 Collective-owned Economy	私营个体 Private and Individuals	股份制 Share Holding Economy	外　商 Foreign Funded Economy	港澳台 Economy with Funds from HongKong, Macao and Taiwan	其他 Others
11.84	**572.25**	**53.47**	**6.19**	**26.93**	**536.99**
	8.06	0.15		0.85	3.06
10.01	425.27	44.35	4.10	17.01	414.63
0.74	32.09	2.24		7.66	30.83
0.37	6.57	0.37			8.36
0.72	108.32	6.51	2.09	2.26	83.16
0.03	5.25	0.10			5.31
0.36	65.25	4.02	2.09	0.86	52.04
10.89	383.22	38.44	5.40	18.31	**374.30**
1.63	75.22	5.74		7.12	76.70
0.95	7.38	0.21			2.94
0.12	29.41	1.84	0.69	0.04	36.86
0.17	22.36	1.20	0.79	1.33	17.00
0.36	79.34	8.07		2.94	68.20
0.42	87.34	5.76		4.36	77.45
4.39	**206.51**	**19.02**		**9.00**	**161.93**
16.05	**871.85**	**67.13**	**9.53**	**33.23**	**991.41**
0.75	156.44	6.22	7.57	6.79	253.91
15.30	715.41	60.92	1.96	26.44	737.48
0.35	40.98	4.33		8.95	68.72
0.35	35.01	3.91		7.95	44.21
	5.97	0.42		1.00	24.51
	0.14				0.76
	0.14				0.16
3.50	358.04	26.99	1.40	2.56	345.62
3.05	180.54	16.85	0.97	1.40	158.44
11.46	316.25	29.59	0.56	14.93	322.38
6.50	179.35	18.68	0.19	4.26	183.87
4.09	106.41	6.72	0.37	1.44	75.73
5.52	**139.84**	**8.48**		**6.21**	**137.14**
0.39	54.67	4.42		1.81	66.06
	565.90	**40.79**	**16.81**		**357.81**
9.97	**695.62**	**60.63**	**16.81**	**8.27**	**549.80**
0.66	**122.63**	**4.39**	**12.98**	**6.36**	**83.07**

9-5 2011年全省房地产开发企业财务状况

单位：亿元

类　别	Category	房地产企业 Real Estate	国　有 State-owned Economy
年 初 存 货	**Inventory at Beginning of Current Year**	**1 238.98**	**52.21**
年末资产负债	**Property debt at Year-end**		
流动资产合计	Total Liquid Liabilities	4 052.99	260.22
#存　货	Inventory	2 024.77	117.93
固定资产原价	Fixed Asset Value	144.15	8.18
累计折旧	Accumulated Depreciation	31.75	1.27
#本年折旧	in Current Year	8.09	0.19
资产总计	Assets	5 108.10	332.25
负债总计	Liabilities	4 066.01	250.43
所有者权益合计	Owners' Equity	1 042.09	81.82
#实收资本	Paid-up Capital	666.74	23.15
损益及分配	**Net Income or Loss and Distribution**		
主营业务收入	Operating Income	690.32	54.84
#土地转让收入	Revenues from Land Transfer	9.55	0.64
商品房屋销售收入	Revenues from Commercial Housing Sales	649.58	52.57
房屋出租收入	Housing Rental Income	10.78	0.39
其他收入	Others	20.42	1.25
主营业务成本	Main Business Cost	540.10	44.87
主营业务税金及附加	Main Business Tax & Additional	53.37	4.00
主营业务利润	Main Business Profit		
其他业务收入	Other Operating Revenue		
其他业务利润	Other Operating Profits	8.59	0.53
销售费用	Sales Expenses	21.64	0.70
管理费用	Management Expenses	57.18	2.94
#税　金	Taxes	3.63	0.25
差旅费	Travelling Expenses Fees	1.81	0.05
工会经费	Labour union expenditure	0.16	0.02
财务费用	Financial Expenses	13.02	0.20
#利息支出	Interests	12.12	0.52
营业利润	Business Profits	16.92	2.57
营业外收入	Non-operating Income	4.40	0.27
营业外支出	Non-operating Expenses	6.41	0.22
利润总额	Total Profits	22.88	2.35
应缴所得税	Income Tax Payable	11.30	0.88
本年应付工资总额	Wages Payable in Current Year	26.65	1.60
全部从业年均人数(万人)	**Average Number of Employees Engaged (10 000 persons)**	**6.48**	**0.21**

Financial Status of Real Estate Investment and Development Enterprises (2011)

(100 million yuan)

集 体 Collective-owned Economy	私 营 Individuals	股份制 Share Holding Economy	外 商 Foreign Funded Economy	港澳台 Economy with Funds from Hong Kong,Macao and Taiwan	其 他 Others
5.17	**472.26**	**58.25**	**5.86**	**48.01**	**597.22**
17.07	1 519.15	180.51	20.90	140.07	1 915.07
9.23	808.31	75.79	17.89	46.73	948.89
0.45	55.49	4.18	1.12	17.17	57.56
0.20	11.38	1.33	0.34	4.26	12.97
0.03	2.95	0.21	0.05	1.20	3.46
62.61	1 896.01	276.09	26.28	235.34	2 279.52
59.19	1 570.39	210.17	13.98	162.40	1 799.45
3.42	325.62	65.92	12.30	72.93	480.08
2.88	237.32	39.46	12.69	27.38	323.86
1.47	276.17	29.77	0.19	37.70	**290.18**
0.01	2.11	0.18			6.61
1.41	265.47	28.22		35.09	266.82
0.01	2.80	1.02	0.16	2.17	4.23
0.05	5.79	0.36	0.04	0.44	12.49
1.34	230.46	21.84	0.09	23.35	218.15
0.07	20.86	1.76	0.01	2.55	24.12
0.01	2.71	0.22	0.04	1.49	3.59
0.11	8.17	0.79	0.20	0.68	10.99
0.21	22.47	3.00	0.16	3.55	24.85
0.03	1.48	0.09	0.06	0.35	1.37
0.01	0.76	0.09		0.08	0.82
	0.07				0.07
0.48	5.13	0.88	0.04	1.35	4.94
0.42	4.35	0.81	0.05	1.33	4.64
- 0.71	- 9.88	2.44	- 0.28	9.82	12.96
	2.00	0.02		0.16	1.95
0.12	3.10	0.16	0.01	0.30	2.50
- 0.84	- 1.73	1.94	- 0.28	9.44	12.00
0.02	2.60	0.31		2.58	4.91
0.19	13.22	1.39	0.07	1.31	**8.87**
0.01	**2.53**	**0.27**	**0.16**	**0.16**	**3.26**

9-6 房地产开发企业(单位)施工、销售和待售情况（2011年）

类　别	Category	房地产企业 Enterprises Real Estate	住 宅 Residential Buildings
房屋施工面积(万平方米)	**Floor Space Under Construction (10 000 sq.m)**	**10 597.88**	**7 973.23**
#新开工面积	Newly-started Projects	4 984.70	3 618.18
房屋竣工面积(万平方米)	**Floor Space Completed (10 000 sq.m)**	**1 450.76**	**1 182.14**
#不可销售面积	Space of Floor not Ready for Sale	29.65	15.21
商品住宅竣工套数(万套)	**Number of Commercial Buildings Completed (10 000 units)**		**9.38**
竣工房屋价值（亿元）	**Value of Buildings Completed (100 million yuan)**	**316.36**	**234.77**
出租房屋面积(万平方米)	**Floor Space of Buildings to Lease (sq.m)**	**23.49**	**0.25**
商品房销售面积(万平方米)	**Floor Space of Commercial Buildings Sold (10 000 sq.m)**	**3 107.12**	**2 716.42**
#现房销售面积	Floor Space of Complete Dapartments	430.07	345.39
期房销售面积	Floor Space of Forward Delivery Housing	2 677.05	2 371.03
商品房销售额(亿元)	**Total Sale of Commercial Buildings (100 million yuan)**	**1 133.61**	**921.80**
#现房销售额	Sale of Complete Dapartments	147.63	97.77
期房销售额	Sale of Forward Delivery Housing	985.98	824.03
商品住宅销售套数(万套)	**Number of Commercial Buildings Sold (10 000 units)**		**21.39**
# 现房销售套数	Complete Dapartments		2.47
期房销售套数	Forward Delivery Housing		18.92
待售面积(万平方米)	**Floor Space of Commercial Buildings Unoccupied (10 000 sq.m)**	**263.24**	**156.40**
#待售1-3年(含1年)	Unoccupied from 1 to 3 Years	160.67	107.70
待售3年及以上	Unoccupied for more than 3 Years	7.84	1.02

Basic Statistics on Construction,Sale and Vacancy of Buildings Built of Real Estate Enterprises (2011)

			办公楼 Office Buildings	商业营业用房 Buildings for Business	其　他 Others
#90平方米以下住房 below 90 sq.m	#经济适用房 Economically Affordable Housing	#别墅、高档公寓 Villas and Upper-scale Apartments			
1 173.37	**121.17**	**925.45**	**319.66**	**1 272.57**	**1 032.42**
475.22	38.23	311.80	173.42	611.10	581.99
160.68	**58.11**	**81.87**	**26.94**	**150.77**	**90.91**
1.69		1.59	0.47	2.52	11.45
1.98	**0.64**	**0.32**			
33.35	**9.57**	**21.03**	**13.40**	**45.96**	**22.23**
0.20			**4.62**	**17.54**	**1.08**
452.15	**16.60**	**403.14**	**41.68**	**250.94**	**98.08**
44.48	6.09	58.04	1.82	53.63	29.23
407.67	10.51	345.09	39.86	197.31	68.85
212.64	**2.84**	**143.39**	**22.07**	**159.91**	**29.83**
15.27	0.91	22.15	2.00	40.87	6.99
197.37	1.93	121.24	20.07	119.03	22.84
5.96	**0.18**	**1.80**			
0.58	0.07	0.23			
5.38	0.11	1.57			
13.16	**3.90**	**18.35**	**10.68**	**53.82**	**42.35**
7.52	3.90	12.04	2.57	21.48	28.92
0.01		0.10	0.24	5.37	1.21

主要统计指标解释

建筑施工企业 指从事房屋、构筑物和设备安装生产活动的独立施工单位。

建筑业总产值（自行完成施工产值） 指建筑施工企业在一定时期内所完成的以货币表现的生产总量。是反映全部生产规模、水平和成果的综合指标。

房屋建筑施工面积 指在报告期内施工的全部房屋建筑面积，包括本期新开工的房屋面积、上期施工跨入本期继续施工的房屋面积、上期停缓建在本期恢复施工的房屋面积、本期竣工的房屋面积及本期施工后又停缓建的房屋面积。

房屋建筑竣工面积 指在报告期内房屋建筑按照设计要求全部完工，达到了住人和使用条件，经验收鉴定合格，正式移交使用单位的房屋建筑面积。

自有机械设备年末总台数 指归本企业所有，属于本企业固定资产的生产性机械设备年末总台数。包括施工机械、生产设备、运输设备以及其他设备。

自有机械设备年末总功率 指本企业自有施工机械、生产设备、运输设备以及其他设备等列为在册固定资产的生产性机械设备年末总功率，按设定能力或查定能力计算。包括机械本身的动力和为该机械服务的单独动力设备，如电动机等。计算单位用千瓦，动力换算可按 1 马力 =0. 735 千瓦折合成瓦数。电焊机、变压器、锅炉不计算动力。

营业收入 指企业经营主要业务和其他业务所确认的收入总额。包括主营业务收入与其他业务收入。

利润总额 指建筑施工企业在一定时期内实现的利润。

主营业务收入 指企业确认的销售商品、提供服务等主营业务收入。

建筑业增加值 指建筑企业在报告期内以货币表现的建筑生产经营活动的最终成果。

产值利润率 是指报告期内企业实现的利润总额占同期建筑业总产值的百分比。

房地产开发投资 指各种登记注册类型的房地产开发公司、商品房建设公司及其他房地产开发法人单位和附属于其他法人单位实际从事房地产开发或经营活动的单位统一开发的包括统代建、拆迁还建的住宅、厂房、仓库、饭店、宾馆、度假村、写字楼、办公楼等房屋建筑物和配套的服务设施，土地开发工程（如道路、给水、排水、供电、供热、通讯、平整场地等基础设施工程）的投资；不包括单纯的土地交易活动。

商品房销售面积 指报告期内出售商品房屋的合同总面积（即双方签署的正式买卖合同中所确定的建筑面积）。由现房销售建筑面积和期房销售建筑面积两部分组成。商品房销售额 指报告期内出售商品房屋的合同总价款（即双方签署的正式买卖合同中所确定的合同总价）。该指标与商品房销售面积同口径，由现房销售额和期房销售额两部分组成。

经济适用房 指根据经济适用房计划安排建设的政策性住宅。经济是指房屋建筑造价和销售价格低于一般商品住宅；适用是指适合中低收入家庭购买使用。经济适用房主要是由国家统一下达投资计划，房地产公司开发，对外销售；用地一般采用行政划拨或招标投标方式，免收土地出让金；对各种经批准的收费减半征收，开发利润不超过3%；销售价格实行政府指导价。该指标可以分析房地产投资结构，反映中低收入家庭商品住宅的供求平衡情况。

不可销售面积 指报告期房地产公司竣工的用于拆迁还建的房屋面积；接受委托、定向开发建设，并收取一定的管理费所建设的统建代建房屋竣工面积；竣工的学校、幼儿园、派出所、居委会、商店等公益设施建筑面积。

待售面积 指报告期末已竣工的可供销售或出租的商品房屋建筑面积中，尚未销售或出租的商品房屋建筑面积，包括以前年度竣工和本期竣工的房屋面积，但不包括报告期已竣工的拆迁还建、统建代建、公共配套建筑、房地产公司自用及周转房等不可销售或出租的房屋面积。按照商品房待售时间的长短可以划分为待售一年以下、待售一至三年（含一年）和待售三年以上（含三年）。

Explanatory Notes on Principal Statistical Indicators

Statistical Entities in Construction refers to corporate enterprises engaged in construction of buildings and structures and equipment installation.

Gross Output Value of Construction (Output Value of Self - completed Projects) refers to the total volume of construction products, expressed in monetary terms and completed by construction and installation enterprises during a given period of time. It is a comprehensive indicator reflecting the whole production scale, level and fruits.

Floor Space of Buildings Under Construction refers to the floor space of buildings under construction during the report period, including newly started buildings, buildings started in the preceding period and continued during the current period, and buildings suspended in the preceding period but restarted in the current period, buildings completed during the current period, and buildings under construction and then suspended during the current period.

Floor Space of Buildings Completed refers to the floor space of buildings that are completed in the report period in accordance with the requirements of the design, up to the standard of putting them into use, and have been checked and accepted by concerned departments as qualified ones.

Total Number of Machinery and Equipment Owned at Year - end refers to the number of machines and equipment owned by enterprises, and listed as their fixed assets by the end of the year, including machinery and equipment for construction, production and transportation.

Total Power of Machinery and Equipment Owned at Year - end refers to the total power of machinery and equipment for construction, production and transportation owned by enterprises, and listed as their fixed assets by the end of the year, which is calculated on the basis of the designed or verified capacity, covering the power of machinery and equipment and separate power equipment serving them (such as electric motors), but excluding welders, transformers and boilers. The unit used for the calculation of power is kilowatt, with horsepower converted to kilowatt by 1 horsepower = 0. 735kilowatt.

Operating Revenue refers to the sum of income from principal business and other business of enterprises, including income from settlement of projects and other operating income.

Total Profits refer to the profits made by construction enterprises in a certain period of time.

Income from Principal Business refers to income received by merchandising and providing service of enterprises.

Added Value of Construction refers to the final results of production and operation of construction enterprises in monetary terms in the report period.

Ratio of Profit to Output Value refers to the ratio of the total profits to the gross output value of construction in the report period.

Investment in Real Estate Development refers to investment by real estate development companies, commercialized buildings construction companies and other real estate development units of various types of ownership in the construction of buildings, such as residential buildings, factory buildings, warehouses, hotels, guesthouses, holiday villages, office buildings, and the complementary service facilities and land development projects, such as roads, water supply, water drainage, power supply, heating supply, telecommunications, land leveling and other infrastructural projects. It does not include activities in pure land transactions.

Area of Commercialized Housing Sold refers to total contracted area of commercialized housing (i. e. area of floor space as designated in the formal contracts signed by both sides) during the reference time. It constitutes floor space of completed housing and floor space of future housing.

Value of Commercialized Housing Sold refers to the total contracted value (i. e. value of sales/purchase for selling/purchase of commercialized housing as designated in the contract signed by both sides) during the reference time. This indicator has the same coverage as the area of commercialized housing sold, which constitutes floor space of completed housing and floor space of housing yet to be completed.

Economically Affordable Housing refers to housing constructed according to the State Plan for economically affordable housing. The features of houses of this category are low cost of construction and low prices, and therefore are affordable to mid - income and low income households. Economically affordable housing projects are developed by real estate companies under the State Investment Plan, with the land provided through government allocation or tendering procedures. Developers are exempted from land utilization fees and enjoy another 50% exemption of all other legitimate fees, while their profits are limited to less than 3%, and the completed houses are sold under government - guided prices. This indicator helps to analyze the investment structure of the real estate industry and the demand and supply of housing for mid - income and low income households.

Non - Marketable Area refers to the building area used for removal and rebuilding which completed by real estate companies in reference period; completed building area of unified construction and acting construction which constructed by accepting commission, orientating development construction and charging certain management overhead; building area of completed schools, kindergartens, police stations, neighborhood committees, stores and such public utility constructions.

Floor Space of Vacant Building refers to the area of commercialized buildings haven't been sold or rent in the area of completed marketable and rentable commercialized buildings in the reference period, including the completed building area in the former years and in the current period, while excluding the completed removal and rebuilding buildings, unified and deputized construction buildings, public matched installations buildings and area of the buildings for self - use and revolving buildings of the real estate companies which are unmarketable or can't be rented. According to the vacant time, the buildings can be categorized as follows: buildings vacant less than one year, vacant for one to three years (including one year), vacant more than three years (including three years).

Chapter 10

十、交通运输、通信和服务业

Transport,Communication Industry And Sercice

YUNNAN STATISTICAL YEARBOOK

云南统计年鉴 2012

10-1 主要年份年末交通运输线路长度

Length of Transport Routes at Year-end in Significant Years

单位：公里 (km)

年 份 Year	铁路营业里程 Length of Railways in Operation	公路通车里程 Total Length of Highways	内河航道里程 Length of Navigable Inland Waterways	民用航空航线里程 Length of Civil Aviation Routes	国际航线 International Lines
1980	1 682	44 149	1 006	1 009	
1985	1 679	49 541	1 042	22 720	1 318
1988	1 626	52 534	1 072	23 682	3 071
1989	1 694	54 732	1 072	22 682	3 071
1990	1 695	56 536	1 130	26 639	3 065
1991	1 684	58 123	1 130	30 773	3 114
1992	1 651	60 045	1 130	47 322	4 147
1993	1 644	63 086	1 130	45 132	6 964
1994	1 642	65 578	1 324	64 220	9 464
1995	1 644	68 236	1 324	51 638	9 464
1996	1 644	70 279	1 324	70 610	6 693
1997	2 023	73 821	1 324	89 781	6 693
1998	1 991	76 957	1 324	128 685	16 256
1999	2 015	102 405	1 530	133 105	33 672
2000	2 015	163 604	1 580	119 702	20 356
2001	2 015	163 953	1 824	135 114	20 744
2002	2 016	164 852	1 824	148 114	29 063
2003	1 984	166 133	1 810	145 498	20 907
2004	1 925	167 050	2 549	137 800	24 348
2005	1 925	194 495	2 764	135 448	24 413
2006	1 925	198 496	2 764	136 785	22 437
2007	1 924	200 333	2 764	129 879	26 251
2008	1 924	203 753	2 764	112 120	14 713
2009	1 924	206 028	2 764	152 041	23 875
2010	1 924	209 231	2 893	182 841	49 615
2011	2 142	214 524	3 174	185 643	53 886

10-2 各州市公路运输线路长度
Length of Highways by Region

单位：公里 (km)

州 市	Region	公路通车里程 Total Length of Highways	等级公路 Expressway Total	高 速 Highway	一 级 First class	二 级 Second Class	三 级 Third Class	四 级 Fourth Class	等外公路 Highway Below Class IV
1980		44 149							
1985		49 541							
1988		52 534	43911			99	6209	37683	8543
1989		54 732	46296			126	6252	39902	8436
1990		56 536	48244			195	6484	41524	8292
1991		58 123	49917			199	6718	42959	8206
1992		60 045	52007			211	6811	44900	8038
1993		63 086	55317			587	7056	47633	7769
1994		65 578	57992			615	7302	50034	7586
1995		68 236	60777			917	7571	52248	7459
1996		70 279	62936			1066	7862	53922	7343
1997		73 821	66561	45	71	1301	8080	57064	7260
1998		76 957	69783	205	61	1311	8420	59786	7174
1999		102 405	95354	405	72	1435	8702	84740	7051
2000		109 636	102626	517	153	1722	8798	91436	7010
2001		163 953	106396	517	164	2106	9787	93822	57557
2002		164 853	107617	746	164	2192	9969	94546	57236
2003		166 134	109302	1064	230	2677	10057	95274	56832
2004		167 050	110876	1291	237	3089	10062	96197	56174
2005		167 678	111961	1424	287	3325	9918	97007	55717
2006		198 496	99834	1549	279	3696	9513	84797	98662
2007		200 333	104771	2507	600	4370	9469	87825	95562
2008		203 753	124526	2512	633	4859	9563	106959	79227
2009		206 028	138150	2512	628	4973	9518	120519	67878
2010		209 230	158119	2630	733	5771	9329	139656	51111
2011		214 524	165 843	2 746	842	9 553	8 407	144 295	48 681
昆 明	Kunming	16 963	13 598	438	126	963	596	11 475	3 365
曲 靖	Qujing	20 436	17 299	255	229	576	909	15 330	3 137
玉 溪	Yuxi	16 702	16 224	239	78	591	926	14 390	478
保 山	Baoshan	12 315	9 246	134	34	757	251	8 069	3 069
昭 通	Zhaotong	15 316	11 116	135		860	172	9 948	4 200
丽 江	Lijiang	6 620	5 739	9	20	305	565	4 840	881
普 洱	Pu'er	19 176	12 507	200	15	768	596	10 928	6 669
临 沧	Lincang	14 475	11 453		22	1 050	170	10 210	3 022
楚 雄	Chuxiong	17 283	10 546	301	34	327	686	9 198	6 737
红 河	Honghe	20 266	17 067	416	43	610	1 113	14 885	3 199
文 山	Wenshan	14 380	12 136	303	59	501	1 105	10 168	2 244
西双版纳	Xishuangbanı	6 336	4 674	90	27	431	19	4 107	1 662
大 理	Dali	17 537	11 821	225	138	916	967	9 576	5 716
德 宏	Dehong	7 416	5 338		16	626	188	4 508	2 078
怒 江	Nujiang	4 276	3 026			102	86	2 838	1 250
迪 庆	Diqing	5 025	4 053		2	170	57	3 824	972

10-3 铁路里程和机车拥有量(2007-2011年)
Length of Railways and Number of Railway Locomotives Owned (2007-2011)

指 标	Item	2007	2008	2009	2010	2011
铁路里程	**Length of Railways in Operation**					
正线延长里程(公里)	Length of Railways in Trunk Line (km)	2 172.10	2 170.60	2 136.30	2 154.90	2 159.40
营业里程(公里)	Length of Railways in Operation (km)	1 923.70	1 923.70	1 923.70	1 923.70	2 142.40
准 轨(公里)	Standard Tracks (km)	1 262.90	1 262.90	1 262.90	1 262.90	1 485.80
米 轨(公里)	Meter Tracks (km)	660.80	660.80	660.80	660.80	656.60
内燃机车牵引里程(公里)	Length of Diesel Engine Routes (km)	857.90	857.90	857.90	857.90	861.80
占营业里程比重(%)	As Percentage of Railways in Operation (%)	44.60	44.60	44.60	44.60	44.71
半自动闭塞里程(公里)	Semi-automatic Blocking Length (km)	1 781.20	1 781.20	1 785.10	1 676.90	1 574.20
占营业里程比重(%)	As Percentage of Railways in Operation (%)	92.6	92.6	92.8	87.2	81.7
无缝线路里程(公里)	Length of Continuous Welded Rail (km)	946.6	973.6	1191.5	1254.5	1309.6
占营业里程比重(%)	As Percentage of Railways in Operation (%)	43.6	50.6	61.9	65.2	67.9
有电气集中的车站(个)	Number of Stations with Electric Interlocking (unit)	132	132	130	129	128
占正式营业线路车站比重(%)	As Percentage of Railways Stations in Operation (%)	67	67.0	70.7	69.7	87.1
营业线路主要车站(个)	Railways Station of in Operation (unit)	196	196	184	184	147
铁路机车拥有量(台)	Number of Railway Locomotives(unit)	388	381	391	360	368
内燃机车(台)	Diesel Locomotives (unit)	171	164	174	132	133
电力机车(台)	Electric Locomotives (unit)	217	217	217	228	235

10-4 铁路客货车拥有量(2010-2011年)
Number of Railway Passenger Coaches and Freight Cars Owned (2010-2011)

指 标	Item	2010	#准 轨 Standard Tracks	2011	#准 轨 Standard Tracks
客车合计(辆)	**Passenger Coaches (unit)**	**1 316**	**1 294**	**1 381**	**1 359**
软卧车	Soft Berth Coaches	99	99	95	95
硬卧车	Hard berth Coaches	584	584	585	585
硬座车	Hard Seat Coaches	491	479	483	471
餐 车	Dining Cars	77	77	75	75
行李邮政车	Luggage and Post Cars			14	14
其 他	Others	61	51	129	119
货车合计(辆)	**Freight Cars (unit)**	**1 266**		**1 266**	
按车型分	Grouped by Type of Car				
棚 车	Covered Cars	188		188	
敞 车	Open cars	894		894	
平 车	Flat Cars	80		80	
罐 车	Tank Cars	94		94	
其 他	Others	10		10	
按载重量分	Grouped by Capacity of Car				
40吨及以下	40 Tons and Under	1 266		1 266	
货车总载重(万吨)	Total Loading Capacity of Freight Cars (10 000 tons)	5.70		5.70	
平均每辆车载重量(吨)	Average Marked Loading Capacity Per Car (ton)	45		45	

10−5(1) 各州市民用车辆拥有量(按类型分组)(2011年)

Possession of Civil Vehicles by Region(Grouped by Vehicles Types)(2011)

单位：万辆、万人 (10 000 units 10 000 persons)

州市	Region	民用车辆拥有量	汽车合计 Total	摩托车 Motors	拖拉机 Tractors	挂 车 Trailers	其他类型车 Others	机动车驾驶员 Number of Motor Drivers	#汽车驾驶员 Automobile Drivers
全 省	**Yunnan**	**849.37**	**287.72**	**518.93**	**42.15**	**0.56**	**0.01**	**757.96**	**455.98**
昆 明	Kunming	149.58	101.57	44.20	3.64	0.17	0.01	172.94	152.25
曲 靖	Qujing	86.75	31.47	52.29	2.96	0.03		85.74	56.93
玉 溪	Yuxi	64.54	21.35	39.05	4.02	0.12		49.18	30.59
保 山	Baoshan	52.90	9.76	40.09	3.02	0.04		40.50	16.37
昭 通	Zhaotong	44.76	11.80	31.90	1.05	0.01		40.40	21.04
丽 江	Lijiang	17.91	7.35	8.70	1.86			14.55	9.81
普 洱	Pu'er	61.59	11.90	45.89	3.79	0.01		46.83	18.49
临 沧	Lincang	43.72	6.35	32.38	4.98			36.63	11.36
楚 雄	Chuxiong	45.17	10.19	31.98	2.95	0.04		41.72	20.10
红 河	Honghe	73.26	22.76	47.74	2.71	0.05		58.75	37.73
文 山	Wenshan	55.12	10.38	42.99	1.74	0.01		54.50	17.68
西双版纳	Xishaungbanr	37.46	8.33	27.62	1.50			24.27	13.67
大 理	Dali	63.21	17.44	42.71	3.00	0.05		53.02	29.00
德 宏	Dehong	38.92	7.80	27.77	3.35	0.01		29.15	12.85
怒 江	Nujiang	4.40	1.92	2.08	0.40			4.63	3.40
迪 庆	Diqing	7.05	4.65	1.19	1.19	0.02		5.17	4.72

10−5(2) 各州市汽车拥有量(2011年)
Possession of Vehicles by Region(2011)

单位：万辆 (10 000 units)

州 市	Region	汽车合计 Total	载客汽车 Passenger Vehicles	#轿 车 Car	载货汽车 Trucks	其他汽车 Others	#三 轮 Three-wheel	#低速货车 Four-wheel
全 省	**Yunnan**	**287.72**	**206.70**	**115.26**	**71.66**	**9.36**	**0.43**	**7.24**
昆 明	Kunming	101.57	87.17	53.99	13.40	1.00	0.14	0.22
曲 靖	Qujing	31.47	21.64	11.12	8.73	1.10	0.05	0.92
玉 溪	Yuxi	21.35	13.63	8.33	7.28	0.45	0.01	0.27
保 山	Baoshan	9.76	5.74	2.92	3.57	0.44	0.02	0.37
昭 通	Zhaotong	11.80	7.67	3.33	3.82	0.32	0.04	0.22
丽 江	Lijiang	7.35	4.79	2.41	2.22	0.35	0.02	0.30
普 洱	Pu'er	11.90	6.40	3.00	4.19	1.31	0.01	1.26
临 沧	Lincang	6.35	4.02	2.31	1.95	0.38		0.35
楚 雄	Chuxiong	10.19	6.90	3.49	2.63	0.66	0.03	0.55
红 河	Honghe	22.76	14.34	6.86	6.74	1.69	0.04	1.47
文 山	Wenshan	10.38	6.71	3.63	3.41	0.27	0.02	0.20
西双版纳	Xishaungbanna	8.33	5.43	3.19	2.78	0.12		0.09
大 理	Dali	17.44	11.46	5.58	5.40	0.59	0.03	0.41
德 宏	Dehong	7.80	4.76	2.62	2.65	0.39		0.35
怒 江	Nujiang	1.92	1.29	0.46	0.56	0.07		0.06
迪 庆	Diqing	4.65	2.18	0.88	2.25	0.22		0.20

10−5(3) 各州市载客汽车拥有量(2011年)

Possession of Passenger Vehicles by Region(2011)

单位：万辆 (10 000 units)

州市	Region	载客汽车 Passenger Vehicles	大 型 Large-scale	中 型 Medium	小 型 Small-scale	微 型 Miniature
全 省	**Yunnan**	**206.70**	**2.21**	**3.31**	**185.15**	**16.02**
昆 明	Kunming	87.17	0.91	0.88	78.55	6.83
曲 靖	Qujing	21.64	0.20	0.24	19.41	1.78
玉 溪	Yuxi	13.63	0.11	0.17	11.66	1.68
保 山	Baoshan	5.74	0.05	0.14	5.21	0.34
昭 通	Zhaotong	7.67	0.09	0.12	6.54	0.92
丽 江	Lijiang	4.79	0.07	0.11	4.30	0.30
普 洱	Pu'er	6.40	0.07	0.13	5.88	0.32
临 沧	Lincang	4.02	0.03	0.08	3.75	0.17
楚 雄	Chuxiong	6.90	0.06	0.17	6.12	0.55
红 河	Honghe	14.34	0.17	0.27	12.99	0.90
文 山	Wenshan	6.71	0.07	0.16	6.08	0.40
西双版纳	Xishaungbanna	5.43	0.08	0.16	4.95	0.24
大 理	Dali	11.46	0.13	0.32	10.27	0.73
德 宏	Dehong	4.76	0.03	0.10	4.24	0.39
怒 江	Nujiang	1.29	0.02	0.04	1.17	0.06
迪 庆	Diqing	2.18	0.05	0.07	1.84	0.21

10−5(4) 各州市载货汽车拥有量(2011年)

Possession of Freight Vehicles by Region(2011)

单位：万辆 (10 000 units)

州 市	Region	载货汽车 Trucks	重 型 Heavy	中 型 Medium	轻 型 Light	微 型 Miniature
全 省	**Yunnan**	**71.66**	**10.33**	**17.47**	**43.67**	**0.19**
昆 明	Kunming	13.40	2.21	2.43	8.74	0.02
曲 靖	Qujing	8.73	1.77	2.26	4.69	0.01
玉 溪	Yuxi	7.28	1.07	2.07	4.10	0.04
保 山	Baoshan	3.57	0.54	0.99	2.04	
昭 通	Zhaotong	3.82	0.59	0.86	2.35	0.02
丽 江	Lijiang	2.22	0.23	0.72	1.25	0.01
普 洱	Pu'er	4.19	0.24	1.19	2.76	
临 沧	Lincang	1.95	0.18	0.41	1.36	
楚 雄	Chuxiong	2.63	0.37	0.61	1.63	0.02
红 河	Honghe	6.74	1.11	1.78	3.84	
文 山	Wenshan	3.41	0.26	0.80	2.32	0.03
西双版纳	Xishaungbanna	2.78	0.08	0.44	2.26	
大 理	Dali	5.40	0.77	1.48	3.15	
德 宏	Dehong	2.65	0.25	0.55	1.84	
怒 江	Nujiang	0.56	0.04	0.10	0.42	
迪 庆	Diqing	2.25	0.63	0.77	0.84	0.01

10–5(5) 各州市摩托车和拖拉机拥有量(2011年)
Possession of Motorcycles and Tractors by Region(2011)

单位：万辆 (10 000 units)

州 市	Region	摩托车 Motors	普 通 Common	轻 便 Convenient	拖拉机 Tractors	#大中型 Large and Medium	#小型方向盘式 Small Steering Wheel
全 省	**Yunnan**	**518.93**	**507.29**	**11.64**	**42.15**	**25.29**	**8.56**
昆 明	Kunming	44.20	42.86	1.34	3.64	2.01	0.80
曲 靖	Qujing	52.29	51.56	0.72	2.96	1.81	0.92
玉 溪	Yuxi	39.05	35.75	3.30	4.02	1.12	2.20
保 山	Baoshan	40.09	39.63	0.46	3.02	2.71	0.07
昭 通	Zhaotong	31.90	31.59	0.31	1.05	0.54	0.49
丽 江	Lijiang	8.70	8.61	0.09	1.86	0.79	0.82
普 洱	Pu'er	45.89	44.75	1.14	3.79	2.27	0.08
临 沧	Lincang	32.38	32.15	0.24	4.98	3.07	0.28
楚 雄	Chuxiong	31.98	30.82	1.16	2.95	1.65	0.88
红 河	Honghe	47.74	46.91	0.82	2.71	2.13	0.55
文 山	Wenshan	42.99	42.74	0.25	1.74	1.40	0.29
西双版纳	Xishaungbanna	27.62	27.09	0.53	1.50	0.72	0.54
大 理	Dali	42.71	41.91	0.80	3.00	2.73	0.15
德 宏	Dehong	27.77	27.33	0.43	3.35	1.39	0.21
怒 江	Nujiang	2.08	2.06	0.02	0.40	0.39	0.01
迪 庆	Diqing	1.19	1.17	0.02	1.19	0.56	0.29

10–6 各州市私人车辆拥有量(2011年)
Number of Private Motor Vehicles by Region (2011)

单位：万辆 (10 000 units)

州 市	Region	私人车辆拥有量 Motor Vehicles by Region	载客汽车 Passenger Vehicles	载货汽车 Trucks	拖拉机 Tractors	摩托车 Motors
全 省	**Yunnan**	**786.80**	**170.91**	**56.64**	**42.15**	**517.10**
昆 明	Kunming	132.52	74.53	10.48	3.64	43.87
曲 靖	Qujing	81.26	18.60	7.51	2.96	52.20
玉 溪	Yuxi	60.78	11.71	6.07	4.02	38.98
保 山	Baoshan	51.30	4.92	3.32	3.02	40.04
昭 通	Zhaotong	42.71	6.39	3.44	1.05	31.83
丽 江	Lijiang	16.33	3.93	1.89	1.86	8.66
普 洱	Pu'er	58.08	5.03	3.52	3.79	45.74
临 沧	Lincang	42.15	3.03	1.80	4.98	32.34
楚 雄	Chuxiong	42.38	5.50	1.97	2.95	31.95
红 河	Honghe	65.14	11.38	3.46	2.71	47.58
文 山	Wenshan	51.65	5.35	1.69	1.74	42.88
西双版纳	Xishuangbanna	36.04	4.57	2.43	1.50	27.53
大 理	Dali	59.61	9.61	4.39	3.00	42.62
德 宏	Dehong	37.14	3.76	2.38	3.35	27.65
怒 江	Nujiang	3.81	0.86	0.48	0.40	2.07
迪 庆	Diqing	5.90	1.72	1.84	1.19	1.16

10-7　民用运输船舶年末实有数(2010-2011年)
Number of Civil Transport Vessels at Year-end (2010-2011)

类　　型	Type	2008		2009		2010	2011
		机动船 Motor Vessels	个体 Individual	机动船 Motor Vessels	个体 Individual	机动船 Motor Vessels	机动船 Motor Vessels
全　省	**Yunnan**						
艘　数（艘）	Number (unit)	843	638	848	562	880	894
净载重量（吨位.万）	Dead Weight Tonnage (10 000 tons)	5.73	3.76	6.55	3.89	6.91	10.06
载客量（客位.万）	Passenger Capacity (10 000 seats)	1.34	1.02	1.65	1.08	1.67	1.77
功　率（万千瓦）	Drawing Power (10 000 kw)	7.16	4.05	7.77	4.11	8.03	7.80
客　船	Passenger Boat						
艘　数（艘）	Number (unit)	538	416	545	316	623	645
载客量（客位.万）	Passenger Capacity (10 000 seats)	1.03	0.76	1.33	0.76	1.50	1.58
功　率（万千瓦）	Drawing Power (10 000 kw)	1.94	1.44	2.25	1.44	2.48	2.38
客货船	Passenger Boat and Cargo Vessel						
艘　数（艘）	Number (unit)	136	112	136	136	75	86
净载重量（吨位）	Dead Weight Tonnage (ton)	1 011	812	668	668	187	793
载客量（客位.万）	Passenger Capacity (10 000 seats)	0.32	0.27	0.32	0.32	0.17	0.19
功　率（万千瓦）	Drawing Power (10 000 kw)	0.57	0.43	0.49	0.49	0.29	0.31
货　船	Cargo Vessel						
艘　数（艘）	Number (unit)	167	108	165	108	180	161
净载重量（吨位.万）	Dead Weight Tonnage (10 000 tons)	5.48	3.56	5.70	3.71	5.95	9.06
功　率（万千瓦）	Drawing Power (10 000 kw)	4.62	2.14	4.99	2.14	5.22	5.07
拖　船	Tugboat						
艘　数（艘）	Number (unit)	2	2	2	2	2	2
功　率（千瓦）	Drawing Power (kw)	396	396	396	396	396	396
驳　船	Barge						
艘　数（艘）	Number (unit)	2	2	2	2	2	2
净载重量（吨位）	Dead Weight Tonnage (ton)	164	164	164	164	164	164

10-8 内河、湖泊主要港口吞吐量和码头泊位数(2011年)
Throughput and Number of Berths in Major Ports of Inland Rivers and Lakes (2011)

州 市 Region	旅客吞吐量(万人) Volume of Passenger Traffic (10 000 persons)	出港量 Export Volume	货物吞吐量(万吨) Volume of Freight Handled (10 000 tons)	出港量 Export Volume	生产用码头 Quay Line For Productive Use 码头长度(米) Length of Quay Line (m)	泊位数(个) Number of Berths (unit)	最大靠泊能力(吨级) The Greatest Capacity (ton)
全 省 Yunnan	**1 012**	**510**	**461**	**258**	**9 060**	**192**	**500**
昆 明 Kunming	150	76	20	11	1 767	72	300
曲 靖 Qujing	146	74			1 310	10	200
玉 溪 Yuxi	6	3			214	5	300
昭 通 Zhaotong			315	295	900	17	500
丽 江 Lijiang	24	12			400	2	300
普 洱 Pu'er	60	30	16	4	890	17	300
临 沧 Lincang	42	21	31	8	706	16	50
楚 雄 Chuxiong	76	40	25	14	385	8	
文 山 Wenshan	60	30			330	8	
西双版纳 Xishuangbanna	60	30	26	10	773	5	300
大 理 Dali	266	132	3	2	1 135	24	300

10-9 主要年份交通运输客运量

Passenger Traffic in Significant Years

单位：亿人 (100 million persons)

年 份 Year	全省客运量 Passenger Traffic	铁 路 Railways	公 路 Highways	水 运 Waterways	民用航空(万人) Civil Aviation(10 000 perons)
1978	0.39	0.13	0.25		8.9
1980	0.53	0.15	0.36	0.01	17.2
1985	0.94	0.15	0.77	0.01	23.0
1987	1.01	0.14	0.86	0.01	39.0
1988	1.06	0.14	0.89	0.02	32.0
1989	1.04	0.13	0.89	0.01	31.0
1990	1.07	0.10	0.95	0.02	34.0
1991	1.11	0.10	0.99	0.01	50.0
1992	1.06	0.11	0.93	0.01	83.0
1993	1.11	0.13	0.95	0.02	127.0
1994	2.52	0.14	2.35	0.01	145.8
1995	2.17	0.13	2.01	0.01	211.0
1996	2.39	0.11	2.24	0.01	253.0
1997	2.50	0.11	2.34	0.01	288.3
1998	2.99	0.13	2.80	0.02	331.1
1999	3.30	0.15	3.08	0.02	435.4
2000	3.37	0.15	3.16	0.02	345.0
2001	4.00	0.14	3.79	0.03	380.0
2002	3.89	0.14	3.67	0.04	393.0
2003	3.52	0.14	3.30	0.04	377.0
2004	3.89	0.15	3.65	0.04	464.0
2005	4.11	0.16	3.85	0.05	495.0
2006	4.38	0.18	4.09	0.05	599.1
2007	4.63	0.21	4.29	0.06	672.3
2008	3.48	0.24	3.12	0.06	599.4
2009	3.66	0.24	3.28	0.07	721.4
2010	4.04	0.27	3.62	0.07	753.8
2011	4.60	0.30	4.14	0.08	758.5

注：1、公路客运量1993年前为运输系统统计数，1994年起为全社会统计数。
2、2008年公路客运量为全国专项调查数，与2007年口径不一致。
3、铁路客运量从2008年起调整口径。

Note: a. Before 1993,the data of highways passenger traffic were transportation system data, and since 1994, whole society statistics.
b.The data of highways passenger traffic of 2008 were the data of national special survey and the coverage is different from that of 2007.
c. The coverage of the railways passenger traffic statistics has been changed since 2008.

10－10 主要年份交通运输旅客周转量

Passenger-kilometers in Significant Years

单位：亿人公里 (100 million persons-km)

年 份 Year	全省旅客周转量 Passenger Traffic of Yunnan Province	铁 路 Railways	公 路 Highways	水 运 Waterways	民用航空 Civil Aviation
1978	24.25	9.92	13.89	0.12	0.32
1980	33.74	12.86	20.30	0.26	0.32
1985	72.84	19.56	52.53	0.32	0.43
1987	88.41	23.20	59.92	0.55	4.74
1988	93.46	23.91	64.81	0.57	4.17
1989	94.01	21.92	67.66	0.42	4.01
1990	87.67	17.22	65.77	0.46	4.22
1991	95.86	17.95	71.83	0.37	5.72
1992	99.98	20.29	69.89	0.34	9.46
1993	111.90	22.86	73.38	0.37	15.29
1994	146.87	24.41	101.77	0.33	20.36
1995	137.93	23.03	93.10	0.35	21.45
1996	149.94	20.57	102.40	0.37	26.61
1997	172.37	22.73	119.47	0.38	29.78
1998	189.85	24.76	131.80	0.58	32.71
1999	237.99	32.82	164.20	0.64	40.34
2000	237.94	31.35	171.20	0.78	34.57
2001	304.20	31.79	232.76	0.82	38.83
2002	281.60	30.50	210.10	0.90	40.10
2003	263.45	30.07	192.87	0.88	39.60
2004	317.76	37.30	227.21	0.91	52.34
2005	331.60	41.04	233.12	1.05	56.39
2006	362.40	47.22	247.71	1.17	66.30
2007	393.40	52.63	265.80	1.21	73.76
2008	411.89	66.61	272.98	1.54	70.76
2009	448.45	63.37	302.22	1.55	81.31
2010	523.64	80.73	352.10	1.78	89.03
2011	610.78	91.91	424.57	1.96	92.34

注：1.公路旅客周转量1993年前为运输系统统计数，1994年起为全社会统计数。
2.2008年公路旅客周转量为全国专项调查数，与2007年口径不一致。
3.铁路旅客周转量从2008年起调整口径。

Note: a. Before 1993,the data of highways passenger-kilometers were transportation system data, and since 1994, whole society statistics.
b.The data of highways passenger-kilometers of 2008 were the data of national special survey and the coverage is different from that of 2007.
c. The coverage of the railways passenger traffic statistics has been changed since 2008.

10−11　主要年份交通运输货运量
Freight Traffic in Significant Years

单位：亿吨　　(100 million tons)

年　份 Year	全省货运量 Passenger Traffic	铁　路 Railways	公　路 Highways	水　运(万吨) Waterways (10 000 tons)	民用航空(万吨) Civil Aviation (10 000 tons)
1978	0.50	0.19	0.30	93	0.16
1980	0.48	0.21	0.26	65	0.22
1985	2.00	0.20	1.80	52	0.40
1987	2.16	0.23	1.92	91	0.50
1988	2.30	0.24	2.05	91	0.60
1989	3.08	0.25	2.82	91	1.00
1990	3.83	0.26	3.57	104	0.43
1991	3.08	0.26	2.82	91	0.63
1992	4.28	0.27	4.00	105	1.00
1993	3.57	0.27	3.29	115	1.84
1994	3.79	0.28	3.49	168	2.00
1995	3.84	0.28	3.54	123	2.40
1996	4.29	0.29	3.97	245	3.50
1997	4.68	0.29	4.37	157	5.60
1998	4.84	0.31	4.52	141	7.27
1999	5.08	0.33	4.74	118	7.75
2000	5.25	0.35	4.88	134	7.82
2001	5.32	0.39	4.92	142	8.63
2002	5.50	0.43	5.05	146	6.70
2003	5.87	0.46	5.39	160	6.10
2004	5.96	0.51	5.43	221	7.50
2005	6.22	0.53	5.67	236	7.93
2006	6.64	0.55	6.06	247	8.56
2007	7.18	0.60	6.55	262	8.74
2008	4.56	0.61	3.91	339	7.56
2009	4.75	0.59	4.08	345	7.74
2010	5.28	0.63	4.57	402	8.74
2011	6.14	0.64	5.42	439	6.79

注：1.公路货运量从1984年起为国家统计局统一口径的全社会运量数。
2.2008年公路货运量为全国专项调查数，与2007年口径不一致。
3.铁路货运量从2008年起调整口径。
4.货运量总计从2009年起包括管道运输。

Note: a. Since 1984, the approach in computation of freight-traffic of highways has been included in total social count according to National Bureau of Statistics of China .
b.The data of highways freight traffic of 2008 were the data of national special survey and the coverage is different from that of 2007.
c.The coverage of the railways passenger traffic statistics has been changed since 2008.
d.Since 2009,data of shipments quantity have included that of pipeline transport.

10-12 主要年份交通运输货物周转量
Freight Ton-kilometers in Significant Years

单位：亿吨公里 (100 million tons-km)

年 份 Year	全省货物周转量 Passenger Traffic of Yunnan Province	铁 路 Railways	公 路 Highways	水 运 Waterways	民用航空 Civil Aviation
1978	62.34	43.52	18.57	0.24	0.01
1980	68.76	50.59	17.84	0.32	0.01
1985	154.11	64.83	88.73	0.50	0.05
1987	195.89	79.77	115.35	0.69	0.08
1988	208.05	82.78	124.44	0.75	0.08
1989	225.21	88.00	136.10	1.04	0.07
1990	260.67	93.91	166.10	0.59	0.07
1991	233.12	96.07	136.42	0.55	0.08
1992	275.85	100.92	173.92	0.88	0.13
1993	241.61	106.23	134.06	1.08	0.24
1994	295.08	107.86	185.99	0.98	0.26
1995	307.71	114.24	192.10	1.06	0.31
1996	352.44	122.24	228.53	1.23	0.44
1997	384.94	129.00	253.96	1.21	0.76
1998	416.18	141.08	273.12	0.96	1.02
1999	443.09	152.64	288.14	0.92	1.11
2000	479.52	180.76	296.65	0.98	1.13
2001	517.31	196.58	318.49	0.99	1.25
2002	551.20	215.80	333.20	1.20	1.00
2003	595.88	235.79	357.64	1.54	0.90
2004	628.39	260.01	365.08	2.12	1.18
2005	656.49	270.37	381.96	2.93	1.23
2006	692.21	277.21	409.46	4.22	1.32
2007	770.96	314.23	450.83	4.59	1.31
2008	811.15	336.20	468.63	5.16	1.16
2009	910.43	340.95	468.63	5.42	1.16
2010	990.50	358.31	548.53	6.91	1.29
2011	1 070.11	369.70	617.27	8.19	1.04

注：1.公路货物周转量从1984年起为国家统计局统一口径的全社会数。
2.2008年公路货物周转量为全国专项调查数，与2007年口径不一致。
3.铁路货物周转量从2008年起调整口径。
4.货物周转量总计从2009年起包括管道运输。

Note: a. Since 1984, the approach in computation of freight-kilometers of highways has been included in total social count according to National Bureau of Statistics of China .
b.The data of highways freight ton-kilometers of 2008 were the data of national special survey and the coverage is different from that of 2007.
c.The coverage of the railways passenger traffic statistics has been changed since 2008.
d.Since 2009,data of shipments quantity have included that of pipeline transport.

10-13 主要年份货物运输平均运距

Average Transport Distance of Freight in Significant Years

单位：公里 (km)

年 份 Year	货物运输平均运距 Average Transport Distance of Freight	铁 路 Railways	公 路 Highways	水 运 Waterways	民用航空 Civil Aviation
1980	144.5	240.2	69.0	49.2	454.5
1985	194.0	320.6	88.6	96.2	1 250.0
1986	204.7	312.9	100.7	82.8	1 200.0
1987	237.5	345.6	119.7	75.8	1 600.0
1988	178.2	341.9	71.5	82.4	1 333.3
1989	73.1	346.3	48.3	114.0	1 444.1
1990	68.0	365.8	46.6	57.0	1 595.3
1991	75.6	372.8	48.4	60.4	1 269.8
1992	64.5	379.7	43.5	84.3	1 256.7
1993	67.7	390.0	40.8	93.9	1 304.3
1994	77.9	389.5	53.3	58.3	1 300.0
1995	80.1	403.8	54.2	86.2	1 291.7
1996	82.3	422.1	57.5	54.7	1 257.1
1997	82.3	444.2	58.1	77.2	1 358.2
1998	85.9	455.0	60.4	68.1	1 483.0
1999	87.3	464.4	60.8	78.0	1 793.5
2000	91.4	513.4	60.8	73.1	1 445.0
2001	97.2	509.4	64.7	69.7	1 448.4
2002	100.2	500.5	65.9	82.2	1 515.1
2003	101.6	508.8	66.4	96.3	1 475.4
2004	105.4	512.0	67.2	95.9	1 573.3
2005	105.5	510.1	67.4	124.2	1 551.1
2006	104.2	500.2	67.6	170.9	1 542.1
2007	107.3	521.9	68.8	175.2	1 498.9
2008	178.0	550.8	119.8	152.2	1 534.4
2009	190.6	573.5	121.7	157.1	1 498.7
2010	187.7	571.6	120.1	171.9	1 476.0
2011	174.3	852.1	113.9	186.6	1 531.0

10–14 主要年份旅客运输平均运距

Average Transport Distance of Passengers in Significant Years

单位：公里 (km)

年 份 Year	全 省 Yunnan	铁 路 Railways	公 路 Highways	水 运 Waterways	民用航空 Civil Aviation
1980	64.3	84.2	56.2	28.0	186.0
1985	77.5	129.6	67.9	25.4	487.0
1986	78.1	151.7	64.3	36.4	1 174.2
1987	87.6	171.7	70.1	36.9	1 215.4
1988	88.6	165.6	73.1	27.0	1 303.1
1989	86.4	166.1	72.6	31.4	1 292.7
1990	81.9	169.5	69.4	25.9	1 240.4
1991	86.5	178.4	72.7	26.1	1 144.0
1992	88.4	186.9	75.3	28.6	1 139.4
1993	101.1	182.9	77.0	23.4	1 203.9
1994	116.4	179.6	73.6	23.4	1 396.4
1995	63.6	183.2	46.3	26.1	1 016.6
1996	62.7	183.8	45.7	27.4	1 051.8
1997	68.9	201.3	51.0	25.9	1 032.9
1998	63.6	191.3	47.0	30.7	987.9
1999	72.2	219.5	53.3	27.1	926.5
2000	70.6	204.7	54.2	32.4	1 002.0
2001	90.3	223.2	61.4	30.3	1 021.8
2002	72.4	219.2	57.2	24.3	1 019.1
2003	74.9	221.0	58.4	23.0	1 050.4
2004	82.0	244.0	62.0	22.0	1 128.0
2005	80.7	260.7	60.5	21.0	1 139.2
2006	82.7	256.6	60.6	21.5	1 106.7
2007	85.0	249.9	61.9	20.2	1 097.1
2008	118.3	273.9	87.6	24.1	1 180.5
2009	122.6	260.2	92.2	23.6	1 127.1
2010	129.5	298.1	97.2	24.4	1 181.1
2011	132.9	309.5	102.6	23.3	1 217.0

10-15 全省铁路货物运输量(2010-2011年)
Railway Freight Traffic of Yunnan Province (2010-2011)

(按货类分) (by category of cargo)

品种	Item	2010			2011		
		货运量(万吨) Freight Traffic (10 000 tons)	货物周转量(亿吨公里) Freight Ton-kilometers (100 million tons-km)	平均运距(公里) Average Transport Distance (km)	货运量(万吨) Freight Traffic (10 000 tons)	货物周转量(亿吨公里) Freight Ton-kilometers (100 million tons-km)	平均运距(公里) Average Transport Distance (km)
全省	**Yunnan**	**11 364**	**358.31**	**315**	**11 749**	**369.66**	**315**
煤	Coal	2 346	51.67	220	2 509	55.47	221
焦炭	Coke	231	5.90	255	234	6.21	266
石油	Petroleum	556	17.81	320	602	20.51	341
钢铁及有色金属	Steel and Nonferrous metal	1 653	56.70	343	1 501	49.46	330
金属矿石	Metal Ores	1 307	55.46	424	1 402	60.68	433
非金属矿石	Nonmetal Materials	124	4.71	380	142	5.13	361
磷矿石	Phosphate Mineral	531	16.80	316	670	21.71	324
矿建材料	Mineral Building Materials	354	13.19	373	315	10.95	347
水泥	Cement	48	1.62	338	10	0.37	373
木材	Timber	121	3.76	311	101	3.25	322
化肥农药	Chemical Fertilizers and pesticide	1 036	33.22	321	1 101	35.86	326
粮食	Grain	348	10.09	290	392	11.65	297
棉花	Cotton	1	0.04	371	1	0.03	392
盐	Salt	55	1.64	299	52	1.55	300
农副土特产品	Farm Crops	45	1.36	302	49	1.44	293
鲜活易腐货物	Goods of Live Animal and Putrescence	36	1.19	330	13	0.37	281
其他	Others	2 572	83.15	323	2 655	85.02	320

10-16 全省公路部分货物运输量(2010-2011年)
Highway Freight Traffic of Yunnan Province (2010-2011)

(按货类分) (by category of cargo)

品　种	Item	2010			2011		
		货运量 (万吨) Freight Traffic (10 000 tons)	货物周转量 (亿吨公里) Freight Ton-kilometers (100 million tons-km)	平均运距 (公 里) Average Transport Distance (km)	货运量 (万吨) Freight Traffic (10 000 tons)	货物周转量 (亿吨公里) Freight Ton-kilometers (100 million tons-km)	平均运距 (公 里) Average Transport Distance (km)
全　省	**Yunnan**	**45 665**	**548.53**	**120.10**	**54 186**	**617.27**	**113.92**
煤炭及制品	Coal and Coal Products	6 090	73.63	120.90	8 128	104.56	128.65
石油、天然气及制品	Petroleum,Natrual gas and Products	2 827	25.77	91.20	2 709	29.07	107.32
钢　铁	Steel	1 969	30.45	154.60	2 709	36.32	134.07
金属矿石	Metal Ores	1 942	29.68	152.80	2 059	29.68	144.14
非金属矿石	Nonmetal Materials	1 942	21.33	109.80	1 382	21.99	159.10
磷矿石	Phosphate Mineral	703	5.29	75.20	54	0.64	118.76
矿物性建筑材料	Mineral Building Materials	3 004	26.47	88.10	2 601	16.48	63.36
水　泥	Cement	4 295	49.72	115.80	8 442	75.47	89.39
木　材	Timber	1 024	18.28	178.50	645	17.84	276.57
化肥农药	Chemical Fertilizers and pesticide	1 962	26.41	134.60	1 688	21.70	128.57
粮　食	Grain	1 996	22.27	111.60	2 704	27.62	102.15
盐	Salt	595	8.42	141.60	542	4.60	84.96
日用工业品	Daily Use Industrial Products	528	9.69	183.50	379	4.59	121.17
其　他	Others	17 491	128.25	73.30	20 198	227.33	112.55

10-17 全省民用航空运输基本情况(2007-2011年)

Principal Indicators of Civil Aviation of Yunnan Province (2007-2011)

指标	Item	2007	2008	2009	2010	2011
旅客发运量（万人）	Passenger Traffic (10 000 persons)	672.3	599.4	721.4	753.8	758.5
国际航线（万人）	International Routes (10 000 persons)	19.9	19.7	25.1	41.3	54.9
国内航线（万人）	Domestic Routes (10 000 persons)	652.4	579.7	696.3	702.5	703.6
地区航线（万人）	Regional Routes (10 000 persons)	7.9	6.4	8.7	9.9	9.6
货邮发运量（万吨）	Freight Traffic (10 000 tons)	8.74	7.56	7.74	8.74	6.79
国际航线（万吨）	International Routes (10 000 tons)	0.17	0.13	0.14	0.44	0.25
国内航线（万吨）	Domestic Routes (10 000 tons)	8.58	7.43	7.60	8.31	6.55
地区航线（万吨）	Regional Routes (10 000 tons)	0.05	0.05	0.02	0.02	0.02
旅客周转量（亿人公里）	Passenger-tons (10 000 persons-km)	73.76	70.76	81.31	89.03	92.34
货邮周转量（亿吨公里）	Freight Ton-kilometers (10 000 tons-km)	1.31	1.16	1.16	1.29	1.04
总周转量 （亿吨公里）	Total Air Traffic Ton-kilometers (10 000 tons-km)	7.87	7.47	8.40	9.21	9.25
起飞架次 （万架次）	Number of Flying Aircrafts (10 000 units)	7.34	6.84	7.87	8.00	8.19
飞行里程 （万公里）	Distance of Flying (10 000 km)	7 029	7 001	7 845	8 148	8 713
飞行小时 （万小时）	Hours of Flying (10 000 hours)	12.06	12.24	13.40	14.17	14.66
飞行生产率（吨公里/小时）	Productivity of Flying (ton-km/h)	6 525	6 102	6 266	6 536	6 312
正班载运率 (%)	Carry Rate of Aircrafts (%)	79.4	77.8	75.8	76.5	78.7
正班客座率 (%)	Utilization Rate of Seats (%)	77.3	76.0	76.3	77.5	80.4

10-18 全省电信业务基本情况(2000-2011年)

单位：万户

年 份 Year	电信业务总量(亿元) Business Volume of Telecommunication Services (100 million yuan)	移动短信业务量(亿条) Short Message Services (100 million messages)	移动电话年末用户 Number of Mobile Telephone Subscribers at Year-end
2000	82.43		200.90
2001	93.40		338.50
2002	118.50	10.70	502.30
2003	151.45	24.90	628.40
2004	200.80	33.00	732.40
2005	253.60	55.90	898.80
2006	327.70	77.90	1 068.90
2007	458.30	134.00	1 346.40
2008	594.28	169.80	1 635.90
2009	655.25	222.06	1 936.38
2010	253.85	270.00	2 244.50
2011	299.90	310.86	2 589.51

注：电信业务总量指标测算从2010起，执行工业和信息化部统一制定的“2010年不变单价”标准。

Basic Conditions of Telecommunication Services of Yunnan Province (2000-2011)

(10 000 subscribers)

3G移动电话用户 3G Wireless Subscribers	互联网宽带接入用户 Internet Broadband Users	固定电话年末用户 Number of Fixed Telephone Subscribers at Year-end	城市用户 Number of Urban Fixed Subscribers	农村用户 Number of Rural Number of Rural Fixed Subscribers
		288.90	221.90	67.00
		359.90	276.20	83.70
		437.20	357.40	79.60
		483.20	226.50	114.90
		547.20	232.30	121.40
		597.70	444.00	153.80
		644.20	441.70	202.60
		628.70	237.90	210.00
		616.30	248.60	221.00
		583.12	267.29	205.38
88.76	224.10	562.50	357.70	204.80
234.16	306.52	540.11	361.43	178.68

Note: Since 2010,Lusiness volume of tele communication Service is Calculated according to the Standard of invariable unit price Stipulated by ministry of Industry and Information

10-19 全省主要年份邮政业务基本情况

年份	Year	营业网点(处) Number of Postal Offices (unit)	信筒信箱(个) Number of Postal Boxes (unit)	邮路总长度(万公里) Length of Postal Routes (10 000 km)	汽车邮路 Highway Routes	铁路邮路 Railway Routes
州市	Region					
1978		1 698	2 359	26.08	25 494	5 101
1980		1 680	3 929	25.58	27 241	4 812
1985		1 684	4 647	5.00	29 261	5 395
1990		1 696	4 500	5.64	31 299	5 398
1991		1 691	4 599	5.50	31 846	5 103
1992		1 721	4 738	5.71	32 393	5 103
1993		1 711	4 558	5.74	32 348	5 106
1994		1 741	4 736	6.40	33 459	5 106
1995		1 779	4 786	6.56	34 948	5 106
1996		1 812	4 785	12.45	37 023	5 106
1997		1 894	4 696	12.55	37 685	5 099
1998		1 944	4 735	12.66	39 606	5 099
1999		1 912	4 763	12.76	41 593	5 104
2000		1 930	4 436	12.98	44 420	4 638
2001		1 893	4 538	13.53	51 427	4 666
2002		1 884	4 471	13.65	53 013	4 666
2003		1 891	4 487	13.64	52 855	4 638
2004		1 895	4 292	14.05	58 347	4 666
2005		1 879	4 013	14.60	66 382	4 666
2006		1 853	3 857	14.62	66 777	4 638
2007		1 794	3 936	16.87	67 477	10 375
2008		1 789	3 266	17.57	71 103	13 403
2009		1 736	3 315	17.27	70 151	13 533
2010		1 722	2 927	17.14	79 701	15 170
2011		1 765	2 875	19.48	83 012	21 279
昆　明	Kunming	286	354	13.95	29 565	21 140
曲　靖	Qujing	152	216	0.44	3 964	139
玉　溪	Yuxi	78	173	0.20	1 945	
保　山	Baoshan	89	157	0.33	3 220	
昭　通	Zhaotong	139	169	0.59	5 790	
丽　江	Lijiang	59	256	0.24	2 004	
普　洱	Pu'er	126	272	0.55	5 486	
临　沧	Lincang	97	108	0.39	3 804	
楚　雄	Chuxiong	133	213	0.57	5 669	
红　河	Honghe	180	363	0.55	5 104	
文　山	Wenshan	124	125	0.43	4 100	
西双版纳	Xishuangbanna	48	53	0.33	3 310	
大　理	Dali	125	243	0.46	4 552	
德　宏	Dehong	67	94	0.21	2 061	
怒　江	Nujiang	31	40	0.08	715	
迪　庆	Diqing	31	39	0.17	1 723	

注：1.邮路总长度1980年及以前是邮路及农村投递线路总长度之和。
2.营业网点不含代办点，1998年及以前年份的为邮电支局所(已剔除独立的电信局所)。
3.1990年及以前年份没有单独核算邮政业务量。
4、邮政业务总量分州市相加不等于全省数，原因是全省邮政业务总量含速递物流和其他快递业务。

Basic Conditions of Postal Services of Yunnan Province in Significant Years

快递务业量 (万件) Express Business Volume (10 000 pieces)	农村投递路线 (万公里) Delivery Rural Routes (10 000 km)	邮政业务总量 (亿元) Business Volume of Postal Services (100 million yuan)	函 件 (万 件) Number of Letters (10 000 pieces)	报刊期发数 (万份) Issue of Newspaper and Magazines (10 000 copies)
			5 571.57	224.08
			7 023.68	364.22
	18.05		9 496.54	639.24
	17.13		8 957.46	471.20
	17.14	1.00	9 378.72	597.30
	17.12	1.20	10 319.95	529.04
	17.10	1.50	12 658.39	532.64
	16.81	2.05	15 534.33	522.96
	17.09	2.17	16 024.08	484.57
	16.89	2.44	14 951.09	507.35
	16.84	2.64	14 467.20	596.55
	16.63	2.74	12 558.42	457.75
	16.67	3.00	10 798.30	640.20
	16.69	3.21	10 001.50	421.30
	16.47	7.60	8 876.10	459.20
	16.43	8.30	12 344.10	410.80
	16.52	8.52	9 969.30	328.90
	16.38	8.18	8 386.70	339.10
	16.55	8.60	7 957.40	317.60
	16.05	9.92	7 299.80	342.80
	16.14	11.10	6 695.60	264.50
	16.09	12.71	7 442.82	279.69
	15.99	14.74	6 516.11	305.00
	15.96	15.09	5 498.61	300.76
1 031.86	15.86	16.32	4 119.53	318.51
801.88	1.18	3.62	1 851.76	111.63
20.25	1.73	0.95	429.07	23.84
31.13	0.84	0.61	215.86	15.31
6.66	1.08	0.42	101.94	12.44
11.73	1.28	0.77	88.07	14.30
17.80	0.60	0.39	113.42	7.69
30.89	1.14	0.49	223.13	14.14
2.45	1.06	0.50	134.54	9.19
8.81	1.58	0.56	151.14	16.43
36.29	1.55	0.91	115.05	27.30
5.46	1.51	0.64	182.97	15.53
12.37	0.13	0.50	291.62	9.03
28.02	1.21	0.84	130.06	22.02
15.45	0.43	0.35	57.55	9.22
	0.31	0.17	10.79	6.82
2.66	0.25	0.18	22.56	3.62

Note: a.Length of postal routes included the length of postal routes and rural delivery route in and before 1981.

b.Number of postal offices excluded the number of post sub-stations, while in and before 1998,the number of postal offics referred to postal and telcommunication offices (has excluded the independent telcommunication offices)

c.In and before 1990,the business volume of postal services was not calculated independently.

d.Provincial business volume of postal Services is not equal to the sum of each prefecture ancl city because provincial business volume of postal sevices include express mail service and other express delivery services

10-20 大中小型服务业企业财务状况

单位：亿元

类　别	Category	企业数（个）Number of Enterprises (unit)
全　省	**Yunnan**	**1 814**
按登记注册类型分	**Grouped by Status of Registration**	
内　资	Domestic Funded Enterprises	1 753
国　有	State-owned	326
集　体	Collective-owned	161
股份合作	Cooperative	29
联营企业	Joint Ownership	4
有限责任公司	Limited Liability Corporations	468
股份有限公司	Share-holding Corporations Ltd.	260
私营企业	Private-funded Enterprises	461
其　他	Others	44
港澳台商投资企业	Enterprises with Funds from Hong Kong,Macao and Taiwan	31
外商投资企业	Share-holding Corporations Ltd. with Foreign Investment	30
按大中小型企业分	**Grouped by Large-sized,Medium-sized and Small-sized Enterprises**	
大　型	Large-sized Enterprises	179
中　型	Medium-sized Enterprises	414
小　型	Small-sized Enterprises	1 221
按国民经济行业分	**Grouped by Sector**	
交通运输、仓储和邮政业	**Transport, Storage and Post**	333
铁路运输业	Railway Transport	5
道路运输业	Highway Transport	199
水上运输业	Water Way Transport	2
航空运输业	Air Transport	7
管道运输业	Pipeline Transport	1
装卸搬运和运输代理业	Lording, Unlording, Carrying and Other Transport Services	46
仓 储 业	Storage	50
邮 政 业	Post	23
信息传输、软件和信息技术服务业	**Information Transmission Computer Service and Software Service**	145
电信、广播电视和卫星传输服务	**Telecommunication,Television Broadcast and Satellites Transmission**	69
互联网和相关服务	Network and Related Services	17
软件和信息技术服务业	Software and Information Technology Services	59
金融业	Finance	456
货币金融服务	Monetary Banking Services	263
资本市场服务	Capital Market Finance Services	11
保 险 业	Insurance	163
其他金融业	Others	19
房地产业(不含房地产开发经营)	Real Estate Trade(Excludes Development and Operation of Real Estate Trade)	64
房地产业	Real Estate Trade	64

注：表中服务业企业不包括批发零售，住宿餐饮和房地产开发经营；大中小型企业分类按《统计上大中小微型企业划分办法》执行

Financial Indicators of Large,Medium and Small-Sized Service-related Industries

(100 million yuan)

#亏损企业数 Deficient Enterprises	固定资产原价 Original Value of Fixed Assets 2011	2010	本年折旧 Depreciation in the Year 2011	2010	资产总计 Total Assests 2011	2010
422	**1 771.83**	**1 619.47**	**192.86**	**175.25**	**25 576.60**	**22 149.39**
399	1 507.44	1 368.24	149.02	130.11	25 321.03	21 897.10
91	710.98	659.06	59.72	56.35	8 327.34	7 178.04
16	38.42	30.37	6.30	5.26	2 455.28	1 998.51
3	12.50	9.03	1.44	1.35	715.85	572.38
	0.43	0.39	0.02	0.01	0.30	0.28
110	421.67	373.36	22.27	16.57	2 937.76	2 583.37
65	255.54	235.17	49.54	42.61	10 683.18	9 387.77
102	63.73	57.69	8.94	7.25	193.90	170.42
12	4.19	3.16	0.80	0.71	7.42	6.32
15	95.37	83.16	21.81	22.27	107.42	117.99
8	169.02	168.07	22.04	22.87	148.15	134.30
39	908.67	843.75	72.03	63.28	13 589.27	11 631.51
80	543.95	509.53	94.90	90.47	7 920.75	6 898.04
303	319.21	266.20	25.93	21.50	4 066.58	3 619.84
94	611.77	549.41	39.01	33.05	983.14	766.75
1	369.76	346.71	11.20	10.80	470.60	402.73
57	187.30	157.28	18.92	16.42	353.38	290.48
1	0.12	0.12	0.01	0.01	0.09	0.08
4	15.19	10.15	4.10	0.72	83.16	9.27
	9.60	7.20	0.73	0.69	9.79	8.68
8	3.94	3.93	0.58	0.67	18.75	12.68
9	10.34	9.81	0.98	0.98	32.13	29.78
14	15.52	14.21	2.49	2.76	15.25	13.05
41	571.48	537.68	86.48	85.52	404.21	385.04
23	550.84	520.00	84.47	82.34	359.44	345.22
5	13.74	11.06	1.73	2.93	25.45	21.65
13	6.90	6.62	0.27	0.24	19.31	18.17
87	226.77	200.76	38.67	32.28	20 127.51	17 258.49
18	201.12	168.01	34.09	27.95	19 518.77	16 684.78
1	4.70	4.68	1.62	1.50	90.56	105.18
65	12.91	15.74	1.75	1.59	307.86	256.70
3	8.05	12.32	1.20	1.24	210.31	211.83
22	14.07	11.68	2.76	2.54	70.56	70.37
22	14.07	11.68	2.76	2.54	70.56	70.37

Note:Enterprises of Service industry does not include whole sale and retail enterprises,hotels and catering enterprises,real estate development and operating enterprises.Classfication of Large,medium and small enterprises is carried out according to *the classification method of Large, medium,small and miniature-Sized enterprises.*

10-20 续表1

单位：亿元

类　别	Category	企业数（个）Number of Enterprises (unit)
租赁和商务服务业	**Leasing Trade and Business Service**	**452**
租赁业	Leasing Trade	18
商务服务业	Commercial Serive	434
科学研究和技术服务业	**Scientific Research, Technology Service**	**145**
研究和试验发展	**R & D**	**10**
专业技术服务业	Professional Technology Service	124
科技推广和应用服务业	Technology Promotion and Application Services	11
水利、环境和公共设施管理业	**Water Conservancy, Admistration of Environment and Public Facilities**	**53**
水利管理业	Water Conservancy Admistrition	3
生态保护和环境治理业	Conservatory Ecology and Admistration of Environment	5
公共设施管理业	Admistration of Public Facilities	45
居民服务、修理和其他服务业	**Services to Householdsand Other Services**	**50**
居民服务业	Services to Households	23
机动车、电子产品和日用产品修理业	Repair Services of Motor Vehicle, Electronics and Daily Products	13
其他服务业	Other Services	14
教　育	**Education**	**26**
卫生和社会工作	**Health Care, Social Works**	**50**
卫　生	Health Care	50
社会工作	Social Works	
文化、体育和娱乐业	Culture, Sports and Entertainment	40
新闻和出版业	News and Publishing	7
广播、电视、电影和影视录音制作业	Broadcast, Television,Filmdom and Audio & Video Production	10
文化艺术业	Culture and Arts	6
体育业	Sports	6
娱乐业	Entertainment	11

continued

(100 million yuan)

#亏损企业数 Deficient Enterprises	固定资产原价 Original Value of Fixed Assets		本年折旧 Depreciation in the Year		资产总计 Total Assets	
	2011	2010	2011	2010	2011	2010
105	**196.24**	**180.77**	**15.98**	**13.67**	**3 415.54**	**3 172.28**
3	2.78	2.69	0.59	0.50	5.12	4.27
102	193.46	178.09	15.39	13.17	3 410.42	3 168.01
18	**71.56**	**66.61**	**3.91**	**2.33**	**280.85**	**241.44**
3	**2.77**	**2.48**	**0.41**	**0.33**	**30.93**	**29.00**
12	67.98	63.46	3.43	1.93	212.66	181.14
3	0.81	0.67	0.07	0.07	37.27	31.30
14	**27.73**	**21.99**	**1.15**	**0.98**	**94.72**	**85.47**
1	1.08	0.99	0.04	0.05	0.99	0.83
1	0.68	0.69	0.05	0.04	1.77	1.90
12	25.97	20.32	1.06	0.89	91.96	82.74
11	**10.00**	**9.85**	**1.43**	**1.51**	**126.26**	**100.68**
7	7.44	7.42	1.02	1.15	13.87	12.07
1	1.53	1.48	0.19	0.18	3.28	3.29
3	1.03	0.95	0.22	0.19	109.12	85.32
5	**4.81**	**4.54**	**0.79**	**0.73**	**11.60**	**8.86**
11	**8.39**	**7.29**	**1.37**	**1.20**	**11.62**	**9.49**
11	8.39	7.29	1.37	1.20	11.62	9.49
14	28.99	28.89	1.32	1.44	50.60	50.53
1	4.94	4.93	0.23	0.18	12.45	13.95
3	1.82	1.76	0.23	0.17	4.28	4.58
3	1.28	1.27	0.18	0.16	3.54	2.74
5	11.22	11.21	0.38	0.46	17.56	17.34
2	9.74	9.72	0.29	0.47	12.76	11.92

10−20 续表2

单位：亿元

类　别	Category	负债合计 Total Liabilities 2011
全　省	**Yunnan**	**2.20**
按登记注册类型分	**Grouped by Status of Registration**	
内　资	Domestic Funded Enterprises	2.18
国　有	State-owned	0.71
集　体	Collective-owned	0.23
股份合作	Cooperative	0.07
联营企业	Joint Ownership	
有限责任公司	Limited Liability Corporations	0.13
股份有限公司	Share-holding Corporations Ltd.	1.02
私营企业	Private-funded Enterprises	0.01
其　他	Others	
港澳台商投资企业	Enterprises with Funds from Hong Kong,Macao and Taiwan	0.01
外商投资企业	Share-holding Corporations Ltd. with Foreign Investment	0.01
按大中小型企业分	**Grouped by Medium-sized and Small-sized Enterprises**	
大　型	Large-sized Enterprises	1.26
中　型	Medium-sized Enterprises	0.70
小　型	Small-sized Enterprises	0.25
按国民经济行业分	**Grouped by Sector**	
交通运输、仓储和邮政业	**Transport, Storage and Post**	0.05
铁路运输业	Railway Transport	0.01
道路运输业	Highway Transport	0.02
水上运输业	Water Way Transport	
航空运输业	Air Transport	0.01
管道运输业	Pipeline Transport	
装卸搬运和运输代理业	Lording, Unlording, Carrying and Other Transport Services	
仓储业	Storage	
邮政业	Post	
信息传输、软件和信息技术服务业	**Information Transmission Computer Service and Software Service**	0.02
电信、广播电视和卫星传输服务	**Telecommunication,Television Broadcast and Satellites Transmission**	0.02
互联网和相关服务	Network and Related Services	
软件和信息技术服务业	Software and Information Technology Services	
金融业	Finance	1.95
货币金融服务	Monetary Banking Services	1.90
资本市场服务	Capital Market Finance Services	
保险业	Insurance	0.03
其他金融业	Others	0.01
房地产业(不含房地产开发经营)	Real Estate Trade(Excluses Development and Operation of Real Estate Trade)	0.01
房地产业	Real Estate Trade	0.01

continued

(100 million yuan)

	所有者权益 Total Owners' Equities		营业收入 Total Business Revenue		营业成本 Operating Cost	
2010	2011	2010	2011	2010	2011	2010
1.88	**0.36**	**0.33**	**0.24**	**0.18**	**0.14**	**0.11**
1.87	0.35	0.32	0.22	0.17	0.14	0.10
0.61	0.12	0.11	0.07	0.06	0.05	0.04
0.19	0.01	0.01	0.02	0.01	0.01	
0.05						
0.11	0.16	0.15	0.04	0.03	0.03	0.02
0.90	0.05	0.04	0.08	0.06	0.04	0.03
0.01	0.01	0.01	0.01	0.01	0.01	0.01
0.01	0.01	0.01				
0.01			0.02	0.01	0.01	
1.08	0.10	0.09	0.13	0.10	0.08	0.06
0.60	0.10	0.09	0.07	0.06	0.04	0.03
0.21	0.16	0.15	0.04	0.03	0.03	0.02
0.04	0.05	0.04	0.04	0.03	0.03	0.03
0.01	0.03	0.03	0.01	0.01	0.01	0.01
0.02	0.01	0.01	0.02	0.01	0.01	0.01
0.02	0.02	0.02	0.03	0.02	0.01	0.01
0.02	0.01	0.01	0.03	0.02	0.01	0.01
1.67	0.06	0.05	0.12	0.09	0.06	0.04
1.63	0.05	0.04	0.10	0.07	0.04	0.03
0.01						
0.03			0.02	0.02	0.02	0.01
0.01	0.01	0.01				
0.01						
0.01						

10-20 续表3

单位：亿元

类　　别	Category	负 债 合 计 Total Liabilities 2011
租赁和商务服务业	**Leasing Trade and Business Service**	1 376.38
租赁业	Leasing Trade	3.91
商务服务业	Commercial Serive	1 372.47
科学研究和技术服务业	**Scientific Research, Technology Service**	184.19
研究和试验发展	**R & D**	2.72
专业技术服务业	Professional Technology Service	147.94
科技推广和应用服务业	Technology Promotion and Application Services	33.52
水利、环境和公共设施管理业	**Water Conservancy, Admistration of Environment and Public Facilities**	49.43
水利管理业	Water Conservancy Admistrition	0.49
生态保护和环境治理业	Conservatory Ecology and Admistration of Environment	1.45
公共设施管理业	Admistration of Public Facilities	47.48
居民服务、修理和其他服务业	**Services to Householdsand Other Services**	53.29
居民服务业	Services to Households	8.42
机动车、电子产品和日用产品修理业	Repair Services of Motor Vehicle, Electronics and Daily Products	2.79
其他服务业	Other Services	42.08
教 育 业	**Education**	6.19
卫生和社会工作	**Health Care, Social Works**	6.69
卫　生	Health Care	6.69
社会工作	Social Works	
文化、体育和娱乐业	**Culture, Sports and Entertainment**	23.06
新闻和出版业	News and Publishing	4.69
广播、电视、电影和影视录音制作业	Broadcast, Television,Filmdom and Audio & Video Production	2.67
文化艺术业	Culture and Arts	0.91
体 育 业	Sports	8.09
娱 乐 业	Entertainment	6.69

continued

(100 million yuan)

	所有者权益 Total Owners' Equities		营业收入 Total Business Revenue		营业成本 Operating Cost	
2010	2011	2010	2011	2010	2011	2010
1 230.05	2 039.16	1 942.23	370.16	261.99	303.64	206.84
3.13	1.21	1.14	1.19	1.43	0.73	1.09
1 226.92	2 037.95	1 941.08	368.97	260.55	302.91	205.75
134.18	96.67	107.26	93.64	68.63	64.19	41.19
2.33	28.21	26.68	2.92	2.14	1.46	0.85
127.01	64.71	54.13	88.19	64.33	60.77	38.63
4.84	3.74	26.46	2.54	2.16	1.96	1.71
45.32	45.29	40.15	14.23	12.63	7.15	6.55
0.23	0.49	0.60	0.33	0.21	0.29	0.23
1.57	0.32	0.33	0.72	0.45	0.55	0.39
43.52	44.48	39.22	13.17	11.97	6.31	5.94
31.64	72.98	69.04	11.76	10.01	7.51	6.65
7.70	5.45	4.37	4.97	4.48	2.74	2.45
2.78	0.48	0.51	3.29	3.07	2.64	2.51
21.16	67.04	64.17	3.50	2.45	2.12	1.70
4.76	5.41	4.10	6.30	5.37	3.46	2.81
6.12	4.92	3.37	9.86	7.99	6.18	5.26
6.12	4.92	3.37	9.86	7.99	6.18	5.26
24.81	27.53	25.73	18.02	14.84	9.17	7.31
7.19	7.76	6.76	8.33	6.89	5.14	3.98
3.02	1.61	1.56	1.71	1.61	1.11	1.00
0.97	2.64	1.77	3.47	2.65	1.12	0.80
7.37	9.46	9.98	2.40	1.08	1.05	0.33
6.26	6.07	5.66	2.10	2.60	0.75	1.19

10-20 续表4

单位：亿元

类　别	Category	营业税金及附加 Taxes and othe Charges 2011
全　省	**Yunnan**	**79.30**
按登记注册类型分	**Grouped by Status of Registration**	
内　资	Domestic Funded Enterprises	73.50
国　有	State-owned	22.20
集　体	Collective-owned	3.19
股份合作	Cooperative	1.51
联营企业	Joint Ownership	0.01
有限责任公司	Limited Liability Corporations	10.08
股份有限公司	Share-holding Corporations Ltd.	33.24
私营企业	Private-funded Enterprises	3.13
其　他	Others	0.16
港澳台商投资企业	Enterprises with Funds from Hong Kong,Macao and Taiwan	0.95
外商投资企业	Share-holding Corporations Ltd. with Foreign Investment	4.84
按大中小型企业分	**Grouped by Large-sized, Medium-sized and Small-sized Enterprises**	
大　型	Large-sized Enterprises	45.76
中　型	Medium-sized Enterprises	23.28
小　型	Small-sized Enterprises	10.26
按国民经济行业分	**Grouped by Sector**	
交通运输、仓储和邮政业	**Transport, Storage and Post**	9.95
铁路运输业	Railway Transport	3.07
道路运输业	Highway Transport	4.57
水上运输业	Water Way Transport	0.00
航空运输业	Air Transport	1.42
管道运输业	Pipeline Transport	0.16
装卸搬运和运输代理业	Lording, Unlording, Carrying and Other Transport Services	0.43
仓储业	Storage	0.13
邮政业	Post	0.19
信息传输、软件和信息技术服务业	**Information Transmission Computer Service and Software Service**	8.23
电信、广播电视和卫星传输服务	**Telecommunication,Television Broadcast and Satellites Transmission**	7.64
互联网和相关服务	Network and Related Services	0.34
软件和信息技术服务业	Software and Information Technology Services	0.24
金融业	Finance	49.48
货币金融服务	Monetary Banking Services	42.96
资本市场服务	Capital Market Finance Services	0.31
保险业	Insurance	5.86
其他金融业	Others	0.35
房地产业(不含房地产开发经营)	Real Estate Trade(Excluses Development and Operation of Real Estate Trade)	0.89
房地产业	Real Estate Trade	0.89

continued

(100 million yuan)

	营业费用、管理费用、财务费用合计 Expenseson business, Management and Finance		营业利润 Profits from Business		利润总额 TotalProfits	
2010	2011	2010	2011	2010	2011	2010
63.84	**488.34**	**397.42**	**451.00**	**394.43**	**512.05**	**435.27**
59.37	437.52	356.71	405.08	353.70	462.08	390.48
19.56	148.66	130.01	80.81	90.70	107.05	106.09
2.35	47.44	32.21	36.50	25.90	36.04	25.60
1.05	13.40	9.56	8.35	6.85	10.82	7.99
0.01	0.08	0.07	0.02	0.03	0.03	0.04
7.68	62.75	48.62	98.92	77.04	113.87	85.43
25.83	144.33	118.81	175.27	147.42	188.21	159.23
2.75	19.52	16.34	5.13	5.72	5.94	6.03
0.15	1.33	1.08	0.08	0.04	0.11	0.08
0.84	7.86	6.72	- 2.33	0.16	- 0.49	1.54
3.63	42.96	33.99	48.25	40.57	50.46	43.25
37.73	254.07	207.11	214.61	157.49	256.40	188.90
18.18	152.37	123.92	135.20	152.31	144.89	157.93
7.93	81.90	66.39	101.19	84.63	110.76	88.44
7.30	53.42	39.99	- 12.62	- 16.03	- 2.78	- 18.28
2.60	20.02	17.45	- 16.90	- 19.14	- 18.20	- 30.41
3.64	20.94	14.27	- 0.89	2.00	8.44	9.53
0.00	0.04	0.04	0.00	- 0.01	- 0.02	- 0.03
0.32	4.21	1.22	2.69	- 0.94	3.03	- 0.78
0.16	0.31	0.13	2.62	2.60	2.62	2.45
0.34	3.10	2.58	1.25	1.05	1.25	1.12
0.10	2.62	2.25	- 0.55	- 0.55	0.48	0.31
0.15	2.17	2.05	- 0.85	- 1.04	- 0.38	- 0.48
6.72	75.14	62.11	59.96	51.56	64.16	60.11
6.26	70.94	58.60	59.30	51.04	63.24	59.33
0.30	1.56	1.32	0.05	- 0.32	0.10	- 0.20
0.16	2.63	2.20	0.61	0.84	0.82	0.98
37.83	258.94	203.04	282.91	228.85	314.78	260.55
31.70	214.90	166.46	274.37	216.27	305.62	245.33
0.59	3.94	4.71	1.97	7.04	2.10	7.24
5.24	37.19	28.29	5.54	4.92	3.99	4.30
0.31	2.91	3.58	1.03	0.63	3.08	3.67
0.82	5.21	4.51	1.59	1.34	1.15	1.02
0.82	5.21	4.51	1.59	1.34	1.15	1.02

10−20 续表5

单位：亿元

类　　别	Category	营业税金及附加 Taxes and othe Charges
		2011
租赁和商务服务业	**Leasing Trade and Business Service**	5.55
租 赁 业	Leasing Trade	0.03
商务服务业	Commercial Serive	5.52
科学研究和技术服务业	**Scientific Research, Technology Service**	3.28
研究和试验发展	**R & D**	0.05
专业技术服务业	Professional Technology Service	3.14
科技推广和应用服务业	Technology Promotion and Application Services	0.09
水利、环境和公共设施管理业	**Water Conservancy, Admistration of Environment and Public Facilities**	0.50
水利管理业	Water Conservancy Admistrition	0.02
生态保护和环境治理业	Conservatory Ecology and Admistration of Environment	0.01
公共设施管理业	Admistration of Public Facilities	0.48
居民服务、修理和其他服务业	**Services to Householdsand Other Services**	0.41
居民服务业	Services to Households	0.26
机动车、电子产品和日用产品修理业	Repair Services of Motor Vehicle, Electronics and Daily Products	0.02
其他服务业	Other Services	0.12
教 育 业	**Education**	0.32
卫生和社会工作	**Health Care, Social Works**	0.04
卫 生	Health Care	0.04
社会工作	Social Works	
文化、体育和娱乐业	Culture, Sports and Entertainment	0.65
新闻和出版业	News and Publishing	0.16
广播、电视、电影和影视录音制作业	Broadcast, Television,Filmdom and Audio & Video Producti	0.06
文化艺术业	Culture and Arts	0.11
体 育 业	Sports	0.18
娱 乐 业	Entertainment	0.14

continued

(100 million yuan)

	营业费用、管理费用、财务费用合计 Expenseson business, Management and Finance		营业利润 Profits from Business		利润总额 TotalProfits	
2010	2011	2010	2011	2010	2011	2010
6.67	58.60	53.26	101.31	110.18	108.06	109.87
0.03	0.32	0.24	0.11	0.07	0.10	0.07
6.64	58.28	53.02	101.20	110.11	107.96	109.80
2.97	17.87	17.10	9.81	7.54	16.88	9.95
0.04	0.73	0.90	2.08	0.31	2.14	0.35
2.87	15.79	15.12	8.60	7.92	15.48	11.53
0.06	1.35	1.08	- 0.87	- 0.69	- 0.73	- 1.94
0.40	5.08	4.00	3.81	2.08	4.05	2.32
0.01	0.05	0.05	- 0.03	- 0.07	- 0.03	- 0.04
0.01	0.17	0.19	- 0.01	- 0.14	- 0.01	- 0.13
0.39	4.85	3.76	3.84	2.28	4.08	2.49
0.35	3.17	2.99	0.28	6.27	1.86	6.28
0.23	1.88	1.80	- 0.02	0.01	- 0.03	- 0.01
0.02	0.64	0.59	- 0.02	- 0.04	- 0.01	- 0.04
0.09	0.65	0.60	0.32	6.30	1.90	6.33
0.17	1.45	1.25	1.34	1.14	1.09	1.07
0.03	3.22	3.47	0.42	- 0.77	0.42	- 0.01
0.03	3.22	3.47	0.42	- 0.77	0.42	- 0.01
0.58	6.24	5.70	2.19	2.28	2.39	2.40
0.15	2.28	2.09	0.78	1.60	0.96	1.59
0.05	0.53	0.55	0.13	0.11	0.16	0.13
0.08	0.92	0.90	1.32	0.87	1.31	0.88
0.07	1.63	1.27	- 0.47	- 0.60	- 0.50	- 0.61
0.23	0.88	0.89	0.43	0.30	0.46	0.41

10-20 续表6

单位：亿元

类　别	Category	应付工资总额 Total Wages Payable 2011
全　省	**Yunnan**	**209.27**
按登记注册类型分	**Grouped by Status of Registration**	
内　资	Domestic Funded Enterprises	202.80
国　有	State-owned	67.15
集　体	Collective-owned	27.15
股份合作	Cooperative	5.89
联营企业	Joint Ownership	0.02
有限责任公司	Limited Liability Corporations	35.56
股份有限公司	Share-holding Corporations Ltd.	55.92
私营企业	Private-funded Enterprises	9.65
其　他	Others	1.45
港澳台商投资企业	Enterprises with Funds from Hong Kong,Macao and Taiwan	3.32
外商投资企业	Share-holding Corporations Ltd. with Foreign Investment	3.16
按大中小型企业分	**Grouped by Medium-sized and Small-sized Enterprises**	
大　型	Large-sized Enterprises	112.15
中　型	Medium-sized Enterprises	61.23
小　型	Small-sized Enterprises	35.89
按国民经济行业分	**Grouped by Sector**	
交通运输、仓储和邮政业	Transport, Storage and Post	46.63
铁路运输业	Railway Transport	21.44
道路运输业	Highway Transport	14.21
水上运输业	Water Way Transport	0.03
航空运输业	Air Transport	4.03
管道运输业	Pipeline Transport	0.03
装卸搬运和运输代理业	Lording, Unlording, Carrying and Other Transport Services	3.24
仓储业	Storage	0.74
邮政业	Post	2.90
信息传输、软件和信息技术服务业	Information Transmission Computer Service and Software Service	15.50
电信、广播电视和卫星传输服务	Telecommunication,Television Broadcast and Satellites Transmission	12.93
互联网和相关服务	Network and Related Services	1.09
软件和信息技术服务业	Software and Information Technology Services	1.48
金融业	Finance	102.14
货币金融服务	Monetary Banking Services	88.13
资本市场服务	Capital Market Finance Services	1.37
保险业	Insurance	11.35
其他金融业	Others	1.30
房地产业(不含房地产开发经营)	Real Estate Trade(Excluses Development and Operation of Real Estate Trade)	3.02
房地产业	Real Estate Trade	3.02

continued

(100 million yuan)

	本年应付福利费 Total Wages Payable		劳动、失业保险费 Charges on Labor and Unemployment Insurance		从业人员年末数(万人) Number of Employed Persons at Year-end (10 000 Persons)	
2010	2011	2010	2011	2010	2011	2010
163.79	**18.84**	**15.03**	**30.58**	**25.64**	**39.81**	**37.68**
158.26	18.45	14.71	29.64	24.92	37.83	35.81
55.34	6.19	5.18	11.02	11.27	12.16	11.80
15.13	2.57	1.88	2.48	1.58	2.74	2.58
3.62	0.67	0.49	0.86	0.59	0.47	0.45
0.21				0.08	0.09	0.09
28.87	3.36	2.61	4.20	3.08	9.74	8.87
46.67	5.16	4.12	9.71	7.15	8.32	8.06
7.28	0.41	0.35	1.29	1.14	3.77	3.47
1.13	0.09	0.06	0.06	0.04	0.53	0.49
3.04	0.22	0.20	0.40	0.35	0.76	0.75
2.49	0.17	0.12	0.55	0.37	1.22	1.13
90.26	9.36	7.83	17.55	16.30	19.16	17.92
47.02	7.31	5.35	8.63	5.80	11.66	11.01
26.50	2.17	1.85	4.40	3.53	8.99	8.75
37.17	3.06	2.50	7.24	7.64	12.15	11.28
18.09	1.25	1.10	4.01	4.98	3.32	3.29
12.50	0.66	0.56	2.06	1.86	5.32	5.16
0.03					0.02	0.02
1.05	0.13	0.05	0.31	0.19	0.64	0.13
0.03					0.02	0.02
2.47	0.12	0.10	0.30	0.18	1.45	1.32
0.59	0.06	0.05	0.12	0.11	0.21	0.19
2.41	0.83	0.64	0.44	0.32	1.17	1.15
13.40	1.04	0.86	2.88	1.72	3.88	3.69
11.16	0.83	0.68	2.67	1.57	3.34	3.21
1.00	0.12	0.12	0.08	0.04	0.20	0.16
1.24	0.09	0.07	0.13	0.11	0.34	0.32
75.08	12.31	9.23	15.05	12.15	10.90	10.59
63.01	11.31	8.36	13.04	10.75	6.82	6.50
2.13	0.16	0.20	0.38	0.23	0.12	0.11
8.74	0.75	0.57	1.47	1.05	3.86	3.89
1.20	0.10	0.10	0.16	0.12	0.09	0.09
2.32	0.14	0.14	0.26	0.22	1.13	1.05
2.32	0.14	0.14	0.26	0.22	1.13	1.05

10-20 续表7

单位：亿元

类　别	Category	应付工资总额 Total Wages Payable 2011
租赁和商务服务业	**Leasing Trade and Business Service**	18.44
租 赁 业	Leasing Trade	0.13
商务服务业	Commercial Serive	18.31
科学研究和技术服务业	**Scientific Research, Technology Service**	13.18
研究和试验发展	**R & D**	0.61
专业技术服务业	Professional Technology Service	12.11
科技推广和应用服务业	Technology Promotion and Application Services	0.46
水利、环境和公共设施管理业	**Water Conservancy, Admistration of Environment and Public Facilities**	2.41
水利管理业	Water Conservancy Admistrition	0.08
生态保护和环境治理业	Conservatory Ecology and Admistration of Environment	0.12
公共设施管理业	Admistration of Public Facilities	2.21
居民服务、修理和其他服务业	Services to Householdsand Other Services	2.02
居民服务业	Services to Households	1.02
机动车、电子产品和日用产品修理业	Repair Services of Motor Vehicle,Electronics and Daily Products	0.24
其他服务业	Other Services	0.76
教 育 业	**Education**	1.40
卫生和社会工作	Health Care, Social Works	2.13
卫 生	Health Care	2.13
社会工作	Social Works	
文化、体育和娱乐业	Culture, Sports and Entertainment	2.39
新闻和出版业	News and Publishing	1.13
广播、电视、电影和影视录音制作业	Broadcast, Television,Filmdom and Audio & Video Production	0.27
文化艺术业	Culture and Arts	0.36
体 育 业	Sports	0.37
娱 乐 业	Entertainment	0.26

continued

(100 million yuan)

	本年应付福利费 Total Wages Payable		劳动、失业保险费 Charges on Labor and Unemployment Insurance		从业人员年末数(万人) Number of Employed Persons (10 000 Persons)	
2010	2011	2010	2011	2010	2011	2010
15.92	1.25	1.08	2.22	1.68	5.79	5.64
0.12		0.01	0.01	0.01	0.11	0.11
15.80	1.25	1.07	2.21	1.68	5.68	5.53
11.92	0.58	0.65	1.93	1.44	2.00	1.76
0.48	0.05	0.05	0.13	0.13	0.10	0.10
11.03	0.52	0.58	1.79	1.31	1.81	1.58
0.42	0.01	0.01	0.01		0.09	0.08
2.22	0.11	0.08	0.40	0.30	1.16	1.06
0.06		0.01	0.02	0.01	0.02	0.01
0.11			0.03	0.02	0.06	0.06
2.05	0.10	0.07	0.36	0.26	1.08	0.98
1.36	0.12	0.09	0.16	0.08	0.92	0.88
0.58	0.05	0.03	0.09	0.03	0.41	0.39
0.20	0.04	0.04	0.02	0.02	0.07	0.06
0.59	0.03	0.02	0.05	0.04	0.44	0.42
1.10	0.08	0.05	0.08	0.08	0.42	0.35
1.76	0.08	0.07	0.21	0.17	0.67	0.62
1.76	0.08	0.07	0.21	0.17	0.67	0.62
1.54	0.07	0.29	0.16	0.15	0.79	0.77
0.66	0.00	0.03	0.05	0.03	0.32	0.30
0.25	0.02	0.02	0.02	0.03	0.08	0.07
0.13	0.01	0.21	0.01	0.02	0.09	0.09
0.30	0.02	0.03	0.06	0.06	0.19	0.18
0.20	0.02	0.01	0.02	0.02	0.12	0.12

10−21 各州市大中小型服务业企业财务状况
Financial Indicators of Large,Medium and Small-Sized Service-related Industries by Region

单位：亿元 (100 million yuan)

州 市	Region	企业数 (个) Number of Enterprises (unit)	#亏损企业数 Deficient Enterprises	固定资产原价 Original Value of Fixed Assets 2011	2010	本年折旧 Depreciation in the Year 2011	2010	资产总计 Total Assests 2011	2010
全 省	**Yunnan**	**1 814**	**422**	**1 771.83**	**1 619.47**	**192.86**	**175.25**	**25 576.60**	**22 149.39**
昆 明	Kunming	770	157	981.37	881.49	85.38	74.93	15 581.88	13 672.07
曲 靖	Qujing	154	38	122.19	116.69	20.86	17.72	1 233.90	1 122.53
玉 溪	Yuxi	103	25	77.35	72.55	13.47	12.34	1 202.83	1 100.74
保 山	Baoshan	61	18	39.11	35.57	4.39	3.92	508.41	410.74
昭 通	Zhaotong	51	12	67.41	66.90	12.17	10.01	1 150.11	902.31
丽 江	Lijiang	62	12	43.19	37.44	6.12	6.15	457.71	379.49
普 洱	Pu·er	73	18	44.78	39.83	4.15	3.67	567.92	473.91
临 沧	Lincang	26	6	29.59	26.92	3.75	3.29	361.72	276.18
楚 雄	Chuxiong	91	27	80.14	75.85	5.62	4.60	738.73	598.62
红 河	Honghe	102	25	74.96	69.05	6.45	7.70	1 119.79	965.03
文 山	Wenshan	45	12	41.18	45.75	5.70	9.00	666.34	553.22
西双版纳	Xishaungbanna	63	23	33.65	30.70	4.36	3.82	377.50	304.10
大 理	Dali	107	20	73.41	65.03	8.88	7.61	754.06	662.64
德 宏	Dehong	46	12	29.87	26.79	6.75	6.28	556.18	470.65
怒 江	Nujiang	19	6	10.84	9.50	1.79	1.57	118.59	104.54
迪 庆	Diqing	41	11	22.80	19.40	3.04	2.63	180.93	152.62

10－21　续表1　continued

单位：亿元　(100 million yuan)

州　市　Region	负债合计 Total Liabilities		所有者权益 Total Owners' Equities		营业收入 Total Business Revenue		营业成本 Cost of Business	
	2011	2010	2011	2010	2011	2010	2011	2010
全　省　Yunnan	**21 969.65**	**18 843.50**	**3 606.95**	**3 305.89**	**2 394.75**	**1 848.46**	**1 441.47**	**1 089.03**
昆　明　Kunming	12 858.73	11 112.77	2 723.15	2 559.30	1 466.57	1 086.75	935.34	670.16
曲　靖　Qujing	1 116.90	1 013.96	117.00	108.58	150.26	130.71	90.21	82.30
玉　溪　Yuxi	999.07	913.24	203.75	187.49	102.17	87.87	57.94	48.40
保　山　Baoshan	482.73	388.10	25.68	22.64	59.32	46.49	34.65	27.39
昭　通　Zhaotong	1 076.62	845.47	73.49	56.84	73.98	57.27	37.78	29.34
丽　江　Lijiang	413.80	344.98	43.91	34.50	57.59	44.31	33.39	25.59
普　洱　Pu·er	520.08	432.17	47.84	41.75	56.74	44.50	29.68	22.65
临　沧　Lincang	342.62	260.22	19.10	15.97	34.77	26.50	15.90	12.02
楚　雄　Chuxiong	601.44	527.88	137.29	70.74	58.70	47.89	32.97	26.55
红　河　Honghe	1 069.10	917.58	50.69	47.45	107.14	89.78	60.91	49.71
文　山　Wenshan	625.61	504.23	40.73	48.99	45.90	39.24	21.31	18.41
西双版纳 Xishaungbanna	347.21	278.18	30.29	25.91	42.20	34.64	20.72	17.53
大　理　Dali	694.29	604.85	59.77	57.79	71.35	59.13	34.05	29.61
德　宏　Dehong	536.68	454.72	19.50	15.93	39.78	31.35	21.51	16.98
怒　江　Nujiang	113.63	100.30	4.96	4.24	9.90	7.47	5.16	3.88
迪　庆　Diqing	171.13	144.86	9.80	7.75	18.40	14.57	9.94	8.52

10-21 续表2 continued

单位：亿元 (100 million yuan)

州 市	Region	营业税金及附加 Taxes and Other Charges		营业费用、管理费用、财务费用 Expenses on Business, Management and Finance		营业利润 Profits from Business		利润总额 Total Profits	
		2011	2010	2011	2010	2011	2010	2011	2010
全 省	**Yunnan**	**79.30**	**63.84**	**488.34**	**397.42**	**451.00**	**394.43**	**512.05**	**435.27**
昆 明	Kunming	50.21	40.99	270.55	225.04	271.13	243.05	319.11	271.60
曲 靖	Qujing	5.11	4.00	28.22	24.17	25.60	18.95	26.91	21.49
玉 溪	Yuxi	3.34	2.78	22.31	17.99	31.99	31.92	33.71	33.96
保 山	Baoshan	1.67	1.21	12.25	9.58	10.96	8.44	10.12	7.57
昭 通	Zhaotong	2.23	1.62	21.39	15.27	10.35	8.90	15.27	12.46
丽 江	Lijiang	1.47	1.10	12.09	9.56	12.02	8.49	12.46	9.02
普 洱	Pu·er	1.70	1.30	15.16	10.91	8.75	8.14	10.04	8.55
临 沧	Lincang	1.13	0.84	9.13	7.39	7.98	5.33	7.28	4.46
楚 雄	Chuxiong	1.62	1.36	14.60	11.59	8.37	7.63	9.77	8.96
红 河	Honghe	2.94	2.48	23.99	19.33	18.76	18.07	21.59	20.00
文 山	Wenshan	1.64	1.41	8.18	7.28	12.50	10.50	9.28	9.22
西双版纳	Xishaungbanna	1.31	0.96	12.36	9.57	7.70	6.63	7.63	6.60
大 理	Dali	2.92	2.23	20.07	16.05	14.02	10.61	16.22	12.80
德 宏	Dehong	1.00	0.78	9.84	7.61	6.98	5.74	8.05	6.24
怒 江	Nujiang	0.33	0.24	2.96	2.17	1.53	0.61	1.87	0.86
迪 庆	Diqing	0.69	0.56	5.25	3.92	2.36	1.43	2.71	1.47

10-21 续表3 continued

单位：亿元 (100 million yuan)

州 市	Region	应付工资总额 Total Wages Payable		本年应付福利费 Total Wages Payable		劳动、失业保险费 Charges on Labor and Unemployment Insurance		从业人员年末数(万人) Number of Employed Persons (10 000 Persons)	
		2011	2010	2011	2010	2011	2010	2011	2010
全 省	**Yunnan**	**209.27**	**163.79**	**18.84**	**15.03**	**30.58**	**25.64**	**39.81**	**37.68**
昆 明	Kunming	126.07	99.49	9.37	7.56	16.44	14.19	19.81	18.13
曲 靖	Qujing	11.38	8.75	0.94	0.94	2.31	1.27	3.59	3.43
玉 溪	Yuxi	8.50	6.88	0.98	0.77	1.51	1.13	2.19	2.27
保 山	Baoshan	6.98	5.26	0.72	0.44	1.33	1.09	1.02	0.95
昭 通	Zhaotong	7.94	5.73	0.96	0.72	1.42	1.66	1.49	1.49
丽 江	Lijiang	4.00	3.05	0.52	0.59	0.63	0.54	0.92	0.90
普 洱	Pu·er	4.95	3.66	0.48	0.40	1.00	0.76	1.13	1.06
临 沧	Lincang	3.12	2.36	0.43	0.33	0.33	0.28	0.55	0.53
楚 雄	Chuxiong	5.97	4.69	0.69	0.58	0.84	0.67	1.61	1.71
红 河	Honghe	8.20	6.80	0.99	0.79	1.03	0.99	1.98	1.88
文 山	Wenshan	4.85	3.77	0.55	0.44	0.42	0.40	1.11	1.04
西双版纳	Xishaungbanna	3.52	2.67	0.34	0.30	0.53	0.42	0.96	0.95
大 理	Dali	8.07	6.42	1.15	0.59	1.54	1.20	2.03	1.95
德 宏	Dehong	3.25	2.40	0.42	0.30	0.53	0.41	0.85	0.84
怒 江	Nujiang	0.95	0.72	0.12	0.16	0.56	0.50	0.26	0.24
迪 庆	Diqing	1.51	1.15	0.19	0.13	0.17	0.13	0.33	0.32

主要统计指标解释

铁路营业里程 又称营业长度（包括正式营业和临时营业里程），指办理客货运输业务的铁路正线总长度。凡是全线或部分建成双线及以上的线路，以第一线的实际长度计算；复线、站线、段管线、岔线和特殊用途线以及不计算运费的联络线都不计算营业里程。该指标可以反映铁路运输业基础设施的发展水平，也是计算客货周转量、运输密度和机车车辆运用效率等指标的基础资料。

公路里程 指在一定时期内实际达到《公路工程技术标准 JTJ01－88》规定的等级公路，并经公路主管部门正式验收交付使用的公路里程数。包括大中城市的郊区公路以及通过小城镇街道部分的公路里程和桥梁、渡口的长度，不包括大中城市的街道、厂矿、林区生产用道和农业生产用道的里程。两条或多条公路共同经由同一路段，只计算一次，不得重复计算里程长度。该指标可以反映公路建设的发展规模，也是计算运输网密度等指标的基础资料。

内河航道里程 也称内河通航里程，指在一定时期内，能通航运输船舶及排筏的天然河流、湖泊水库、运河及通航渠道的长度。包括全年季节性通航累计三个月以上的航道，不包括仅供零散流放竹、木排的河道。该指标可以反映内河水运网的规模、水平和发展情况。

民用航空航线里程 指统计期间内全部民用航空航线的航线总长度。航线长度指民用航空航线的计费距离。计算航线里程可按重复和不重复两种方法，前者是指各航线长度相加的总和；后者则要扣除各航线之间相同航段重复计算的部分。

货（客）运量 指在一定时期内，各种运输工具实际运送的货物（旅客）数量。该指标是反映运输业为国民经济和人民生活服务的数量指标，也是制订和检查运输生产计划、研究运输发展规模和速度的重要指标。货运按吨计算，客运按人计算。货物不论运输距离长短、货物类别，均按实际重量统计。旅客不论行程远近或票价多少，均按一人一次客运量统计；半价票、小孩票也按一人统计。

货物（旅客）周转量 指在一定时期内，由各种运输工具运送的货物（旅客）数量与其相应运输距离的乘积之总和。该指标可以反映运输业生产的总成果，也是编制和检查运输生产计划，计算运输效率、劳动生产率以及核算运输单位成本的主要基础资料。计算货物周转量通常按发出站与到达站之间的最短距离，也就是计费距离计算。计算公式为：

货物（旅客）周转量＝Σ（货物（旅客）运输量×运输距离）

邮电业务总量 指以货币形式表示的邮电企业为社会提供各类邮电服务的总数量，是用于观察邮电业务发展变化总趋势的综合性总量指标。分别按邮政业务总量和电信业务总量统计。邮电业务总量是以各类业务的实物量分别乘以相应的不变单价，得出各类业务的货币量再加总求得。

移动电话用户 指在电信运营企业营业网点办理开户登记手续，通过移动电话交换机进入移动电话网，占用移动电话号码的各类电话用户。包括 GSM 数字移动电话用户、CDMA 数字移动电话用户和电信运营企业发行的报告期末已激活充值的能异地漫游的各种智能卡用户。

固定电话用户 指在电信运营企业营业网点办理开户登记手续并已接入固定电话网上的全部电话用户。包括普通电话用户、公用电话用户、窄带综合业务数字网（N—ISDN）用户、智能网专用接入终端用户等。按行政区划分为城市电话用户和农村电话用户。

城市电话用户 指直辖市、省辖市、地级市、县级市的市区、市郊区及县城范围内接入局用交换机的电话用户。包括分布在农村地区县团级以上建制的独立工矿区、林区、驻军等电话用户。

农村电话用户 指县城关区以下的集镇和农村接入局用交换机的电话用户。

Explanatory Notes on Principal Statistical Indicators

Length of Railways in Operation refers to the total length of the trunk line under passenger and freight transportation (including both full operation and temporary operation). The calculation is based on the actual length of the first line even if this line has a full or partial double track or more tracks, excluding double tracks, station sidings, tracks under the charge of stations, branch lines, special purpose lines and the non payable connecting lines. The length of railways in operation is an important indicator to show the development of the infrastructure for the railway transport, and also the essential data to calculate volume of passenger freight transport, traffic density and utilization efficiency of the locomotives and carriages.

Length of Highways refers to the length of highways which are built in conformity with the grades specified by the highway engineering standard formulated by the Ministry of Communications, and have been formally checked and accepted by the departments of highways and put into use. The length of highways includes that of the suburb highways at large and medium sized cities, highways passing through streets at small cities and towns, and also the length of bridges and ferries. It does not include the length of streets in big and medium sized cities and highways built for the production purpose at factories, mines, forest areas and agricultural areas. If two or more highways go the same section of the way, the length of the section is only calculated for once and no duplication is allowed. The length of highways is an important indicator to show the development of the highway construction and to provide essential information to calculate the transport network density.

Length of Navigable Inland Waterways it is an indicator reflecting the size and development of inland water network, it refers to the length of the natural rivers, lakes, reservoirs, canals, and ditches open to navigation during a given period, which enables the transport by ships and rafts. It includes the channels open to navigation for over an accumulative 3 months in a year, yet this does not include the river courses, which are only used to float odd logs and bamboo rafts. This indicator can reflect the scale, level and development situation of the inland waterway network.

Length of Civil Aviation Routes refers to the length of all routes for regular civil aviation flights, which is used to account the freight, during the period of statistics. There are usually two ways to calculate the route length: duplicated calculation and non – duplicated calculation, the former is the sum of length of all civil aviation routes, and latter should deduct the duplication length of same route among all routes.

Freight (Passenger) Traffic refers to the volume of freight (passenger) transported with various means. The freight (passenger) traffic provides a quantitative measure to show how the transport industry serves the national economy and people, and is also an important indicator for planning the transport industry and for studying the development scale and speed of the transport industry. Freight transport is calculated in tons and passenger traffic is calculated in the number of persons. Despite the type of freight and traveling distance, the freight transport is calculated in the actual weight of the goods, and despite the traveling distance and ticket price, the passenger traffic is calculated by the principle that one person can be counted only once in one travel. The passengers who travel with a half price ticket or a child ticket is also calculated as one person.

Freight Ton – kilometres (Passenger – kilometres) refer to the sum of the products of the volume of transported cargo (passengers) multiplying by the transport distance. It is an important indicator to reflect the achievement of transportation industry. Normally, the shortest distance between the departure station and the destination station (i. e., the payable distance) is the basis to calculate the freight ton – kilometers. This is an important indicator to show the total results of the transport industry, to prepare and examine the transport plan and to measure the efficiency, the labour productivity and the unit cost of transport. The formula is as follows:

$$\frac{\text{Freight ton – kilometres}}{\text{(passenger – kilometres)}} = \sum \frac{\text{freight}}{\text{(passenger) traffic}} \times \frac{\text{distance of}}{\text{transportation}}$$

Business Volume of Post and Telecommunications refers to the total amount of post and telecommunication services, expressed in value terms, provided by the post and telecommunications departments for the society. This indicator reflects the overall results of development of postal and telecommunication services. It can be classified as postal services and telecommunication services. Business Volume of Post and Telecommunications is the sum of all services in kind multiplying with the unit price (constant price) to get the total business value.

Mobile Telephone Subscribers refer to the persons who have gone through registration procedures in the operation points of enterprises engaged in telecommunications and are hence connected with the mobile telephone communication network through the mobile telephone switchboards and occupy mobile phone numbers. Included are GSM digital mobile phone subscribers and CDMA digital mobile phone subscribers and subscribers to intelligent phone cards with roaming facility issued by telecommunications enterprises and which have been subscribed to and achieved at the end of the reference period.

Local telephone Subscribers refer to all subscribers who have gone through registration procedures in the operation points of enterprises engaged in telecommunication and are hence connected to the local telecommunication service providers through fixed line network . Included are general subscribers, public telephone subscribers, N-ISDN subscribers and intelligent network terminal subscribers. They are also classified in terms of administrative districts as urban telephone subscribers and rural telephone subscribers according to location.

Urban Telephone Subscribers refer to number of telephone subscribers, located at municipalities, cities under the jurisdiction of province, cities at prefecture level, downtown and suburb of city at county level town and county towns (including country towns where county government located, and towns of county level according to the administrative organizational system), that are connected to the public line telephone network, including rural mineral area, forest area, military area.

Chapter 11

十一、金融和保险业

Banking and Insurance

YUNNAN STATISTICAL YEARBOOK

云南统计年鉴 2012

11-1　1978-2011年金融机构存款年末余额

Historic Deposits of Financial Institutions at Year-end (1978-2011)

单位：亿元　　(100 million yuan)

年　份 Year	存款年末余额	企业存款 Deposits of Enterprises	储蓄存款 Savings Deposits
1978	28.51	8.36	3.24
1979	34.48	9.60	3.91
1980	39.95	11.14	5.43
1981	48.25	12.92	7.22
1982	59.61	17.88	12.36
1983	68.81	20.28	16.17
1984	81.45	25.43	22.24
1985	99.67	40.93	29.83
1986	128.58	53.80	39.76
1987	156.64	54.98	55.46
1988	190.41	70.51	63.84
1989	218.26	79.89	86.45
1990	292.19	105.81	117.89
1991	365.81	136.82	152.28
1992	466.72	172.79	195.82
1993	593.56	203.41	251.23
1994	841.15	319.19	351.40
1995	1 187.24	478.89	500.13
1996	1 539.59	650.80	671.20
1997	1 829.40	825.24	805.99
1998	2 076.06	910.64	912.89
1999	2 254.38	940.79	1 028.93
2000	2 465.68	1 038.40	1 138.22
2001	2 779.71	1 082.52	1 298.53
2002	3 121.28	1 106.12	1 500.24
2003	3 747.46	1 344.70	1 766.51
2004	4 404.36	1 688.81	2 052.12
2005	5 140.50	1 773.63	2 430.28
2006	6 131.25	2 066.50	2 854.86
2007	7 170.87	2 578.84	3 046.40
2008	8 418.94	2 882.69	3 783.78
2009	11 119.64	3 942.38	4 668.61
2010	13 411.49	4 462.42	5 719.55
2011	15 356.86	7 998.71	6 654.87

注：本表资料1981年及以前为国有商业银行数据，1982年后为全部金融机构数据。2011年企业存款改为单位存款。

Note:The data in this table are obtained from National Commercial Bank before 1981,while after 1982,all data are obtained from financial institutions.

11-2 各州市金融机构存贷款余额（2011年）
Loans and Deposits of Financial Institutions by Region (2011)

单位：亿元 (100 million yuan)

州市	Region	各项存款 Total Deposits 余额 Balance at Year-end	比年初增减(±) Increase Rate over Year Beginning(±)	# 居民储蓄存款 Savings Deposits of Residents 余额 Balance at Year-end	比年初增减(±) Increase over Year Beginning(±)	各项贷款 Total Loans 余额 Balance at Year-end	比年初增减(±) Increase over Year Beginning(±)
全省	**Yunnan**	**15 356.86**	**1 948.06**	**6 654.87**	**951.40**	**12 114.59**	**1 547.72**
昆明	Kunming	7 554.89	818.58	2 615.65	288.92	7 288.05	791.38
曲靖	Qujing	1 180.38	163.38	599.19	90.53	733.83	103.90
玉溪	Yuxi	917.54	101.54	433.43	58.95	543.66	78.00
保山	Baoshan	415.83	68.88	238.53	46.81	269.47	40.77
昭通	Zhaotong	619.70	99.25	293.54	58.77	355.55	69.22
丽江	Lijiang	348.80	51.19	182.12	34.74	250.28	56.36
普洱	Pu'er	423.73	59.83	220.16	37.61	275.71	43.71
临沧	Lincang	300.41	54.94	148.45	29.57	217.74	49.60
楚雄	Chuxiong	504.79	66.79	275.69	47.19	301.48	36.27
红河	Honghe	1 008.93	124.24	535.96	75.25	573.56	85.31
文山	Wenshan	470.89	83.52	251.92	47.80	302.76	30.92
西双版纳	Xishuangbanna	320.34	63.46	187.69	38.02	167.70	22.40
大理	Dali	701.36	103.83	379.57	57.39	469.67	80.03
德宏	Dehong	352.51	62.02	206.79	23.59	195.13	32.88
怒江	Nujiang	95.31	3.73	39.75	5.89	58.72	7.28
迪庆	Diqing	141.44	22.89	46.44	10.36	109.51	22.15

11-3 金融机构人民币信贷情况（2011年）

Credit Funds of RMB Operation Condition of Financial Institution(2011)

单位：亿元 (100 million yuan)

项　目	Item	全　省 Yunnan	2011年比年初增长（%） Increase Rate over Year Beginning(%)
各项存款余额	**Deposits in Various Forms**	**15 356.86**	**14.5**
单位存款		7 998.71	12.7
活期存款	Current Deposits	5 339.49	6.3
定期存款	Time Deposits	1 343.49	41.2
个人存款		6 679.65	16.8
储蓄存款	Savings Deposits	6 654.87	16.7
保证金存款		8.26	364.4
结构性存款		16.52	9.5
财政性存款	Financial Deposits	375.04	7.3
临时性存款		31.68	-9.6
委托存款	Entrust Deposits	36.77	13.4
其他存款	Other Deposits	235.01	35.6
各项贷款余额	**Loans in Various Forms**	**12 114.59**	**14.7**
短期贷款	Short-term Loans	3 048.42	14.1
中长期贷款	Medium & Long-term Loans	8 877.45	14.9

11-4 全省保险费收入和赔款给付(1997-2011年)
Premium Income and Expenditure for Claim and Payment (1997-2011)

单位：亿元　　(100 million yuan)

年 份 Year	保险费收入 Premium Income (100 million yuan)	赔款及给付支出 Expenditure for Claim and Payment	简单赔付率(%) Rate of Simple Claim and Payment (%)
1997	31.59	10.07	31.9
1998	34.58	13.60	39.3
1999	37.46	14.03	37.5
2000	39.72	16.71	42.1
2001	42.70	18.97	44.4
2002	55.44	19.18	34.6
2003	73.75	20.35	27.6
2004	74.22	25.91	34.9
2005	81.03	24.01	29.6
2006	95.29	28.90	30.3
2007	111.86	47.75	42.7
2008	165.39	63.40	38.3
2009	180.08	65.12	36.2
2010	235.68	66.31	28.1
2011	241.10	79.89	33.1

11-5 保险业务经济技术指标（2011年）
Economic and Technical Indicators of Insurance Companies (2011)

单位：亿元 (100 million yuan)

项　目	Item	保险金额 Premium	原保险保费收入 Original Insurance Premium Income	各项赔款和给付 Claim and Payment
全　省	**Yunnan**	**73 884.34**	**241.10**	**79.89**
财产保险公司	**Property Insurance Companies**	**49 387.14**	**114.48**	**49.84**
企业财产保险	Enterprise Property Insurance	5 711.89	6.61	1.84
家庭财产保险	Family Property Insurance	578.09	0.62	0.21
机动车辆保险	Motor Vehicle Insurance	11 571.06	86.24	39.77
工程保险	Engineering Insurance	892.54	2.86	0.85
责任保险	Liability Insurance	11 098.23	2.81	1.05
信用保险	Export Credit Insurance	896.81	0.88	0.14
保证保险	Guarantee Insurance	44.79	1.14	0.06
船舶保险	Ship Insurance	1.37	0.02	0.01
货物运输保险	Freight Transport	3 027.17	1.84	0.50
特殊风险保险	Special Risk Insurance	20.88	0.08	0.09
农业保险	Agricultural Insurance	1 174.31	6.06	2.85
健康险	Health Insurance	2 361.07	2.09	1.28
意外伤害保险	Accident Injury Insurance	12 008.60	3.22	1.18
其他险	Other Insurance	0.33		0.01
人寿保险公司	**Life Insurance Companies**	**24 497.20**	**126.62**	**30.05**
人寿保险	Life Insurance	830.16	106.52	20.09
健康保险	Health Insurance	3 854.94	13.89	8.68
意外伤害保险	Personal Accident Injury Insurance	19 812.10	6.22	1.29

11-6 云南省辖区证券市场基本情况（2008-2011年）
Basic Statistics on Securities Markets of Yunnan Province (2008-2011)

项　　目	Item	2008	2009	2010	2011
上市公司数（家）	Number of Listed Companies (unit)	27	26	28	28
# 发行A股公司数	A Shares	27	26	28	28
发行B股公司数	B Shares				
A、B股均发行公司数	A Shares and B Shares				
境外发行公司数	Overseas-listed Companies	1	1	1	1
境内、外均发行公司数	Companies of Overseas-listed and Domestic	1	1	1	1
ST公司数	ST Listed Companies	1	1	2	1
证券公司数（家）	Number of Securities Companies (unit)	2	2	2	2
证券营业部数（家）	Number of Securities Business Department (unit)	57	57	63	73
证券投资咨询机构数（家）	Number of Securities Investment Consultative Institutions (unit)	1	1	1	1
证券投资者资金开户数(累计数)（万户）	Number Of Opening Account of Securities Investors (10 000 households)	63.60	87.70	99.03	106.70
上市公司当年境内募集资金总额(扣除发行费)（亿元）	Total Volume of Domestic Raise Capital by Listed Companies in current year (100 million yuan)	60.00	84.26	46.33	98.91
首次公开发行	IPO	1.90		31.23	
配股	Share Right Issued		17.11	13.20	
增发	Adding the Share Issue	58.1	39.56	1.90	76.91
可转债及公司债	Transferable Loans		27.59		22.00
市价总值（亿元）	Total Market Value (100 million yuan)	1 116.61	2 606.85	2 777.68	1 853.69
证券经营机构证券累计成交量	Trading Volume of Securities Managerial	5 187.28	9 853.01	8 845.83	6 870.43

主要统计指标解释

存款 指企业、机关、团体或居民根据资金必须收回的原则，把货币资金存入银行或其他信贷机构保管并取得一定利息的一种信贷活动形式。根据存款对象的不同可划分为企业存款、财政存款、机关团体存款、城乡储蓄存款、农业存款、委托及信托存款、其他类等。

贷款 指银行或其他信贷机构根据资金必须归还的原则，按一定利率，为企业、个人等提供资金的一种信用活动形式。我国银行贷款分为短期贷款、委托及信托类贷款、其他类贷款等。

保险金额 指保险人承担赔偿或者给付保险金责任的最高限额。

保费 指投保人为取得保险人在约定范围内所承担赔偿责任而支付给保险人的费用。

赔款 指保险人根据保险公司合同的规定，向被保险人支付的赔偿保险责任损失的金额。

Explanatory Notes on Principal Statistical Indicators

Deposit is a form of credit by which enterprises, institutions, organizations or households can put money into banks and other credit institutions for safekeeping and interest earning under the principle of free withdrawal. According to different depositors, deposits are divided into enterprise deposits, treasury deposits, deposits of government agencies and organizations, capital construction deposits, savings deposits, rural saving deposits, entrusted deposits and other deposits.

Loan is a form of credit by which banks and other credit institutions provide funds at certain interest rate to enterprises and individuals in the light of the principle of unconditional repayment. Loans from Chinese banks include short - term loans, trust and entrust loans and other kinds of loans.

Amount Insured refers to the maximum amount that the insurant will get for the claim of the case insured.

Premium is the fee paid by the insurant to the insurer to obtain the obligation of compensation from the insurance within the agreed terms.

Settled Claim is the compensation paid by the insurer to the insurant in accordance with the insurance contract.

Chapter 12

十二、旅游业

Tourism

12-1 主要年份全省旅游业发展情况

Basic Statistics on Tourism Development in Significant Years

项目	Item	2008	2009	2010	2011
旅游总人数	**Number of Tourists**				
国内旅游者（万人次）	**Domestic Tourists (10 000 person-times)**	**10250.00**	**12023.00**	**13837.00**	**16331.78**
过夜游客	Of which: Overnight Tourists	6265.00	6728.00	7633.00	9058.10
一日游游客	One-day Tourists	3985.00	5294.00	6204.00	7273.68
海外和港澳台旅游者（万人次）	**Overseas Tourists and Tourists from Hong Kong, Macao and Taiwan (10 000 person-time)**	**250.22**	**284.49**	**329.15**	**395.38**
外国人	Of which: Foreigners	169.18	191.79	231.23	281.00
香港同胞	Tourists from Hong Kong	35.86	43.19	43.39	52.43
澳门同胞	Tourists from Macao	9.91	10.80	12.79	14.41
台湾同胞	Tourists from Taiwan	35.26	38.71	41.75	47.54
海外和港澳台旅游者(万人天数)	**Overseas Tourists and Tourists from Hong Kong, Macao and Taiwan (10 000 person-day)**	**452.76**	**545.77**	**615.20**	**750.13**
旅游总收入（亿元）	**Total Tourism Revenue (100 million yuan)**	**663.28**	**810.73**	**1 006.83**	**1 300.29**
国内旅游收入（亿元）	Domestic Tourism Revenue (100 million yuan)	594.77	730.66	916.82	**1 195.73**
过夜游客收入	Of which: Revenue from Overnight Tourists	483.80	573.99	720.40	938.15
一日游收入	Revenue from One-day Tourists	110.97	156.67	196.43	257.58
旅游外汇收入(亿美元)	**Foreign Exchange Earning (USD 100 million)**	**10.08**	**11.72**	**13.24**	**16.09**
折合人民币（亿元）	Equivalent Amount Converted into RMB (100 million yuan)	68.51	80.06	90.01	104.56

12-2 边境口岸入境一日游旅客数及外汇收入(2011年)

Number of One-day Entry Tourists and Earnings in Foreign Exchange in Border Areas (2011)

边境口岸	Border Port Administrative Prefecture	口岸入境一日游人数(万人次) Number of One-day Entry Tourists (10 000 person-time)	2011年比2010年增长(%) Increase Rate over 2010 (%)	口岸入境一日游外汇收入(亿美元) Earnings in Foreign Exchange from One-day Entry Tourists (USD 100 million)	2011年比2010年增长(%) Increase Rate over 2010 (%)
保　山	Baoshan	8.01	11.0	0.05	14.2
普　洱	Pu'er	6.07	-23.0	0.04	-20.7
临　沧	Lincang	15.22	2.5	0.09	5.5
红　河	Honghe	123.76	6.3	0.70	9.4
文　山	Wenshan	24.27	27.1	0.14	30.8
西双版纳	Xishuangbanna	47.23	31.7	0.27	35.6
德　宏	Dehong	135.72	7.8	0.76	10.9
怒　江	Nujiang	7.27	35.0	0.04	39.0
合　计	Total	367.56	10.2	2.08	13.7

12-3 各州市旅游业发展情况(2011年)

Tourism Development by Region (2011)

州　市 Region	旅游总收入(亿元) Total Tourism Revenue (100 million yuan)	旅游外汇收入(亿美元) Foreign Exchange Earnings (USD 100 million)	国内旅游人数(万人次) Domestic Tourists (10 000 person-time)	海外旅游人数(万人次) Overseas Tourists (10 000 person-time)	外国人 Foreigners	香港同胞 Compatriots from Hong Kong	澳门同胞 Compatriots from Macao	台湾同胞 Compatriots From Taiwan
全　省 Yunnan	**1300.29**	**16.09**	**16 331.78**	**395.38**	**281.00**	**52.43**	**14.41**	**47.54**
昆　明 Kunming	366.36	2.98	4 002.10	100.40	77.20	7.67	0.27	15.27
曲　靖 Qujing	57.13	0.06	778.13	1.73	0.50	0.44	0.01	0.78
玉　溪 Yuxi	57.11	0.01	1 308.63	0.30	0.28	0.01		0.01
保　山 Baoshan	39.9	0.29	689.91	10.42	9.73	0.26	0.14	0.29
昭　通 Zhaotong	26.26	0.01	708.70	0.09	0.06	0.01	0.01	0.02
丽　江 Lijiang	152.22	2.54	1 107.93	76.12	54.73	10.77	0.22	10.40
普　洱 Pu'er	29.58	0.15	556.43	3.80	3.63	0.07	0.04	0.06
临　沧 Lincang	19.56	0.27	299.38	4.94	4.93			0.01
楚　雄 Chuxiong	40.33	0.06	1 165.06	2.38	1.34	0.36	0.18	0.50
红　河 Honghe	86.37	1.37	1 310.04	15.49	14.18	0.56	0.05	0.70
文　山 Wenshan	45.09	0.19	535.00	2.08	1.63	0.07	0.06	0.31
西双版纳 Xishuangbanna	99.96	1.26	935.98	29.44	28.47	0.35	0.24	0.38
大　理 Dali	138.41	1.50	1 499.49	45.52	22.93	11.10	1.86	9.64
德　宏 Dehong	60.07	1.13	520.10	12.00	11.98	0.01		0.01
怒　江 Nujiang	9.97	0.12	171.73	1.72	1.65	0.03	0.01	0.03
迪　庆 Diqing	71.98	4.16	743.17	88.94	47.75	20.71	11.32	9.15

注：本表旅游外汇收入包括口岸一日游创汇收入。

Note: In this table, the data of foreign exchange earning is included part of Revenue from one-day tourists in port .

12-4 主要年份分国别或地区接待旅游者人次
Number of International Tourists in Yunnan by Country and Region in Significant Years

单位：万人次 (10 000 person-time)

国家或地区	Country and Territory	2006	2007	2008	2009	2010	2011
海外和港澳台	**Total Overseas Tourists and**	**181.00**	**221.90**	**250.22**	**284.49**	**329.15**	**395.38**
外国旅游者	**Foreigners**	**111.17**	**144.74**	**169.18**	**191.79**	**231.23**	**281.00**
日　本	Japan	10.85	14.74	13.90	15.07	15.17	16.16
菲律宾	The Philippines	0.89	1.13	1.44	1.81	1.24	1.25
新加坡	Singapore	6.61	8.88	10.40	14.35	15.50	18.49
泰　国	Thailand	7.20	9.52	18.54	21.63	30.67	38.75
印度尼西亚	Indonesia	1.46	1.76	2.11	2.71	4.13	5.53
美　国	The United States	7.52	8.77	10.70	10.45	11.88	13.13
加拿大	Canada	1.65	2.29	2.52	3.15	3.74	5.35
英　国	The United Kingdom	2.20	3.17	4.25	5.55	6.83	8.80
法　国	France	4.54	7.49	8.42	9.44	11.09	139.79
德　国	Germany	2.95	4.36	5.06	7.50	7.64	9.48
意大利	Italy	1.81	2.63	2.92	3.99	4.54	4.82
俄罗斯	Russia	0.63	1.16	0.65	0.95	1.32	1.40
澳大利亚	Australia	3.14	3.58	3.58	4.52	5.08	5.72
新西兰	New Zealand	0.70	0.41	0.65	1.09	1.03	1.25
其　他	Others	59.02	74.85	84.06	89.58	111.39	11.08
港澳台同胞	**Compatriots from Hong Kong, Macao and Taiwan**	**69.83**	**77.16**	**81.03**	**92.70**	**97.92**	**114.38**

主要统计指标解释

住宿和餐饮业营业收入 指住宿和餐饮业法人企业（单位）在经营活动中因提供服务或销售商品等取得的收入。包括：客房收入、餐费收入、商品销售额和其他收入。客房收入指住宿和餐饮业法人企业（单位）在经营活动中因提供住宿服务取得的收入。餐费收入指住宿和餐饮业法人企业、（单位）因为顾客提供就餐服务取得的收入，包括经烹饪、调制加工后出售的各种食品，如主食、炒菜、凉拌菜等的收入。商品销售额指住宿和餐饮业法人企业（单位）伴随服务而出售商品所取得的收入（含增值税）。其他收入指营业收入中除客房收入、餐费收入、商品销售额以外的其他收入，包括娱乐、健身和商务服务等。

旅游人数

1. **入境旅游人数：**指报告期内来我国观光、度假、探亲访友、就医疗养、购物、参加会议或从事经济、文化、体育、宗教活动的外国人、港澳台同胞等入境游客。统计时，外国人、港澳台同胞每入境一次统计1人次。

2. **出境人数：**指中国（大陆）居民因公或因私出境前往其他国家、中国香港特别行政区、澳门特别行政区和台湾省观光、度假、探亲访友、就医疗养、购物、参加会议或从事经济、文化、体育、宗教活动的人数，即出境游客。统计时，按每出境一次统计1人次。

3. **国内旅游人数：**指在报告期内在中国（大陆）观光游览、度假、探亲访友、就医疗养、购物、参加会议或从事经济、文化、体育、宗教活动的中国（大陆）居民人数，其出游的目的不是通过所从事的活动谋取报酬。统计时，国内游客按每出游一次统计1人次。

国际旅游（外汇）收入 指入境游客在中国（大陆）境内旅行、游览过程中用于交通、参观游览、住宿、餐饮、购物、娱乐等全部花费。

国内旅游收入 又称旅游总花费，指国内游客在国内旅行、游览过程中用于交通、参观游览、住宿、餐饮、购物、娱乐等全部花费。

国际旅行社 指经营业务范围包括入境旅游业务、出境旅游业务和国内旅游业务的旅行社。

国内旅行社 指经营范围仅限于国内旅游业务的旅行社。

星级饭店 指设备、设施、服务符合《旅游饭店星级的划分与评定》（GB/T14308－2003），通过相关旅游管理部门评定，并取得星级饭店称号的饭店（含预备星级饭店）。

Explanatory Notes on Principal Statistical Indicators

Business Revenue of Hotels and Catering Services refers to revenue received from providing services or selling commodities by corporate enterprises and establishments engaged in hotels and catering services, including income from hotels, from catering services, from selling of commodities and from other services. Income from hotels refers to income of corporate enterprises and establishments engaged in hotels and catering services by providing lodging services. Income from catering services refers to income of corporate enterprises and establishments engaged in hotels and catering services by providing catering services, including selling of cooked or prepared foods such as staple food, cooked dishes or cold dishes. Income from selling of commodities refers to income of corporate enterprises and establishments engaged in hotels and catering services by selling commodities (including value - added tax) that accompany the services they provide. Income from other activities refers to income received other than income from hotels, catering services or selling of commodities, such as income from providing recreation, fitness or business services.

Number of Tourists

1. **Visitor arrivals** refer to the number of foreigners, Chinese compatriots from Hong Kong, Macao and Taiwan Chinese (mainland) who come to China (mainland) for sight - seeing, vacation, visiting relatives, medical treatment, shopping, attending conference, or to engage in economic, cultural, sports and religious activities. In compiling statistics, each time of entering China is counted as one person - time.

2. **Number of Chinese residents** going abroad refer to the number of Chinese (mainland) residents going to other countries, Hong Kong Special Administrative region, Macao Special Administrative region and Taiwan for on official or private purposes, for sight - seeing, vacation, visiting relatives, medical treatment, shopping, attending conference, or to engage in economic, cultural, sports and religious activities. In compiling statistics, each time of leaving is counted as one person - time.

3. **Number of domestic tourists** refers to the number of Chinese (mainland) residents who travel within China (mainland) for sight - seeing, vacation, visiting relatives, medical treatment, shopping, attending conference, or to engage in economic, cultural, sports and religious activities. In compiling statistics, each time of travelling is counted as one person - time.

Foreign Exchange Earnings from International Tourism refer to the total expenditure of foreigners, overseas Chinese, Chinese compatriots from Hong Kong, Macao and Taiwan during their stay in the mainland of China on transportation, sighting, accommodation, food, shopping and entertainment.

Income from Domestic Tourism refers to expenditure of domestic tourists on transportation, sighting, accommodation, food, shopping and entertainment while they travel.

International Travel Agencies refer to travel agencies engaged in tourism entering China, Chinese residents going abroad and domestic tourism.

Domestic Travel Agencies refer to travel agencies only engaged in domestic tourism.

Star - rated Hotels refer to hotels rated with stars as assessed by the relevant tourism authorities according to GB/T14308 - 2003 standard with reference to their infrastructure, facilities and service levels.

Explanatory Notes on Principal Statistical Indicators

Number of Tourists

Chapter 13

十三、教育、科技和文化业

Education, Science and Technology and Culture

YUNNAN STATISTICAL YEARBOOK

云南统计年鉴 2012

13-1 主要年份各级各类教育学校数

Number of Schools by Level and Type in Significant Years

单位：所 (unit)

年 份 Year	普通高等教育学校 Regular Institutions of Higher Education	中等教育学校 Secondary Schools 普通中等教育专业学校 Regular Secondary Specialized Schools	普通教育中学 Regular Secondary Schools 合 计 Total	高 中 Senior Secondary Schools	初 中 Junior Secondary Schools	职业教育中学 Vocational Secondary Schools	普通教育小学 Primary Schools	幼儿园 Kindergartens
1978	15	70	1 476	841	635		66 672	371
1980	18	100	1 435	610	825	59	59 499	591
1985	26	111	1 765	528	1 237	179	58 484	1 981
1986	26	118	1 825	520	1 305	185	57 786	1 728
1987	26	127	1 885	518	1 367	197	57 055	1 798
1988	26	130	1 946	518	1 431	208	55 154	1 760
1989	26	138	1 994	506	1 488	215	54 145	1 522
1990	26	138	2 030	503	1 527	228	53 556	1 434
1991	26	139	2 068	497	1 571	216	30 231	1 097
1992	26	142	2 120	496	1 624	228	2 812	1 054
1993	26	142	2 178	789	1 699	234	26 376	1 093
1994	26	142	2 182	469	1 723	231	25 007	1 323
1995	26	143	2 225	455	1 770	233	24 612	1 340
1996	26	144	2 242	442	1 800	217	24 078	1 501
1997	26	146	2 240	431	1 809	217	23 724	1 412
1998	26	142	2 245	419	1 826	211	23 249	1 500
1999	24	136	2 225	407	1 818	209	22 705	1 568
2000	24	127	2 236	418	1 818	199	22 151	1 770
2001	28	121	2 276	419	1 857	209	21 315	1 530
2002	31	121	2 267	411	1 856	193	20 595	1 711
2003	34	113	2 275	421	1 854	181	20 296	1 862
2004	43	99	2 280	429	1 851	177	19 725	2 103
2005	44	96	2 257	443	1 814	172	18 747	2 247
2006	50	93	2 266	452	1 814	168	18 127	2 495
2007	51	93	2 281	465	1 816	182	17 163	2 760
2008	59	94	2 272	460	1 812	182	16 573	3 085
2009	61	94	2 248	457	1 791	191	15 826	3 381
2010	61	91	2 183	451	1 732	198	14 059	3 790
2011	64	89	2 144	444	1 700	193	13 320	4 257

13-2 主要年份各级各类学校专任教师数

Number of Full-time Teachers by Level and Type of School in Significant Years

单位：万人 (10 000 persons)

年份 Year	普通高等教育学校 Regular Institutions of Higher Education	中等学校 Secondary Schools					普通小学 Primary Schools	幼儿园 Kindergartens
		普通中等教育专业学校 Regular Secondary Specialized Schools	普通教育中学 Regular Secondary Schools			职业教育中学 Vocational Secondary Schools		
			合计 Total	高中 Senior Secondary Schools	初中 Junior Secondary Schools			
1978	0.37	0.22	5.90	1.16	4.74	0.02	16.41	0.25
1979	0.44		5.35				16.54	
1980	0.44	0.33	5.27	0.89	4.37	0.03	17.54	0.35
1981	0.45		4.83				17.96	
1982	0.50		4.77				17.62	
1983	0.53		4.82				17.75	
1984	0.56		4.86				17.15	
1985	0.64	0.46	5.21	1.07	4.14	0.19	17.16	0.81
1986	0.75	0.52	5.45	1.11	4.33	0.22	17.22	0.94
1987	0.78	0.60	5.86	1.16	4.70	0.25	17.23	0.94
1988	0.80	0.65	6.23	1.19	5.04	0.29	17.26	1.01
1989	0.80	0.69	6.58	1.21	5.37	0.34	17.40	1.09
1990	0.78	0.71	6.92	1.23	5.69	0.37	17.42	1.20
1991	0.76	0.71	7.25	1.27	5.98	0.44	17.44	1.24
1992	0.75	0.74	7.52	1.28	6.24	0.46	17.53	1.40
1993	0.72		7.66				17.59	
1994	0.73		7.85				17.84	
1995	0.74	0.79	8.02	1.27	6.75	0.55	18.14	1.63
1996	0.75	0.82	8.38	1.30	7.09	0.57	18.43	1.73
1997	0.77	0.84	8.81	1.31	7.51	0.60	18.91	1.89
1998	0.81	0.84	9.27	1.30	7.97	0.63	19.39	1.83
1999	0.83	0.83	9.89	1.35	8.54	0.69	20.11	1.86
2000	0.92	0.78	10.56	1.46	9.10	0.71	21.05	1.96
2001	1.00	0.77	10.97	1.60	9.37	0.71	21.77	1.31
2002	1.12	0.76	11.49	1.84	9.65	0.72	22.29	1.45
2003	1.22	0.73	12.02	2.15	9.87	0.72	22.16	1.53
2004	1.52	0.61	12.47	2.51	9.96	0.72	21.90	1.70
2005	1.68	0.63	13.17	2.98	9.96	0.75	21.92	1.80
2006	1.94	0.61	13.85	3.40	10.44	0.80	22.20	1.96
2007	2.12	0.63	14.31	3.68	10.63	0.89	22.27	2.13
2008	2.33	0.71	14.86	3.83	11.03	0.91	22.68	2.32
2009	2.49	0.74	15.52	3.97	11.55	0.96	23.38	2.53
2010	2.65	0.73	16.10	4.12	11.98	1.02	23.75	2.92
2011	2.95	0.76	16.21	4.29	11.92	1.05	23.48	3.27

13-3 主要年份各级各类学校招生数
Number of New Students Enrollment by Level and Type of School in Significant Years

单位：万人 (10 000 persons)

年份 Year	普通高等教育学校 Regular Institutions of Higher Education	中等教育学校 Secondary Schools 普通中等教育专业学校 Regular Specialized Secondary Schools	普通教育中学 Regular Secondary Schools 合计 Total	高中 Senior Secondary Schools	初中 Junior Secondary Schools	职业教育中学 Vocational Secondary Schools	普通小学 Primary Schools
1978	0.71	1.28	51.55	10.42	41.13		109.34
1979							
1980	0.50	1.48	34.97	6.27	28.70	0.35	111.97
1985	1.26	1.97	36.58	6.32	30.26	1.95	103.58
1986	1.22	2.22	38.34	6.02	32.32	2.02	89.49
1987	1.32	2.45	39.22	5.91	33.31	2.21	79.96
1988	1.45	2.51	41.02	6.27	33.75	3.04	78.84
1989	1.27	2.29	41.49	6.05	35.44	2.97	78.46
1990	1.30	2.29	44.40	6.51	37.89	3.28	79.99
1991	1.34	2.36	45.15	6.46	38.69	5.8	81.75
1992	1.56	2.67	45.65	6.4	39.25	6.61	85.43
1993							
1994							
1995	1.65	3.51	47.66	6.54	41.12	6.56	87.93
1996	1.72	3.70	48.77	5.84	42.93	6.13	87.52
1997	1.83	3.96	52.52	6.25	46.27	6.31	85.27
1998	2.04	3.94	56.30	6.56	49.74	7.31	75.80
1999	2.75	3.65	62.94	7.43	55.51	7.77	70.99
2000	3.20	3.76	69.84	8.82	61.02	6.42	70.20
2001	4.25	4.67	72.20	10.67	61.54	6.20	72.36
2002	5.04	4.81	77.74	12.44	65.30	6.17	73.71
2003	6.22	4.54	81.59	13.84	67.75	5.35	73.11
2004	6.67	5.17	80.13	16.73	63.40	5.00	73.25
2005	7.45	5.97	82.31	19.00	63.31	5.80	73.34
2006	9.07	6.60	86.04	20.47	65.57	6.67	76.03
2007	9.92	6.92	88.59	20.33	68.26	8.73	75.46
2008	11.71	8.34	91.51	21.20	70.31	8.44	72.91
2009	13.24	9.79	91.74	22.03	69.70	10.71	69.50
2010	14.25	13.57	93.56	22.90	70.66	14.32	66.93
2011	16.13	10.18	93.00	24.38	68.62	8.23	65.38

13-4 主要年份各级各类学校在校学生数

Number of Students Enrollment by Level and Type of School in Significant Years

单位：万人 (10 000 persons

年份 Year	普通高等教育学校 Regular Institutions of Higher Education	中等学校 Secondary Schools 普通中等教育专业学校 Regular Specialized Secondary Schools	普通教育中学 Regular Secondary Schools	高中 Senior Secondary Schools	初中 Junior Secondary Schools	职业教育中学 Vocational Secondary Schools	普通小学 Primary Schools	幼儿园 Kindergartens
1978	1.59	2.66	128.54	23.78	104.76	0.39	436.03	4.08
1979	1.86		108.47				427.32	
1980	1.81	4.02	96.86	14.67	82.20	0.54	424.39	10.32
1981	2.17		86.56				424.86	
1982	1.93		86.82				435.72	
1983	2.09		85.90				457.89	
1984	2.49		93.91				497.55	
1985	3.23	5.01	101.99	17.49	84.50	4.07	514.66	19.68
1986	3.77	5.58	110.52	18.22	92.30	4.84	512.13	20.35
1987	4.10	6.15	117.35	18.20	99.15	5.03	499.38	22.91
1988	4.50	6.79	119.38	18.13	101.25	6.04	480.40	23.32
1989	4.51	7.18	119.53	17.69	101.84	6.48	457.42	25.86
1990	4.35	7.38	123.95	18.06	105.89	6.82	446.86	30.06
1991	4.31	7.36	128.84	18.41	110.44	9.43	442.57	34.20
1992	4.54	7.75	131.66	18.66	113.01	10.26	445.43	40.26
1993								
1994								
1995	5.14	10.26	127.25	17.78	109.47	12.54	462.41	51.74
1996	5.40	10.97	133.43	17.61	115.82	9.78	473.12	53.35
1997	5.74	11.68	142.31	17.76	124.55	11.38	483.71	53.72
1998	6.24	12.24	152.15	17.84	134.31	12.51	485.45	54.37
1999	7.39	11.95	167.44	19.42	148.02	15.78	480.80	57.75
2000	9.04	11.92	185.97	22.21	163.76	15.85	472.06	60.35
2001	11.90	12.86	200.46	26.50	173.96	15.26	460.50	62.70
2002	14.34	13.89	215.14	31.55	183.58	14.64	450.93	66.85
2003	17.53	14.84	228.46	36.33	192.13	13.14	441.88	70.66
2004	20.06	14.76	235.06	41.98	193.09	13.21	440.65	75.37
2005	23.21	15.56	238.88	48.31	190.58	14.08	441.23	77.27
2006	26.81	17.35	244.70	54.54	190.16	16.21	452.26	82.38
2007	30.21	18.63	251.77	57.64	194.12	19.64	453.31	86.31
2008	34.35	20.53	259.48	59.47	200.01	21.28	451.04	89.57
2009	38.95	23.37	264.97	61.15	203.82	24.10	444.14	92.17
2010	43.69	29.00	270.63	63.28	207.35	28.64	435.21	98.69
2011	48.76	30.15	270.90	66.03	204.87	27.62	424.08	108.59

13-5 主要年份各级各类学校毕业生数
Number of Graduates by Level and Type of School in Significant Years

单位：万人 (10 000 persons)

年 份 Year	普通高等教育学校 Regular Institutions of Higher Education	中等教育学校 Secondary Schools 普通中等教育专业学校 Regular Specialized Secondary Schools	普通教育中学 Regular Secondary Schools	高 中 Senior Secondary Schools	初 中 Junior Secondary Schools	职业教育中学 Vocational Secondary Schools	普通小学 Primary Schools
1978	0.33	0.99	44.60	9.19	35.41	0.11	56.76
1979							
1980	0.53	1.59	27.90	8.12	19.78	0.09	48.27
1985	0.54	1.23	24.32	4.63	19.69	0.58	51.90
1986	0.67	1.65	26.35	5.00	21.35	0.95	57.34
1987	0.98	1.92	28.83	5.58	23.25	1.55	60.99
1988	1.05	1.87	32.72	5.92	26.80	1.67	61.22
1989	1.27	1.88	33.96	5.81	28.15	2.12	62.58
1990	1.45	2.07	33.99	5.57	28.42	2.63	64.59
1991	1.32	2.34	33.32	5.56	27.77	2.21	61.95
1992	1.33	2.27	34.76	5.47	29.29	2.07	59.60
1993							
1994							
1995	1.63	2.63	35.71	5.55	30.16	2.83	56.03
1996	1.45	2.96	34.03	5.25	28.78	2.90	57.98
1997	1.49	3.20	37.03	5.48	31.55	2.97	61.25
1998	1.53	3.30	40.17	5.82	34.35	3.17	61.80
1999	1.58	3.50	42.80	5.15	37.65	3.50	65.61
2000	1.62	3.77	47.54	5.65	41.89	4.61	72.15
2001	1.94	3.69	52.50	5.93	46.56	4.94	76.04
2002	2.56	3.69	58.80	7.11	51.7	4.49	77.52
2003	3.13	3.94	63.94	8.45	55.49	4.30	77.15
2004	3.26	4.87	67.88	9.94	57.94	3.55	72.13
2005	4.49	4.88	73.10	11.60	61.50	4.07	69.32
2006	5.58	4.34	76.29	12.77	63.52	3.98	68.69
2007	6.61	5.07	76.21	15.33	60.88	4.51	71.46
2008	7.28	5.46	77.91	17.39	60.52	5.13	73.23
2009	8.36	6.31	80.45	18.38	62.08	5.58	73.31
2010	9.34	6.45	82.60	18.44	64.16	6.55	73.69
2011	10.73	6.93	86.00	19.23	66.77	5.97	72.91

13-6 主要年份培养研究生数

Number of Postgraduates in Significant Years

单位：万人 (10 000 persons)

年份 Year	招生数 New Students Enrollment	在校人数 Total Enrollment		毕业生数 Graduates	
		攻读硕士学位 Master's Degree	攻读博士学位 Doctor's Degree	攻读硕士学位 Master's Degree	攻读博士学位 Doctor's Degree
1985	0.04	0.07		0.01	
1986	0.04	0.10		0.01	
1987	0.03	0.10		0.03	
1988	0.02	0.09		0.05	
1989	0.02	0.07		0.04	
1990	0.02	0.05		0.02	
1991	0.01	0.05		0.02	
1992	0.02	0.05		0.01	
1993	0.03	0.06		0.02	
1995	0.03	0.09	0.01	0.02	
1996	0.04	0.10	0.02	0.03	
1997	0.06	0.14	0.02	0.03	
1998	0.06	0.15	0.02	0.04	0.01
1999	0.08	0.18	0.02	0.05	0.01
2000	0.12	0.24	0.03	0.05	
2001	0.18	0.34	0.04	0.06	0.01
2002	0.23	0.48	0.05	0.07	0.01
2003	0.33	0.67	0.07	0.11	0.01
2004	0.45	0.93	0.09	0.16	0.01
2005	0.55	1.22	0.11	0.21	0.02
2006	0.62	1.49	0.13	0.30	0.02
2007	0.65	1.68	0.15	0.40	0.02
2008	0.69	1.84	0.17	0.49	0.03
2009	0.83	2.03	0.19	0.55	0.03
2010	0.93	2.32	0.21	0.57	0.03
2011	0.95	2.58	0.23	0.62	0.04

13-7 各级各类成人学校基本情况(2011年)

Basic Statistics on Adult Schools by Level and Type of School (2011)

单位：所，万人 (unit, 10 000 persons)

项目	Item	学校数 Schools	毕业生数 Graduates	招生数 New Student Enrollment	在校学生数 Student Enrollment	教职工合计 Faculty	专任教师 Full-time Teachers
成人高等教育	**Adult Education Schools**	**2**	**4.60**	**6.28**	**18.39**	**0.19**	**0.09**
按办学形式	**Grouped by Form of Running a School**						
函　授	Correspondence Schools		3.06		12.90		
业　余	Sparetime Schools		1.22		4.97		
脱　产	Full-time Schools		0.32		0.52		
成人中专	**Secondary Specialized Schools for Adults**	**129**	**0.33**	**0.17**	**0.45**	**0.34**	**0.27**
成人小学	**Primary Schools for Adults**	**311**	**29.31**		**20.00**	**0.16**	**0.06**
小学班	Primary Courses	222	15.80		15.70	0.06	0.03

13-8 各级各类学校师生比例(2008-2011年)

Student-teacher Ratio by Level and Type of School (2008-2011)

单位：% (%)

年 份	普通高等院校 Regular Institutions of Higher Education	普通中专 Regular Secondary Specialized Schools	成人中专 Specialized Secondary Schools for Adult	普通高中 Regular Senior Secondary Schools	职业高中 Vocational Senior Secondary Schools	普通初中 Regular Junior Secondary Schools	职业初中 Vocational Junior Secondary Schools	小 学 Primary Schools	幼儿园 Kindergartens
2008	19.1	29.0	3.0	23.2	15.5	18.1	27.8	19.9	38.6
2009	19.4	31.4	2.5	25.2	15.4	17.6	22.7	19.0	36.4
2010	20.5	39.6	2.3	20.1	28.4	17.3	20.8	18.3	33.8
2011	19.4	39.7	1.7	15.4	26.2	17.2	37.4	18.6	33.2

注：普通高等学校师生比例按教育部新标准测算。
Note: The data in this table are calculated according to the new standards of educational departments.

13-9 主要年份小学学龄儿童入学率

Enrollment Rate of School-age Children in Primary Schools in Significant Years

单位：万人 (10 000 persons)

年　份 Year	学龄儿童人数 School-Age Children	已入学学龄儿童数 School-Age Children Enrolled in Schools	入学率(%) Enrollment Rate(%)
1980	400.79	349.54	87.2
1985	421.61	384.14	93.1
1990	342.4	324.06	94.6
1995	427.81	416.79	97.4
1997	452.05	446.64	98.4
1998	454.13	448.37	98.4
1999	449.02	444.52	99.0
2000	438.41	434.1	99.0
2001	429.62	426.92	99.4
2002	421.63	419.86	99.6
2003	412.87	396.92	96.1
2004	416.06	400.02	96.2
2005	420.31	404.77	96.3
2006	427.83	413.17	96.6
2007	425.09	414.84	97.6
2008	420.32	413.15	98.3
2009	415.57	408.45	98.3
2010	402.01	400.82	99.7
2011	392.23	390.72	99.61

13−10　主要年份自然科学研究成果获奖统计
Statistics on Prizes of Natural Science Research Achievements in Significant Years

单位：项　(unit)

年　份 Year	云南省自然科学研究成果科学技术奖 Provincial Scientific Technological Prize				
	申报数 Applications Acceptance	获奖数 Number of Prize-wining	奖励等级 Reward Grade		
			一等奖 Grade I	二等奖 Grade II	三等奖 Grade III
1985	455	149	3	22	124
1990	179	90		11	79
1995	293	182	1	19	162
1999	377	208	2	24	182
2000	444	193	6	24	163
2002	298	173	8	29	136
2003	416	239	12	15	212
2004	374	221	12	42	167
2005	404	242	15	50	177
2006	413	230	12	46	172
2007	420	227	15	45	167
2008	402	211	22	42	147
2009	411	198	18	40	140
2010	401	174	14	35	125
2011	346	192	21	40	131

注：1.1985年和2010年一等奖中各含特等奖1项；2011年一等奖含特等奖2项.2.云南省星火奖从1988年开始实行，2000年以后不再统计。

Note: a. The first prizes in 1985 and 2010 included the special awards.

b. The Spark Prize was executed in 1988 in Yunnan province,and it hasn't been calculated since 2000.

13-11 主要年份自然科学研究机构数(独立科研机构)

Number of Research Institutions of Natural Science in Significant Years (Independent Research Institutions)

单位：个 (unit)

年 份 Year	中国科学院 Chinese Academy of Sciences	国务院各部委直属 Directly under Departments of State Council	省业务局直属 Directly under Provincial Departments	州(市)直属 Directly under Prefecture (municipal) Departments
1980	5	12	54	83
1985	4	15	57	72
1990	4	14	55	80
1995	4	12	54	79
1997	4	12	54	78
1998	4	12	53	77
1999	4	12	51	73
2000	4	9	55	67
2001	4	9	55	65
2002	4	9	55	64
2003	3	8	55	64
2004	3	5	24	62
2005	3	4	23	61
2006	3	4	22	60
2007	3	4	21	58
2008	3	5	19	59
2009	3	5	19	58
2010	3	5	18	60
2011	3	5	18	61

13-12 主要年份分行业自然科学独立研究机构数

Number of Independent Research Institutions of Natural Science by Sector in Significant Years

单位：个 (unit)

年 份 Year	全 省 Yunnan	农 业 Farming	工 业 Industry	建筑业 Construction	交通运输邮电通讯业 Transport, Postal and Telecommunication Services	社会服务业 Social Services	卫生、体育和社会福利业 Health Care, Sports and Social Welfare	科学研究与综合技术服务业 Scientific Research and Polytechnic Services	地质普查及勘探业 Geological Prospecting
1985	149	59	44	2	3		16	24	1
1990	153	79	35	2	3	3	12	17	2
1994	150	77	32	2	3	3	12	19	2
1995	149	76	32	2	3	3	12	19	2
1996	149	61	36	2	3	5	11	28	3
1997	148	57	48	2	3	7	12	16	3
1998	146	57	46	2	3	7	12	16	3
1999	140	56	44	2	3	7	11	14	1
2000	135	67	25	1	3	4	5	29	1
2001	133	67	22	1	3	4	6	29	1
2002	132	70	22	1	3	4	6	25	1
2003	130	70	27	2	2	4	6	19	
2004	94	57	10	1	1	6	7	12	
2005	91	56	9	1	1	5	7	11	1
2006	89	56	8	1	1	5	7	10	1
2007	86	56	7	1	1	5	6	9	1
2008	86	56	7	1	1	4	6	10	1
2009	85	56	7		1	4	6	10	1
2010	86	55	8		1	4	7	10	1
2011	87	56	8		1	4	7	11	

注：从1991年起不包括国防科工委系统。

Note: Units under committee of science, technology and industry for national defense have not been included since 1991.

13–13 主要年份分行业自然科学独立研究机构科技活动人员数
Number of Scientific and Technical Personnel in Independent Research Institutions of Natural Science by Sector in Significant Years

单位：人　　　　(person)

年份 Year	全省 Yunnan	农业 Farming	工业 Industry	建筑业 Construction	交通运输邮电通讯业 Transport, Postal and Telecommunication Services	社会服务业 Social Services	卫生、体育和社会福利业 Health Care, Sports and Social Welfare	科学研究与综合技术服务业 Scientific Research and Polytechnic Services	地质普查及勘探业 Geological Prospecting
1985	8 012	1 956	3 522	60	193		845	1 340	96
1990	11 008	2 801	5 006	89	190	98	814	1 890	120
1994	8 875	2 818	2 746	72	187	105	876	1 948	123
1995	8 722	2 821	2 606	67	175	115	875	1 943	120
1996	8 260	2 572	2 523	64	170	331	562	1 895	143
1997	8 135	2 524	2 724	53	172	411	592	1 532	127
1998	7 863	2 305	2 619	62	154	400	623	1 482	128
1999	7 606	2 528	2 306	98	160	409	522	1 443	58
2000	7 160	2 819	1 754	82	152	258	321	1 726	48
2001	7 224	2 978	1 609	82	138	220	406	1 748	43
2002	6 965	3 060	1 574	85	157	201	407	1 433	48
2003	6 573	3 033	1 578	164	116	156	352	1 174	
2004	5 229	3 281	293	50	45	317	413	830	
2005	5 151	3 192	298	50	46	277	413	811	64
2006	5 517	3 497	343	60	35	285	406	826	65
2007	5 467	3 452	373	55	35	292	334	865	61
2008	5 471	3 465	323	55	38	279	333	917	61
2009	5 657	3 476	302		47	283	292	1 196	61
2010	5 774	3 527	309		44	291	312	1 230	61
2011	5 856	3 589	307		45	269	328	1 318	

注：从1991年起不包括国防科工委系统。

Note: Units under committee of science, technology and industry for national defense have not been included since 1991.

13-14 各州市自然科学机构中从事科技人员数(2011年)
Number of Scientific and Technical Personnel in Natural Science Institutions by Region (2011)

单位：人 (person)

州 市	Region	科技人员数 Scientists and Technicians	高级技术人员 Senior Technicians	中级技术人员 Middle Technicians	其他 Others
全 省	**Yunnan**	**5 856**	**1 581**	**2005**	**2270**
昆 明	Kunming	3 448	1 080	1200	1168
曲 靖	Qujing	65	25	29	11
玉 溪	Yuxi	60	16	20	24
保 山	Baoshan	125	22	46	57
昭 通	Zhaotong	86	25	32	29
丽 江	Lijiang	74	15	22	37
普 洱	Pu'er	140	28	35	77
临 沧	Lincang	107	19	43	45
楚 雄	Chuxiong	112	34	56	22
红 河	Honghe	188	47	56	85
文 山	Wenshan	192	43	70	79
西双版纳	Xishuangbanna	791	135	265	391
大 理	Dali	152	43	66	43
德 宏	Dehong	261	31	46	184
怒 江	Nujiang	32	6	12	14
迪 庆	Diqing	23	12	7	4

13-15 各州市独立研究与开发机构情况(2010-2011年)
Basic Statistics on Independent Scientific Research and Development Institutions by Region (2010-2011)

单位：个、人 (unit,person)

州 市	Region	2010				2011			
		合 计 Total		自然科学 Natural Science		合 计 Total		自然科学 Natural Science	
		机 构 Institutions	人 员 Employees	机 构 Institutions	人 员 Employees	机 构 Institutions	人 员 Employees	机 构 Institutions	人 员 Employees
全 省	**Yunnan**	**103**	**8307**	**86**	**7563**	**103**	**8154**	**87**	**7433**
昆 明	Kunming	39	5359	29	4688	38	5214	29	4568
曲 靖	Qujing	4	87	3	80	4	84	3	79
玉 溪	Yuxi	3	71	2	61	3	70	2	60
保 山	Baoshan	4	124	4	124	4	125	4	125
昭 通	Zhaotong	2	104	2	104	2	98	2	98
丽 江	Lijiang	3	76	3	76	3	76	3	76
普 洱	Pu'er	6	197	5	183	6	181	5	167
临 沧	Lincang	3	102	3	102	4	108	4	108
楚 雄	Chuxiong	5	176	4	152	5	179	4	151
红 河	Honghe	6	251	5	243	6	230	5	222
文 山	Wenshan	5	213	5	213	5	229	5	229
西双版纳	Xishuangbanna	6	982	6	982	6	994	6	994
大 理	Dali	6	225	6	225	6	228	6	228
德 宏	Dehong	7	273	6	268	7	276	6	271
怒 江	Nujiang	3	41	2	36	3	39	2	34
迪 庆	Diqing	1	26	1	26	1	23	1	23

13-16　主要年份独立研究与开发机构基本情况

Basic Statistics on Independent Research and Development Institutions in Significant Years

单位：个、人 (unit,person)

指　　标	Item	2006	2007	2008	2009	2010	2011
机构合计	**Total Institutions**	**108**	**104**	**105**	**95**	**103**	**103**
人员合计	**Total Employees**	**7 638**	**7 522**	**7 741**	**8 071**	**8307**	**8154**
自然科学技术领域	Field of Natural Sciences and Technology						
机构数	Number of Institutions	89	86	86	85	86	87
人员数	Number of Employees	7 057	6 921	7 108	7 441	7563	7433
#科学家和工程师	Scientists and Engineers	3 304	3 520	3 734	3 576	3772	4026
社会、人文科学技术领域	Field of Social Sciences and Humanities						
机构数	Number of Institutions	13	12	13	4	8	7
人员数	Number of Employees	356	365	401	387	464	438
#科学家和工程师	Scientists and Engineers	279	279	324	301	343	335
科技情报和文献机构	Scientific-Technological Information and Literature Institutions						
机构数	Number of Institutions	6	6	6	6	9	9
人员数	Number of Employees	225	236	232	243	280	283
#科学家和工程师	Scientists and Engineers	183	176	186	179	211	212

注：科学家和工程师2009年后调整为大学本科及以上学历。

Note:Since 2009,number of scientists and engineers refers to number of scientists and engineers with bachelor degree or above.

13-17 主要年份专利申请和批准数

Number of Patents Applications Approved and Granted in Significant Years

单位：件 (unit)

年 份 Year	专利申请数（件） Applications Examined	发 明 Invention	实用新型 Utility Models	外观设计 Design	专利批准数（件） Applications Granted	发 明 Invention	实用新型 Utility Models	外观设计 Design
1985	135	66	65	4				
1990	461	77	326	58	362	24	312	26
1993	729	164	485	80	686	35	568	83
1994	883	171	499	213	439	25	367	47
1995	959	195	476	288	569	35	346	188
1996	1 290	266	665	359	602	33	336	233
1997	1 108	163	612	333	692	20	362	310
1998	1 136	163	579	394	832	45	477	310
1999	1 246	198	609	438	1 185	73	695	417
2000	1 710	341	737	632	1 216	139	606	417
2001	1 793	344	807	642	1 347	113	662	572
2002	1 780	448	722	610	1 128	83	522	523
2003	1 976	574	797	605	1 213	172	521	513
2004	1 710	341	737	632	1 216	139	606	471
2005	2 556	776	905	875	1 381	306	563	512
2006	3 085	1 005	1 076	1 004	1 637	355	689	593
2007	3 108	1 014	1 100	994	2 139	368	1 017	754
2008	4 089	1 474	1 389	1 226	2 021	383	1 038	600
2009	4 633	1 637	1 825	1 171	2 923	476	1 338	1 109
2010	5 645	2 333	2 212	1 100	3 823	652	2 026	1 145
2011	7 150	2 796	3 175	1 179	4199	1006	2217	976

13-18 主要年份文化事业机构数
Number of Cultural Institutions in Significant Years

单位：个 (unit)

年份 Year	文化艺术事业 Culture and Art		图书出版社 Publishing Houses	博物馆 Museums	公共图书馆 Public Libraries
	表演团体 Art Performance Troupes	艺术表演场所 Art Performance Sites			
1978	149	3	2	4	16
1979	154			3	66
1980	154	26	2	4	80
1981	159			3	84
1982	157	15	4	3	149
1983	157			5	142
1984	158			10	149
1985	154			16	149
1986	147			17	148
1987	147			17	148
1988	141			17	148
1989	137			20	148
1990	137	46	7	20	148
1991	137			21	148
1992	136			22	148
1993	136			22	148
1994	135	44	8	22	148
1995	134	44	8	22	148
1996	133	42	8	23	148
1997	132	40	8	26	148
1998	131	40	8	27	148
1999	130	39	8	27	147
2000	129	40	8	30	148
2001	128	41	8	30	147
2002	124	38	8	30	148
2003	123	39	8	30	149
2004	116	40	8	31	149
2005	135	38	8	32	149
2006	126	33	8	33	149
2007	131	31	8	36	149
2008	127	31	8	36	150
2009	146	34	8	113	150
2010	142	36	8	120	150
2011	161	27	8	84	152

13-18 续表 continued

单位：个 (unit)

年 份 Year	群众文化事业 Mass Culture		广播电视事业 Broadcasting and Television Stations	
	群众艺术馆及文化馆 Mass Art Centers and Cultural Centers	文 化 站 Cultural Stations	电视发射台及转播台 Television Transmission Stations and Relay Stations	县级以上广播电台 Broadcasting Stations above County Level
1978	145	2	5	3
1980	148	388	5	4
1985	148	1 456	12	5
1990	147	1 477	24	12
1994	147	1 591	15	13
1995	147	1 567	30	14
1996	147	1 582	30	14
1997	147	1 577	44	13
1998	147	1 593	44	13
1999	147	1 580	44	13
2000	147	1 551	44	14
2001	146	1 586	28	14
2002	147	1 576	27	11
2003	148	1 582	17	12
2004	149	1 577	33	14
2005	149	1 535	33	15
2006	148	1 400	33	15
2007	148	1 375	56	15
2008	148	1 376	56	16
2009	148	1 365	56	16
2010	148	1 369	57	16
2011	148	1 371	60	17

注：电视发射台及转播台2010年以前数据为中短波发射台数。

13-19 主要年份艺术、群众文化发展情况

Basic Statistics on Artist and Mass Cultural Development in Significant Years

年 份 Year	艺术活动 Artist Activities		群众文化活动 Mass Cultural Activities	
	演出场次(万场) Number of Performances (10 000 show)	国内观众人次(万人次) Number of Domestic Spectators (10 000 person-time)	办展览(万个) Number of Exhibitions (10 000 unit)	训练班结业(万人次) Number of Persons Completing Courses (10 000persons-time)
1978	0.68	975.60	0.06	
1979				
1980	1.61	1 528.80	0.10	1.16
1981	1.50	1 376.40	0.09	1.29
1982	1.68	1 569.50	0.09	1.63
1983	1.74	1 481.60	0.07	2.21
1984	1.22	1 230.20	0.09	6.81
1985	0.91	886.40	0.08	2.02
1986	0.76	638.20	0.12	2.50
1987	0.82	694.40	0.09	2.82
1988	0.84	782.90	0.07	2.75
1989	0.80	840.20	0.23	2.30
1990	0.91	1 064.50	0.25	2.40
1991	0.92	926.60	0.24	2.86
1992	0.40	322.00	0.20	8.24
1993	0.60	773.00	0.23	8.01
1994	1.13	859.60	0.26	8.04
1995	1.45	1 295.40	0.21	7.03
1996				
1997				
1998				
1999	1.02	1 206.60	0.31	19.20
2000	1.01	1 329.20	0.34	17.80
2001	1.10	1 220.90	0.30	16.70
2002	0.89	1 111.30	0.31	20.80
2003	0.90	1 029.80	0.33	21.60
2004	1.03	1 320.00	0.53	21.88
2005	0.82	1 113.70	0.43	22.60
2006	0.89	1 227.70	1.15	23.10
2007	1.50	1 254.70	0.31	43.90
2008	0.96	1 122.60	0.33	47.30
2009	2.37	2 069.60	0.42	58.60
2010	2.10	1 740.70	0.42	63.81
2011	2.04	1 549.80	0.32	85.94

13-20 主要年份图书馆、博物馆利用情况

Facilities and Services of Libraries and Museums in Significant Years

年份 Year	图书馆 Library		博物馆 Museum	
	借阅册次 (万册次) Number of Books Borrowed by the Readers (10 000 volume-times)	借阅人次 (万人次) Number of Circulation Borrowing People (10 000 person-times)	陈列、展览 (个) Number of Displays and Exhibitions (unit)	参观人数 (万人次) Number of Visitors (10 000 person-times)
1978	55.20	35.80		
1979				
1980	338.40	288.90	19	4.00
1981	460.60	336.40	19	22.90
1982	607.90	412.10	10	6.30
1983	655.00	620.70	9	6.00
1984	746.50	696.40	16	13.70
1985	539.90	463.00	99	47.30
1986	483.00	466.00	48	33.20
1987	649.50	525.80	60	67.20
1988	683.00	507.00	59	42.10
1989	680.00	499.00	82	45.00
1990	710.00	517.00	85	50.60
1991	519.30	1 131.30	70	48.00
1992	630.50	349.60	68	46.00
1993	560.00	608.50	64	44.70
1994	552.10	510.10	64	38.90
1995	528.50	558.60	112	88.70
1996				
1997				
1998				
1999	742.60	403.00	146	143.70
2000	680.30	383.40	145	106.60
2001	687.70	372.90	156	111.20
2002	641.40	341.50	109	123.40
2003	618.10	342.20	98	58.00
2004	585.00	276.60	131	126.60
2005	700.50	351.90	139	137.10
2006	631.20	317.10	221	181.50
2007	607.10	396.50	131	151.40
2008	568.00	276.90	299	234.10
2009	767.00	389.70	598	932.60
2010	702.40	402.60	2 681	1 529.10
2011	982.18	415.50	509	1 020.50

13-21 主要年份图书、杂志、报纸出版发行情况
Publication of Books, Magazines and Newspapers in Significant Years

年 份 Year	出版总数(种) Number of Publications (kind)			出版印数 Printed Copies		
	图 书 Books Published	杂 志 Magazines Published	报 纸 Newspapers Published	图书(万册) Books Published (10 000 copies)	杂志(万册) Magazines Published (10 000 copies)	报纸(亿份) Newspapers Published (100 million copies)
1978	333	31	7	6 753	75	
1979				6 293	96	
1980	336	87	11	8 106	739	1.76
1981				7 082	890	1.72
1982				8 332	850	1.73
1983				8 810	1 141	0.99
1984				12 229	1 152	2.96
1985	568	65	43	11 411	1 161	3.21
1986				10 111	1 103	3.58
1987				11 877	1 491	2.40
1988				12 288	1 266	2.60
1989				13 072	1 072	2.05
1990	804	68	41	12 330	954	2.23
1991				12 568	1 117	2.37
1992				13 027	1 305	0.26
1993				11 667	1 453	2.72
1994				11 248	1 391	2.23
1995	1 452	99	44	11 889	1 604	2.59
1996				13 489	1 495	2.74
1997				15 413	1 566	3.44
1998				14 281	1 599	2.87
1999				17 151	1 811	2.96
2000	1 644	125	70	13 414	2 877	3.60
2001				13 471	3 186	3.68
2002				12 687	2 755	3.93
2003				14 687	2 745	4.26
2004				15 052	2 379	4.72
2005	2 337	124	61	12 898	2 308	4.97
2006	2 471	124	61	17 388	2 898	5.33
2007	3 117	126	63	15 962	2 793	5.59
2008	3 336	126	63	17 485	3 265	5.89
2009	3 541	125	63	17 068	3 086	6.72
2010	4 598	126	64	15 084	3 538	6.41
2011	6 110	125	64	16 952	3 326	6.52

13-22 各州市文化、文物事业建设情况(2011年)

Basic Statistics on Development of Culture and Cultural Relics by Region (2011)

州 市	Region	公共图书馆(个) Public Libraries (unit)	公共图书馆藏书量(万册) Number of books in Public Libraries (10 000 Volumes)	艺术表演团体(个) Numbers of Art Performance Troupes(unit)	艺术表演场所(个) Arts Performance Places (unit)	群众艺术馆及文化馆(个) Mass Art and Cultural Centers (unit)	文化站(个) Cultural Centers (unit)	文化、文物事业费(亿元) Total Expenditures on Culture and Cultural Relics (100 million yuan)	文物事业费(亿元) Total Expenditures on Cultural Relics (100 million yuan)	博物馆(个) Museums (unit)
全 省	**Yunnan**	**152**	**1 669.13**	**161**	**27**	**148**	**1371**	**24.92**	**2.12**	**84**
昆 明	Kunming	17	225.29	9	6	15	124	3.56	0.33	27
曲 靖	Qujing	11	100.44	10	2	10	115	1.43	0.07	6
玉 溪	Yuxi	10	106.14	7	2	10	77	1.44	0.12	4
保 山	Baoshan	7	56.01	8	1	6	75	0.87	0.06	7
昭 通	Zhaotong	12	78.85	12		12	139	1.39	0.03	4
丽 江	Lijiang	6	48.12	15		6	63	0.55	0.15	6
普 洱	Pu'er	11	77.20	10		11	105	2.73	0.03	4
临 沧	Lincang	9	59.92	11		9	77	0.73	0.01	1
楚 雄	Chuxiong	11	116.38	10	3	11	103	1.54	0.13	4
红 河	Honghe	15	154.51	8	4	14	133	1.48	0.26	9
文 山	Wenshan	9	59.40	9		9	104	1.02	0.04	3
西双版纳	Xishuangbanna	4	90.15	11	1	4	32	0.43	0.03	1
大 理	Dali	13	104.29	7	1	14	110	2.08	0.26	3
德 宏	Dehong	7	41.83	16		7	56	0.53	0.03	
怒 江	Nujiang	5	36.56	8		5	29	0.26	0.03	1
迪 庆	Diqing	4	16.08	4	2	4	29	0.47	0.05	3

13－23　广播电视业发展情况(2007－2011年)

Basic Statistics on Development of Radio and Television (2007-2011)

年　份	广播电台(座) Number of Broadcasting Stations (unit)	电视台 (座) Number of Television Stations (unit)	职工人数(万人) Number of Staff and Workers (10 000 persons)	广播人口覆盖率(%) Radio Coverage of Population (%)	电视人口覆盖率(%) Television Coverage of Population (%)
2007	15	16	1.47	92.7	94.0
2008	16	16	1.50	93.1	94.3
2009	16	16	1.55	94.3	95.1
2010	17	17	1.63	95.4	96.4
2011	17	17	1.75	95.7	96.7

13-24 规模以上工业企业科技活动基本情况
Basic Statistics on Science and Technology Activities of Industrial Enterprises above Designated Size

指　标	Item	2007	2008	2009	2010	2011
企业基本情况	**Statistics on Industrial Enterprises**					
有R&D活动企业数(个)	Number of Enterprises Having R&D Activities (unit)	143	380	212	204	285
有R&D活动企业所占比重(%)	Percentage of Enterprises Having R&D Activities to Total Number of Enterprises(%)	32.60	5.60	6.25	5.74	10.43
R&D活动情况	**Statitstics on R&D Activities**					
R&D人员全时当量(万人年)	**Full-time Equivalent of R&D Personnel (10 000 man-years**	**0.48**	**0.82**	**0.68**	**0.89**	**1.03**
R&D经费内部支出(亿元)	Intramural Expenditure on R&D (100 million yuan)	8.19	13.16	15.11	21.10	29.92
R&D经费内部支出与主营业务收入之比(%)	Percentage of Intramural Expenditure on R&D to Sales Revenue(%)	0.70	0.30	0.31	0.36	0.39
R&D项目数(项)	Projects of R&D(item)	675	1072	991	1335	1514
R&D项目经费内部支出(亿元)	Intramural Expenditure on R&D Projects(100 million yuan)	7.89	12.58	10.46	15.28	23.92
企业办R&D机构情况	**Statistics on R&D Institutions**					
机构数(个)	Number of R&D Institutions(unit)	103	202	225	254	314
机构人员数(万人)	R&D Personnel(10 000 persons)	0.58	0.78	0.99	1.26	1.30
机构经费支出(亿元)	Expenditure on R&D (100 million yuan)	8.55	13.93	17.38	25.25	29.33
新产品开发及生产情况	**Statitstics on New Products Development and Production**					
新产品开发项目数(个)	Number of New Products(unit)	685	1174	1244	1097	1492
新产品开发经费支出(亿元)	Expenditure on New Products Development(100 million yuan)	12.38	17.12	26.17	30.17	39.17
新产品销售收入(亿元)	Sales Revenue of New Products(100 million yuan)	184.88	309.16	273.97	274.69	380.77
#新产品出口	Export			19.08	22.62	25.80
专利情况	**Statistics on Patent**					
专利申请数(件)	Patent Applications(unit)	493	625	1049	1098	1733
#发明专利	Inventions	205	293	421	505	716
有效发明专利数(件)	Number of Patents In Force(unit)	314	623	807	1082	1217
技术获取和技术改造情况(亿元)	**Statistics on Technology Acquisition and Technology Reconstruction(100 million yuan)**					
引进技术经费支出	Expenditure for Acquisition of Technology	5.09	4.16	4.38	5.76	3.10
消化吸收经费支出	Expenditure for Assimilation of Technology	0.67	0.67	0.59	1.00	0.40
购买国内技术经费支出	Expenditure for Purchase of Domestic Technology	2.64	1.99	4.06	4.70	6.60
技术改造经费支出	Expenditure for Technical Renovation	38.15	46.84	26.72	50.20	61.52

注：2007年数据为大中型工业企业数据。

13-25　按登记注册类型分规模以上工业企业研究与试验发展(R&D)活动情况(2011年)

Basic Statistics on R&D Activities of Medium-sized Industrial Enterprises above Designated Size by Registration Status (2011)

登记注册类型	Status of Registration	R&D人员全时当量(人年) Full-time Equivalent of R&D Personnel (man-year)	R&D经费(亿元) Expenditure on R&D (100 million yuan)	R&D项目数(项) R&D Projects (unit)
全　省	**Yunnan**	**10 334.80**	**29.93**	**1 514**
内资企业	**Domestic Funded Enterprises**	**9 749.70**	**27.85**	**1 385**
国有企业	State-owned Enterprises	960.20	3.06	196
集体企业	Collective-owned Enterprises	76.20	0.47	30
股份合作企业	Cooperative Enterprises	100.00	0.08	8
联营企业	Joint Ownership Enterprises			
国有联营企业	State Joint Ownership Enterprises			
有限责任公司	Limited Liability Corporations	4 019.20	11.19	656
国有独资公司	State Sole Funded Corporations	881.10	5.67	197
股份有限公司	Share-holding Corporations Ltd.	3 166.40	8.35	304
私营企业	Private Enterprises	1 405.10	4.65	186
其他企业	Other Enterprises	22.60	0.04	5
港、澳、台商投资企业	**Enterprises with Funds from Hong Kong,**	**259.00**	**1.46**	**83**
	Macao and Taiwan	149.40	1.12	68
合资经营企业	Joint-venture Enterprises			
合作经营企业	Cooperative Enterprises	109.60	0.34	15
独资经营企业	Enterprises with Sole Fund			
投资股份有限公司	Share-holding Corporations Ltd.			
外商投资企业	**Foreign Funded Enterprises**	**326.10**	**0.62**	**46**
中外合资经营企业	Joint-venture Enterprises	283.00	0.51	30
中外合作经营企业	Cooperation Enterprises	2.00	0	1
外资企业	Enterprises with Sole Fund	28.70	0.06	9
外商投资股份有限公司	Share-holding Corporations Ltd.	12.40	0.04	6

13-26 按行业分规模以上工业企业研究与试验发展(R&D)活动情况(2011年)

Basic Statistics on R&D Activities of Industrial Enterprises above Designated Size by Industrial Sector (2011)

行业	Sector	R&D人员全时当量(人年) Full-time Equivalent of R&D Personnel (person-year)	R&D经费(亿元) Expenditure on R&D (100 million yuan)	R&D项目数(项) R&D Projects (unit)
全省	**Yunnan**	**10 334.1**	**29.93**	**1 514**
煤炭开采和洗选业	Mining and Washing of Coal	20.0	0.04	7
石油和天然气开采业	Extraction of Petroleum and Natural Gas			
黑色金属矿采选业	Mining of Ferrous Metal Ores	26.9	0.08	3
有色金属矿采选业	Mining of Non-ferrous Metal Ores	394.4	0.61	31
非金属矿采选业	Mining and Processing of Nonmetal Ores	579.4	0.92	48
农副食品加工业	Processing of Food from Agricultural Products	196.5	0.91	28
食品制造业	Manufacture of Foods	108.6	0.34	23
饮料制造业	Manufacture of Beverage	103.0	0.78	25
烟草制品业	Manufacture of Tobacco	233.6	2.75	99
纺织业	Manufacture of Textile			
纺织服装、鞋、帽制造业	Manufacture of Textile Wearing Apparel, Footware, and Caps			
皮革、毛皮、羽毛(绒)及其制品业	Manufacture of Leather, Fur, Feather & Its Products			
木材加工及木、竹、藤、棕、草制品业	Processing of Timbers, Manufacture of Wood, Bamboo, Rattan, Palm, and Straw Products	7.5	0.07	8
家具制造业	Manufacture of Furniture			
造纸及纸制品业	Manufacture of Paper and Paper Products	175.1	0.38	40
印刷业和记录媒介的复制	Printing, Reproduction of Recording Media	282.4	0.75	48
文教体育用品制造业	Manufacture of Articles for Culture, Education and Sport Activities			
石油加工、炼焦及核燃料加工业	Processing of Petroleum, Coking, Processing of Nuclear Fuel	38.0	0.03	3
化学原料及化学制品制造业	Manufacture of Chemical Raw Material and Chemical Products	531.9	2.35	109
医药制造业	Manufacture of Medicines	1 483.1	3.14	310
化学纤维制造业	Manufacture of Chemical Fiber	0.2	0.00	4
橡胶制品业	Manufacture of Rubber	2.4	0.06	13
塑料制品业	Manufacture of Plastic	57.9	0.24	14
非金属矿物制品业	Manufacture of Nonmetallic Mineral Products	57.4	0.21	24
黑色金属冶炼及压延加工业	Manufacture and Processing of Ferrous Metals	186.5	0.62	28
有色金属冶炼及压延加工业	Manufacture & Processing of Non-ferrous Metals	2 565.0	8.96	266
金属制品业	Manufacture of Metal Products	80.4	0.34	10
通用设备制造业	Manufacture of General Purpose Machinery	409.1	0.97	63
专用设备制造业	Manufacture of Special Purpose Machinery	1 058.0	0.94	63
交通运输设备制造业	Manufacture of Transport Equipment	631.7	1.99	76
电气机械及器材制造业	Manufacture of Electrical Machinery & Equipment	490.2	0.84	56
通信设备、计算机及其他电子设备制造业	Manufacture of Communication Equipment, Computer and Other Electronic Equipment	100.2	0.56	22
仪器仪表及文化、办公用机械制造业	Manufacture of Measuring Instrument and Machinery for Cultural Activity & Office Work	349.9	0.53	24
工艺品及其他制造业	Manufacture of Artwork, Other Manufacture	17.2	0.10	12
电力、热力的生产和供应业	Production and Supply of Electric Power and Heat Power	144.3	0.40	56
燃气生产和供应业	Production and Distribution of Gas			
水的生产和供应业	Production and Distribution of Water	4.0	0	1

13-27 按州市分规模以上工业企业研究与试验发展(R&D)活动情况

Basic Statistics on R&D Activities of Industrial Enterprises above Designated Size by Region

州 市	Region	R&D人员全时当量 (人年) Full-time Equivalent of R&D Personnel (Person-year)	R&D经费 (亿元) Expenditure on R&D (100 million yuan)	R&D项目数 (项) R&D Projects (unit)
全 省	**Yunnan**	**10 334.1**	**29.93**	**1 514**
昆 明	Kunming	6 058.2	16.22	838
曲 靖	Qujing	1 099.6	2.77	105
玉 溪	Yuxi	924.3	3.22	173
保 山	Baoshan	138.3	0.32	32
昭 通	Zhaotong	83.2	0.15	15
丽 江	Lijiang	62.1	0.20	7
普 洱	Pu'er	36.1	0.31	29
临 沧	Lincang	150.2	0.83	17
楚 雄	Chuxiong	360.2	0.65	49
红 河	Honghe	980.9	2.88	167
文 山	Wenshan	52.6	0.30	23
西双版纳	Xishuangbanna	16.1	0.14	9
大 理	Dali	261.2	1.43	32
德 宏	Dehong	7.2	0.16	3
怒 江	Nujiang	60.0	0.18	2
迪 庆	Diqing	44.6	0.18	13

13-28 按登记注册类型分规模以上工业企业新产品开发及生产情况(2011年)

New Products Development and Production of Industrial Enterprises above Designated Size by Registration Status (2011)

单位：亿元 (100 million yuan)

登记注册类型	Status of Registration	新产品项目数(项) New Products (unit)	开发新产品经费 Expenditure on New Products Development	新产品产值 Output Value of New Products	新产品销售收入 SalesRevenue of New Products	出口 Exports
全　省	**Yunnan**	**1 492**	**39.20**	**356.82**	**380.82**	**25.78**
内资企业	**Domestic Funded Enterprises**	**1 317**	**36.17**	**331.78**	**354.52**	**24.15**
国有企业	State-owned Enterprises	176	3.62	11.69	11.84	
集体企业	Collective-owned Enterprises	17	0.30	12.45	12.43	
股份合作企业	Cooperative Enterprises	4	0.06	0.12	0.10	
联营企业	Joint Ownership Enterprises			0.02	0.02	
国有联营企业	State Joint Ownership Enterprises					
有限责任公司	Limited Liability Corporations	661	16.12	211.12	214.47	16.00
国有独资公司	State Sole Funded Corporations	221	7.62	92.16	109.52	14.05
股份有限公司	Share-holding Corporations Ltd.	275	9.79	74.38	93.10	5.75
私营企业	Private Enterprises	182	6.23	20.85	21.58	2.40
其他企业	Other Enterprises	2	0.05	1.15	0.98	
港澳台商投资企业	**Enterprises with Funds from**	**118**	**1.81**	**17.09**	**17.10**	**0.37**
	Hong Kong, Macao and Taiwan	101	1.37	7.16	7.54	0.37
合资经营企业	Joint-venture Enterprises			0.82	0.51	
合作经营企业	Cooperative Enterprises	16	0.37	8.91	8.85	
独资经营企业	Enterprises with Sole Fund	1	0.07	0.19	0.19	
投资股份有限公司	Share-holding Corporations Ltd.					
外商投资企业	**Foreign Funded Enterprises**	**57**	**1.22**	**7.96**	**9.20**	**1.21**
中外合资经营企业	Joint-venture Enterprises	41	1.08	7.79	7.41	1.16
中外合作经营企业	Cooperation Enterprises					
外资企业	Enterprises with Sole Fund	8	0.06	0.16	0.16	0.10
外商投资股份有限公司	Share-holding Corporations Ltd.	8	0.07		1.63	

13−29 按行业分规模以上工业企业新产品开发及生产情况(2011年)
New Products Development and Production of Industrial Enterprises above Designated Size by Industrial Sector (2011)

单位：亿元 (100 million yuan)

行业	Sector	新产品项目数(项) New Products (unit)	开发新产品经费 Expenditure on New Products Development	新产品产值 Output Value of New Products	新产品销售收入 Sales Revenue of New Products	出口 Exports
全省	**Yunnan**	**1 492**	**39.19**	**356.82**	**380.82**	**25.78**
煤炭开采和洗选业	Mining and Washing of Coal	1	0.03			
石油和天然气开采业	Extraction of Petroleum and Natural Gas					
黑色金属矿采选业	Mining of Ferrous Metal Ores	1				
有色金属矿采选业	Mining of Non-ferrous Metal Ores	2	0.30	0.06	0.06	
非金属矿采选业	Mining and Processing of Nonmetal Ores	18	0.19	6.01	6.05	
农副食品加工业	Processing of Food from Agricultural Products	38	2.27	2.76	2.85	0.06
食品制造业	Manufacture of Foods	28	0.98	4.36	5.50	1.57
饮料制造业	Manufacture of Beverage	27	0.79	9.67	8.33	0.34
烟草制品业	Manufacture of Tobacco	95	3.96	37.30	52.25	0.13
纺织业	Manufacture of Textile	1	0.01	0.09	0.08	
纺织服装、鞋、帽制造业	Manufacture of Textile Wearing Apparel, Footware, and Caps					
皮革、毛皮、羽毛(绒)及其制品业	Manufacture of Leather, Fur, Feather & Its Products					
木材加工及木、竹、藤、棕、草制品业	Processing of Timbers, Manufacture of Wood, Bamboo, Rattan, Palm, and Straw Products	4	0.14	0.23	0.20	
家具制造业	Manufacture of Furniture					
造纸及纸制品业	Manufacture of Paper and Paper Products	31	0.42	7.95	8.34	
印刷业和记录媒介的复制	Printing, Reproduction of Recording Media	43	0.87	14.46	16.77	
文教体育用品制造业	Manufacture of Articles for Culture, Education and Sport Activities					
石油加工、炼焦及核燃料加工业	Processing of Petroleum, Coking, Processing of Nuclear Fuel	2	0.53	0.61	0.61	
化学原料及化学制品制造业	Manufacture of Chemical Raw Material and Chemical Products	181	5.21	30.21	29.64	2.95
医药制造业	Manufacture of Medicines	340	3.36	30.43	25.83	0.30
化学纤维制造业	Manufacture of Chemical Fiber	21	0.06			
橡胶制品业	Manufacture of Rubber	9	0.06	0.25	0.31	
塑料制品业	Manufacture of Plastic	14	0.84	5.16	5.28	
非金属矿物制品业	Manufacture of Nonmetallic Mineral Products	15	0.14	0.37	0.69	
黑色金属冶炼及压延加工业	Manufacture and Processing of Ferrous Metals	27	1.12	24.62	22.85	
有色金属冶炼及压延加工业	Manufacture & Processing of Non-ferrous Metals	175	9.18	94.55	117.03	18.77
金属制品业	Manufacture of Metal Products	15	0.55	0.24	0.28	
通用设备制造业	Manufacture of General Purpose Machinery	73	1.51	13.36	6.07	
专用设备制造业	Manufacture of Special Purpose Machinery	79	0.98	5.94	6.16	
交通运输设备制造业	Manufacture of Transport Equipment	88	3.14	34.79	34.59	0.08
电气机械及器材制造业	Manufacture of Electrical Machinery & Equipment	74	1.15	16.52	16.98	0.32
通信设备、计算机及其他电子设备制造业	Manufacture of Communication Equipment, Computer and Other Electronic Equipment	32	0.54	11.38	8.66	0.42
仪器仪表及文化、办公用机械制造业	Manufacture of Measuring Instrument and Machinery for Cultural Activity & Office Work	31	0.69	5.50	5.42	0.83
工艺品及其他制造业	Manufacture of Artwork, Other Manufacture	13	0.12	0.02	0.01	
电力、热力的生产和供应业	Production and Supply of Electric Power and Heat Power	14	0.04			
燃气生产和供应业	Production and Distribution of Gas					
水的生产和供应业	Production and Distribution of Water					

13-30 按州市分规模以上工业企业新产品开发及生产情况(2011年)

New Products Development and Production of Industrial Enterprises above Designated Size by Region (2011)

单位：亿元 (100 million yuan)

州 市 Region	新产品项目数(项) New Products (unit)	开发新产品经费 Expenditure on New Products Development	新产品产值 Output Value of New Products	新产品销售收入 Sales Revenue of New Products	出口 Exports
全 省 Yunnan	**1 492**	**39.20**	**356.82**	**380.82**	**25.78**
昆 明 Kunming	952	21.72	16.48	154.19	8.42
曲 靖 Qujing	71	3.39	19.68	39.64	0.51
玉 溪 Yuxi	115	2.53	42.72	59.22	0.66
保 山 Baoshan	10	0.17	0.38	0.43	
昭 通 Zhaotong	24	0.58	19.39	19.18	
丽 江 Lijiang	8	0.17	0.38	0.35	
普 洱 Pu'er	31	0.47	3.83	3.70	
临 沧 Lincang	12	0.79	2.26	2.05	0.05
楚 雄 Chuxiong	97	0.99	7.03	6.91	0.80
红 河 Honghe	115	4.90	56.50	56.97	13.87
文 山 Wenshan	18	0.87	3.56	4.04	1.18
版 纳 Xishuangbanna	6	0.06	5.92	5.18	
大 理 Dali	24	2.22	29.68	28.24	
德 宏 Dehong	2	0.09	0.48	0.42	0.29
怒 江 Nujiang	1	0.06			
迪 庆 Diqing	6	0.17	0.32	0.32	

13-31 按登记注册类型分规模以上工业企业专利情况(2011年)

Statistics on Patent of Industrial Enterprises above Designated Size by Registration Status (2011)

单位：件 (unit)

登记注册类型	Status of Registration	专 利		有效发明专利数 Number of Patents In Force
		申请数 Patent Applications	发明专利 Invention Patents	
全 省	**Yunnan**	**1 733**	**716**	**1 217**
内资企业	**Domestic Funded Enterprises**	**1 606**	**679**	**1 132**
国有企业	State-owned Enterprises	145	45	101
集体企业	Collective-owned Enterprises	103	16	12
股份合作企业	Cooperative Enterprises	36	9	7
联营企业	Joint Ownership Enterprises			
国有联营企业	State Joint Ownership Enterprises			
有限责任公司	Limited Liability Corporations	671	296	519
国有独资公司	State Sole Funded Corporations	191	108	203
股份有限公司	Share-holding Corporations Ltd.	297	145	298
私营企业	Private Enterprises	351	168	195
其他企业	Other Enterprises	3		
港澳台商投资企业	**Enterprises with Funds from**	**71**	**21**	**47**
	Hong Kong, Macao and Taiwan	59	18	44
合资经营企业	Joint-venture Enterprises			
合作经营企业	Cooperative Enterprises	12	3	3
独资经营企业	Enterprises with Sole Fund			
投资股份有限公司	Share-holding Corporations Ltd.			
外商投资企业	**Foreign Funded Enterprises**	**56**	**16**	**38**
中外合资经营企业	Joint-venture Enterprises	38	10	38
中外合作经营企业	Cooperation Enterprises			
外资企业	Enterprises with Sole Fund	12	6	
外商投资股份有限公司	Share-holding Corporations Ltd.	6		

13-32 按行业分规模以上工业企业专利情况(2011年)
Statistics on Patent of Industrial Enterprises above Designated Size by Industrial Sector (2011)

单位：件 (piece)

国民经济行业	Sector	专利申请数 Patent Applications	发明专利 Invention Patents	有效发明专利数 Number of Patents In Force
全　省	**Yunnan**	**1 733**	**716**	**1 217**
煤炭开采和洗选业	Mining and Washing of Coal			
石油和天然气开采业	Extraction of Petroleum and Natural Gas			
黑色金属矿采选业	Mining of Ferrous Metal Ores	16	3	7
有色金属矿采选业	Mining of Non-ferrous Metal Ores	4	2	2
非金属矿采选业	Mining and Processing of Nonmetal Ores	4	3	5
农副食品加工业	Processing of Food from Agricultural Products	80	21	46
食品制造业	Manufacture of Foods	33	17	29
饮料制造业	Manufacture of Beverage	57	14	19
烟草制品业	Manufacture of Tobacco	166	92	66
纺织业	Manufacture of Textile	15	15	7
纺织服装、鞋、帽制造业	Manufacture of Textile Wearing Apparel, Footware, and Caps			
皮革、毛皮、羽毛(绒)及其制品业	Manufacture of Leather, Fur, Feather & Its Products			
木材加工及木、竹、藤、棕、草制品业	Processing of Timbers, Manufacture of Wood, Bamboo, Rattan, Palm, and Straw Products	5	3	
家具制造业	Manufacture of Furniture			
造纸及纸制品业	Manufacture of Paper and Paper Products	102	14	15
印刷业和记录媒介的复制	Printing, Reproduction of Recording Media	99	27	26
文教体育用品制造业	Manufacture of Articles for Culture, Education and Sport Activities			
石油加工、炼焦及核燃料加工业	Processing of Petroleum, Coking, Processing of Nuclear Fuel			
化学原料及化学制品制造业	Manufacture of Chemical Raw Material and Chemical Products	153	118	134
医药制造业	Manufacture of Medicines	219	135	294
化学纤维制造业	Manufacture of Chemical Fiber	23	4	4
橡胶制品业	Manufacture of Rubber	4	4	1
塑料制品业	Manufacture of Plastic	10	5	4
非金属矿物制品业	Manufacture of Nonmetallic Mineral Products	11	2	
黑色金属冶炼及压延加工业	Manufacture and Processing of Ferrous Metals	103	30	25
有色金属冶炼及压延加工业	Manufacture & Processing of Non-ferrous Metals	154	85	281
金属制品业	Manufacture of Metal Products	26	13	11
通用设备制造业	Manufacture of General Purpose Machinery	46	10	16
专用设备制造业	Manufacture of Special Purpose Machinery	82	26	20
交通运输设备制造业	Manufacture of Transport Equipment	81	20	68
电气机械及器材制造业	Manufacture of Electrical Machinery & Equipment	137	20	104
通信设备、计算机及其他电子设备制造业	Manufacture of Communication Equipment, Computer and Other Electronic Equipment	28	9	
仪器仪表及文化、办公用机械制造业	Manufacture of Measuring Instrument and Machinery for Cultural Activity & Office Work	29	14	27
工艺品及其他制造业	Manufacture of Artwork, Other Manufacture	20	5	1
电力、热力的生产和供应业	Production and Supply of Electric Power and Heat Power	26	5	5
燃气生产和供应业	Production and Distribution of Gas			
水的生产和供应业	Production and Distribution of Water			

13-33 按州市分规模以上工业企业专利情况(2011年)

Statistics on Patent of Industrial Enterprises above Designated Size by Region (2011)

单位：件 (unit)

州 市	Region	专利申请数 Patent Applications	发明专利 Invention Patents	有效发明专利数 Number of Patents in Force
全 省	**Yunnan**	**1 733**	**716**	**1 217**
昆 明	Kunming	888	428	739
曲 靖	Qujing	89	25	59
玉 溪	Yuxi	334	77	73
保 山	Baoshan	45	10	3
昭 通	Zhaotong	31	14	17
丽 江	Lijiang	29	11	10
普 洱	Pu'er	32	12	16
临 沧	Lincang	27	6	16
楚 雄	Chuxiong	42	16	42
红 河	Honghe	97	72	193
文 山	Wenshan	30	10	8
西双版纳	Xishuangbanna	26	19	8
大 理	Dali	52	11	27
德 宏	Dehong	7	1	3
怒 江	Nujiang			2
迪 庆	Diqing	4	4	1

主要统计指标解释

普通高等学校 指按照国家的审批程序批准举办，通过全国统一招生考试，招收高级中等学校毕业和具有同等学历者，实施高等教育，培养高等专门人才的学校。包括大学、专门学院、专科学校和短期职业大学。

成人高等学校 指按国家规定的审批程序批准举办，招收职业高中毕业或同等学历者，利用多种形式对成人实施高等教育，培养相当于普通高等专科或本科毕业水平的专门人才的学校。包括广播电视大学、职工高等学校、农民高等学校、干部管理学院、教育学院、独立函授学院以及普通高等学校举办的函授、夜大学等。

小学学龄儿童入学率 指调查范围内已入小学学习的学龄儿童占该地区校内外学龄儿童总数（包括弱智儿童在内，但不包括盲聋哑儿童）的比重。计算公式为：

小学学龄儿童入学率 = 已入学的小学学龄儿童数/校内外小学学龄儿童总数 × 100%

科技活动 指在自然科学、农业科学、医药科学、工程与技术科学、人文与社会科学领域（简称科学技术领域）中，与科技知识的产生、发展、传播和应用密切相关的有组织的活动。可分为研究与试验发展（R&D）、研究与试验发展成果应用及相关的科技服务三类活动。该定义是联合国教科文组织考虑成员国特别是发展中国家开展科技统计工作的需要，而对科技活动所作的统计界定。

科技活动人员 指直接从事科技活动，以及专门从事科技活动管理和为科技活动提供直接服务，累计的实际工作时间占全年制度工作时间10%及以上的人员。（1）直接从事科技活动的人员包括：在独立核算的科学研究与技术开发机构、高等学校、各类企业及其他事业单位内设的研究室、实验室、技术开发中心及中试车间（基地）等机构中从事科技活动的研究人员、工程技术人员、技术工人及其他人员，虽不在上述机构工作，但编入科技活动项目（课题）组的人员，科技信息与文献机构中的专业技术人员，从事论文设计的研究生等。（2）专门从事科技活动管理和为科技活动提供直接服务的人员，包括：独立核算的科学研究与技术开发机构、科技信息与文献机构、高等学校、各类企业及其他事业单位主管科技工作的负责人，专门从事科技活动的计划、行政、人事、财务、物资供应、设备维护、图书资料管理等工作的各类人员，但不包括保卫、医疗保健人员、司机、食堂人员、茶炉工、水暖工、清洁工等为科技活动提供间接服务的人员。该指标用来反映投入科技活动人力的规模。

科学家与工程师 指科技活动人员中具有高、中级技术职称（职务）的人员和不具有高、中级技术职称（职务）的大学本科及以上学历人员。该指标用来反映投入科技活动人力的素质。

研究与试验发展（R&D） 指在科学技术领域，为增加知识总量，以及运用这些知识去创造新的应用进行的系统的创造性的活动，包括基础研究、应用研究、试验发展三类活动。国际上通常采用R&D活动的规模和强度指标反映一国的科技实力和核心竞争力。

专业技术人员 指从事专业技术工作和专业技术管理工作的人员，即企事业单位中已经聘任专业技术职务从事专业技术工作和专业技术管理工作的人员，以及未聘任专业技术职务、现在专业技术岗位上工作的人员。包括工程技术人员，农业技术人员，科学研究人员，卫生技术人员，教学人员。

科技活动经费筹集 指从各种渠道筹集到的计划用于科技活动的经费，包括政府资金、企业资金、事业单位资金、金融机构贷款、国外资金和其他资金等。反映各社会经济主体对促进科技进步所作的努力。

政府资金 指从各级政府部门获得的计划用于科技活动的经费，包括科学事业费、科技三项费、科研基建费、科学基金、教育等部门事业费中计划用于科技活动的经费，以及政府部门预算外资金中计划用于科技活动的经费等。

科技活动经费内部支出 指报告年内用于科技活动的实际支出，包括劳务费、科研业务费、科研管理费、非基建投资购建的固定资产、科研基建支出以及其他用于科技活动的支出。不包括生产性活动支出、归还贷款支出及转拨外单位支出。反映科技投入实际完成情况。

劳务费 指以货币或实物形式直接或间接支付给从事科技活动人员的劳动报酬及各种费用。包括各种形式的工资、津贴、奖金、福利、离退休人员费用、人民助学金等。反映改善科技人员的待遇情况。

固定资产购建费 指报告年内使用非基建投资购建的固定资产和用于科研基建投资的实际支出额，即固定资产实际支出和科研基建投资实际完成额之和。固定资产是指长期使用而不改变原有实物形态的主要物资设备、图书资料、实验材料和标本以及其他设备和家具、房屋、建筑物。反映用于改善科研条件和科研手段方面的投入情况。

新产品 指采用新技术原理、新设计构思研制、生产的全新产品，或在结构、材质、工艺等某一方面比原有产品有明显改进，从而显著提高了产品性能或扩大了使用功能的产品。既包括政府有关部门认定并在有效期内的新产品，也包括企业自行研制开发，未经政府有关部门认定，从投产之日起一年之内的新产品。用来反映科技产出及对经济增长的直接贡献。

专利 是专利权的简称，是对发明人的发明创造经审查合格后，由专利局依据专利法授予发明人和设计人对该项发明创造享有的专有权。包括发明、实用新型和外观设计。反映拥有自主知识产权的科技和设计成果情况。

发明 指对产品、方法或者其改进所提出的新的技术方案。是国际通行的反映拥有自主知识产权技术的核心指标。

实用新型 指对产品的形状、构造或者其结合所提出的适于实用的新的技术方案。反映具有一定技术含量的技术成果情况。

外观设计 指对产品的形状、图案、色彩或者其结合所做出的富有美感并适于工业上应用的新设计。反映拥有自主知识产权的外观设计成果情况。

文化事业机构 指从事专业文化工作和为专业文化工作服务的单独核算、独立建制的单位。不包括半工半艺、半农半艺的业余剧团。

艺术表演观众人数 指售票、包场演出或民族地区免费演出的艺术表演观众人数。不包括彩排审查和内部观摩演出的观看人次数。

等级运动员人数 指经考核正式批准授予等级运动员称号的人数。运动员等级分为国际级运动健将、运动健将、一级运动员、二级运动员、三级运动员、少年级运动员。

等级裁判员人数 指经考核正式批准授予等级裁判员称号的人数。裁判员等级分为国际裁判、国家级裁判、一级裁判、二级裁判、三级裁判。

Explanatory Notes on Principal Statistical Indicators

Regular Institutions of Higher Learning refer to the educational institutions set up according to the government evaluation and approval procedures, enrolling graduates from senior high schools and providing higher education courses and training senior professionals. They include fulltime universities and colleges, junior colleges and short – term schools for professional training.

Institutions of Higher Learning for Adults refer to the educational institutions, set up in line with relevant rules approved by the government, enrolling staff and workers with senior high school or equivalent education, and providing higher education courses in many forms of full time, part time, spare time, or correspondence for adults. Professionals thus trained receive a qualification equivalent to graduates studying regular courses at regular universities, colleges and professional colleges. Institutions of higher learning for adults include Radio and TV universities, colleges for staff and workers and for farmers, management colleges for cadres, education colleges, independent correspondence college and correspondence schools, night schools and the like run by regular institutions of higher learning.

Enrollment Rate of Primary School – age Children refers to the proportion of school – age children enrolled at school to the total number of school – age children both at and out of school (including retarded children, but excluding blind, deaf and mute children). The formula is as follows:

Enrollment Rate of Primary School – age Children = (Total Primary School – age Children at School)/(Total Primary School – age Children Both at and out of School) × 100%

Scientific and Technological Activities (S&T Activities) refer to organized activities which are closely related to the creation, development, dissemination and application of scientific and technological knowledge in the fields of natural sciences, agricultural science, medical science, engineering and technological science, humanities and social sciences (referred to as scientific and technological fields). S&T activities can be divided into three categories: research and development (R&D) activities, application of R&D results, and related S&T services. This statistical definition is made by UNICHIEF for scientific and technological activities to meet the need for carrying out statistical work in this field in its member countries, especially those developing countries.

Personnel Engaged in S&T Activities refer to personnel directly engaged in S&T activities, in the management of S&T activities, and in providing direct service to S&T activities, who spend over 10% of the total working hours in a year in S&T activities. 1). Personnel directly engaged in S&T activities include researchers, engineers, technicians and other related personnel engaged in S&T activities in independent – accounting R&D institutions, institutions of higher learning, and in research rooms and institutes, laboratories, technological development centers and central experiment workshops under enterprises and institutions. Also included are people working in S&T research project teams, professional and technical personnel working in S&T information and literature institutions, and graduate students working on the design of their theses. 2). Personnel engaged in the management of S&T activities and in providing direct service to S&T activities include administrative personnel responsible for S&T activities in independent – accounting R&D institutions, S&T information and literature institutions, institutions of higher learning, and enterprises and institutions where S&T activities are undertaken. Also included are people responsible for the planning, administration, personnel management, financial management, logistics supply, equipment maintenance, information and library management that are related to S&T activities. People providing indirect services are excluded, such as security personnel, medical staff, drivers, plumbers, cleaners and those providing food and related services. This indicator reflects the scale of personnel engaged in S&T activities.

Scientists and Engineers refer to persons engaged in S&T activities who have obtained technical or professional titles of senior and middle rank, and those without such title but have completed university or higher education. This indicator reflects the quality of personnel engaged in S&T activities.

Research and Development (R&D) refers to systematic and creative activities in the field of science and technology aiming at increasing and using the knowledge for new application. R&D falls into 3 categories of activities: basic research, applied research and experiment and development. The scale and intensity of R&D are widely used internationally to reflect the strength of S&T and the core competitiveness of a country in the world.

Professional and Technical Personnel refer to persons engaged in professional and technical work or in the management of professional and technical activities, i. e. , personnel with professional or technical titles who are engaged in professional and technical work or in the management of professional and technical activities, and personnel without professional or technical titles but working on professional or technical posts in enterprises and institutions. They include professionals and technicians working in the fields of engineering, agriculture, scientific research, health care and education.

Funding for S&T Activities refers to funds obtained from various sources for S&T activities, including government funds, self – raised funds by enterprises, self – raised funds by institutions, loans from financial institutions, foreign funds and other funds. This indicator reflects the efforts made by various social economic entities in promoting the development of S&T.

Government Funds refer to funds obtained from government departments at all levels for S&T activities, including funds for scientific undertakings, 3 kinds of funds for S&T activities, funds for capital construction for scientific research, science funds, funds from educational expenditures by educational departments for S&T activities, and extra – budgetary funds from government departments for S&T activities.

Internal Expenditures on S&T Activities refer to the actual expenditures on S&T activities during the report year, including service charges, operating expenses on research activities, overhead charges on research, fixed assets excluded in the investment in capital construction, expenditures on capital construction for scientific research, and other expenditures on S&T activities. Not included are expenditures on production activities, repayment of loans and transfer expenditures. This indicator reflects the real completion of input in S&T.

Service Charges refer to direct or indirect payments, in cash or in kind, made to personnel engaged in S&T activities as remuneration and other charges, including salaries, subsidies, bonus, benefits, retirement pensions, stipends, etc. This indicator reflects the improvement of treatment toward S&T personnel.

Expenditure on Purchase and Construction of Fixed Assets refers to the fixed assets purchased or constructed by using funds excluded in the investment in capital construction and the actual expenditures on capital construction for scientific research within the report year, i. e. the sum total of the actual expenditures on fixed assets and the actual investments in capital construction for scientific research. Fixed asset refers to main materials and equipment, literature and documents in libraries, materials for experiments, specimen, instruments, furniture, buildings and constructions that can be used for a long time without changing their original forms and shapes. This indictor reflects the input in improving the conditions and means of scientific research.

New Products refer to new products produced with new technology and design, or products that represent noticeable improvement in terms of structure, material, or production process so as to improve significantly the character or function of the older versions. They include new products certified by relevant government departments within the period of certification, and those designed and produced by enterprises within a year without certification by government departments. This indictor reflects the S&T output and its direct contribution to economic growth.

Patent is an abbreviation for patent right and refers to the exclusive right of ownership by the inventors or designers for their creations or inventions, conferred by the patent offices after the due process of assessment and approval in accordance with the Patent Law. Patent is granted for inventions, utility models and designs. This indicator reflects the achievements of S&T and design with independent intellectual property.

Inventions refer to the new technical proposals on products or methods or their modifications. This is universal core indicator reflecting the technologies with independent intellectual property.

Utility Models refer to the practical and new technical proposals on the shape and structure of the product or their combination. This indicator reflects the technological results with certain technical content.

Designs refer to the aesthetic and industrially applicable new designs for the shape, pattern and color of the product or their combinations. This indicator reflects the exterior design achievements with independent intellectual property.

Cultural Institutions refer to entities which have their own organizational systems and independent accounting systems and specialize in or serve cultural development, excluding other establishments run by these cultural institutions and amateur cultural groups established by various departments.

Number of Spectators at Art Performance refers to the number of attendants at commercial shows, completely booked shows or a free show offered in minority nationality areas, and does not include the number of spectators at rehearsals of examination and internal shows for observation.

Number of Athletes in Grades refers to the number of athletes who have been conferred titles after examination. The titles of athletes include international masters of sports, masters of sports, first - grade, second - grade and third - grade sportsmen and young athletes.

Number of Referees in Grades refers to the number of referees who have been conferred titles after examination. They are classified as international - level referees, national - level referees and referees of the first, second and third grades.

Chapter 14

十四、卫生、体育和社会管理

Public Health, Sports and Social Services

14-1 主要年份卫生医疗机构数

Number of Health and Medical Institutions in Significant Years

单位：个 (unit)

年 份 Year	全省卫生医疗机构数 Number of Health and Medical Institutions	#医 院 Hospitals	门诊部、所 Clinics	疾病预防控制中心（含卫生防疫站） Center for Disease Control and Prevention (Including Epidemic Prevention Stations)	妇幼保健站 Women and Children Care Agencies
1985	6 305	1 813	3 846	159	145
1986	6 406	1 789	3 959	159	145
1987	6 492	1 802	4 018	158	144
1988	6 600	1 868	4 068	150	144
1989	6 600	1 884	4 041	150	143
1990	6 671	1 908	4 085	150	144
1991	6 708	1 928	4 091	150	144
1992	6 765	1 950	4 107	149	144
1993	6 469	1 969	3 772	157	143
1994	6 474	2 115	3 618	157	143
1995	6 400	2 108	3 522	158	145
1996	11 122	548	53	148	140
1997	11 454	589	46	149	140
1998	11 867	594	53	150	143
1999	11 875	603	51	151	140
2000	13 356	602	51	151	142
2001	12 552	590	37	152	142
2002	8 541	584	38	148	144
2003	9 804	566	52	153	151
2004	9 436	594	69	150	146
2005	10 110	648	73	153	148
2006	10 020	649	69	150	148
2007	9 693	668	73	150	148
2008	9 249	692	74	152	148
2009	9 251	720	66	152	147
2010	9 699	780	78	150	147
2011	9 956	845	101	150	148

注：2002年及以后卫生机构数为登记注册数。

Note:Numbers of health institutions are numbers of registeration since 2002.

14-2 主要年份卫生医疗机构床位数

Number of beds in Health and Medical Institutions in Significant Years

年 份 Year	全省机构病床数(万张) Number of beds in Health and Medical Institutions （10 000 units）	医 院 Hospitals	#农 村 Rural Areas	平均每万人口拥有医院床位数(张) Number of Hospital Beds per 10 000 Persons（unit）
1985	7.45	6.80	4.77	20.00
1986	7.53	8.63	4.72	19.9
1987	7.83	7.06	7.76	20.1
1988	8.27	7.49	4.88	20.8
1989	8.27	7.50	4.84	20.6
1990	8.45	7.61	4.83	20.4
1991	7.74	7.84	4.99	20.9
1992	9.10	8.09	5.05	21.1
1993	9.27	8.25	5.19	21.4
1994	9.37	8.34	4.98	21.2
1995	9.56	8.40	5.09	21.00
1996	9.08	6.08	3.07	15.1
1997	9.40	6.34	3.02	15.5
1998	9.60	6.40	2.97	15.5
1999	9.72	6.46	3.06	15.3
2000	9.75	6.61	3.12	15.6
2001	9.98	6.60	3.17	15.5
2002	9.66	6.75	3.19	15.6
2003	9.84	6.79	3.15	15.5
2004	10.22	7.12	3.23	16.1
2005	10.70	7.47	3.25	16.8
2006	11.05	7.74	3.43	17.3
2007	11.90	8.32		18.4
2008	12.78	9.04		19.9
2009	14.01	9.97		21.9
2010	15.71	11.25		24.5
2011	17.34	12.63		27.28

14–3 主要年份卫生医疗机构人员数

Number of Employed Persons in Health and Medical Institutions in Significant Years

年份 Year	全省卫生医疗机构人数（万人） Number of Employed Persons in Health and Medical Institutions (10 000 persons)	卫生技术人员 Medical Technical Personnel	#医生 Doctors	平均每千人拥有卫生技术人员或医生（人） Number of Medical Technical Personnel or Doctors per 1 000 Persons(person): 卫生技术人员 Medical Technical Personnel	医生 Doctors
1978	7.95	6.55	3.11	2.12	1.01
1979					
1980	8.91	7.14	3.34	2.25	1.28
1981	9.58	7.69	3.73	2.39	1.16
1982	9.86	7.96	3.01	2.43	1.16
1983	10.16	8.22	3.96	2.48	1.19
1984	10.47	8.46	4.09	2.52	1.22
1985	10.79	8.73	4.27	2.56	1.25
1986	11.13	8.98	4.37	2.60	1.27
1987	11.66	9.44	4.57	2.69	1.30
1988	11.99	9.75	5.12	2.71	1.43
1989	12.19	9.91	5.19	2.72	1.42
1990	12.55	10.16	5.39	2.72	1.44
1991	12.90	10.42	5.32	2.76	1.42
1992	13.18	10.56	5.35	2.76	1.40
1993	13.39	10.77	5.55	2.77	1.43
1994	13.72	11.09	5.77	2.82	1.46
1995	13.95	11.25	5.95	2.86	1.49
1996	13.87	11.16	5.64	2.76	1.40
1997	14.59	11.82	5.91	2.89	1.44
1998	14.72	11.92	5.91	2.88	1.43
1999	14.84	12.10	6.07	2.88	1.44
2000	15.16	12.41	6.26	2.93	1.48
2001	14.98	12.30	6.23	2.89	1.46
2002	13.32	10.97	5.17	2.56	1.20
2003	13.40	11.17	5.27	2.55	1.20
2004	13.67	11.39	5.32	2.58	1.21
2005	14.22	11.84	5.58	2.66	1.25
2006	14.56	12.14	5.65	2.71	1.26
2007	14.93	12.37	5.66	2.74	1.25
2008	15.19	12.62	5.73	2.78	1.26
2009	16.08	13.38	5.94	2.94	1.30
2010	17.00	14.17	6.21	3.08	1.35
2011	17.80	14.93	6.34	3.22	1.37

注：2002年及以后医生数系执业(助理)医师数。
Note:Numbers of doctors refer to certified (assistant) doctors since 2002.

14—4 主要年份卫生防疫机构、妇幼保健机构情况

Basic Statistics on Epidemic Prevention Institutions, Women and Children Care Agencies in Significant Years

单位：个、人 (unit,person)

年 份 Year	卫生防疫机构 Epidemic Prevention Institutions		妇幼保健机构 Women and Children Care Agencies		
	机构数 Number of Institutions	人员数 Number of Employed Persons	机构数 Number of Institutions	床位数 Number of Beds	人员数 Number of Employed Persons
1978	149	3 604	142	82	1 194
1979					
1985	159	4 931	145	524	2 108
1986	159	5 083	145	712	2 234
1987	158	5 286	144	770	2 401
1988	150	5 529	144	841	2 612
1989	150	5 737	143	872	2 808
1990	150	5 930	144	928	3 001
1991	150	6 146	144	1 021	3 252
1992	149	6 388	144	1 073	3 467
1993	157	6 606	143	1 244	3 669
1994	157	6 810	143	1 350	3 869
1995	158	6 962	145	1 510	4 197
1996	158	7 136	142	1 657	4 270
1997	159	7 344	142	1 836	4 559
1998	150	7 390	141	2 024	4 692
1999	151	7 493	140	2 252	4 822
2000	160	7 574	142	2 356	5 017
2001	175	7 810	142	2 588	5 124
2002	148	7 125	144	3 174	5 624
2003	153	7 241	151	3 341	5 650
2004	150	6 782	146	3 386	5 482
2005	153	7 590	148	3 521	5 641
2006	150	7 585	148	3 662	5 703
2007	150	7 844	148	3 954	5 782
2008	152	7 847	148	4 162	5 638
2009	152	7 734	147	4 398	6 031
2010	150	7 929	147	4 704	6 152
2011	150	7 942	148	4 927	6 393

14-5 主要年份等级裁判员、运动员人数

单位：人

年 份	等级裁判员 Number of Referees in Grades	国际级裁判 International level Referees	国家级裁判 National level Referees	一级裁判 First Grade Referees	二级裁判 Second Grade Referees	三级裁判 Third Grade Referees
1985	1 316			135	280	901
1990	1 920	1		145	455	1 320
1995	1 675		12	57	316	134
2000	2229		7	40	519	1 663
2008	1214	2	104	276	832	
2009	1989		3	44	1 942	
2010	1948		11	633	1 304	
2011	1059	4	1055	41	1 014	

Number of Referees and Athletes in Significant Years

(person)

等级运动员 Number of Athletes in Grades	国际级健将 International level Master Sportsmen	运动健将 Master Sportsmen	一级运动员 First Grade Sportsmen	二级运动员 Second Grade Sportsmen	三级运动员 Third Grade Sportsmen	少年级运动员 Juvenile Sportsmen
1 843			63	83	861	836
1 379	4	36	38	352	583	433
1 474	3	27	52	328	703	361
1 187			12	353	479	343
463	7	21	58	377		
1 457	8	21	43	1 385		
950	7	24	83	836		
622	4	21	163	434		

14-6 主要年份运动员参赛获奖情况
Prizes Won by Yunnan Athletes in Significant Years

单位：枚 (unit)

年 份 Year	金 牌 Gold Medal		银 牌 Silver Medal		铜 牌 Copper Medal	
	国 际 International Competitions	全 国 National Competitions	国 际 International Competitions	全 国 National Competitions	国 际 International Competitions	全 国 National Competitions
1978	1	4	1	9	14	8
1980	4	13	2	13		21
1985	11	24	13	13	9	18
1990	4	22		27	6	19
1995	9	27	3	29	4	31
2000	1	44		38	5	36
2005	1	34	1	30		32
2006	6	13	4	15	1	12
2007	2	13		15	1	15
2008	4	14	3	6	5	11
2009	3	17	2	16	10	22
2010	5	14	4	16	7	17
2011	6	13	3	5	5	15

14－7 全省抗自然灾害救济情况

Basic Statistics on Relief Work on Natural Disasters in Significant Years

年 份 Year	遭受自然灾害 人次(万人次) Disaster Victims (10 000 persons)	每万农业人口中 遭受自然灾害人次(人) Disaster Victims per 10 000 Farmers (person)	自然灾害 国家救济人次（万人次） Persons Enjoying State Relief (10 000 person-times)	国家救济人占 遭受自然灾害人数比重(%) Proportion of Persons Enjoying StateRelief to Disaster Victims (%)
1985	856.70	2 845	404.80	47.3
1986	1 133.20	3 715	479.30	42.3
1987	756.50	2 445	379.10	50.1
1988	923.90	2 933	340.50	36.9
1989	991.00	3 103	401.40	40.1
1990	832.00	3 894	749.90	90.1
1991	729.04	4 542	464.70	63.7
1992	1 011.37	2 788	545.70	54.0
1993	1 133.88	3 371	623.20	54.9
1994	1 136.00	3 435	562.00	49.5
1995	1 004.36	3 972	532.30	52.9
1996	1 124.00	4 010	547.50	48.7
1997	2 913.00	8 308	936.40	32.1
1998	2 651.00	7 493	527.30	19.9
1999	3 165.21	8 904	600.00	19.0
2000	3 466.10	9 670	432.30	12.5
2001	2 566.48	7 109	886.97	34.6
2002	2 544.00	5 902	441.16	17.3
2003	2 341.20	6 393	758.00	32.4
2004	1 825.30	4 945	1 014.60	55.6
2005	2 756.50	7 409	667.40	24.2
2006	2 161.00	4 820	605.30	28.0
2007	2 071.82	5 501	679.86	32.8
2008	2 921.79	6 613	667.40	22.8
2009	2 646.09	6 463	552.43	20.9
2010	3 035.62	8 270	1 224.61	40.4
2011	1 938.70	5 019		

14-8 主要年份提供住宿的社会服务机构基本情况
Basic Statistics on Social Welfare in Significant Years

年份 Year	单位数(个) Number of Institutions(unit)	床位数(万位) Number of Beds(10 000 units)	年末在院人数(万人) Persons under Care at Year-end (10 000 persons)	社会福利经费(亿元) Funds of Institution (100 million yuan)
1985	34		0.14	0.02
1990	45		0.15	0.03
1993	49		0.16	0.05
1994	49		0.17	0.10
1995	50		0.18	0.11
1996	50		0.18	0.11
1997	50		0.22	0.13
1998	50		0.22	0.16
1999	50		0.12	0.19
2000	75		0.25	0.21
2001	112		0.28	0.23
2002	754	1.78	1.00	0.25
2003	781	1.97	1.10	0.28
2004	748	1.91	1.07	0.32
2005	771	2.06	1.09	0.56
2006	583	1.42	0.81	0.92
2007	667	2.28	1.53	1.48
2008	702	2.98	2.09	1.58
2009	729	3.77	2.75	2.20
2010	757	4.39	3.33	4.52
2011	778	4.93	3.78	7.45

14-9 2009-2011年社会服务业发展情况
Basic Statistics on Development of Social Service (2009-2011)

项 目	Item	2009	2010	2011
社会服务工作	**Social Service Work**			
提供住宿的社会服务机构	**Social Service Agency** Providing Accommodation			
单位数（个）	Number of Institutions(unit)	729	757	778
床位数（万张）	Number of Beds (10 000 sets)	3.77	4.39	4.93
收养人数（万人）	Number of People Adopted (10 000 persons)	2.75	3.33	3.78
不提供住宿的社会服务机构	**Social Service Agency** without Accommodation			
救灾储备仓库(个)	Disaster Relief Storage Warehouse(unit)	18	26	26
福利彩票发行单位(个)	Wellfare Lottery Issuer(office)	33	23	18
烈士纪念建筑物管理单位(个)	Administrative Office of Martyr Commemorative Structure(office)	61	66	67
捐赠、救助等其他事业单位(个)	Donation.Rescue and Other Government-sponsored Institutions(unit)	216	247	
老龄机构(个)	Institution Concerning the Aging Population Work(unit)	53	105	109
社会福利企业情况	**Social Welfare Enterprises**			
单位数（个）	Number of Social Welfare Enterprises (unit)	409	421	374
职工数（万人）	Number of Employees (10 000 persons)	4.13	5.97	5.44
# 残疾职工（万人）	Physically-challenged (10 000 persons)	1.55	2.16	1.87
利润额（亿元）	Profits (100 million yuan)	0.92	1.30	1.21
其他社会服务机构	**Other Social Service Agencies**			
婚姻	**Marriage**			
婚姻登记服务类单位(个)	Marriage Registration Service Agency (unit)	61	64	54
殡葬	**Funeral**			
殡仪馆(个)	Funeral Home (unit)	50	56	63
公墓(个)	Cemetery (unit)	32	46	53
殡葬管理单位(个)	Administrative Office of Funeral (unit)	39	39	43
成员组织	**Member Organization**			
社会组织	**Social Organization**	**11 143**	**12 618**	**13 518**
社会团体(个)	Social Group(unit)	8 359	9 209	9 669
基金会(个)	Foundation	32	38	44
民办非企业单位(个)	Civilian-run Nonbusiness Unit(unit)	2 752	3 371	3 805
自治组织	**Self-governing Organization**	**14 081**	**14 063**	**14 104**
社区居委会(个)	Residential Committee (unit)	1 128	1 444	1 760
村委会(个)	Village Neigborhood Committee(unit)	12 953	12 619	12 344

14−10 2007−2011年社会救助和优抚安置情况

Basic Statistics on Social Assistance and Special Care and Placement(2007-2011)

单位：万人 (10 000 persons)

项　　目	Item	2007	2008	2009	2010	2011
社会救助	**Social Assistance**					
城　市	Urban Areas					
城市居民最低生活保障人数	Urban Residents Received Subsistence Security Allowances	79.32	85.83	90.57	92.57	93.11
城市临时救济人次数(万人次)	Person-times of Temporary Relief for the Urban Poor (10 000 person-time)	0.35	1.71	3.39	4.85	7.54
农　村	Rural Areas					
农村居民最低生活保障人数	Rural Residents Received Subsistence Security Allowances	250.15	307.95	338.66	378.00	403.37
农村五保供养人数	Rural Residents Enjoy the Five-guarantee System	18.97	22.19	21.99	22.15	22.14
农村集中供养五保	Rural Residents Enjoy the Concentrated Form of Five-guarantee System	1.33	1.42	2.22	2.67	3.14
农村分散供养五保	Rural Residents Enjoy the scattered Form of Five-guarantee System	17.63	20.77	19.77	19.48	19.00
农村传统救济人数	Rural Residents Supported by the Traditional Way of Relief	4.89	6.35	3.52	4.41	4.12
农村临时救济人次数(万人次)	Rural Residents Supported by the Temporary Way of Relief(10 000 person-time)	35.48	44.61	32.22	125.01	68.55
优抚安置	**Special Care and Placement**					
国家重点优抚对象	Persons Given National Key Special Pensions and Subsidies	30.49	29.08	29.22	29.32	36.89
安置义务兵、士官、复员	Placement of Compulsory Serviceman, Sergeancy and Demobilization					
干部人数	Persons in a Leading Position	0.90	1.06	1.26	1.25	1.23
接收军队离退休人员人数	Army Retired Staff Received	0.07	0.03	0.03	0.03	0.02

14-11 全省社会保险参保情况

Basic Statistics on Social Insurance

单位：万人 (10 000 persons)

年 份 州 市	Region	城镇企业职工基本养老保险 Number ofPersons Participating in Basic Pension Insurance System for Urban Enterprises' Employees	城镇职工基本医疗保险 Number of Persons Participating in Basic Medical Insurance System forUrban Employees	城镇居民基本医疗保险 Number of Persons Participating in Basic Medical Insurance System for Urban Residents	城 镇失业保险 Number of Persons Participating in Unemployment Insurance System	工伤保险 Number of Persons Participating in Employment Injury Insurance System	城镇职工生育保险 Number of Persons Participating in Child-bearing Insurance System for Urban Employees
1996		179.48			135.53	24.94	29.67
1997		168.44			129.00	47.65	57.40
1998		208.92			129.00	101.75	97.43
1999		223.47			181.00	99.64	96.67
2000		252.28	69.48		196.03	99.14	95.47
2001		243.12	185.72		190.73	97.26	96.11
2002		252.13	238.40		183.23	88.96	86.87
2003		257.34	281.52		183.01	84.11	82.79
2004		255.26	302.34		173.20	150.93	142.33
2005		258.69	320.70		189.20	166.95	156.14
2006		267.42	331.54		189.36	173.85	159.51
2007		279.36	345.81	73.00	190.00	188.47	165.14
2008		293.72	356.82	261.38	195.60	202.47	168.38
2009		306.54	397.42	365.03	198.60	215.13	181.13
2010		317.42	414.77	405.71	209.61	227.37	210.23
2011		342.82	443.36	422.44	216.75	243.40	216.49
昆 明	Kunming	67.42	167.29	147.97	75.99	57.71	48.02
曲 靖	Qujing	16.12	39.15	43.23	22.31	16.95	10.53
玉 溪	Yuxi	11.46	22.17	25.24	12.03	10.88	7.08
保 山	Baoshan	6.47	12.88	16.57	6.69	5.23	2.83
昭 通	Zhaotong	6.22	18.49	21.26	10.41	8.64	5.50
丽 江	Lijiang	4.61	9.30	8.62	3.02	4.57	2.72
普 洱	Pu'er	8.49	17.61	13.71	8.86	5.76	4.08
临 沧	Lincang	4.80	13.20	8.24	6.92	4.59	3.38
楚 雄	Chuxiong	8.22	21.48	18.45	11.00	7.82	5.37
红 河	Honghe	15.55	39.09	44.90	19.13	14.49	9.67
文 山	Wenshan	6.84	17.25	13.94	7.50	5.54	4.14
西双版纳	Xishuangbanna	4.29	15.31	11.00	7.06	4.87	4.53
大 理	Dali	10.30	22.80	19.00	10.58	8.22	6.41
德 宏	Dehong	3.69	11.31	8.37	4.78	2.28	1.99
怒 江	Nujiang	1.25	3.93	2.61	1.73	1.12	0.85
迪 庆	Diqing	1.14	3.46	2.60	1.60	0.87	2.23

14-12 城镇职工基本养老保险情况(2009-2011年)
Statistics on Basic Pension Insurance for Urban Employees (2009-2011)

类 别	Item	2009	2010	2011
年末参保人数（万人）	**Number of People Insured at Year-end(10 000 persons)**	**306.54**	**317.42**	**342.82**
职 工	Employed People	216.32	225.08	238.66
# 企 业	Enterprises	207.59	218.22	229.78
离休、退休、退职人数	Retired and Resigned Persons	90.23	92.34	104.16
基金收支情况	**Fund Revenue and Expenses**			
基本养老保险费征缴收入(亿元)	Fund Revenue (100 million yuan)	124.61	144.78	218.09
基本养老金支出(亿元)	Fund Expenses (100 million yuan)	124.54	142.23	160.67
企业退休人员社会化管理服务情况	**Socialized Management of Enterprise Retirees**			
企业养老金实发人数(万人)	People Receiving Pension Insurance (10 000 persons)	87.34	89.48	101.20

14-13 律师、公证工作机构人员情况(2007-2011)
Basic Statistics on Lawyers and Notarization in Significant Years(2007-2011)

项　　目	Item	2007	2008	2009	2010	2011
律师工作	**Lawyers**					
律师事务所(个)	Number of Law Offices (unit)	411	430	447	472	500
国资所(个)	State-owned (unit)	116	116	116	115	113
合作所(个)	Cooperative (unit)	52	50			
合伙所(个)	Partnership (unit)	235	252	301	301	313
个人发起所(个)	Initiated by Individual (unit)	8	12	30	56	74
执业律师（人)	Number of Lawyers (person)	3 275	3 404	3 978	4 554	5 045
专职律师（人)	Full-time Lawyers (person)	3 179	3 278	3 621	4 128	4 591
兼职律师（人)	Part-time Lawyers (person)	96	126	167	179	192
特邀律师（人)	Guest Lawyers (person)					
公证工作	**Notarization**					
公证处(个)	Number of Notary Offices (unit)	140	140	141	140	140
公证员(人)	Notaries (person)	419	431	451	433	450
公证员助理（人)	Assistant Notaries (person)	374	395	426	440	270
办理各类公证事项(万件)	Number of Notarized Affairs (10 000 items)	23.31	20.21	25.52	16.02	25.58

14-14 全省产品质量监督抽查情况(2011年)
Results of Sampling Checks on Product Quality of Yunnan province (2011)

类别	Category	监督检验企业数(个) Number of Enterprises Supervised and Checked (unit)	不合格企业数(个) Number of Enterprises with Products Unqalified (unit)	不合格企业比例(%) Proportion of Enterprises with Products Unqalified(%)	检验批次(批次) Number of Batch-time Checked (units)	合格批次(批次) Number of Batch-time Qualified (units)	批次合格率(%) Rate of Batch-time Qualified(%)
全省	**Yunnan**	**5 141**	**738**	**14.4**	**11 737**	**10 036**	**85.5**
农用产品	**Agriculture Products**	**406**	**56**	**13.8**	**523**	**467**	**89.3**
农用化肥	Farming Chemical Fertilizers	153	30	19.6	178	148	83.1
化学农药	Chemical Pesticides	14	4	28.6	51	45	88.2
饲料	Forages						
农膜	Agriculture Films						
加工食品和饮料	**Food and Beverage**	**3 588**	**404**	**11.3**	**9 665**	**8 341**	**86.3**
调味品	Seasoning	46	9	19.6	56	49	87.5
白酒	White Spirit	191	34	17.8	209	174	83.3
啤酒	Beer	8	1	12.5	10	9	90.0
食用植物油	Edible Vegetable Oil	58	11	19.0	77	71	92.2
糕点、糖果	Cake	355	19	5.4	455	432	94.9
桶装饮用水	Packed Drinkable water	354	90	25.4	375	284	75.7
肉制品	Meat	100	3	3.0	111	108	97.3
饮料	Beverage	135	22	16.3	171	147	86.0
酱腌菜产品	Pickled vegetables						
茶叶	Tea	433	10	2.3	529	521	98.5
米、面	Rice and Flour	237	19	8.0	251	232	92.4
炒货	Drid Food	43	3	7.0	50	47	94.0
家用电器	**Household Electric Appliances**						
厨房电器具	Electric Cooking Utensils						
电热器具	Electric Heating Appliances						
轻工产品	**Light Industry Products**	**31**	**2**	**6.5**	**61**	**59**	**96.7**
纸制品	Paoer	30	1	3.3	60	59	98.3
家具	Furniture	1	1	100.0	1		
眼镜(架、片)	Spectacles (Glass and Frame)						
玻璃制品	Glass Products						
合成洗涤剂	Chemical Detergent						
橡胶、塑料制品	Plastics Products						
纺织、鞋类商品	**Texile and Shoes**	**104**	**38**	**36.5**	**201**	**173**	**86.1**
布(印染、色织、坯布)	Cloth						
针织品	Knit Goods						
鞋	Shoes						
服装	Clothing	32	10	31.3	60	46	76.7
地毯	Carpet						
化工产品	**Chemical Products**	**12**	**1**	**8.3**	**30**	**29**	**96.7**
涂料、油漆	Paint	12	1	8.3	30	29	96.7
建材商品	**Building Raw Materials**	**757**	**120**	**15.9**	**979**	**804**	**82.1**
水泥	Cement	191	20	10.5	191	181	94.8
石材	Stone						
装饰材料	Decoration Material	65	13	20.0	78	64	82.1
铝合金建筑型材	Alumina Material						
机电产品	**Mechanical and Electrical Products**	**45**	**2**	**4.4**	**80**	**77**	**96.3**
阀类、泵	Valves						
低压电器及元件	Low-voltage Electric Elements						
电动机、柴油机	Motors and Diesel Engines						
冶金商品、金属制品	**Metallurgical and Metal Products**						
线材	Wire Rod						
型材	Section Steel						
能源产品	**Energy**	**198**	**115**	**58.1**	**198**	**86**	**43.4**
焦碳	Coke	51	40	78.4	51	11	21.6
汽油、柴油	Gas and Diesel Oil						

主要统计指标解释

卫生机构 指从卫生行政部门取得《医疗机构执业许可证》，或从民政、工商行政、机构编制管理部门取得法人单位登记证书，为社会提供医疗保健、疾病控制、卫生监督服务或从事医学科研和教育等工作的单位。卫生机构包括医院、疗养院、社区卫生服务中心（站）、卫生院、门诊部、诊所（卫生所、医务室）、急救中心（站）、采供血机构、妇幼保健院（所、站）、专科疾病防治院（所、站）、疾病预防控制中心（防疫站）、卫生监督所、卫生监督检验（监测、检测）机构、医学科研机构、医学在职培训机构、健康教育所（站）等其他卫生机构。

医疗机构 指从卫生行政部门取得《医疗机构执业许可证》的机构，包括医院、疗养院、社区卫生服务中心（站）、卫生院、门诊部、诊所（卫生所、医务室）、妇幼保健院（所、站）、专科疾病防治院（所、站）、急救中心（站）和临床检验中心。

社区卫生服务中心（站） 指为本社区居民提供预防、医疗、保健、康复、健康教育、计划生育技术服务等的基层卫生机构。包括社区卫生服务中心和社区卫生服务站。

卫生人员 指在医疗、预防保健、医学科研和在职教育等卫生机构工作的职工，包括卫生技术人员、其他技术人员、管理人员和工勤人员。

卫生技术人员 包括执业（助理）医师、注册护士、药剂人员、检验和影像人员等卫生专业人员。不包括从事管理工作的卫生技术人员（一律计入管理人员）。

执业医师 指具有《医师执业证》及其“级别”为“执业医师”且实际从事医疗、预防保健工作的人员，不包括实际从事管理工作的执业医师。执业医师类别分为临床、中医、口腔和公共卫生。

执业助理医师 指具有《医师执业证》及其“级别”为“执业助理医师”且实际从事医疗、预防保健工作的人员，不包括实际从事管理工作的执业助理医师。执业助理医师类别同样分为临床、中医、口腔和公共卫生四类。

城市社会福利事业单位 包括社会福利院、儿童福利院和民政部门所属的精神病院等。

城乡社会救济费 社会救济是指国家或集体用于生活困难人员的财物支出。本指标包括城镇社会救济费、乡村社会救济费、精简退职的老职工救济费。

1. **城镇社会救济费** 包括民政部门支出的城镇困难户救济费和机关企事业单位支付的职工生活困难补助费。

2. **乡村社会救济费** 包括民政部门支出的农村五保户、困难户及麻风病人救济费。本指标包括农村集体支付的散居五保户、贫困户救济折款（包括实物）。

3. **精减退职的老职工救济费** 指民政部门支出的精减退职的老职工救济费（包括按原工资40%发给的救济费和其他困难救济费）。

自然灾害受灾人数 指遭受自然灾害人数中的成灾人数。所谓成灾是指遭受自然灾害，作物收成减产三成以上的单位，这种单位的全部农业人口即为成灾人口。

优抚事业单位 指革命残废军人休养院、荣复军人疗养院和复退军人精神病院、光荣院。

优抚对象 优抚是指我国人民群众对革命烈士家属、病故革命军人家属、革命残废军人、革命残废工作人员以及参战负伤致残的民兵、民工的优待和对这些人的抚恤。“优抚对象”包括烈军属、复退军人、革命残废人员。

优抚事业费 指民政部门开支的抚恤事业费。包括牺牲费、烈军属及复员退伍军人补助费、退伍军人安置费、优抚事业单位经费和其他抚恤事业费。

城镇职工基本养老保险

1. **（参保）职工人数：**指报告期末按照国家法律、法规和有关政策规定参加基本养老保险并在社保经办机构已建立缴费记录档案的职工人数，包括中断缴费但未终止养老保险关系的职工人数，不包括只登记未建立缴费记录档案的人数。

2. **（参保）离退休人员人数：**指报告期末参加基本养老保险的离休、退休和退职人员的人数。

3. **基本养老保险基金收入：**指根据国家有关规定，由纳入基本养老保险范围的缴费单位和个人按国家规定的缴费基数和缴费比例缴纳的养老保险基金，以及通过其他方式取得的形成基金来源的收入。包括单位和职工个人缴纳的基本养老保险费、基本养老保险基金利息收入、上级补助收入、下级上解收入、转移收入、财政补贴和其他收入。

4. **基本养老保险基金支出：**指按照国家政策规定的开支范围和开支标准从养老保险基金中支付给参加基本养老保险的个人的养老金、丧葬抚恤补助，以及由于保险关系转移、上下级之间调剂资金等原因而发生的支出。包括离休金、退休金、退职金、各种补贴、医疗费、死亡丧葬补助费、抚恤救济费、社会保险经办机构管理费、补助下级支出、上解上级支出、转移支出、其他支出等。

5. **基本养老保险基金累计结余：**指截止报告期末基本养老保险基金收支相抵后的累计余额。

基本医疗保险

1. **参保人数：**指报告期末按国家有关规定参加基本医疗保险的人数。包括参加保险的职工人数和退休人员人数。

2. **基金收入：**指根据国家有关规定，由纳入基本医疗保险范围的缴费单位和个人，按国家规定的缴费基数和缴费比例缴纳的基金，以及通过其他方式取得的形成基金来源的款项。包括：单位缴纳的社会统筹基金收入、个人缴纳的个人账户基金收入、财政补贴收入、利息收入、其他收入。

3. **基金支出：**指按照国家政策规定的开支范围和开支标准从社会统筹基金中支付给参加基本医疗保险的职工和退休人员的医疗保险待遇支出，和从个人账户基金中支付给参加基本医疗保险的职工和退休人员的医疗费用支出，以及其他支出。包括：住院医疗费用支出、门急诊医疗费用支出、个人账户基金支出、其他支出。

4. **基金累计结余：**指截止报告期末基本医疗保险的社会统筹和个人帐户基金累计结余金额。包括银行存款、财政专户、债券投资和其他。

失业保险

1. **参保人数：**指报告期末按照国家法律、法规和有关政策规定参加了失业保险的城镇企业、事业单位的职工及地方政府规定参加失业保险的其他人员的人数。

2. **失业保险基金收入：**指按照规定从企业、事业及其他单位筹集的失业保险费及其他并入失业保险基金收入的总额。包括单位和个人缴纳的失业保险费、失业保险基金利息收入、上级补助收入、下级上解收入、转移收入、财政补贴和其他收入。

3. **失业保险基金支出：**指报告期内为保障失业人员和下岗职工基本生活、促进其再就业等支出的基金总额。包括失业救济金、医疗费、死亡丧葬补助费、抚恤救济费、转业训练费支出、失业保险经办机构管理费、补助下级支出、上解上级支出、转移支出和其他支出。

4. **基金累计结余：**指截止报告期末失业保险基金收支相抵后的累计余额。

工伤保险

1. **参加保险人数：**指报告期末依据国家有关规定参加工伤保险的职工人数。

2. **享受保险待遇人数：**指劳动者因工负伤致残、死亡或因患职业病致残，根据有关规定享受工伤保险待遇职工或供养直系亲属人数。包括伤残人数、职业病人数、因工死亡人数、供养直系亲属人数。

3. **基金收入：**指根据国家有关规定，由参加工伤保险的单位按国家规定的缴费基数和缴费比例缴纳的工伤保险基金，以及通过其他形式取得的形成基金来源的款项。包括：单位缴纳的社会统筹基金收入、财政补贴收入、利息收入、其他收入。

4. **基金支出：**指按照国家政策规定的开支范围和开支标准从工伤保险基金中支付给参加工伤保险的人员及供养直系亲属工伤保险待遇支出及其他支出。包括工伤医疗费、伤残补助金、工亡补助金、护理费、丧葬补助费、工伤预防费用、职业康复费用和其他支出。

5. **基金累计结余：**指截止报告期末工伤保险基金累计结余金额。包括银行存款、财政专户、债券投资和其他。

生育保险

1. **参保人数：**指报告期末依据有关规定参加生育保险的职工人数。

2. **基金收入：**指根据国家有关规定，由参加生育保险的单位按照国家规定的缴费基数和缴费比例缴纳的生育保险基金，以及通过其他方式取得的形成基金来源的款项。包括：单位缴纳的基金收入、利息收入和其他收入。

3. **基金支出：**指按照国家政策规定的开支范围和开支标准，从生育保险基金中支付给参加生育保险的职工，因妊娠、分娩和计划生育手术而享受的待遇及其他支出。包括：生育津贴、医疗费用支出及其他支出。

4. **基金累计结余：**指截止报告期末生育保险基金累计结余金额。包括银行存款、财政专户、债券投资和其他。

律师　指受聘参加法律顾问工作，担任法律顾问、刑（民）事代理人、刑事辩护人，办理非诉讼事件，解答法律询问，代写法律事务文书等主要从事律师业务的专职法律工作者和兼职律师。

公证人员　指在国家公证机关依法办理公证事务的司法人员，包括公证员、助理公证员和公证处公证的其他人员。

Explanatory Notes on Principal Statistical Indicators

Health Care Institutions refer to the units which have been qualified the Certification of Health Care Institution by the administration of public health, or qualified the Certification of Corporate Unit by the civil affairs, administration for industry and commerce, commission office for public sector reform, and engaging in medical care, disease prevention and control, health supervision and inspection, medicine research and health education, etc., including: hospitals, sanatoriums, community health service centers (stations), health centers, clinics (health stations and infirmaries), first - aid centres (stations), blood gathering and supplying institutions, women and children care agencies (centres and stations), special disease prevention and curing agencies (centres and stations), disease prevention and control centres (epidemic prevention stations), health supervision and inspection agencies, sanitary inspection institutions, medicinal scientific research and on - job training institutions, health education centres and so on.

Medical Organizations refer to the institutions which have been qualified the Certification of Health Care Institution by the administration of public health, including: hospitals, sanatoriums, community health service centers (stations), health centers, clinics (health stations and infirmaries), women and children care agencies (centres and stations), special disease prevention and curing agencies (centres and stations), first - aid centres (stations) and clinic inspection centers.

Community Health Service Centres (stations) refer to the primary units that provide the health care for community residents, such as disease prevention and control, medical treatment, health care, rehabilitation, health education, family planning technical services, including community health service centres and community health service stations.

Health Care Employee refer to all employee engaged in the health care institutions, such as medical organizations, disease prevention and control centres, health care agencies, medicinal scientific research and on - job training institutions, including medical technical personnel, other technical personnel, manager and labour.

Medical Technical Personnel refer to the professional staff engaged in health care, including licensed (assistant) doctors, registered nurse, pharmacists, laboratory technician, and imaging staff, excluding the medical technical personnel engaged in management job (included as the management staff).

Licensed Doctors refer to the medical workers who have obtained the licenses of qualified doctors and are employed in medical treatment, disease prevention or healthcare institutions, excluding the licensed doctors engaged in management job. The classification of licensed doctors is clinician, Chinese medicine, dentist and public health.

Licensed Assistant Doctors refer to the medical workers who have obtained the licenses of qualified assistant doctors and are employed in medical treatment, disease prevention or healthcare institutions, excluding the licensed assistant doctors engaged in management job. The classification of licensed assistant doctors is clinician, Chinese medicine, dentist and public health.

Urban Social Welfare Institutions include social welfare institutions, children welfare institutions, metal hospitals subordinated to the civil affairs departments.

Urban and Rural Social Relief Funds refer to the financial expenditure for the needy by the state or collectives. This indicator includes urban social relief funds, rural social relief funds and relief funds for reduced or resigned old staff and workers.

1. *Urban social relief funds* include the relief funds paid by the civil affairs departments to urban needy households and the living allowances paid by government departments, enterprises and institutions to staff and workers with financial difficulties.

2. *Rural social relief funds* include the relief funds paid by the civil affairs departments to rural households (of infirm and childless old persons) enjoying the five guarantees, needy households and lepers. This indicator also includes the relief in money and in kind paid by rural collectives to scattered – living households (of infirm and childless old persons) enjoying the five guarantees and needy households.

3. *Relief funds for reduced* or resigned old staff and workers refer to the relief funds paid by the civil affairs departments to reduced or resigned old staff and workers (including the relief funds paid at 40% of their original wages and other relief funds).

Number of Natural Disaster Victims refers to the number of people stricken by natural disaster of a certain extent. The so – called "disaster of a certain extent" means any natural disaster that causes crop yield to reduce by over 30% and the total agricultural population hit by it is the stricken population.

Institutions for Special Care refer to rest homes for disabled revolutionary servicemen, the sanatoriums for honorably retired servicemen and mental homes or honor homes for retired servicemen.

Persons Enjoying Special Care Special care means the special treatment and compensation given by the state to family members of revolutionary martyrs, family members of revolutionary servicemen died of illness, disabled revolutionary servicemen, disabled revolutionary working staff and militias and laborers wounded and disabled in war. "Person Enjoying Special Care" refers to family members of revolutionary martyrs, retired servicemen and disabled revolutionary persons.

Funds for Special Care refer to the funds spent by the civil affairs departments for special care, which include sacrifice pensions, allowances for family members of martyrs and retired servicemen, placement allowances for retired servicemen, funds of institutions for special care and other special funds.

Basic Pension Insurance

1. **Number of staff and workers covered** refers to staff and workers participating in the basic pension insurance programme according to national laws, regulations and related policies at the end of the reference period, who have already had payment records in social security management agencies, including those who have interrupt payment without terminating the insurance programme. Those who have registered in the programme but with no payment records are not included.

2. **Number of retirees participating in the basic pension insurance programme** refers to the number of retirees participating in basic pension insurance programmes by the end of the reference period.

3. **Revenue of the basic pension insurance programme** refers to payments made by employers and individuals participating in the pension insurance programme in accordance with the basis and proportion stipulated in State regulations, and income from other sources that become source of pension insurance fund, including the premium paid by employers and staff and workers, interest income, subsidies from higher level agencies, income as transfer from subordinate agencies, transferred income, government financial subsidies and other income.

4. **Expenditure of basic pension insurance programme** refers to payment made on pensions and funeral sub-

sidies to those retired and resigned people covered in pension insurance programmes according to related national policies on scopeand standard of expenditure. Also included are expenditure which arises due to shift of the insurance relationship or adjustment of funds among agencies. More specifically, included are pensions for resigned people, pensions for retired people, pension for people quitting jobs, various subsidies, medical fees, funeral subsidies, compensation payments, management fees for social security agencies, expenses on subsidies to lower subordinates, expenses as transfer to agencies at higher level, transferred expenditure and other expenditure.

5. **Balance of basic pension insurance programme** refers to the balance of basic pension insurance funds at the end of the reference period after deducting expenses from revenue.

Basic Medical Care Insurance

1. **Number of people participating in the insurance programme** refers to people participating in the basic medical care insurance programme according to related regulations as at the end of reference period, including number of staff and workers and retirees participating in this insurance programme.

2. **Revenue of the insurance programme** refers to payments made by employers and individuals participating in the medical care insurance programme in accordance with the basis and proportion stipulated in State regulations, and income from other sources that become source of medical insurance fund, including income of social comprehensive funds paid by employers, income from individual accounts, government financial subsidies, interest income and other income.

3. **Expenditure of the insurance programme** refers to payment made from social comprehensive funds to those retired and resigned people covered in basic medical care insurance within the scope and standards of expenditure according to related national policies, and medical care payment made from individual accounts to staff and workers and retirees, and other expenses, including medical expenses of hospital inpatients, medical expenses for outpatients and emergency patients, payment from individual accounts and other expenditure.

4. **Balance of the basic medical care insurance programme** refer to the balance of medical care insurance of social comprehensive funds and individual accounts at the end of the reference period, including bank savings, special fiscal accounts, investment in bonds and others.

Unemployment Insurance

1. **Number of people covered** refers to staff and workers in urban enterprises or institutions who have participated in the unemployment insurance programme according to relevant policies and regulations, and other people who have participated according to local government regulations, as at the end of reference period.

2. **Revenue of the unemployment insurance programme** refers to payments made by employers and individuals participating in unemployment insurance programme in accordance with relevant regulations and other income contributed to this programme, including unemployment insurance premium made by employers and individuals, interest income, subsidies from higher level agencies, income as transfer from subordinate agencies, transferred income, government financial subsidies and other income.

3. **Expenditure of the unemployment insurance programme** refers to total expenses during the reference period to guarantee the basic livelihood of unemployed people and laid – off staff and workers and to encourage their re – employment. Included are unemployment relief, medical fees, funeral subsidies, compensation payments, training expenses, management fees for unemployment insurance agencies, subsidies to lower level agencies, expenses as transfer to higher level agencies, transferred expenditure and other expenditure.

4. **Balance of the unemployment insurance programme** refers to the balance of revenue of the programme after deducting expenses at the end of the reference period.

Work Injury Insurance

1. **Number of people covered** refers to staff and workers who have participated in the work injury insurance programme according to relevant national regulations.

2. **Number of beneficiaries** refers to staff and workers and their direct dependents who can, in accordance

with relevant regulations, benefit from work injury insurance, as a result of work injury leading to disability or death of the staff/worker, or occupational disease leading to disability. Included in this category are number of injured and disabled people, number of people with occupational diseases, number of deaths at work places, and number of direct dependents.

3. **Revenue of the work injury insurance programme** refers to payments made by employers participating in the work injury insurance programme in accordance with the basis and proportion stipulated in State regulations, and income from other sources that become source of work injury insurance fund, including income of social comprehensive funds paid by employers, government financial subsidies, interest income and other income.

4. **Expenditure of the work injury insurance programme** refers to payments made from work injury insurance funds to those who participated in the work injury insurance programme and their direct dependents within the scope and standards of expenditure according to related national policies, and other expenditure, including medical fees for work injury, injury and disability subsidies, death subsidies, nursing fees, funeral subsidies, injury prevention fees, occupational rehabilitation fees and other expenditure.

5. **Balance of the work injury insurance programme** refers to the balance of the work injury funds at the end of the reference period, including bank savings, special fiscal account, investment in bonds and others.

Maternity Insurance

1. **Number of people covered** refers to staff and workers who have participated in the maternity insurance programme according to relevant regulation at the end of the reporting period.

2. **Revenue of maternity insurance** refers to payments made by employers participating in the maternity insurance programme in accordance with the basis and proportion stipulated in State regulations, and income from other sources that become source of maternity insurance fund, including income of funds paid by employers, interest income and other income.

3. **Expenditure of the maternity insurance programme** refers to payments made from maternity insurance funds to staff and workers who participate in the maternity insurance programme within the scope and standards of expenditure in accordance with related national policies, expenses paid for pregnancy, child delivery or surgeries related to family planning, and other expenditure, including allowance for child bearing, medical fees and other expenditure.

4. **Balance of the maternity programme** refers to the balance of the maternity insurance funds at the end of reference period, including bank savings, special fiscal account, investment in funds and others.

Lawyers refer to the full – time legal workers and the part – time lawyers engaged in the law practices, employed by legal counseling firms to act as legal advisers, agents in criminal or civil lawsuits and defenders in criminal lawsuits, to handle non – lawsuit legal matters, advise on matters of law and write legal papers for others.

Notary Personnel refer to the judicial officers who handle the notary affairs under the law in the national notary organs, including notaries, assistant notaries and other workers who handle the notary affairs in the notary offices.

Chapter 15

十五、人口与就业

Population and Employment

YUNNAN STATISTICAL YEARBOOK

云南统计年鉴 2012

15-1 1949-2011年全省年末人口数
Historic Population at Year-end (1949-2011)

单位：万人 (10 000 persons)

年份 Year	总人口 Total Population	按性别分 By Sex 男 Male	女 Female	按城乡分 By Residence 城镇人口 Urban	乡村人口 Rural	按农业、非农业分 By Agricultural and Non-Agricultural 农业人口 Agricultural Population	非农业人口 Non-Agricultural Population
1949	1 595.0						
1952	1 695.1			82.3	1 612.8		
1957	1 896.8	941.9	954.8	237.1	1 659.7	1 717.0	179.8
1958	1 914.5	959.9	954.6	349.7	1 564.8	1 647.4	267.1
1960	1 894.6	937.8	956.7	305.2	1 589.4	1 615.9	278.7
1962	1 963.7	966.2	997.5	275.0	1 688.7	1 776.5	187.2
1965	2 160.4	1 075.3	1 085.1	261.4	1 899.0	1 925.5	234.9
1970	2 503.3	1 246.4	1 256.9	271.2	2 232.1	2 256.0	247.3
1973	2 746.9	1 369.7	1 377.2	323.9	2 423.0	2 461.7	285.2
1974	2 819.0	1 408.0	1 411.0	326.1	2 492.9	2 524.7	294.3
1975	2 884.3	1 441.8	1 442.5	335.9	2 548.4	2 585.9	298.4
1976	2 951.7	1 477.1	1 474.6	343.3	2 608.4	2 646.7	305.0
1977	3 024.6	1 515.0	1 509.6	351.7	2 672.9	2 712.4	312.2
1978	3 091.5	1 548.7	1 542.8	375.7	2 715.8	2 767.5	324.0
1979	3 134.8	1 569.1	1 565.6	388.3	2 746.5	2 798.2	336.6
1980	3 173.4	1 590.0	1 583.4	395.4	2 778.0	2 828.8	344.6
1981	3 222.8	1 622.2	1 600.6	416.5	2 806.3	2 873.0	349.8
1982	3 283.1	1 657.5	1 625.6	433.0	2 850.1	2 924.8	358.3
1983	3 330.8	1 683.1	1 647.7	472.0	2 858.8	2 963.1	367.7
1984	3 372.1	1 707.3	1 664.8	698.7	2 673.4	2 994.8	377.3
1985	3 418.1	1 733.7	1 684.4	904.6	2 513.5	3 021.9	396.2
1986	3 480.0	1 766.8	1 713.2	1 007.5	2 472.5	3 071.8	408.2
1987	3 534.0	1 797.7	1 736.3	996.2	2 537.8	3 112.0	422.0
1988	3 594.0	1 829.0	1 765.0	1 426.1	2 167.9	3 159.5	434.5
1989	3 648.0	1 861.2	1 786.8	1 524.5	2 123.5	3 204.8	443.2
1990	3 730.6	1 910.8	1 819.8	1 510.1	2 220.5	3 271.7	458.9
1991	3 782.1	1 939.1	1 843.0	1 555.2	2 226.9	3 312.0	470.1
1992	3 831.6	1 967.1	1 864.5	1 608.1	2 223.5	3 346.9	484.7
1993	3 885.2	1 997.0	1 888.2	1 664.0	2 221.2	3 380.5	504.7
1994	3 939.2	2 027.1	1 912.1	1 782.1	2 157.1	3 414.5	524.7
1995	3 989.6	2 055.2	1 934.4	1 821.3	2 168.3	3 445.5	544.1
1996	4 041.5	2 084.8	1 956.7	1 857.4	2 184.1	3 477.2	564.3
1997	4 094.0	2 112.9	1 981.1	1 937.3	2 156.7	3 506.1	587.9
1998	4 143.8	2 139.0	2 004.8	1 951.7	2 192.1	3 538.0	605.8
1999	4 192.4	2 165.8	2 026.6	1 991.3	2 201.1	3 554.8	637.6
2000	4 240.8	2 192.0	2 048.8	990.6	3 250.2	3 584.3	656.5
2001	4 287.4	2 217.4	2 070.0	1 066.0	3 221.4	3 609.9	677.5
2002	4 333.1	2 240.6	2 092.5	1 127.0	3 206.1	3 636.3	696.8
2003	4 375.6	2 263.6	2 112.0	1 163.9	3 211.7	3 662.4	713.2
2004	4 415.2	2 284.1	2 131.1	1 240.7	3 174.5	3 691.1	724.1
2005	4 450.4	2 302.2	2 148.2	1 312.9	3 137.5	3 720.5	729.9
2006	4 483.0	2 319.1	2 163.9	1 367.3	3 115.7	3 740.2	742.8
2007	4 514.0	2 335.1	2 178.9	1 426.4	3 087.6	3 764.3	749.7
2008	4 543.0	2 350.1	2 192.9	1 499.2	3 043.8	3 789.4	753.6
2009	4 571.0	2 364.6	2 206.4	1 554.1	3 016.9	3 812.8	758.2
2010	4 601.6	2 387.6	2 214.0	1 601.8	2 999.8	3 838.3	763.3
2011	4 631.0	2 402.8	2 228.2	1 704.2	2 926.8	3 862.6	768.4

15-2 各州市户数、人口数及构成(2011年)

Number of Households, Population and Its Composition by Region (2011)

州 市	Region	总户数(万户) Family Households (10 000 households)	总人口(万人) Total Population (10 000 persons)	按性别分(万 人) By Sex (10 000 Persons) 男 Male	女 Female	按城乡分(万 人) By Residence (10 000 Persons) 城镇人口 Urban	乡村人口 Rural	按农业、非农业分(万 人) By Agricultural and Non-Agricultural (10 000 Persons) 农业人口 Agricultural Population	非农业人口 Non-Agricultural Population	人口密度(人/平方千米) Population Density (person/sq.km)
全 省	**Yunnan**	**1 346.7**	**4 631.0**	**2 402.8**	**2 228.2**	**1 704.2**	**2 926.8**	**3 862.6**	**768.4**	**117.5**
昆 明	Kunming	196.1	648.6	333.4	315.2	428.1	220.5	382.8	265.9	300.5
曲 靖	Qujing	185.0	589.9	.309.2	280.7	221.8	368.1	522.7	67.2	197.6
玉 溪	Yuxi	72.2	231.8	118.9	112.9	92.7	139.1	192.4	39.4	151.7
保 山	Baoshan	68.4	252.5	129.5	123.0	63.4	189.1	227.4	25.2	128.6
昭 通	Zhaotong	161.7	525.9	276.2	249.7	118.8	407.0	490.2	35.6	228.4
丽 江	Lijiang	37.3	125.4	64.7	60.7	35.4	90.0	108.0	17.4	59.1
普 洱	Pu'er	72.2	256.1	134.9	121.2	82.5	173.6	222.5	33.6	56.4
临 沧	Lincang	64.4	244.8	128.4	116.3	74.9	169.9	220.5	24.3	100.0
楚 雄	Chuxiong	79.6	270.4	138.5	132.0	91.1	179.3	231.2	39.2	92.4
红 河	Honghe	127.0	453.5	235.9	217.6	163.2	290.2	375.3	78.1	137.7
文 山	Wenshan	95.9	354.2	185.1	169.1	106.3	248.0	323.9	30.3	109.9
西双版纳	Xishuangbanna	27.3	114.2	59.2	55.0	42.4	71.8	79.9	34.3	58.0
大 理	Dali	104.3	347.8	176.3	171.5	120.0	227.8	305.7	42.1	118.1
德 宏	Dehong	30.2	122.1	62.9	59.1	43.2	78.8	98.7	23.3	105.9
怒 江	Nujiang	15.6	53.6	28.4	25.2	12.1	41.5	46.1	7.5	36.5
迪 庆	Diqing	9.6	40.3	21.4	18.8	10.2	30.1	35.3	5.0	16.9

15-3 全省各民族人口数(2011年)
Provincial Population by Nationality (2011)

单位：万人,% (10 000 persons ,%)

民族	Nationality	人口数 Population	比重 Proportion	民族	Nationality	人口数 Population	比重 Proportion
全 省	**Yunnan**	**4 631.0**	**100.0**	藏 族	Tibetan	14.40	0.31
汉 族	Han Nationality	3085.82	66.6	景颇族	Jingpo Nationality	14.33	0.31
彝 族	Yi Nationality	506.56	10.94	布朗族	Bulang Nationality	11.75	0.25
白 族	Bai Nationality	157.29	3.40	普米族	Pumi Nationality	4.24	0.09
哈尼族	Hani Nationality	164.17	3.55	怒 族	Nu Nationality	3.21	0.07
壮 族	Zhuang Nationality	122.42	2.64	阿昌族	Achang Nationality	3.84	0.08
傣 族	Dai Nationality	123.15	2.66	基诺族	Jinuo Nationality	2.29	0.05
苗 族	Miao Nationality	121.19	2.62	德昂族	De'ang Nationality	2.03	0.04
傈僳族	Lisu Nationality	67.27	1.45	蒙古族	Mongolian	2.29	0.05
回 族	Hui Nationality	70.30	1.52	独龙族	Dulong Nationality	0.64	0.01
拉祜族	Lahu Nationality	47.86	1.03	满 族	Manchu Nationality	1.37	0.03
佤 族	Wa Nationality	40.38	0.87	水 族	Shui Nationality	1.13	0.02
纳西族	Naxi Nationality	31.23	0.67	布依族	Buyi Nationality	5.95	0.13
瑶 族	Yao Nationality	22.16	0.48	其 他	Other Nationalities	3.70	0.08

15-4 主要年份全省人口出生率、死亡率、自然增长率

Birth Rate, Death Rate and Natural Growth Rate of Provincial Population in Significant Years

单位：万人，‰ (10 000 persons, ‰)

年　份 Year	年均人口数 Annual Average Population	出　生 Birth		死　亡 Death		人口自然增长 Natural Growth of population	
		人　数 Population	出生率 Birth Rate	人　数 Population	死亡率 Death Rate	人　数 Population	自然增长率 Natural Growth Rate
1978	3 058.00	86.8	28.37	21.2	6.93	65.60	21.4
1979	3 113.10	75.0	24.08	25.3	8.13	49.70	16.0
1980	3 154.10	65.9	20.91	23.2	7.36	42.70	13.5
1981	3 198.10	81.1	25.36	27.5	8.60	53.60	16.8
1982	3 252.90	77.4	23.80	32.1	9.88	45.30	13.9
1983	3 307.00	77.8	23.57	30.3	9.19	47.50	14.4
1984	3 351.50	67.8	20.29	26.5	7.92	41.30	12.4
1985	3 395.10	72.9	21.55	27.2	8.03	45.80	13.5
1986	3 449.50	89.1	26.03	27.0	7.87	62.10	18.2
1987	3 507.00	83.5	23.97	29.3	8.40	54.20	15.6
1988	3 564.00	84.9	24.00	25.2	7.13	59.70	16.9
1989	3 621.00	83.0	23.07	29.0	8.05	54.00	15.0
1990	3 689.30	87.0	23.60	29.0	7.92	58.00	15.7
1991	3 756.40	81.9	21.80	30.4	8.10	51.50	13.7
1992	3 806.90	79.9	21.00	30.5	8.00	49.50	13.0
1993	3 858.40	84.9	22.00	31.3	8.10	53.60	13.9
1994	3 912.20	85.3	21.80	31.3	8.00	54.00	13.8
1995	3 964.40	82.3	20.75	31.8	8.03	50.50	12.7
1996	4 015.60	83.8	20.87	31.9	7.94	51.90	12.9
1997	4 067.80	84.7	20.82	32.2	7.91	52.50	12.9
1998	4 118.90	82.4	20.01	32.6	7.91	49.80	12.1
1999	4 168.10	81.2	19.48	32.6	7.82	48.60	11.7
2000	4 216.60	80.3	19.05	31.9	7.57	48.40	11.5
2001	4 264.10	78.9	18.51	32.3	7.57	46.60	10.9
2002	4 310.25	77.3	17.90	31.5	7.30	45.70	10.6
2003	4 354.35	74.0	17.00	31.4	7.20	42.60	9.8
2004	4 395.40	68.6	15.60	29.0	6.60	39.60	9.0
2005	4 432.80	65.3	14.72	29.9	6.75	35.40	8.0
2006	4 466.70	59.0	13.20	28.1	6.30	30.90	6.9
2007	4 498.50	58.6	13.08	27.9	6.22	30.75	6.9
2008	4 528.50	57.2	12.63	28.6	6.31	28.60	6.3
2009	4 557.00	57.1	12.53	29.4	6.45	27.70	6.1
2010	4 586.30	60.1	13.10	30.1	6.56	29.99	6.5
2011	4 616.32	58.7	12.71	29.4	6.36	29.31	6.4

注：本表从1983年起的数字系抽样调查结果数。其余年份数字均为人口年报数。
Note:Data in this table from 1983 are data of population sample surveys,and the others are obtained from annual population reports.

15-5 各州市人口出生率、死亡率、自然增长率(2011年)

Birth Rate, Death Rate and Natural Growth Rate of Population by Region (2011)

单位：万人、‰ (10 000 persons, ‰)

州市	Region	出生 Birth 人数 Population	出生率 Birth Rate	死亡 Death 人数 Population	死亡率 Death Rate	人口自然增长 Natural Growth of population 人数 Population	自然增长率 Natural Growth Rate
全省	**Yunnan**	**58.67**	**12.7**	**29.36**	**6.4**	**29.31**	**6.4**
昆明	Kunming	7.39	11.4	3.74	5.8	3.66	5.7
曲靖	Qujing	7.43	12.6	3.42	5.8	4.01	6.8
玉溪	Yuxi	2.55	11.0	1.32	5.7	1.23	5.3
保山	Baoshan	3.24	12.9	1.81	7.2	1.43	5.7
昭通	Zhaotong	8.06	15.4	3.45	6.6	4.60	8.8
丽江	Lijiang	1.38	11.1	0.83	6.7	0.55	4.4
普洱	Pu'er	3.10	12.2	1.62	6.4	1.48	5.8
临沧	Lincang	3.16	13.0	1.65	6.8	1.51	6.2
楚雄	Chuxiong	3.06	11.4	1.84	6.8	1.22	4.5
红河	Honghe	6.18	13.7	3.23	7.2	2.95	6.5
文山	Wenshan	4.69	13.3	2.27	6.4	2.42	6.9
西双版纳	Xishuangbanna	1.35	11.9	0.63	5.5	0.72	6.3
大理	Dali	3.82	11.0	2.11	6.1	1.70	4.9
德宏	Dehong	1.77	14.6	0.87	7.2	0.90	7.4
怒江	Nujiang	0.75	14.1	0.36	6.8	0.39	7.3
迪庆	Diqing	0.41	10.3	0.23	5.7	0.19	4.6

15-6 主要年份全省户数、年平均人口数及人口密度

Number of Households, Annual Average Population and Population Density in Significant Years

年 份 Year	户 数 (万户) Number of Households (10 000 households)	平均每户人数 (人／户) Average Households Size (person/household)	年均人口数 (万人) Annual Average Population (10 000 persons)	农业人口数 (万人) Agricultural Population (10 000 persons)	非农业人口数 (万人) Non-Agricultural Population (10 000 persons)	人口密度 (人/平方千米) Population Density (person/sq.km)
1978	571.8	5.4	3 058.00	2 767.5	324.00	78.5
1979	577.5	5.4	3 113.10	2 798.2	336.6	79.6
1980	590.9	5.4	3 154.10	2 828.8	344.6	80.5
1981	605.8	5.3	3 198.10	2 873.0	349.8	81.8
1982	617.5	5.3	3 252.90	2 924.8	358.3	83.3
1983	634.8	5.2	3 307.00	2 963.1	367.7	84.5
1984	649.6	5.2	3 351.50	2 994.8	377.3	85.6
1985	667.4	5.1	3 395.10	3 021.9	396.2	86.8
1986	690.6	5.0	3 449.50	3 071.8	408.2	90.9
1987	721.5	4.9	3 507.00	3 112.0	422.0	92.3
1988	752.6	4.8	3 564.00	3 159.5	434.5	93.8
1989	782.7	4.6	3 621.00	3 204.8	443.2	95.3
1990	812.0	4.5	3 689.30	3 271.7	458.9	94.7
1991	837.4	4.5	3 756.40	3 312.0	470.1	96.4
1992	857.8	4.4	3 806.90	3 346.9	484.7	97.7
1993	883.4	4.4	3 858.40	3 380.5	504.7	99.0
1994	902.4	4.3	3 912.20	3 414.5	524.7	100.4
1995	925.9	4.3	3 964.40	3 445.5	544.1	101.3
1996	946.1	4.2	4 015.60	3 477.2	564.3	103.1
1997	965.4	4.2	4 067.80	3 506.1	587.9	103.9
1998	991.3	4.2	4 118.90	3 538.0	605.8	105.2
1999	1 012.0	4.2	4 168.10	3 554.8	637.6	106.4
2000	1 030.6	4.1	4 216.60	3 584.3	656.5	107.6
2001	1 046.7	4.1	4 264.10	3 609.9	677.5	108.8
2002	1 063.3	4.1	4 310.25	3 636.3	696.8	109.8
2003	1 083.1	4.0	4 354.35	3 662.4	713.2	111.0
2004	1 117.1	4.0	4 395.40	3 691.1	724.1	112.0
2005	1 216.2	3.7	4 432.80	3 720.5	729.9	112.9
2006	1 183.9	3.8	4 466.70	3 740.2	742.8	113.8
2007	1 222.3	3.7	4 498.50	3 764.3	749.7	114.5
2008	1 252.9	3.7	4 528.50	3789.4	753.6	115.3
2009	1 287.3	3.5	4 557.00	3 812.8	758.2	116.0
2010	1 323.5	3.5	4 586.30	3 838.3	763.3	116.6
2011	1 346.7	3.4	4 616.32	3 862.6	768.4	117.5

15-7 六次全国人口普查全省人口基本情况

Basic Statistics on National Population Census in 1953,1964,1982,1990,2000 and 2010

指　　标	Item	1953	1964	1982	1990	2000	2010
全省总人口(万人)	**Total Population of Yunnan Province (10 000 persons)**	**1 713.3**	**2 051.0**	**3 255.4**	**3 697.3**	**4 235.9**	**4 596.6**
男	Male	846.0	1 024.7	1 650.0	1 899.6	2 219.9	2 385.0
女	Female	867.3	1 026.3	1 605.4	1 797.7	2 016.0	2 211.6
性别比（以女性为100）	Sex Ratio (female=100)	97.6	99.8	102.8	105.7	110.1	107.8
家庭户规模（人/户）	**Average Family Household Size (person/household)**		**4.7**	**5.2**	**4.5**	**3.7**	**3.5**
各年龄组人口构成(%)	**Population by Age Group (%)**						
0-14岁	0-14	34.5	39.2	39.2	31.7	26.0	20.7
15-64岁	15-64	58.1	58.2	56.4	61.2	68.0	71.7
65岁及以上	65 and Over	7.4	2.6	4.5	7.1	6.0	7.6
民族人口数	**Population by Ethnicity**						
汉族人口数(万人)	Han (10 000 persons)	1 178.8	1 410.7	2 223.4	2 462.8	2 820.7	3 062.9
占总人口比重（%）	Percentage to Total Population (%)	68.8	68.8	68.3	66.6	66.6	66.6
少数民族人口数(万人)	Ethnic Minorities (10 000 persons)	534.5	640.3	1 032.0	1 234.5	1 415.2	1 533.7
占总人口比重(%)	Percentage to Total Population(%)	31.2	31.2	31.7	33.4	33.4	33.4
每十万人拥有的各种受教育程度人口数(万人)	**Population with Various Education Attainments Per 100 000 Persons (10 000persons)**						
大专及以上	Junior College and Above		0.03	0.03	0.08	0.20	0.58
高中和中专	Senior Secondary School and Technical Secondary School		0.10	0.28	0.41	0.66	0.84
初中	Junior Secondary School		0.31	1.02	1.38	2.12	2.75
小学	Primary School		2.31	2.93	3.79	4.48	4.34
平均受教育年限(年)	**Average Education Year (year)**		**2.2**	**3.6**	**4.8**	**6.3**	**7.6**
文盲人口数及文盲率	**Illiterate Population and Illiterate Rate**						
文盲人口数(万人)	Illiterate Population (10 000 persons)		969.9	1 025.1	940.6	484.2	276.9
文盲率(%)	**Illiterate Rate (%)**		**47.3**	**31.5**	**25.4**	**11.4**	**6.0**
平均预期寿命(岁)	**Life Expectancy (year old)**			**60.8**	**63.5**	**65.5**	**69.5**
男	Male			59.9	62.1	64.2	67.5
女	Female			61.6	64.9	66.9	68.9

注：1.1953年总人口数据中包括了间接调查人口，而民族人口、城乡人口中未包括。

2.1964年文盲人口为12岁及12岁以上不识字人口，1982、1990、2000年文盲人口为15岁及以上不识字或识字很少人口。

Note:a.Total population of 1953 National Population Census includes the population from indirect survey,but it didn't includ the ethnic minority population, urban and rural population.

b.Illiterate population of 1964 National Population Census referred to the population aged 12 and over who are unable to read. Illiterate population of 1982, 1990 and 2000 National Population Censuses referred to the population aged 15 and over who are unable or have difficulty to read.

15-8 人口社会就业基本情况(2009-2011年)

Basic Statistics on Employment(2009-2011)

单位：万人 (10 000 persons)

项　目	Item	2009年	2010年	2011年
全省就业人员	**Number of Employed Persons**	**2 684.80**	**2 765.85**	**2 857.24**
按三次产业分就业人员	**Employed persons by Three Industries Persons**			
第一产业	Primary Industry	1 672.50	1 671.30	1 697.24
第二产业	Secondary Industry	321.30	348.60	374.30
第三产业	Tertiary Industry	691.00	746.00	785.70
就业人员构成(合计=100)(%)	**Composition of Employed Persons(total=100)**			
第一产业	Primary Industry	62.30	60.40	59.40
第二产业	Secondary Industry	12.00	12.60	13.10
第三产业	Tertiary Industry	25.70	27.00	27.50
按城乡分就业人员	**Number of Employed Persons by Urban and Rural Areas**			
城镇就业人员	**Urban Employed Persons**	**547.50**	**599.10**	**666.30**
#国有单位	State-owned Units	187.80	191.00	192.02
城镇集体单位	Urban Collective-owned Units	11.00	10.60	10.86
股份合作单位	Cooperative Units	2.20	2.20	3.70
联营单位	Joint Ownership Units	0.30	0.30	0.30
有限责任公司	Limited Liability Corporations	44.70	48.60	59.30
股份有限公司	Share-holding Corporations Ltd.	15.00	16.60	18.70
私营企业	Private Enterprises	158.76	186.34	220.81
港澳台商投资单位	**Units with Funds from Hong Kong, Macao & Taiwan**	**2.50**	**2.40**	**2.60**
外商投资单位	Foreign Funded Units	3.10	2.90	3.60
个体就业人员	Self-employed Individuals	122.13	138.22	154.44
乡村就业人员	Rural Employed Persons	2 137.27	2 166.78	2 190.92
城镇单位在岗职工人数	**Number of Staff and Workers in Urban Units**	**293.60**	**303.70**	**317.18**
#国有单位	State-owned Units	178.01	181.30	175.83
#企业	Enterprises	52.40	54.10	47.20
事　业	Institutions	84.90	85.80	86.30
机　关	Agencies & Organizations	40.70	41.40	42.30
城镇集体单位	Urban Collective-owned Units	10.27	9.79	9.65
其他单位	Units of Other Types of Ownership	105.32	112.58	131.70
城镇单位女性就业人员	Number of Female Employment in Urban Units	109.30	113.60	120.43
城镇登记失业人数	Number of Registered Unemployed Persons in Urban Areas	15.60	15.69	16.00
城镇登记失业率(%)	**Registered Unemployment Rate in Urban Areas (%)**	**4.30**	**4.21**	**4.10**

注：2000年及以后就业人员人数，按一、二、三产业划分的就业人员人数，计算方法详见本篇末指标解释。

Note: Since 2000, the statistical method for employed persons in primary, secondary and tertiary industries has been adjusted.The detail is explained in the explanatory notes at the end of this part.

15-9 主要年份按三次产业分的年末就业人员数

Number of Employed Persons at Year-end by Type of Industry in Significant Years

单位：万人 (10 000 persons)

年 份 Year	全 省 Yunnan	第一产业 Primary Industry	第二产业 Secondary Industry	第三产业 Tertiary Industry	构 成 Percentage (%) (total=100) 第一产业 Primary Industry	第二产业 Secondary Industry	第三产业 Tertiary Industry
1980	1 404.20	1 194.00	113.30	96.90	85.03	8.07	6.90
1981	1 479.80	1 246.10	124.10	109.60	84.21	8.39	7.41
1982	1 543.60	1 295.10	129.30	119.20	83.90	8.38	7.72
1983	1 583.20	1 315.40	133.40	134.40	83.08	8.43	8.49
1984	1 620.30	1 322.70	144.30	153.30	81.63	8.91	9.46
1985	1 672.30	1 329.20	172.00	171.10	79.48	10.29	10.23
1986	1 731.40	1 367.80	177.40	186.20	79.00	10.25	10.75
1987	1 777.5	1 411.1	182.90	183.50	79.39	10.29	10.32
1988	1 826.9	1 454.4	183.30	189.20	79.61	10.03	10.36
1989	1 880.7	1 503.2	183.90	193.60	79.93	9.78	10.29
1990	1 922.7	1 537.8	184.80	200.10	79.98	9.61	10.41
1991	1 989.50	1 588.80	191.70	209.00	79.86	9.64	10.51
1992	2 032.6	1 612.9	198.00	221.70	79.35	9.92	10.73
1993	2 071.5	1 630.9	203.60	237.00	78.73	9.88	11.44
1994	2 108.7	1 642.1	215.80	250.80	77.87	10.23	11.90
1995	2 149.0	1 656.1	216.60	276.30	77.06	10.08	12.86
1996	2 186.2	1 596.9	242.70	346.60	73.04	11.10	15.86
1997	2 223.5	1 653.2	236.00	334.30	74.35	10.61	15.04
1998	2 240.5	1 687.5	232.00	321.00	75.32	10.35	14.33
1999	2 244.0	1 720.4	197.50	326.10	76.67	8.80	14.53
2000	2 295.4	1 695.9	210.40	389.20	73.88	9.17	16.95
2001	2 322.5	1 710.4	207.90	404.20	73.65	8.95	17.40
2002	2 341.3	1 715.8	206.50	419.00	73.29	8.82	17.90
2003	2 353.3	1 709.3	209.90	434.10	72.63	8.92	18.45
2004	2 401.4	1 711.9	218.40	471.10	71.29	9.09	19.62
2005	2 461.3	1 709.20	245.10	507.00	69.44	9.96	20.60
2006	2 517.6	1 696.95	262.45	558.15	67.40	10.43	22.17
2007	2 573.8	1 684.70	279.80	609.30	65.40	10.90	23.70
2008	2 638.37	1 678.42	298.57	661.38	63.61	11.32	25.07
2009	2 684.80	1 672.50	321.30	691.00	62.30	12.00	25.70
2010	2 765.90	1 671.30	348.60	746.00	60.40	12.60	27.00
2011	2 857.24	1 697.20	374.30	785.70	59.40	13.10	27.50

注：2000年及以后就业人员人数，按一、二、三产业划分的就业人员人数计算方法有调整，详见本篇末指标解释。

Note: Starting from 2000, the statistical method for employed persons in primary, secondary and tertiary industries is adjusted. The detail is explained in the explanatory notes at the end of this part.

15-10 主要年份按城乡分的年末就业人员数
Number of Employed Persons at Year-end by Residence in Urban and Rural Areas in Significant Years

单位：万人 (10 000 persons)

年 份 Year	就业人员 Employed Persons	城镇单位就业人员 Number of Employed Persons in Urban Entities					城镇个体和私营就业人员 Engaged Persons in Urban Private Enterprises and Self-employed Individuals	乡 村就业人员 Rural Employed Persons
		职工人数 Number of Staff and Workers	国有单位 State-owned Economic Entities	集体单位 Collective-owned Economic Entities	其他单位 Other Types of Ownership	其他就业人员 Others		
1980	1 404.20	229.99	200.67	29.15	0.17		0.81	1 173.40
1981	1 479.80	235.40	205.41	29.75	0.24		1.80	1 242.60
1982	1 543.60	242.37	211.65	30.46	0.26		2.53	1 298.70
1983	1 583.20	247.33	215.48	31.57	0.28		4.47	1 331.40
1984	1 620.30	256.64	216.52	39.80	0.32		8.26	1 355.40
1985	1 672.30	263.00	222.41	40.16	0.43		11.60	1 397.70
1986	1 731.40	268.66	227.78	40.38	0.50		11.94	1 450.80
1987	1 777.50	274.74	232.91	41.18	0.65		11.86	1 490.90
1988	1 826.90	280.09	237.65	41.68	0.76		13.51	1 533.30
1989	1 880.70	285.81	242.83	42.16	0.82		13.49	1 581.40
1990	1 922.65	291.87	249.26	41.94	0.67		13.75	1 617.03
1995	2 149.00	311.50	262.86	43.28	5.36	7.23	32.30	1 797.97
1998	2 240.50	295.10	245.20	30.50	19.40	9.10	57.50	1 878.80
1999	2 244.00	284.50	231.30	26.70	26.50	7.80	69.90	1 881.80
2000	2 295.40	273.40	220.60	23.70	29.10	6.80	66.40	1 948.80
2001	2 322.53	261.61	207.31	20.03	34.27	8.07	81.83	1 971.02
2002	2 341.25	249.26	195.78	16.62	36.86	8.77	92.54	1 990.68
2003	2 353.33	244.01	181.78	14.61	47.62	9.24	97.38	2 002.70
2004	2 401.39	235.43	171.15	12.24	51.74	10.52	125.45	2 029.99
2005	2 461.32	235.71	168.39	10.65	56.67	11.32	163.35	2 050.93
2006	2 517.60	247.98	170.98	12.63	64.37	11.24	159.28	2 099.10
2007	2 573.82	280.72	175.17	11.93	93.62	15.56	181.03	2 096.51
2008	2 638.37	286.73	177.78	10.44	98.51	16.77	222.13	2 112.74
2009	2 684.77	293.60	178.01	10.27	105.32	18.44	235.46	2 137.27
2010	2 765.85	303.67	181.30	9.79	112.58	19.10	276.30	2 166.78
2011	2 857.24	317.18	175.83	9.65	131.70	32.89	316.25	2 190.92

15-11 各州市按城乡分的年末就业人员数(2011年)
Number of Employed Persons at Year-end by Residence in Urban and Rural Areas and by Region(2011)

单位：万人 (10 000 persons)

州 市	Region	就业人员 Number of Employed Persons	城镇单位就业人员 Urban Employed Persons 职工人数 Number of Staff and Workers	国有单位 State-owned Economic Entities	集体单位 Collective-owned Economic Entities	其他单位 Other Types of Ownership	其他就业人员 Others	城镇个体和私营就业人员 Urban and Rural Self-employed Individuals and Private Enterprises	乡村就业人员 Rural Employed Persons
全 省	**Yunnan**	**2 857.24**	**317.18**	**175.83**	**9.65**	**131.70**	**32.89**	**316.25**	**2 190.92**
昆 明	Kunming	449.86	98.55	41.64	3.71	53.20	12.28	155.48	183.55
曲 靖	Qujing	366.28	32.18	18.69	1.26	12.23	1.44	21.51	311.16
玉 溪	Yuxi	156.61	18.26	9.41	0.54	8.30	1.15	22.46	114.75
保 山	Baoshan	156.26	15.23	7.20	0.31	7.72	0.71	6.39	133.93
昭 通	Zhaotong	297.64	20.59	14.02	0.48	6.08	1.02	8.19	267.85
丽 江	Lijiang	75.63	8.70	4.83	0.34	3.54	0.77	6.18	59.98
思 茅	Simao	155.17	15.37	9.59	0.33	5.45	0.46	13.02	126.31
临 沧	Lincang	138.11	10.33	7.17	0.14	3.02	1.55	7.65	118.58
楚 雄	Chuxiong	166.83	14.63	9.70	0.34	4.59	2.03	12.39	137.77
红 河	Honghe	265.81	25.53	17.72	0.83	6.98	2.78	23.23	214.27
文 山	Wenshan	213.51	14.09	9.97	0.30	3.82	1.23	9.55	188.64
西双版纳	Xishuangbanna	54.23	7.29	5.00	0.21	2.09	0.49	6.71	39.74
大 理	Dali	228.13	19.92	10.59	0.44	8.89	4.17	13.63	190.41
德 宏	Dehong	76.05	9.54	5.53	0.25	3.76	1.52	6.57	58.42
怒 江	Nujiang	31.57	3.44	2.46	0.09	0.89	0.73	1.13	26.27
迪 庆	Diqing	25.54	3.53	2.31	0.09	1.13	0.56	2.17	19.28

注：城镇规模以上私营企业就业人员统计到其他单位中。

Note:Number of employees of private enterprise above desingnated size is calculated into other entities.

15-12 分行业城镇单位年末职工人数(2009-2011年)

Number of Staff and Workers in Urban Unit by Sector at Year-end(2009-2011)

单位：万人 (10 000 persons)

国民经济行业	Sector	2009年	2010年	2011年
城镇单位在岗职工人数	**Number of Staff and Workers in Urban Units**	**293.60**	**303.68**	**317.18**
农、林、牧、渔业	Farming,Forestry,Animal Husbandry and Fishery	7.25	13.12	9.88
采矿业	Mining	13.82	14.42	17.06
制造业	Manufacturing	57.01	55.12	58.00
电力、燃气及水的生产和供应业	Production and Supply of Electricity, Gas and Water	7.69	8.15	8.38
建筑业	Construction	32.84	34.23	39.55
交通运输、仓储及邮政业	Transportation,Storage and Post	13.21	12.57	12.21
信息传输、计算机服务和软件业	Information Transmission, Computers Service and Software Service	3.49	2.94	2.61
批发和零售业	Wholesale and Retaile Trade	14.04	14.88	17.37
住宿和餐饮业	Hotel and Food Service	5.65	5.57	6.85
金融业	Banking	8.03	8.11	8.27
房地产业	Real Estate	3.50	3.83	5.01
租赁和商务服务业	Leasing Treade and Business Service	5.54	6.93	5.99
科学研究、技术服务和地质勘查业	Scientific Research, Technology Service and Geological Prospecting	6.10	5.95	5.99
水利、环境和公共设施管理业	Water Conservancy, Admistration of Environment and Public Facilities	4.50	4.52	4.73
居民服务和其他服务业	Services to Households and Other Services	0.68	0.75	0.70
教育业	Education	49.57	50.46	51.20
卫生、社会保障和社会福利业	Health Care, Social Security and Social Welfare	14.18	14.71	15.74
文化、体育和娱乐业	Culture, Sports and Entertainment	3.38	3.43	3.21
公共管理和社会组织	Common Administration and Social Organization	43.12	43.98	44.41

15-13 各州市分行业年末城镇单位就业人员数(2011年)
Number of Employed Persons in Urban Entities at Year-end by Sector and Region(2011)

单位：万人 (10 000 persons)

州市	Region	就业人数 Employed Persons	农、林、牧、渔业 Farming, Forestry, Animal Husbandry and Fishery	采矿业 Mining	制造业 Manufacturing	电力、燃气及水的生产和供应业 Production and Supply of Electricity,Gas and Water
全 省	**Yunnan**	**350.07**	**11.01**	**18.41**	**63.24**	**9.49**
昆 明	Kunming	110.83	0.69	2.68	21.62	1.65
曲 靖	Qujing	33.62	0.51	5.35	7.59	1.20
玉 溪	Yuxi	19.40	0.29	1.18	5.65	0.54
保 山	Baoshan	15.94	0.54	0.42	2.42	0.35
昭 通	Zhaotong	21.60	0.37	3.29	1.69	0.64
丽 江	Lijiang	9.48	0.40	1.02	0.82	0.26
普 洱	Pu'er	15.83	1.74	0.28	2.94	0.49
临 沧	Lincang	11.88	1.08	0.10	1.62	0.35
楚 雄	Chuxiong	16.66	0.28	0.90	2.68	0.41
红 河	Honghe	28.31	1.71	1.39	7.47	1.31
文 山	Wenshan	15.32	0.64	0.66	1.52	0.63
西双版纳	Xishuangbanna	7.78	0.79	0.19	0.84	0.25
大 理	Dali	24.09	0.47	0.54	4.23	0.65
德 宏	Dehong	11.07	1.27	0.11	1.24	0.44
怒 江	Nujiang	4.17	0.15	0.04	0.66	0.16
迪 庆	Diqing	4.09	0.08	0.25	0.25	0.16

注：不含城镇规模以下私营个体就业人员。Note: Employed persons in urban private enterprises under designated size are excluded.

15-13 续表1 continued

单位：万人 (10 000 persons)

州 市 Region	建筑业 Construction	交通运输、仓储和邮政业 Transportation, Storage and Post	信息传输、计算机服务和软件业 Information Transmission, Computer Service and Software Service	批发和零售业 Wholesale and Retail Trade	住宿和餐饮业 Hotel and Catering Service
全 省 Yunnan	**48.12**	**13.59**	**4.07**	**19.36**	**7.38**
昆 明 Kunming	22.89	8.27	1.62	8.83	3.76
曲 靖 Qujing	2.91	0.50	0.27	1.22	0.22
玉 溪 Yuxi	1.00	0.31	0.12	1.87	0.30
保 山 Baoshan	3.97	0.29	0.13	0.66	0.18
昭 通 Zhaotong	1.47	0.41	0.19	0.71	0.24
丽 江 Lijiang	0.81	0.24	0.11	0.38	0.63
普 洱 Pu'er	1.70	0.39	0.18	0.54	0.14
临 沧 Lincang	1.47	0.30	0.09	0.50	0.08
楚 雄 Chuxiong	1.95	0.46	0.24	0.76	0.25
红 河 Honghe	1.85	0.61	0.29	0.79	0.42
文 山 Wenshan	1.01	0.46	0.18	0.55	0.16
西双版纳 Xishuangbanna	0.48	0.22	0.13	0.43	0.23
大 理 Dali	3.86	0.77	0.30	1.47	0.44
德 宏 Dehong	1.52	0.17	0.12	0.38	0.20
怒 江 Nujiang	0.56	0.11	0.05	0.09	0.03
迪 庆 Diqing	0.67	0.06	0.06	0.21	0.10

15-13 续表2 continued

单位：万人 (10 000 persons)

州 市	Region	金融业 Banking	房地产业 Real Estate	租赁和商务服务业 Leasing Treade and Business Service	科学研究、技术服务和地质勘查业 Scientific Research, Technology Service and Geological Prospecting	水利、环境和公共设施管理业 Water Conservancy, Admistration of Environment and Public Facilities
全 省	**Yunnan**	**9.73**	**5.37**	**6.74**	**6.43**	**5.45**
昆 明	Kunming	3.03	2.73	4.36	3.37	0.97
曲 靖	Qujing	0.80	0.12	0.13	0.30	0.48
玉 溪	Yuxi	0.80	0.07	0.19	0.17	0.22
保 山	Baoshan	0.41	0.32	0.15	0.13	0.35
昭 通	Zhaotong	0.45	0.18	0.02	0.23	0.32
丽 江	Lijiang	0.27	0.06	0.17	0.10	0.31
普 洱	Pu'er	0.35	0.09	0.10	0.33	0.33
临 沧	Lincang	0.25	0.14	0.02	0.08	0.12
楚 雄	Chuxiong	0.50	0.08	0.15	0.26	0.42
红 河	Honghe	0.77	0.18	0.06	0.36	0.66
文 山	Wenshan	0.43	0.31	0.13	0.23	0.38
西双版纳	Xishuangbanna	0.25	0.24	0.11	0.16	0.19
大 理	Dali	0.79	0.55	0.82	0.34	0.31
德 宏	Dehong	0.42	0.25	0.28	0.23	0.12
怒 江	Nujiang	0.10	0.02		0.03	0.06
迪 庆	Diqing	0.13	0.02	0.05	0.10	0.22

15-13 续表3 continued

单位：万人 (10 000 persons)

州 市	Region	居民服务和其他服务业 Services to Households and Other Services	教 育 Education	卫生、社会保障和社会福利业 Health Care, Social Security and Social Welfare	文化、体育和娱乐业 Culture, Sports and Entertainment	公共管理和社会组织 Common Administration and Social Organization
全 省	**Yunnan**	**0.74**	**52.89**	**17.57**	**3.44**	**47.02**
昆 明	Kunming	0.49	9.47	4.32	1.55	8.53
曲 靖	Qujing	0.05	6.81	1.24	0.16	3.76
玉 溪	Yuxi	0.01	2.78	1.11	0.14	2.64
保 山	Baoshan	0.01	2.67	0.84	0.07	2.03
昭 通	Zhaotong	0.05	5.66	1.19	0.11	4.38
丽 江	Lijiang	0.01	1.58	0.41	0.15	1.73
普 洱	Pu'er		2.52	0.94	0.13	2.64
临 沧	Lincang		2.48	0.66	0.08	2.45
楚 雄	Chuxiong	0.01	2.92	1.10	0.20	3.12
红 河	Honghe	0.02	4.39	1.64	0.22	4.18
文 山	Wenshan	0.01	4.17	1.06	0.18	2.59
西双版纳	Xishuangbanna	0.04	1.08	0.60	0.07	1.49
大 理	Dali	0.02	3.62	1.46	0.17	3.28
德 宏	Dehong	0.01	1.41	0.59	0.05	2.25
怒 江	Nujiang		0.74	0.21	0.05	1.11
迪 庆	Diqing		0.61	0.20	0.09	0.84

15-14 各州市城镇单位分行业年末职工人数(2011年)
Number of Staff and Workers in Urban Entities at Year-end by Sector and Region(2011)

单位：万人 (10 000 persons)

州 市 Region	城镇单位职工人数 Number of Staff and Workers	农、林、牧、渔业 Farming,Forestry, Animal Husbandry and Fishery	采矿业 Mining	制造业 Manufacturing	电力、燃气及水的生产和供应业 Production and Supply of Electricity,Gas and Water
全 省 Yunnan	**317.18**	**9.88**	**17.06**	**58.00**	**8.38**
昆 明 Kunming	98.55	0.66	2.33	19.88	1.42
曲 靖 Qujing	32.18	0.47	5.31	7.10	1.09
玉 溪 Yuxi	18.26	0.29	1.15	5.36	0.46
保 山 Baoshan	15.23	0.54	0.42	2.01	0.34
昭 通 Zhaotong	20.59	0.35	3.10	1.66	0.61
丽 江 Lijiang	8.70	0.35	1.00	0.81	0.25
普 洱 Puer	15.37	1.70	0.28	2.86	0.43
临 沧 Lincang	10.33	0.90	0.09	1.44	0.31
楚 雄 Chuxiong	14.63	0.27	0.58	2.33	0.37
红 河 Honghe	25.53	1.22	1.31	7.03	1.15
文 山 Wenshan	14.09	0.60	0.58	1.44	0.55
西双版纳 Xishuangbanna	7.29	0.79	0.19	0.68	0.22
大 理 Dali	19.92	0.42	0.38	3.53	0.53
德 宏 Dehong	9.54	1.08	0.11	1.17	0.39
怒 江 Nujiang	3.44	0.15	0.03	0.52	0.11
迪 庆 Diqing	3.53	0.08	0.19	0.20	0.16

15-14 续表1 continued

单位：万人 (10 000 persons)

州 市	Region	建筑业 Construction	交通运输、仓储和邮政业 Transportation, Storage and Post	信息传输、计算机服务和软件业 Information Transmission, Computers Service and Software Service	批发和零售业 Wholesale and Retail Trade	住宿和餐饮业 Hotel and Catring Service
全 省	**Yunnan**	**39.55**	**12.21**	**2.61**	**17.37**	**6.85**
昆 明	Kunming	18.59	7.40	0.99	8.31	3.47
曲 靖	Qujing	2.84	0.47	0.15	1.05	0.22
玉 溪	Yuxi	1.00	0.29	0.05	1.71	0.29
保 山	Baoshan	3.93	0.27	0.08	0.63	0.18
昭 通	Zhaotong	1.37	0.33	0.16	0.61	0.24
丽 江	Lijiang	0.68	0.20	0.07	0.29	0.61
普 洱	Puer	1.66	0.38	0.10	0.52	0.14
临 沧	Lincang	0.83	0.28	0.08	0.46	0.07
楚 雄	Chuxiong	1.59	0.42	0.17	0.57	0.19
红 河	Honghe	1.53	0.57	0.19	0.60	0.31
文 山	Wenshan	0.72	0.41	0.11	0.47	0.14
西双版纳	Xishuangbanna	0.45	0.21	0.07	0.40	0.23
大 理	Dali	2.42	0.65	0.21	1.13	0.43
德 宏	Dehong	1.17	0.15	0.08	0.35	0.20
怒 江	Nujiang	0.22	0.11	0.03	0.08	0.03
迪 庆	Diqing	0.53	0.06	0.05	0.19	0.10

15-14 续表2 continued

单位：万人 (10 000 persons)

州 市	Region	金融业 Banking	房地产业 Real Estate	租赁和商务服务业 Leasing Treade and Business Service	科学研究、技术服务和地质勘查业 Scientific Research,Technology Service and Geological Prospecting	水利、环境和公共设施管理业 Water Conservancy, Admistration of Environment and Public Facilities
全 省	**Yunnan**	**8.27**	**5.01**	**5.99**	**5.99**	**4.73**
昆 明	Kunming	2.70	2.50	3.79	3.11	0.84
曲 靖	Qujing	0.68	0.11	0.13	0.29	0.48
玉 溪	Yuxi	0.70	0.07	0.19	0.17	0.19
保 山	Baoshan	0.33	0.32	0.15	0.13	0.35
昭 通	Zhaotong	0.41	0.18	0.02	0.23	0.31
丽 江	Lijiang	0.23	0.06	0.17	0.10	0.21
普 洱	Puer	0.32	0.08	0.10	0.32	0.32
临 沧	Lincang	0.23	0.12	0.02	0.07	0.11
楚 雄	Chuxiong	0.44	0.07	0.14	0.25	0.36
红 河	Honghe	0.61	0.16	0.06	0.33	0.58
文 山	Wenshan	0.36	0.27	0.13	0.22	0.28
西双版纳	Xishuangbanna	0.18	0.24	0.08	0.15	0.19
大 理	Dali	0.67	0.53	0.78	0.29	0.19
德 宏	Dehong	0.24	0.24	0.20	0.22	0.11
怒 江	Nujiang	0.08	0.02		0.03	0.04
迪 庆	Diqing	0.10	0.02	0.05	0.06	0.16

15-14 续表3 continued

单位：万人 (10 000 persons)

州 市	Region	居民服务和其他服务业 Services to Households and Other Services	教 育 Education	卫生、社会保障和社会福利业 Health Care, Social Security and Social Welfare	文化、体育和娱乐业 Culture, Sports and Entertainment	公共管理和社会组织 Common Administration and Social Organization
全 省	**Yunnan**	**0.70**	**51.20**	**15.74**	**3.21**	**44.41**
昆 明	Kunming	0.46	8.89	3.76	1.39	8.04
曲 靖	Qujing	0.05	6.78	1.17	0.16	3.61
玉 溪	Yuxi	0.01	2.69	1.02	0.13	2.49
保 山	Baoshan	0.01	2.66	0.83	0.07	2.00
昭 通	Zhaotong	0.05	5.50	1.10	0.10	4.26
丽 江	Lijiang	0.01	1.52	0.40	0.15	1.60
普 洱	Puer		2.51	0.91	0.13	2.61
临 沧	Lincang		2.41	0.56	0.08	2.24
楚 雄	Chuxiong	0.01	2.82	0.96	0.20	2.88
红 河	Honghe	0.02	4.24	1.41	0.21	3.98
文 山	Wenshan	0.01	4.16	0.96	0.18	2.50
西双版纳	Xishuangbanna	0.04	1.08	0.57	0.07	1.48
大 理	Dali	0.02	3.30	1.18	0.17	3.08
德 宏	Dehong	0.01	1.39	0.55	0.05	1.82
怒 江	Nujiang		0.69	0.21	0.05	1.04
迪 庆	Diqing		0.54	0.16	0.08	0.79

15-15 各州市城镇国有单位分行业年末职工人数(2011年)

Number of Staff and Workers in State-owned Entities at Year-end by Sector and Region(2011)

单位：万人 (10 000 persons)

州 市	Region	城镇国有单位职工 Number of Staff and Workers	农、林、牧、渔业 Farming,Forestry,Animal Husbandryand Fishery	采矿业 Mining	制造业 Manufacturing	电力、燃气及水的生产和供应业 Production and Supply of Electricity, Gas and Water
全 省	**Yunnan**	**175.83**	**8.74**	**3.42**	**11.53**	**4.55**
昆 明	Kunming	41.64	0.45	0.68	3.50	0.76
曲 靖	Qujing	18.69	0.47	1.07	2.27	0.77
玉 溪	Yuxi	9.41	0.26	0.43	0.50	0.35
保 山	Baoshan	7.20	0.53		0.02	0.05
昭 通	Zhaotong	14.02	0.35	0.06	0.65	0.41
丽 江	Lijiang	4.83	0.32		0.05	0.04
普 洱	Pu'er	9.59	1.14	0.05	0.28	0.26
临 沧	Lincang	7.17	0.90	0.01	0.01	0.08
楚 雄	Chuxiong	9.70	0.27	0.35	0.39	0.26
红 河	Honghe	17.72	1.16	0.57	3.37	0.84
文 山	Wenshan	9.97	0.60	0.09	0.09	0.11
西双版纳	Xishuangbanna	5.00	0.70	0.01	0.08	0.18
大 理	Dali	10.59	0.40	0.01	0.27	0.29
德 宏	Dehong	5.53	0.96		0.04	0.03
怒 江	Nujiang	2.46	0.15		0.01	0.02
迪 庆	Diqing	2.31	0.08	0.10	0.01	0.12

15－15　续表1　continued

单位：万人 (10 000 persons)

州　市	Region	建筑业 Construction	交通运输、仓储和邮政业 Transportation, Storage and Post	信息传输、计算机服务和软件业 Information Transmission, Computers Service and Software Service	批发和零售业 Wholesale and Retail Trade	住宿和餐饮业 Hotel and Catering Service
全　省	**Yunnan**	**5.17**	**8.01**	**1.20**	**3.74**	**1.32**
昆　明	Kunming	3.82	4.95	0.14	0.72	0.77
曲　靖	Qujing	0.13	0.44	0.12	0.54	0.06
玉　溪	Yuxi	0.12	0.24	0.04	0.30	0.07
保　山	Baoshan		0.11	0.06	0.27	0.04
昭　通	Zhaotong		0.28	0.15	0.36	0.04
丽　江	Lijiang	0.04	0.14	0.06	0.13	0.04
普　洱	Pu'er	0.47	0.23	0.04	0.07	0.02
临　沧	Lincang	0.02	0.14	0.07	0.30	0.01
楚　雄	Chuxiong	0.12	0.28	0.12	0.19	0.04
红　河	Honghe	0.11	0.25	0.11	0.22	0.04
文　山	Wenshan	0.01	0.26	0.10	0.16	0.02
西双版纳	Xishuangbanna	0.07	0.10	0.02	0.07	0.05
大　理	Dali	0.17	0.35	0.06	0.31	0.11
德　宏	Dehong	0.04	0.08	0.02	0.04	0.01
怒　江	Nujiang		0.10	0.03	0.02	
迪　庆	Lincang	0.04	0.06	0.05	0.04	0.01

15-15 续表2 continued

单位：万人 (10 000 persons)

州 市	Region	金融业 Banking	房地产业 Real Estate	租赁和商务服务业 Leasing Treade and Business Service	科学研究、技术服务和地质勘查业 Scientific Research, Technology Service and Geological Prospecting	水利、环境和公共设施管理业 Water Conservancy, Admistration of Environment and Public Facilities
全 省	**Yunnan**	**3.81**	**0.42**	**2.07**	**5.24**	**4.05**
昆 明	Kunming	0.87	0.17	1.15	2.47	0.68
曲 靖	Qujing	0.32	0.03	0.12	0.29	0.32
玉 溪	Yuxi	0.39	0.01	0.02	0.17	0.19
保 山	Baoshan	0.15	0.01	0.08	0.13	0.22
昭 通	Zhaotong	0.23	0.03	0.01	0.23	0.31
丽 江	Lijiang	0.14		0.01	0.09	0.17
普 洱	Pu'er	0.15	0.03	0.06	0.31	0.30
临 沧	Lincang	0.15	0.01	0.01	0.06	0.11
楚 雄	Chuxiong	0.20	0.01	0.13	0.24	0.31
红 河	Honghe	0.31	0.06	0.03	0.33	0.58
文 山	Wenshan	0.20	0.02	0.10	0.21	0.25
西双版纳	Xishuangbanna	0.11	0.02	0.06	0.14	0.17
大 理	Dali	0.36	0.02	0.16	0.26	0.18
德 宏	Dehong	0.10		0.11	0.22	0.09
怒 江	Nujiang	0.06			0.03	0.04
迪 庆	Diqing	0.06		0.03	0.06	0.13

15−15 续表3 continued

单位：万人 (10 000 persons)

州 市 Region	居民服务和其他服务业 Services to Households and Other Services	教 育 Education	卫生、社会保障和社会福利业 Health Care, Social Security and Social Welfare	文化、体育和娱乐业 Culture, Sports and Entertainment	公共管理和社会组织 Common Administration and Social Organization
全 省 Yunnan	**0.22**	**50.27**	**15.15**	**2.55**	**44.36**
昆 明 Kunming	0.05	8.14	3.39	0.94	7.99
曲 靖 Qujing	0.05	6.78	1.16	0.16	3.61
玉 溪 Yuxi	0.01	2.68	1.02	0.13	2.49
保 山 Baoshan	0.01	2.66	0.80	0.07	2.00
昭 通 Zhaotong		5.48	1.07	0.10	4.26
丽 江 Lijiang	0.01	1.50	0.38	0.09	1.60
普 洱 Pu'er		2.51	0.91	0.13	2.61
临 沧 Lincang		2.41	0.56	0.08	2.24
楚 雄 Chuxiong	0.01	2.82	0.95	0.15	2.88
红 河 Honghe	0.02	4.20	1.34	0.20	3.98
文 山 Wenshan	0.01	4.11	0.94	0.18	2.50
西双版纳 Xishuangbanna	0.04	1.08	0.56	0.06	1.48
大 理 Dali	0.01	3.27	1.16	0.12	3.08
德 宏 Dehong	0.01	1.39	0.53	0.05	1.82
怒 江 Nujiang		0.69	0.21	0.05	1.04
迪 庆 Diqing		0.54	0.16	0.04	0.79

15-16 各州市城镇集体单位分行业年末职工人数(2011年)
Number of Staff and Workers in Urban Collective-owned Entities at Year-end by Sector and Region(2011)

单位：万人 (10 000 persons)

州 市	Region	城镇集体职工人数 Number of Staff and Workers	农、林、牧、渔业 Farming,Forestry,Animal Husbandry and Fishery	采矿业 Mining	制造业 Manufa-cturing	电力、燃气及水的生产和供应业 Production and Supply of Electricity, Gas and Water
全 省	**Yunnan**	**9.65**	**0.08**	**0.32**	**1.34**	**0.06**
昆 明	Kunming	3.71	0.01	0.04	0.78	0.01
曲 靖	Qujing	1.26			0.13	0.01
玉 溪	Yuxi	0.54			0.04	
保 山	Baoshan	0.31			0.04	
昭 通	Zhaotong	0.48			0.03	0.01
丽 江	Lijiang	0.34			0.09	
普 洱	Pu'er	0.33		0.03	0.01	
临 沧	Lincang	0.14			0.02	
楚 雄	Chuxiong	0.34		0.01	0.01	
红 河	Honghe	0.83	0.01	0.12	0.12	
文 山	Wenshan	0.30		0.01	0.01	
西双版纳	Xishuangbanna	0.21	0.05	0.02		0.01
大 理	Dali	0.44	0.01		0.04	
德 宏	Dehong	0.25		0.07	0.01	
怒 江	Nujiang	0.09				
迪 庆	Diqing	0.09		0.01		

15-16 续表1 continued

单位：万人 (10 000 persons)

州 市 Region	建筑业 Construction	交通运输、仓储和邮政业 Transportation, Storage and Post	信息传输、计算机服务和软件业 Information Transmission, Computers Service and Software Service	批发和零售业 Wholesale and Retail Trade	住宿和餐饮业 Hotel and Catering Service
全 省 Yunnan	**3.59**	**0.11**		**0.96**	**0.19**
昆 明 Kunming	1.76	0.04		0.24	0.11
曲 靖 Qujing	0.45			0.21	0.02
玉 溪 Yuxi	0.06			0.09	0.02
保 山 Baoshan	0.05			0.06	
昭 通 Zhaotong	0.27	0.02		0.01	
丽 江 Lijiang	0.09	0.03		0.03	0.01
普 洱 Pu'er	0.07			0.05	0.01
临 沧 Lincang	0.02			0.02	
楚 雄 Chuxiong	0.09	0.01		0.02	
红 河 Honghe	0.27	0.01		0.07	0.01
文 山 Wenshan	0.08			0.07	
西双版纳 Xishuangbanna	0.05	0.01		0.03	
大 理 Dali	0.15			0.04	0.01
德 宏 Dehong	0.06			0.01	
怒 江 Nujiang	0.06			0.01	
迪 庆 Diqing	0.05			0.01	

15-16 续表2 continued

单位：万人 (10 000 persons)

州 市 Region	金融业 Banking	房地产业 Real Estate	租赁和商务服务业 Leasing Treade and Business Service	科学研究、技术服务和地质勘查业 Scientific Research, Technology Service and Geological Prospecting	水利、环境和公共设施管理业 Water Conservancy, Admistration of Environment and Public Facilities
全 省 Yunnan	**1.84**	**0.06**	**0.56**	**0.06**	**0.20**
昆 明 Kunming	0.24	0.02	0.25	0.04	
曲 靖 Qujing	0.26		0.01		0.15
玉 溪 Yuxi	0.14		0.17		
保 山 Baoshan	0.09		0.04		
昭 通 Zhaotong	0.15				
丽 江 Lijiang	0.06				
普 洱 Pu'er	0.12		0.02		0.01
临 沧 Lincang	0.08				
楚 雄 Chuxiong	0.15			0.01	0.03
红 河 Honghe	0.18		0.02		
文 山 Wenshan	0.11		0.01		
西双版纳 Xishuangbanna	0.03		0.01		
大 理 Dali	0.14	0.02	0.01		
德 宏 Dehong	0.04		0.04	0.01	
怒 江 Nujiang	0.01				
迪 庆 Diqing	0.02				

15−16　续表3　continued

单位：万人　(10 000 persons)

州　市	Region	居民服务和其他服务业 Services to Households and Other Services	教　育 Education	卫生、社会保障和社会福利业 Health Care, Social Security and Social Welfare	文化、体育和娱乐业 Culture, Sports and Entertainment	公共管理和社会组织 Common Administration and Social Organization
全　省	**Yunnan**	**0.03**	**0.09**	**0.10**	**0.01**	**0.05**
昆　明	Kunming	0.02	0.05	0.03		0.05
曲　靖	Qujing			0.01		
玉　溪	Yuxi		0.01			
保　山	Baoshan			0.01		
昭　通	Zhaotong					
丽　江	Lijiang		0.02	0.01		
普　洱	Pu'er					
临　沧	Lincang					
楚　雄	Chuxiong			0.01		
红　河	Honghe			0.01		
文　山	Wenshan					
西双版纳	Xishuangbanna					
大　理	Dali					
德　宏	Dehong			0.02		
怒　江	Nujiang					
迪　庆	Diqing					

15-17 各州市城镇其他单位分行业年末职工人数(2011年)

Number of Staff and Workers in Entities of Other Types of Ownership at Year-end by Sector and Region(2011)

单位：万人 (10 000 persons)

州 市	Region	城镇其他职工人数 Number of Staff and Workers	农、林、牧渔业 Farming,Forestry, Animal Husbandry and Fishery	采矿业 Mining	制造业 Manufacturing	电力、燃气及水的生产和供应业 Production and Supply of Electricity,Gas and Water
全 省	**Yunnan**	**131.70**	**1.06**	**13.32**	**45.13**	**3.77**
昆 明	Kunming	53.20	0.20	1.61	15.61	0.64
曲 靖	Qujing	12.23		4.25	4.70	0.31
玉 溪	Yuxi	8.30	0.03	0.71	4.82	0.11
保 山	Baoshan	7.72	0.02	0.41	1.94	0.30
昭 通	Zhaotong	6.08	0.01	3.04	0.98	0.19
丽 江	Lijiang	3.54	0.02	1.00	0.67	0.20
普 洱	Pu'er	5.45	0.56	0.20	2.56	0.17
临 沧	Lincang	3.02			1.42	0.23
楚 雄	Chuxiong	4.59		0.23	1.93	0.10
红 河	Honghe	6.98	0.06	0.62	3.53	0.30
文 山	Wenshan	3.82	0.01	0.48	1.33	0.44
西双版纳	Xishuangbanna	2.09	0.04	0.16	0.60	0.03
大 理	Dali	8.89	0.01	0.37	3.21	0.24
德 宏	Dehong	3.76	0.11	0.04	1.13	0.36
怒 江	Nujiang	0.89		0.03	0.51	0.09
迪 庆	Diqing	1.13		0.08	0.19	0.04

15-17 续表1 continued

单位：万人 (10 000 persons)

州 市	Region	建筑业 Construction	交通运输、仓储和邮政业 Transportation, Storage and Post	信息传输、计算机服务和软件业 Information Transmission, Computers Service and Software Service	批发和零售业 Wholesale and Retail Trade	住宿和餐饮业 Hotel and Catering Service
全 省	**Yunnan**	**30.80**	**4.09**	**1.41**	**12.67**	**5.33**
昆 明	Kunming	13.01	2.41	0.85	7.34	2.60
曲 靖	Qujing	2.26	0.03	0.03	0.31	0.14
玉 溪	Yuxi	0.82	0.05	0.01	1.31	0.19
保 山	Baoshan	3.87	0.16	0.01	0.30	0.14
昭 通	Zhaotong	1.10	0.04	0.01	0.24	0.20
丽 江	Lijiang	0.55	0.03	0.01	0.13	0.57
普 洱	Pu'er	1.12	0.15	0.06	0.40	0.11
临 沧	Lincang	0.79	0.14	0.01	0.15	0.06
楚 雄	Chuxiong	1.38	0.14	0.05	0.37	0.15
红 河	Honghe	1.16	0.31	0.08	0.31	0.25
文 山	Wenshan	0.63	0.15	0.01	0.24	0.13
西双版纳	Xishuangbanna	0.33	0.10	0.05	0.30	0.18
大 理	Dali	2.10	0.30	0.15	0.78	0.31
德 宏	Dehong	1.07	0.08	0.06	0.30	0.19
怒 江	Nujiang	0.15	0.01		0.04	0.03
迪 庆	Diqing	0.45			0.14	0.09

15-17 续表2 continued

单位：万人 (10 000 persons)

州 市	Region	金 融 业 Banking	房地产业 Real Estate	租赁和商务服 务 业 Leasing Treade and Business Service	科学研究、技术服务和地质勘查业 Scientific Research, Technology Service and Geological Prospecting	水利、环境和公共设施管理业 Water Conservancy, Admistration of Environment and Public Facilities
全 省	**Yunnan**	**2.62**	**4.53**	**3.36**	**0.69**	**0.48**
昆 明	Kunming	1.60	2.31	2.38	0.61	0.15
曲 靖	Qujing	0.09	0.08	0.01	0.01	0.02
玉 溪	Yuxi	0.17	0.05			
保 山	Baoshan	0.08	0.31	0.03		0.13
昭 通	Zhaotong	0.03	0.15	0.01		
丽 江	Lijiang	0.02	0.06	0.16	0.01	0.05
普 洱	Pu'er	0.05	0.05	0.03	0.01	
临 沧	Lincang		0.12			
楚 雄	Chuxiong	0.09	0.07	0.02	0.01	0.02
红 河	Honghe	0.12	0.10			
文 山	Wenshan	0.05	0.25	0.02		0.03
西双版纳	Xishuangbanna	0.04	0.21	0.01	0.01	0.02
大 理	Dali	0.17	0.49	0.61	0.03	0.02
德 宏	Dehong	0.09	0.24	0.05		0.02
怒 江	Nujiang	0.01	0.02			
迪 庆	Diqing	0.01	0.02	0.02		0.04

15-17 续表3 continued

单位：万人 (10 000 persons)

州 市	Region	居民服务和其他服务业 Services to Households and Other Services	教 育 Education	卫生、社会保障和社会福利业 Health Care, Social and Security Social Welfare	文化、体育和娱乐业 Culture, Sports and Entertainment	公共管理和社会组织 Common Administration and Social Organization
全 省	**Yunnan**	**0.46**	**0.83**	**0.50**	**0.65**	**0.01**
昆 明	Kunming	0.39	0.69	0.35	0.44	0.01
曲 靖	Qujing					
玉 溪	Yuxi		0.01			
保 山	Baoshan			0.01		
昭 通	Zhaotong	0.04	0.01	0.02		
丽 江	Lijiang				0.05	
普 洱	Pu'er					
临 沧	Lincang					
楚 雄	Chuxiong				0.04	
红 河	Honghe		0.04	0.06	0.01	
文 山	Wenshan		0.05	0.02		
西双版纳	Xishuangbanna				0.01	
大 理	Dali	0.01	0.03	0.01	0.05	
德 宏	Dehong	0.01		0.01		
怒 江	Nujiang					
迪 庆	Diqing			0.01	0.04	

15-18 城镇单位全部就业人员人数(2011年)

Number of Employed Persons in Urban Entities (2011)

单位：万人 (10 000 persons)

国民经济行业	National Economic Sector	城镇单位就业人员 Number of Employed Persons	国有单位 State-owned Economy	城镇集体单位 Urban Collective-owned Entities	其他单位 Entities of Other Types of Ownership
全　省	**Yunnan**	**350.07**	**192.02**	**10.86**	**147.18**
按企业、事业、机关分组	**Grouped by Enterprises Institutions and Agencies and Organization**				
企业	Enterprises	213.34	56.26	10.44	146.64
事业	Institutions	92.14	91.30	0.37	0.47
机关	Agencies & Organizations	44.50	44.46	0.03	0.01
按国民经济行业分组	**Grouped by Industry Sector**				
农、林、牧、渔业	**Farming,Forestry,Animal Husbandry and Fishery**	**11.01**	**9.82**	**0.09**	**1.10**
农业	Farming	3.17	2.76	0.06	0.35
林业	Forestry	3.78	3.07	0.01	0.70
畜牧业	Animal Husbandry	0.06	0.03	0.01	0.02
渔业	Fishery	0.01			
农、林、牧、渔服务业	Farming,Forestry,Animal Husbandry and Fishery Services	4.00	3.96	0.01	0.03
采矿业	**Mining**	**18.41**	**3.96**	**0.36**	**14.08**
煤炭开采和洗选业	Coal Mining and Dressing	11.19	1.98	0.04	9.17
石油和天然气开采业	Petroleum and Natural Gas Extraction	0.02			0.02
黑色金属矿采选业	Ferrous Metals Mining and Dressing	2.07	0.32		1.75
有色金属矿采选业	Nonferrous Metals Mining and Dressing	3.97	1.05	0.28	2.64
非金属矿采选业	Nonmetal Minerals Mining and Dressing	1.13	0.60	0.04	0.49
其他采矿业	Other Minerals Mining	0.03	0.02		0.01
制造业	**Manufacturing**	**63.24**	**12.82**	**1.41**	**49.02**
农副食品加工业	Agricultural Non-staple Food Processing	5.00	0.15	0.04	4.81
食品制造业	Food Manufacturing	1.42	0.06	0.04	1.32
饮料制造业	Beverage Manufacturing	3.71	0.09	0.03	3.59
烟草制品业	Tobacco Production	3.70	2.76		0.93
纺织业	Textile Industry	0.76		0.04	0.72
纺织服装、鞋、帽制造业	Textile,Clothing, Footwear Production	0.24	0.07	0.08	0.09
皮革、毛皮、羽毛(绒)及其制品业	Leather, Furs, Down and Related Products	0.06		0.02	0.04
木材加工及木、竹、藤、棕、草制品业	Timber Processing, Bamboo, Cane, Palm Fiber and Straw Products	1.31	0.25	0.01	1.05

注：不含城镇规模以下私营及个体就业人员。

Note: Employed persons in urban private enterprises under designated size are excluded.

15-18 续表1 continued

单位：万人 (10 000 persons)

国民经济行业	National Economic Sector	就业人员 Number of Employed Persons	国有单位 State-owned Economy	城镇集体单位 Urban Collective-owned Entities	其他单位 Entities of Other Types of Ownership
家具制造业	Furniture Manufacturing	0.18	0.07	0.01	0.11
造纸及纸制品业	Papermaking and Paper Products	1.36	0.07	0.12	1.17
印刷业和记录媒介的复制	Printing and Record Medium Reproduction	1.35	0.19	0.11	1.05
文教体育用品制造业	Cultural, Educational and Sports Goods	0.01			0.01
石油加工、炼焦及核燃料加工业	Petroleum Processing,Coking and Nuclear Fuel Processing	1.38	0.23		1.15
化学原料及化学制品制造业	Raw Chemical Materials and Chemical Products	8.08	2.10	0.07	5.91
医药制造业	Medical and Pharmaceutical Products	1.62	0.11	0.03	1.47
化学纤维制造业	Chemical Fiber Manufacturing	0.03	-		0.03
橡胶制品业	Rubber Products	0.21	0.07	0.01	0.13
塑料制品业	Plastic Products	0.87	0.01	0.08	0.77
非金属矿物制品业	Nonmetal Mineral Products	5.50	0.54	0.22	4.75
黑色金属冶炼及压延加工业	Smelting and Pressing of Ferrous Metals	5.99	0.52	0.14	5.33
有色金属冶炼及压延加工业	Smelting and Pressing of Nonferrous Metals	11.33	3.21	0.01	8.10
金属制品业	Metal Products	1.22	0.56	0.09	0.58
通用设备制造业	General-purpose Machinery Manufacturing	1.97	0.45	0.10	1.43
专用设备制造业	Special Purposes Equipment	1.76	0.49	0.01	1.26
交通运输设备制造业	Transport Equipment	2.00	0.64	0.04	1.31
电气机械及器材制造业	Electric Equipment and Machinery	1.20	0.08	0.06	1.06
通信设备、计算机及其他电子设备制造业	Communication Equipment, Computers and Other Electronic Equipment Production	0.18	0.05		0.14
仪器仪表及文化、办公用机械制造业	Instruments, Meters, Cultural and Clerical Machinery	0.50	0.04		0.46
工艺品及其他制造业	Handicraft Articles and Other Goods Production	0.18		0.02	0.16
废弃资源和废旧材料回收加工业	Discarded Resources and Waste Materials Recovery and Processing	0.10		0.01	0.10
电力、燃气及水的生产和供应业	**Production and Supply of Electric Power,Gas and Water**	**9.49**	**5.18**	**0.07**	**4.24**
电力、热力的生产和供应业	Production and Supply of Electric Power and Heat	8.17	4.35	0.05	3.77
燃气生产和供应业	Gas Production and Supply	0.41	0.30		0.10
水的生产和供应业	Water Production and Supply	0.91	0.52	0.02	0.37
建筑业	**Construction**	**48.12**	**7.13**	**4.26**	**36.72**
房屋和土木工程建筑业	House Building and civil Engineering	43.45	6.06	4.03	33.37
建筑安装业	Construction Installation	2.92	0.78	0.20	1.95
建筑装饰业	Building Fiting up and Decoration	1.04	0.01	0.03	1.00
其他建筑业	Other Construction	0.69	0.28		0.41
交通运输、仓储和邮政业	**Transport, Storage and Post**	**13.59**	**9.06**	**0.19**	**4.33**
铁路运输业	Railway transport	3.96	3.93	0.01	0.02
道路运输业	Highway Transport	4.43	2.40	0.05	1.99
城市公共交通业	Urban Public Transit	1.49	0.20	0.04	1.25

15-18 续表2 continued

单位：万人 (10 000 persons)

国民经济行业	National Economic Sector	就业人员 Number of Employed Persons	国有单位 State-owned Economy	城镇集体单位 Urban Collective-owned Entities	其他单位 Entities of Other Types of Ownership
水上运输业	Water Way Transport	0.03	0.01		0.02
航空运输业	Air Transport	1.33	1.09		0.24
管道运输业	Pipeline Transport	0.03			0.03
装卸搬运和其他运输服务业	Lording, Unlording, Carrying and Other Transport Services	0.79	0.09	0.09	0.60
仓储业	Storage	0.25	0.11	0.01	0.14
邮政业	Postal	1.28	1.23		0.05
信息传输、计算机服务和软件业	**Information Transmission Computer Service and Software Service**	**4.07**	**1.92**		**2.15**
电信和其他信息传输服务业	Telecommunication and Other Information Transmission Service	3.69	1.90		1.78
计算机服务业	Computer Service	0.16			0.16
软件业	Software Service	0.23	0.02		0.21
批发和零售业	**Wholesale and Retail Trade**	**19.36**	**4.84**	**1.01**	**13.51**
批发业	Wholesale	9.49	4.05	0.41	5.04
零售业	Retail Trade	9.88	0.80	0.60	8.48
住宿和餐饮业	**Hotel and Food Service**	**7.38**	**1.47**	**0.21**	**5.70**
住宿业	Hotel	5.56	1.32	0.19	4.06
餐饮业	Food Service	1.82	0.15	0.02	1.64
金融业	**Finance and Insurance**	**9.73**	**4.40**	**1.92**	**3.41**
银行业	Banking	7.11	3.59	1.89	1.62
证券业	Securities Industry	0.18	0.02		0.15
保险业	Insurance	2.22	0.74		1.48
其他金融活动	Other Financial Trade	0.23	0.04	0.03	0.16
房地产业	**Real Estate Trade**	**5.37**	**0.47**	**0.06**	**4.84**
房地产开发经营	Development and Operation of Real Estate Trade	3.73	0.17	0.01	3.55
物业管理	Substance Management	1.17	0.11	0.02	1.04
房地产中介服务	Real Estate Agency Service	0.14	0.03		0.10
租赁和商务服务业	**Leasing Treade and Business Service**	**6.74**	**2.23**	**0.63**	**3.89**
租赁业	Leasing Treade	0.06			0.06
商务服务业	Commercial Serive	6.68	2.23	0.63	3.83
科学研究、技术服务和地质勘查业	**Scientific Research,Technology Service and Geological Prospecting**	**6.43**	**5.55**	**0.09**	**0.79**
研究与试验发展	R & D	1.45	1.38		0.07
自然科学研究与试验发展	R & D of Science Technology	0.33	0.30		0.04
工程和技术研究与试验发展	R & D of Engineering Technology	0.53	0.51		0.01
农业科学研究与试验发展	R & D of Agriculture Science	0.45	0.44		0.01
医学研究与试验发展	R & D of Medicine	0.05	0.05		
社会人文科学研究与试验发展	R & D of Social Literate Humaniores	0.08	0.08		
专业技术服务业	Professional Technology Service	2.94	2.20	0.07	0.66

15－18　续表3　continued

单位：万人　　(10 000 persons)

国民经济行业	National Economic Sector	就业人员 Number of Employed Persons	国有单位 State-owned Economy	城镇集体单位 Urban Collective-owned Entities	其他单位 Entities of Other Types of Ownership
#气象服务	Werther Service	0.24	0.24		
地震服务	Earthquake Service	0.13	0.13		
海洋服务	Ocean Service				
测绘服务	Mapping Service	0.12	0.09		0.03
技术检测	Technology Service	0.38	0.33	0.01	0.04
环境监测	Environment	0.12	0.12		
工程技术与规划管理	Engineering Technology and Programming Administration	1.76	1.17	0.02	0.56
科技交流和推广服务业	Communion and Popularizing of Science Technology	1.28	1.23	0.01	0.04
地质勘查业	Geological Prospecting	0.76	0.74		0.01
水利、环境和公共设施管理业	**Water Conservancy, Admistration of Environment and Public facilities**	**5.45**	**4.66**	**0.20**	**0.59**
水利管理业	Water Conservancy Admistrition	1.25	1.23		0.01
环境管理业	Admistration of Environment	2.52	2.14	0.18	0.19
公共设施管理业	Admistration of Public facilities	1.69	1.28	0.02	0.39
居民服务和其他服务业	**Services to Households and Other Services**	**0.74**	**0.24**	**0.03**	**0.47**
居民服务业	Services to Households	0.37	0.10	0.01	0.25
其他服务业	Other Services	0.37	0.13	0.02	0.22
教育	**Education**	**52.89**	**51.75**	**0.13**	**1.01**
#初等教育	Primary Education	25.65	25.48		0.17
中等教育	Secondary Education	19.48	19.20		0.27
高等教育	Higher Education	3.99	3.71		0.28
卫生、社会保障和社会福利业	**Health Care, Social Security and Social Welfare**	**17.57**	**16.91**	**0.11**	**0.55**
卫生	Health Care	16.89	16.24	0.11	0.54
社会保障业	Social Security	0.41	0.40		
社会福利业	Social Welfare	0.27	0.26		0.01
文化、体育和娱乐业	**Culture, Sports and Entertainment**	**3.44**	**2.67**	**0.01**	**0.76**
新闻出版社	News and Publishing	0.38	0.31		0.06
广播、电视、电影和音像业	Broadcast, Television,Filmdom and Audio & Video Production	0.83	0.70		0.12
文化艺术业	Culture and Arts	1.32	1.22		0.09
体育	Sports	0.25	0.14		0.11
娱乐业	Entertainment	0.67	0.30		0.37
公共管理和社会组织	**Common Administration and Social Organization**	**47.02**	**46.94**	**0.07**	**0.01**
#中国共产党机关	Organs of Communist Party of China	2.37	2.37		
国家机构	Government Agencies of Country	43.13	43.09	0.04	
人民政协和民主党派	Chinese People's Political Consultative Conferences and Democracy Parties	0.56	0.56		
群众社团、社会团体和宗教组织	Mass Groups, Social Groups and Religion Organization	0.76	0.73	0.02	0.01

15－19　城镇单位女性就业人员人数(2011年)

Number of Female Employed in Urban Entities (2011)

单位：万人　　　　(10 000 persons)

国民经济行业	National Economic Sector	女性就业人员 Number of Female Employed Persons	国有单位 State-owned Economy	城镇集体单位 Urban Collective-owned Entities	其他单位 Entities of Other Types of Ownership
全　省	**Yunnan**	**120.43**	**73.98**	**3.05**	**43.40**
按企业、事业、机关分组	**Grouped by Enterprises Institutions and Agencies**				
企　业	Enterprises	63.71	17.80	2.80	43.12
事　业	Institutions	43.95	43.44	0.24	0.27
机　关	Agencies & Organizations	12.76	12.74	0.01	
按国民经济行业分组	**Grouped by Sector**				
农、林、牧、渔业	**Farming,Forestry,Animal Husbandry and Fishery**	**3.75**	**3.33**	**0.02**	**0.40**
农　业	Farming	1.21	1.09	0.01	0.12
林　业	Forestry	1.31	1.04	0.01	0.26
畜牧业	Animal Husbandry	0.02	0.01	0.01	0.01
渔业	Fishery				
农、林、牧、渔服务业	Farming,Forestry,Animal Husbandry and Fishery Services	1.20	1.19		0.01
采矿业	**Mining**	**2.55**	**0.95**	**0.10**	**1.50**
煤炭开采和洗选业	Coal Mining and Dressing	1.18	0.55	0.01	0.62
石油和天然气开采业	Petroleum and Natural Gas Extraction	0.01			0.01
黑色金属矿采选业	Ferrous Metals Mining and Dressing	0.45	0.09		0.36
有色金属矿采选业	Nonferrous Metals Mining and Dressing	0.63	0.13	0.08	0.42
非金属矿采选业	Nonmetal Minerals Mining and Dressing	0.28	0.18	0.01	0.10
其他采矿业	Other Minerals Mining	0.01	0.01		
制造业	**Manufacturing**	**20.23**	**4.09**	**0.54**	**15.60**
农副食品加工业	Agricultural Non-staple Food Processing	2.11	0.06	0.02	2.03
食品制造业	Food Manufacturing	0.58	0.03	0.03	0.52
饮料制造业	Beverage Manufacturing	1.71	0.04	0.01	1.66
烟草制品业	Tobacco Production	1.51	0.98		0.52
纺织业	Textile Industry	0.50		0.01	0.48
纺织服装、鞋、帽制造业	Textile,Clothing, Footwear Production	0.17	0.05	0.06	0.06
皮革、毛皮、羽毛(绒)及其制品业	Leather, Furs, Down and Related Products	0.04		0.01	0.03
木材加工及木、竹、藤、棕、草制品业	Timber Processing, Bamboo, Cane, Palm Fiber and Straw Products	0.43	0.09	0.01	0.33
家具制造业	Furniture Manufacturing	0.05	0.02		0.02
造纸及纸制品业	Papermaking and Paper Products	0.50	0.01	0.05	0.44
印刷业和记录媒介的复制	Printing and Record Medium Reproduction	0.63	0.08	0.05	0.49
文教体育用品制造业	Cultural, Educational and Sports Goods				
石油加工、炼焦及核燃料加工业	Petroleum Processing,Coking and Nuclear Fuel Processing	0.37	0.07		0.30

15−19 续表1 continued

单位：万人 (10 000 persons)

国民经济行业	National Economic Sector	女性就业人员 Number of Female Employed Persons	国有单位 State-owned Economy	城镇集体单位 Urban Collective-owned Entities	其他单位 Entities of Other Types of Ownership
化学原料及化学制品制造业	Raw Chemical Materials and Chemical Products	2.31	0.71	0.02	1.58
医药制造业	Medical and Pharmaceutical Products	0.75	0.05	0.02	0.69
化学纤维制造业	Chemical Fiber Manufacturing	0.01			0.01
橡胶制品业	Rubber Products	0.07	0.03		0.04
塑料制品业	Plastic Products	0.39	0.01	0.04	0.35
非金属矿物制品业	Nonmetal Mineral Products	1.49	0.13	0.06	1.30
黑色金属冶炼及压延加工业	Smelting and Pressing of Ferrous Metals	1.46	0.13	0.03	1.31
有色金属冶炼及压延加工业	Smelting and Pressing of Nonferrous Metals	2.74	0.95		1.78
金属制品业	Metal Products	0.29	0.11	0.03	0.15
通用设备制造业	General-purpose Machinery Manufacturing	0.46	0.13	0.02	0.31
专用设备制造业	Special Purposes Equipment	0.48	0.16	0.01	0.31
交通运输设备制造业	Transport Equipment	0.52	0.20	0.01	0.31
电气机械及器材制造业	Electric Equipment and Machinery	0.31	0.02	0.02	0.27
通信设备、计算机及其他电子设备制造业	Communication Equipment, Computers and Other Electronic Equipment Production	0.05	0.01		0.04
仪器仪表及文化、办公用机械制造业	Instruments, Meters, Cultural and Clerical Machinery	0.21	0.01		0.20
工艺品及其他制造业	Handicraft Articles and Other Goods Production	0.06		0.01	0.05
废弃资源和废旧材料回收加工业	Discarded Resources and Waste Materials Recovery and Processing	0.01			0.01
电力、燃气及水的生产和供应业	**Production and Supply of Electric Power,Gas and Water**	**2.97**	**1.59**	**0.02**	**1.36**
电力、热力的生产和供应业	Production and Supply of Electric Power and Heat	2.46	1.27	0.02	1.17
燃气生产和供应业	Gas Production and Supply	0.14	0.10		0.03
水的生产和供应业	Water Production and Supply	0.37	0.21	0.01	0.15
建筑业	**Construction**	**7.18**	**1.28**	**0.58**	**5.31**
房屋和土木工程建筑业	House Building and Civil Engineering	6.33	1.11	0.50	4.73
建筑安装业	Construction Installation	0.53	0.14	0.08	0.32
建筑装饰业	Building Fiting up and Decoration	0.20		0.01	0.19
其他建筑业	Other Construction	0.12	0.04		0.08
交通运输、仓储和邮政业	**Transport, Storage and Post**	**3.93**	**2.64**	**0.03**	**1.26**
铁路运输业	Railway Transport	0.88	0.87		0.01
道路运输业	Highway Transport	1.50	0.82	0.01	0.67
城市公共交通业	Urban Public Transit	0.39	0.06	0.01	0.32
水上运输业	Water Way Transport	0.01			0.01
航空运输业	Air Transport	0.42	0.32		0.09
管道运输业	Pipeline Transport	0.01			0.01
装卸搬运和其他运输服务业	Lording, Unlording, Carrying and Other Transport Services	0.13	0.04	0.02	0.08

15-19 续表2 continued

单位：万人 (10 000 persons)

国民经济行业	National Economic Sector	女性就业人员 Number of Female Employed Persons	国有单位 State-owned Economy	城镇集体单位 Urban Collective-owned Entities	其他单位 Entities of Other Types of Ownership
仓储业	Storage	0.09	0.04		0.05
邮政业	Postal	0.50	0.48		0.02
信息传输、计算机服务和软件业	**Information Transmission Computer Service and Software Service**	**1.74**	**0.86**		**0.88**
电信和其他信息传输服务业	Telecommunication And Other Information Transmission Service	1.62	0.86		0.76
计算机服务业	Computer Service	0.05			0.05
软件业	Software Service	0.07			0.06
批发和零售业	**Wholesale and Retail Trade**	**9.08**	**1.55**	**0.44**	**7.09**
批发业	Wholesale	3.37	1.20	0.17	2.01
零售业	Retail Trade	5.71	0.35	0.27	5.08
住宿和餐饮业	**Hotel and Food Service**	**4.00**	**0.81**	**0.13**	**3.06**
住宿业	Hotel and Food Service	3.22	0.74	0.11	2.37
餐饮业	Food Service	0.78	0.08	0.01	0.69
金融业	**Finance and Insurance**	**4.58**	**2.04**	**0.71**	**1.83**
银行业	Banking	3.21	1.61	0.70	0.91
证券业	Securities Industry	0.08	0.01		0.07
保险业	Insurance	1.18	0.40		0.78
其他金融活动	Other Financial Trade	0.11	0.02	0.01	0.08
房地产业	**Real Estate Trade**	**1.90**	**0.20**	**0.03**	**1.67**
房地产开发经营	Development and Operation of Real Estate Trade	1.25	0.06		1.19
物业管理	Substance Management	0.43	0.05	0.01	0.37
房地产中介服务	Real Estate Agency Service	0.07	0.01		0.05
租赁和商务服务业	**Leasing Treade and Business Service**	**2.15**	**0.67**	**0.11**	**1.38**
租赁业	Leasing Treade	0.02			0.02
商务服务业	Commercial Serive	2.14	0.67	0.11	1.36
科学研究、技术服务和地质勘查业	**Scientific Research, Technology Service and Geological Prospecting**	**2.04**	**1.78**	**0.04**	**0.23**
研究与试验发展	R & D	0.51	0.49		0.03
自然科学研究与试验发展	R & D of Science Technology	0.13	0.11		0.02
工程和技术研究与试验发展	R & D of Engineering Technology	0.17	0.17		
农业科学研究与试验发展	R & D of Agriculture Science	0.16	0.15		0.01
医学研究与试验发展	R & D of Medicine	0.02	0.02		
社会人文科学研究与试验发展	R & D of Social Literate Humaniores	0.03	0.03		
专业技术服务业	**Professional Technology Service**	**0.94**	**0.73**	**0.03**	**0.19**
#气象服务	Werther Service	0.09	0.09		
地震服务	Earthquake Service	0.04	0.04		
海洋服务	Ocean Service				
测绘服务	Mapping Service	0.04	0.03		0.01

15-19 续表3 continued

单位：万人 (10 000 persons)

国民经济行业	National Economic Sector	女性就业人员 Number of Employed Persons in	国有单位 State-owned Economy	城镇集体单位 Urban Collective-owned Entities	其他单位 Entities of Other Types of Ownership
技术检测	Technology Service	0.15	0.13		0.01
环境监测	Environment	0.05	0.05		
工程技术与规划管理	Engineering Technology and Programming Administration	0.51	0.35	0.01	0.15
科技交流和推广服务业	Communion and Popularizing of Science Technology	0.40	0.38	0.01	0.01
地质勘查业	Geological Prospecting	0.19	0.18		
水利、环境和公共设施管理业	**Water Conservancy, Admistration of Environment and Public facilities**	**2.55**	**2.13**	**0.15**	**0.28**
水利管理业	Water Conservancy Admistrition	0.31	0.31		
环境管理业	Admistration of Environment	1.51	1.25	0.14	0.12
公共设施管理业	Admistration of Public facilities	0.73	0.57	0.01	0.15
居民服务和其他服务业	**Services to Households and Other Services**	**0.37**	**0.07**	**0.01**	**0.28**
居民服务业	Services to Households	0.19	0.03	0.01	0.15
其他服务业	Other Services	0.18	0.04	0.01	0.13
教育	**Education**	**25.00**	**24.34**	**0.05**	**0.61**
#初等教育	Primary Education	12.03	11.93		0.09
中等教育	Secondary Education	8.86	8.72		0.14
高等教育	Higher Education	1.89	1.73		0.16
卫生、社会保障和社会福利业	**Health Care, Social Security and Social Welfare**	**11.23**	**10.80**	**0.07**	**0.35**
卫生	Health Care	10.90	10.48	0.07	0.35
社会保障业	Social Security	0.19	0.19		
社会福利业	Social Welfare	0.14	0.13		0.01
文化、体育和娱乐业	**Culture, Sports and Entertainment**	**1.52**	**1.21**		**0.31**
新闻出版社	News and Publishing	0.17	0.13		0.03
广播、电视、电影和音像业	Broadcast, Television,Filmdom and Audio & Video Production	0.33	0.27		0.05
文化艺术业	Culture and Arts	0.66	0.62		0.04
体育	Sports	0.07	0.04		0.03
娱乐业	Entertainment	0.30	0.14		0.16
公共管理和社会组织	**Common Administration and Social Organization**	**13.67**	**13.64**	**0.03**	**0.01**
#中国共产党机关	Organs of Communist Party of China	0.65	0.65		
国家机构	Government Agencies of Country	12.47	12.45	0.01	
人民政协和民主党派	Chinese People's Political Consultative Conferences and Democracy Parties	0.14	0.14		
群众社团、社会团体和宗教组织	Mass Groups, Social Groups and Religion Organization	0.33	0.31	0.01	0.01

15-20 各州市城镇单位分登记注册类型年末就业人员数(2011年)

Number of Employed Persons in Urban Entities at Year-end by Status of Registration and Region(2011)

单位：万人 (10 000 persons)

州 市	Region	城镇单位就业人员 Number of Employed Persons	国有单位 State-owned Entities	城镇集体单位 Urban Collective-owned Entities	其他单位 Others
全 省	**Yunnan**	**350.07**	**192.02**	**10.86**	**147.18**
昆 明	Kunming	110.83	46.54	4.28	60.01
曲 靖	Qujing	33.62	19.49	1.31	12.82
玉 溪	Yuxi	19.40	10.22	0.55	8.63
保 山	Baoshan	15.94	7.35	0.31	8.28
昭 通	Zhaotong	21.60	14.70	0.49	6.41
丽 江	Lijiang	9.48	5.36	0.40	3.72
普 洱	Pu'er	15.83	9.90	0.34	5.59
临 沧	Lincang	11.88	7.91	0.28	3.69
楚 雄	Chuxiong	16.66	10.93	0.38	5.36
红 河	Honghe	28.31	19.58	0.95	7.78
文 山	Wenshan	15.32	10.66	0.31	4.35
西双版纳	Xishuangbanna	7.78	5.17	0.22	2.39
大 理	Dali	24.09	12.31	0.50	11.28
德 宏	Dehong	11.07	6.46	0.25	4.35
怒 江	Nujiang	4.17	2.86	0.12	1.19
迪 庆	Diqing	4.09	2.59	0.18	1.33

15-21 各州市城镇单位分企事业机关年末就业人员数(2011年)

Number of Employed Persons in Urban Entities at Year-end by Enterprise, Public Institution and Government Agency and by Region(2011)

单位：万人 (10 000 persons)

州 市	Region	城镇单位就业人员 Number of Employed Persons	企业 Enterprises	事业 Public Institutions	机关 Government Agencies and Organizations
全 省	**Yunnan**	**350.07**	**213.34**	**92.14**	**44.50**
昆 明	Kunming	110.83	84.79	17.86	8.18
曲 靖	Qujing	33.62	20.08	9.80	3.73
玉 溪	Yuxi	19.40	11.93	5.11	2.36
保 山	Baoshan	15.94	9.48	4.57	1.88
昭 通	Zhaotong	21.60	9.21	8.15	4.23
丽 江	Lijiang	9.48	5.02	2.88	1.58
普 洱	Pu'er	15.83	8.37	5.03	2.43
临 沧	Lincang	11.88	5.60	3.96	2.32
楚 雄	Chuxiong	16.66	8.23	5.27	3.13
红 河	Honghe	28.31	15.69	8.70	3.91
文 山	Wenshan	15.32	6.34	6.44	2.54
西双版纳	Xishuangbanna	7.78	4.03	2.36	1.39
大 理	Dali	24.09	14.35	6.74	3.00
德 宏	Dehong	11.07	6.36	2.82	1.89
怒 江	Nujiang	4.17	1.78	1.32	1.08
迪 庆	Diqing	4.09	2.10	1.14	0.85

注：不含城镇规模以下私营及个体就业人员。
Note:Employed persons in urban private enterprises under designated size are excluded.

15-22 各州市私营企业年末就业人员人数(2011年)

Number of Employed Persons in Private Enterprises at Year-end by Region(2011)

单位：万户、万人 (10 000 enterprises, 10 000 persons)

州 市	Region	私营企业 Private Enterprises		城镇 Urban Areas		乡村 Rural Areas	
		户数 Number of Enterprises	就业人数 Number of Employed Persons	户数 Number of Enterprises	就业人数 Number of Employed Persons	户数 Number of Enterprises	就业人数 Number of Employed Persons
全 省	**Yunnan**	**17.89**	**270.05**	**15.75**	**220.81**	**2.14**	**49.24**
昆 明	Kunming	10.16	115.38	9.87	111.22	0.29	4.15
曲 靖	Qujing	1.23	25.76	0.90	15.60	0.33	10.16
玉 溪	Yuxi	0.82	20.93	0.63	14.98	0.19	5.96
保 山	Baoshan	0.40	9.35	0.30	6.71	0.10	2.65
昭 通	Zhaotong	0.55	10.29	0.39	6.52	0.16	3.77
丽 江	Lijiang	0.38	6.68	0.28	4.23	0.11	2.45
普 洱	Pu'er	0.41	8.48	0.34	6.19	0.07	2.30
临 沧	Lincang	0.27	5.55	0.20	3.74	0.07	1.81
楚 雄	Chuxiong	0.66	13.68	0.43	9.17	0.23	4.51
红 河	Honghe	0.86	18.39	0.76	16.12	0.10	2.28
文 山	Wenshan	0.44	7.34	0.38	6.57	0.06	0.77
西双版纳	Xishuangbanna	0.43	4.86	0.35	4.06	0.08	0.79
大 理	Dali	0.63	13.50	0.48	10.06	0.16	3.44
德 宏	Dehong	0.41	5.79	0.28	3.48	0.13	2.31
怒 江	Nujiang	0.11	1.59	0.06	0.81	0.05	0.77
迪 庆	Diqing	0.11	2.48	0.10	1.35	0.01	1.13

15-23 各州市年末个体就业人员人数(2011年)

Number of Self-employed Individuals at Year-end by Region(2011)

单位：万户、万人 (10 000 enterprises,10 000 persons)

州 市	Region	个体户 Self-employed Individuals		城 镇 Urban Areas		乡 村 Rural Areas	
		户 数 Number of Enterprises	就业人数 Number of Employed Persons	户 数 Number of Enterprises	就业人数 Number of Employed Persons	户 数 Number of Enterprises	就业人数 Number of Employed Persons
全 省	**Yunnan**	**124.26**	**244.07**	**75.82**	**154.44**	**48.44**	**89.63**
昆 明	Kunming	30.97	76.62	21.86	56.43	9.11	20.19
曲 靖	Qujing	12.57	22.08	8.03	13.95	4.54	8.14
玉 溪	Yuxi	8.68	20.68	5.66	12.78	3.02	7.90
保 山	Baoshan	5.79	8.47	2.53	3.91	3.26	4.56
昭 通	Zhaotong	8.08	14.53	4.39	7.77	3.70	6.75
丽 江	Lijiang	3.15	5.60	2.19	4.27	0.96	1.34
普 洱	Pu'er	6.92	15.26	4.22	10.45	2.70	4.80
临 沧	Lincang	4.79	8.12	2.82	4.78	1.97	3.34
楚 雄	Chuxiong	6.81	12.22	3.81	6.75	3.01	5.47
红 河	Honghe	10.58	20.77	5.98	10.66	4.60	10.10
文 山	Wenshan	6.45	7.67	3.76	4.75	2.69	2.92
西双版纳	Xishuangbanna	4.11	8.05	1.78	3.53	2.33	4.52
大 理	Dali	8.66	12.51	4.71	7.26	3.96	5.25
德 宏	Dehong	4.17	7.02	2.79	4.91	1.37	2.11
怒 江	Nujiang	1.14	1.95	0.61	1.14	0.53	0.81
迪 庆	Diqing	1.39	2.53	0.70	1.08	0.69	1.45

15-24 城镇私营企业年末分行业就业人数(2009-2011年)

Number of Employed Persons in Urban Private Enterprises at Year-end by Sector(2009-2011)

单位：万人 (10 000 persons)

行　　业	Sector	2009年	2010年	2011年
全　省	**Yunnan**	**158.76**	**186.34**	**220.81**
农、林、牧、渔业	Farming,Forestry,Animal Husbandry and Fishery	5.28	6.07	7.48
采矿业	Mining	6.60	8.10	8.48
制造业	Manufacturing	30.43	35.84	38.33
电力、煤气及水的生产和供应业	Production and Supply of Electricity,Gas and Water	2.13	2.46	2.64
建筑业	Construction	21.90	24.94	31.07
交通运输、仓储及邮电通讯业	Transport,Storage,Post and Telecommunication Services	4.76	5.48	6.49
信息传输、计算机服务和软件业	Information Transmission, Computers Service and Software Service	5.23	5.79	7.65
批发和零售业	Wholesale and Retail Trade & Food Services	46.58	53.62	64.12
住宿和餐饮业	Hotel and Food Service	4.52	5.52	5.75
房地产业	Real Estate Trade	7.47	9.82	11.79
租赁和商务服务业	Leasing Treade and Business Service	10.60	13.16	17.78
居民服务和其他服务业	Services to Households and Other Services	4.83	5.52	6.82
卫生、社会保障和社会福利业	Health Care, Social Security and Social Welfare	0.93	1.22	1.43
文化、体育和娱乐业	Culture, Sports and Entertainment	1.62	1.76	2.10
其他合计	Others	5.90	7.04	8.88

15-25 城镇个体就业人员年末分行业就业人数(2009-2011年)

Number of Self-employed Individuals in Urban Areas at Year-end by Sector(2009-2011)

单位：万人 (10 000 persons)

行 业	Sector	2009年	2010年	2011年
全 省	**Yunnan**	**122.13**	**138.22**	**154.44**
农、林、牧、渔业	Farming,Forestry,Animal Husbandry and Fishery	1.08	1.52	2.36
采矿业	Mining	0.42	0.44	0.46
制造业	Manufacturing	8.64	9.18	8.75
电力、煤气及水的生产和供应业	Production and Supply of Electricity,Gas and Water	0.03	0.03	0.07
建筑业	Construction	0.35	0.34	0.40
交通运输、仓储及邮电通讯业	Transport,Storage,Post and Telecommunication Services	1.47	1.59	1.58
信息传输、计算机服务和软件业	Information Transmission,Computers Service and Software Service	0.60	0.60	0.57
批发和零售业	Wholesale and Retail Trade & Food Services	72.27	83.08	94.35
住宿和餐饮业	Hotel and Food Service	20.34	22.52	24.84
房地产业	Real Estate Trade	0.02	0.02	0.04
租赁和商务服务业	Leasing Treade and Business Service	1.12	1.31	1.40
居民服务和其他服务业	Services to Households and Other Services	12.69	14.45	16.20
卫生、社会保障和社会福利业	Health Care, Social Security and Social Welfare	0.91	1.00	1.03
文化、体育和娱乐业	Culture, Sports and Entertainment	1.69	1.81	1.99
其他合计	Others	0.49	0.33	0.40

15-26 主要年份全部职工工资总额和指数

Total Wages of Staff and Workers and Related Indices in Significant Years

单位：亿元，%　　(100 million yuan, %)

年 份 Year	职工工资总 额 Total Wages	国有单位 State-owned Entities	城镇集体单位 Urban Collective-owned Entities	其他单位 Other Ownership	工资总额指 数 Indices of Total Wages	国有单位 State-owned Entities	城镇集体单位 Urban Collective-owned Entities	其他单位 Other Ownership
1978	12.68	11.42	1.26		115.3	117.4	99.6	
1979	14.26	12.84	1.42		112.4	112.4	112.7	
1980	17.16	15.46	1.69		120.3	120.4	119.6	
1981	17.97	16.13	1.84		104.7	104.3	108.5	
1982	19.05	17.05	2.01		106.0	105.7	109.3	
1983	20.28	18.11	2.17		106.4	106.2	107.9	
1984	25.43	22.23	3.17	0.03	125.4	122.8	146.4	
1985	30.13	26.30	3.79	0.05	118.5	118.3	119.4	180.6
1986	34.08	29.72	4.31	0.06	113.1	113.0	113.4	125.8
1987	38.68	33.82	4.78	0.08	113.5	113.8	110.9	137.4
1988	47.09	41.30	5.66	0.13	121.7	122.1	118.4	158.7
1989	52.63	53.56	6.42	0.14	111.8	111.5	113.4	110.4
1990	60.66	53.56	6.97	0.13	115.3	116.3	108.6	93.6
1991	68.66	60.27	8.23	0.17	113.2	112.5	118.1	128.6
1992	81.43	71.26	9.95	0.23	118.6	118.2	120.9	135.2
1993	97.02	84.12	12.50	0.39	119.1	118.1	125.6	174.8
1994	138.94	121.35	15.57	2.03	143.2	144.3	124.5	514.3
1995	158.96	137.81	18.22	2.93	114.4	113.6	116.7	144.5
1996	194.07	169.06	20.27	4.73	122.1	122.7	111.3	161.5
1997	219.08	190.75	21.05	7.28	112.9	112.8	103.8	154.0
1998	226.09	193.15	18.70	14.24	103.2	101.3	88.9	195.5
1999	235.93	195.97	17.57	22.39	104.4	101.5	94.0	157.2
2000	254.46	209.50	16.78	28.18	107.9	106.9	95.5	125.8
2001	275.98	225.33	14.37	36.28	108.5	107.6	85.7	128.7
2002	300.85	245.22	13.21	42.42	109.0	108.8	91.9	116.9
2003	314.98	246.24	12.34	56.40	104.7	100.4	93.4	132.9
2004	344.52	264.02	11.53	68.97	109.4	107.2	93.4	122.3
2005	377.16	283.30	10.80	83.05	109.5	107.3	93.7	120.4
2006	458.62	339.88	14.70	104.04	121.6	120.0	136.0	125.3
2007	566.49	398.49	16.32	151.68	123.5	117.2	111.0	145.8
2008	683.69	473.30	18.89	191.50	120.7	118.8	115.7	126.3
2009	788.38	546.72	21.61	220.05	115.3	115.5	114.4	114.9
2010	903.72	619.53	24.46	259.73	114.6	113.3	113.2	118.0
2011	1 111.38	709.16	32.46	369.76	123.0	114.5	132.7	142.4

15-27 主要年份全部职工平均工资及指数

Average Wages of Staff and Workers and Related Indices in Significant Years

单位：万元/人，%　　　　(10 000 yuan/person,%)

年 份 Year	职工平均工资 Average Wages	国有单位 State-owned Entities	集体单位 Urban Collective-owned Entities	其他单位 Other Ownership	平均工资指数(上年=100，%) Indices of Average Wages (preceding year = 100 ,%) 货币工资 Money Wages	国有单位 State-owned Entities	集体单位 Urban Collective-owned Entities	其他单位 Other Ownership	实际工资 Real Wages	国有单位 State-owned Entities	城镇集体单位 Urban Collective-owned Entities	其他单位 Other Ownership
1978	0.06	0.06	0.05		112.0	108.5	128.8		112.0	108.5	128.8	
1979	0.07	0.07	0.05		108.6	109.0	106.7		107.7	108.1	105.8	
1980	0.08	0.08	0.06		115.2	115.2	114.2		106.5	106.5	105.6	
1981	0.08	0.08	0.06		102.6	102.3	105.8		101.8	101.5	105.0	
1982	0.08	0.08	0.07		103.3	103.1	105.8		101.6	101.4	104.0	
1983	0.08	0.09	0.07		104.2	103.9	106.4		103.6	103.3	105.7	
1984	0.10	0.10	0.08	0.11	120.7	122.4	114.5		117.7	119.3	111.6	
1985	0.12	0.12	0.10	0.11	115.5	115.1	117.9	97.0	103.2	102.8	105.3	86.7
1986	0.13	0.13	0.11	0.12	111.0	110.5	113.8	110.6	105.9	105.5	108.6	105.6
1987	0.14	0.15	0.12	0.13	110.7	111.2	107.6	105.7	103.1	103.5	100.2	98.4
1988	0.17	0.18	0.14	0.16	119.2	119.3	118.3	125.2	98.4	98.5	97.7	103.4
1989	0.19	0.19	0.16	0.17	109.6	109.4	110.9	106.6	93.0	92.8	94.1	90.5
1990	0.21	0.22	0.17	0.20	113.3	113.6	109.9	118.6	111.5	111.8	108.2	116.8
1991	0.23	0.24	0.19	0.24	109.3	109.0	112.0	117.5	105.3	105.0	107.9	113.2
1992	0.27	0.28	0.22	0.30	115.4	115.7	113.8	125.1	104.5	104.8	103.1	113.3
1993	0.32	0.33	0.27	0.39	118.0	117.2	123.2	130.2	99.3	98.7	103.7	109.6
1994	0.45	0.47	0.35	0.52	142.4	143.7	130.8	133.4	121.4	122.5	111.5	113.7
1995	0.51	0.53	0.42	0.58	114.1	113.1	120.4	111.6	94.8	94.0	100.1	92.7
1996	0.62	0.64	0.49	0.69	121.0	121.4	116.3	118.3	111.3	111.7	107.0	108.8
1997	0.70	0.72	0.55	0.79	112.9	112.7	111.1	114.4	107.9	107.7	106.2	109.4
1998	0.77	0.79	0.60	0.76	109.0	108.9	110.2	96.3	106.4	106.4	107.6	94.1
1999	0.83	0.84	0.65	0.86	107.9	107.2	107.9	113.2	109.2	108.5	109.2	96.5
2000	0.92	0.94	0.70	0.96	111.5	111.5	108.1	111.7	114.3	114.3	110.8	95.2
2001	1.05	1.09	0.72	1.04	114.1	115.5	102.4	108.8	116.4	117.7	104.4	92.7
2002	1.20	1.24	0.79	1.14	113.8	114.2	110.3	110.0	114.7	115.2	111.2	93.7
2003	1.29	1.35	0.85	1.19	107.4	108.4	107.2	103.9	106.0	107.0	105.8	88.5
2004	1.46	1.53	0.95	1.33	113.3	113.7	111.7	112.0	106.8	107.2	105.3	95.4
2005	1.61	1.69	1.05	1.49	110.69	110.3	110.5	111.9	108.8	108.5	108.6	110.1
2006	1.87	2.00	1.22	1.64	115.9	118.4	115.9	110.4	113.8	116.2	113.8	108.4
2007	2.05	2.29	1.41	1.67	109.46	114.3	115.3	101.5	103.36	108.0	108.8	95.9
2008	2.40	2.68	1.82	1.97	117.33	117.0	129.5	117.9	111.32	111.0	122.8	111.8
2009	2.70	3.03	2.14	2.16	112.33	113.3	117.7	109.9	111.77	112.8	117.1	109.4
2010	3.02	3.43	2.51	2.38	111.8	113.2	117.4	109.9	107.71	109.0	113.1	105.8
2011	3.54	4.04	3.40	2.87	117.26	117.6	135.3	120.7	111.9	112.2	129.1	115.2

15-28 各州市全部职工工资总额和平均工资(2011年)

Total Wages and Annual Average Wages of Staff and Workers by Region(2011)

单位：亿元，万元/人 (100 million yuan, 10 000 yuan/person)

州市	Region	职工工资总额 Total Wages	国有单位 State-owned Entities	城镇集体单位 Urban Collective-owned Entities	其他单位 Other Ownership	职工平均工资 Wages Average	国有单位 State-owned Entities	城镇集体单位 Urban Collective-owned Entities	其他单位 Other Ownership
全省	**Yunnan**	**1 111.38**	**709.16**	**32.46**	**369.76**	**3.54**	**4.04**	**3.40**	**2.87**
昆明	Kunming	401.38	216.36	9.78	175.23	4.16	5.25	2.62	3.40
曲靖	Qujing	114.67	78.32	4.71	31.63	3.59	4.20	4.01	2.60
玉溪	Yuxi	69.66	47.35	1.55	20.76	3.82	5.03	2.84	2.50
保山	Baoshan	40.97	22.94	0.88	17.15	2.77	3.21	3.04	2.33
昭通	Zhaotong	69.15	49.14	2.01	18.00	3.40	3.53	4.43	3.02
丽江	Lijiang	27.86	17.39	1.33	9.14	3.25	3.64	3.98	2.65
普洱	Pu'er	39.56	27.67	1.62	10.26	2.62	2.92	5.03	1.93
临沧	Lincang	30.55	22.50	0.72	7.33	3.02	3.16	4.83	2.57
楚雄	Chuxiong	48.95	36.72	1.73	10.50	3.35	3.79	5.09	2.31
红河	Honghe	84.91	65.82	2.78	16.31	3.22	3.61	3.37	2.22
文山	Wenshan	42.21	30.63	1.14	10.44	3.01	3.09	3.84	2.75
西双版纳	Xishuangbanna	22.01	16.18	0.68	5.16	2.87	2.95	3.11	2.61
大理	Dali	66.68	44.16	1.64	20.88	3.41	4.19	3.74	2.44
德宏	Dehong	27.70	15.83	1.20	10.67	2.86	2.90	4.78	2.68
怒江	Nujiang	11.15	7.63	0.29	3.23	3.32	3.15	3.38	3.80
迪庆	Diqing	13.95	10.49	0.38	3.08	4.24	4.67	4.54	3.22

15－29 各州市城镇单位分企事业机关职工工资总额(2011年)

Total Wages of Employed Persons in Urban Entities at Year-end by Enterprise, Public Institution and Government Agency and by Region(2011)

单位：亿元 (100 million yuan)

州 市	Region	职工工资总额 Total Wages of Employed Persons	企 业 Enterprises	事 业 Public Institutions	机 关 Government Agencies and Organizations
全 省	**Yunnan**	**1 111.38**	**645.44**	**313.98**	**151.70**
昆 明	Kunming	401.38	295.72	70.76	34.89
曲 靖	Qujing	114.67	62.74	37.71	14.22
玉 溪	Yuxi	69.66	38.18	21.33	10.16
保 山	Baoshan	40.97	21.59	13.39	5.96
昭 通	Zhaotong	69.15	32.68	24.73	11.68
丽 江	Lijiang	27.86	13.13	9.54	5.19
普 洱	Pu'er	39.56	17.05	14.95	7.55
临 沧	Lincang	30.55	12.14	11.71	6.70
楚 雄	Chuxiong	48.95	22.91	16.87	9.04
红 河	Honghe	84.91	43.98	28.06	12.88
文 山	Wenshan	42.21	16.02	18.77	7.42
西双版纳	Xishuangbanna	22.01	9.69	8.05	4.26
大 理	Dali	66.68	34.86	21.79	10.04
德 宏	Dehong	27.70	14.36	8.11	5.23
怒 江	Nujiang	11.15	4.41	3.80	2.93
迪 庆	Diqing	13.95	5.99	4.41	3.54

15-30 各州市城镇单位分企事业机关年末职工平均工资(2011年)
Average Wages of Staff and Workers in Urban Entities at Year-end by Enterprise,Public Institution and Government Agency and by Region(2011)

单位：万元/人 (10 000 yuan/person)

州 市	Region	全部职工 Staff and Workers	企 业 Enterprises	事 业 Institution	机 关 Agencies and Organization
全 省	**Yunnan**	**3.54**	**3.48**	**3.63**	**3.61**
昆 明	Kunming	4.16	4.08	4.36	4.51
曲 靖	Qujing	3.59	3.35	3.92	3.97
玉 溪	Yuxi	3.82	3.39	4.48	4.57
保 山	Baoshan	2.77	2.55	2.98	3.28
昭 通	Zhaotong	3.40	3.87	3.18	2.86
丽 江	Lijiang	3.25	2.92	3.62	3.62
普 洱	Pu'er	2.62	2.17	3.04	3.20
临 沧	Lincang	3.02	2.79	3.18	3.23
楚 雄	Chuxiong	3.35	3.42	3.42	3.09
红 河	Honghe	3.22	3.02	3.47	3.44
文 山	Wenshan	3.01	3.01	2.99	3.08
西双版纳	Xishuangbanna	2.87	2.49	3.51	2.86
大 理	Dali	3.41	3.21	3.66	3.65
德 宏	Dehong	2.86	2.59	3.17	3.31
怒 江	Nujiang	3.32	3.88	3.08	2.96
迪 庆	Diqing	4.24	3.89	4.56	4.55

15-31 各州市城镇单位分行业职工平均工资(2011年)

Average Wages of Staff and Workers in Urban Entities by Sector and Region(2011)

单位：万元/人 (10 000 yuan/person)

州 市	Region	全部职工 Staff and Workers	农、林、牧、渔业 Farming,Forestry,Animal Husbandry and Fishery	采矿业 Mining	制造业 Manufacturing	电力、燃气及水的生产和供应业 Production and Supply of Electric Power,Gas and Water
全 省	**Yunnan**	**3.54**	**2.08**	**3.44**	**3.40**	**5.15**
昆 明	Kunming	4.16	3.26	4.89	3.91	6.43
曲 靖	Qujing	3.59	3.56	2.67	3.49	5.79
玉 溪	Yuxi	3.82	3.96	2.73	3.67	4.96
保 山	Baoshan	2.77	2.51	2.44	2.70	4.10
昭 通	Zhaotong	3.40	3.19	3.79	4.24	4.28
丽 江	Lijiang	3.25	2.51	2.87	2.27	5.03
普 洱	Pu'er	2.62	1.76	3.07	1.42	4.02
临 沧	Lincang	3.02	1.51	3.52	2.55	4.22
楚 雄	Chuxiong	3.35	2.97	4.60	3.42	5.31
红 河	Honghe	3.22	1.92	3.98	3.20	4.47
文 山	Wenshan	3.01	2.04	2.86	2.37	4.95
西双版纳	Xishuangbanna	2.87	1.13	3.57	2.36	5.05
大 理	Dali	3.41	2.78	3.91	3.05	5.47
德 宏	Dehong	2.86	1.00	2.85	3.21	5.28
怒 江	Nujiang	3.32	2.78	3.17	4.28	5.10
迪 庆	Diqing	4.24	3.88	5.86	4.01	4.89

15-31 续表1 continued

单位：万元/人 (10 000 yuan/person)

州 市	Region	建筑业 Construction	交通运输、仓储和邮政业 Transportation, Storage and Post	信息传输、计算机服务和软件业 Information Transmission, Computers Service and Software Service	批发和零售业 Wholesale and Retail Trade	住宿和餐饮业 Hotel and Catering Service
全 省	**Yunnan**	**2.58**	**4.63**	**4.87**	**3.27**	**1.96**
昆 明	Kunming	3.11	5.86	5.92	2.98	2.05
曲 靖	Qujing	2.33	2.52	4.97	3.82	1.67
玉 溪	Yuxi	2.14	2.76	5.50	2.64	1.94
保 山	Baoshan	1.92	2.18	4.21	3.45	2.18
昭 通	Zhaotong	2.20	3.06	5.46	5.86	1.55
丽 江	Lijiang	2.48	3.00	3.11	4.04	2.15
普 洱	Pu'er	2.10	2.44	4.47	2.82	1.64
临 沧	Lincang	2.21	2.74	4.43	4.10	1.48
楚 雄	Chuxiong	1.98	2.79	3.26	4.18	1.57
红 河	Honghe	2.20	2.40	3.65	2.32	1.78
文 山	Wenshan	2.48	3.07	4.32	3.37	1.63
西双版纳	Xishuangbanna	2.43	2.62	4.60	2.77	2.39
大 理	Dali	1.99	3.12	3.32	4.45	1.64
德 宏	Dehong	1.51	2.57	4.76	2.62	1.92
怒 江	Nujiang	1.74	2.57	5.19	3.42	2.13
迪 庆	Diqing	2.68	4.43	4.41	4.83	1.90

15-31 续表2 continued

单位：万元/人 (10 000 yuan/person)

州 市	Region	金融业 Banking	房地产业 Real Estate	租赁和商务服务业 Leasing Treade and Business Service	科学研究、技术服务和地质勘查业 Scientific Research, Technology Service and Geological Prospecting	水利、环境和公共设施管理业 Water Conservancy, Admistration of Environment and Public Facilities
全 省	**Yunnan**	**8.56**	**2.93**	**2.94**	**4.40**	**2.52**
昆 明	Kunming	12.26	3.24	3.33	5.34	3.39
曲 靖	Qujing	7.83	2.73	3.05	3.34	2.93
玉 溪	Yuxi	6.22	3.40	2.13	3.79	3.47
保 山	Baoshan	5.95	2.90	2.38	3.18	1.91
昭 通	Zhaotong	6.50	2.66	2.33	3.24	1.87
丽 江	Lijiang	6.70	3.48	2.03	3.81	2.84
普 洱	Pu'er	7.77	2.16	1.98	3.00	1.96
临 沧	Lincang	6.66	2.42	2.71	3.14	2.38
楚 雄	Chuxiong	6.70	2.25	1.43	3.73	2.49
红 河	Honghe	5.65	2.24	2.82	3.48	1.86
文 山	Wenshan	6.36	2.33	2.26	3.16	1.88
西双版纳	Xishuangbanna	6.68	3.31	2.03	3.39	2.02
大 理	Dali	7.21	2.23	2.52	3.60	2.87
德 宏	Dehong	8.66	2.86	2.06	3.19	2.24
怒 江	Nujiang	6.72	2.69	3.45	3.25	2.65
迪 庆	Diqing	6.86	3.14	1.73	3.94	3.06

15-31 续表3 continued

单位：万元/人 (10 000 yuan/person)

州 市	Region	居民服务和其他服务业 Services to Households and Other Services	教 育 Education	卫生、社会保障和社会福利业 Health Care, Social Security and Social Welfare	文化、体育和娱乐业 Culture, Sports and Entertainment	公共管理和社会组织 Common Administration and Social Organization
全 省	**Yunnan**	**2.29**	**3.71**	**3.75**	**3.30**	**3.57**
昆 明	Kunming	2.18	4.32	4.71	3.32	4.40
曲 靖	Qujing	1.79	4.08	3.84	3.53	3.96
玉 溪	Yuxi	2.79	4.68	4.37	4.70	4.56
保 山	Baoshan	2.62	3.01	3.34	3.09	3.21
昭 通	Zhaotong	3.22	3.34	2.91	3.09	2.81
丽 江	Lijiang	1.46	3.74	3.61	3.31	3.61
普 洱	Pu'er	3.17	3.27	2.96	2.99	3.17
临 沧	Lincang	3.18	3.19	3.33	3.23	3.22
楚 雄	Chuxiong	3.05	3.47	3.78	2.58	3.10
红 河	Honghe	2.18	3.60	2.92	3.77	3.43
文 山	Wenshan	2.90	3.09	2.83	2.76	3.05
西双版纳	Xishuangbanna	2.75	3.62	3.77	3.75	2.90
大 理	Dali	2.86	3.78	3.78	2.89	3.59
德 宏	Dehong	1.15	3.12	3.45	2.82	3.26
怒 江	Nujiang		3.15	3.20	3.01	2.94
迪 庆	Diqing		4.69	4.34	3.88	4.60

15-32 主要年份城镇登记失业人数和登记失业率

Registered Urban Unemployed Persons and Unemployment Rate in Significant Years

单位:万人、% (10 000 persons,%)

年 份 Year	登记失业人数 Registered Urban Unemployed Persons	女 性 Female	长期失业者人数 Permanent Unemployed Persons	城镇登记失业率 (%) Urban Unemployment Rate (%)
1978	6.40			2.7
1979	9.90			4.3
1980	6.00			2.3
1981	6.16			3.1
1982	6.15			2.7
1983	5.83			2.0
1984	4.70			1.7
1985	4.21			2.5
1986	4.77			1.7
1987	5.85			2.0
1988	5.97			2.0
1989	7.07			2.4
1990	7.76			2.5
1991	7.63			2.3
1992	7.53			2.3
1993	7.34			2.3
1994	7.14			2.2
1995	8.10			2.3
1996	8.01			2.8
1997	7.84			2.7
1998	6.01	3.02		2.2
1999	6.20	3.10	3.10	2.5
2000	6.77	3.28	3.42	2.6
2001	8.00	3.89	3.64	3.3
2002	9.80	4.04	4.79	4.0
2003	12.12	5.94	5.64	4.1
2004	11.95	6.28	4.85	4.3
2005	12.97	6.12	5.17	4.3
2006	13.79	6.35	5.01	4.3
2007	14.02	6.37	4.20	4.2
2008	14.77	6.50	3.79	4.2
2009	15.63	6.73	3.44	4.3
2010	15.69	6.40	3.38	4.2
2011	15.99	6.80	2.56	4.1

15-33 各州市城镇单位分行业年末就业人员劳动报酬(2011年)

Earnings of Employed Persons in Urban Units by Sector and Region at Year-end(2011)

单位：亿元 (100 million yuan)

州 市	Region	劳动报酬 Earnings of Employed Persons	农、林、牧渔业 Farming,Forestry,Animal Husbandry and Fishery	采矿业 Mining	制造业 Manufacturing	电力、燃气及水的生产和供应业 Production and Supply of Electricity,Gas and Water
全 省	**Yunnan**	**1 176.29**	**22.26**	**61.48**	**209.47**	**45.09**
昆 明	Kunming	430.76	2.17	11.69	81.68	9.40
曲 靖	Qujing	117.44	1.70	13.99	26.20	6.58
玉 溪	Yuxi	72.02	1.13	3.31	20.40	2.39
保 山	Baoshan	42.16	1.38	1.01	6.19	1.38
昭 通	Zhaotong	71.20	1.13	12.41	7.01	2.60
丽 江	Lijiang	29.45	0.91	2.89	1.84	1.27
普 洱	Pu'er	40.48	2.99	0.82	4.27	1.78
临 沧	Lincang	32.89	1.50	0.36	4.16	1.40
楚 雄	Chuxiong	52.60	0.83	3.72	8.60	2.06
红 河	Honghe	89.20	2.80	5.36	24.72	5.55
文 山	Wenshan	44.49	1.23	1.89	3.48	2.94
西双版纳	Xishuangbanna	23.10	1.34	0.71	1.70	1.14
大 理	Dali	73.26	1.25	1.72	11.66	3.11
德 宏	Dehong	29.83	1.17	0.32	4.26	2.12
怒 江	Nujiang	12.47	0.41	0.10	2.50	0.65
迪 庆	Diqing	14.93	0.32	1.18	0.82	0.72

15-33 续表1 continued

单位：亿元 (100 million yuan)

州 市 Region	建筑业 Construction	交通运输、仓储和邮政业 Transportation, Storage and Post	信息传输、计算机服务和软件业 Information Transmission, Computers Service and Software Service	批发和零售业 Wholesale and Retail Trade	住宿和餐饮业 Hotel and Catering Service
全 省 Yunnan	**114.88**	**59.55**	**16.81**	**61.69**	**14.25**
昆 明 Kunming	65.50	45.44	7.39	25.57	7.58
曲 靖 Qujing	6.46	1.23	1.09	4.08	0.38
玉 溪 Yuxi	2.02	0.85	0.48	5.13	0.58
保 山 Baoshan	6.91	0.60	0.48	2.23	0.41
昭 通 Zhaotong	3.09	1.19	0.92	3.88	0.38
丽 江 Lijiang	1.96	0.69	0.36	1.38	1.34
普 洱 Pu'er	3.21	0.95	0.76	1.45	0.22
临 沧 Lincang	2.56	0.80	0.36	2.03	0.11
楚 雄 Chuxiong	3.65	1.23	0.77	2.76	0.40
红 河 Honghe	4.31	1.45	1.01	2.57	0.73
文 山 Wenshan	2.35	1.36	0.72	1.68	0.26
西双版纳 Xishuangbanna	1.07	0.60	0.56	1.18	0.57
大 理 Dali	6.81	2.23	0.94	5.59	0.72
德 宏 Dehong	2.70	0.43	0.50	0.95	0.36
怒 江 Nujiang	0.98	0.26	0.22	0.29	0.07
迪 庆 Diqing	1.31	0.25	0.25	0.94	0.16

15-33 续表2 continued

单位：亿元 (100 million yuan)

州 市 Region	金融业 Banking	房地产业 Real Estate	租赁和商务服务业 Leasing Treade and Business Service	科学研究、技术服务和地质勘查业 Scientific Research, Technology Service and Geological Prospecting	水利、环境和公共设施管理业 Water Conservancy, Admistration of Environment and Public Facilities
全 省 Yunnan	**733.42**	**152.91**	**178.99**	**268.47**	**128.55**
昆 明 Kunming	339.51	86.24	126.85	168.95	30.20
曲 靖 Qujing	52.84	3.10	3.94	9.95	13.91
玉 溪 Yuxi	45.49	2.23	4.13	6.49	6.84
保 山 Baoshan	20.48	9.07	3.39	4.12	6.55
昭 通 Zhaotong	27.37	4.49	0.39	7.57	5.92
丽 江 Lijiang	15.93	1.99	3.48	3.90	8.20
普 洱 Pu'er	25.53	1.79	2.02	9.55	6.23
临 沧 Lincang	15.85	3.39	0.44	2.24	2.48
楚 雄 Chuxiong	30.73	1.64	1.98	9.43	9.54
红 河 Honghe	37.15	3.83	1.63	12.14	12.44
文 山 Wenshan	24.05	7.10	3.00	7.04	6.20
西双版纳 Xishuangbanna	13.55	8.01	2.07	5.23	3.66
大 理 Dali	48.83	12.18	19.68	11.63	6.87
德 宏 Dehong	23.00	6.59	5.01	6.64	2.52
怒 江 Nujiang	5.89	0.71	0.04	1.00	1.24
迪 庆 Diqing	7.24	0.57	0.95	2.59	5.76

15−33　续表3　continued

单位：亿元　(100 million yuan)

州　市	Region	居民服务和其他服务业 Services to Households and Other Services	教　育 Education	卫生、社会保障和社会福利业 Health Care, Social Security and Social Welfare	文化、体育和娱乐业 Culture, Sports and Entertainment	公共管理和社会组织 Common Administration and Social Organization
全　省	**Yunnan**	**1.63**	**190.46**	**61.29**	**10.97**	**160.20**
昆　明	Kunming	1.04	38.62	19.15	4.90	35.46
曲　靖	Qujing	0.09	27.63	4.58	0.56	14.49
玉　溪	Yuxi	0.03	12.62	4.58	0.63	11.37
保　山	Baoshan	0.02	7.95	2.71	0.21	6.33
昭　通	Zhaotong	0.14	18.33	3.21	0.33	11.99
丽　江	Lijiang	0.01	5.68	1.45	0.49	5.85
普　洱	Pu'er	0.01	8.25	2.68	0.39	8.19
临　沧	Lincang	0.01	7.71	1.92	0.26	7.29
楚　雄	Chuxiong	0.02	9.84	3.75	0.53	9.11
红　河	Honghe	0.04	15.20	4.26	0.82	13.64
文　山	Wenshan	0.02	12.89	2.81	0.49	7.63
西双版纳	Xishuangbanna	0.10	3.89	2.13	0.26	4.62
大　理	Dali	0.06	12.88	4.74	0.48	11.14
德　宏	Dehong	0.01	4.29	1.87	0.14	6.33
怒　江	Nujiang		2.18	0.67	0.15	3.10
迪　庆	Diqing		2.50	0.78	0.33	3.66

15-34 各州市国有单位分行业职工平均工资(2011年)
Average Wages of Staff and Workers of State-owned Units by Sector and Region(2011)

单位：万元／人 (10 000 yuan/person)

州市	Region	国有单位 State-owned Units	农、林、牧、渔业 Farming,Forestry, Animal-Husbandry and Fishery	采矿业 Mining	制造业 Manufacturing	电力、燃气及水的生产和供应业 Production and Supply of Electricity,Gas and Water
全　省	**Yunnan**	**4.04**	**2.07**	**4.17**	**6.25**	**5.53**
昆　明	Kunming	5.25	3.81	5.32	7.03	6.94
曲　靖	Qujing	4.20	3.56	2.89	5.40	5.87
玉　溪	Yuxi	5.03	4.16	2.00	16.53	5.68
保　山	Baoshan	3.21	2.52		3.04	4.78
昭　通	Zhaotong	3.53	3.21	5.11	7.38	4.57
丽　江	Lijiang	3.64	2.53	1.67	3.44	4.36
普　洱	Pu'er	2.92	1.56	2.64	1.67	4.15
临　沧	Lincang	3.16	1.51	6.63	4.09	5.21
楚　雄	Chuxiong	3.79	2.99	5.36	8.61	5.81
红　河	Honghe	3.61	1.87	5.38	4.47	4.72
文　山	Wenshan	3.09	2.04	4.31	1.94	4.02
西双版纳	Xishuangbanna	2.95	1.04	6.09	1.97	5.32
大　理	Dali	4.19	2.84	9.99	10.27	6.61
德　宏	Dehong	2.90	0.93		2.76	6.53
怒　江	Nujiang	3.15	2.78		1.54	5.73
迪　庆	Diqing	4.67	3.88	7.32	2.17	5.15

15-34 续表1 continued

单位：万元／人 (10 000yuan/person)

州　市 Region	建筑业 Construction	交通运输、仓储和邮政业 Transportation, Storage and Post	信息传输、计算机服务和软件业 Information Transmission, Computers Service and Software Service	批发和零售业 Wholesale and Retail Trade	住宿和餐饮业 Hotel and Catering Service
全　省 Yunnan	**4.66**	**5.47**	**4.92**	**5.88**	**2.12**
昆　明 Kunming	5.30	6.97	6.35	6.17	2.30
曲　靖 Qujing	5.22	2.55	5.47	5.16	1.90
玉　溪 Yuxi	2.36	2.54	5.90	4.09	1.87
保　山 Baoshan	1.86	3.21	4.48	5.25	2.45
昭　通 Zhaotong	1.94	3.17	5.62	8.67	1.86
丽　江 Lijiang	2.39	3.12	3.52	5.96	2.26
普　洱 Pu'er	1.39	2.75	6.57	7.99	1.89
临　沧 Lincang	2.44	3.24	4.66	5.00	1.81
楚　雄 Chuxiong	2.78	2.83	3.73	8.34	2.02
红　河 Honghe	4.20	3.38	4.44	2.92	1.57
文　山 Wenshan	2.85	3.06	4.47	6.52	1.51
西双版纳 Xishuangbanna	2.63	3.13	6.77	6.65	1.96
大　理 Dali	3.06	3.71	3.33	9.73	1.61
德　宏 Dehong	4.26	3.13	3.15	5.99	1.40
怒　江 Nujiang	2.40	2.65	5.19	4.46	
迪　庆 Diqing	4.86	4.43	4.44	5.63	2.10

15-34 续表2 continued

单位：万元/人 (10 000 yuan/person)

州 市 Region	金融业 Banking	房地产业 Real Estate	租赁和商务服务业 Leasing Treade and Business Service	科学研究、技术服务和地质勘查业 Scientific Research, Technology Service and Geological Prospecting	水利、环境和公共设施管理业 Water Conservancy, Admistration of Environment and Public Facilities
全 省 Yunnan	**7.07**	**3.36**	**2.97**	**4.50**	**2.58**
昆 明 Kunming	9.55	4.20	3.22	5.72	3.51
曲 靖 Qujing	6.21	3.45	3.16	3.37	3.79
玉 溪 Yuxi	6.01	3.62	4.15	3.80	3.46
保 山 Baoshan	6.83	2.96	2.49	3.18	1.78
昭 通 Zhaotong	5.69	2.93	2.78	3.24	1.86
丽 江 Lijiang	5.58	3.54	3.05	3.90	2.94
普 洱 Pu'er	6.58	2.24	1.94	3.01	1.98
临 沧 Lincang	6.08	1.88	2.73	3.25	2.38
楚 雄 Chuxiong	6.83	2.78	1.40	3.80	2.47
红 河 Honghe	5.31	2.56	2.80	3.49	1.85
文 山 Wenshan	6.29	3.60	1.85	3.16	1.89
西双版纳 Xishuangbanna	7.59	2.34	1.75	3.47	2.07
大 理 Dali	7.32	2.99	4.72	3.83	2.99
德 宏 Dehong	7.43	3.45	2.00	3.23	2.24
怒 江 Nujiang	6.24		3.00	3.25	2.65
迪 庆 Diqing	6.78		2.03	3.97	3.32

15-34 续表3 continued

单位：万元/人 (10 000 yuan/person)

州 市 Region	居民服务和其他服务业 Services to Households and Other Services	教 育 Education	卫生、社会保障和社会福利业 Health Care, Social Security and Social Welfare	文化、体育和娱乐业 Culture, Sports and Entertainment	公共管理和社会组织 Common Administration and Social Organization
全 省 Yunnan	**2.56**	**3.73**	**3.81**	**3.46**	**3.58**
昆 明 Kunming	2.86	4.49	5.01	3.65	4.41
曲 靖 Qujing	1.79	4.09	3.85	3.52	3.96
玉 溪 Yuxi	2.81	4.69	4.37	4.68	4.56
保 山 Baoshan	2.80	3.01	3.35	3.10	3.21
昭 通 Zhaotong	2.82	3.34	2.93	3.09	2.81
丽 江 Lijiang	1.48	3.75	3.61	2.96	3.61
普 洱 Pu'er	3.17	3.27	2.96	3.00	3.17
临 沧 Lincang	3.76	3.19	3.34	3.23	3.22
楚 雄 Chuxiong	3.05	3.47	3.79	2.87	3.10
红 河 Honghe	2.40	3.62	2.96	3.67	3.43
文 山 Wenshan	2.90	3.10	2.82	2.76	3.05
西双版纳 Xishuangbanna	2.79	3.62	3.78	3.80	2.90
大 理 Dali	3.67	3.78	3.81	3.35	3.59
德 宏 Dehong	1.44	3.13	3.49	2.82	3.26
怒 江 Nujiang		3.15	3.20	3.01	2.94
迪 庆 Diqing		4.69	4.50	4.78	4.60

15-35 各州市城镇集体单位分行业职工平均工资(2011年)
Average Wages of Staff and Workers in Urban Collective-owned Entities by Sector and Region(2011)

单位：万元/人 (10 000 yuan/person)

州 市 Region	集体单位 Collective-owned	农、林、牧、渔业 Farming,Forestry,Animal Husbandry and Fishery	采矿业 Mining	制造业 Manufacturing	电力、燃气及水的生产和供应业 Production and Supply of Electricity,Gas and Water
全 省 Yunnan	**3.40**	**2.53**	**3.22**	**1.88**	**3.32**
昆 明 Kunming	2.62	2.34	2.46	2.02	2.41
曲 靖 Qujing	4.01			1.69	5.84
玉 溪 Yuxi	2.84		3.50	2.20	1.88
保 山 Baoshan	3.04		2.71	1.55	1.40
昭 通 Zhaotong	4.43			3.92	3.35
丽 江 Lijiang	3.98			1.78	
普 洱 Pu'er	5.03	2.00	2.37	1.34	
临 沧 Lincang	4.83			1.43	0.73
楚 雄 Chuxiong	5.09		3.14	1.72	2.17
红 河 Honghe	3.37	2.46	3.63	1.29	
文 山 Wenshan	3.84		1.08	1.30	0.75
西双版纳 Xishuangbanna	3.11	2.75	7.02	0.73	3.71
大 理 Dali	3.74	1.98		1.01	1.82
德 宏 Dehong	4.78		2.73	1.55	1.87
怒 江 Nujiang	3.38		1.35		
迪 庆 Diqing	4.54		4.00		

15-35 续表1 continued

单位：万元/人 (10 000 yuan/person)

州 市 Region	建 筑 业 Construction	交通运输、仓储和邮政业 Transportation, Storage and Post	信息传输、计算机服务和软件业 Information Transmission, Computers Service and Software Service	批发和零售业 Wholesale and Retail Trade	住宿和餐饮业 Hotel and Catering Service
全 省 Yunnan	**2.11**	**2.49**	**1.90**	**1.62**	**2.01**
昆 明 Kunming	1.98	2.70	2.07	1.96	2.05
曲 靖 Qujing	2.47	4.00		1.71	1.68
玉 溪 Yuxi	1.87			1.09	2.02
保 山 Baoshan	1.78			1.33	
昭 通 Zhaotong	2.50	1.50		2.12	
丽 江 Lijiang	2.77	3.12		2.19	1.79
普 洱 Pu'er	1.93			1.53	1.73
临 沧 Lincang	1.00			1.51	1.43
楚 雄 Chuxiong	2.25	1.41		1.63	1.35
红 河 Honghe	2.24	1.08		1.10	3.34
文 山 Wenshan	1.83			1.21	0.91
西双版纳 Xishuangbanna	1.96	2.60		2.04	
大 理 Dali	1.45	1.83		1.58	1.30
德 宏 Dehong	2.07		0.95	2.53	1.42
怒 江 Nujiang	2.53			1.68	
迪 庆 Diqing	3.07			1.89	

15-35 续表2 continued

单位：万元/人 (10 000 yuan/person)

州 市	Region	金融业 Banking	房地产业 Real Estate	租赁和商务服务业 Leasing Treade and Business Service	科学研究、技术服务和地质勘查业 Scientific Research, Technology Service and Geological Prospecting	水利、环境和公共设施管理业 Water Conservancy, Admistration of Environment and Public Facilities
全 省	**Yunnan**	**9.11**	**2.00**	**1.85**	**1.95**	**1.66**
昆 明	Kunming	11.74	2.29	1.70	1.97	1.93
曲 靖	Qujing	10.95		1.56		1.39
玉 溪	Yuxi	6.06		1.89		1.15
保 山	Baoshan	5.64		2.24		1.25
昭 通	Zhaotong	8.23				
丽 江	Lijiang	10.53		4.02		
普 洱	Pu'er	10.48	0.94	2.31		1.42
临 沧	Lincang	7.84	3.23	3.13	1.45	
楚 雄	Chuxiong	8.64		3.24	1.87	2.84
红 河	Honghe	7.49	2.17	2.79		3.85
文 山	Wenshan	7.83		2.93		
西双版纳	Xishuangbanna	4.94	2.75	2.07		1.45
大 理	Dali	8.48	1.71	1.84	3.69	
德 宏	Dehong	16.90	1.86	1.26	1.80	
怒 江	Nujiang	8.62				
迪 庆	Diqing	9.05		1.53	2.30	

15−35 续表3 continued

单位：万元/人 (10 000 yuan/person)

州 市 Region	居民服务和其他服务业 Services to Households and Other Services	教 育 Education	卫生、社会保障和社会福利业 Health Care, Social Security and Social Welfare	文化、体育和娱乐业 Culture, Sports and Entertainment	公共管理和社会组织 Common Administration and Social Organization
全 省 Yunnan	**1.49**	**2.22**	**2.96**	**1.79**	**2.31**
昆 明 Kunming	1.48	2.00	2.90	1.93	2.32
曲 靖 Qujing	2.04	2.82	1.78		
玉 溪 Yuxi	1.87	2.20			
保 山 Baoshan			4.03		
昭 通 Zhaotong	1.47				
丽 江 Lijiang		2.48	3.75		
普 洱 Pu'er		3.48		1.41	
临 沧 Lincang	0.83	3.65	1.30		
楚 雄 Chuxiong		4.37	2.76		
红 河 Honghe	1.75		2.52		1.99
文 山 Wenshan		1.74	1.65		
西双版纳 Xishuangbanna					
大 理 Dali			2.26		
德 宏 Dehong		2.33	2.67		
怒 江 Nujiang					
迪 庆 Diqing					

15-36 各州市其他单位分行业职工平均工资(2011年)

Average Wages of Staff and Workers in Entities of Other Types of Ownership by Sector and Region(2011)

单位：万元／人 (10 000 yuan/person)

州 市	Region	其他单位 Other Types	农、林、牧、渔业 Farming, Forestry, Animal Husbandry and Fishery	采矿业 Mining	制造业 Manufacturing	电力、燃气及水的生产和供应业 Production and Supply of Electricity,Gas and Water
全 省	**Yunnan**	**2.87**	**2.10**	**3.25**	**2.71**	**4.73**
昆 明	Kunming	3.40	2.04	4.76	3.30	5.91
曲 靖	Qujing	2.60	1.20	2.61	2.65	5.60
玉 溪	Yuxi	2.50	1.90	3.18	2.35	2.88
保 山	Baoshan	2.33	2.00	2.44	2.72	3.99
昭 通	Zhaotong	3.02	2.21	3.76	2.14	3.71
丽 江	Lijiang	2.65	2.32	2.87	2.25	5.16
普 洱	Pu'er	1.93	2.17	3.26	1.39	3.82
临 沧	Lincang	2.57	2.92	3.32	2.55	3.91
楚 雄	Chuxiong	2.31	1.48	3.44	2.38	4.22
红 河	Honghe	2.22	3.16	2.72	2.12	3.85
文 山	Wenshan	2.75	1.45	2.62	2.41	5.20
西双版纳	Xishuangbanna	2.61	1.66	2.95	2.43	3.67
大 理	Dali	2.44	1.10	3.81	2.47	4.17
德 宏	Dehong	2.68	1.66	3.04	3.23	5.17
怒 江	Nujiang	3.80		3.30	4.34	4.95
迪 庆	Diqing	3.22		3.98	4.09	4.27

15-36 续表1 continued

单位：万元／人 (10 000 yuan/person)

州 市 Region	建 筑 业 Construction	交通运输、仓储和邮政业 Transportation, Storage and Post	信息传输、计算机服务和软件业 Information Transmission, Computers Service and Software Service	批发和零售业 Wholesale and Retail Trade	住宿和餐饮业 Hotel and Catering Service
全 省 Yunnan	**2.28**	**3.03**	**4.82**	**2.49**	**1.92**
昆 明 Kunming	2.62	3.60	5.86	2.66	1.97
曲 靖 Qujing	2.11	1.73	3.30	2.38	1.58
玉 溪 Yuxi	2.13	3.79	4.41	2.29	1.96
保 山 Baoshan	1.92	1.40	3.06	2.15	2.10
昭 通 Zhaotong	2.14	2.98	1.81	1.73	1.49
丽 江 Lijiang	2.44	2.36	1.20	2.41	2.15
普 洱 Pu'er	2.41	1.97	3.07	1.98	1.58
临 沧 Lincang	2.25	2.23	2.13	2.41	1.45
楚 雄 Chuxiong	1.89	2.77	2.02	2.29	1.45
红 河 Honghe	2.01	1.65	2.57	1.60	1.74
文 山 Wenshan	2.55	3.10	2.44	1.82	1.65
西双版纳 Xishuangbanna	2.49	2.06	3.56	2.06	2.50
大 理 Dali	1.93	2.42	3.31	2.50	1.66
德 宏 Dehong	1.41	2.00	5.15	2.12	1.95
怒 江 Nujiang	1.26	1.94		3.22	2.13
迪 庆 Diqing	2.37		3.33	4.90	1.88

15−36 续表2 continued

单位：万元/人 (10 000 yuan/person)

州 市 Region	金融业 Banking	房地产业 Real Estate	租赁和商务服务业 Leasing Treade and Business Service	科学研究、技术服务和地质勘查业 Scientific Research, Technology Service and Geological Prospecting	水利、环境和公共设施管理业 Water Conservancy, Admistration of Environment and Public Facilities
全 省 Yunnan	**10.38**	**2.90**	**3.12**	**3.78**	**2.32**
昆 明 Kunming	13.81	3.18	3.57	3.99	2.89
曲 靖 Qujing	4.10	2.44	2.57	2.47	0.84
玉 溪 Yuxi	6.82	3.35	2.40	3.41	4.62
保 山 Baoshan	4.70	2.90	2.26		2.15
昭 通 Zhaotong	4.27	2.62	2.03		2.71
丽 江 Lijiang	2.46	3.47	1.96	2.77	2.49
普 洱 Pu'er	4.64	2.17	1.88	2.35	1.72
临 沧 Lincang	3.25	2.45	2.52		
楚 雄 Chuxiong	3.32	2.19	1.37	2.28	2.26
红 河 Honghe	3.78	2.05	3.13	1.83	2.66
文 山 Wenshan	3.12	2.22	3.94	2.44	1.76
西双版纳 Xishuangbanna	5.53	3.42	3.16	2.68	1.51
大 理 Dali	5.71	2.23	1.93	1.72	1.46
德 宏 Dehong	6.03	2.86	2.76	1.54	2.20
怒 江 Nujiang	7.03	2.69	3.77		
迪 庆 Diqing	3.01	3.14	1.25		2.14

15－36　续表3　continued

单位：万元/人 (10 000 yuan/person)

州　市　Region	居民服务和其他服务业 Services to Households and Other Services	教　育 Education	卫生、社会保障和社会福利业 Health Care, Social Security and Social Welfare	文化、体育和娱乐业 Culture, Sports and Entertainment	公共管理和社会组织 Common Administration and Social Organization
全　省　Yunnan	**2.19**	**2.44**	**2.05**	**2.65**	**2.05**
昆　明　Kunming	2.13	2.39	2.01	2.59	2.06
曲　靖　Qujing				3.85	
玉　溪　Yuxi		5.51		6.04	
保　山　Baoshan	1.07		1.95	2.50	
昭　通　Zhaotong	3.26	4.74	2.00		
丽　江　Lijiang	1.44			3.90	
普　洱　Pu'er					
临　沧　Lincang					
楚　雄　Chuxiong		1.35		1.54	
红　河　Honghe	1.04	1.62	2.19	5.15	
文　山　Wenshan		2.21	3.42		
西双版纳　Xishuangbanna	1.89		2.14	3.02	
大　理　Dali	1.35	3.51	1.55	1.70	1.20
德　宏　Dehong	0.90		2.16		2.60
怒　江　Nujiang					
迪　庆　Diqing			1.89	2.86	

主要统计指标解释

人口数 指一定时点、一定地区范围内有生命的个人总和。年度统计的年末人口数指每年12月31日24时的人口数。年度统计的全国人口总数内未包括香港、澳门特别行政区和台湾省以及海外华侨人数。

城镇人口和乡村人口 城镇人口是指居住在城镇范围内的全部常住人口；乡村人口是除上述人口以外的全部人口。

人口密度 指一定时点一定地区的人口数与该地区的面积数之比，即一定时点的单位土地面积上的人口数通常以每平方公里的居民人数来表示。计算公式：

人口密度（人/平方公里）＝该地区的人口数/该地区的土地面积

出生率 出生率（又称粗出生率）指一定时期内（通常为一年内）平均每千人所出生的人数的比例，一般用千分率表示。计算公式：出生率（‰）＝年出生人数/年平均人数×1000‰

出生人数是指活产婴儿，即胎儿脱离母体时（不管怀孕月数）有过呼吸或其他生命现象。年平均人数是年初、年末人口数的平均数，也可用年中人口数代替。

死亡率 指在一定时期内（通常为一年内）一定地区的死亡人数与同期平均人数（或期 中人数）之比，一般用千分率表示。计算公式：

死亡率（‰）＝年死亡人数/年平均人数 ×1000‰

人口自然增长率 在一定时期内（通常为一年内）人口自然增加数（出生人数减死亡人数）与平均人数（或期中人数）之比，一般用千分率表示。计算公式：

人口自然增长率＝（本年出生人口数－本年死亡人口数）/年平均人口数×1000%

人口自然增长率（‰）＝人口出生率－人口死亡率

性别比 反映男性与女性人口比例的指标，指在总人口中或各年龄组人口中，男性人数与女性人数之比。

通常以每100个女性人口相对应的男性人口数。计算公式：

性别比＝男性人口/女性人口×100

农业、非农业人口 根据公安部门下发的“户口簿”的户口性质统计。

经济活动人口 指年龄在16周岁及以上，有劳动能力，参加或要求参加社会经济活动的人口。包括就业人员和失业人员。

就业人员 指年龄在16周岁及以上，从事一定社会劳动并取得劳动报酬或经营收入的人员。这一指标反映了一定时期内全部劳动力资源的实际利用情况，是研究我国基本国情国力的重要指标。

单位就业人员 指在各级国家机关、政党机关、社会团体及企业、事业单位中工作，取得工资或其他形式的劳动报酬的全部人员。包括在岗职工、再就业的离退休人员、民办教师以及在各单位中工作的外方人员和港澳台方人员、兼职人员、借用的外单位人员和第二职业者。不包括离开本单位仍保留劳动关系的职工。各单位的就业人员反映了各单位实际参加生产或工作的全部劳动力。

城镇私营和个体就业人员 城镇私营就业人员指在工商管理部门注册登记，其经营地址设在县城关镇（含县城关镇）以上的私营企业就业人员，包括私营企业投资者和雇工。城镇个体就业人员指在工商管理部门注册登记，并持有城镇户口或在城镇长期居住，经批准从事个体工商经营的就业人员，包括个体经营者和在个体工商户劳动的家庭帮工和雇工。

职工 指在国有、城镇集体、联营、股份制、外商和港、澳、台投资、其他单位及其附属机构工作，并由其支付工资的各类人员。不包括下列人员：（1）乡镇企业就业人员；（2）私营企业就业人员；（3）城镇个体劳动者；（4）离休、退休、退职人员；（5）再就业的离、退休人员；（6）民办教师；（7）在城镇单位中工作的外方及港、澳、台人员；（8）其他按有关规定不列入职工统计范围的人员。（1998年及以后的数据均为在岗职工数据，其他相关指标如职工工资总额，职工平均工资等指标也从1998年按此口径进行了相应调整）。

国有单位 指资产归国家所有的经济组织。包括按《中华人民共和国企业法人登记管理条例》规定登记注册的非公司制的经济组织，以及中央、地方各级国家机关、事业单位和社会团体。

集体单位 指生产资料归集体所有，并按《中华人民共和国企业法人登记管理条例》规定登记注册的经济组织。

其他单位 包括股份合作单位、联营单位、有限责任公司、股份有限公司、港澳台商投资单位以及外商投资单位等其他登记注册类型单位。

在岗职工 指在本单位工作并由单位支付工资的人员，以及有工作岗位，但由于学习、病伤产假等原因暂未工作，仍由单位支付工资的人员。

工资总额 指各单位在一定时期内直接支付给本单位全部职工的劳动报酬总额。工资总额的计算原则应以直接支付给职工的全部劳动报酬为根据。各单位支付给职工的劳动报酬以及其他根据有关规定支付的工资，不论是计入成本的还是不计入成本的，不论是按国家规定列入计征奖金税项目的，还是未列入计征奖金税项目的，不论是以货币形式支付的还是以实物形式支付的，均包括在工资总额内。

平均工资 指企业、事业、机关单位的职工在一定时期内平均每人所得的货币工资额。它表明一定时期职工工资收入的高低程度，是反映职工工资水平的主要指标。计算公式为：

$$平均工资=\frac{报告期实际支付的全部职工工资总额}{报告期全部职工平均人数}$$

平均工资指数 指报告期职工平均工资与基期职工平均工资的比率，是反映不同时期职工货币工资水平变动情况的相对数。计算公式为：

$$平均工资指数\frac{报告期职工平均工资}{基期职工平均工资}\times 100\%$$

平均实际工资指数 职工平均实际工资指扣除物价变动因素后的职工平均工资。职工平均实际工资指数是反映实际工资变动情况的相对数，表明职工实际工资水平提高或降低的程度。计算公式为：

$$平均实际工资指数\frac{报告期职工平均工资指数}{报告期城镇居民消费价格指数}\times 100\%$$

城镇单位就业人员劳动报酬 指各单位在一定时期内直接支付给本单位全部就业人员的劳动报酬总额。包括职工工资总额和其他就业人员劳动报酬总额。

平均劳动报酬 指企业、事业、机关等单位的全部就业人员在一定时期内平均每人所得的货币工资额。计算公式为：

$$平均劳动报酬=\frac{\begin{array}{c}报告期实际支付的全部\\就业人员劳动报酬\end{array}}{报告期全部就业人员平均人数}$$

城镇登记失业人员 指有非农业户口，在一定的劳动年龄内（16 周岁至退休年龄），有劳动能力，无业而要求就业，并在当地就业服务机构进行求职登记的人员。

城镇登记失业率 城镇登记失业人员与城镇单位就业人员（扣除使用的农村劳动力、聘用的离退休人员、港澳台及外方人员）、城镇单位中的不在岗职工、城镇私营业主、个体户主、城镇私营企业和个体就业人员、城镇登记失业人员之和的比。计算公式为：

$$\begin{array}{c}城镇登记\\失业率\end{array}=\frac{城镇登记失业人数}{\begin{array}{c}（城镇单位就业人员-使用的农村劳动力-\\聘用的离退休人员-聘用的港澳台及外方人员）+\\不在岗职工+城镇私营业主+城镇个体户主+\\城镇私营企业及个体就业人员+城镇登记失业人数\end{array}}\times 100\%$$

Explanatory Notes on Principal Statistical Indicators

Total Population refers to the total number of people alive at a certain point of time within a given area. The annual statistics on total population is taken at midnight, the 31st of December, not including residents in Taiwan province, Hong Kong SAR and Macao SAR and Chinese national residing abroad.

Urban Population and Rural Population Urban population refers to all people residing in cities and towns, while rural population refers to population other than urban population.

Population Density refers to the ratio of population to the area at a certain point of time within a given area, i. e., the population of unit land area at a certain point of time, which is often expressed as number of inhabitants per square kilometer:

Population density = number of population in the region/land area in the region

Birth Rate or (crude Birth Rate) refers to the ratio of the number of births to the average population during a certain period of time (usually a year) which is often expressed in ‰. The formula is as follows:

Birth Rate = Number of Births/Annual Average Number of Population × 1000‰.

Number of births refers to live births, i. e., the births when babies had showed any vital phenomena regardless of the length of pregnancy.

Annual Average Number of Population is the average of the number of population at the beginning of the year and that at the end of the year. Sometimes it is substituted for with the mid year population.

Death Rate (or Crude Death Rate) refers to the ratio of the number of deaths to the average population (or mid – period population) during a certain period of time (usually a year) which is often expressed in ‰. The formula is as follows:

Death Rate = Number of Deaths/Annual Average Number of Population × 1000‰.

Natural Growth Rate of Population refers to the ratio of natural increase in population (number of births minus number of deaths) in a certain period of time (usually a year) to the average population (or mid – period population) of the same period which is often expressed in ‰. The formulas are as follows:

Natural Growth of Population = (Number of Birth – Number of Deaths)/Average Number of Population × 1000‰.

Natural Growth Rate of Population = Birth Rate – Death Rate

Sex Ratio reflects the indicator of male population and female population, which refers to the ratio of male population to female population in total population or population by age group. It usually means relevant male population per 100 female populations. The formula is as follows:

Sex ratio = male population/female population × 100%.

Agricultural and Non – agricultural Population is classified according to people's residence registration nature recorded on their permanent residence booklets issued by public security organs.

Economically Active Population refers to the population aged 16 and over who are capable of working, are participating in or willing to participate in economic activities, including employed persons and unemployed persons.

Employed Persons refer to persons aged 16 and over who are engaged in gainful employment and thus receive remuneration payment or earn business income. This indicator reflects the actual utilization of total labour force during a certain period of time and is often used for the research on China's economic situation and national power.

Persons Employed in Various Units refer to all the persons working in government agencies of various levels, political and party organizations, social organizations, enterprises and institutions, and receiving wages or other forms of payment. They include fully – employed staff and workers, re – employed retirees, teachers in the schools run by the local people, foreigners and Chinese compatriots from Hong Kong, Macao, and Taiwan working in various units, part－time employees, employees of other units working temporarily at current posts, and employees holding the second job, but do not include persons who have left their working units while keeping their labour contract (employment relation) unchanged. This indicator reflects the total number of laborers actually engaged in production or other operations in various units.

Persons Employed in Private Enterprises and Self－Employed Individuals in Urban Areas Persons employed in private enterprises refer to the persons employed in the private enterprises which have been registered at the departments of industrial and commercial administration for which the business operation are situated at a county town (i. e. a town where the county government is located), or at urban areas with administrative hierarchy higher than a county town. The self－employed individuals in urban areas refer to persons who hold the certificates of residence in urban areas or have resided in the urban areas for a long time and have been registered at the departments of industrial and commercial administration and approved to be engaged in individual industrial or commercial business, including self－employed persons as well as helpers and hired labourers who work in individual households.

Staff and Workers refer to persons working in, and receive payment from units of state ownership, collective ownership, joint ownership, share holding ownership, foreign ownership, and ownership by entrepreneurs from Hong Kong, Macao, and Taiwan, and other types of ownership and their affiliated units. They do not include 1) persons employed in township enterprises, 2) persons employed in private enterprises, 3) urban self－employed persons, 4) retirees, 5) re－employed retirees, 6) teachers in the schools run by the local people, 7) foreigners and persons from Hong Kong, Macao and Taiwan who work in urban units, and 8) other persons not to be included byrelevant regulations. (Data since 1998 refer to fully employed staff and workers. Other related statistics indicators, such as total wage bill and average wage are adjusted since 1998 accordingly).

State－owned Units refer to economic units whose assets are owned by the state, including non－corporation units registered according to Regulation of the People's Republic of China on the Registration of Enterprises and Corporations, state organs, institutions and social organizations at the central－level and local levels.

Collective－owned Units refer to economic units registered according to Regulation of the People's Republic of China on the Registration of Enterprises and Corporations where the means of production are collectively owned.

Units of Other Types of Ownership refer to units registered with other types of ownership, including cooperative units, joint ownership units, limited liability corporations, share holding corporations, units funded by entrepreneurs from Hong Kong, Macao, and Taiwan, and foreign－ funded units.

Employed Staff and Workers refer to persons who work in, and receive wages from their working units, including persons who have their work posts but are temporarily absent from work for reasons of study or on sick, injury or maternal leave and still receive wages from their working units.

Total Wage Bill refers to the total remuneration payment to staff and workers in various units during a certain period of time. The calculation of total wage bill is based on the total remuneration payment to the staff and workers. Therefore, all the wages and salaries and other payments to staff and workers are included in the total wage bill regardless of sources, reckoning the cost of production or not, category, listing as items of premium taxation or not, and forms, paying in cash or in kind. **Average Wage** refers to the average wage in money terms per person during a certain period of time for staffand workers in enterprises, institutions, and government agencies, which reflects the general level of wage incomeduring a certain period of time and is calculated as follows:

$$\text{Average Wage} = \frac{\text{Total Wage Bill of Staff and Workers at Reference Time}}{\text{Average Number of Staff and Workers at Reference Time}}$$

Average Wage Indices refers to the ratio of average wage of staff and workers at the reference period to that at the base period, which reflects the change of wage of staff and workers at the different period. It is calculated as follows:

$$\text{Average Wage Indices} = \frac{\text{Average Wage of Staff and Workers at Reference Time}}{\text{Average Wage of Staff and Workers at Base Period}} \times 100\%$$

Average Real Wage Indices average real wage of staff and workers refers to the average wage of staff and workers after removing the effects of the price changes and average real wage indices of staff and workers refers to the change of real wage, which reflects the relative increasing or decreasing level of real wage of staff and workers, which is calculated as follows:

$$\text{Average Real Wage Indices} = \frac{\text{Average Wage Indices of Staff and Workers at the Reference Time}}{\text{Urban Consumer Price Indices at Reference Time}} \times 100\%$$

Earning refer to total remuneration payment to all employees in various units in urban areas (did not include urban private units and self - employed individuals) during a certain period of time, including staff and workers and other employees (i. e., reemployed retirees or those who are from Hong Kong, Macao, Taiwan province or other countries).

Average Earning refer to average earning level in money terms per employee in the enterprise, institution and government organ during a certain period of time, it is calculated as follows:

$$\text{Average Earning Of Employees} = \frac{\text{Total Earnings of Employees at Reference Period}}{\text{Average Number of Employees at Reference Period}} \times 100\%$$

Registered Unemployed Persons in Urban Areas refer to the persons with non - agricultural household registration at certain working ages (16 years old to retirement age), who are capable of working, unemployed and willing to work, and have been registered at the local employment service agencies to apply for a job.

Registered Unemployment Rate in Urban Areas refers to the ratio of the number of the registered unemployed persons to the sum of the number of persons employed in various units (minus the employed rural labour force, re - employed retirees, and Hong Kong, Macao, Taiwan or foreign employees), laid - off staff and workers in urban units, owners of private enterprises in urban areas, owners of self - employed individuals in urban areas, employees of private enterprises in urban areas, employee of self - employed individuals in urban areas, and the registered unemployed persons in urban areas. The formula is as follows:

$$\text{Registered unemployment rate in urban areas} = \frac{\text{number of registered urban unemployed persons}}{\begin{array}{c}\text{number of persons employed in urban units -}\\ \text{employed rural labour force unemployed persons}\\ \text{in urban areas urban self - employed individuals}\\ \text{registered of urban private enterprises employees}\\ \text{of urban self - employed individuals employees}\\ \text{urban private enterprises owners of laid - off staff}\\ \text{and workers owners of Macao, Taiwan or foreign}\\ \text{employees re - employed retirees - Hong Kong,}\end{array}} \times 100\%$$

Chapter 16

十六、资源与环境

Resources and Environment

YUNNAN STATISTICAL YEARBOOK

云南统计年鉴 2012

16−1 土地资源状况
Land Characteristics

项　　目	Item	土 地 面 积 Area	占总面积(%) Proportion to Total Area (%)
按地形分类(万平方千米)	**By Topographic Feature (10 000 sq.km)**	**39.41**	**100.0**
山　地	Mountains	33.11	84.0
高　原	Plateaus	3.90	10.0
盆　地	Basins	2.40	6.0
按特征分类(万公顷)	**By Land Use (10 000 hectares)**	**3 941.0**	**100.0**
常用耕地面积	Cultivated Land Area	423.01	10.7
有 林 地	Forest	1 590.75	40.4
荒山草坡地	Undeveloped Land on the Slope	565.11	14.3
水面面积	Water Area	28.00	0.7
其　他	Others	1 333.13	33.9

16−2　主要山峰高程
Height of Major Mountain Peaks

名　称	Mountain Range	标 高（米） Height of Mountain Peak (m)	所处州、市	Region
梅里雪山（卡瓦格博峰）	Meili Snow Mountains (Kagebo Peak)	6 740	迪 庆	Diqing
玉龙雪山（扇子陡峰）	Yulong Snow Mountains (Shanzi Peak)	5 596	丽 江	Lijiang
碧罗雪山	Biluo Snow Mountains	4 141	怒 江	Nujiang
点苍山（马龙峰）	Diancang Mountains (Malong Peak)	4 122	大 理	Dali
拱王山	Gongwang Mountains	3 677	昆 明	Kunming
大雪山	Daxue Mountains	3 504	临 沧	Lincang
高黎贡山	Gaoligong Mountains	3 374	保 山	Baoshan
无量山	Wuliang Mountains	3 291	大理、普洱	Dali, Pu'er
哀牢山	Ailao Mountains	2 940	普洱、玉溪、红河	Pu'er,Yuxi, Honghe
梁王山	Liangwang Mountains	2 833	曲 靖	Qujing
五莲峰	Wulian Mountains	2 561	昭 通	Zhaotong

注：全省最低点为河口县境内的南溪河与红河汇合处，海拔76.4米。

Note: The minimum height is that of 76.4 meters of the confluence of the Nanxi River and the Honghe River in Hekou county.

16-3 主要河流情况
Major Rivers

名　称	River	境内河长 (千米) Internal Length (km)	集水面积 (万平方千米) Catchments Area (10 000 sq.km)
金沙江	Jinsha River	1 560	10.56
澜沧江	Lancang River	1 227	8.86
元　江	Yuan River	680	3.75
南盘江	Nanpan River	677	4.33
怒　江	Nu River	618	3.34
瑞丽江	Ruili River	370	0.97
大盈江	Daying River	196	0.59

16-4 主要湖泊情况
Major Lakes

名 称	Lake	所属水系 River System	湖面面积 (平方千米) Lake Area (sq · km)	最大水深 (米) Maximum Depth(m)	平均水深 (米) Average Depth(m)	平均水位 (米) Average Water Level (m)	总容水量 (亿立方米) Water Volume (100 million cu.m)
滇 池	Dianchi Lake	金沙江 Jinsha River	306.3	8	5	1 885	15.70
洱 海	Erhai Lake	澜沧江 Lancang River	250.0	23	10.5	1 974	30.00
抚仙湖	Fuxian Lake	南盘江 Nanpan River	212.0	151.5	87	1 720	185.00
程 海	Chenghai Lake	金沙江 Jinsha River	78.8	36.9	15	1 503	27.00
泸沽湖	Lugu Lake	金沙江 Jinsha River	51.8	73.2	40	2 685	20.72
星云湖	Xingyun Lake	南盘江 Nanpan River	39.0	12	9	1 723	2.30
杞麓湖	Qilu Lake	南盘江 Nanpan River	37.3	6.8	4	1 792	1.68
阳宗海	Yangzonghai Lake	南盘江 Nanpan River	31.0	30	20	1 770	6.02
异龙湖	Yilong Lake	泸 江 Lu River	31.0	6.6	2.8	1 413	1.27

16-5 各州市土地利用情况

Land Use by Region

单位：万公顷 (10 000 hectares)

州 市	Region	土地调查面积 Area under Land Survey	农用地 Land for Agriculture Use	#园地 Garden Land	#牧草地 Land Grazing and Pasture	建设用地 Land for Construction	居民点及工矿用地 Land for Inhabitation, Mining and Manufacturing	交通用地 Land for Transport Facilities	水利设施用地 Land for Water Conservancy Facilities
全 省	**Yunnan**	**3 831.94**	**3 175.96**	**84.15**	**78.19**	**81.59**	**62.82**	**10.02**	**8.76**
昆 明	Kunming	210.12	164.17	4.16	4.49	11.44	9.17	1.49	0.78
曲 靖	Qujing	289.04	235.12	3.78	4.05	10.70	8.13	1.06	1.50
玉 溪	Yuxi	149.45	126.81	2.87	0.02	3.91	2.96	0.55	0.39
保 山	Baoshan	190.66	166.74	3.76	3.96	4.67	3.84	0.50	0.32
昭 通	Zhaotong	224.30	193.71	3.59	11.78	5.73	4.56	0.73	0.43
丽 江	Lijiang	205.49	168.21	1.54	2.65	2.49	1.98	0.32	0.19
普 洱	Pu'er	443.47	394.08	13.20	2.29	5.15	3.79	0.63	0.74
临 沧	Lincang	236.25	199.50	12.21	0.39	4.22	3.41	0.47	0.35
楚 雄	Chuxiong	284.48	234.66	2.93	0.33	5.93	3.87	0.92	1.14
红 河	Honghe	321.81	242.46	5.82	0.62	7.48	5.66	0.89	0.93
文 山	Wenshan	314.05	237.90	3.07	1.95	6.03	4.74	0.73	0.55
西双版纳	Xishuangbanna	189.95	164.48	17.76	0.12	1.95	1.49	0.30	0.17
大 理	Dali	283.02	232.83	5.98	6.29	6.96	5.37	0.86	0.73
德 宏	Dehong	111.74	97.45	2.62	0.49	3.05	2.31	0.28	0.47
怒 江	Nujiang	145.98	117.89	0.34	0.97	0.96	0.80	0.12	0.05
迪 庆	Diqing	232.28	199.97	0.54	37.79	0.92	0.74	0.17	0.01

注：本表为2008年数。

Note:Number of this table are that of 2008.

16-6 各州市自然湿地面积
Area of Natural Wetlands by Region

州 市	Region	自然湿地面积（万公顷）Area of Natural Wetlands (1 0 000 hectares)	河 流 Rivers	湖 泊 Lakes	沼 泽 Marshland	占国土面积比重（%）Proportion to Total Territory Area (%)
全 省	**Yunnan**	**34.39**	**15.95**	**17.54**	**0.90**	**0.8**
昆 明	Kunming	5.00	0.30	4.70		2.3
曲 靖	Qujing	1.25	0.80	0.40	0.05	0.4
玉 溪	Yuxi	4.80	0.85	3.95		3.1
保 山	Baoshan	0.70	0.6.	0.05		0.4
昭 通	Zhaotong	2.23	1.78	0.15	0.30	1.0
丽 江	Lijiang	2.57	0.99	1.48	0.10	1.2
普 洱	Pu'er	2.71	2.71			0.6
临 沧	Lincang	1.13	1.13			0.5
楚 雄	Chuxiong	2.39	1.4.	0.94		0.4
红 河	Honghe	1.93	0.70	1.23		0.6
文 山	Wenshan	0.94	0.10	0.84		0.3
西双版纳	Xishuangbanna	7.90	7.90			0.4
大 理	Dali	4.96	1.50	3.36	0.10	1.7
德 宏	Dehong	1.19	1.09		0.10	1.0
怒 江	Nujiang	0.65	0.55	0.05	0.05	0.4
迪 庆	Diqing	1.15	0.56	0.39	0.20	0.5

注：本表数据为2006年云南省林业调查规划院卫星判图数据。
Note:Numbers of 2006 in this table are obtained from the satellite photos taken by Yunnan Forestry Investigation and Planning Institute.

16-7 各州市造林面积情况
Area of Afforestation by Region

单位：万公顷 (10 000 hectares)

年份 Year / 州市 Region	造林总面积 Total Area of Afforestation	按造林方式分 By Approach		按林种用途分 By Function of Forest				
		人工造林 Manual Planting	飞机播种 Airplane Planting	用材林 Timber Forests	经济林 By-product Forests	防护林 Protection Forests	薪炭林 Fuel Forests	特种用途林 Forests for Special Purpose
2000	287.10	220.61	66.49	96.27	92.03	93.78	3.75	1.26
2001	223.36	186.54	36.81	59.49	69.69	92.15	1.45	0.59
2002	268.20	205.25	62.95	45.49	49.53	170.19	2.26	0.72
2003	330.09	287.62	42.47	55.82	60.64	212.33	0.67	0.62
2004	152.12	116.18	35.95	20.68	20.67	99.71	10.78	0.28
2005	138.62	109.07	29.55	23.23	26.18	88.32	0.89	
2006	105.33	90.77	14.56	20.12	61.18	23.81	0.02	0.20
2007	212.82	176.13		25.31	121.12	65.34	0.04	1.00
2008	377.42	338.49		27.72	272.05	76.99	0.04	0.62
2009	475.65	404.00		58.66	321.00	94.73	0.42	0.84
2010	441.00	397.92		47.75	321.02	70.70	0.75	0.77
2011	413.31	367.50		44.72	289.16	73.16	6.20	0.07
昆明 Kunming	11.95	8.71		0.86	6.87	4.22		
曲靖 Qujing	39.92	32.74		4.00	24.11	11.82		
玉溪 Yuxi	17.31	12.02		0.13	7.60	9.46	0.12	
保山 Baoshan	21.95	21.95		1.28	18.69	1.87	0.11	
昭通 Zhaotong	39.22	31.93		8.00	17.82	9.54	3.86	
丽江 Lijiang	27.26	27.22			26.55	0.67		0.04
普洱 Pu'er	11.49	10.60		4.94	5.48	0.89	0.18	
临沧 Lincang	32.80	32.80		1.38	30.08	1.33		
楚雄 Chuxiong	36.53	32.53		0.74	30.96	4.83		
红河 Honghe	31.07	28.00		9.57	16.20	5.29		
文山 Wenshan	37.32	30.81		0.07	25.34	10.38	1.53	
西双版纳 Xishuangbanna	2.33	2.33		0.53	1.80			
大理 Dali	58.32	54.48		0.51	53.10	4.69		0.02
德宏 Dehong	23.97	23.97		12.14	11.83			
怒江 Nujiang	10.97	10.97		0.56	8.90	1.11	0.38	0.01
迪庆 Diqing	10.88	6.44			3.83	7.05		

16-8 各州市水资源状况
Water Resources by Region

年份 Year 州市 Region		水资源总量（亿立方米）Total Amount of Water Resources (100 million cu.m)	地表水资源量 Surface Water Resources	地下水与地表水资源重复量 Duplicated Measurement Between Surface Water and Groundwater
2000		2 447.55	2 447.55	772.60
2001		2 561.94	2 561.94	808.50
2002		2 308.87	2 308.87	763.60
2003		1 699.36	1 699.36	592.20
2004		2 106.30	2 106.30	719.80
2005		1 846.43	1 846.43	660.30
2006		1 712.00	1 712.00	615.00
2007		2 256.00	2 256.00	794.60
2008		2 314.49	2 314.49	801.60
2009		1 577.00	1 577.00	582.60
2010		1 941.00	1 941.00	686.00
2011		1 480.19	1 480.19	548.05
昆　明	Kunming	22.86	22.86	7.31
曲　靖	Qujing	49.79	49.79	17.05
玉　溪	Yuxi	21.63	21.63	6.08
保　山	Baoshan	137.08	137.08	45.43
昭　通	Zhaotong	46.70	46.70	27.19
丽　江	Lijiang	45.35	45.35	19.33
普　洱	Pu'er	254.70	254.70	107.64
临　沧	Lincang	127.91	127.91	43.92
楚　雄	Chuxiong	27.23	27.23	12.96
红　河	Honghe	143.02	143.02	47.01
文　山	Wenshan	111.10	111.10	35.52
西双版纳	Xishuangbanna	89.30	89.30	35.97
大　理	Dali	59.54	59.54	25.35
德　宏	Dehong	105.48	105.48	38.34
怒　江	Nujiang	150.59	150.59	45.73
迪　庆	Diqing	87.90	87.90	33.21

16-9 各州市水资源及供、用水情况（2011年）
Water Resource and Tap Water Supply and Use by Region (2011)

单位：亿立方米 (100 million cu.m)

州 市	Region	水资源总量 Total Amount of Water Resources	供水总量 Total Volume of Water Supply	用水总量 Total Volume of Water Use	农 业 For Agriculture Use	工 业 For Productive Use	生 活 For Residential Use	生 态 For Entironment Use
全 省	**Yunnan**	**1 480.19**	**146.79**	**146.79**	**101.80**	**26.29**	**17.67**	**1.02**
昆 明	Kunming	22.86	18.22	18.22	7.27	7.30	3.48	0.16
曲 靖	Qujing	49.79	10.46	10.46	4.86	3.77	1.72	0.11
玉 溪	Yuxi	21.63	7.50	7.50	4.06	2.48	0.90	0.04
保 山	Baoshan	137.08	11.33	11.33	8.72	1.60	0.99	0.02
昭 通	Zhaotong	46.70	8.43	8.43	5.54	1.50	1.35	0.04
丽 江	Lijiang	45.35	5.88	5.88	4.93	0.41	0.52	0.02
普 洱	Pu'er	254.70	12.27	12.27	9.71	1.27	1.16	0.13
临 沧	Lincang	127.91	9.57	9.57	7.97	0.77	0.79	0.05
楚 雄	Chuxiong	27.23	8.91	8.91	7.22	0.40	1.21	0.09
红 河	Honghe	143.02	15.42	15.42	11.54	2.22	1.48	0.17
文 山	Wenshan	111.10	7.35	7.35	5.38	0.92	0.99	0.05
西双版纳	Xishuangbanna	89.30	6.98	6.98	5.88	0.54	0.51	0.04
大 理	Dali	59.54	13.08	13.08	9.60	1.91	1.50	0.07
德 宏	Dehong	105.48	7.39	7.39	6.12	0.63	0.61	0.03
怒 江	Nujiang	150.59	2.36	2.36	1.96	0.25	0.15	0.01
迪 庆	Diqing	87.90	1.65	1.65	1.03	0.31	0.30	0.01

16-10 各州市城市人口和建设用地情况(2011年)

Basic Statistics on Urban Population and Land Use for Construction by Region(2011)

城 市	City	城区人口(万人) Number of Urban Population (10 000 persons)	城区面积(平方公里) City Area (sq.km)	建成区面积 Of Which Developed Area	绿化覆盖面积(平方公里) Coverage Area of Greenery and Plants (sq.km)	建成区面积 Of Which Developed Area	人均公园绿地面积(平方米) Per Capita Public Park Area (sq.km)	建成区绿化覆盖率(%) Percentage of Coverage by Greenery and Plants in Developed Area (%)
全 省	**Yunnan**	**1 111.13**	**3 816.00**	**1 457.68**	**560.40**	**481.94**	**9.11**	**33.1**
昆 明	Kunming	310.12	1 330.91	388.22	182.17	164.41	10.30	42.4
曲 靖	Qujing	149.97	181.22	169.82	69.98	63.52	9.24	37.4
玉 溪	Yuxi	60.62	162.80	69.55	23.75	22.95	11.65	33.0
保 山	Baoshan	39.29	108.00	59.52	18.34	17.79	9.34	29.9
昭 通	Zhaotong	84.26	183.82	89.22	21.08	15.34	3.43	17.2
丽 江	Lijiang	23.10	41.29	33.61	11.56	11.12	18.22	33.1
普 洱	Pu'er	49.52	122.50	64.65	18.64	16.99	7.51	26.3
临 沧	Lincang	51.75	119.07	57.06	18.66	16.29	6.14	28.6
楚 雄	Chuxiong	55.77	195.88	84.48	34.12	27.50	11.47	32.6
红 河	Honghe	102.77	192.97	128.23	69.19	41.89	9.25	32.7
文 山	Wenshan	48.91	113.19	74.53	17.32	12.86	6.41	17.3
西双版纳	Xishuangbanna	18.54	197.93	37.12	15.77	15.74	13.06	42.4
大 理	Dali	68.11	665.26	97.95	26.57	25.87	5.91	26.4
德 宏	Dehong	29.20	102.50	57.00	16.77	15.08	9.83	26.5
怒 江	Nujiang	9.36	28.42	18.17	13.18	11.73	8.95	64.6
迪 庆	Diqing	9.84	70.24	28.55	3.30	2.86	5.57	10.0

16–11 各州市废水、废气、固体废物排放情况

Waste Water, Waste Gas and Solid Waste Discharged By Region

单位：万吨 (10 000 tons)

年份 Year 州市 Region	废水排放总量 Total Volume of Waste Water Discharged	生活污水排放量 Consumption Waste Water Discharged	化学需氧量(COD)排放量 COD Discharge	生活污水中COD排放量 COD Discharge from Consumption Waste Water	二氧化硫(SO_2)排放量 Volume of Sulphur Dioxide Emission	工业SO_2排放量 Volume of Industry Sulphur Dioxide Emission	工业SO_2排放达标量 Volume of Indusry Sulphur Dioxide Emision Meeting Discharge Standards	工业固体废物排放量 Volume of Industrial Solid Wastes Discharged	工业固体废物处置率(%) Ratio of Industrial Solid Wastes Utilized
2000	675 27.15	324 10.00	29.71	11.97	38.59	32.39		5 30.40	4.9
2001	641 52.34	314 39.00	30.89	16.64	35.75	29.44	10.20	2 95.80	15.9
2002	662 71.02	325 75.00	30.10	18.07	36.41	29.31	11.48	2 31.81	10.5
2003	681 80.80	335 26.00	28.52	19.24	45.26	38.07	14.52	1 21.67	21.4
2004	783 02.56	399 01.00	29.02	19.26	47.75	39.99	18.19	55.10	22.3
2005	752 02.45	422 74.00	28.47	17.78	52.19	42.89	18.76	70.66	35.1
2006	804 78.36	461 92.41	29.37	18.80	55.10	45.62	30.91	99.56	33.7
2007	837 58.94	484 06.66	29.00	19.21	53.37	44.54	34.50	82.66	33.0
2008	838 64.57	508 69.04	28.05	18.86	50.17	41.99	38.41	39.42	30.8
2009	875 90.64	552 15.43	27.31	18.78	49.93	41.78	40.12	60.65	29.7
2010	919 92.68	610 66.20	26.83	17.90	50.07	43.96	42.40	36.31	31.0
2011	1 475 23.10	1 002 08.27	55.47	29.35	69.12	64.25		1 68.70	28.6
昆明 Kunming	453 34.68	390 64.13	3.21	0.85	10.96	10.43		14.27	50.6
曲靖 Qujing	150 83.85	105 24.40	7.33	4.83	22.59	21.77			11.2
玉溪 Yuxi	99 47.97	44 60.01	3.41	1.45	3.55	3.46		0.98	50.0
保山 Baoshan	113 52.72	34 23.79	3.77	1.60	1.61	1.49			23.0
昭通 Zhaotong	52 27.80	40 15.94	2.86	2.32	3.25	1.33			51.3
丽江 Lijiang	24 43.26	19 70.00	0.74	0.48	0.75	0.72		0.02	
普洱 Pu'er	65 21.86	44 61.51	4.17	2.07	1.02	0.94			50.7
临沧 Lincang	88 31.15	39 06.42	5.48	1.82	2.81	2.76			24.3
楚雄 Chuxiong	60 63.91	46 70.45	2.70	1.98	2.22	1.90		96.67	11.3
红河 Honghe	107 37.80	71 50.35	6.55	3.97	16.00	15.76		6.35	17.2
文山 Wenshan	70 20.03	51 97.67	3.55	2.54	1.07	0.80		0.07	
西双版纳 Xishuangbanna	36 19.59	19 33.13	3.43	0.96	0.35	0.33		28.38	43.6
大理 Dali	77 39.03	64 38.06	4.28	2.97	1.49	1.22		1.46	21.5
德宏 Dehong	42 02.30	19 60.81	3.01	1.06	0.76	0.70			6.9
怒江 Nujiang	12 21.02	6 17.58	0.42	0.31	0.63	0.62		20.38	1.0
迪庆 Diqing	21 76.13	4 14.04	0.56	0.16	0.08	0.04		0.13	26.2

注：2011年起采用新统计制度，统计口径有新变化。

16-12 各州市工业废水排放及处理情况(2011年)

Discharge and Disposal of Industrial Waste Water by Region (2011)

州 市	Region	工业用水总量 (亿吨) Total Consumption of Water for Industrial Use (100 million tons)	工业用水重复利用率 (%) Recycling Rate of Water for Industrial Use (%)	工业废水排放总量 (亿吨) Total Volume of Industrial Waste Water Discharged (100 million tons)
全 省	**Yunnan**	**94.90**	**90**	**4.72**
昆 明	Kunming	20.20	92	0.63
曲 靖	Qujing	36.46	95	0.46
玉 溪	Yuxi	3.68	81	0.55
保 山	Baoshan	2.07	46	0.79
昭 通	Zhaotong	3.47	96	0.12
丽 江	Lijiang	0.11	36	0.05
普 洱	Pu'er	0.66	53	0.20
临 沧	Lincang	0.96	41	0.49
楚 雄	Chuxiong	4.87	93	0.14
红 河	Honghe	19.02	93	0.36
文 山	Wenshan	1.19	82	0.18
西双版纳	Xishuangbanna	0.44	60	0.17
大 理	Dali	0.44	54	0.13
德 宏	Dehong	0.46	50	0.22
怒 江	Nujiang	0.39	71	0.06
迪 庆	Diqing	0.48	58	0.18

注：1.工业用新鲜水量71289.90万吨；2.工业重复用水量767920.85万吨；3.汇总工业企业2049个。

Note: a.Total Consumption of fresh water for industrial use is 712.90 million tons;

b. Volume of Recycled Water for Industrial Use is 7679.21 million tons;

c. Total Number of industrial enterprises is 2049.

16–13 各州市工业废气排放及处理能力情况(2011年)

Emission and Disposal Capacity of Industrial Waste Gas by Region (2011)

州　市	Region	工业废气处理设施数（套）Number of Facilities for Disposal of Industrial Waste Gas (set)	工业废气治理设施处理能力（万标立方米/时）Capacity of Facilities for Disposal of Industrial Waste Gas (10 000 cu.m/h)	工业废气排放总量（万标立方米）Total Volume of Industrial Waste Gas Emitted (10 000 cu.m)
全　省	**Yunnan**	**6 305**	**31 440**	**17 545**
昆　明	Kunming	1 390	8 564	4 069
曲　靖	Qujing	872	7 697	4 914
玉　溪	Yuxi	878	2 294	1 299
保　山	Baoshan	186	406	556
昭　通	Zhaotong	357	226	426
丽　江	Lijiang	39	130	237
普　洱	Pu'er	196	899	498
临　沧	Lincang	194	644	203
楚　雄	Chuxiong	330	1 304	874
红　河	Honghe	681	3 563	2 355
文　山	Wenshan	264	1 179	457
西双版纳	Xishuangbanna	60	133	60
大　理	Dali	591	1 532	1 070
德　宏	Dehong	181	2 473	417
怒　江	Nujiang	33	267	39
迪　庆	Diqing	53	129	69

16-14 各州市工业固体废物排放及处理利用情况(2011年)

Discharge, Disposal and Recycling of Industrial Solid Wastes by Region (2011)

单位：万吨 (10 000 tons)

州 市	Region	工业固体废物产生量 Volume of Industrial Solid Wastes Produced	工业固体废物综合利用量 Volume of Industrial Solid Wastes Utilized	工业固体废物综合利用率(%) Rate of Industrial Solid Wastes Utilized (%)	工业固体废物贮存量 Volume of Industrial Solid Wastes Stored
全 省	**Yunnan**	**17335.30**	**8727.68**	**49**	**3687.40**
昆 明	Kunming	3669.92	1682.81	43	356.86
曲 靖	Qujing	2428.18	1465.80	60	682.67
玉 溪	Yuxi	2495.70	1049.40	42	203.11
保 山	Baoshan	571.58	387.19	68	53.17
昭 通	Zhaotong	165.67	80.70	49	
丽 江	Lijiang	160.26	128.80	61	82.55
普 洱	Pu'er	307.57	121.92	40	29.81
临 沧	Lincang	328.31	249.63	76	
楚 雄	Chuxiong	883.34	495.71	55	228.88
红 河	Honghe	2669.90	1012.81	38	1205.80
文 山	Wenshan	1705.47	1081.37	63	508.03
西双版纳	Xishuangbanna	864.64	448.01	52	11.25
大 理	Dali	504.96	305.61	61	63.17
德 宏	Dehong	156.84	125.83	80	18.39
怒 江	Nujiang	140.50	6.96	5	111.75
迪 庆	Diqing	282.46	85.10	29	131.96

16-14 续表 continued

单位：万吨 (10 000 tons)

州 市	Region	工业固体废物 处置量 Volume of Industrial Solid Wastes Disposal	处置往年贮存量 Of Which: Volume of Previously Stored Industrial Solid Wastes Disposal	工业固体废物排放量 (万吨) Volume of Industrial Solid Wastes Discharged
全 省	**Yunnan**	**4969. 03**	**40.80**	**168.70**
昆 明	Kunming	1862. 81	10.60	14.27
曲 靖	Qujing	270. 95		
玉 溪	Yuxi	1247. 12	0.02	0.98
保 山	Baoshan	131. 23		
昭 通	Zhaotong	84. 97		
丽 江	Lijiang	.		0.02
普 洱	Pu'er	155. 83		
临 沧	Lincang	79. 68		
楚 雄	Chuxiong	103. 63	30.08	96.67
红 河	Honghe	460. 12		6.35
文 山	Wenshan	. 7		0.07
西双版纳	Xishuangbanna	377.		28.38
大 理	Dali	108. 69		1.46
德 宏	Dehong	10. 77		
怒 江	Nujiang	1. 42		20.38
迪 庆	Diqing	74. 1	0.10	0.13

16−15 各州市城市污水排放和处理情况(2011年)
Discharge and Disposal of City Sewage by Region (2011)

州 市	Region	城市污水排放量(万立方米) Total Volume of City Sewage Discharged (10 000 cu.m)	污水处理总量(万立方米) Total Volume of Sewage Disposal (10 000 cu.m)	污水厂污水处理量 Volume of Sewage Disposal by Sewage Disposal Plants	污水再生利用量(万立方米) Volume of Utilized by Sewage regenerated (10 000 cu.m)	城市污水处理率(%) Ratio of City Sewage Disposal (%)	污水处理厂集中处理率(%) Ratio of Centralized Disposal by Sewage Disposal Plants (%)
全 省	**Yunnan**	**93513**	**74521**	**69643**	**2175**	**79.7**	**74.5**
昆 明	Kunming	46546	45103	42755	524	96.9	91.9
曲 靖	Qujing	9008	7105	4845	224	78.9	53.8
玉 溪	Yuxi	4718	3584	3584	199	76.0	76.0
保 山	Baoshan	2377	850	850		35.8	35.8
昭 通	Zhaotong	4011	1459	1459	266	36.4	36.4
丽 江	Lijiang	1664	1324	1324	727	79.6	79.6
普 洱	Pu'er	2558	1295	1025		50.6	40.1
临 沧	Lincang	2244	737	737	60	32.8	32.8
楚 雄	Chuxiong	3376	2471	2471	88	73.2	73.2
红 河	Honghe	5622	4013	4013	76	71.4	71.4
文 山	Wenshan	2604	1083	1083		41.6	41.6
西双版纳	Xishuangbanna	1563	734	734		47.0	47.0
大 理	Dali	3633	2602	2602	5	71.6	71.6
德 宏	Dehong	1994	1256	1256		63.0	63.0
怒 江	Nujiang	1253	628	628		50.1	50.1
迪 庆	Diqing	342	277	277	6	81.0	81.0

16−16 主要城市空气质量指标(2011年)

The Indicators of Air Quality By Main Cities and Towns (2011)

单位：毫克/立方米 (mg/m^3)

城　市	City	可吸入颗粒物 (PM10) Particulate Matters	二氧化硫 (SO_2) Sulphur Dioxide	二氧化氮 (NO_2) Nitrogen Dioxide	空气质量达到及好于二级的天数(天)	空气综合污染指数 Index of Wastes Air Pollution
昆明市	Kunming	0.064	0.037	0.044	365	1.81
曲靖市	Qujing	0.068	0.035	0.028	362	1.61
玉溪市	Yuxi	0.058	0.043	0.016	365	1.5
保山市	Baoshan	0.052	0.020	0.018	357	1.08
昭通市	Zhaotong	0.046	0.078	0.026	334	2.09
丽江市	Lijiang	0.045	0.005	0.009	347	0.65
普洱市	Pu'er	0.038	0.003	0.007	360	0.52
临沧市	Lincang	0.052	0.013	0.017	349	0.95
楚雄市	Chuxiong	0.041	0.044	0.013	365	1.31
个旧市	Gejiu	0.068	0.065	0.014	333	1.93
开远市	Kaiyuan	0.070	0.060	0.023	306	1.98
蒙自市城	Mengzi	0.048	0.048	0.011	351	1.42
文山市城	Wenshan	0.048	0.013	0.012	353	0.85
景洪市	Jinghong	0.049	0.013	0.018	365	0.93
大理市	Dali	0.034	0.027	0.018	363	1.02
芒　市	Mangshi	0.065	0.016	0.004	355	0.97
六库镇	Liuku	0.031	0.016	0.006	339	0.65
香格里拉县城	Shangri-la	0.025	0.027	0.021	359	0.96

注：空气质量监测城市18个，其中二级或优于二级城市16个，三级城市2个，劣三级城市0个。

Not e:There are cities towns air quality be monitored.18, of which: 16secondary cities, 2 tertiary cities, and town .

16-17 主要城市区域环境噪声源构成情况(2011年)

Composition of Environmental Noise Source By Major Cities and Towns (2011)

单位：分贝 (dB)

城 市	City	等效声级 Average Equivalent Sound Level of Environmentalt Noise	交通噪声 Average Equivalent Sound Level of Traffic Noise	工业噪声 Average Equivalent Sound Level of Industrial Noise	施工噪声 Average Equivalent Sound Level of Construction Noise	生活噪声 Average Equivalent Sound Level of Residental Noise	其 他 Others
全 省	**Yunnan**	**52.8**	**55.7**	**54.0**	**53.6**	**51.0**	**50.2**
昆 明 市	Kunming	53.0	56.3	53.7	53.5	50.5	50.0
曲 靖 市	Qujing	53.1	55.4	55.3	/	51.4	53.0
玉 溪 市	Yuxi	50.3	51.7	49.5	48.7	49.8	51.5
保 山 市	Baoshan	54.4	55.3	59.8	47.1	52.8	/
昭 通 市	Zhaotong	53.9	53.8	53.6	65.9	53.7	/
普 洱 市	Pu'er	52.3	58.0	55.5	/	51.0	56.3
楚 雄 市	Chuxiong	49.2	51.2	/	52.8	48.5	45.7
个 旧 市	Gejiu	52.7	55.2	59.1	54.0	51.6	48.8
开 远 市	Kaiyuan	53.4	55.4	50.3	53.9	51.3	55.9
景 洪 市	Jinghong	52.2	53.6	/	54.3	49.9	43.5
大 理 市	Dali	57.9	59.5	58.1	56.5	56.7	/
芒 市	Mangshi	51.6	51.6	56.8	/	51.5	/
文 山 市	Wenshan	56.4	59.8	53.3	56.5	52.2	51.4
丽江市	Lijiang	52.2	53.8	48.8	/	50.9	52.6
宣威市	Xuanwei	51.5	56.8	53.8	51.5	50.3	/
临沧市	Lincang	49.9	51.1	53.0	50.4	49.6	45.5
瑞丽市	Ruili	55.8	64.5		/	53.0	/
六库县城	Liuku	53.0	62.6	/	/	51.6	/

注：统计范围是州、市所在地监测城市。
Note:Statistical coverage is the monitored cities of prefectures and cities.

主要统计指标解释

自然资源 指人类可以直接从自然界获得，并用于生产和生活的物质资源。自然资源一般可以分为可再生资源和非再生资源两大类。可再生资源指在较短时间内可以再生、可以循环利用的资源，包括土地资源、水资源、气候资源、生物资源和海洋资源等。非再生资源指在使用后不能再生的资源，包括矿产资源和地热能源。

土地资源 土地指陆地的表层部分，它主要由岩石、岩石的风化物和土壤构成。土地资源按利用类型可以分为农用地、建筑用地和未利用地。农用地包括耕地、园地、林地、牧草地和水面。建筑用地包括居民点及工矿用地、交通用地和水利设施用地。未利用地指农用地和建筑用地以外的土地，包括滩涂、荒漠、戈壁、冰川和石山等。

耕地面积 指经过开垦用以种植农作物并经常进行耕耘的土地面积。包括种有作物的土地面积、休闲地、新开荒地和抛荒未满三年的土地面积。

林业用地面积 指生长乔木、竹类、灌木、沿海红树林等林木的土地面积，包括有林地、灌木林、疏林地、未成林造林地、迹地、苗圃等。

牧草地面积 指牧区和农区用于放牧牲畜或割草，植被覆盖度在5%以上的草原、草坡、草山等面积。包括天然的和人工种植或改良的草地面积。

森林资源 指森林、林木、林地以及依托森林、林木、林地生存的野生动物、植物和微生物。林木指树木和竹子。森林指以乔木为主体的植物群落，是集生的乔木及与共同作用的植物、动物、微生物和土壤、气候等的总体。

森林面积 指由乔木树种构成，郁闭度0．2 以上（含0．2）的林地或冠幅宽度10 米以上的林带的面积，即有林地面积。森林面积包括天然起源和人工起源的针叶林面积、阔叶林面积、针阔混交林面积和竹林面积，不包括灌木林地面积和疏林地面积。

森林覆盖率 指一个国家或地区森林面积占土地总面积的百分比。森林覆盖率是反映森林资源的丰富程度和生态平衡状况的重要指标。在计算森林覆盖率时，森林面积包括郁闭度0．2 以上的乔木林地面积和竹林地面积，国家特别规定的灌木林地面积、农田林网以及“四旁”（村旁、路旁、水旁、宅旁）林木的覆盖面积。计算公式为：

$$\text{森林覆盖率} = \frac{\text{森林面积}}{\text{土地总面积}} \times 100\%$$

活立木总蓄积量 指一定范围内土地上全部树木蓄积的总量，包括森林蓄积、疏林蓄积、散生木蓄积和“四旁”树蓄积。

森林蓄积量 指一定森林面积上存在着的林木树干部分的总材积。它是反映一个国家或地区森林资源总规模和水平的基本指标之一，也是反映森林资源的丰富程度、衡量森林生态环境优劣的重要依据。

气候 指地球与大气之间长期能量交换与质量交换所形成的一种自然环境状态，它是多种因素综合作用的结果。气候既是人类生活和生产的环境要素之一，又是供给人类生活和生产的重要资源。气温、降水、湿度等气象要素的多年平均值是用来描述一个地区气候状况的主要参数，而各种气象要素某年、某月的平均值（或总量）则可以反映出该时期天气气候状况的重要特征。

气温 指空气的温度，我国一般以摄氏度（℃）为单位表示。气象观测的温度表是放在离地面约1．5 米处，通风良好的百叶箱里测量的，因此，通常说的气温指的是离地面1．5 米处百叶箱中的温度。其统计计算方法为：

月平均气温是将全月各日的平均气温相加，除以该月的天数而得。

年平均气温是将12 个月的月平均气温累加后除以12 而得。

降水量 指从天空降落到地面的液态或固态（经融化后）水，未经蒸发、渗透、流失而在地面上积聚的深度。其统计计算方法为：

月降水量是将全月各日的降水量累加而得。

年降水量是将12　个月的月降水量累加而得。

土地调查面积　指行政区域内的土地调查总面积，包括农用地、建设用地和未利用地。

农用地　指直接用于农业生产的土地，包括耕地、园地、林地、牧草地及其他农用地。

湿地　指天然或人工、长久或暂时性的沼泽地、泥炭地或水域地带，包括静止或流动、淡水、半咸水、咸水体，低潮时水深不超过6米的水域以及海岸地带地区的珊瑚滩和海草床、滩涂、红树林、河口、河流、淡水沼泽、沼泽森林、湖泊、盐沼及盐湖。

造林总面积　指报告期内在荒山、荒地、沙丘、退耕地等一切可以造林的土地上，采用人工播种、飞机播种、植苗造林、分植造林等方法新植成片乔木林和灌木林，经过检查验收符合《造林技术规程》要求的单位面积株数，并按《中华人民共和国森林法实施条例》规定，成活率达85%以上（含85%，年降雨量在400毫米以下且无浇灌条件的地区造林成活率达70%以上）的总面积。“四旁”植树如一侧在四行以上，连片面积0．066公顷（一亩）以上，应统计在造林面积内。造林面积，通常按所有制（国有、国有集体合作、集体和个人）、造林方式（人工、飞机播种）、主要林种用途（用材林、经济林、防护林、薪炭林、特种用途林）分组进行统计。

人工造林　指在宜林荒山荒地、宜林沙荒地、无立木林地、疏林地和退耕地等其他宜林地上通过播种、植苗和分植来提高森林植被覆被率的技术措施。

飞机播种　通过飞机播种，为宜林荒山荒地、宜林沙荒地、其他宜林地、疏林地补充适量的种源，并辅以适当的人工措施，在自然力的作用下使其形成森林或灌草植被，提高森林植被覆被率的技术措施。

用材林　指以生产木材为主要目的的森林和林木，包括以生产竹材为主要目的的竹林。

经济林　指以生产果品，食用油料、饮料、调料，工业原料和药材为主要目的的林木。经济林是人们为了取得林木的果实、叶片、皮层、胶液等产品作为工业原料或者供食用所营造的林木，如油茶、油桐、核桃、樟树、花椒、茶、桑、果等。

防护林　指以防护为主要目的的森林、林木和灌木丛。包括水源涵养林，水土保持林，防风固沙林，农田、牧场防护林，护岸林，护路林等。

薪炭林　指以生产燃料为主要目的的林木。

特种用途林　指以国防、环境保护、科学实验等为主要目的的森林和林木。包括国防林、实验林、母树林、环境保护林、风景林，名胜古迹和革命纪念地的林木，自然保护区的森林。

水资源总量　指评价区内降水形成的地表和地下产水总量，即地表产流量与降水入渗补给地下水量之和，不包括过境水量。

地表水资源量　指评价区内河流、湖泊、冰川等地表水体中可以逐年更新的动态水量，即当地天然河川径流量。

地下水资源量　指评价区内降水和地表水对饱水岩土层的补给量，包括降水入渗补给量和河道、湖库、渠系、渠灌田间等地表水体的入渗补给量。

地表水与地下水资源重复量　指地表水和地下水相互转化的部分，即天然河川径流量中的地下水排泄量和地下水补给量中来源于地表水的入渗补给量。

供水总量　指各种水源工程为用户提供的包括输水损失在内的毛供水量之和，不包括海水直接利用量。

用水总量　指分配给各类用户的包括输水损失在内的毛用水量之和，不包括海水直接利用量。

农业用水　指农田灌溉用水、林果地灌溉用水、草地灌溉用水和鱼塘补水。

工业用水　指工矿企业在生产过程中用于制造、加工、冷却、空调、净化、洗涤等方面的用水，按新水取用量计，不包括企业内部的重复利用水量。

生活用水　包括城镇生活用水和农村生活用水。城镇生活用水由居民用水和公共用水（含第三产业及建筑业等用水）组成；农村生活用水除居民生活用水外，还包括牲畜用水在内。

生态用水　仅包括人为措施供给的城镇环境用水和部分河湖、湿地补水，而不包括降水、径流自然满足的水量。

工业废水排放量　指经过企业厂区所有排放口排到企业外部的工业废水量。包括生产废水、外排的直接冷却水、超标排放的矿井地下水和与工业废水混排的厂区生活污水，不包括外排的间接冷却水（清污不分流的间接冷却水应计算在内）。

工业废水排放达标量 指报告期内废水中各项污染物指标都达到国家或地方排放标准的外排工业废水量，包括未经处理外排达标的，经废水处理设施处理后达标排放的，以及经污水处理厂处理后达标排放的。

工业废水排放达标率 指工业废水排放达标量占工业废水排放量的百分率，计算公式为：

$$\text{工业废水排放达标率}=\frac{\text{工业废水排放达标量}}{\text{工业废水排放量}}\times 100\%$$

化学需氧量（COD） 指用化学氧化剂氧化水中有机污染物时所需的氧量。COD 值越高，表示水中有机污染物污染越重。

生活污水中化学需氧量（COD）排放量 指城镇居民每年排放的生活污水中的 COD 的量。用人均系数法测算。测算公式为：

$$\begin{matrix}\text{城镇生活污水}\\\text{中排放量}\end{matrix}=\begin{matrix}\text{城镇生活污水中}\\\text{COD 产生系数}\end{matrix}\times\begin{matrix}\text{市镇非}\\\text{农业人口}\end{matrix}\times 365$$

工业废气排放量 指报告期内企业厂区内燃料燃烧和生产工艺过程中产生的各种排入大气的含有污染物的气体的总量，以标准状态（273K，101325Pa）计算。测算公式为：

$$\begin{matrix}\text{工业废气}\\\text{排放量}\end{matrix}=\begin{matrix}\text{燃料燃烧过程}\\\text{中废气排放量}\end{matrix}+\begin{matrix}\text{生产工艺过程}\\\text{中废气排放量}\end{matrix}$$

二氧化硫排放量 指报告期内工业 SO_2 排放量与生活 SO_2 排放量之和。

工业 SO_2 排放量 指报告期内企业在燃料燃烧和生产工艺过程中排入大气的 SO_2 总量，计算公式为：

$$\begin{matrix}\text{工业 }SO_2\\\text{排放量}\end{matrix}=\begin{matrix}\text{燃料燃烧过程}\\\text{中废气排放量}\end{matrix}+\begin{matrix}\text{生产工艺过程}\\\text{中废气排放量}\end{matrix}$$

工业 SO_2 排放达标量 指排入大气的达到排放标准的工业二氧化硫量。

工业 SO_2 排放达标率 指工业 SO_2 排放达标量占工业 SO_2 排放量的百分率。计算公式为：

$$\text{工业 }SO_2\text{ 排放达标率}=\frac{\text{工业 }SO_2\text{ 排放达标量}}{\text{工业 }SO_2\text{ 排放量}}\times 100\%$$

工业固体废物产生量 工业固体废物产生量 指报告期内企业在生产过程中产生的固体状、半固体状和高浓度液体状废弃物的总量，包括危险废物、冶炼废渣、粉煤灰、炉渣、煤矸石、尾矿、放射性废物和其他废物等；不包括矿山开采的剥离废石和掘进废石（煤矸石和呈酸性或碱性的废石除外）。酸性或碱性废石指采掘的废石其流经水、雨淋水的 pH 值小于 4 或 pH 值大于 10．5 者。

工业固体废物排放量 指报告期内企业将所产生的固体废物排到固体废物污染防治设施、场所以外的数量，不包括矿山开采的剥离废石和掘进废石（煤矸石和呈酸性或碱性的废石除外）。

工业固体废物综合利用量 指报告期内企业通过回收、加工、循环、交换等方式，从固体废物中提取或者使其转化为可以利用的资源、能源和其他原材料的固体废物量（包括当年利用往年的工业固体废物贮存量），如用作农业肥料、生产建筑材料、筑路等。综合利用量由原产生固体废物的单位统计。

工业固体废物综合利用率 指工业固体废物综合利用量占工业固体废物产生量（包括综合利用往年贮存量）的百分率。计算公式为：

$$\begin{matrix}\text{工业固体废物}\\\text{综合利用率}\end{matrix}=\frac{\begin{matrix}\text{工业固体废物}\\\text{综合利用量}\end{matrix}}{\begin{matrix}\text{工业固体废物产生量}\\\text{综合利用往年贮存量}\end{matrix}}\times 100\%$$

工业固体废物贮存量 指报告期内企业以综合利用或处置为目的，将固体废物暂时贮存或堆存在专设的贮存设施或专设的集中堆存场所内的数量。专设的固体废物贮存场所或贮存设施必须有防扩散、防流失、防渗漏、防止污染大气、水体的措施。

工业固体废物处置量 指报告期内企业将固体废物焚烧或者最终置于符合环境保护规定要求的场所，并不再回取的工业固体废物量（包括当年处置往年的工业固体废物贮存量）。处置方式有填埋（其中危险废物应安全填埋）、焚烧、专业贮存场（库）封场处理、深层灌注、回填矿井及海洋处置（经海洋管理部门同意投海处置）等。

“三废”综合利用产品产值 指报告期内利用“三废”作为主要原料生产的产品价值（现行价）；已经销售或准备销售的应计算产品价值，留作生产自用的不应计算产品价值。

城区面积 城区面积包括：（1）街道办事处所辖地域；（2）城市公共设施、居住设施和市政公用设施等连接到的其他镇（乡）地域；（3）常住人口在3000人以上独立的工矿区、开发区、科研单位、大专院校等特殊区域。

城市建成区面积 指城市行政区内实际已成片开发建设、市政公用设施和公共设施基本具备的区域。对于核心城市来说，它包括核心区域和多个分散区域；对于一城多镇的城市来说，它包括若干个连片开发起来的区域。一般是指建成区外轮廓线所能包括的地区，也就是这个城市实际建设用地所达到的范围。

城区人口 指划定的城区范围的人口数。按公安部门的户籍人口统计为准。城市污水排放量 指城市生活污水、工业废水的排放总量，包括从排水管道和排水沟（渠）排出的污水量。

城市污水处理量 指城市污水处理厂和处理装置实际处理的污水量。包括物理处理量、生物处理量和化学处理量。

城市污水集中处理率 指城市污水处理厂处理的污水量与城市污水排放总量的比率。计算公式：

$$\text{城市污水处理率} = \frac{\text{城市污水处理厂污水处理量}}{\text{城市污水排放总量}} \times 100\%$$

人均公园绿地面积 指报告期末区域内城市人口平均每人拥有的公园绿地面积。人口数采用年底人口数。其中公园绿地指城市中向公众开放的、以游憩为主要功能，有一定的游憩设施和服务设施，同时兼有健全生态、美化景观、防灾减灾等综合作用的绿化用地。计算公式为：

$$\text{人均公园绿地面积} = \frac{\text{公园绿地面积}}{\text{城市人口数}} \times 100\%$$

建成区绿化覆盖率 指报告期末建成区内绿化覆盖面积与建成区面积的比率。计算公式为：

$$\text{建成区绿化覆盖率} = \frac{\text{建成区内绿化覆盖面积}}{\text{建成区面积}} \times 100\%$$

其中，绿化覆盖面积指城市中的乔木、灌木、草坪等所有植被的垂直投影面积。包括公共绿地、居住区绿地、单位附属绿地、防护绿地、生产绿地、道路绿地、风景林地的绿化种植覆盖面积、屋顶绿化覆盖面积以及零散树木的覆盖面积。乔木树冠下重叠的灌木和草本植物不能重复计算。

Explanatory Notes on Principal Statistical Indicators

Natural Resources refer to material resources that could be obtained from the nature by human being and used for production and living. Natural resources in general can be classified as renewable resources and non – renewable resources. Renewable resources refer to resources that could be renewed and recycled during a relatively short period of time, including land resource, water resource, climate resource, biology resource and marine resource. Non – renewable resources include resources that could not be renewed, such as minerals and geothermal resource.

Land Resource Land refers to the surface of the earth, consisting of mainly rocks and its weathering and earth. Land resource can be classified, by its utilization, as land for agriculture, land for construction and unused land. Land for agriculture includes cultivated land, plantation land, forestland, grassland and waters. Land for construction includes land for residential purpose, for manufacturing and mining, for transportation and for water – conservancy projects. Unused land refers to land other than land for agriculture and construction, including beaches, deserts, Gobi, glaciers and rock mountains.

Area of Cultivated Land refers to area of land reclaimed for the regular cultivation of various farm crops, including crop – cover land, fallow, newly reclaimed land and land laid idle for less than 3 years.

Area of Afforested Land refers to area for land for trees bamboo, bushes and mangrove, including forest – covered land, bush – covered land, sparse forest land, land planned for a forestation and nurseries of young trees.

Area of Pasture refers to area of grassland, grass – slopes and grass – covered hills with a vegetation – covering rate of over 5% that are used for animal husbandry or harvesting of grass. It includes natural, cultivated and improved grassland areas.

Forest Resource refers to forests, trees, forestland and wild animals, plants and microorganism that live on forest and trees. Trees include trees and bamboo. Forest refers to the population of clusters of trees and other plants, animals and microorganism as well as the earth and climate that have interactions with the trees.

Forest Area refers to the area of forest where trees and bamboo grow with canopy density above 0.2, including land of natural woods and planted woods, but excluding bush land and thin forest land. It reflects the total areas of afforestation.

Forest Coverage Rate refers to the ratio of area of afforested land to total land area. It is a very important indicator that reflects the status of abundance of forest resource and balance of the ecosystem. Forest area includes the area of trees and bamboo grow with canopy density above 0.2, the area of shrubby tree according to regulations of the government, the area of forest land inside farm land and the area of trees planted by the side of villages, farm houses and along roads and rivers. The formula for calculating forest coverage rate is as follows:

$$\text{Forestry coverage rate}\ (\%) = \frac{\text{Area of Afforested Land}}{\text{Area of Total Land}} \times 100\%$$

Total Standing Stock Volume refers to the total stock volume of trees growing in land, including trees in forest, trees in sparse forest, scattered trees and trees planted by the side of villages, farm houses and along roads and rivers.

Stock Volume of Forest refers to total stock volume of wood growing in forest area, which shows the total size and level of forest resources of a country or a region. It is also an important indicator illustrating the richness of forest resource and the status of forest ecological environment.

Climate refers to the natural environment status formed by the long – term exchange of energy and mass between the earth and the atmosphere, and is the result of interaction of many factors. Climate is both one of the environment factors and also the important resources for living and production activities of the human being. The average values across several years of meteorological factors such as temperature, rainfall and humidity are used as important parameters to describe the climate of a region, while the average values (or total values) of a given year or month of meteorological factors reflect the key characteristics of climate for the period of time.

Temperature refers to the air temperature. China uses centigrade as the unit. The thermometry used for weather observation is put in a breezy shutter, which is 1.5 meters high from the ground. Therefore, the commonly used temperature refers to the temperature in the breezy shutter 1.5 meters away from the ground. The calculation method is as follows:

Monthly average temperature is the summation of average daily temperature of one month divided by the actual days of that particular month.

Annual average temperature is the summation of monthly average of a year divided by 12 months. Volume of Precipitation refers to the deepness of liquid state or solid state (thawed) water falling from the sky to the ground that has not been evaporated, infiltrated or run off. The calculation method is as follows:

Monthly precipitation is the summation of daily precipitation of a month.

Annual precipitation is the summation of 12 months precipitation of a year.

Land for Agriculture Use refers to land directly used for agriculture production, including land for cultivation, gardening, forests, herbage and other agriculture activities.

Wetlands refer to marshland and peat bog, whether natural or man – made, permanent or temporary; water covered areas, whether stagnant or flowing, with fresh or semi – fresh or salty water that is less than 6 meters deep at low tide; as well as coral beach, weed beach, mud beach, mangrove, river outlet, rivers, fresh – water marshland, marshland forests, lakes, salty bog and salt lakes along the coastal areas.

Total Area of A forestation refers to the total area of land suitable for a forestation, including barren hills, idle land, sand dunes, "grain for green" land, on which acres of arbores or bushes are planted through manual planting, airplane planting, plant seedlings, etc. in accordance with the required density standards of the Technical Procedures of A forestation, and with a survival rate of over 85% in line with the Implementing Rules of the Forest Law of the People's Republic of China (or a survival rate of 75% in areas with less that 400 mm of annual rainfall and without irrigation facilities). Included in this category are trees planted alone the roadsides, riversides, or next to houses that occupy an area over 0.066 hectares, or where more than 4 lines of trees are planted. Total area of a forestation is further classified by ownership (state – owned, state – collective, collective or private), by approach of planting (manual, airplane), and by type of forests (timber, by – products, protection, fuel, special use, etc.).

Area of Man – made Forests refer to the area of stable growing forests, planted manually or by airplanes, with a survival rate of 80% or higher of the designed number of trees per hectare, or with a canopy density of 0.20 – or above after 3 – 5 years of manual planting or 5 – 7 years of airplane planting.

Timber Forests refer to forests which are mainly for the production of timber, including bamboo groves planted to harvest bamboos.

By – product Forests refer to forests that mainly produce fruits, nuts, edible oil, beverages, indigents, raw materials and medicine materials. By – product forests are planted to harvest the fruits, leaves, bark or liquid of trees, and consume them as food or raw materials for the manufacturing industry, such as tea – oil trees, tung oil trees, walnut trees, camphor trees, tea bushes, mulberry trees, fruit trees, etc.

Protection Forests refer to forests, trees and bushes planted mainly for protection or preservation purpose, including water resource conservation forests, water and soil conservation forests, windbreak and dune – fixing forests, farmland and pasture protection forests, riverside protection forests, roadside protection forests, etc.

Fuel Forests refer to forests planted mainly for fuels.

Forests for Special Purpose refer to forests planted mainly for national defense, environment protection or scientific experiments, including national defense forests, experimental forests, mother – tree forests, environment protection forests, scenery forests, trees in historical or scenic spots, roadside in natural reserves.

Total Water Resources refers to total volume of water resources measured as run – off for surface water from rainfall and recharge for groundwater in a given area, excluding transit water.

Surface Water Resources refers to total renewable resources which exist in rivers, lakes, glaciers and other collectors from rainfall and are measured as run – off of rivers.

Groundwater Resources refers to replenishment of aquifers with rainfall and surface water.

Duplicated Measurement between Surface Water and Groundwater refers to mutual exchange between surface water and groundwater, i. e. run – off of rivers includes some depletion into groundwater while groundwater includes some replenishment from surface water.

Water Supply refers to gross water supply by supply systems from sources to consumers, including losses during distribution.

Water Use refers to gross water use distributed to users, including loss during transportation, broken down into use by agriculture, industry, living consumption and ecological protection.

Water Use by Agriculture includes uses of water by irrigation of farming fields and by forestry, animal husbandry and fishing. Water use by forestry, animal husbandry and fishery includes irrigation of forestry and orchards, irrigation of grassland and replenishment of fishing farms.

Water Use by Industry refers to new withdrawals of water, excluding reuse of water within enterprises.

Water Use by Living Consumption includes use of water for living consumption in both urban and rural areas. Urban water use by living consumption is composed of household use and public use (including services, commerce, restaurants, cargo transportation, posts, telecommunications and construction). Rural water use by living consumption includes both households and animals.

Water Use by Ecological Protection includes replenishment of rivers and lakes and use for urban environment.

Waste Water Discharged by Industry refers to the volume of waste water discharged by industrial enterprises through all their outlets, including waste water from production process, directly cooled water, groundwater from mining wells which does not meet discharge standards and sewage from households mixed with waste water produced by industrial activities, but excluding indirectly cooled water discharged (It should be included if the discharge is not separated from waste water).

Industrial Waste Water Meeting Discharge Standards refers to volume of industrial waste water discharge which, with or without treatment, reaches national or local standards with regard to all pollutants. **Ratio of Industrial Waste Water Meeting Discharge Standards** refers to percentage of industrial waste water meeting discharge standards over total industrial waste water discharge. It is calculated as:

$$\text{Ratio of industrial waste water meeting discharge standards} = \frac{\text{industrial waste water meeting discharge standards}}{\text{total industrial waste water discharge}}$$

Chemical Oxygen Demand (COD) refers to the amount of oxygen required when chemical oxidants are used to oxidize organic pollutants in water. A higher value of COD corresponds to more serious pollution by organic pollutants.

Volume of Chemical Oxygen Demand (COD) Generated by Urban Non – industrial Waster Water refers to chemical oxygen demand generated through the annual discharge of non – industrial waste water by urban households. It is estimated as: **Industrial Waste Air Emission** refers to the discharge into atmosphere of waste air containing pollutants generated from fuel burning and production processes in enterprises within a given period of time. It is calculated at standard status (273K, 101325Pa) as:

$$\text{Volume of chemical oxygen demand (cod) generated by urban non – industrial waster water} = \text{Coefficient of COD generated through urban non – industrial waste water} \times \text{urban non – agricultural population} \times 365$$

Industrial Waste Air Emission refers to the discharge into atmosphere of waste air containing pollutants generated from fuel burning and production processes in enterprises within a given period of time. It is calculated at standard status (273K, 101325Pa) as:

$$\text{Industrial waste air emission} = \text{emission through fuel burning} + \text{emission through production process}$$

SO_2 Emission is calculated on the basis of consumption of coal by households and industrial activities.

SO_2 Emission through Industrial Activities refers to volume of sulphur dioxide emission from fuel burning and production process by enterprises during a given period of time. It is calculated as:

$$SO_2 \text{ emission through industrial activities} = SO_2 \text{ emission from fuel burning} + SO_2 \text{ emission from production process}$$

SO_2 Emission through Industrial Activities Meeting Discharge Standards refers to volume of sulphur dioxide emission from fuel burning and production process by enterprises during a given period of time meeting discharge standards

Ratio of SORRR2RRR Emission through Industrial Activities Meeting Discharge Standards refers to percentage of sulphur dioxide emission from fuel burning and production process by enterprises meeting discharge standards over total volume of sulphur dioxide emission from fuel burning and production process by enterprises during a given period of time.

It is estimated as:

Ratio of SO_2 emission through industrial activities meeting discharge Standards = SO_2 emission through industrial activities meeting discharge standards ÷ SORRR2RRR emission through industrial activities.

Industrial Solid Wastes Produced refers to total volume of solid, semi - solid and high concentration liquid residues produced by industrial enterprises from production process in a given period of time, including hazardous wastes, slag, coal ash, gangue, tailings, radioactive residues and other wastes, but excluding stones stripped or dug out in mining - gangue and acid or alkaline stones not included (a stone is acid or alkaline according to the pH value of the water being below 4 or above 10.5 when the stone is in, or soaked by water).

Industrial Solid Wastes Discharged refers to the volume of industrial solid wastes discharged by producing enterprises to disposal facilities or to other sites. The wastes exclude stones stripped or dug from mining (gangue and acid or alkaline waste stones not included).

Industrial Solid Wastes Utilized refers to volume of solid wastes from which useful materials can be extracted or which can be converted into usable resources, energy or other materials by means of reclamation, processing, recycling and exchange (including utilizing in the year the stocks of industrial solid wastes of the previous year). Examples of such utilizations include fertilizers, building materials and road materials. The information shall be collected by the producing units of the wastes.

Ratio of Utilization of Industrial Solid Wastes refers to the percentage of industrial solid wastes utilized over industrial solid wastes produced (including stocks of the previous years). It is calculated as:

$$\text{Rate of utilization of industrial solid wastes} = \frac{\text{volume of industrial solid wastes utilized}}{\text{industrial solid wastes produced + stock of previous years}} \times 100\%$$

Stock of Industrial Solid Wastes refers to the volume of solid wastes placed in special facilities or special sites for purposes of utilization or disposal. The sites or facilities should take measures against dispersion, loss, seepage, and air and water contamination.

Industrial Solid Wastes Disposed refers to the quantity of industrial solid wastes which are burnt or placed ultimately in the sites meeting the requirements for environmental protection and not salvaged or recycled (including disposition in the year of those wastes of previous years). The disposition includes landfill (Safe landfills should be conducted for hazardous wastes), incineration, containment spaces, deep underground disposal, backfill in mining pits and disposal at sea.

Output Value of Products Made from Waste Gas, Waste Water and Solid Wastes refers to the current value of products with waste gas, waste water and solid wastes as main materials of production. Products sold and ready to sell shall be included while those produced for own use shall not be included.

Urban Area includes 1) Area under Sub – District Offices 2) The area of other towns (villages) connected by urban public infrastructure, accommodations and municipal public infrastructure. 3) Independent industrial and mining areas, development areas, scientific research institutions, institutes of higher education and such special areas with a permanent residents above 3000 persons.

Urban Completed Areas refers to the areas of the districts which have been developed aggregately and with municipal public infrastructure and public infrastructure. For the core cities, it includes the core areas and many scattered areas. For a city with many towns, it included several districts which were developed into one district. Generally, it refers to all districts which can be covered by the outline of the developed areas, which is the size of actual land for construction of the city.

Urban District Population refers to the population of the defined urban districts. It is based on the household register statistics of the public security departments.

Urban Sewage Discharge refers to volume of the domestic sewage and industrial sewage, which includes the sewage discharged from the drainage pipe and drainage channel (ditch).

Treatment Rate of Urban Sewage refers to the percentage of sewage volume disposed by the sewage treatment plants over the urban sewage discharge volume. It is calculated as:

Treatment Rate of Urban Sewage = sewage volume disposed by the sewage treatment plants ÷ urban sewage discharge volume × 100%.

Per Capita Public Green Land Area refers to the public green area enjoyed by every urban resident in the end of the report period. The number of the population is the population at the year – end. The public green land refers to the green spaces opening to the public with certain recreation and service facilities and whose main function is providing recreation areas, at the same time, their comprehensive functions include improving ecological environment, beautifying scenery and preventing disasters.

It is calculated as:

Per capita public green land area = public green area ÷ urban population × 100%

Ratio of Green Covered Area in Completed Area refers to percentage of the green coverage in the urban completed area over the urban completed area in the end of the report period.

It is calculated as:

Ratio of Green Covered Area in Completed Area = green coverage in the urban completed area ÷ urban completed area × 100%

In which, the green coverage refer to the vertical shadow of all vegetation such as trees, shrubs and lawn. It includes the green coverage, roof greenery coverage and scattered trees of the public green area, residential quarter green area, units attached green area, green area for environmental protection, green space attached to urban road and square and scenic forest land.

The overlapping of the bushes and herbaceous plants under the trees crown can't be calculated repeatedly.

YUNNAN STATISTICAL YEARBOOK

Chapter 17

十七、民族自治地方经济概况

Survey of National Autonomous Area

云南统计年鉴 2012

17-1 云南民族自治地方行政区划(2011年)

Administrative Division of Ethnic Minority Autonomous Regions (2011)

单位：个 (unit)

民族自治地方	National Autonomous Area	县级市 Number of Cities at County Level	非民族自治县 Number of Counties	民族自治县 Number of Autonomous Counties
民族自治地方	**National Autonomous Area**	**9**	**40**	**29**
8个自治州	**8 Autonomous Prefectures**	**9**	**40**	**9**
楚雄彝族自治州	Chuxiong Yi Autonomous Prefecture	1	9	
红河哈尼族彝族自治州	Honghe Hani & Yi Autonomous Prefecture	3	7	3
文山壮族苗族自治州	Wenshan Zhuang & Miao Autonomous Prefecture	1	7	
西双版纳傣族自治州	Xishuangbanna Dai Autonomous Prefecture	1	2	
大理白族自治州	Dali Bai Autonomous Prefecture	1	8	3
德宏傣族景颇族自治州	Dehong Dai & Jingpo Autonomous Prefecture	2	3	
怒江傈僳族自治州	Nujiang Lisu Autonomous Prefecture		2	2
迪庆藏族自治州	Diqing Tibetan Autonomous Prefecture		2	1
自治州以外的20个自治县	**Autonomous Counties Except above Prefectures**			
石林彝族自治县	Shilin Yi Autonomous County			
禄劝彝族苗族自治县	Luquan Yi and Miao Autonomous County			
寻甸回族彝族自治县	Xundian Hui and Yi Autonomous County			
峨山彝族自治县	Eshan Yi Autonomous County			
新平彝族傣族自治县	Xinping Yi and Dai Autonomous County			
元江哈尼族彝族傣族自治县	Yuanjiang Hani and Yi and Dai Autonomous County			
宁洱哈尼族彝族自治县	Ning'er Hani and Yi Autonomous County			
玉龙纳西族自治县	Yulong Naxi Autonomous County			
宁蒗彝族自治县	Ninglang Yi Autonomous County			
墨江哈尼族自治县	Mojiang Hani Autonomous County			
景东彝族自治县	Jingdong Yi Autonomous County			
景谷傣族彝族自治县	Jinggu Dai and Yi Autonomous County			
镇沅彝族哈尼族拉祜族自治县	Zhenyuan Yi and Hani and Lahu Autonomous County			
江城哈尼族彝族自治县	Jiangcheng Hani and Yi Autonomous County			
孟连傣族拉祜族佤族自治县	Menglian Dai and Lahu and Wa Autonomous County			
澜沧拉祜族自治县	Lancang Lahu Autonomous County			
西盟佤族自治县	Ximeng Wa Autonomous County			
双江拉祜族佤族布朗族傣族自治县	Shuangjiang Lahu and Wa and Bulang and Dai Autonomous County			
耿马傣族佤族自治县	Gengma Dai and Wa Autonomous County			
沧源佤族自治县	Cangyuan Wa Autonomous County			

17-2 全省民族自治县分布情况（2011年）

Geographical Distribution of Ethnic Minority Autonomous Counties (2011)

州 市	Region	民族自治县数 （个） Number of National Autonomous Counties (unit)	民族自治县名称 Schedule of National Autonomous Counties
全 省	**Yunnan**	**29**	
昆 明	Kunming	3	禄劝彝族苗族自治县、石林彝族自治县、寻甸回族彝族自治县 Luquan Yi & Miao Autonomous County, Shilin Yi Autonomous County, Xundian Hui & Yi Autonomous County
玉 溪	Yuxi	3	峨山彝族自治县、新平彝族傣族自治县、元江哈尼族彝族傣族自治县 Eshan Yi Autonomous County Xinping Yi , Dai Autonomous County, Yuanjiang Hani , Yi , Dai Autonomous County
丽 江	Lijiang	2	玉龙纳西族自治县、宁蒗彝族自治县 Yulong Naxi Autonomous County, Ninglang Yi Autonomous County
普 洱	Pu'er	9	宁洱哈尼族彝族自治县、景东彝族自治县、景谷傣族彝族自治县、墨江哈尼族自治县、孟连傣族拉祜族佤族自治县、澜沧拉祜族自治县、西盟佤族自治县、江城哈尼族彝族自治县、镇沅彝族哈尼族拉祜族自治县 Ning'er Hani & Yi Autonomous County, Jingdong Yi Autonomous County, Jinggu Dai & Yi Autonomous County,Mojiang Hani Autonomous County, Menglian Dai & Lahu Wa Autonomous County, Lancang lahu Autonomous County, Ximeng Wa Autonomous County, Jiangcheng Hani & Yi Autonomous County, Zhenyuan Yi & Hani Lahu Autonomous County
临 沧	Lincang	3	双江拉祜族佤族布朗族傣族自治县、耿马傣族佤族自治县、沧源佤族自治县 Shuangjiang Lahu & Wa & Bulang & Dai Autonomous County, Gengma Dai & Wa Autonomous County, Cangyuan Wa Autonomous County
红 河	Honghe	3	金平苗族瑶族傣族自治县、屏边苗族自治县、河口瑶族自治县 Jinping Miao & Yao & Dai Autonomous County, Pingbian Miao Autonomous County, Hekou Yao Autonomous County
大 理	Dali	3	漾濞彝族自治县、南涧彝族自治县、巍山彝族回族自治县 Yangbi Yi Autonomous County, Nanjian Yi Autonomous County, Weishan Yi & Hui Autonomous County
怒 江	Nujiang	2	贡山独龙族怒族自治县、兰坪白族普米族自治县 Gongshan Dulong, Nu Autonomous County Lanping Bai , Pumi Autonomous County
迪 庆	Diqing	1	维西傈僳族自治县 Weixi Lisu Autonomous County

17-3 云南少数民族分布的主要地方
Geographic Distribution of Ethnic Minorities

民 族	Ethnic Minority	分布的主要地方（州、市）	Main Geographic Distribution
彝 族	Yi	楚雄州、红河州、玉溪市、大理州、普洱市、昆明市	Chuxiong , Honghe ,Yuxi , Dali , Pu'er , Kunming
白 族	Bai	大理州	Dali
哈尼族	Hani	红河州、西双版纳州、普洱市、玉溪市	Honghe , Xishuangbanna , Pu'er , Yuxi
壮 族	Zhuang	文山州、红河州、曲靖市	Wenshan , Honghe , Qujing
傣 族	Dai	西双版纳州、德宏州、普洱市、临沧市	Xishuangbanna , Dehong , Pu'er , Lincang
苗 族	Miao	文山州、红河州、昭通市	Wenshan , Honghe , Zhaotong
傈僳族	Lisu	怒江州、迪庆州、丽江市、大理州	Nujiang , Diqing , Lijiang , Dali
回 族	Hui	昆明市、大理州、曲靖市、楚雄州、红河州、玉溪市	Kunming , Dali , Qujing , Chuxiong , Honghe , Yuxi
拉祜族	Lahu	普洱市、临沧市、西双版纳州	Pu'er , Lincang , Xishuangbanna
佤 族	Wa	临沧市、普洱市	Lincang , Pu'er
纳西族	Naxi	丽江市、迪庆州	Lijiang , Diqing
瑶 族	Yao	文山州、红河州	Wenshan , Honghe
藏 族	Tibetan	迪庆州	Diqing
景颇族	Jingpo	德宏州	Dehong
布朗族	Bulang	西双版纳州、普洱市、临沧市	Xishuangbanna , Pu'er , Lincang
普米族	Pumi	丽江市、怒江州、迪庆州	Lijiang , Nujiang , Diqing
怒 族	Nu	怒江州	Nujiang
阿昌族	Achang	德宏州、保山市	Dehong , Baoshan
基诺族	Jino	西双版纳州	Xishuangbanna
德昂族	De ang	德宏州、临沧市	Dehong , Lincang
蒙古族	Mongolian	玉溪市	Yuxi
布依族	Buyi	曲靖市	Qujing
独龙族	Dulong	怒江州	Nujiang
水 族	Shui	曲靖市	Qujing

17–4 民族自治地方基本情况(2011年)

民族自治地方	National Autonomous Area	建立时间
民族自治地方	**National Autonomous Area**	
自治州合计	**Autonomous Prefectures**	
西双版纳傣族自治州	Xishuangbanna Dai Autonomous Prefecture	1953年1月24日
德宏傣族景颇族自治州	Dehong Dai and Jingpo Autonomous Prefecture	1953年7月24日
怒江傈僳族自治州	Nujiang Lisu Autonomous Prefecture	1954年8月23日
大理白族自治州	Dali Bai Autonomous Prefecture	1956年11月22日
迪庆藏族自治州	Diqing Tibetan Autonomous Prefecture	1957年9月13日
红河哈尼族彝族自治州	Honghe Hani and Yi Autonomous Prefecture	1957年11月18日
文山壮族苗族自治州	Wenshan Zhuang and Miao Autonomous Prefecture	1958年4月1日
楚雄彝族自治州	Chuxiong Yi Autonomous Prefecture	1958年4月15日
自治州以外的自治县合计	**Autonomous Counties Except above Prefectures**	
峨山彝族自治县	Eshan Yi Autonomous County	1951年5月12日
澜沧拉祜族自治县	Lancang Lahu Autonomous County	1953年4月7日
江城哈尼族彝族自治县	Jiangcheng Hani and Yi Autonomous County	1954年5月18日
孟连傣族拉祜族佤族自治县	Menglian Dai and Lahu and Wa Autonomous County	1954年6月16日
耿马傣族佤族自治县	Gengma Dai and Wa Autonomous County	1955年10月16日
宁蒗彝族自治县	Ninglang Yi Autonomous County	1956年9月20日
石林彝族自治县	Shilin Yi Autonomous County	1956年12月13日
沧源佤族自治县	Cangyuan Wa Autonomous County	1964年2月28日
西盟佤族自治县	Ximeng Wa Autonomous County	1965年3月5日
墨江哈尼族自治县	Mojiang Hani Autonomous County	1979年11月28日
寻甸回族彝族自治县	Xundian Hui and Yi Autonomous County	1979年12月20日
元江哈尼族彝族傣族自治县	Yuanjiang Hani and Yi and Dai Autonomous County	1980年11月22日
新平彝族傣族自治县	Xinping Yi and Dai Autonomous County	1980年11月25日
禄劝彝族苗族自治县	Luquan Yi and Miao Autonomous County	1985年11月25日
宁洱哈尼族彝族自治县	Ning'er Hani and Yi Autonomous County	1985年12月15日
景东彝族自治县	Jingdong Yi Autonomous County	1985年12月20日
景谷傣族彝族自治县	Jinggu Dai and Yi Autonomous County	1985年12月25日
双江拉祜族佤族布朗族傣族自治县	Shuangjiang Lahu and Wa and Bulang and Dai Autonomous County	1985年12月30日
镇沅彝族哈尼族拉祜族自治县	Zhenyuan Yi and Hani and Lahu Autonomous County	1990年5月15日
玉龙纳西族自治县	Yulong Naxi Autonomous County	2002年12月26日

注：2003年4月8日普洱哈尼族彝族自治县更名为宁洱哈尼族彝族自治县。

Basic Conditions of Ethnic Minority Autonomous Regions (2011)

Foundation Date	含乡镇、办事处数(个) (Unit)		
	乡 Townships	镇 Towns	#民族乡数(个) Number of Nationality Townships and Towns (Unit)
	480	**350**	**89**
	335	**269**	**73**
Jan.24,1953	43	8	14
July.24,1953	27	23	5
Aug.23,1954	20	9	3
Nov.22,1956	42	68	17
Sept.13,1957	20	9	3
Nov.18,1957	75	55	9
April.1,1958	59	43	16
April. 15,1958	49	54	6
	145	**81**	**16**
May.12,1951	3	5	
April.7,1953	17	3	7
May.18,1954	5	2	
June.16,1954	3	3	
Oct.16,1955	5	4	1
Sept.20,1956	14	1	1
Dec.13,1956	1	6	
Feb.28,1964	6	4	1
March.5,1965	5	2	1
Nov.28,1979	13	2	2
Dec.20,1979	4	10	
Nov.22,1980	6	4	
Nov.25,1980	6	6	
Nov.25,1985	6	10	
Dec.15,1985	13	2	
Dec.20,1985	9	4	
Dec.25,1985	6	4	
Dec.30,1985	4	2	
May.15,1990	5	4	
Dec.26,2002	14	3	3

Note:Pu'er Hani and Yi autonomous county changed its name into Ning'er Hani and Yi autonomous county in 8th April,2003.

17-4 续表

民族自治地方	National Autonomous Area	土地面积(万平方千米) Land Area (10 000 sq.km)	占全省土地面积(%) Proportion to Provincial Total (%)
民族自治地方	**National Autonomous Area**	**27.67**	**70.2**
自治州合计	**Autonomous Prefectures**	**19.37**	**49.1**
楚雄彝族自治州	Chuxiong Yi Autonomous Prefecture	2.93	7.4
红河哈尼族彝族自治州	Honghe Hani and Yi Autonomous Prefecture	3.29	8.4
文山壮族苗族自治州	Wenshan Zhuang and Miao Autonomous Prefecture	3.22	8.2
西双版纳傣族自治州	Xishuangbanna Dai Autonomous Prefecture	1.97	5.0
大理白族自治州	Dali Bai Autonomous Prefecture	2.95	7.5
德宏傣族景颇族自治州	Dehong Dai and Jingpo Autonomous Prefecture	1.15	2.9
怒江傈僳族自治州	Nujiang Lisu Autonomous Prefecture	1.47	3.7
迪庆藏族自治州	Diqing Tibetan Autonomous Prefecture	2.39	6.1
自治州以外的自治县合计	**Autonomous Counties Except the Above Prefectures**	**8.30**	**21.1**
石林彝族自治县	Shilin Yi Autonomous County	0.18	0.5
禄劝彝族苗族自治县	Luquan Yi and Miao Autonomous County	0.44	1.1
寻甸回族彝族自治县	Xundian Hui and Yi Autonomous County	0.40	1.0
峨山彝族自治县	Eshan Yi Autonomous County	0.20	0.5
新平彝族傣族自治县	Xinping Yi and Dai Autonomous County	0.42	1.1
元江哈尼族彝族傣族自治县	Yuanjiang Hani and Yi and Dai Autonomous County	0.29	0.7
玉龙纳西族自治县	Yulong Naxi Autonomous County	0.76	1.9
宁蒗彝族自治县	Ninglang Yi Autonomous County	0.62	1.6
宁洱哈尼族彝族自治县	Ning'er Hani and Yi Autonomous County	0.37	0.9
墨江哈尼族自治县	Mojiang Hani Autonomous County	0.55	1.4
景东彝族自治县	Jingdong Yi Autonomous County	0.45	1.1
景谷傣族彝族自治县	Jinggu Dai and Yi Autonomous County	0.78	2.0
镇沅彝族哈尼族拉祜族自治县	Zhenyuan Yi and Hani and Lahu Autonomous County	0.42	1.1
江城哈尼族彝族自治县	Jiangcheng Hani and Yi Autonomous County	0.35	0.9
孟连傣族拉祜族佤族自治县	Menglian Dai and Lahu and Wa Autonomous County	0.20	0.5
澜沧拉祜族自治县	Lancang Lahu Autonomous County	0.88	2.2
西盟佤族自治县	Ximeng Wa Autonomous County	0.14	0.4
双江拉祜族佤族布朗族傣族自治	Shuangjiang Lahu and Wa and Bulang and Dai Autonomous County	0.23	0.6
耿马傣族佤族自治县	Gengma Dai and Wa Autonomous County	0.38	1.1
沧源佤族自治县	Cangyuan Wa Autonomous County	0.25	0.6

continued

年末总人口 (万人) Total Population at Year-end (10 000 persons)	占全省人口比重 (%) Proportion to Provincial Total (%)	少数民族人口 (万人) Population of Minority Nationalities (10 000 persons)	占民族地方总人口比重(%) Proportion to Local Total Population (%)	按农业、非农业分 By Agricultural and Non-agricultural Population 农业人口 (万人) Agricultural Population (10 000 persons)	非农业人口 (万人) Non-agricultural Population (10 000 persons)
2273.19	**49.1**	**1279.81**	**56.3**	**1965.82**	**307.37**
1756.06	**37.9**	**957.05**	**54.5**	**1496.22**	**259.85**
270.43	5.8	87.94	32.5	231.22	39.21
453.46	9.8	256.96	56.7	375.31	78.14
354.23	7.6	203.26	57.4	323.93	30.30
114.20	2.5	86.41	75.7	79.94	34.26
347.80	7.5	173.72	49.9	305.67	42.14
122.05	2.6	63.66	52.2	98.73	23.32
53.61	1.2	49.52	92.4	46.08	7.52
40.28	0.9	35.12	87.2	35.33	4.95
517.13	**11.2**	**302.54**	**58.5**	**469.60**	**47.53**
24.80	0.5	8.59	34.6	23.16	1.64
39.95	0.9	12.20	30.5	39.28	0.67
46.00	1.0	10.03	21.8	44.88	1.12
16.35	0.4	10.83	66.3	13.34	3.01
28.70	0.6	21.31	74.2	24.94	3.76
21.90	0.5	17.48	79.8	19.24	2.66
21.62	0.5	10.98	50.8	20.22	1.40
26.08	0.6	19.37	74.3	23.77	2.31
18.70	0.4	8.73	46.7	15.61	3.09
36.22	0.8	16.58	45.8	33.12	3.10
36.11	0.8	19.01	52.7	33.46	2.65
29.26	0.6	23.11	79.0	26.33	2.93
20.99	0.5	17.88	85.2	18.94	2.05
12.29	0.3	9.43	76.8	10.16	2.13
13.71	0.3	12.89	94.1	11.91	1.80
49.49	1.1	42.06	85.0	45.85	3.64
9.16	0.2	7.38	80.6	7.74	1.42
17.79	0.4	7.92	44.5	16.25	1.54
29.86	0.6	15.47	51.8	25.47	4.39
18.15	0.4	16.88	93.0	15.94	2.21

17-5 2006-2011年全省民族自治地方主要指标

指 标	Item	2006
年末总人口数(万人)	**Total Population at year-end (10 000 persons)**	**2 228.38**
#少数民族人口	Minority Population	1 229.46
工农业总产值（亿元）	**Gross Output Value of Industry and Agriculture (100 million yuan)**	**1 904.45**
工业总产值	Gross Output Value of Industry	1 295.54
农业总产值	Gross Output Value of Farming, Forestry, Animal Husbandry and Fishery	608.91
农业生产	**Agriculture Production**	
主要农业产品产量（万吨）	Yields of Major Agricultural Products (10 000 tons)	
粮 食	Grain	749.95
甘 蔗	Sugarcane	1 223.81
烤 烟	Flue-cured Tobacco	35.49
大牲畜年末头数（万头）	Large Livestock at Year-end	693.10
工业生产	**Industry Production**	
主要工业产品产量（万吨）	Output of Major Industrial Products(10 000 tons)	
钢	Steel	199.89
生 铁	Pig Iron	211.54
原 煤	Coal	1 923.43
发电量（亿万千瓦小时）	Electricity (100 million kwh)	232.80
糖	Sugar	104.51
财政收支（亿元）	**Financial Revenue and Expenditure (100 million yuan)**	
财政收入	Government Revenue	101.15
财政支出	Government Expenditure	328.93

注：公路通车里程含乡村简易公路。

Principal Indicators of Ethnic Minority Autonomous Regions (2006-2011)

2007	2008	2009	2010	2011
2 237.00	**2 249.70**	**2 261.54**	**2 266.31**	**2 273.19**
1 240.00	1 244	1 270.40	1 275.10	1 279.81
2 395.22	**2 298.27**	**2 390.76**	**3 077.59**	**3 805.97**
1 675.04	1 442.95	1 572.61	2 035.58	2 517.36
720.18	855.32	818.15	1 042.01	1 288.61
760.00	781.59	819.00	816.00	917.81
1 387.00	1 371.04	1 292.00	12 749.00	1 384.47
37.00	41.27	45.00	49.08	52.78
699.00	707.08	720.00	737.96	738.54
235.00	269.00	303.00	379.60	414.15
298.00	329.50	361.00	393.61	371.61
2 379.00	2 449.00	2 519.00	2 682.00	3 023.15
334.15	400.07	465.98	476.04	740.65
131.00	141.00	151.00	132.09	120.28
130.55	159.32	182.37	226.66	285.50
428.36	535.90	715.40	887.42	1 156.19

Note:The length of highways includes the simple highways between villages.

17–6 民族自治地方主要社会经济指标占全省的比重(2011年)
Proportion of Principal Socio-economic Indicators in Ethnic Minority Autonomous Areas to the Whole Province (2011)

指标	Item	全省 Yunnan	民族自治地方 Ethnic Minority Autonomous Areas	民族自治地方占全省比重(%) Proportion of Ethnic Minority Autonomous Areas to the Whole province(%)
市县数(个)	**Number of Cities and Counties (unit)**	**129**	**78**	**60.5**
年末总人口(万人)	**Total Population at Year-end (10 000 persons)**	**4631.03**	**2273.19**	**49.1**
土地面积(万平方千米)	**Land Area (10 000 sq.km)**	**39.42**	**27.67**	**70.2**
生产总值(当年价)(亿元)	**Gross Regional Product (at Current prices) (100 million yuan)**	**8 893.12**	**3 396.34**	**38.2**
工农业总产值(当年价)(亿元)	**Gross Output Value of Industry and Agriculture (at Current prices) (100 million yuan)**	**11 902**	**3 805.97**	**32.0**
工业总产值	**Gross Output Value of Industry (100 million yuan)**	9 595.15	2 517.36	26.2
农业总产值	Gross Output Value of Agriculture,Forestry,Animal Husbandry,Fishery (100 million yuan)	2 306.49	1 288.61	55.9
主要农产品产量(万吨)	**Output of Major Agricultural Products(10 000 tons)**			
粮　食	Grain	1755.60	917.81	52.3
甘　蔗	Sugarcane	1898.78	1 384.47	72.9
烤　烟	Flue-cured Tobacco	101.82	52.78	51.8
大牲畜年末数(万头)	Large Livestock at the Year-end (10 000 heads)			
全社会固定资产投资额(亿元)	**Total Investment in Fixed Assets (100 million yuan)**	**6 185.30**	**2 288.60**	**37.0**
社会消费品零售总额(亿元)	**Retail Sales of Consumer Goods (100 million yuan)**	**3 000.14**	**1 025.00**	**34.2**
财政收支(亿元)	**Financial Revenue and Expenditure (100 million yuan)**			
地方财政收入	Government Revenue	**1111.16**	**285.50**	**25.7**
地方财政支出(亿元)	Government Expenditure	**2929.60**	**1 156.19**	**39.5**

17—7　民族自治地方财政收入和支出(2010—2011年)

Total Government Revenue and Expenditures in Ethnic Minority Autonomous Regions (2010-2011)

单位：亿元　(100 million yuan)

民族自治地方	National Autonomous Area	财政收入 Government Revenue		财政支出 Government Expenditure	
		2010	2011	2010	2011
民族自治地方总计	**National Autonomous Area Total**	**226.66**	**285.50**	**887.42**	**1 156.19**
自治州合计	**Autonomous Prefectures**	**187.87**	**235.53**	**694.09**	**911.59**
楚雄彝族自治州	Chuxiong Yi Autonomous Prefecture	30.70	37.58	108.58	126.76
红河哈尼族彝族自治州	Honghe Hani and Yi Autonomous Prefecture	61.22	72.79	169.42	213.19
文山壮族苗族自治州	Wenshan Zhuang and Miao Autonomous Prefecture	22.03	27.45	114.12	143.79
西双版纳傣族自治州	Xishuangbanna Dai Autonomous Prefecture	11.26	17.60	42.43	67.12
大理白族自治州	Dali Bai Autonomous Prefecture	37.62	45.95	124.24	159.62
德宏傣族景颇族自治州	Dehong Dai and Jingpo Autonomous Prefecture	13.24	18.91	58.11	92.30
怒江傈僳族自治州	Nujiang Lisu Autonomous Prefecture	5.84	6.66	34.04	42.68
迪庆藏族自治州	Diqing Tibetan Autonomous Prefecture	5.97	8.60	43.15	66.11
自治州以外的自治县合计	**Autonomous Counties Except the Above Prefectures**	**38.80**	**49.97**	**193.33**	**244.60**
石林彝族自治县	Shilin Yi Autonomous County	3.51	4.73	9.34	11.18
禄劝彝族苗族自治县	Luquan Yi and Miao Autonomous County	2.92	3.58	12.20	13.97
寻甸回族彝族自治县	Xundian Hui and Yi Autonomous County	3.42	4.59	13.04	16.43
峨山彝族自治县	Eshan Yi Autonomous County	2.72	3.04	7.52	8.14
新平彝族傣族自治县	Xinping Yi and Dai Autonomous County	5.41	7.06	13.79	17.68
元江哈尼族彝族傣族自治县	Yuanjiang Hani and Yi and Dai Autonomous County	1.74	2.10	7.99	9.05
玉龙纳西族自治县	Yulong Naxi Autonomous County	2.13	3.00	9.44	12.16
宁蒗彝族自治县	Ninglang Yi Autonomous County	1.08	1.43	10.35	13.68
宁洱哈尼族彝族自治县	Ning'er Hani and Yi Autonomous County	1.61	1.71	7.64	8.31
墨江哈尼族自治县	Mojiang Hani Autonomous County	1.64	2.18	11.58	12.48
景东彝族自治县	Jingdong Yi Autonomous County	2.29	2.54	11.49	12.36
景谷傣族彝族自治县	Jinggu Dai and Yi Autonomous County	2.97	3.32	10.47	13.72
镇沅彝族哈尼族拉祜族自治县	Zhenyuan Yi and Hani and Lahu Autonomous County	1.10	1.56	8.06	9.99
江城哈尼族彝族自治县	Jiangcheng Hani and Yi Autonomous County	0.60	0.80	5.36	7.68
孟连傣族拉祜族自治县	Menglian Dai and Lahu and Wa Autonomous County	0.52	0.70	5.62	8.39
澜沧拉祜族自治县	Lancang Lahu Autonomous County	2.22	3.11	17.52	23.26
西盟佤族自治县	Ximeng Wa Autonomous County	0.27	0.37	5.09	7.52
双江拉祜族佤族布朗族傣族自治县	Shuangjiang Lahu and Wa and Bulang and Dai Autonomous County	0.63	1.01	6.73	11.08
耿马傣族佤族自治县	Gengma Dai and Wa Autonomous County	1.23	1.94	11.69	16.14
沧源佤族自治县	Cangyuan Wa Autonomous County	0.80	1.21	8.43	11.37

17−8 民族自治地方生产总值及其指数(2011年)

单位：亿元、%

民族自治地方	National Autonomous Area	生产总值 Gross Regional Product
民族自治地方总计	**National Autonomous Area Total**	**3 395.95**
自治州合计	**Autonomous Prefectures**	**2 763.55**
楚雄彝族自治州	Chuxiong Yi Autonomous Prefecture	482.50
红河哈尼族彝族自治州	Honghe Hani and Yi Autonomous Prefecture	780.64
文山壮族苗族自治州	Wenshan Zhuang and Miao Autonomous Prefecture	401.40
西双版纳傣族自治州	Xishuangbanna Dai Autonomous Prefecture	197.59
大理白族自治州	Dali Bai Autonomous Prefecture	568.10
德宏傣族景颇族自治州	Dehong Dai and Jingpo Autonomous Prefecture	172.32
怒江傈僳族自治州	Nujiang Lisu Autonomous Prefecture	64.63
迪庆藏族自治州	Diqing Tibetan Autonomous Prefecture	96.39
自治州以外的自治县合计	**Autonomous Counties Except the Above Prefectures**	**632.41**
石林彝族自治县	Shilin Yi Autonomous County	44.65
禄劝彝族苗族自治县	Luquan Yi and Miao Autonomous County	38.69
寻甸回族彝族自治县	Xundian Hui and Yi Autonomous County	45.61
峨山彝族自治县	Eshan Yi Autonomous County	37.92
新平彝族傣族自治县	Xinping Yi and Dai Autonomous County	71.99
元江哈尼族彝族傣族自治县	Yuanjiang Hani and Yi and Dai Autonomous County	36.04
玉龙纳西族自治县	Yulong Naxi Autonomous County	27.33
宁蒗彝族自治县	Ninglang Yi Autonomous County	19.22
宁洱哈尼族彝族自治县	Ning'er Hani and Yi Autonomous County	25.90
墨江哈尼族自治县	Mojiang Hani Autonomous County	28.71
景东彝族自治县	Jingdong Yi Autonomous County	34.60
景谷傣族彝族自治县	Jinggu Dai and Yi Autonomous County	51.34
镇沅彝族哈尼族拉祜族自治县	Zhenyuan Yi and Hani and Lahu Autonomous County	22.19
江城哈尼族彝族自治县	Jiangcheng Hani and Yi Autonomous County	15.14
孟连傣族拉祜族自治县	Menglian Dai and Lahu and Wa Autonomous County	12.99
澜沧拉祜族自治县	Lancang Lahu Autonomous County	34.81
西盟佤族自治县	Ximeng Wa Autonomous County	5.29
双江拉祜族佤族布朗族傣族自治县	Shuangjiang Lahu and Wa and Bulang and Dai Autonomous County	18.27
耿马傣族佤族自治县	Gengma Dai and Wa Autonomous County	44.31
沧源佤族自治县	Cangyuan Wa Autonomous County	17.41

注：本表总值按当年价格计算，指数按可比价格计算。

Gross Regional Product in Ethnic Minority Autonomous Regions (2011)

(100 million yuan,%)

			生产总值指数			
第一产业 Primary Industry	第二产业 Secondary Industry	第三产业 Tertiary Industry	(上年=100) Indices of Gross RegionalProduct (preceding year=100)	第一产业 Primary Industry	第二产业 Secondary Industry	第三产业 Tertiary Industry
752.37	**1 437.86**	**1 205.72**	**113.8**	**108.0**	**119.0**	**111.6**
566.65	**1 206.42**	**990.48**	**113.8**	**107.7**	**118.6**	**111.6**
108.32	208.43	165.75	112.4	108.1	115.6	111.2
124.23	422.54	233.87	113.5	107.9	116.7	110.9
91.53	154.16	155.71	114.2	108.0	121.5	110.9
57.39	59.81	80.40	113.6	107.9	120.5	112.5
123.45	238.21	206.44	114.2	107.0	120.6	111.7
45.41	59.85	67.06	115.5	107.8	122.0	115.0
8.22	24.03	32.38	110.0	106.2	115.9	106.7
8.12	39.40	48.87	119.1	108.0	125.5	116.3
185.72	**231.44**	**215.24**	**113.9**	**108.7**	**121.4**	**111.3**
11.95	13.98	18.72	116.1	109.0	128.7	112.4
12.59	10.63	15.46	113.5	109.5	118.2	113.6
13.48	13.65	18.48	112.5	108.0	115.8	113.5
6.19	17.96	13.77	110.5	107.3	113.7	107.7
8.83	47.07	16.09	113.5	107.1	118.9	105.0
10.10	9.80	16.14	110.1	107.6	109.6	112.1
6.77	7.90	12.66	116.0	107.5	117.9	119.7
5.06	6.34	7.83	118.3	107.5	135.0	114.3
6.24	9.69	9.97	111.3	102.8	119.0	110.4
8.48	10.76	9.47	112.0	107.5	117.3	110.4
14.76	8.98	10.86	113.9	111.6	126.5	108.5
20.22	19.90	11.22	117.8	110.4	131.1	110.8
9.44	5.60	7.15	116.0	112.8	131.6	109.5
4.61	6.70	3.83	115.0	112.2	118.1	112.4
5.48	2.72	4.80	110.0	112.5	109.6	107.8
11.34	12.25	11.22	114.9	107.4	130.7	108.2
1.55	1.04	2.71	110.7	110.3	110.5	111.1
6.00	6.44	5.83	115.0	106.5	127.4	112.1
17.85	13.74	12.72	115.0	107.9	126.5	115.3
4.77	6.30	6.33	115.9	107.8	128.3	111.9

Note: Data of gross regional value are calculated at current prices,while indices are calculated by comparable prices.

17–9 民族自治地方职工人数(2011年)

Number of Staff and Workers in Ethnic Minority Autonomous Regions (2011)

单位：万人 (10 000 preson)

民族自治地方	National Autonomous Area	职工人数 Number of Staff and Workers	国有单位 State-owned Entities	城镇集体单位 Urban Collective-owned Entities	其它单位 Others
民族自治地方合计	**National Autonomous Area Total**	**123.41**	**79.63**	**3.39**	**40.39**
自治州合计	**Autonomous Prefectures**	**97.97**	**63.27**	**2.54**	**32.16**
楚雄彝族自治州	Chuxiong Yi Nationality	14.63	9.70	0.34	4.59
红河哈尼族彝族自治州	Honghe Hani , Yi Nationality	25.53	17.72	0.83	6.98
文山壮族苗族自治州	Wenshan Zhuang , Miao Nationality	14.09	9.97	0.30	3.82
西双版纳傣族自治州	Xishuangbanna Dai Nationality	7.29	5.00	0.21	2.09
大理白族自治州	Dali Bai Nationality	19.92	10.59	0.44	8.89
德宏傣族景颇族自治州	Dehong Dai , Jingpo Nationality	9.54	5.53	0.25	3.76
怒江傈僳族自治州	Nujiang Lisu Nationality	3.44	2.46	0.09	0.89
迪庆藏族自治州	Diqing Tibetan Nationality	3.53	2.31	0.09	1.13
自治州以外的自治县	**Autonomous Counties Except the Above Prefectures**	**25.43**	**16.36**	**0.85**	**8.23**
石林彝族自治县	Shilin Yi Nationality	1.69	0.88	0.16	0.64
禄劝彝族苗族自治县	Luquan Yi , Miao Nationality	1.37	0.97	0.11	0.29
寻甸回族彝族自治县	Xundian Hui , Yi Nationality	2.11	1.13	0.05	0.92
峨山彝族自治县	Eshan Yi Nationality	1.63	0.66	0.07	0.90
新平彝族傣族自治县	Xinping Yi , Dai Nationality	1.64	0.79	0.05	0.80
元江哈尼族彝族傣族自治县	Yuanjiang Hani , Yi , Dai Nationality	1.42	0.83	0.02	0.57
玉龙纳西族自治县	Yulong Naxi Nationality	1.13	0.81	0.02	0.31
宁蒗彝族自治县	Ninglang Yi Nationality	1.04	0.78	0.01	0.25
宁洱哈尼族彝族自治县	Ning'er Hani , Yi Nationality	1.08	0.88	0.09	0.11
墨江哈尼族自治县	Mojiang Hani Nationality	1.15	0.80	0.04	0.31
景东彝族自治县	Jingdong Yi Nationality	1.89	1.26	0.04	0.60
景谷傣族彝族自治县	Jinggu Dai , Yi Nationality	1.62	0.83	0.04	0.76
镇沅彝族哈尼族拉祜族自治县	Zhenyuan Yi , Hani , Lahu Nationality	0.88	0.69	0.01	0.18
江城哈尼族彝族自治县	Jiangcheng Hani , Yi Nationality	1.03	0.43	0.03	0.57
孟连傣族拉祜族自治县	Menglian Dai , Lahu , Wa Nationality	0.89	0.75	0.02	0.12
澜沧拉祜族自治县	Lancang Lahu Nationality	1.34	0.97	0.03	0.34
西盟佤族自治县	Ximeng Wa Nationality	0.75	0.73	0.02	0.00
双江拉祜族佤族布朗族傣族自治县	Shuangjiang Lahu , Wa , Bulang , Dai Nationality	0.59	0.53	0.01	0.04
耿马傣族佤族自治县	Gengma Dai , Wa Nationality	1.37	1.04	0.03	0.30
沧源佤族自治县	Cangyuan Wa Nationality	0.82	0.60	0.01	0.21

17-10 民族自治地方职工平均工资(2011年)
Average Wages of Staff and Workers in Ethnic Minority Autonomous Regions (2011)

单位：万元／人 (10 000 yuan / person)

民族自治地方	National Autonomous Area	职工平均工资 Average Wages of Staff and Workers	国有单位 State-owned Entities	集体单位 Collective-owned Entities	其它单位 Others
民族自治地方	**National Autonomous Area**	**3.18**	**3.50**	**3.84**	**2.49**
自治州合计	**Autonomous Prefectures**	**3.22**	**3.55**	**3.88**	**2.51**
楚雄彝族自治州	Chuxiong Yi Nationality	3.35	3.79	5.09	2.31
红河哈尼族彝族自治州	Honghe Hani , Yi Nationality	3.22	3.61	3.37	2.22
文山壮族苗族自治州	Wenshan Zhuang , Miao Nationality	3.01	3.09	3.84	2.75
西双版纳傣族自治州	Xishuangbanna Dai Nationality	2.87	2.95	3.11	2.61
大理白族自治州	Dali Bai Nationality	3.41	4.19	3.74	2.44
德宏傣族景颇族自治州	Dehong Dai , Jingpo Nationality	2.86	2.90	4.78	2.68
怒江傈僳族自治州	Nujiang Lisu Nationality	3.32	3.15	3.38	3.80
迪庆藏族自治州	Diqing Tibetan Nationality	4.24	4.67	4.54	3.22
自治州以外的自治县	**Autonomous Counties Except the Above Prefectures**	**3.02**	**3.28**	**3.75**	**2.41**
石林彝族自治县	Shilin Yi Nationality	3.45	4.38	2.56	2.34
禄劝彝族苗族自治县	Luquan Yi , Miao Nationality	3.42	3.78	2.23	2.50
寻甸回族彝族自治县	Xundian Hui , Yi Nationality	3.57	3.94	5.14	3.04
峨山彝族自治县	Eshan Yi Nationality	3.16	4.89	2.50	2.03
新平彝族傣族自治县	Xinping Yi , Dai Nationality	3.54	4.16	2.03	3.04
元江哈尼族彝族傣族自治县	Yuanjiang Hani , Yi , Dai Nationality	3.70	4.66	6.21	2.20
玉龙纳西族自治县	Yulong Naxi Nationality	3.40	3.66	4.48	2.68
宁蒗彝族自治县	Ninglang Yi Nationality	3.08	3.15	8.29	2.69
宁洱哈尼族彝族自治县	Ning'er Hani , Yi Nationality	2.73	2.75	3.57	1.91
墨江哈尼族自治县	Mojiang Hani Nationality	3.04	3.18	5.45	2.21
景东彝族自治县	Jingdong Yi Nationality	2.47	2.76	6.16	1.70
景谷傣族彝族自治县	Jinggu Dai , Yi Nationality	2.83	3.15	6.16	2.30
镇沅彝族哈尼族拉祜族自治县	Zhenyuan Yi , Hani , Lahu Nationality	2.84	2.88	9.47	2.08
江城哈尼族彝族自治县	Jiangcheng Hani , Yi Nationality	2.62	3.01	3.31	2.30
孟连傣族拉祜族自治县	Menglian Dai , Lahu , Wa Nationality	2.16	2.28	2.85	1.45
澜沧拉祜族自治县	Lancang Lahu Nationality	2.81	2.91	3.84	2.42
西盟佤族自治县	Ximeng Wa Nationality	2.15	2.10	4.46	1.44
双江拉祜族佤族布朗族傣族自治县	Shuangjiang Lahu,Wa ,Bulang,Dai Nationality	2.69	2.59	3.75	3.51
耿马傣族佤族自治县	Gengma Dai , Wa Nationality	2.95	2.83	7.35	2.97
沧源佤族自治县	Cangyuan Wa Nationality	3.09	3.14	8.92	2.72

17-11 民族自治地方农、林、牧、渔业总产值(2011年)

单位：亿元

民族自治地方	National Autonomous Area	农、林、牧、渔业总产值 Gross Output Value of Farming, Forestry, Forestry, Animal Husbandry and Fishery
民族自治地方总计	**National Autonomous Area Total**	**1 288.61**
自治州合计	**Autonomous Prefectures**	**970.15**
楚雄彝族自治州	Chuxiong Yi Autonomous Prefecture	181.29
红河哈尼族彝族自治州	Honghe Hani and Yi Autonomous Prefecture	207.56
文山壮族苗族自治州	Wenshan Zhuang and Miao Autonomous Prefecture	151.71
西双版纳傣族自治州	Xishuangbanna Dai Autonomous Prefecture	97.63
大理白族自治州	Dali Bai Autonomous Prefecture	234.82
德宏傣族景颇族自治州	Dehong Dai and Jingpo Autonomous Prefecture	71.45
怒江傈僳族自治州	Nujiang Lisu Autonomous Prefecture	12.48
迪庆藏族自治州	Diqing Tibetan Autonomous Prefecture	13.20
自治州以外的自治县合计	**Autonomous Counties Except the Above Prefectures**	**318.47**
石林彝族自治县	Shilin Yi Autonomous County	21.65
禄劝彝族苗族自治县	Luquan Yi and Miao Autonomous County	23.84
寻甸回族彝族自治县	Xundian Hui and Yi Autonomous County	23.84
峨山彝族自治县	Eshan Yi Autonomous County	9.95
新平彝族傣族自治县	Xinping Yi and Dai Autonomous County	17.25
元江哈尼族彝族傣族自治县	Yuanjiang Hani and Yi and Dai Autonomous County	17.09
玉龙纳西族自治县	Yulong Naxi Autonomous County	12.73
宁蒗彝族自治县	Ninglang Yi Autonomous County	7.50
宁洱哈尼族彝族自治县	Ning'er Hani and Yi Autonomous County	10.40
墨江哈尼族自治县	Mojiang Hani Autonomous County	14.04
景东彝族自治县	Jingdong Yi Autonomous County	24.55
景谷傣族彝族自治县	Jinggu Dai and Yi Autonomous County	33.74
镇沅彝族哈尼族拉祜族自治县	Zhenyuan Yi and Hani and Lahu Autonomous County	15.72
江城哈尼族彝族自治县	Jiangcheng Hani and Yi Autonomous County	8.17
孟连傣族拉祜族佤族自治县	Menglian Dai and Lahu and Wa Autonomous County	9.20
澜沧拉祜族自治县	Lancang Lahu Autonomous County	18.90
西盟佤族自治县	Ximeng Wa Autonomous County	2.84
双江拉祜族佤族布朗族傣族自治县	Shuangjiang Lahu and Wa and Bulang and Dai Autonomous County	10.03
耿马傣族佤族自治县	Gengma Dai and Wa Autonomous County	26.04
沧源佤族自治县	Cangyuan Wa Autonomous County	10.98

注：本表按现行价格计算。

Gross Output Value of Farming, Forestry, Animal Husbandry and Fishery in Ethnic Minority Autonomous Regions (2011)

(100 million yuan)

农 业 Farming	林 业 Forestry	牧 业 Animal Husbandry	渔 业 Fishery	农、林、牧、渔服务业 Services in Support of Agriculture, Forestry, Animal Husbandry and Fishery
652.11	**141.41**	**429.82**	**29.24**	**36.04**
490.25	**95.54**	**333.57**	**21.43**	**29.36**
94.92	6.99	64.69	2.19	12.50
100.75	10.89	86.54	6.23	3.16
80.16	6.28	60.44	2.69	2.14
33.91	52.64	6.91	2.52	1.65
126.23	7.61	89.88	5.14	5.97
43.19	7.84	16.13	2.40	1.90
5.17	1.51	4.86	0.03	0.90
5.93	1.77	4.11	0.24	1.15
161.85	**45.88**	**96.25**	**7.81**	**6.68**
11.85	0.74	7.92	0.41	0.73
12.20	0.18	11.13	0.07	0.25
10.34	0.80	11.91	0.50	0.29
5.64	0.42	3.54	0.10	0.25
9.23	1.27	6.30	0.17	0.27
12.59	0.55	3.69	0.19	0.07
5.11	0.40	6.00	0.30	0.91
3.01	0.72	3.55	0.10	0.12
5.26	1.92	2.78	0.14	0.29
6.76	1.92	3.65	1.42	0.28
11.94	4.69	7.32	0.23	0.37
12.96	12.59	5.35	2.31	0.53
6.78	3.84	4.76	0.18	0.17
3.94	2.56	1.45	0.08	0.13
4.48	2.83	1.33	0.11	0.45
10.07	2.37	5.47	0.62	0.38
1.14	0.96	0.60	0.03	0.10
5.54	0.72	3.17	0.23	0.37
16.56	5.13	3.59	0.38	0.37
6.43	1.25	2.75	0.22	0.33

Note: The data above are calculated at current prices in 1990.

17-12 民族自治地方主要农作物产量(2011年)

单位：万吨

民族自治地方	National Autonomous Area	粮 食 Grain	稻 谷 Rice
民族自治地方	**National Autonomous Area**	**917.81**	**342.25**
自治州合计	**Autonomous Prefectures**	**691.05**	**270.79**
楚雄彝族自治州	Chuxiong Yi Autonomous Prefecture	115.29	45.92
红河哈尼族彝族自治州	Honghe Hani and Yi Autonomous Prefecture	159.44	66.91
文山壮族苗族自治州	Wenshan Zhuang and Miao Autonomous Prefecture	146.89	43.25
西双版纳傣族自治州	Xishuangbanna Dai Autonomous Prefecture	41.50	24.41
大理白族自治州	Dali Bai Autonomous Prefecture	157.26	50.54
德宏傣族景颇族自治州	Dehong Dai and Jingpo Autonomous Prefecture	70.69	39.76
怒江傈僳族自治州	Nujiang Lisu Autonomous Prefecture		
迪庆藏族自治州	Diqing Tibetan Autonomous Prefecture		
自治州以外的自治县合计	**Autonomous Counties Except the Above Prefectures**	**226.76**	**71.45**
石林彝族自治县	Shilin Yi Autonomous County	13.44	2.77
禄劝彝族苗族自治县	Luquan Yi and Miao Autonomous County	20.88	3.79
寻甸回族彝族自治县	Xundian Hui and Yi Autonomous County	23.64	5.83
峨山彝族自治县	Eshan Yi Autonomous County	6.15	2.85
新平彝族傣族自治县	Xinping Yi and Dai Autonomous County	12.94	4.11
元江哈尼族彝族傣族自治县	Yuanjiang Hani and Yi and Dai Autonomous County	8.46	2.81
玉龙纳西族自治县	Yulong Naxi Autonomous County	11.43	0.95
宁蒗彝族自治县	Ninglang Yi Autonomous County	8.05	1.08
宁洱哈尼族彝族自治县	Ning'er Hani and Yi Autonomous County	7.76	3.05
墨江哈尼族自治县	Mojiang Hani Autonomous County	13.82	4.01
景东彝族自治县	Jingdong Yi Autonomous County	15.93	5.09
景谷傣族彝族自治县	Jinggu Dai and Yi Autonomous County	16.17	6.46
镇沅彝族哈尼族拉祜族自治县	Zhenyuan Yi and Hani and Lahu Autonomous County	9.72	3.87
江城哈尼族彝族自治县	Jiangcheng Hani and Yi Autonomous County	4.13	1.79
孟连傣族拉祜族佤族自治县	Menglian Dai and Lahu and Wa Autonomous County	5.56	3.25
澜沧拉祜族自治县	Lancang Lahu Autonomous County	21.20	10.11
西盟佤族自治县	Ximeng Wa Autonomous County	3.92	1.91
双江拉祜族佤族布朗族傣族自治县	Shuangjiang Lahu and Wa and Bulang and Dai Autonomous County	6.35	1.97
耿马傣族佤族自治县	Gengma Dai and Wa Autonomous County	10.26	3.55
沧源佤族自治县	Cangyuan Wa Autonomous County	6.94	2.22

Yields of Major Farm Crops in Ethnic Minority Autonomous Regions (2011)

(10 000 tons)

				油 料	甘 蔗	烤 烟
小 麦 Wheat	玉 米 Maize	豆 类 Beans and Peas	薯 类 Tubers	Oil-bearing Crops	Sugar-cane	Flue-cured Tobacco
45.41	**346.58**	**61.48**	**68.58**	**25.94**	**1 384.47**	**52.78**
32.68	**251.12**	**49.18**	**46.08**	**20.99**	**808.90**	**35.10**
10.46	31.43	12.04	7.71	4.92	0.84	9.82
7.65	53.60	8.88	11.71	3.94	132.06	9.60
7.24	70.56	11.75	12.51	5.34	146.26	6.98
0.03	16.18	0.29	0.52	0.23	97.18	
4.94	57.20	15.41	8.10	4.26	9.79	8.47
2.35	22.16	0.82	5.52	1.74	415.66	0.14
				0.19	7.12	
				0.37		0.09
12.73	**95.46**	**12.30**	**22.51**	**4.95**	**575.56**	**17.69**
1.42	6.51	0.91	1.10	0.15		1.62
1.87	8.38	1.31	3.93	0.23	0.12	1.45
0.97	4.91	1.58	7.26	0.53		2.46
0.19	2.61	0.32	0.10	0.97	0.51	1.27
0.24	6.25	0.21	0.68	0.15	46.99	1.39
0.48	4.27	0.28	0.24	0.46	42.08	1.21
2.35	4.01	1.57	1.75	0.51		1.59
0.24	1.97	1.09	2.50	0.02		0.30
0.57	3.35	0.20	0.49	0.12	0.06	0.67
0.47	7.88	0.83	0.26	0.33	5.61	0.93
1.47	7.35	1.08	0.86	0.11	22.15	1.45
0.53	6.77	0.56	1.60	0.44	37.44	0.87
0.61	4.51	0.55	0.12	0.16	1.58	1.51
0.04	2.20	0.06	0.05	0.04	6.78	
0.01	2.20	0.06	0.02	0.09	30.50	
0.24	9.46	0.57	0.32	0.24	72.30	0.01
0.04	1.71	0.04	0.01	0.01	4.21	0.00
0.59	2.83	0.23	0.41	0.14	52.29	0.40
0.30	4.35	0.66	0.65	0.14	196.23	0.40
0.09	3.95	0.20	0.15	0.09	56.73	0.15

17-13 民族自治地方规模以上工业企业单位数及总产值(2011年)

单位：亿元

民族自治地方	National Autonomous Area	工业企业单位数 (个) Number of Industrial Enterprises(unit)
民族自治地方总计	**National Autonomous Area Total**	**992**
自治州合计	**Autonomous Prefectures**	**762**
楚雄彝族自治州	Chuxiong Yi Nationality	138
红河哈尼族彝族自治州	Honghe Hani , Yi Nationality	194
文山壮族苗族自治州	Wenshan Zhuang , Miao Nationality	111
西双版纳傣族自治州	Xishuangbanna Dai Nationality	42
大理白族自治州	Dali Bai Nationality	172
德宏傣族景颇族自治州	Dehong Dai , Jingpo Nationality	68
怒江傈僳族自治州	Nujiang Lisu Nationality	18
迪庆藏族自治州	Diqing Tibetan Nationality	19
自治州以外的自治县合计	**Autonomous Counties Except the Above Prefectures**	**230**
石林彝族自治县	Shilin Yi Nationality	28
禄劝彝族苗族自治县	Luquan Yi , Miao Nationality	19
寻甸回族彝族自治县	Xundian Hui , Yi Nationality	20
峨山彝族自治县	Eshan Yi Nationality	21
新平彝族傣族自治县	Xinping Yi , Dai Nationality	14
元江哈尼族彝族傣族自治县	Yuanjiang Hani , Yi , Dai Nationality	16
玉龙纳西族自治县	Yulong Naxi Nationality	5
宁蒗彝族自治县	Ninglang Yi Nationality	12
宁洱哈尼族彝族自治县	Ning'er Hani , Yi Nationality	12
墨江哈尼族自治县	Mojiang Hani Nationality	9
景东彝族自治县	Jingdong Yi Nationality	10
景谷傣族彝族自治县	Jinggu Dai , Yi Nationality	18
镇沅彝族哈尼族拉祜族自治县	Zhenyuan Yi , Hani , Lahu Nationality	6
江城哈尼族彝族自治县	Jiangcheng Hani , Yi Nationality	7
孟连傣族拉祜族佤族自治县	Menglian Dai , Lahu , Wa Nationality	2
澜沧拉祜族自治县	Lancang Lahu Nationality	10
西盟佤族自治县	Ximeng Wa Nationality	2
双江拉祜族佤族布朗族傣族自治县	Shuangjiang Lahu , Wa , Bulang , Dai Nationality	6
耿马傣族佤族自治县	Gengma Dai , Wa Nationality	5
沧源佤族自治县	Cangyuan Wa Nationality	8

注：1.统计范围为年主营业务收入2000万元及以上工业。
2.工业总产值系按当年价格计算。

Number of Enterprises above Designated Size and Their Gross Output Value in Ethnic Minority Autonomous Areas (2011)

(100 million yuan)

国　有 Of Which State-owned	轻工业 Light Industry	重工业 Heavy Industry	工业总产值 Gross Output Value of Industry	国　有 Of Which State-owned
79	**281**	**711**	**2 517.36**	**370.10**
62	**228**	**534**	**2 103.58**	**321.17**
11	51	87	362.68	26.59
20	48	146	874.94	191.75
7	29	82	235.20	40.23
8	13	29	53.91	8.42
11	69	103	418.69	41.54
3	13	55	93.43	6.53
2		18	31.80	6.13
	5	14	32.94	
17	**53**	**177**	**413.78**	**48.92**
2	9	19	19.73	2.12
1	3	16	11.87	1.77
1	1	19	45.50	2.10
1	2	19	44.08	1.97
2	2	12	138.02	36.57
	2	14	14.04	
	4	1	6.55	
	2	10	5.97	
2	1	11	14.78	1.18
1	2	7	11.69	0.53
1	3	7	11.86	0.77
	5	13	25.62	
1		6	5.09	0.37
2	3	4	9.20	0.40
	1	1	2.71	
	3	7	13.58	
1	1	1	0.90	0.21
1	3	3	8.70	0.53
1	4	1	15.43	0.42
	2	6	8.47	

Note: a.Statistical coverage are industrial enterprises with annual revenue over 5 million yuan from principal business.
b.Gross industrial product value is calculated at the current prices.

17-14 民族自治地方主要工业产品产量(2011年)

单位：万吨

民族自治地方	National Autonomous Area	钢 Steel	生铁 Pig Iron
民族自治地方总计	**National Autonomous Area Total**	**414.15**	**371.61**
自治州合计	**Autonomous Prefectures**	**332.85**	**330.58**
楚雄彝族自治州	Chuxiong Yi Nationality	137.76	130.49
红河哈尼族彝族自治州	Honghe Hani , Yi Nationality	183.51	189.05
文山壮族苗族自治州	Wenshan Zhuang , Miao Nationality		0.88
西双版纳傣族自治州	Xishuangbanna Dai Nationality		
大理白族自治州	Dali Bai Nationality	11.57	10.16
德宏傣族景颇族自治州	Dehong Dai , Jingpo Nationality		
怒江傈僳族自治州	Nujiang Lisu Nationality		
迪庆藏族自治州	Diqing Tibetan Nationality		
自治州以外的自治县合计	**Autonomous Counties Except the Above Prefectures**	**81.30**	**41.03**
石林彝族自治县	Shilin Yi Nationality		
禄劝彝族苗族自治县	Luquan Yi , Miao Nationality		
寻甸回族彝族自治县	Xundian Hui , Yi Nationality		
峨山彝族自治县	Eshan Yi Nationality	0.13	41.03
新平彝族傣族自治县	Xinping Yi , Dai Nationality	81.17	
元江哈尼族彝族傣族自治县	Yuanjiang Hani , Yi , Dai Nationality		
玉龙纳西族自治县	Yulong Naxi Nationality		
宁蒗彝族自治县	Ninglang Yi Nationality		
宁洱哈尼族彝族自治县	Ning'er Hani , Yi Nationality		
墨江哈尼族自治县	Mojiang Hani Nationality		
景东彝族自治县	Jingdong Yi Nationality		
景谷傣族彝族自治县	Jinggu Dai , Yi Nationality		
镇沅彝族哈尼族拉祜族自治县	Zhenyuan Yi , Hani , Lahu Nationality		
江城哈尼族彝族自治县	Jiangcheng Hani , Yi Nationality		
孟连傣族拉祜族佤族自治县	Menglian Dai , Lahu , Wa Nationality		
澜沧拉祜族自治县	Lancang Lahu Nationality		
西盟佤族自治县	Ximeng Wa Nationality		
双江拉祜族佤族布朗族傣族自治县	Shuangjiang Lahu , Wa , Bulang , Dai Nationality		
耿马傣族佤族自治县	Gengma Dai , Wa Nationality		
沧源佤族自治县	Cangyuan Wa Nationality		

注：本表统计范围为全部工业法人单位。

Output of Major Industrial Products in Nationality Autonomous Areas (2011)

(10 000 tons)

原 煤 Coal	发电量(亿千瓦小时) Electricity (100 million kwh)	糖 Sugar	农用化肥 Chemicl	白 酒(万升) Liquor (myriahiter)	啤 酒(万升) Beer (myriahiter)	水 泥 Cement
3 023.15	**740.65**	**120.28**	**123.53**	**28 082.04**	**35 558.70**	**2 778.00**
2 336.26	**683.84**	**63.69**	**98.20**	**23 935.00**	**35 558.70**	**2 254.11**
169.82	10.87		6.31	3 162.50	12 904.70	106.24
1 637.64	183.19	3.99	89.71	5 333.90	800.83	524.69
165.63	55.54	1.57	2.18	4 107.10		377.10
	76.19	15.23		34.48	1 846.17	35.24
362.04	204.29	0.53		8 822.53	19 582.40	942.79
1.13	110.98	42.37		255.90	424.60	186.09
	21.62			259.20		15.79
	21.16			1 959.40		66.17
686.89	**56.81**	**56.58**	**25.33**	**4 147.03**		**524.39**
69.79	0.32			266.00		73.98
	9.62					52.19
325.92	6.28		17.73	1 063.60		80.82
28.21	0.42	0.13	7.60	451.10		28.36
	6.38	3.59		53.00		20.69
	3.72	3.07		52.00		115.45
12.08	3.65			444.50		
146.96	1.54			432.10		6.29
9.58	1.00			46.00		46.55
	11.61	0.51		210.50		12.32
6.30	0.61	1.73		32.00		12.02
15.28	4.46	2.55		708.82		15.66
11.98	0.56	0.17		8.30		10.00
	0.29	1.00		31.19		
2.50	0.10	3.82		4.00		
45.58	1.00	7.38		63.50		18.37
	0.71	1.16				
0.97	1.04	5.59		48.10		3.60
2.89	1.23	18.95		203.36		
8.85	2.28	6.95		28.96		28.09

Note: Statistical coverage are all industrial legal entities in this table.

17-15 民族自治地方规模以上工业企业主要财务指标(2011年)

单位：亿元

民族自治地方	National Autonomous Area	工业总产值 Gross Output Value (at current prices)
民族自治地方总计	**National Autonomous Area Total**	**2 517.36**
自治州合计	**Autonomous Prefectures**	**2 103.58**
楚雄彝族自治州	Chuxiong Yi Nationality	362.68
红河哈尼族彝族自治州	Honghe Hani , Yi Nationality	874.94
文山壮族苗族自治州	Wenshan Zhuang , Miao Nationality	235.20
西双版纳傣族自治州	Xishuangbanna Dai Nationality	53.91
大理白族自治州	Dali Bai Nationality	418.69
德宏傣族景颇族自治州	Dehong Dai , Jingpo Nationality	93.43
怒江傈僳族自治州	Nujiang Lisu Nationality	31.80
迪庆藏族自治州	Diqing Tibetan Nationality	32.94
自治州以外的自治县合计	**Autonomous Counties Except the Above Prefectures**	**413.78**
石林彝族自治县	Shilin Yi Nationality	19.73
禄劝彝族苗族自治县	Luquan Yi , Miao Nationality	11.87
寻甸回族彝族自治县	Xundian Hui , Yi Nationality	45.50
峨山彝族自治县	Eshan Yi Nationality	44.08
新平彝族傣族自治县	Xinping Yi , Dai Nationality	138.02
元江哈尼族彝族傣族自治县	Yuanjiang Hani , Yi , Dai Nationality	14.04
玉龙纳西族自治县	Yulong Naxi Nationality	6.55
宁蒗彝族自治县	Ninglang Yi Nationality	5.97
宁洱哈尼族彝族自治县	Ning'er Hani , Yi Nationality	14.78
墨江哈尼族自治县	Mojiang Hani Nationality	11.69
景东彝族自治县	Jingdong Yi Nationality	11.86
景谷傣族彝族自治县	Jinggu Dai , Yi Nationality	25.62
镇沅彝族哈尼族拉祜族自治县	Zhenyuan Yi , Hani , Lahu Nationality	5.09
江城哈尼族彝族自治县	Jiangcheng Hani , Yi Nationality	9.20
孟连傣族拉祜族佤族自治县	Menglian Dai , Lahu , Wa Nationality	2.71
澜沧拉祜族自治县	Lancang Lahu Nationality	13.58
西盟佤族自治县	Ximeng Wa Nationality	0.90
双江拉祜族佤族布朗族傣族自治县	Shuangjiang Lahu , Wa , Bulang , Dai Nationality	8.70
耿马傣族佤族自治县	Gengma Dai , Wa Nationality	15.43
沧源佤族自治县	Cangyuan Wa Nationality	8.47

Principal Financial Indicators of Industrial Enterprises of Annual Revenue over 5 Million Yuan from Principal Business with Independent Accounting Systems in Nationality Autonomous Areas (2011)

(100 million yuan)

主营业务收入 Revenue from Principal Business	固定资产原价 Original Value of Fixed Assets	固定资产净值 Net Value of Fixed Assets	利税总额 Total Profits	亏损企业亏损总额 Total Loss of Loss-making Enterprises
2 409.29	**2 272.86**	**1 614.76**	**522.84**	**13.91**
2 015.33	**1 819.19**	**1 249.06**	**454.27**	**9.34**
342.17	195.22	112.04	82.29	0.80
844.92	708.05	445.32	177.21	3.60
217.41	185.35	142.73	48.88	1.11
55.34	116.45	89.83	17.32	1.00
395.89	356.98	257.27	93.09	0.72
97.36	168.01	135.16	24.44	1.27
31.75	51.65	37.58	4.07	0.25
30.48	37.49	29.13	6.96	0.59
393.97	**453.68**	**365.70**	**68.57**	**4.57**
19.48	18.91	13.08	2.75	0.12
11.28	39.67	37.54	0.79	0.45
44.02	29.82	20.52	5.20	0.34
40.57	15.09	8.74	6.81	0.39
133.12	66.08	46.62	22.05	0.04
14.87	13.56	8.01	0.94	0.52
5.33	2.35	1.79	0.79	
5.91	3.33	2.51	1.19	
12.11	26.09	3.12	0.91	0.13
10.82	51.81	22.70	2.97	0.46
10.43	36.69	5.78	2.33	0.09
20.39	30.36	15.59	4.84	0.17
5.06	3.26	2.30	0.75	0.05
8.03	59.04	153.93	1.63	0.17
2.69	1.59	0.63	1.16	
12.45	29.33	5.58	4.96	0.10
0.90	1.20	0.25	0.31	
9.09	4.41	2.48	1.89	0.16
14.56	16.27	11.39	4.17	1.13
8.87	4.82	3.14	2.13	0.27

Chapter 18

十八、城市经济概况

Economic Survey of Cities

YUNNAN STATISTICAL YEARBOOK

18-1 云南城市基本情况（一）
Basic Statistics on Cities in Yunnan(Ⅰ)

单位：亿元 (100 million yuan)

指 标	Item	全 省 Yunnan	8个省辖市 Prefecture Cities	8个省辖市占全省比重(%) Percentage of Prefecture Cities
土地面积 （万平方千米）	**Area of Land (10 000 sq.km)**	**39.41**	**19.86**	**50.4**
年末总人口数（万人）	**Population at Year-end (10 000 persons)**	**4 631.0**	**2 854.56**	**61.6**
生产总值	**Gross Regional Product**	**8 893.12**	**6 130.25**	**68.9**
第一产业	Primary Industry	1411.01	835.24	59.2
第二产业	Secondary Industry	3780.32	2 985.74	79.0
第三产业	Tertiary Industry	3701.79	2 309.27	62.4
全社会固定资产投资额	**Total Investment in Fixed Assets**	**6185.30**	**4 107.87**	**66.4**
社会消费品零售总额	**Total Retail Sales of Consumer Goods**	**3000.14**	**2 178.13**	**72.6**
地方财政收入	**Local Government Revenue**	**1111.16**	**622.45**	**56.0**
地方财政支出	**Local Government Expenditure**	**2929.60**	**1 429.25**	**48.8**
进出口总额 （亿美元）	**Total Value of Imports and Exports (100 million USD)**	**160.53**	**135.79**	**84.6**
出口额	Exports	94.73	71.17	75.1
进口额	Imports	65.80	64.62	98.2
规模以上工业	**Industry above Designated Size**			
工业企业数 （个）	**Number of Industrial Enterprises (unit)**	**3599**	**2 015**	**56.0**
内资企业	Domestic Funded Enterprises	3383	1883	55.7
港澳台投资企业	Enterprises with Funds from Hong Kong, Macao and Taiwan	101	65	64.4
外商投资企业	Foreign Funded Enterprises	115	67	58.3
工业总产值	**Gross Industrial Output Value**	**9 595.2**	**5 668.86**	**59.1**
内资企业	Domestic Funded Enterprises	7 370.3	5 360.29	**72.7**
港澳台投资企业	Enterprises with Funds from Hong Kong, Macao and Taiwan	174.9	120.23	**68.8**
外商投资企业	Foreign Funded Enterprises	235.7	188.34	**79.9**
主营业务收入	**Revenue from Principal Business**	**7 261.9**	**5 600.11**	**77.1**
本年应交增值税	Value Added Tax Payable	404.80	286.07	**70.7**
利润总额	Total Profits	630.70	443.59	**70.3**
邮电通信业	**Postal and Telecommunication Services**	**316.22**	**155.97**	**49.3**
邮政业务收入	Revenue from Postal Services	16.32	7.68	47.1
电信业务收入	Revenue from Telecommunication Services	299.90	148.29	49.4
教育业	**Education**			
普通高等学校	Institutions of Higher Education			
学校数 （所）	Number of Institution (unit)	64	54	84.4
在校学生数 （万人）	Student Enrollment (10 000 persons)	48.76	43.91	90.0
卫 生	**Health Care**			
医院、卫生院 （个）	Hospital and Health Center (unit)	9956	1 556	15.6
执业(助理)医师（万人）	Licensed (Assistant) Doctors (10 000 persons)	6.34	4.07	64.2
医院、卫生机构床位数(万张)	Number of Beds of Hospitals and Health Centers (10 000 beds)	17.34	10.12	58.4

18-2 云南城市基本情况（二）

Basic Statistics on Cities in Yunnan(Ⅱ)

单位：亿元 (100 million yuan)

指　　标	Item	8个省辖市 Prefecture Cities (Exclude Districts under City)	不包括市辖区
年末人口数　（万人）	**Population (year-end)(10 000 persons)**	**2 854.56**	**2 208.59**
在岗职工平均人数（万人）	**Average Staff and Workers (10 000 persons)**	**216.74**	**119.95**
生产总值	**Gross Regional Product**	**6 130.25**	**2 920.72**
第一产业	Primary Industry	835.24	717.11
第二产业	Secondary Industry	2 985.74	1 346.12
第三产业	Tertiary Industry	2 309.27	857.50
全社会固定资产投资额	**Total Investment in Fixed Assets**	**4 107.87**	**2 177.17**
社会消费品零售总额	**Total Retail Sales of Consumer Goods**	**2 178.13**	**701.99**
限额以上批发零售商品销售总额	Total Wholesales and Retail Sales of Consumer Goods	4 453.20	435.87
规模以上工业企业单位数　（个）	Number of Industrial Enterprises above Designated Size (unit)	2 015	1 260
#内资企业	Domestic Funded Enterprises	1883	1215
工业总产值（当年价格）	Gross Industrial Output Value (at current prices)	5 668.86	2 451.53
#内资企业	Domestic Funded Enterprises	5 360.29	2 347.18
工业企业主营业务收入	Revenue from Principal Business	5 066.11	2 423.05
全社会用电量　（亿千瓦小时）	Annual Electricity Consumption (100 million kwh)	729.71	461.93
实际利用外资金额(亿美元)	Amount of Foreign Capital Actually Utilized (USD 100 million)	14.57	8.34
年底邮政局所数　（个）	Number of Postal Offices at Year-end (unit)	1 039	731
年末固定电话用户数（万户）	Number of Fixed Telephones at Year-end (10 000 households)	339.06	197.72
年末移动电话用户数（万户）	Number of Mobile Phones at Year-end (10 000 households)	2 110.91	1 519.32
在校学生数　（万人）	**Student Enrollment (10 000 persons)**		
普通高等学校学生数	Number of Regular Institutes of Higher Education	43.91	3.05
中等职业学校学生数	Number of Specialized Secondary Schools	36.48	14.88
普通中学学生数	Number of Regular Secondary Schools	171.14	129.13
小学学生数	Number of Primary Schools	271.99	207.31
成人高等学校学生数(万人)	Number of Schools of Higher Education for Adults Public Health	18.31	2.09
卫　生	**Health care**		
医院、卫生院　（个）	Number of Hospitals and Health Centers (unit)	1 556	1 170
医院、卫生院床位数(万张)	Number of Beds of Hospitals and Health Centers (10 000 beds)	10.12	5.38
执业(助理)医师（万人）	Licensed (Assistant) Doctors (10 000 persons)	4.07	1.84
在岗职工工资总额	Total Wages of Staff and Workers	795.39	424.54
城乡居民储蓄存款年末余额	**Balance of Savings Deposit in Urban and Rural Areas at Year-end**	**4 733.16**	**3 169.57**

18-3　各市国民经济主要经济指标（2011年）

单位：亿元

指　标　Item		年末总人口（万人） Total Population (year-end) (10 000 persons)	生 产 总 值 Gross Regional Product	第一产业 Primary Industry	第二产业 Secondary Industry	第三产业 Tertiary Industry	客 运 量（万人） Passenger Traffic (10 000 persons)	货 运 量（万吨） Freight Traffic (10 000 tons)	地方财政预算收入 Budgetary Revenue of Local Governments	地方财政预算支出 Budgetary Expenditure of Local Governments	固定资产投资总额 Total Investment in Fixed Assets
昆 明	**Kunming**	**544.04**	**2 509.58**	**133.83**	**1 161.18**	**1 214.57**	**12 543**	**25 192**	**317.69**	**441.73**	**1 884.74**
曲 靖	Qujing	632.27	1 209.93	225.74	647.17	337.03	5 455	10 971	88.31	222.19	724.80
玉 溪	Yuxi	231.8	876.55	80.46	564.39	231.71	3 413	5 755	77.25	139.65	248.11
保 山	Baoshan	254.2	319.65	99.14	102.62	117.88	1 712	1 735	28.20	106.43	175.77
昭 通	Zhaotong	579.28	465.04	91.59	222.87	150.57	2 412	2 919	32.59	178.28	337.71
丽 江	Lijiang	121.19	178.50	30.49	74.39	73.62	1 950	965	17.74	66.42	242.31
普 洱	Pu'er	256.09	301.19	88.75	109.05	103.34	2 809	2 800	39.29	145.75	274.68
临 沧	Lincang	235.69	269.86	85.25	104.06	80.56	767	1 357	21.39	128.79	219.75
合　计	**Total**	**2854.56**	**6 130.25**	**835.24**	**2 985.74**	**2 309.27**	**31 062**	**51 694**	**622.45**	**1 429.25**	**4 107.87**

Main Economic Indicators of Prefecture Cities(2011)

(100 million yuan)

城乡居民储蓄年末余额 Balance of Savings Deposit of Urban and Rural Residents at Year-end	在岗职工平均工资(万元/人) Average Wage of Staff and Workers (10 000 yuan/person)	年末邮政局(所)数(处) Number of Postal Offices at Year-end (unit)	年末固定电话用户数(万户) Number of Subscribers of Fixed Telephones at Year-end (10 000 Subscribers)	社会商品零售总额 Total Retail Sales of Consumer Goods	货物进出口总　额(亿美元) Total Value of Import and Export (100 million USD)	普通高等学校在校学生数(万人) Total Enrollment of Regular Institutions of Higher Education (10 000 persons)	医　院卫生院(个) Hospitals and Health Centers (unit)	执业(助理)医师(万人) Licensed (Assistant) Doctors (10 000 persons)
2 615.65	**4.16**	**301**	**171.77**	**1271.73**	**120.22**	**34.13**	**347**	**1.88**
599.97	3.59	148	34.77	280.76	2.46	2.49	179	0.58
434.74	3.82	75	24.03	168.36	4.01	1.65	139	0.42
238.53	2.69	89	18.32	101.47	3.62	1.67	376	0.27
293.54	3.40	139	22.72	126.83	0.17	0.59	183	0.38
182.12	3.15	59	15.29	55.67	0.62	1.90	92	0.11
220.16	2.62	126	32.91	86.22	2.10	0.88	130	0.21
148.45	3.02	102	19.25	87.10	2.59	0.60	110	0.22
4 733.16	**26.44**	**1 039**	**339.06**	**2178.13**	**135.79**	**43.91**	**1 556**	**4.07**

18-4 各市城市设施水平（2011年）
Level of Public Facilities in Districts under City by Region(2011)

城　市	City	每万人拥有公共交通车辆（标台）Number of Public Transportation Vehicles Per 10 000 Population (unit)	人均城市道路面积（平方米）Per Capita Area of Paved Roads (sq.m)	人　均绿地面积（平方米）Per Capita Public Green Areas (sq.m)
昆　明	Kunming	17.0	11.9	43.6
曲　靖	Qujing	7.9	10.9	31.0
玉　溪	Yuxi	2.5	9.9	22.1
保　山	Baoshan	1.2	5.6	15.5
昭　通	Zhaotong	1.9	4.2	5.9
丽　江	Lijiang	13.1	12.9	48.7
普　洱	Pu'er	4.3	6.5	34.7
临　沧	Lincang	1.7	4.9	21.2

主要统计指标解释

供水综合生产能力 指按供水设施取水、净化、送水、出厂输水干管等环节设计能力计算的综合生产能力。包括在原设计能力的基础上，经挖、革、改增加的生产能力。计算时，以四个环节中最薄弱的环节为主确定能力。

年末供水管道长度 指从送水泵至用户水表之间所有管道的长度。不包括新安装尚未使用、水厂内以及用户建筑物内的管道。

全年供水总量 指报告期供水企业（单位）供出的全部水量。包括有效供水量和漏损水量。

生活用水量 包括公共服务用水和居民家庭用水。公共服务用水指为城市社会公共生活服务的用水。包括行政事业单位、部队营区和公共设施服务、社会服务业、批发零售业、住宿餐饮业以及其他公共服务业等单位的用水。居民家庭用水指城市范围内所有居民家庭的日常生活用水。包括城市居民、农民家庭、公共供水站用水。

城市供热能力 指供热企业（单位）向城市热用户输送热能的设计能力。

城市供热总量 指在报告期供热企业（单位）向城市热用户输送全部蒸汽和热水的总热量。

城市供热管道长度 指从各类热源到热用户建筑物接入口之间的全部蒸汽和热水的管道长度。不包括各类热源厂内部的管道长度。

年末道路长度 指年末道路长度和与道路相通的桥梁、隧道的长度，按车行道中心线计算。在统计时只统计路面宽度在3.5米（含3.5米）以上的各种铺装道路，包括开放型工业区和住宅区道路在内。

城市桥梁 指为跨越天然或人工障碍物而修建的构筑物。包括跨河桥、立交桥、人行天桥以及人行地下通道等。按使用年限分为永久性桥和半永久性桥。

城市排水管道长度 指所有排水总管、干管、支管、检查井及连接井进出口等长度之和。

城市污水日处理能力 指污水处理厂（或污水处理装置）每昼夜处理污水量的设计能力。

年末运营车数 指年末城市用于公共交通运营业务的全部车辆数。新购、新制和调入的运营车辆，自投入之日起开始计算；调出、报废和调作他用的运营车辆，自上级主管机关批准之日起不再计入。

城市园林绿地面积 指报告期末用作园林和绿化的各种绿地面积。包括公园绿地、生产绿地、防护绿地、附属绿地和其他绿地的面积。

公园绿地城市中向公众开放的以游憩为主要功能，有一定的游憩设施和服务设施，同时兼有健全生态、美化景观、防灾减灾等综合作用的绿化用地。包括综合公园、社区公园、专类公园、带状公园和街旁绿地。其中综合公园、专类公园和带状公园面积之和为公园面积。

清扫保洁面积 指报告期末对城市道路和公共场所（主要包括城市行车道、人行道、车行隧道、人行过街地下通道、道路附属绿地、地铁站、高架路、人行过街天桥、立交桥、广场、停车场及其他设施等）进行清扫保洁的面积。一天清扫多次的，按清扫保洁面积最大的一次计算。

市容环卫专用车辆 指用于环境卫生作业、监察的专用车辆和设备，包括用于道路清扫、冲洗、洒水、除雪、垃圾粪便清运、市容监察以及与其配套使用的车辆和设备。

每万人拥有公共交通车辆 指报告期末城区内每万人平均拥有的公共交通车辆标台数。计算公式：

$$每万人拥有公共交通车辆=\frac{公共交通运营车标台数}{城市人口总数}$$

Explanatory Notes on Principal Statistical Indicators

Production Capacity of Water Supply refers to the designed overall production capacity of water facilities, covering the four segments of water collection, purification, conveyance, and outflow through trunk pipelines. Increased capacity through transformation and innovation projects is included as well. The capacity is determined mainly on the weakest of the above - mentioned four segments.

Length of Water Supply Pipelines at Year - end refers to the total length of all the pipelines between the water pumps and the user water meters, excluding pipelines newly installed but not used yet, pipeline in the water factory, and pipeline in the user's buildings.

Annual Volume of Water Supply refers to the total volume of water supplied by water - works (units) during the reference period, including both the effective water supply and loss during the water supply.

Consumption of Water for Residential Use refers to water consumption of households for daily life and water consumption of public service facilities. The latter refers to water consumption for urban public services, including the consumption of government agencies and public institutions, military barracks, public facilities, wholesale and retail trades, accommodation and catering industry and other units providing public services. Household water consumption refers to consumption of water for daily life of all households within the boundary of cities, including households of urban residents and farmers, and public water supply stations.

Coverage Rate of Urban Population with Access to Tap Water refers to the ratio of the urban population with access to tap water to the total urban population. The formula is:

$$\text{Coverage of urban population with access to tap water} = \frac{\text{Urban population with access to tap water}}{\text{Urban population}} \times 100\%$$

Length of Paved Roads at Year - end refers to the length of roads with paved surface including bridges and tunnels connected with roads by the end of the year. Length of the roads is measured by the central lines for vehicles for paved roads with a width of 3. 5 meters and over, including roads in open - ended factory compounds and residential quarters.

Number of Vehicles under Operation at Year - end refers to the total number of vehicles under operation by public transport enterprises (units) at the end of the year, based on the records of operational vehicles by the enterprises (units).

Area of Parks and Green Land refers to the total area occupied for green projects at the end of the reference period, including park green land, production green land, protection green land, green land attached to institutions, and other green areas.

Park Green Area refers to green areas open to the public for amusement and rest with the facilities of amusement, rest and services. Its function includes perfecting ecology, beautifying landscape, and preventing and reducing disaster. Park green areas include comprehensive park, community park, topic park, belt - shaped park and green area nearby street. Total areas of comprehensive park, topic park and belt - shaped is the area of park.

Public Transportation Vehicles per 10000 Population refers to the number of public transportation vehicles, at the end of the reference period, per 10000 population in the city district. The formula for calculation is:

$$\text{Public Transporta tion Vehicles per 10000 Population} = \frac{\text{Number of Public Transporta tion Vehicles}}{\text{City District Population}} \times 100\%$$

Chapter 19

十九、县域经济概况

Survey of Intra-county Economies

YUNNAN STATISTICAL YEARBOOK

19−1 各州市县生产总值及其指数(2011年)

Gross Regional Product and Its Indices by Region (2011)

单位：亿元,%　　　　(100 million,%)

州市县	Region	生产总值 Gross Regional Product	第一产业 Primary Industry	第二产业 Secondary Industry	第三产业 Tertiary Industry	生产总值指数(上年=100) Index (preceding year=100)	第一产业 Primary Industry	第二产业 Secondary Industry	第三产业 Tertiary Industry
全　省	**Yunnan**	**8 893.12**	**1 411.01**	**3 780.32**	**3 701.79**	**113.7**	**106.0**	**117.9**	**112.0**
昆明市	**Kunming**	**2 509.58**	**133.83**	**1 161.18**	**1 214.57**	**114.0**	**106.1**	**116.7**	**112.5**
呈贡区	Chenggong	84.77	6.05	42.64	36.08	115.0	88.0	114.2	122.2
五华区	Wuhua	608.17	1.69	340.45	266.03	113.0	101.4	116.7	108.3
盘龙区	Panlong	301.85	4.14	87.65	210.06	113.9	103.9	110.2	115.7
官渡区	Guandu	549.23	7.87	214.43	326.94	113.8	96.2	117.7	111.7
西山区	Xishan	288.06	2.89	85.78	199.38	113.8	102.0	118.8	111.9
东川区	Dongchuan	56.07	3.74	38.01	14.33	115.1	107.5	117.6	110.8
晋宁县	Jinning	67.36	13.60	35.62	18.14	114.6	108.2	118.2	112.9
富民县	Fumin	34.03	6.84	16.73	10.47	114.6	106.5	118.0	114.9
宜良县	Yiliang	107.25	30.37	29.85	47.02	112.1	109.1	112.3	114.0
石林县	Shilin	44.65	11.95	13.98	18.72	116.1	109.0	128.7	112.4
嵩明县	Songming	51.89	9.16	27.80	14.93	116.0	107.1	125.3	106.3
禄劝县	Luquan	38.69	12.59	10.63	15.46	113.5	109.5	118.2	113.6
寻甸县	Xundian	45.61	13.48	13.65	18.48	112.5	108.0	115.8	113.5
安宁市	Anning	167.77	8.85	99.25	59.67	115.1	108.1	116.5	114.0
曲靖市	**Qujing**	**1 209.93**	**225.79**	**647.12**	**337.03**	**113.1**	**108.1**	**117.2**	**108.7**
麒麟区	Qilin	370.11	16.49	230.14	123.49	113.2	107.3	115.7	109.6
马龙县	Malong	27.50	6.24	13.25	8.01	112.6	108.2	117.4	108.6
陆良县	Luliang	115.10	38.90	46.22	29.97	113.0	108.2	118.1	111.4
师宗县	Shizong	62.20	23.78	23.68	14.74	109.1	110.5	107.7	109.2
罗平县	Luoping	92.96	23.97	36.99	32.00	113.0	109.0	116.7	111.7
富源县	Fuyuan	133.69	24.00	76.66	33.03	113.6	108.5	117.4	109.0
会泽县	Huize	112.93	27.03	61.07	24.84	112.0	110.0	112.7	112.1
沾益县	Zhanyi	117.25	26.28	61.83	29.14	115.0	107.8	118.4	114.4
宣威市	Xuanwei	178.18	38.75	82.01	57.43	113.5	108.1	117.4	111.9
玉溪市	**Yuxi**	**876.55**	**81.75**	**551.84**	**242.96**	**112.1**	**107.7**	**115.8**	**105.3**
红塔区	Hongta	511.85	9.83	405.10	96.92	113.8	107.0	116.9	103.1
江川县	Jiangchuan	43.07	11.84	12.73	18.50	113.6	107.8	125.5	110.1
澄江县	Chengjiang	44.05	7.01	19.96	17.08	113.0	107.8	121.6	107.2
通海县	Tonghai	55.95	10.46	22.77	22.72	110.5	108.4	110.9	111.0
华宁县	Huaning	40.04	10.98	13.68	15.38	113.5	109.9	119.9	110.6
易门县	Yimen	38.57	7.31	18.08	13.18	112.3	106.4	117.2	109.3
峨山县	Eshan	37.92	6.19	17.96	13.77	110.5	107.3	113.7	107.7
新平县	Xinping	71.99	8.83	47.07	16.09	113.5	107.1	118.9	105.0
元江县	Yuanjiang	36.04	10.10	9.80	16.14	110.1	107.6	109.6	112.1

19-1 续表1 continued

单位：亿元,% (100 million,%)

州 市 县	Region	生产总值 Gross Regional Product	第一产业 Primary Industry	第二产业 Secondary Industry	第三产业 Tertiary Industry	生产总值指数（上年=100）Index (preceding year=100)	第一产业 Primary Industry	第二产业 Secondary Industry	第三产业 Tertiary Industry
保 山 市	**Baoshan**	**323.24**	**98.30**	**107.06**	**117.88**	**113.1**	**107.5**	**121.3**	**111.0**
隆阳区	Longyang	128.05	33.48	43.33	51.23	114.0	107.5	124.2	110.6
施甸县	Shidian	28.71	10.75	6.94	11.02	115.3	108.0	134.4	112.1
腾冲县	Tengchong	87.46	21.81	30.61	35.03	116.1	106.8	126.5	113.4
龙陵县	Longling	35.92	12.06	14.39	9.47	114.5	107.0	119.6	116.6
昌宁县	Changning	46.73	20.19	15.30	11.24	113.1	109.5	124.2	108.7
昭 通 市	**Zhaotong**	**465.03**	**91.59**	**222.87**	**150.56**	**114.7**	**106.8**	**121.4**	**110.2**
昭阳区	Zhaoyang	147.99	16.38	77.48	54.13	112.7	106.5	116.1	109.7
鲁甸县	Ludian	30.95	7.00	16.17	7.79	117.8	106.2	128.3	108.6
巧家县	Qiaojia	33.01	12.38	10.00	10.64	115.0	109.2	128.2	110.8
盐津县	Yanjin	26.14	6.00	11.90	8.23	115.5	104.9	126.4	109.6
大关县	Daguan	14.90	4.43	4.84	5.63	113.1	106.8	125.0	109.3
永善县	Yongshan	32.14	7.69	13.11	11.34	111.5	105.9	116.8	109.6
绥江县	Suijiang	14.92	2.78	6.19	5.94	115.1	105.3	123.9	111.3
镇雄县	Zhenxiong	67.78	16.93	29.67	21.18	119.0	106.2	138.2	108.8
彝良县	Yiliang	38.13	12.05	17.18	8.91	117.6	108.8	125.6	112.4
威信县	Weixin	24.77	4.46	10.88	9.42	116.1	107.2	126.0	110.5
水富县	Shuifu	30.95	1.49	21.11	8.35	114.0	101.5	117.3	108.3
丽 江 市	**Lijiang**	**178.50**	**30.49**	**74.39**	**73.62**	**116.5**	**106.5**	**125.9**	**112.4**
古城区	Gucheng	62.68	3.79	22.81	36.08	118.0	106.0	127.1	114.1
玉龙县	Yulong	27.33	6.77	7.90	12.66	116.0	107.5	117.9	119.7
永胜县	Yongsheng	37.00	10.51	15.57	10.92	118.3	107.4	134.0	110.3
华坪县	Huaping	34.35	4.35	21.82	8.17	116.1	105.3	122.4	107.6
宁蒗县	Ninglang	19.22	5.06	6.34	7.83	118.3	107.5	135.0	114.3
普 洱 市	**Pu'er**	**301.19**	**89.34**	**109.05**	**102.80**	**114.2**	**108.0**	**124.6**	**109.5**
思茅区	Simao	64.44	6.82	28.12	29.50	113.7	106.4	122.2	108.3
宁洱县	Ning'er	25.90	6.24	9.69	9.97	111.3	102.8	119.0	110.4
墨江县	Mojiang	28.71	8.48	10.76	9.47	112.0	107.5	117.3	110.4
景东县	Jingdong	34.60	14.76	8.98	10.86	113.9	111.6	126.5	108.5
景谷县	Jinggu	51.34	20.22	19.90	11.22	117.8	110.4	131.1	110.8
镇沅县	Zhenyuan	22.19	9.44	5.60	7.15	116.0	112.8	131.6	109.5
江城县	Jiangcheng	15.14	4.61	6.70	3.83	115.0	112.2	118.1	112.4
孟连县	Menglian	12.99	5.48	2.72	4.80	110.0	112.5	109.6	107.8
澜沧县	Lancang	34.81	11.34	12.25	11.22	114.9	107.4	130.7	108.2
西盟县	Ximeng	5.29	1.55	1.04	2.71	110.7	110.3	110.5	111.1
临 沧 市	**Lincang**	**272.43**	**87.82**	**104.06**	**80.55**	**115.2**	**107.8**	**126.0**	**110.8**
临翔区	Linxiang	42.83	9.81	13.09	19.93	116.1	107.5	127.9	113.9
凤庆县	Fengqing	52.93	17.13	23.26	12.55	116.2	106.7	124.7	113.5
云 县	Yunxian	53.27	18.57	20.62	14.08	115.1	107.1	126.7	109.5
永德县	Yongde	28.49	9.83	9.64	9.01	115.3	107.8	132.5	109.2
镇康县	Zhenkang	21.49	5.48	9.62	6.40	115.8	107.6	123.9	112.8
双江县	Shuangjiang	18.27	6.00	6.44	5.83	115.0	106.5	127.4	112.1
耿马县	Gengma	44.31	17.85	13.74	12.72	115.0	107.9	126.5	115.3
沧源县	Cangyuan	17.41	4.77	6.30	6.33	115.9	107.8	128.3	111.9

19-1 续表2 continued

单位：亿元,% (100 million,%)

州 市 县	Region	生产总值 Gross Regional Product	第一产业 Primary Industry	第二产业 Secondary Industry	第三产业 Tertiary Industry	生产总值指数（上年=100）Index (preceding year=100)	第一产业 Primary Industry	第二产业 Secondary Industry	第三产业 Tertiary Industry
楚 雄 州	**Chuxiong**	**482.50**	**108.32**	**208.43**	**165.75**	**112.4**	**108.1**	**115.6**	**111.2**
楚雄市	Chuxiong	194.42	19.34	112.96	62.12	112.5	108.5	114.9	109.4
双柏县	Shuangbo	16.41	6.94	3.88	5.59	112.7	109.0	117.7	113.7
牟定县	Mouding	25.78	7.40	8.71	9.68	113.0	108.2	120.3	110.5
南华县	Nanhua	26.74	9.19	8.27	9.28	113.2	108.8	121.6	110.8
姚安县	Yao'an	24.51	8.75	7.75	8.00	112.2	107.5	118.6	111.6
大姚县	Dayao	34.61	10.79	12.69	11.13	112.1	108.5	115.5	111.7
永仁县	Yongren	14.41	5.26	3.70	5.46	112.7	107.9	119.0	113.2
元谋县	Yuanmou	26.34	10.22	6.79	9.33	112.3	108.3	121.3	110.7
武定县	Wuding	29.44	10.72	9.20	9.53	113.5	108.0	119.0	114.3
禄丰县	Lufeng	100.05	19.94	38.29	41.82	110.1	108.4	111.8	109.3
红 河 州	**Honghe**	**780.64**	**124.23**	**422.54**	**233.87**	**113.5**	**107.9**	**116.7**	**110.9**
蒙自市	Mengzi	88.34	14.85	45.33	28.16	113.7	108.0	116.9	111.2
个旧市	Gejiu	147.34	8.06	100.23	39.05	113.3	106.2	114.5	112.1
开远市	Kaiyuan	108.68	12.25	55.13	41.30	113.6	108.0	116.2	111.8
屏边县	Pingbian	14.53	4.08	5.04	5.40	112.0	102.0	121.5	111.6
建水县	Jianshui	75.20	16.64	28.78	29.78	112.6	106.6	116.6	112.4
石屏县	Shiping	31.86	13.40	8.59	9.87	111.2	108.9	115.7	110.5
弥勒县	Mile	167.95	13.85	129.79	24.31	111.8	107.9	111.8	114.2
泸西县	Luxi	45.20	9.71	18.20	17.29	114.3	108.0	119.8	112.8
元阳县	Yuanyang	24.32	8.16	6.63	9.53	115.9	104.5	144.1	108.3
红河县	Honghe	16.65	7.06	3.21	6.38	112.4	107.1	123.0	113.2
金平县	Jinping	23.45	5.95	10.86	6.64	111.0	106.8	111.2	114.4
绿春县	Luchun	14.37	4.48	5.58	4.31	114.8	108.9	122.1	112.6
河口县	Hekou	22.56	6.16	4.62	11.79	113.1	106.8	117.1	114.7
文 山 州	**Wenshan**	**401.40**	**91.53**	**154.16**	**155.71**	**114.2**	**108.0**	**121.5**	**110.9**
文山市	Wenshan	120.51	12.69	59.32	48.50	115.6	109.0	121.6	110.3
砚山县	Yanshan	63.28	11.73	28.90	22.64	114.4	106.7	119.4	112.1
西畴县	Xichou	16.20	5.70	2.09	8.42	110.5	110.7	110.6	110.4
麻栗坡县	Malipo	31.03	7.36	13.50	10.17	113.3	107.0	121.2	108.1
马关县	Maguan	43.00	9.81	19.09	14.09	112.7	108.8	115.1	112.0
丘北县	Qiubei	32.98	13.59	6.74	12.65	114.1	108.6	132.4	111.4
广南县	Guangnan	52.39	19.73	12.88	19.78	114.5	107.6	127.8	113.5
富宁县	Funing	41.11	10.91	14.66	15.54	113.2	110.8	117.9	110.5
西双版纳州	**Xishuangbanna**	**197.59**	**57.39**	**59.81**	**80.40**	**113.6**	**107.9**	**120.5**	**112.5**
景洪市	Jinghong	105.27	25.56	34.62	45.09	114.0	107.7	117.5	115.1
勐海县	Menghai	48.01	11.51	18.42	18.09	115.1	108.0	119.2	115.4

19-1 续表3 continued

单位：亿元,% (100 million,%)

州市县	Region	生产总值 Gross Regional Product	第一产业 Primary Industry	第二产业 Secondary Industry	第三产业 Tertiary Industry	生产总值指数(上年=100) Index (preceding year=100)	第一产业 Primary Industry	第二产业 Secondary Industry	第三产业 Tertiary Industry
勐腊县	Mengla	47.34	20.32	9.19	17.83	111.0	108.0	109.1	115.2
大理州	**Dali**	**568.10**	**123.45**	**238.21**	**206.44**	**114.2**	**107.0**	**120.6**	**111.7**
大理市	Dali	216.32	15.09	110.51	90.72	114.0	106.0	116.4	112.6
漾濞县	Yangbi	12.81	3.58	6.53	2.69	114.0	111.4	116.4	111.7
祥云县	Xiangyun	77.82	19.99	42.12	15.71	115.2	107.5	117.7	119.0
宾川县	Binchuan	57.24	25.29	14.85	17.10	114.0	109.9	120.4	115.0
弥渡县	Midu	28.47	8.23	8.94	11.30	115.0	108.7	128.7	110.3
南涧县	Nanjian	21.49	7.87	4.11	9.50	115.0	109.7	128.8	114.0
巍山县	Weishan	27.69	10.44	7.12	10.12	114.4	109.1	121.6	115.4
永平县	Yongping	21.12	8.52	6.15	6.45	115.2	113.0	127.2	108.2
云龙县	Yunlong	24.65	7.33	10.73	6.59	116.1	106.3	128.4	109.1
洱源县	Eryuan	31.32	11.07	10.65	9.60	114.1	106.8	127.5	109.7
剑川县	Jianchuan	16.07	3.66	8.01	4.40	114.2	105.4	121.7	109.9
鹤庆县	Heqing	34.87	6.93	20.77	7.17	123.3	104.2	144.2	104.8
德宏州	**Dehong**	**172.32**	**45.41**	**59.85**	**67.06**	**115.5**	**107.8**	**122.0**	**115.0**
芒　市	Mangshi	53.85	13.15	17.73	22.96	115.0	105.9	125.4	112.8
瑞丽市	Ruili	35.24	6.93	7.10	21.22	116.5	109.1	115.1	119.5
梁河县	Lianghe	12.05	3.65	3.74	4.66	111.5	107.2	116.6	111.0
盈江县	Yingjiang	49.12	13.19	24.59	11.34	115.0	107.4	119.5	114.2
陇川县	Longchuan	22.36	8.50	7.31	6.55	115.1	110.6	125.7	111.3
怒江州	**Nujiang**	**64.63**	**8.22**	**24.03**	**32.38**	**110.0**	**106.2**	**115.9**	**106.7**
泸水县	Lushui	22.14	2.92	7.82	11.41	111.4	107.9	120.0	107.0
福贡县	Fugong	6.10	1.27	2.26	2.57	102.8	107.9	95.2	107.7
贡山县	Gongshan	4.60	1.06	1.82	1.72	110.0	114.9	109.0	108.3
兰坪县	Lanping	26.87	2.96	15.31	8.60	107.2	107.1	105.2	110.7
迪庆州	**Diqing**	**96.39**	**8.12**	**39.40**	**48.87**	**119.1**	**108.0**	**125.5**	**116.3**
香格里拉县	Shangri-La	59.76	3.37	25.00	31.39	116.5	106.0	122.4	113.5
德钦县	Deqin	14.49	1.19	7.05	6.25	115.6	106.0	107.6	128.4
维西县	Weixi	22.29	3.56	7.35	11.38	116.0	106.8	121.2	116.0

19−2 各州市县人均生产总值(2010−2011年)

Per Capita Gross Regional Product by Region (2010-2011)

单位：元/人 (yuan/person)

州市县	Region	2010	2011	州市县	Region	2010	2011
全 省	**Yunnan**	**15 752**	**19 265**	龙陵县	Longling	9 978	12 899
昆明市	**Kunming**	**33 549**	**38 831**	昌宁县	Changning	10 095	13 553
呈贡区	Chengong	26 170	26 988	**昭通市**	**Zhaotong**	**7 311**	**8 877**
五华区	Panlong	62 612	70 784	昭阳区	Zhaoyang	15 686	18 688
盘龙区	Guandu	33 043	37 110	鲁甸县	Ludian	6 453	7 884
官渡区	Xishan	58 035	64 073	巧家县	Qiaojia	5 263	6 366
西山区	Xishan	33 289	37 977	盐津县	Yanjin	5 785	7 033
东川区	Dongchuan	16 426	20 532	大关县	Daguan	4 798	5 632
晋宁县	Jinning	19 806	23 668	永善县	Yongshan	6 832	8 111
富民县	Fumin	19 058	23 246	绥江县	Suijiang	7 932	9 692
宜良县	Yiliang	22 190	25 463	镇雄县	Zhenxiong	4 035	5 077
石林县	Shilin	15 020	18 053	彝良县	Yiliang	5 396	7 271
嵩明县	Songming	14 729	18 004	威信县	Weixin	5 304	6 388
禄劝县	Luquan	7 727	9 715	水富县	Shuifu	25 216	30 137
寻甸县	Xundian	7 922	9 942	**丽江市**	**Lijiang**	**11 680**	**14 279**
安宁市	Anning	40 474	48 956	古城区	Gucheng	24 428	29 553
曲靖市	**Qujing**	**17 231**	**20 588**	玉龙县	Yulong	10 537	12 675
麒麟区	Qilin	42 857	49 639	永胜县	Yongsheng	7 423	9 395
马龙县	Malong	12 325	14 794	华坪县	Huaping	16 213	20 359
陆良县	Luliang	15 298	18 454	宁蒗县	Ninglang	5 827	7 392
师宗县	Shizong	13 286	15 804	**普洱市**	**Pu'er**	**9 773**	**11 795**
罗平县	Luoping	14 247	16 853	思茅区	Simao	18 422	21 531
富源县	Fuyuan	15 691	18 437	宁洱县	Ning'er	12 048	13 886
会泽县	Huize	10 416	12 399	墨江县	Mojiang	6 805	7 941
沾益县	Zhanyi	22 903	26 998	景东县	Jingdong	8 014	9 595
宣威市	Xuanwei	11 334	13 638	景谷县	Jinggu	13 971	17 564
玉溪市	**Yuxi**	**32 089**	**37 913**	镇沅县	Zhenyuan	8 194	10 590
红塔区	Hongta	88 498	103 071	江城县	Jiangcheng	10 505	12 347
江川县	Jiangchuan	13 074	15 305	孟连县	Menglian	7 844	9 512
澄江县	Chengjiang	21 266	25 762	澜沧县	Lancang	5 483	7 055
通海县	Tonghai	16 114	18 501	西盟县	Ximeng	5 025	5 795
华宁县	Huaning	15 549	18 595	**临沧市**	**Lincang**	**8 988**	**11 166**
易门县	Yimen	18 449	21 754	临翔区	Lincang	10 569	13 191
峨山县	Eshan	20 423	23 244	凤庆县	Fengqing	9 062	11 507
新平县	Xinping	18 860	25 153	云 县	Yunxian	9 940	11 803
元江县	Yuanjiang	14 228	16 497	永德县	Yongde	6 324	7 674
保山市	**Baoshan**	**10 469**	**12 847**	镇康县	Zhenkang	9 578	12 272
隆阳区	Longyang	11 479	13 635	双江县	Shuangjiang	8 002	10 306
施甸县	Shidian	7 316	9 374	耿马县	Gengma	11 022	14 841
腾冲县	Tengchong	10 992	13 513	沧源县	Cangyuan	7 448	9 591

19-2 续表 continued

单位：元/人 (yuan/person)

州市县	Region	2010	2011	州市县	Region	2010	2011
楚雄州	**Chuxiong**	**14 960**	**17 899**	富宁县	Funing	8 291	10 046
楚雄市	Chuxiong	29 456	32 935	**西双版纳州**	**Xishuangbanna**	**14 503**	**17 357**
双柏县	Shuangbo	8 384	10 245	景洪市	Jinghong	17 579	20 158
牟定县	Mouding	10 250	12 265	勐海县	Menghai	11 667	14 405
南华县	Nanhua	9 405	11 265	勐腊县	Mengla	14 474	16 728
姚安县	Yao'an	9 736	11 794	**大理州**	**Dali**	**13 609**	**16 376**
大姚县	Dayao	9 950	12 238	大理市	Dali	27 772	33 026
永仁县	Yongren	10 583	13 171	漾濞县	Yangbi	10 450	12 447
元谋县	Yuanmou	10 294	12 211	祥云县	Xiangyun	13 596	16 516
武定县	Wuding	8 606	10 758	宾川县	Binchuan	13 328	16 191
禄丰县	Lufeng	20 179	23 425	弥渡县	Midu	7 375	9 060
红河州	**Honghe**	**14 546**	**17 270**	南涧县	Nanjian	8 360	9 682
蒙自市	Mengzi	17 924	21 088	巍山县	Weishan	7 422	9 068
个旧市	Gejiu	26 727	31 927	永平县	Yongping	9 504	11 792
开远市	Kaiyuan	28 491	33 574	云龙县	Yunlong	9 772	12 292
屏边县	Pingbian	7 996	9 392	洱源县	Eryuan	9 476	11 631
建水县	Jianshui	11 906	14 097	剑川县	Jianchuan	7 824	9 404
石屏县	Shiping	8 949	10 578	鹤庆县	Heqing	9 367	13 609
弥勒县	Mile	26 243	30 981	**德宏州**	**Dehong**	**11 681**	**14 157**
泸西县	Luxi	9 127	11 227	**芒市**	**Mangshi**	**11 458**	**13 743**
元阳县	Yuanyang	5 073	6 096	瑞丽市	Ruili	16 375	19 279
红河县	Honghe	4 650	5 589	梁河县	Lianghe	6 295	7 803
金平县	Jinping	5 611	6 550	盈江县	Yingjiang	13 321	16 040
绿春县	Luchun	4 985	6 436	陇川县	Longchuan	9 568	12 283
河口县	Hekou	17 733	21 490	**怒江州**	**Nujiang**	**10 331**	**11 968**
文山州	**Wenshan**	**9 398**	**11 364**	泸水县	Lushui	11 006	12 302
文山市	Wenshan	20 836	24 884	福贡县	Fugong	5 475	6 111
砚山县	Yanshan	11 178	13 602	贡山县	Gongshan	10 489	12 105
西畴县	Xichou	5 353	6 332	兰坪县	Lanping	11 044	12 597
麻栗坡县	Malipo	9 182	11 126	**迪庆州**	**Diqing**	**19 779**	**23 996**
马关县	Maguan	9 843	11 653	香格里拉县	Shangri-La	29 145	34 402
丘北县	Qiubei	5 543	6 880	德钦县	Deqin	18 373	21 692
广南县	Guangnan	5 366	6 631	维西县	Weixi	11 615	13 821

19-3 主要年份各州市县年末总人口

Total Population at Year-end by Region in Significant Years

单位：万人 (10 000 persons)

州市县	Region	2004	2005	2006	2007	2008	2009	2010	2011
全 省	**Yunnan**	**4 415.2**	**4 450.4**	**4483.00**	**4514.00**	**4543.00**	**4571.00**	**4601.60**	**4631.03**
昆 明 市	**Kunming**	**503.00**	**608.57**	**615.20**	**619.33**	**623.90**	**628.00**	**643.92**	**648.64**
呈贡区	Chenggong	15.70	21.45	22.05	22.85	22.50	23.00	31.12	31.70
五华区	Wuhua	66.10	89.09	87.77	88.09	87.49	87.00	85.64	86.20
盘龙区	Panlong	35.90	63.47	64.49	65.16	65.91	73.00	81.08	81.60
官渡区	Guandu	51.70	66.79	74.48	74.68	75.61	76.50	85.43	86.00
西山区	Xishan	42.40	74.56	68.49	69.13	70.75	71.50	75.46	76.24
东川区	Dongchuan	30.30	28.15	29.05	29.12	29.33	29.50	27.22	27.40
晋宁县	Jinning	27.30	28.02	28.25	28.32	28.04	28.20	28.41	28.50
富民县	Fumin	13.80	14.52	14.92	15.01	15.07	15.20	14.57	14.70
宜良县	Yiliang	40.60	40.96	41.62	41.84	42.58	42.90	41.99	42.25
石林县	Shilin	23.10	23.49	23.89	24.03	24.26	24.40	24.65	24.80
嵩明县	Songming	34.40	33.97	34.43	34.72	34.94	28.50	28.74	28.90
禄劝县	Luquan	44.80	43.07	43.90	44.15	44.52	44.80	39.68	39.95
寻甸县	Xundian	50.20	49.76	50.32	50.48	50.89	51.30	45.76	46.00
安宁市	Anning	26.70	31.27	31.54	31.75	32.01	32.20	34.17	34.40
曲 靖 市	**Qujing**	**575.60**	**565.76**	**570.00**	**572.92**	**578.20**	**581.80**	**586.14**	**589.89**
麒麟区	Qilin	65.10	67.74	68.23	69.18	69.48	70.10	74.16	75.02
马龙县	Malong	19.30	18.52	18.89	19.15	19.16	19.50	18.52	18.68
陆良县	Luliang	61.10	61.15	60.93	61.51	61.82	62.00	62.31	62.49
师宗县	Shizong	36.40	36.59	37.46	38.03	38.06	38.20	39.28	39.52
罗平县	Luoping	54.60	52.71	53.86	54.44	54.50	54.70	55.03	55.35
富源县	Fuyuan	71.60	70.09	70.16	70.38	70.41	70.50	72.34	72.75
会泽县	Huize	91.60	89.35	87.28	87.72	90.93	91.60	90.93	91.33
沾益县	Zhanyi	39.70	39.86	39.70	40.20	40.56	41.00	43.15	43.76
宣威市	Xuanwei	136.20	129.75	133.55	132.31	133.28	134.20	130.43	130.99
玉 溪 市	**Yuxi**	**208.60**	**221.35**	**224.60**	**226.40**	**227.60**	**228.70**	**230.60**	**231.80**
红塔区	Hongta	39.90	46.01	46.71	47.10	47.39	47.70	49.57	49.80
江川县	Jiangchuan	26.50	27.08	27.52	27.76	27.89	28.00	28.12	28.20
澄江县	Chengjiang	15.60	15.90	16.16	16.30	16.40	16.50	16.95	17.10
通海县	Tonghai	27.00	29.60	29.98	30.19	30.40	30.50	30.11	30.40
华宁县	Huaning	20.40	20.72	21.05	21.23	21.40	21.50	21.49	21.60
易门县	Yimen	17.30	17.58	17.78	17.89	18.00	18.00	17.73	17.75
峨山县	Ershan	15.00	15.79	15.97	16.08	16.20	16.20	16.30	16.35
新平县	Xinping	27.00	27.58	28.03	28.28	28.40	28.50	28.57	28.70
元江县	Yuanjiang	19.80	21.09	21.40	21.57	21.70	21.80	21.76	21.90

19-3 续表1 continued

单位：万人 (10 000 persons)

州 市 县	Region	2004	2005	2006	2007	2008	2009	2010	2011
保 山 市	**Baoshan**	**241.00**	**244.24**	**244.80**	**245.02**	**246.40**	**247.70**	**250.92**	**252.52**
隆阳区	Longyang	85.40	87.68	87.89	88.32	88.70	89.40	93.66	94.26
施甸县	Shidian	32.90	32.39	32.44	32.20	32.50	32.50	30.56	30.75
腾冲县	Tengchong	61.60	62.66	62.81	62.90	63.30	63.80	64.55	64.96
龙陵县	Longling	27.10	27.16	27.23	27.30	27.50	27.55	27.76	27.94
昌宁县	Changning	34.00	34.35	34.43	34.30	34.40	34.45	34.39	34.61
昭 通 市	**Zhaotong**	**524.40**	**507.50**	**511.80**	**525.22**	**529.50**	**534.30**	**521.92**	**525.85**
昭阳区	Zhaoyang	76.70	74.87	75.51	79.30	80.06	80.76	78.87	79.50
鲁甸县	Ludian	39.60	38.57	38.90	37.57	37.97	38.29	39.11	39.40
巧家县	Qiaojia	53.10	51.13	51.56	54.38	53.37	52.95	51.69	52.03
盐津县	Yanjin	37.90	36.46	36.77	37.11	37.51	37.82	37.03	37.31
大关县	Daguan	26.20	25.02	25.24	25.52	25.85	26.05	26.35	26.55
永善县	Yongshan	42.00	40.22	40.56	38.92	39.80	40.20	39.47	39.77
绥江县	Suijiang	16.00	15.44	15.57	15.70	15.83	15.96	15.33	15.45
镇雄县	Zhenxiong	130.70	126.18	127.25	135.47	136.95	139.19	132.98	133.98
彝良县	Yiliang	54.20	53.24	53.69	54.11	54.57	55.11	52.24	52.63
威信县	Weixin	38.50	36.98	37.29	37.60	37.99	38.32	38.63	38.92
水富县	Shuifu	9.50	9.38	9.46	9.55	9.60	9.65	10.23	10.31
丽 江 市	**Lijiang**	**112.80**	**120.26**	**121.30**	**121.60**	**122.10**	**122.60**	**124.61**	**125.41**
古城区	Gucheng	14.40	16.89	17.04	17.08	17.15	17.22	21.14	21.27
玉龙县	Yulong	21.10	22.73	22.92	22.98	23.06	23.15	21.49	21.62
永胜县	Yongsheng	38.50	39.27	39.61	39.71	39.88	40.04	39.24	39.52
华坪县	Huaping	15.00	16.20	16.34	16.38	16.45	16.51	16.82	16.92
宁蒗县	Ninglang	23.80	25.18	25.39	25.45	25.56	25.66	25.91	26.08
普 洱 市	**Pu'er**	**236.40**	**256.56**	**257.30**	**257.63**	**258.10**	**258.70**	**254.57**	**256.09**
思茅区	Simao	20.20	25.45	25.55	25.62	25.68	25.89	29.69	30.16
宁洱县	Ning'er	18.60	19.37	19.44	19.46	19.49	19.53	18.59	18.70
墨江县	Mojiang	35.20	37.78	37.87	37.91	37.96	37.99	36.09	36.22
景东县	Jingdong	35.40	37.77	37.86	37.90	37.93	37.98	35.99	36.11
景谷县	Jinggu	29.70	30.88	30.94	30.97	31.03	31.08	29.20	29.26
镇沅县	Zhenyuan	20.50	21.36	21.41	21.44	21.46	21.49	20.88	20.99
江城县	Jiangcheng	9.40	11.76	11.85	11.87	12.03	12.09	12.17	12.29
孟连县	Menglian	11.70	13.29	13.34	13.36	13.38	13.41	13.57	13.71
澜沧县	Lancang	47.30	49.72	49.82	49.86	49.89	49.97	49.24	49.49
西盟县	Ximeng	8.40	9.18	9.22	9.24	9.25	9.27	9.14	9.16
临 沧 市	**Lincang**	**218.30**	**236.12**	**236.60**	**236.80**	**238.20**	**239.60**	**243.21**	**244.77**
临翔区	Linxiang	28.00	30.09	30.30	30.36	30.53	30.69	32.41	32.55
凤庆县	Fengqing	42.50	44.92	45.10	45.20	45.46	45.69	45.88	46.14

19-3 续表2 continued

单位：万人 (10 000 persons)

州 市 县	Region	2004	2005	2006	2007	2008	2009	2010	2011
云 县	Yunxian	40.80	43.95	44.30	44.35	44.59	44.82	44.99	45.28
永德县	Yongde	32.80	36.10	36.40	36.48	36.67	36.91	37.01	37.23
镇康县	Zhenkang	16.00	17.31	17.00	17.05	17.17	17.30	17.65	17.77
双江县	Shuangjiang	16.40	17.65	17.80	17.86	17.98	18.08	17.67	17.79
耿马县	Gengma	25.80	28.54	28.30	28.20	28.38	28.59	29.66	29.86
沧源县	Cangyuan	16.00	17.56	17.30	17.30	17.42	17.55	17.93	18.15
楚 雄 州	**Chuxiong**	**256.20**	**265.69**	**267.20**	**268.40**	**269.00**	**270.10**	**268.71**	**270.43**
楚雄市	Chuxiong	49.40	54.23	54.56	54.81	54.93	55.29	58.93	59.07
双柏县	Shuangbo	15.50	15.84	15.85	15.91	15.93	15.97	16.00	16.03
牟定县	Mouding	20.00	20.28	20.39	20.49	20.50	20.58	20.90	21.07
南华县	Nanhua	23.30	23.69	23.83	23.93	23.95	23.99	23.64	23.84
姚安县	Yao'an	20.50	20.48	20.73	20.83	20.84	20.91	19.79	20.08
大姚县	Dayao	28.00	28.65	28.80	28.91	28.97	29.05	27.36	27.52
永仁县	Yongren	10.50	10.79	10.80	10.85	10.87	10.91	10.94	10.96
元谋县	Yuanmou	20.80	21.07	21.18	21.27	21.29	21.39	21.60	21.62
武定县	Wuding	26.50	27.30	27.46	27.60	27.78	27.93	27.23	27.53
禄丰县	Lufeng	41.70	43.35	43.60	43.80	43.94	44.08	42.32	42.71
红 河 州	**Honghe**	**371.60**	**431.15**	**434.50**	**437.30**	**441.20**	**444.20**	**450.58**	**453.46**
蒙自市	Mengzi	32.70	38.79	39.51	39.91	40.10	40.34	41.76	42.01
个旧市	Gejiu	38.70	45.23	45.48	45.66	45.50	45.67	46.03	46.26
开远市	Kaiyuan	26.30	31.59	31.12	31.22	31.30	31.42	32.30	32.47
屏边县	Pingbian	14.70	14.77	14.89	14.90	14.87	14.79	15.41	15.47
建水县	Jianshui	49.80	51.70	52.09	52.35	52.61	52.91	53.20	53.53
石屏县	Shiping	29.30	28.99	29.18	29.38	29.58	29.77	29.94	30.12
弥勒县	Mile	49.60	51.41	52.04	52.41	53.10	53.47	54.03	54.38
泸西县	Luxi	37.80	38.41	38.73	38.96	39.18	39.47	40.12	40.40
元阳县	Yuanyang	37.10	37.76	38.14	38.36	39.06	39.38	39.72	40.04
红河县	Honghe	27.70	28.24	28.46	28.61	28.84	29.07	29.68	29.91
金平县	Jinping	32.00	32.94	33.30	33.88	34.61	35.21	35.66	35.94
绿春县	Luchun	20.70	21.11	21.28	21.35	22.10	22.29	22.24	22.41
河口县	Hekou	7.90	10.21	10.28	10.31	10.36	10.41	10.47	10.52
文 山 州	**Wenshan**	**335.50**	**337.12**	**339.10**	**340.85**	**343.01**	**345.40**	**352.18**	**354.23**
文山市	Wenshan	43.50	43.88	44.29	44.58	45.10	45.77	48.20	48.66
砚山县	Yanshan	44.90	44.79	45.09	45.35	45.59	46.01	46.38	46.65
西畴县	Xichou	25.10	24.98	25.08	25.18	25.21	25.26	25.56	25.66
麻栗坡县	Malipo	27.30	27.30	27.41	27.53	27.58	27.67	27.83	27.95
马关县	Maguan	35.40	35.70	35.88	35.98	36.41	36.64	36.79	37.00

19-3 续表3 continued

单位：万人 (10 000 persons)

州市县	Region	2004	2005	2006	2007	2008	2009	2010	2011
丘北县	Qiubei	45.00	45.55	45.80	46.13	46.21	46.49	47.80	48.08
广南县	Guangnan	75.30	75.72	76.16	76.58	77.08	77.42	78.83	79.19
富宁县	Funing	38.90	39.20	39.39	39.52	39.83	40.14	40.80	41.04
西双版纳州	**Xishuangbanna**	**87.60**	**104.96**	**105.70**	**106.45**	**107.00**	**107.60**	**113.47**	**114.20**
景洪市	Jinghong	37.60	47.09	47.36	47.68	47.94	48.20	52.05	52.38
勐海县	Menghai	29.70	32.73	32.88	33.09	33.25	33.42	33.22	33.43
勐腊县	Mengla	20.30	25.14	25.46	25.68	25.81	25.98	28.20	28.39
大理州	**Dali**	**338.30**	**347.11**	**348.60**	**348.00**	**349.30**	**350.80**	**346.01**	**347.80**
大理市	Dali	59.00	61.40	62.35	62.53	63.12	64.05	65.28	65.69
漾濞县	Yangbi	10.00	10.59	10.64	10.66	10.30	10.24	10.24	10.29
祥云县	Xiangyun	45.00	46.56	46.00	44.73	45.55	45.78	45.61	45.85
宾川县	Binchuan	32.90	34.06	34.10	34.17	34.20	34.42	34.91	35.09
弥渡县	Midu	31.40	31.46	31.61	31.67	31.79	31.90	31.35	31.50
南涧县	Nanjian	21.70	21.93	22.17	22.22	22.29	22.35	21.17	21.26
巍山县	Weishan	30.30	30.96	31.05	31.11	31.08	30.98	30.47	30.61
永平县	Yongping	17.30	18.47	18.36	18.40	18.24	18.25	17.54	17.62
云龙县	Yunlong	20.10	20.58	20.70	20.74	20.77	20.65	20.01	20.10
洱源县	Eryuan	27.30	27.47	27.55	27.61	27.71	27.80	26.86	27.01
剑川县	Jianchuan	17.00	17.46	17.56	17.60	17.59	17.64	17.02	17.09
鹤庆县	Heqing	26.40	26.17	26.51	26.56	26.66	26.74	25.56	25.69
德宏州	**Dehong**	**105.80**	**115.08**	**116.50**	**117.70**	**118.50**	**119.40**	**121.28**	**122.05**
芒市	Mangshi	34.30	36.61	37.07	37.46	37.83	38.24	39.03	39.28
瑞丽市	Ruili	11.50	16.33	16.53	16.70	16.80	16.99	18.08	18.43
梁河县	Lianghe	16.00	15.85	15.94	16.03	16.10	16.15	15.43	15.46
盈江县	Yingjiang	26.80	28.90	29.30	29.65	29.80	29.97	30.55	30.67
陇川县	Longchuan	17.20	17.39	17.66	17.86	18.00	18.05	18.18	18.21
怒江州	**Nujiang**	**48.00**	**52.04**	**52.60**	**52.93**	**53.30**	**53.60**	**53.49**	**53.61**
泸水县	Lushui	15.70	18.23	18.43	18.55	18.68	18.79	18.50	18.54
福贡县	Fugong	9.20	9.30	9.40	9.46	9.53	9.58	9.87	9.89
贡山县	Gongshan	3.50	3.65	3.69	3.71	3.73	3.75	3.79	3.80
兰坪县	Lanping	19.60	20.86	21.08	21.21	21.36	21.48	21.32	21.37
迪庆州	**Diqing**	**33.80**	**36.87**	**37.20**	**37.45**	**37.70**	**37.90**	**40.06**	**40.28**
香格里拉县	Shangri-La	13.40	15.41	15.60	15.80	16.02	16.25	17.32	17.41
德钦县	Deqing	5.90	6.24	6.28	6.31	6.32	6.28	6.67	6.70
维西县	Weixi	14.50	15.22	15.32	15.34	15.36	15.37	16.08	16.17

19−4 各州市县人口数及构成(2011年)

Population and Its Composition by Region (2011)

单位：万人 (10 000 persons)

州市县	Region	总户数 Total Number of Households	总人口 Total Population	按性别分 By Sex 男 Male	女 Female	按农业、非农业分 By Agricultural and Non-agricultural Population 农业人口 Agricultural Population	非农业人口 Non-agricultural Population
全 省	**Yunnan**	**1346.74**	**4631.03**	**2402.87**	**2228.16**	**3862.62**	**768.41**
昆明市	**Kunming**	**196.07**	**648.64**	**333.41**	**315.23**	**382.76**	**265.88**
呈贡区	Chenggong	6.48	31.70	16.84	14.86	27.11	4.59
五华区	Wuhua	23.93	86.20	43.17	43.03	18.02	68.18
盘龙区	Panlong	19.10	81.60	42.15	39.45	18.95	62.65
官渡区	Guandu	22.03	86.00	44.77	41.23	39.81	46.19
西山区	Xishan	22.72	76.24	38.98	37.26	26.06	50.18
东川区	Dongchuan	10.36	27.40	14.20	13.20	22.47	4.93
晋宁县	Jinning	11.66	28.50	14.48	14.02	24.53	3.97
富民县	Fumin	5.24	14.70	7.46	7.24	13.43	1.27
宜良县	Yiliang	15.97	42.25	21.41	20.84	39.65	2.60
石林县	Shilin	8.65	24.80	12.81	11.99	23.16	1.64
嵩明县	Songming	9.24	28.90	14.76	14.14	27.20	1.70
禄劝县	Luquan	14.40	39.95	20.30	19.65	39.28	0.67
寻甸县	Xundian	14.93	46.00	23.50	22.50	44.88	1.12
安宁市	Anning	11.36	34.40	18.60	15.80	18.20	16.20
曲靖市	**Qujing**	**184.99**	**589.89**	**309.17**	**280.72**	**522.67**	**67.23**
麒麟区	Qilin	24.17	75.02	38.46	36.56	49.60	25.42
马龙县	Malong	5.53	18.68	9.55	9.13	16.84	1.84
陆良县	Luliang	21.81	62.49	32.58	29.91	57.23	5.27
师宗县	Shizong	10.70	39.52	20.75	18.77	36.08	3.44
罗平县	Luoping	17.28	55.35	29.05	26.30	51.16	4.19
富源县	Fuyuan	19.75	72.75	38.38	34.37	67.72	5.03
会泽县	Huize	29.15	91.33	48.43	42.90	84.37	6.96
沾益县	Zhanyi	11.88	43.76	22.92	20.84	39.23	4.53
宣威市	Xuanwei	44.72	130.99	69.05	61.94	120.43	10.56
玉溪市	**Yuxi**	**72.18**	**231.80**	**118.87**	**112.93**	**192.41**	**39.39**
红塔区	Hongta	15.82	49.80	25.11	24.69	35.01	14.79
江川县	Jiangchuan	9.39	28.20	14.28	13.92	24.47	3.73

19-4 续表1 continued

单位：万人 (10 000 persons)

州市县	Region	总户数 Total Number of Households	总人口 Total Population	按性别分 By Sex 男 Male	女 Female	按农业、非农业分 By Agricultural and Non-agricultural Population 农业人口 Agricultural Population	非农业人口 Non-agricultural Population
澄江县	Chengjiang	5.30	17.10	8.64	8.46	15.19	1.91
通海县	Tonghai	9.30	30.40	15.38	15.02	26.23	4.17
华宁县	Huaning	6.85	21.60	11.13	10.47	19.59	2.01
易门县	Yimen	5.76	17.75	9.30	8.45	14.39	3.36
峨山县	Ershan	5.12	16.35	8.43	7.92	13.34	3.01
新平县	Xinping	8.43	28.70	15.19	13.51	24.94	3.76
元江县	Yuanjiang	6.22	21.90	11.41	10.49	19.24	2.66
保山市	**Baoshan**	**68.43**	**252.52**	**129.48**	**123.04**	**227.36**	**25.16**
隆阳区	Longyang	25.48	94.26	47.44	46.82	81.68	12.58
施甸县	Shidian	8.99	30.75	15.61	15.14	28.40	2.35
腾冲县	Tengchong	16.80	64.96	33.87	31.08	59.84	5.12
龙陵县	Longling	7.73	27.94	14.76	13.18	25.68	2.26
昌宁县	Changning	9.44	34.61	17.80	16.82	31.76	2.85
昭通市	**Zhaotong**	**161.71**	**525.85**	**276.16**	**249.69**	**490.21**	**35.64**
昭阳区	Zhaoyang	25.54	79.50	40.95	38.55	69.68	9.82
鲁甸县	Ludian	11.68	39.40	20.63	18.77	37.04	2.36
巧家县	Qiaojia	17.39	52.03	28.25	23.78	49.71	2.32
盐津县	Yanjin	10.98	37.31	19.59	17.72	34.49	2.82
大关县	Daguan	8.24	26.55	14.06	12.49	24.81	1.74
永善县	Yongshan	13.62	39.77	21.23	18.54	37.69	2.08
绥江县	Suijiang	4.59	15.45	8.04	7.41	13.56	1.89
镇雄县	Zhenxiong	39.22	133.98	70.23	63.75	128.69	5.29
彝良县	Yiliang	15.16	52.63	27.63	25.00	50.08	2.55
威信县	Weixin	11.79	38.92	20.16	18.76	36.57	2.35
水富县	Shuifu	3.51	10.31	5.39	4.92	7.87	2.44
丽江市	**Lijiang**	**37.32**	**125.41**	**64.72**	**60.69**	**108.00**	**17.41**
古城区	Gucheng	4.52	21.27	10.70	10.57	13.83	7.45
玉龙县	Yulong	6.14	21.62	11.28	10.34	20.22	1.40
永胜县	Yongsheng	12.89	39.52	20.02	19.50	36.17	3.35
华坪县	Huaping	5.62	16.92	9.07	7.85	14.02	2.90

19−4　续表2　continued

单位：万人　　(10 000 persons)

州市县	Region	总户数 Total Number of Households	总人口 Total Population	按性别分 By Sex 男 Male	女 Female	按农业、非农业分 By Agricultural and Non-agricultural Population 农业人口 Agricultural Population	非农业人口 Non-agricultural Population
宁蒗县	Ninglang	8.16	26.08	13.65	12.43	23.77	2.31
普洱市	**Pu'er**	**72.24**	**256.09**	**134.90**	**121.19**	**222.48**	**33.61**
思茅区	Simao	7.07	30.16	15.77	14.39	19.37	10.79
宁洱县	Ning'er	5.65	18.70	9.76	8.94	15.61	3.09
墨江县	Mojiang	9.73	36.22	19.47	16.75	33.12	3.10
景东县	Jingdong	10.57	36.11	18.72	17.39	33.46	2.65
景谷县	Jinggu	8.92	29.26	15.65	13.61	26.33	2.93
镇沅县	Zhenyuan	6.46	20.99	11.16	9.83	18.94	2.05
江城县	Jiangcheng	3.32	12.29	6.45	5.84	10.16	2.13
孟连县	Menglian	3.67	13.71	7.05	6.66	11.91	1.80
澜沧县	Lancang	13.79	49.49	26.11	23.38	45.85	3.64
西盟县	Ximeng	3.07	9.16	4.76	4.40	7.74	1.42
临沧市	**Lincang**	**64.35**	**244.77**	**128.42**	**116.35**	**220.52**	**24.25**
临翔区	Linxiang	9.05	32.55	16.69	15.86	27.03	5.52
凤庆县	Fengqing	11.56	46.14	23.92	22.22	42.95	3.19
云　县	Yunxian	12.48	45.28	23.94	21.34	41.94	3.34
永德县	Yongde	9.25	37.23	20.10	17.13	34.56	2.67
镇康县	Zhenkang	4.46	17.77	9.56	8.21	16.38	1.39
双江县	Shuangjiang	4.67	17.79	9.37	8.42	16.25	1.54
耿马县	Gengma	7.94	29.86	15.37	14.49	25.47	4.39
沧源县	Cangyuan	4.95	18.15	9.47	8.68	15.94	2.21
楚雄州	**Chuxiong**	**79.62**	**270.43**	**138.47**	**131.96**	**231.22**	**39.21**
楚雄市	Chuxiong	16.17	59.07	30.20	28.87	43.04	16.04
双柏县	Shuangbo	4.74	16.03	8.40	7.63	14.53	1.50
牟定县	Mouding	6.08	21.07	10.80	10.27	19.58	1.49
南华县	Nanhua	6.94	23.84	12.13	11.71	21.98	1.86
姚安县	Yao'an	6.00	20.08	10.17	9.91	18.62	1.46
大姚县	Dayao	8.69	27.52	14.10	13.42	24.70	2.82
永仁县	Yongren	3.36	10.96	5.69	5.27	9.69	1.27

19-4 续表3 continued

单位：万人 (10 000 persons)

州市县	Region	总户数 Total Number of Households	总人口 Total Population	按性别分 By Sex 男 Male	女 Female	按农业、非农业分 By Agricultural and Non-agricultural Population 农业人口 Agricultural Population	非农业人口 Non-agricultural Population
元谋县	Yuanmou	6.52	21.62	11.03	10.59	19.47	2.15
武定县	Wuding	7.81	27.53	14.04	13.49	23.51	4.02
禄丰县	Lufeng	13.29	42.71	21.92	20.79	36.11	6.60
红 河 州	**Honghe**	**127.00**	**453.46**	**235.89**	**217.57**	**375.31**	**78.14**
蒙自市	Mengzi	11.48	42.01	21.78	20.23	30.42	11.59
个旧市	Gejiu	13.60	46.26	24.20	22.06	25.83	20.43
开远市	Kaiyuan	9.09	32.47	16.67	15.80	20.58	11.89
屏边县	Pingbian	4.17	15.47	8.11	7.36	13.77	1.70
建水县	Jianshui	16.16	53.53	27.26	26.27	45.89	7.64
石屏县	Shiping	9.44	30.12	15.17	14.95	26.94	3.18
弥勒县	Mile	15.61	54.38	27.95	26.43	48.43	5.95
泸西县	Luxi	12.12	40.40	21.40	19.00	36.19	4.21
元阳县	Yuanyang	9.96	40.04	21.41	18.63	38.18	1.86
红河县	Honghe	7.53	29.91	15.61	14.30	28.28	1.63
金平县	Jinping	9.39	35.94	18.98	16.96	33.56	2.38
绿春县	Luchun	5.19	22.41	11.76	10.65	20.75	1.66
河口县	Hekou	3.26	10.52	5.57	4.95	6.50	4.02
文 山 州	**Wenshan**	**95.89**	**354.23**	**185.13**	**169.11**	**323.93**	**30.30**
文山市	Wenshan	14.35	48.66	25.02	23.64	39.41	9.25
砚山县	Yanshan	12.28	46.65	24.19	22.46	42.97	3.68
西畴县	Xichou	6.98	25.66	13.45	12.21	23.35	2.31
麻栗坡县	Malipo	7.57	27.95	14.64	13.31	25.95	2.00
马关县	Maguan	10.34	37.00	19.37	17.63	33.77	3.23
丘北县	Qiubei	13.55	48.08	25.41	22.67	44.94	3.14
广南县	Guangnan	19.97	79.19	41.98	37.21	75.00	4.19
富宁县	Funing	10.85	41.04	21.08	19.96	38.54	2.50
西双版纳州	**Xishuangbanna**	**27.26**	**114.20**	**59.18**	**55.02**	**79.94**	**34.26**
景洪市	Jinghong	12.29	52.38	27.11	25.27	32.41	19.97
勐海县	Menghai	7.97	33.43	17.26	16.17	28.05	5.38

19−4 续表4 continued

单位：万人 (10 000 persons)

州市县	Region	总户数 Total Number of Households	总人口 Total Population	按性别分 By Sex 男 Male	女 Female	按农业、非农业分 By Agricultural and Non-agricultural Population 农业人口 Agricultural Population	非农业人口 Non-agricultural Population
勐腊县	Mengla	6.99	28.39	14.81	13.58	19.47	8.92
大理州	**Dali**	**104.33**	**347.80**	**176.30**	**171.50**	**305.67**	**42.14**
大理市	Dali	19.41	65.69	32.82	32.87	44.67	21.02
漾濞县	Yangbi	3.29	10.29	5.30	4.99	9.31	0.98
祥云县	Xiangyun	13.96	45.85	23.25	22.60	41.77	4.08
宾川县	Binchuan	9.98	35.09	17.93	17.16	32.85	2.24
弥渡县	Midu	9.57	31.50	15.91	15.59	29.48	2.02
南涧县	Nanjian	6.40	21.26	10.80	10.46	19.98	1.28
巍山县	Weishan	8.86	30.61	15.42	15.19	28.57	2.04
永平县	Yongping	5.67	17.62	9.04	8.58	15.97	1.65
云龙县	Yunlong	6.36	20.10	10.64	9.46	18.47	1.63
洱源县	Eryuan	8.06	27.01	13.59	13.42	25.23	1.78
剑川县	Jianchuan	5.02	17.09	8.64	8.45	15.60	1.49
鹤庆县	Heqing	7.76	25.69	12.96	12.73	23.76	1.93
德宏州	**Dehong**	**30.16**	**122.05**	**62.95**	**59.11**	**98.73**	**23.32**
芒市	Mangshi	9.49	39.28	20.16	19.12	31.05	8.23
瑞丽市	Ruili	4.03	18.43	9.53	8.90	11.70	6.73
梁河县	Lianghe	4.33	15.46	8.02	7.43	13.91	1.54
盈江县	Yingjiang	7.33	30.67	15.98	14.69	27.06	3.61
陇川县	Longchuan	4.97	18.21	9.26	8.96	15.01	3.20
怒江州	**Nujiang**	**15.56**	**53.61**	**28.38**	**25.23**	**46.08**	**7.52**
泸水县	Lushui	5.29	18.54	9.92	8.63	15.03	3.51
福贡县	Fugong	2.93	9.89	5.07	4.82	9.03	0.86
贡山县	Gongshan	1.23	3.80	2.02	1.79	3.23	0.57
兰坪县	Lanping	6.10	21.37	11.38	9.99	18.79	2.58
迪庆州	**Diqing**	**9.62**	**40.28**	**21.45**	**18.83**	**35.33**	**4.95**
香格里拉县	Shangri-La	3.99	17.41	9.24	8.17	14.40	3.02
德钦县	Deqing	1.38	6.70	3.62	3.08	5.99	0.71
维西县	Weixi	4.25	16.17	8.59	7.58	14.94	1.22

19-5 各州市县土地、气温、降水量(2011年)
Land Characteristics, Temperature and Precipitation of Cities, Counties and Prefectures (2011)

州 市	Region	土地面积 (万平方千米) Land Area (10000 sq.km)	牧草地面积 (万公顷) Area of Grazing Land (10000 hectares)	年平均气温 (℃) Annual Average Temperature(℃)	年降水量 (毫米) Annual Precipitation(mm)
全 省	**Yunnan**	**39.41**	**78.23**	**17.4**	**835**
昆明市	**Kunming**	**2.16**	**4.49**	**16.8**	**604**
呈贡区	Chenggong	0.05		16.4	551
五华区	Wuhua	0.22			
盘龙区	Panlong				
官渡区	Guandu		0.13	16.6	566
西山区	Xishan				
东川区	Dongchuan	0.17	2.15	20.7	428
晋宁县	Jinning	0.14	0.36	15.8	608
富民县	Fumin	0.10	0.01	16.8	558
宜良县	Yiliang	0.19	0.72	17.7	531
石林县	Shilin	0.18	0.04	17.5	570
嵩明县	Songming	0.14	0.09	15.6	672
禄劝县	Luquan	0.44		16.4	622
寻甸县	Xundian	0.40	0.99	16.0	827
安宁市	Anning	0.13		16.3	824
曲靖市	**Qujing**	**2.99**	**40.87**	**15.1**	**740**
麒麟区	Qilin	0.14	7.10	16.0	679
马龙县	Malong	0.18	1.59	14.7	636
陆良县	Luliang	0.21	8.96	15.7	650
师宗县	Shizong	0.29	2.61	15.0	629
罗平县	Luoping	0.31	0.81	15.9	1 043
富源县	Fuyuan	0.33	2.53	15.1	784
会泽县	Huize	0.61	3.72	14.1	623
沾益县	Zhanyi	0.29	12.78	15.4	758
宣威市	Xuanwei	0.63	0.77	14.4	856
玉溪市	**Yuxi**	**1.53**	**0.22**	**18.0**	**673**
红塔区	Hongta	0.10		16.9	628
江川县	Jiangchuan	0.09		17.0	720
澄江县	Chengjiang	0.08	0.16	17.2	691
通海县	Tonghai	0.07		16.5	591
华宁县	Huaning	0.13		17.5	838
易门县	Yimen	0.16		17.4	565
峨山县	Eshan	0.20	0.05	17.1	609
新平县	Xinping	0.42		18.1	736
元江县	Yuanjiang	0.29		24.6	677

注：本表土地面积为过去清查数，牧草地面积为2007年数。

19-5 续表1 continued

州 市	Region	土地面积（万平方千米） Land Area (10 000 sq.km)	牧草地面积（千公顷） Area of Grazing Land (1000 hectares)	年平均气温（℃） Annual Average Temperature (℃)	年降水量（毫米） Annual Precipitation (mm)
保 山 市	**Baoshan**	**1.96**	**39.61**	**16.4**	**1 042**
隆阳区	Longyang	0.50	4.69	17.0	663
施甸县	Shidian	0.20	11.91	18.3	720
腾冲县	Tengchong	0.58	1.91	16.1	1 185
龙陵县	Longling	0.29	20.93	15.1	1 623
昌宁县	Changning	0.39	0.17	15.6	1 017
昭 通 市	**Zhaotong**	**2.30**	**117.84**	**16.1**	**740**
昭阳区	Zhaoyang	0.22	21.54	12.7	557
鲁甸县	Ludian	0.15	18.27	12.8	856
巧家县	Qiaojia	0.32	54.15	21.5	764
盐津县	Yanjin	0.21		18.0	971
大关县	Daguan	0.18	0.27	15.2	780
永善县	Yongshan	0.28	21.88	17.4	583
绥江县	Suijiang	0.09	0.01	18.4	717
镇雄县	Zhenxiong	0.38	1.32	12.6	579
彝良县	Yiliang	0.29	0.17	17.7	535
威信县	Weixin	0.14	0.23	14.3	1 058
水富县	Shuifu	0.03			
丽 江 市	**Lijiang**	**2.12**	**26.48**	**15.1**	**821**
古城区	Gucheng	0.13		13.9	822
玉龙县	Yulong	0.64	19.72	13.9	822
永胜县	Yongsheng	0.51	1.25	14.3	864
华坪县	Huaping	0.23		20.1	788
宁蒗县	Ninglang	0.62	5.52	13.1	811
普 洱 市	**Pu'er**	**4.54**	**22.86**	**19.7**	**1 355**
思茅区	Simao	0.41	7.01	19.6	1 516
宁洱县	Ning'er	0.37	0.58	19.1	1 306
墨江县	Mojiang	0.55	1.00	18.4	1 227
景东县	Jingdong	0.45		19.1	909
景谷县	Jinggu	0.78		21.0	1 057
镇沅县	Zhenyuan	0.42	0.02	19.9	979
江城县	Jiangcheng	0.35	13.94	19.4	1 917
孟连县	Menglian	0.20	0.02	20.2	1 346
澜沧县	Lancang	0.88	0.24	20.2	1 483
西盟县	Ximeng	0.14	0.03	19.7	1 814
临 沧 市	**Lincang**	**2.45**	**3.91**	**19.2**	**1 055**
临翔区	Linxiang	0.27	0.04	18.4	918
凤庆县	Fengqing	0.35	0.03	17.5	984
云 县	Yunxian	0.38		20.8	620
永德县	Yongde	0.33	0.21	18.3	923

Note: Figures of land are obtained from the previous surveys,figures of grazing land area are that of 2007.

19-5 续表2 Continued

州 市	Region	土地面积（万平方千米） Land Area (10 000 sq.km)	牧草地面积（千公顷） Area of Grazing Land (1 000 hectares)	年平均气温（℃） Annual Average Temperature (℃)	年降水量（毫米） Annual Precipitation (mm)
镇康县	Zhenkang	0.26	2.24	20.0	1 473
双江县	Shuangjiang	0.23	1.02	20.1	874
耿马县	Gengma	0.38	0.22	19.9	991
沧源县	Cangyuan	0.25	0.16	18.2	1 660
楚 雄 州	**Chuxiong**	**2.93**	**3.33**	**17.0**	**613**
楚雄市	Chuxiong	0.45	0.32	17.2	619
双柏县	Shuangbo	0.40		16.0	596
牟定县	Mouding	0.15	0.04	16.9	661
南华县	Nanhua	0.23	1.02	15.0	519
姚安县	Yao'an	0.18		16.3	615
大姚县	Dayao	0.41	1.78	16.4	477
永仁县	Yongren	0.22		17.9	635
元谋县	Yuanmou	0.18	0.01	22.0	597
武定县	Wuding	0.33	0.14	15.7	716
禄丰县	Lufeng	0.36	0.02	16.8	691
红 河 州	**Honghe**	**3.29**	**6.20**	**19.4**	**953**
蒙自市	Mengzi	0.22	0.44	20.1	672
个旧市	Gejiu	0.16		16.9	829
开远市	Kaiyuan	0.20	0.92	20.7	586
屏边县	Pingbian	0.19	0.00	16.9	1 345
建水县	Jianshui	0.39	0.71	19.7	548
石屏县	Shiping	0.31	0.03	18.5	651
弥勒县	**Mile**	**0.40**		**18.0**	**618**
泸西县	Luxi	0.17		15.7	585
元阳县	Yuanyang	0.23	0.62	24.8	650
红河县	Honghe	0.20		21.3	543
金平县	Jinping	0.37	0.04	18.6	2 071
绿春县	Luchun	0.32	3.43	17.6	1 718
河口县	Hekou	0.13		23.9	1 573
文 山 州	Wenshan	3.22	19.46	18.1	779
文山市	Wenshan	0.31		19.4	685
砚山县	Yangshan	0.39	0.24	16.9	706
西畴县	Xichou	0.15		16.5	974
麻栗坡县	**Malipo**	**0.24**	**0.76**	**18.4**	**875**
马关县	Maguang	0.28		17.8	735
丘北县	Qiubei	0.52	11.54	17.5	732
广南县	Guangnan	0.80	0.24	17.9	761
富宁县	Funing	0.55	6.68	20.7	763

19-5 续表3 continued

州 市	Region	土地面积(万平方千米) Land Area (10 000 sq.km)	牧草地面积(千公顷) Area of Grazing Land (1000 hectares)	年平均气温(℃) Annual Average Temperature (℃)	年降水量(毫米) Annual Precipitation (mm)
西双版纳州	**Xishuangbanna**	**1.91**	**1.22**	**8.1**	**421**
景洪市	Jinghong	0.71	0.81	22.9	1 036
勐海县	Menghai	0.55	0.33	19.7	1 109
勐腊县	Mengla	0.71	0.08	22.2	1 225
大 理 州	**Dali**	**2.95**	**62.90**	**16.5**	**680**
大理市	Dali	0.15	0.27	16.1	1 049
漾濞县	yangbi	0.20	0.26	17.0	899
祥云县	Xiangyun	0.25	12.50	15.9	653
宾川县	Binchuan	0.26	39.89	18.9	465
弥渡县	Midu	0.16	0.14	17.7	571
南涧县	Nanjian	0.18		19.4	555
巍山县	Weishan	0.23	0.75	16.7	582
永平县	Yongping	0.29	1.50	16.2	678
云龙县	Yunlong	0.47	0.10	16.9	549
洱源县	Eryuan	0.30	0.02	14.9	577
剑川县	Jianchuan	0.23	7.47	13.2	653
鹤庆县	Heqing	0.24		14.7	925
德 宏 州	**Dehong**	**1.15**	**4.94**	**20.1**	**1 206**
芒 市	Mangshi	0.30		20.4	1 331
瑞丽市	Ruili	0.10	0.02	21.2	1 283
梁河县	Lianghe	0.12	3.05	18.6	1 003
盈江县	Yingjiang	0.44	1.87	20.6	1 200
陇川县	Longchuan	0.19		19.7	1 216
怒 江 州	**Nujiang**	**1.47**	**9.74**	**16.7**	**721**
泸水县	Lushui	0.29	0.32	21.1	622
福贡县	Fugong	0.28		18.1	86
贡山县	Gongshan	0.45	7.74	15.7	1 319
兰坪县	Lanping	0.45	1.68	11.9	855
迪 庆 州	**Diqing**	**2.39**	**377.88**	**9.1**	**465**
香格里拉县	Shangri-La	1.16	263.23	7.5	607
德钦县	Deqing	0.76	99.52	7.1	521
维西县	Weixi	0.47	15.13	12.8	731

19-6 各州市县职工人数（2011年）
Number of Staff and Workers by County and City (2011)

单位：万人 (10 000 persons)

州市县	Region	单位从业人员 Number of Employed Persons in Entities	职工人数 Number of Staff and Workers	国有单位 State-owned Entities	城镇集体单位 Urban Collective-owned Entities	其他单位 Other Ownership Entities
全　　省	**Yunnan**	**350.07**	**317.18**	**175.83**	**9.65**	**131.70**
昆 明 市	**Kunming**	**110.83**	**98.55**	**41.64**	**3.71**	**53.20**
呈贡区	Chenggong	2.17	1.98	1.55	0.03	0.39
五华区	Wuhua	16.48	14.69	6.50	0.28	7.91
盘龙区	Panlong	15.23	13.17	6.39	0.44	6.35
官渡区	Guandu	19.31	17.26	6.90	0.27	10.09
西山区	Xishan	12.46	11.30	4.22	0.57	6.51
东川区	Dongchuan	3.28	2.62	0.85	0.12	1.65
晋宁县	Jinning	3.09	2.80	1.36	0.45	1.00
富民县	Fuming	2.84	2.59	0.49	0.17	1.93
宜良县	Yiliang	2.62	2.49	0.89	0.69	0.91
石林县	Shilin	1.80	1.69	0.88	0.16	0.64
嵩明县	Songming	2.81	2.67	1.07	0.02	1.57
禄劝县	Luquan	1.47	1.37	0.97	0.11	0.29
寻甸县	Xundian	2.19	2.11	1.13	0.05	0.92
安宁市	Anning	8.29	7.20	2.01	0.23	4.96
曲 靖 市	**Qujing**	**33.62**	**32.18**	**18.69**	**1.26**	**12.23**
麒麟区	Qilin	6.83	6.41	4.95	0.37	1.09
马龙县	Malong	1.23	1.18	0.60	0.01	0.56
陆良县	Luliang	3.30	3.08	1.88	0.43	0.77
师宗县	Shizong	2.47	2.42	1.21	0.03	1.18
罗平县	Luoping	2.02	1.73	1.35	0.04	0.34
富源县	Fuyuan	5.09	5.07	2.17	0.09	2.81
会泽县	Huize	3.45	3.35	1.95	0.15	1.26
沾益县	Zhanyi	2.99	2.86	1.08	0.04	1.74
宣威市	Xuanwei	6.24	6.08	3.51	0.08	2.48
玉 溪 市	**Yuxi**	**19.40**	**18.26**	**9.41**	**0.54**	**8.30**
红塔区	Hongta	7.64	7.13	3.55	0.24	3.35
江川县	Jiangchuan	1.16	1.14	0.64	0.02	0.48
澄江县	Chengjiang	1.03	0.96	0.51	0.02	0.43
通海县	Tonghai	2.03	1.96	0.72	0.07	1.17
华宁县	Huaning	1.10	1.05	0.69	0.02	0.34
易门县	Yimen	1.45	1.32	1.03	0.02	0.27
峨山县	Ershan	1.66	1.63	0.66	0.07	0.90
新平县	Xinping	1.88	1.64	0.79	0.05	0.80
元江县	Yuanjiang	1.45	1.42	0.83	0.02	0.57

19-6 续表1 continued

单位：万人 (10 000 persons)

州市县	Region	单位从业人员 Number of Employed Persons in Entities	职工人数 Number of Staff and Workers	国有单位 State-owned Entities	城镇集体单位 Urban Collective-owned Entities	其他单位 Other Ownership Entities
保山市	**Baoshan**	**15.94**	**15.23**	**7.20**	**0.31**	**7.72**
隆阳区	Longyang	8.27	7.67	2.88	0.05	4.74
施甸县	Shidian	1.18	1.15	0.83	0.02	0.30
腾冲县	Tengchong	3.39	3.38	1.86	0.20	1.32
龙陵县	Longling	1.41	1.40	0.72	0.01	0.66
昌宁县	Changning	1.70	1.63	0.91	0.02	0.70
昭通市	**Zhaotong**	**21.60**	**20.59**	**14.02**	**0.48**	**6.08**
昭阳区	Zhaoyang	5.91	5.44	3.99	0.27	1.18
鲁甸县	Ludian	1.72	1.68	0.98	0.01	0.69
巧家县	Qiaojia	1.36	1.36	1.07	0.02	0.27
盐津县	Yanjin	1.24	1.22	0.79	0.01	0.41
大关县	Daguan	0.79	0.76	0.58	0.01	0.18
永善县	Yongshan	1.30	1.21	1.00	0.02	0.19
绥江县	Suijiang	0.81	0.77	0.51	0.01	0.26
镇雄县	Zhenxiong	4.23	3.94	2.31	0.04	1.59
彝良县	Yiliang	1.73	1.73	1.21	0.02	0.50
威信县	Weixin	1.32	1.31	0.84	0.01	0.46
水富县	Shuifu	1.21	1.16	0.77	0.06	0.34
丽江市	**Lijiang**	**9.48**	**8.70**	**4.83**	**0.34**	**3.54**
古城区	Gucheng	3.65	3.24	1.70	0.16	1.37
玉龙县	Yulong	1.25	1.13	0.81	0.02	0.31
永胜县	Yongsheng	1.40	1.40	0.93	0.09	0.37
华坪县	Huaping	1.92	1.89	0.60	0.06	0.25
宁蒗县	Ninglang	1.26	1.04	0.78	0.01	0.25
普洱市	**Pu'er**	**15.83**	**15.37**	**9.59**	**0.33**	**5.45**
思茅区	Simao	4.92	4.74	2.26	0.02	2.46
宁洱县	Ning'er	1.10	1.08	0.88	0.09	0.11
墨江县	Mojiang	1.19	1.15	0.80	0.04	0.31
景东县	Jingdong	1.90	1.89	1.26	0.04	0.60
景谷县	Jinggu	1.65	1.62	0.83	0.04	0.76
镇沅县	Zhenyuan	0.92	0.88	0.69	0.01	0.18
江城县	Jiangcheng	1.08	1.03	0.43	0.03	0.57
孟连县	Menglian	0.91	0.89	0.75	0.02	0.12
澜沧县	Lancang	1.38	1.34	0.97	0.03	0.34
西盟县	Ximeng	0.79	0.75	0.73	0.02	
临沧市	**Lincang**	**11.88**	**10.33**	**7.17**	**0.14**	**3.02**
临翔区	Linxiang	3.09	3.01	1.90	0.01	1.07

19-6 续表2 continued

单位：万人 (10 000 persons)

州 市 县	Region	单位从业人员 Number of Employed Persons in Entities	职工人数 Number of Staff and Workers	国有单位 State-owned Entities	城镇集体单位 Urban Collective-owned Entities	其他单位 Other Ownership Entities
凤庆县	Yunxian	1.09	0.97	0.78	0.02	1.77
云　县	Yongde	2.15	1.68	0.95	0.01	7.12
永德县	Shuangjiang	1.46	1.22	0.91	0.02	2.94
镇康县	Zhenkang	0.82	0.68	0.45	0.11	2.11
双江县	Gengma	0.61	0.59	0.53	0.01	0.43
耿马县	Fengqing	1.48	1.37	1.04	0.03	3.05
沧源县	Cangyuan	1.18	0.82	0.60	0.01	2.09
楚 雄 州	**Chuxiong**	**16.66**	**14.63**	**9.70**	**0.34**	**45.95**
楚雄市	Chuxiong	5.81	5.40	3.48	0.17	17.50
双柏县	Shuangbo	0.80	0.72	0.55	0.01	1.60
牟定县	Mouding	0.86	0.71	0.53	0.01	1.62
南华县	Nanhua	1.20	0.97	0.61	0.02	3.46
姚安县	Yao'an	0.77	0.75	0.57	0.01	1.68
大姚县	Dayao	1.64	1.30	0.95	0.02	3.21
永仁县	Yongren	0.68	0.53	0.42	0.01	1.07
元谋县	Yuanmou	1.04	0.84	0.60	0.02	2.16
武定县	Wuding	1.22	1.04	0.75	0.02	2.64
禄丰县	Lufeng	2.65	2.38	1.25	0.03	11.00
红 河 州	**Honghe**	**28.31**	**25.53**	**17.72**	**0.83**	**69.82**
蒙自市	Mengzi	4.50	4.02	2.67	0.04	13.08
个旧市	Gejiu	6.18	5.73	4.05	0.27	14.16
开远市	Kaiyuan	3.07	3.00	2.00	0.12	8.81
屏边县	Pingbian	0.73	0.52	0.43	0.04	0.52
建水县	Jianshui	2.60	2.40	1.56	0.10	7.43
石屏县	Shiping	2.05	1.85	0.83	0.09	9.39
弥勒县	Mile	2.78	2.02	1.47	0.03	5.21
泸西县	Luxi	1.95	1.91	1.14	0.07	7.03
元阳县	Yuanyang	0.82	0.78	0.76	0.01	0.12
红河县	Honghe	0.79	0.76	0.70	0.01	0.59
金平县	Jinping	1.05	0.96	0.68	0.02	2.59
绿春县	Luchun	0.74	0.62	0.57	0.02	0.30
河口县	Hekou	1.04	0.93	0.86	0.01	0.58
文 山 州	**Wenshan**	**15.32**	**14.09**	**9.97**	**0.30**	**38.24**
文山市	Wenshan	5.29	4.48	2.60	0.02	18.63
砚山县	Yanshan	2.08	1.90	1.27	0.02	6.03

19-6 续表3 continued

单位：万人 (10 000 persons)

州市县	Region	单位从业人员 Number of Employed Persons in Entities	职工人数 Number of Staff and Workers	国有单位 State-owned Entities	城镇集体单位 Urban Collective-owned Entities	其他单位 Other Ownership Entities
西畴县	Xichou	0.76	0.75	0.64	0.03	0.08
麻栗坡县	Malipo	1.36	1.36	1.11	0.08	0.18
马关县	Maguan	1.38	1.27	0.81	0.02	0.44
丘北县	Qiubei	1.37	1.33	1.19	0.06	0.08
广南县	Guangnan	1.83	1.76	1.46	0.05	0.25
富宁县	Funing	1.24	1.24	0.89	0.03	0.32
西双版纳州	**Xishuangbanna**	**7.78**	**7.78**	**5.17**	**0.22**	**2.39**
景洪市	Jinghong	4.52	4.52	2.94	0.06	1.52
勐海县	Menghai	2.01	2.01	1.31	0.06	0.64
勐腊县	Mengla	1.26	1.26	0.93	0.09	0.24
大理州	**Dali**	**24.09**	**19.92**	**10.59**	**0.44**	**8.89**
大理市	Dali	11.55	9.36	4.02	0.19	4.92
漾濞县	Yangbi	0.53	0.48	0.40	0.01	0.08
祥云县	Xiangyun	2.81	2.49	0.95	0.01	1.52
宾川县	Binchuan	1.28	1.04	0.78	0.01	0.24
弥渡县	Midu	1.07	0.92	0.59	0.12	0.21
南涧县	Nanjian	0.91	0.69	0.58	0.01	0.10
巍山县	Weishan	1.18	0.86	0.63	0.03	0.20
永平县	Yongping	0.77	0.62	0.48	0.01	0.13
云龙县	Yunlong	0.80	0.70	0.55	0.01	0.14
洱源县	Eryuan	1.13	0.93	0.55	0.01	0.37
剑川县	Jianchuan	0.88	0.80	0.49	0.01	0.30
鹤庆县	Heqing	1.19	1.02	5.62	0.02	0.44
德宏州	**Dehong**	**11.07**	**9.54**	**6.46**	**0.25**	**3.76**
芒市	Mangshi	4.24	3.82	2.15	0.07	1.60
瑞丽市	Ruili	2.57	2.16	0.92	0.05	1.19
梁河县	Lianghe	0.84	0.76	0.48	0.09	0.19
盈江县	Yingjiang	2.03	1.55	1.03	0.02	0.50
陇川县	Longchuan	1.40	1.24	0.95	0.02	0.27
怒江州	**Nujiang**	**4.17**	**3.44**	**2.46**	**0.09**	**0.89**
泸水县	Lushui	2.14	1.67	1.18		0.48
福贡县	Fugong	0.37	0.36	0.34	0.01	
贡山县	Gongshan	0.36	0.32	0.24	0.05	0.02
兰坪县	Lanping	1.30	1.09	0.69	0.02	0.39
迪庆州	**Diqing**	**4.09**	**3.53**	**2.31**	**0.09**	**1.13**
香格里拉县	Shangri-La	2.83	2.44	1.41	0.04	0.99
德钦县	Deqin	0.49	0.49	0.45	0.01	0.03
维西县	Weixi	0.77	0.60	0.44	0.05	0.12

19-7 各州市县职工平均工资（2011年）

Average Wages of Staff and Workers by County and City (2011)

单位：万元／人 (10 000 yuan/person)

州市县	Region	职工平均工资 Average Wage of Staff and Workers	国有单位 State-owned Entities	城镇集体单位 Urban Collective-owned Entities	其他单位 Other Ownership Entities
全　省	**Yunnan**	**3.54**	**4.04**	**3.40**	**2.87**
昆明市	**Kunming**	**4.16**	**5.25**	**2.62**	**3.40**
呈贡区	Chenggong	4.36	4.56	19.04	2.42
五华区	Wuhua	4.29	5.96	2.06	2.98
盘龙区	Panlong	4.02	4.77	2.08	3.41
官渡区	Guandu	3.98	5.46	2.19	2.96
西山区	Xishan	3.45	4.45	3.46	2.81
东川区	Dongchuan	3.09	3.97	1.83	2.72
晋宁县	Jinning	3.50	4.76	2.12	2.36
富民县	Fuming	3.35	4.46	3.77	2.97
宜良县	Yiliang	2.88	4.38	1.89	2.20
石林县	Shilin	3.45	4.38	2.56	2.34
嵩明县	Songming	3.03	4.02	5.73	2.38
禄劝县	Luquan	3.42	3.78	2.23	2.50
寻甸县	Xundian	3.57	3.94	5.14	3.04
安宁市	Anning	4.03	4.74	3.19	3.78
曲靖市	**Qujing**	**3.59**	**4.20**	**4.01**	**2.60**
麒麟区	Qilin	4.58	5.00	4.27	2.78
马龙县	Malong	3.53	4.53	10.81	2.18
陆良县	Luliang	3.22	3.84	2.60	2.12
师宗县	Shizong	3.08	3.66	3.97	2.46
罗平县	Luoping	4.09	4.34	10.12	2.47
富源县	Fuyuan	3.16	3.75	1.81	2.73
会泽县	Huize	3.60	4.18	3.20	2.82
沾益县	Zhanyi	3.33	3.66	4.38	3.11
宣威市	Xuanwei	3.26	3.82	9.45	2.26
玉溪市	**Yuxi**	**3.82**	**5.03**	**2.84**	**2.50**
红塔区	Hongta	4.58	6.40	1.90	2.89
江川县	Jiangchuan	3.15	4.13	3.40	1.77
澄江县	Chengjiang	3.63	4.71	3.13	2.35
通海县	Tonghai	3.31	4.81	5.40	2.22
华宁县	Huaning	3.49	4.08	4.60	2.12
易门县	Yimen	2.70	3.01	2.51	1.54
峨山县	Eshan	3.16	4.89	2.50	2.03
新平县	Xinping	3.54	4.16	2.03	3.04
元江县	Yuanjiang	3.70	4.66	6.21	2.20

19-7 续表1 continued

单位：万元／人 (10 000 yuan/person)

州市县	Region	职工平均工资 Average Wage of Staff and Workers	国有单位 State-owned Entities	城镇集体单位 Urban Collective-owned Entities	其他单位 Other Ownership Entities
保山市	**Baoshan**	**2.77**	**3.21**	**3.04**	**2.33**
隆阳区	Longyang	2.82	3.55	3.78	2.33
施甸县	Shidian	3.00	3.13	2.55	2.65
腾冲县	Tengchong	2.58	2.94	2.43	2.11
龙陵县	Longling	2.91	2.92	4.59	2.86
昌宁县	Changning	2.63	2.99	6.54	2.06
昭通市	**Zhaotong**	**3.40**	**3.44**	**4.43**	**3.02**
昭阳区	Zhaoyang	3.91	4.41	2.50	2.36
鲁甸县	Ludian	2.71	3.07	11.04	2.05
巧家县	Qiaojia	3.14	3.42	6.11	1.89
盐津县	Yanjin	2.98	2.98	7.11	2.84
大关县	Daguan	2.96	3.07	5.48	2.46
永善县	Yongshan	2.97	2.99	5.60	2.55
绥江县	Suijiang	3.42	3.03	7.64	3.97
镇雄县	Zhenxiong	3.60	3.32	8.44	3.89
彝良县	Yiliang	3.26	2.87	7.61	4.06
威信县	Weixin	3.03	2.96	7.61	3.04
水富县	Shuifu	3.49	3.93	4.38	2.41
丽江市	**Lijiang**	**3.25**	**3.64**	**3.98**	**2.65**
古城区	Gucheng	3.26	3.92	3.50	2.42
玉龙县	Yulong	3.40	3.66	4.48	2.68
永胜县	Yongsheng	3.49	3.76	4.80	2.41
华坪县	Huaping	3.08	3.28	3.27	2.69
宁蒗县	Ninglang	3.08	3.15	8.29	2.69
普洱市	**Pu'er**	**2.62**	**2.92**	**5.03**	**1.93**
思茅区	Simao	2.54	3.39	9.11	1.69
宁洱县	Ning'er	2.73	2.75	3.57	1.91
墨江县	Mojiang	3.04	3.18	5.45	2.21
景东县	Jingdong	2.47	2.76	6.16	1.70
景谷县	Jinggu	2.83	3.15	6.16	2.30
镇沅县	Zhenyuan	2.84	2.88	9.47	2.08
江城县	Jiangcheng	2.62	3.01	3.31	2.30
孟连县	Menglian	2.16	2.28	2.85	1.45
澜沧县	Lancang	2.81	2.91	3.84	2.42
西盟县	Ximeng	2.15	2.10	4.46	1.44
临沧市	**Lincang**	**3.02**	**3.16**	**4.83**	**2.57**
临翔区	Linxiang	3.39	3.83	3.64	2.52

19-7 续表2 continued

单位：万元／人 (10 000 yuan/person)

州市县	Region	职工平均工资 Average Wage of Staff and Workers	国有单位 State-owned Entities	城镇集体单位 Urban Collective-owned Entities	其他单位 Other Ownership Entities
凤庆县	Yunxian	**2.93**	**3.08**	**2.67**	**2.30**
云　县	Yongde	2.67	3.10	4.58	2.03
永德县	Shuangjiang	2.72	2.57	5.63	2.98
镇康县	Zhenkang	3.33	3.36	4.08	3.22
双江县	Gengma	2.69	2.59	3.75	3.51
耿马县	Fengqing	2.95	2.83	7.35	2.97
沧源县	Cangyuan	3.09	3.14	8.92	2.72
楚雄州	**Chuxiong**	**3.35**	**3.79**	**5.09**	**2.31**
楚雄市	Chuxiong	3.65	4.33	2.96	2.39
双柏县	Shuangbo	3.07	3.21	12.82	2.05
牟定县	Mouding	3.26	3.52	9.34	1.89
南华县	Nanhua	3.11	3.31	10.87	2.31
姚安县	Yao'an	3.30	3.60	6.66	2.08
大姚县	Dayao	3.51	3.90	5.47	2.13
永仁县	Yongren	3.04	3.10	3.56	2.77
元谋县	Yuanmou	2.94	3.28	6.54	1.65
武定县	Wuding	3.00	3.19	6.05	2.22
禄丰县	Lufeng	3.19	3.69	6.61	2.47
红河州	**Honghe**	**3.22**	**3.61**	**3.37**	**2.22**
蒙自市	Mengzi	3.27	4.14	4.42	1.78
个旧市	Gejiu	3.50	4.06	2.90	1.97
开远市	Kaiyuan	3.71	3.87	5.05	3.18
屏边县	Pingbian	3.21	3.39	2.83	1.97
建水县	Jianshui	2.97	3.45	1.43	2.18
石屏县	Shiping	2.78	3.88	1.89	1.83
弥勒县	Mile	3.15	3.17	12.14	2.65
泸西县	Luxi	3.01	3.46	1.85	2.42
元阳县	Yuanyang	3.14	3.11	5.63	1.62
红河县	Honghe	2.68	2.80	2.62	1.40
金平县	Jinping	3.31	3.31	5.38	3.15
绿春县	Luchun	2.59	2.70	1.72	1.16
河口县	Hekou	2.45	2.42	8.50	1.95
文山州	**Wenshan**	**3.01**	**3.09**	**3.84**	**2.75**
文山市	Wenshan	3.30	3.61	12.52	2.78
砚山县	Yanshan	2.92	3.10	6.75	2.38

19—7 续表3 continued

单位：万元／人 (10 000 yuan/person)

州 市 县	Region	职工平均工资 Average Wage of Staff and Workers	国有单位 State-owned Entities	城镇集体单位 Urban Collective-owned Entities	其他单位 Other Ownership Entities
西畴县	Xichou	2.88	2.85	2.00	3.47
麻栗坡县	Malipo	2.63	2.73	2.01	2.35
马关县	Maguan	3.35	3.37	8.64	3.13
丘北县	Qiubei	2.66	2.75	2.36	1.56
广南县	Guangnan	2.85	2.61	3.65	4.17
富宁县	Funing	2.88	3.18	2.56	2.08
西双版纳州	**Xishuangbanna**	**2.87**	**2.95**	**3.11**	**2.61**
景洪市	Jinghong	3.20	3.45	1.95	2.71
勐海县	Menghai	2.49	2.44	4.81	2.34
勐腊县	Mengla	2.41	2.34	2.98	2.55
大理州	**Dali**	**3.41**	**4.19**	**3.74**	**2.44**
大理市	Dali	3.56	5.23	2.28	2.25
漾濞县	Yangbi	3.55	3.35	6.48	4.38
祥云县	Xiangyun	3.21	3.73	1.90	2.88
宾川县	Binchuan	3.50	3.64	8.99	2.70
弥渡县	Midu	3.13	3.69	2.22	2.09
南涧县	Nanjian	3.18	3.31	4.25	2.27
巍山县	Weishan	3.27	3.49	6.25	2.25
永平县	Yongping	3.20	3.22	12.35	2.44
云龙县	Yunlong	3.38	3.46	8.10	2.67
洱源县	Eryuan	3.24	3.83	12.52	2.03
剑川县	Jianchuan	3.17	3.29	11.11	2.66
鹤庆县	Heqing	3.45	3.81	2.75	3.03
德宏州	**Dehong**	**2.86**	**2.90**	**4.78**	**2.68**
芒市	Mangshi	3.09	3.30	2.25	2.86
瑞丽市	Ruili	2.31	2.62	4.70	1.99
梁河县	Lianghe	3.17	3.13	3.69	3.04
盈江县	Yingjiang	3.23	2.86	17.62	3.47
陇川县	Longchuan	2.52	2.23	8.82	3.12
怒江州	**Nujiang**	**3.32**	**3.15**	**3.38**	**3.80**
泸水县	Lushui	3.28	3.45	1.63	2.86
福贡县	Fugong	2.57	2.61	1.76	
贡山县	Gongshan	3.07	3.09	2.69	3.78
兰坪县	Lanping	3.68	2.92	7.10	4.88
迪庆州	**Diqing**	**4.24**	**4.67**	**4.54**	**3.22**
香格里拉县	Shangri-La	4.29	4.80	5.87	3.39
德钦县	Deqin	5.12	5.19	7.15	3.42
维西县	Weixi	3.45	3.88	3.08	1.98

19-8 主要年份各州市县国有经济固定资产投资
Investment in Fixed Assets of State-Owned Economy by Region in Significant Years

单位：亿元 (100 million yuan)

州市县	Region	2004	2005	2006	2007	2008	2009	2010	2011
全　省	**Yunnan**	**617.34**	**815.27**	**1 067.50**	**1 211.78**	**1 426.95**	**2 145.32**	**2 623.07**	**2 463.63**
昆明市	**Kunming**	**117.52**	**171.90**	**249.25**	**285.35**	**349.00**	**522.80**	**636.30**	**1 874.74**
呈贡区	Chenggong	0.35	10.49	24.34	34.83	48.90	89.56	73.91	180.94
五华区	Wuhua	11.93	47.50	21.31	39.03	105.84	80.90	41.03	300.41
盘龙区	Panlong	23.96	23.38	34.86	24.62	57.57	56.34	34.10	220.77
官渡区	Guandu	32.55	29.79	51.08	56.28	88.87	151.94	154.93	397.28
西山区	Xishan	12.75	10.33	29.65	37.75	42.86	63.23	85.06	265.14
东川区	Dongchuan	2.62	3.12	4.91	6.16	4.99	8.88	8.88	47.15
晋宁县	Jinning	1.30	0.80	2.01	1.91	2.97	4.84	14.72	66.23
富民县	Fumin	0.75	1.26	0.61	1.49	1.66	2.36	2.81	18.88
宜良县	Yiliang	3.02	2.22	1.46	1.99	5.05	8.28	11.19	44.98
石林县	Shilin	1.82	2.23	6.12	5.18	7.27	12.04	14.91	59.92
嵩明县	Songming	1.34	3.26	0.88	2.72	5.56	7.07	11.74	69.31
禄劝县	Luquan	3.09	1.54	3.74	3.39	4.41	8.37	10.03	50.31
寻甸县	Xundian	1.29	2.69	2.38	4.76	9.25	6.67	5.82	46.00
安宁市	Anning	16.17	21.68	18.77	12.02	12.69	27.89	37.64	107.44
曲靖市	**Qujing**	**91.44**	**93.25**	**120.77**	**127.05**	**137.09**	**201.89**	**246.81**	**670.54**
麒麟区	Qilin	22.55	22.34	19.74	24.71	28.77	37.35	60.63	188.02
马龙县	Malong	0.37	0.53	0.63	1.71	0.29	4.57	7.53	24.66
陆良县	Luliang	3.92	4.46	6.33	5.08	7.81	11.14	16.23	47.63
师宗县	Shizong	5.57	9.49	15.17	9.22	9.14	9.13	14.60	40.30
罗平县	Luoping	6.95	4.65	3.75	5.55	6.53	11.63	14.33	34.24
富源县	Fuyuan	16.89	31.86	41.16	41.45	35.84	41.35	37.07	83.14
会泽县	Huize	10.17		6.05	18.14	10.28	12.70	13.07	55.09
沾益县	Zhanyi	8.28	3.98	2.45	2.08	3.86	15.67	27.97	79.90
宣威市	Xuanwei	16.39	15.92	25.31	19.11	34.59	55.78	53.61	117.56
玉溪市	**Yuxi**	**33.35**	**40.61**	**41.11**	**51.29**	**51.74**	**91.47**	**116.03**	**229.54**
红塔区	Hongta	20.27	25.68	18.19	28.09	18.41	32.42	33.29	79.67
江川县	Jiangchuan	2.18	2.15	2.40	2.23	2.49	3.43	6.08	17.56
澄江县	Chengjiang	1.60	0.81	0.51	1.01	1.59	5.39	4.27	25.19
通海县	Tonghai	1.82	1.10	1.62	0.67	1.88	3.01	4.77	13.12
华宁县	Huaning	2.74	2.10	1.95	3.34	3.74	7.86	6.17	9.07
易门县	Yimen	0.40	0.90	2.64	3.28	5.54	8.54	12.56	25.71
峨山县	Eshan	0.79	0.98	2.06	2.19	2.81	7.11	13.72	19.97
新平县	Xinping	2.66	5.23	10.87	5.89	9.04	18.03	24.47	26.66
元江县	Yuanjiang	0.88	0.81	0.88	2.29	2.02	5.69	8.53	12.59

19−8 续表1 continued

单位：亿元 (100 million yuan)

州市县	Region	2004	2005	2006	2007	2008	2009	2010	2011
保山市	**Baoshan**	**13.90**	**30.26**	**38.91**	**58.34**	**60.12**	**67.46**	**90.68**	**162.61**
隆阳区	Longyang	5.45	7.30	25.95	12.38	17.61	19.67	21.53	38.75
施甸县	Shidian	1.61	2.39	3.27	4.96	4.90	8.04	11.91	7.25
腾冲县	Tengchong	2.59	2.51	4.33	5.62	3.46	9.85	20.85	78.06
龙陵县	Longling	1.23	14.52	0.85	3.11	5.24	10.15	10.37	24.19
昌宁县	Changning	2.91	3.53	4.46	6.76	8.44	11.60	14.81	14.36
昭通市	**Zhaotong**	**34.15**	**40.73**	**61.91**	**67.75**	**78.73**	**109.60**	**165.67**	**312.43**
昭阳区	Zhaoyang	3.80	26.10	36.91	5.03	12.75	13.74	19.40	50.59
鲁甸县	Ludian	1.39	1.65	2.43	3.57	4.01	5.01	5.44	25.32
巧家县	Qiaojia	1.70	1.71	0.84	1.64	1.69	1.52	1.46	17.06
盐津县	Yanjin	0.72	0.42	1.14	2.01	2.02	3.09	2.17	20.51
大关县	Daguan	0.66	0.54	1.30	1.40	2.79	2.76	2.99	9.68
永善县	Yongshan	1.31	1.03	1.49	24.99	15.74	22.30	29.46	38.36
绥江县	Suijiang	0.45	0.07	0.14	0.21	5.33	8.25	2.98	19.71
镇雄县	Zhenxiong	0.92	1.13	1.63	2.28	2.42	7.63	12.34	38.30
彝良县	Yiliang	0.76	0.59	1.12	1.65	4.99	4.86	7.46	24.09
威信县	Weixin	0.58	0.82	0.83	1.70	3.04	3.28	2.40	26.98
水富县	Shuifu	1.45	6.67	13.94	8.10	18.91	32.69	42.43	17.37
丽江市	**Lijiang**	**11.26**	**11.61**	**17.96**	**23.17**	**40.63**	**77.30**	**101.11**	**224.17**
古城区	Gucheng	3.29	4.02	5.57	3.82	10.14	15.40	23.25	67.79
玉龙县	Yulong	3.92	3.53	3.74	5.36	5.08	11.18	11.13	36.26
永胜县	Yongsheng	2.29	0.98	2.13	2.56	2.23	3.83	5.94	15.53
华坪县	Huaping	0.96	1.58	2.64	3.18	5.87	7.85	10.77	17.61
宁蒗县	Ninglang	0.81	1.51	1.75	1.58	2.37	3.88	8.91	21.55
普洱市	**Pu'er**	**10.44**	**9.46**	**12.93**	**19.22**	**37.40**	**68.06**	**101.65**	**254.12**
思茅区	Simao	5.49	2.70	2.68	4.36	9.59	15.69	26.45	94.28
宁洱县	Ning'er	0.19	1.14	1.02	1.60	3.10	3.97	4.84	18.30
墨江县	Mojiang	1.16	1.36	1.03	0.74	1.00	6.71	9.03	31.25
景东县	Jingdong	0.76	0.90	1.83	1.23	2.00	3.06	5.01	8.20
景谷县	Jinggu	0.56	1.35	2.35	1.80	3.24	9.07	12.07	19.36
镇沅县	Zhenyuan	0.39	0.35	0.38	0.77	0.57	4.32	6.26	6.02
江城县	Jiangcheng	0.39	0.33	0.41	0.59	1.45	2.40	4.89	12.42
孟连县	Menglian	0.93	0.65	0.52	0.24	0.47	1.36	1.54	3.06
澜沧县	Lancang	0.29	0.21	0.66	3.28	4.58	6.66	15.85	50.34
西盟县	Ximeng	0.26	0.47	0.88	0.33	1.06	1.38	2.99	3.27

19-8 续表2 continued

单位：亿元 (100 million yuan)

州 市 县	Region	2004	2005	2006	2007	2008	2009	2010	2011
临 沧 市	**Lincang**	**25.71**	**28.50**	**22.45**	**26.78**	**30.87**	**53.15**	**103.39**	**203.30**
临翔区	Linxiang	11.74	5.26	3.26	5.32	7.30	6.84	13.15	38.72
凤庆县	Fengqing	3.94	6.01	4.72	4.52	5.19	9.81	12.87	28.97
云 县	Yunxian	1.12	2.69	1.72	3.13	2.55	7.71	7.58	32.00
永德县	Yongde	2.31	4.63	3.30	3.66	5.00	7.63	12.99	31.31
镇康县	Zhenkang	1.34	1.98	2.34	2.18	2.25	6.25	9.58	20.10
双江县	Shuangjiang	0.88	1.40	1.69	2.29	4.09	5.15	11.67	14.53
耿马县	Gengma	2.32	3.65	4.16	3.67	1.94	5.02	25.26	18.77
沧源县	Cangyuan	2.06	2.88	1.18	2.01	2.56	4.74	10.29	18.91
楚 雄 州	**Chuxiong**	**25.66**	**36.32**	**51.40**	**59.08**	**70.85**	**119.80**	**105.97**	**262.87**
楚雄市	Chuxiong	7.21	5.26	5.37	13.50	15.18	26.54	28.84	91.45
双柏县	Shuangbo	0.58	1.24	0.73	1.94	3.28	6.56	6.62	8.40
牟定县	Mouding	1.21	0.76	1.62	2.67	4.97	8.02	9.08	15.50
南华县	Nanhua	0.99	0.54	1.00	1.38	2.62	3.61	3.53	13.79
姚安县	Yao'an	1.35	1.11	1.58	2.38	3.00	4.18	5.12	10.52
大姚县	Dayao	2.45	2.53	2.89	4.46	6.15	7.71	9.99	21.74
永仁县	Yongren	1.09	0.42	1.22	2.15	2.96	4.11	5.48	12.89
元谋县	Yuanmou	1.34	1.45	1.11	2.44	2.33	4.80	3.27	9.86
武定县	Wuding	0.97	0.78	1.29	3.04	3.31	6.50	7.24	18.91
禄丰县	Lufeng	2.31	2.51	3.09	4.96	22.75	38.60	26.79	46.93
红 河 州	**Honghe**	**49.47**	**69.24**	**106.89**	**134.50**	**120.32**	**155.72**	**226.85**	**441.31**
蒙自市	Mengzi	6.77	21.18	9.04	16.02	14.68	12.30	26.14	53.28
个旧市	Gejiu	12.83	5.03	4.12	10.29	18.82	22.92	28.28	53.20
开远市	Kaiyuan	5.57	7.93	20.69	20.69	11.46	20.16	21.66	53.27
屏边县	Pingbian	0.53	0.34	0.39	0.80	2.42	2.31	3.09	9.00
建水县	Jianshui	4.55	3.36	5.33	8.29	9.95	14.27	11.52	60.28
石屏县	Shiping	1.65	1.85	2.52	2.27	3.05	6.21	8.03	19.51
弥勒县	Mile	6.54	2.99	5.69	8.67	12.58	15.82	14.85	53.13
泸西县	Luxi	2.34	1.82	3.25	3.79	7.70	13.75	16.44	32.94
元阳县	Yuanyang	1.46	1.83	2.49	5.40	6.25	7.07	5.86	13.54
红河县	Honghe	1.73	2.33	1.03	1.76	2.14	4.30	6.43	10.56
金平县	Jinping	0.85	0.84	1.00	1.23	1.99	4.22	10.15	15.89
绿春县	Luchun	2.88	7.81	11.81	11.37	10.53	7.88	10.98	11.77
河口县	Hekou	1.76	11.93	0.66	3.45	4.68	7.30	9.23	11.53
文 山 州	**Wenshan**	**15.87**	**42.10**	**64.37**	**76.26**	**57.73**	**87.53**	**142.32**	**207.25**
文山市	Wenshan	4.00	4.08	6.47	9.14	6.65	18.52	28.31	74.47
砚山县	Yangshan	4.57	6.19	5.89	5.08	17.61	20.87	19.68	31.45
西畴县	Xichou	0.84	0.72	1.26	0.77	1.81	3.48	6.77	10.41
麻栗坡县	Malipo	0.87	0.76	0.79	1.17	2.70	5.04	11.83	14.76
马关县	Maguan	0.29	0.40	0.85	0.77	1.71	8.53	12.55	12.68
丘北县	Qiubei	1.26	1.38	2.13	2.82	3.34	6.97	18.44	21.47
广南县	Guangnan	1.66	9.64	1.64	2.68	17.39	12.94	34.67	21.74
富宁县	Funing	1.65	18.93	21.60	16.08	6.52	11.17	10.08	20.27

19-8 续表3 continued

单位：亿元 (100 million yuan)

州市县	Region	2004	2005	2006	2007	2008	2009	2010	2011
西双版纳州	**Xishuangbanna**	**8.11**	**23.25**	**31.79**	**24.79**	**16.45**	**28.91**	**41.13**	**120.47**
景洪市	Jinghong	4.41	4.12	3.13	1.55	9.24	16.94	28.12	93.08
勐海县	Menghai	1.25	0.96	1.93	1.17	2.43	6.00	4.13	11.06
勐腊县	Mengla	2.45	18.17	26.67	22.08	4.78	5.97	8.88	16.33
大理州	**Dali**	**23.34**	**40.28**	**54.71**	**44.91**	**219.46**	**73.53**	**108.38**	**307.84**
大理市	Dali	12.25	15.18	22.69	20.39	21.86	35.18	42.82	125.06
漾濞县	yangbi	0.31	0.61	0.48	0.89	1.24	2.21	4.98	8.61
祥云县	Xiangyun	1.43	1.18	0.68	1.45	0.83	5.33	4.52	20.58
宾川县	Binchuang	2.27	2.53	2.01	0.84	0.78	3.27	13.21	29.65
弥渡县	Midu	0.86	5.45	6.68	7.91	0.37	2.13	3.38	10.58
南涧县	Nanjian	1.15	0.78	1.15	1.79	1.56	1.77	1.81	5.58
巍山县	Weishan	1.35	1.48	1.97	2.02	3.37	5.33	5.91	9.41
永平县	Yongping	0.89	1.10	1.00	1.69	2.35	3.24	3.15	8.85
云龙县	Yunlong	0.61	0.21	0.35	0.30	0.56	3.76	6.63	32.90
洱源县	Eryuan	0.57	1.20	0.70	2.22	2.19	5.26	9.31	15.26
剑川县	Jianchuan	0.53	0.51	1.16	1.77	1.69	2.24	5.09	8.24
鹤庆县	Heqing	0.14	0.77	1.07	0.84	0.75	3.81	7.57	33.11
德宏州	**Dehong**	**6.05**	**8.14**	**8.55**	**10.84**	**15.21**	**30.42**	**49.58**	**116.83**
芒市	Mangshi	2.11	2.65	1.38	3.46	6.46	9.77	11.97	43.00
瑞丽市	Ruili	1.23	1.26	2.78	2.15	2.42	7.01	5.86	32.38
梁河县	Lianghe	0.52	0.03	0.50	0.75	1.08	1.36	2.02	6.91
盈江县	Yingjiang	1.39	1.87	0.85	1.75	3.23	9.87	15.58	26.69
陇川县	Longchuan	0.81	2.32	2.97	2.74	2.00	2.42	3.65	7.84
怒江州	**Nujiang**	**5.39**	**6.28**	**5.22**	**6.24**	**16.34**	**14.17**	**21.40**	**47.10**
泸水县	Lushui	2.90	4.35	3.08	3.58	6.69	6.65	6.78	16.40
福贡县	Fugong	0.71		0.47	0.28	2.34	3.03	2.57	6.72
贡山县	Gongshan	0.16	0.07	0.81	0.78	1.78	1.52	3.06	5.38
兰坪县	Lanping	1.61	1.27	0.80	1.59	3.38	2.96	9.00	18.60
迪庆州	**Diqing**	**12.42**	**12.76**	**14.61**	**21.03**	**29.83**	**48.56**	**77.55**	**124.07**
香格里拉县	Shangri-La	6.72	7.29	8.33	11.76	14.97	28.42	28.98	62.54
德钦县	Deqin	2.88	4.11	4.36	6.94	8.98	12.04	3.07	26.48
维西县	Weixi	2.82	1.35	1.90	2.32	4.48	8.11	2.28	35.05
不分地区	**Unclassified by Region**	**133.26**	**150.58**	**164.68**	**175.17**	**213.50**	**293.10**	**288.26**	**367.81**

19-9 主要年份各州市县财政收入
Government Revenue by Region in Significant Years

单位：亿元 (100 million yuan)

州市县	Region	2003	2004	2005	2006	2007	2008	2009	2010	2011
全　省	**Yunnan**	**229.00**	**263.36**	**312.65**	**379.97**	**486.71**	**614.05**	**698.25**	**871.19**	**1 111.16**
昆明市	**Kunming**	**60.11**	**72.57**	**90.67**	**103.72**	**133.10**	**174.99**	**201.61**	**253.83**	**317.69**
呈贡区	Chenggong	0.91	1.17	1.93	2.51	4.32	5.40	5.31	6.88	7.49
五华区	Wuhua	5.41	6.74	7.18	8.75	10.77	13.34	15.77	20.55	25.42
盘龙区	Panlong	5.18	6.37	5.83	6.46	7.89	10.38	12.50	16.67	22.01
官渡区	Guandu	7.82	9.46	5.53	7.07	10.17	16.07	20.09	26.16	32.18
西山区	Xishan	2.98	3.98	5.18	6.61	8.63	10.93	13.00	17.00	22.00
东川区	Dongchuan	0.45	0.56	0.90	2.32	3.70	4.01	2.41	4.09	5.44
晋宁县	Jinning	0.87	0.95	1.32	1.88	2.45	3.31	4.70	6.24	8.43
富民县	Fumin	0.52	0.59	0.44	0.61	0.82	1.05	1.21	1.90	2.68
宜良县	Yiliang	1.54	1.72	1.93	1.93	2.48	3.31	3.83	4.68	4.52
石林县	Shilin	1.00	1.03	1.14	1.26	1.42	2.01	2.60	3.51	4.73
嵩明县	Songming	0.89	0.97	1.12	1.35	1.60	2.29	3.29	4.50	5.86
禄劝县	Luquan	0.85	0.74	0.89	1.05	1.25	1.61	2.31	2.92	3.58
寻甸县	Xundian	0.75	0.81	0.94	1.19	1.54	2.12	2.71	3.42	4.59
安宁市	Anning	3.97	5.23	6.09	6.93	8.54	10.85	12.80	16.69	21.40
市本级	City-level	26.94	32.27	50.24	53.53	67.52	88.31	99.09	118.61	147.36
曲靖市	**Qujing**	**20.51**	**23.65**	**29.45**	**36.52**	**46.49**	**56.01**	**63.19**	**72.43**	**88.31**
麒麟区	Qilin	2.45	2.85	3.42	4.27	5.00	6.33	7.61	9.21	12.84
马龙县	Malong	0.45	0.50	0.83	1.01	1.27	1.68	2.02	2.39	3.00
陆良县	Luliang	1.32	1.43	1.65	2.10	2.52	3.00	3.38	3.90	4.53
师宗县	Shizong	0.76	0.92	1.21	1.50	1.83	2.21	2.51	2.92	3.70
罗平县	Luoping	1.16	1.39	1.61	1.83	2.12	2.63	3.01	3.43	4.05
富源县	Fuyuan	1.34	1.67	2.64	3.77	5.75	6.42	7.18	8.38	10.30
会泽县	Huize	2.84	3.09	3.30	3.64	4.13	5.00	5.51	6.10	7.02
沾益县	Zhanyi	1.55	1.88	2.34	2.95	3.61	4.45	4.72	5.43	6.36
宣威市	Xuanwei	2.42	3.26	4.27	5.30	6.32	7.27	7.94	9.00	10.50
市本级	City-level	6.21	6.66	8.19	10.16	13.94	17.01	19.32	21.67	26.01
玉溪市	**Yuxi**	**24.56**	**29.57**	**31.23**	**33.05**	**38.90**	**50.16**	**54.16**	**64.73**	**77.25**
红塔区	Hongta	2.07	2.45	3.19	3.75	4.89	5.94	7.01	9.29	11.22
江川县	Jiangchuan	0.80	1.07	1.19	1.35	1.63	2.01	2.09	2.40	2.89
澄江县	Chengjiang	0.63	0.75	0.94	1.03	1.12	1.83	2.42	2.92	3.31
通海县	Tonghai	0.86	1.01	1.17	1.34	1.75	2.17	2.41	2.70	3.03
华宁县	Huaning	0.59	0.75	0.97	1.00	1.20	1.73	1.79	2.02	2.27
易门县	Yimen	0.57	0.76	1.01	1.19	1.63	1.98	2.13	2.42	2.80
峨山县	Eshan	0.69	0.98	1.13	1.39	1.80	2.12	2.18	2.72	3.04
新平县	Xinping	0.77	1.00	1.49	1.78	2.63	3.82	4.25	5.41	7.06
元江县	Yuanjiang	0.60	0.64	0.89	0.82	1.12	1.39	1.43	1.74	2.10
市本级	City-level	16.98	20.15	19.25	19.39	21.12	27.17	28.44	33.12	39.54

19−9 续表1 continued

单位：亿元 (100 million yuan)

州市县	Region	2003	2004	2005	2006	2007	2008	2009	2010	2011
保山市	**Baoshan**	**4.77**	**5.19**	**6.53**	**8.35**	**10.58**	**12.46**	**15.81**	**21.38**	**28.20**
隆阳区	Longyang	1.57	1.78	2.21	2.61	3.27	3.82	5.07	6.07	7.41
施甸县	Shidian	0.45	0.38	0.42	0.55	0.61	0.75	0.83	1.30	1.95
腾冲县	Tengchong	1.15	1.27	1.53	2.70	3.23	3.93	5.01	6.57	9.26
龙陵县	Longling	0.46	0.46	0.68	0.88	1.05	1.21	1.40	1.60	2.00
昌宁县	Changning	0.67	0.58	0.67	0.80	0.92	1.05	1.45	3.35	4.17
市本级	City-level	0.47	0.71	1.02	1.43	1.49	1.70	2.04	2.48	3.40
昭通市	**Zhaotong**	**5.66**	**6.97**	**8.52**	**10.30**	**12.89**	**171.73**	**20.79**	**25.62**	**32.59**
昭阳区	Zhaoyang	1.19	1.33	1.50	1.82	2.22	3.01	4.07	5.03	6.41
鲁甸县	Ludian	0.23	0.30	0.38	0.51	0.82	0.94	1.09	1.57	2.04
巧家县	Qiaojia	0.31	0.29	0.30	0.34	0.60	0.69	0.86	1.09	1.40
盐津县	Yanjin	0.22	0.23	0.27	0.36	0.52	0.70	0.87	0.92	1.14
大关县	Daguan	0.15	0.11	0.14	0.18	0.28	0.40	0.47	0.54	0.67
永善县	Yongshan	0.16	0.22	0.31	0.43	0.67	0.85	1.04	1.36	1.85
绥江县	Suijiang	0.12	0.13	0.16	0.18	0.26	0.47	0.64	0.89	1.48
镇雄县	Zhenxiong	0.69	0.70	0.76	0.93	1.17	1.52	2.01	2.70	3.80
彝良县	Yiliang	0.26	0.29	0.44	0.60	0.82	1.00	1.16	1.52	2.07
威信县	Weixin	0.20	0.23	0.28	0.36	0.54	0.76	1.01	1.27	1.62
水富县	Shuifu	0.53	0.59	0.76	0.95	1.02	1.21	1.28	1.59	1.78
市本级	City-level	1.59	2.54	3.22	3.62	3.97	5.56	6.30	7.14	8.32
丽江市	**Lijiang**	**2.59**	**3.40**	**4.06**	**5.08**	**7.28**	**9.52**	**11.66**	**16.46**	**26.26**
古城区	Gucheng	0.91	1.13	1.42	1.72	2.81	3.05	3.67	5.01	7.25
玉龙县	Yulong	0.29	0.35	0.49	0.67	0.88	1.15	1.41	2.13	3.00
永胜县	Yongsheng	0.39	0.47	0.37	0.43	0.61	1.02	1.37	1.78	2.02
华坪县	Huaping	0.40	0.56	0.80	1.23	1.60	2.12	2.65	3.50	4.04
宁蒗县	Ninglang	0.12	0.15	0.18	0.23	0.30	0.53	0.73	1.08	1.43
市本级	City-level	0.48	0.75	0.79	0.81	1.08	1.64	1.81	2.95	8.52
普洱市	**Pu'er**	**5.29**	**5.07**	**6.23**	**7.79**	**11.10**	**13.70**	**16.00**	**30.86**	**39.29**
思茅区	Simao	0.99	1.12	1.51	1.86	2.39	2.88	3.31	4.06	5.22
宁洱县	Ning'er	0.44	0.38	0.43	0.59	0.93	1.08	1.19	1.61	1.71
墨江县	Mojiang	0.54	0.56	0.52	0.60	0.78	1.00	1.22	1.64	2.18
景东县	Jingdong	0.76	0.79	0.95	1.10	1.14	1.58	1.80	2.29	2.54
景谷县	Jinggu	0.93	0.74	0.86	1.02	1.25	1.59	1.84	2.97	3.32
镇沅县	Zhenyuan	0.31	0.25	0.26	0.34	0.43	0.55	0.72	1.10	1.56
江城县	Jiangcheng	0.17	0.19	0.24	0.29	0.34	0.42	0.51	0.60	0.80
孟连县	Menglian	0.29	0.23	0.25	0.31	0.36	0.36	0.41	0.52	0.70
澜沧县	Lancang	0.42	0.38	0.45	0.59	0.84	1.06	1.24	2.22	3.11
西盟县	Ximeng	0.08	0.06	0.06	0.09	0.13	0.16	0.21	0.27	0.37
市本级	City-level	0.36	0.39	0.68	1.01	2.50	3.02	4.16	13.60	17.80
临沧市	**Lincang**	**4.47**	**4.19**	**4.60**	**5.55**	**6.96**	**8.49**	**10.05**	**14.51**	**21.39**
临翔区	Linxiang	0.52	0.47	0.54	0.61	0.97	1.20	1.43	1.95	2.69
凤庆县	Fengqing	0.66	0.59	0.63	0.68	0.83	1.08	1.43	2.62	3.22
云县	Yunxian	1.06	1.10	1.30	1.41	1.56	1.82	1.95	2.17	3.01
永德县	Yongde	0.39	0.32	0.32	0.36	0.46	0.59	0.73	1.07	1.61
镇康县	Zhenkang	0.25	0.20	0.22	0.34	0.47	0.56	0.65	0.92	1.68
双江县	Shuangjiang	0.26	0.19	0.20	0.25	0.28	0.33	0.41	0.63	1.01
耿马县	Gengma	0.63	0.44	0.36	0.48	0.61	0.73	0.85	1.23	1.94
沧源县	Cangyuan	0.23	0.18	0.16	0.24	0.35	0.47	0.44	0.80	1.21
市本级	City-level	0.47	0.71	0.88	1.18	1.42	1.70	2.17	3.13	5.00

19-9 续表2 continued

单位：亿元 (100 million yuan)

州 市 县	Region	2003	2004	2005	2006	2007	2008	2009	2010	2011
楚 雄 州	**Chuxiong**	**9.06**	**10.73**	**12.29**	**14.32**	**17.95**	**22.70**	**25.58**	**30.70**	**37.58**
楚雄市	Chuxiong	2.61	2.93	3.29	4.08	5.83	7.36	8.31	9.73	11.60
双柏县	Shuangbo	0.24	0.26	0.33	0.39	0.49	0.65	0.79	0.98	1.14
牟定县	Mouding	0.28	0.33	0.39	0.49	0.49	0.65	0.74	0.96	1.30
南华县	Nanhua	0.41	0.42	0.53	0.65	0.77	0.84	0.98	1.24	1.71
姚安县	Yao'an	0.30	0.31	0.31	0.39	0.43	0.56	0.62	0.77	1.01
大姚县	Dayao	0.42	0.47	0.52	0.68	0.80	1.12	1.08	1.45	2.22
永仁县	Yongren	0.17	0.19	0.22	0.30	0.36	0.52	0.68	0.88	1.14
元谋县	Yuanmou	0.37	0.40	0.44	0.50	0.68	0.85	0.85	0.86	1.00
武定县	Wuding	0.36	0.40	0.48	0.57	0.76	1.20	1.42	1.95	2.76
禄丰县	Lufeng	1.09	1.42	1.86	2.27	2.89	3.25	4.02	4.63	5.40
州本级	Prefecture-level	2.83	3.61	3.93	4.01	4.44	5.70	6.10	7.26	8.31
红 河 州	**Honghe**	**17.84**	**20.57**	**25.00**	**29.49**	**37.71**	**45.14**	**52.04**	**61.22**	**72.79**
蒙自市	Mengzi	1.17	1.35	2.15	2.86	3.92	4.89	5.81	7.23	9.05
个旧市	Gejiu	2.27	2.93	3.68	4.31	5.89	7.55	7.73	7.90	8.62
开远市	Kaiyuan	2.04	2.21	2.59	2.93	3.76	4.50	5.01	5.77	7.01
屏边县	Pingbian	0.17	0.20	0.25	0.31	0.35	0.42	0.47	0.54	0.63
建水县	Jianshui	1.12	1.28	1.73	2.11	2.70	3.32	3.78	4.76	6.00
石屏县	Shiping	0.59	0.70	0.82	1.00	1.22	1.44	1.70	2.00	2.30
弥勒县	Mile	2.01	2.38	2.82	3.19	3.90	4.62	5.60	6.95	8.08
泸西县	Luxi	0.88	1.07	1.19	1.33	1.55	2.01	2.61	3.16	4.01
元阳县	Yuanyang	0.23	0.25	0.27	0.32	0.52	0.62	1.05	1.21	1.40
红河县	Honghe	0.17	0.14	0.16	0.19	0.22	0.28	0.34	0.43	0.63
金平县	Jinping	0.31	0.36	0.51	0.63	0.96	1.14	1.40	1.63	1.91
绿春县	Luchun	0.12	0.19	0.29	0.35	0.48	0.61	0.72	0.83	1.00
河口县	Hekou	0.47	0.47	0.70	0.79	0.63	0.77	0.90	1.03	1.19
州本级	Prefecture-level	6.28	7.04	7.83	9.18	11.63	12.98	14.92	17.77	20.95
文 山 州	**Wenshan**	**4.79**	**5.52**	**7.09**	**8.94**	**12.60**	**15.44**	**17.29**	**22.03**	**27.45**
文山市	Wenshan	1.71	2.07	2.41	2.91	3.57	4.40	5.36	6.80	8.60
砚山县	Yanshan	0.65	0.75	0.95	1.15	1.56	2.06	2.37	2.82	3.41
西畴县	Xichou	0.22	0.23	0.24	0.25	0.27	0.35	0.51	0.61	0.71
麻栗坡县	Malipo	0.28	0.32	0.47	0.55	1.12	1.22	1.36	1.70	2.50
马关县	Maguan	0.44	0.53	0.67	0.85	1.50	1.80	1.97	2.71	3.51
丘北县	Qiubei	0.37	0.43	0.52	0.60	0.78	0.98	1.32	1.63	2.21
广南县	Guangnan	0.44	0.52	0.64	0.77	0.94	1.20	1.35	1.62	2.00
富宁县	Funing	0.34	0.42	0.75	0.90	1.08	1.34	1.50	1.80	2.32
州本级	Prefecture-level	0.34	0.24	0.44	0.95	1.79	2.09	1.56	2.34	2.18
西双版纳州	**Xishuangbanna**	**4.05**	**2.72**	**3.64**	**4.82**	**6.07**	**7.20**	**8.60**	**11.26**	**17.60**
景洪市	Jinghong	1.62	1.36	1.74	2.11	2.58	3.22	3.62	4.77	8.09
勐海县	Menghai	0.61	0.40	0.43	0.52	0.68	0.88	1.13	1.38	1.85

19-9 续表3 continued

单位：亿元 (100 million yuan)

州市县	Region	2003	2004	2005	2006	2007	2008	2009	2010	2011
勐腊县	Mengla	0.80	0.35	0.58	0.96	1.30	1.28	1.57	2.27	2.63
州本级	Prefecture-level	1.02	0.62	0.89	1.22	1.50	1.82	2.28	2.84	5.03
大 理 州	**Dali**	**11.82**	**13.30**	**15.75**	**18.75**	**22.78**	**27.57**	**31.55**	**37.62**	**45.95**
大理市	Dali	4.32	4.59	5.60	7.46	9.01	10.40	12.29	14.21	17.10
漾濞县	Yangbi	0.27	0.29	0.36	0.43	0.50	0.57	0.68	0.78	0.91
祥云县	Xiangyun	1.01	1.10	1.34	1.63	2.04	2.47	2.85	3.34	4.11
宾川县	Binchuan	0.77	0.73	0.78	0.91	1.17	1.46	1.61	1.90	2.19
弥渡县	Midu	0.43	0.43	0.44	0.54	0.67	0.88	1.09	1.30	1.74
南涧县	Nanjian	0.52	0.61	0.76	0.82	0.99	1.11	1.21	1.63	2.09
巍山县	Weishan	0.48	0.42	0.49	0.58	0.67	0.77	0.97	1.34	1.87
永平县	Yongping	0.35	0.35	0.36	0.49	0.61	0.80	0.96	1.38	1.62
云龙县	Yunlong	0.28	0.28	0.31	0.44	0.58	0.82	0.89	1.09	1.51
洱源县	Eryuan	0.49	0.50	0.62	0.73	0.86	1.04	1.01	1.20	1.45
剑川县	Jianchuan	0.32	0.34	0.36	0.50	0.62	0.76	0.94	0.98	1.31
鹤庆县	Heqing	0.43	0.51	0.61	0.79	0.99	1.39	1.50	1.87	2.27
州本级	Prefecture-level	2.15	3.15	3.73	3.41	4.08	5.10	5.56	6.58	7.78
德 宏 州	**Dehong**	**3.08**	**3.25**	**4.06**	**5.36**	**7.90**	**8.87**	**9.83**	**13.24**	**18.91**
芒 市	Mnagshi	0.73	0.76	0.89	1.14	1.74	2.17	2.55	3.30	4.46
瑞丽市	Ruili	0.70	0.74	1.03	1.29	1.68	2.21	2.21	3.73	5.12
梁河县	Lianghe	0.21	0.24	0.25	0.32	0.37	0.50	0.57	0.68	0.96
盈江县	Yingjiang	0.62	0.67	0.85	1.08	1.46	1.87	2.17	2.89	4.33
陇川县	Longchuan	0.38	0.30	0.30	0.46	0.53	0.61	0.69	0.89	1.27
州 级	Prefecture-level	0.45	0.53	0.74	1.08	2.11	1.50	1.64	1.75	2.77
怒 江 州	**Nujiang**	**1.26**	**1.48**	**2.01**	**3.37**	**4.78**	**5.12**	**4.67**	**5.84**	**6.66**
泸水县	Lushui	0.44	0.50	0.56	0.63	0.72	0.89	1.08	1.27	1.46
福贡县	Fugong	0.05	0.06	0.09	0.12	0.15	0.20	0.23	0.27	0.34
贡山县	Gongshan	0.08	0.10	0.11	0.12	0.13	0.16	0.23	0.26	0.32
兰坪县	Lanping	0.54	0.58	0.85	1.83	2.96	2.90	2.10	2.80	3.10
州本级	Prefecture-level	0.16	0.24	0.40	0.68	0.82	0.96	1.02	1.23	1.43
迪 庆 州	**Diqing**	**0.94**	**1.10**	**1.39**	**1.82**	**2.36**	**3.20**	**4.36**	**5.97**	**8.60**
香格里拉县	Shangri-La	0.42	0.46	0.57	0.77	1.02	1.32	1.66	2.10	2.75
德钦县	Deqin	0.08	0.09	0.12	0.15	0.20	0.28	0.45	0.71	1.00
维西县	Weixi	0.12	0.12	0.14	0.17	0.21	0.36	0.58	1.01	1.45
州本级	Prefecture-level	0.32	0.42	0.56	0.72	0.92	1.24	1.67	2.15	3.40
省 本 级	**Province-level**	**48.20**	**54.07**	**60.13**	**82.75**	**107.29**	**136.35**	**150.47**	**183.50**	**244.66**

19-10 各州市县人均财政收入(2008-2011年)
Per Capita Government Revenue by Region (2008-2011)

单位：元/人 (yuan/person)

州市县	Region	2008	2009	2010	2011	州市县	Region	2008	2009	2010	2011
全　省	**Yunnan**	**1 356**	**1 532**	**1 900**	**2 407**	龙陵县	Longling	442	510	580	719
昆明市	**Kunming**	**2 815**	**3 221**	**3 991**	**4 916**	昌宁县	Changning	306	422	974	1 209
呈贡区	Chenggong	2 381	2 333	2 541	2 384	**昭通市**	**Zhaotong**	**325**	**391**	**485**	**622**
五华区	Wuhua	1 520	1 807	2 380	2 959	昭阳区	Zhaoyang	378	506	631	810
盘龙区	Panlong	1 583	1 799	2 164	2 706	鲁甸县	Ludian	249	285	405	521
官渡区	Guandu	2 138	2 642	3 231	3 754	巧家县	Qiaojia	128	161	208	270
西山区	Xishan	1 563	1 828	2 314	2 901	盐津县	Yanjin	188	230	246	306
东川区	Dongchuan	1 373	818	1 443	1 992	大关县	Daguan	157	179	205	255
晋宁县	Jinning	1 175	1 671	2 206	2 963	永善县	Yongshan	217	261	342	467
富民县	Fumin	695	800	1 278	1 832	绥江县	Suijiang	301	404	569	960
宜良县	Yiliang	784	896	1 104	1 072	镇雄县	Zhenxiong	111	146	198	285
石林县	Shilin	833	1 067	1 431	1 914	彝良县	Yiliang	185	211	282	394
嵩明县	Songming	658	1 036	1 572	2 033	威信县	Weixin	201	264	330	418
禄劝县	Luquan	362	517	691	899	水富县	Shuifu	1 261	1 327	1 603	1 736
寻甸县	Xundian	418	530	705	1 000	**丽江市**	**Lijiang**	**782**	**953**	**1 331**	**2 101**
安宁市	Anning	3 401	3 987	5 029	6 242	古城区	Gucheng	1 783	2 138	2 612	3 420
曲靖市	**Qujing**	**973**	**1 089**	**1 240**	**1 502**	玉龙县	Yulong	501	612	955	1 393
麒麟区	Qilin	913	1 091	1 277	1 721	永胜县	Yongsheng	257	344	449	512
马龙县	Malong	876	1 044	1 258	1 613	华坪县	Huaping	1 291	1 609	2 102	2 392
陆良县	Luliang	487	546	628	726	宁蒗县	Ninglang	206	286	421	550
师宗县	Shizong	582	659	753	939	**普洱市**	**Pu'er**	**531**	**642**	**1 202**	**1 539**
罗平县	Luoping	484	551	625	734	思茅区	Simao	1 122	1 284	1 459	1 743
富源县	Fuyuan	911	1 019	1 174	1 420	宁洱县	Ning'er	555	611	843	915
会泽县	Huize	560	604	669	771	墨江县	Mojiang	264	320	442	603
沾益县	Zhanyi	1 103	1 156	1 290	1 463	景东县	Jingdong	417	474	618	704
宣威市	Xuanwei	548	594	671	803	景谷县	Jinggu	512	593	984	1 135
玉溪市	**Yuxi**	**2 210**	**2 374**	**2 819**	**3 341**	镇沅县	Zhenyuan	258	335	520	745
红塔区	Hongta	1 258	1 475	1 910	2 258	江城县	Jiangcheng	352	424	495	657
江川县	Jiangchuan	723	748	854	1 026	孟连县	Menglian	269	303	385	511
澄江县	Chengjiang	1 122	1 471	1 745	1 944	澜沧县	Lancang	212	248	447	629
通海县	Tonghai	716	793	892	1 000	西盟县	Ximeng	176	229	293	402
华宁县	Huaning	812	835	938	1 052	**临沧市**	**Lincang**	**357**	**421**	**601**	**877**
易门县	Yimen	1 103	1 185	1 355	1 580	临翔区	Linxiang	393	467	617	829
峨山县	Eshan	1 316	1 350	1 671	1 863	凤庆县	Fengqing	239	315	573	700
新平县	Xinping	1 348	1 494	1 898	2 464	云　县	Yunxian	408	436	483	667
元江县	Yuanjiang	641	658	798	962	永德县	Yongde	161	199	290	433
保山市	**Baoshan**	**507**	**640**	**857**	**1 120**	镇康县	Zhenkang	328	377	524	950
隆阳区	Longyang	431	570	663	788	双江县	Shuangjiang	187	226	351	570
施甸县	Shidian	231	255	412	636	耿马县	Gengma	258	299	424	652
腾冲县	Tengchong	623	788	1 024	1 431	沧源县	Cangyuan	270	249	450	673

19-10 续表 continued

单位：元/人 (yuan/person)

州 市 县	Region	2008	2009	2010	2011	州 市 县	Region	2008	2009	2010	2011
楚 雄 州	**Chuxiong**	**845**	**949**	**1 139**	**1 394**	富宁县	Funing	337	375	445	567
楚雄市	Chuxiong	1 341	1 507	1 704	1 965	**西双版纳州**	**Xishuangbanna**	**675**	**801**	**1 019**	**1 546**
双柏县	Shuangbo	407	497	612	715	景洪市	Jinghong	674	753	951	1 550
牟定县	Mouding	316	359	461	621	勐海县	Menghai	264	339	414	557
南华县	Nanhua	353	408	519	721	勐腊县	Mengla	497	606	838	928
姚安县	Yao'an	268	297	376	504	**大 理 州**	**Dali**	**791**	**901**	**1 080**	**1 324**
大姚县	Dayao	385	374	515	809	大理市	Dali	1 656	1 932	2 198	2 611
永仁县	Yongren	478	621	807	1 038	漾濞县	Yangbi	545	665	758	890
元谋县	Yuanmou	401	397	401	461	祥云县	Xiangyun	547	624	731	899
武定县	Wuding	434	511	707	1 007	宾川县	Binchuan	427	468	548	625
禄丰县	Lufeng	741	913	1 071	1 271	弥渡县	Midu	277	341	412	554
红 河 州	**Honghe**	**1 028**	**1 176**	**1 368**	**1 610**	南涧县	Nanjian	500	543	751	987
蒙自市	Mengzi	1 221	1 445	1 762	2 161	巍山县	Weishan	247	312	437	611
个旧市	Gejiu	1 656	1 695	1 724	1 869	永平县	Yongping	437	526	771	924
开远市	Kaiyuan	1 440	1 598	1 810	2 165	云龙县	Yunlong	398	431	538	752
屏边县	Pingbian	281	316	359	406	洱源县	Eryuan	376	363	440	539
建水县	Jianshui	632	717	898	1 125	剑川县	Jianchuan	432	531	563	767
石屏县	Shiping	487	572	670	767	鹤庆县	Heqing	521	561	717	885
弥勒县	Mile	876	1 051	1 292	1 490	**德 宏 州**	**Dehong**	**751**	**827**	**1 100**	**1 554**
泸西县	Luxi	515	665	795	997	芒 市	Mangshi	576	671	855	1 138
元阳县	Yuanyang	159	268	306	351	瑞丽市	Ruili	1 318	1 308	2 126	2 805
红河县	Honghe	98	116	145	212	梁河县	Lianghe	311	355	428	623
金平县	Jinping	332	400	460	535	盈江县	Yingjiang	630	727	955	1 413
绿春县	Luchun	279	324	373	449	陇川县	Longchuan	342	385	491	700
河口县	Hekou	749	864	988	1 134	**怒 江 州**	**Nujiang**	**964**	**873**	**1 090**	**1 243**
文 山 州	**Wenshan**	**451**	**502**	**632**	**777**	泸水县	Lushui	479	578	683	789
文山市	Wenshan	981	1 180	1 447	1 776	福贡县	Fugong	213	243	273	349
砚山县	Yanshan	453	517	611	733	贡山县	Gongshan	425	616	697	849
西畴县	Xichou	139	201	240	277	兰坪县	Lanping	1 363	981	1 309	1 452
麻栗坡县	Malipo	443	492	613	898	**迪 庆 州**	**Diqing**	**852**	**1 153**	**1 531**	**2 141**
马关县	Maguan	496	538	737	950	香格里拉县	Shangri-La	833	1 029	1 250	1 583
丘北县	Qiubei	213	284	346	460	德钦县	Deqin	442	710	1 093	1 497
广南县	Guangnan	156	174	207	253	维西县	Weixi	236	379	645	898

19-11 主要年份各州市县财政支出

Government Expenditure by Region in Significant Years

单位：亿元 (100 million yuan)

州市县	Region	2004	2005	2006	2007	2008	2009	2010	2011
全　省	**Yunnan**	**663.64**	**766.31**	**893.58**	**1 135.22**	**1 470.24**	**1 952.34**	**2 285.72**	**2 929.60**
昆明市	**Kunming**	**91.60**	**114.83**	**133.68**	**164.65**	**233.49**	**270.75**	**346.29**	**441.73**
呈贡区	Chenggong	1.99	2.81	3.61	4.96	7.32	7.48	9.66	11.01
五华区	Wuhua	7.59	8.31	10.13	11.71	14.82	17.68	20.35	25.50
盘龙区	Panlong	5.56	6.83	7.78	9.22	12.50	15.34	20.10	25.10
官渡区	Guandu	7.88	7.32	8.37	10.51	18.29	22.72	29.81	35.74
西山区	Xishan	4.43	5.87	7.71	9.19	14.46	16.38	19.81	25.13
东川区	Dongchuan	3.57	5.02	7.02	12.00	12.49	14.17	16.06	19.59
晋宁县	Jinning	2.05	2.77	4.12	5.07	7.01	8.95	11.24	15.41
富民县	Fumin	1.55	1.91	2.42	3.09	3.79	4.32	6.67	7.99
宜良县	Yiliang	2.53	2.91	4.10	4.95	7.07	8.42	10.27	11.64
石林县	Shilin	2.10	2.78	3.36	4.02	5.57	7.12	9.34	11.18
嵩明县	Songming	2.41	2.96	4.24	5.39	7.23	9.11	11.49	15.93
禄劝县	Luquan	2.97	3.80	4.67	5.76	7.25	9.49	12.20	13.97
寻甸县	Xundian	3.28	4.24	5.32	6.48	8.73	10.86	13.04	16.43
安宁市	Anning	7.66	8.77	9.85	11.63	13.93	15.31	19.28	25.34
市本级	City-level	32.27	48.52	50.99	60.68	93.02	103.41	136.97	181.76
曲靖市	**Qujing**	**46.91**	**53.23**	**69.07**	**90.16**	**116.93**	**140.17**	**181.59**	**222.19**
麒麟区	Qilin	5.02	5.75	7.20	8.47	11.55	15.15	17.80	22.31
马龙县	Malong	1.81	2.21	2.64	3.33	4.64	5.76	8.72	9.70
陆良县	Luliang	3.99	4.10	5.49	7.32	9.88	11.71	15.10	19.20
师宗县	Shizong	2.76	3.05	4.20	5.33	7.36	9.03	11.27	14.84
罗平县	Luoping	3.56	3.97	4.91	6.57	8.48	10.11	12.88	16.27
富源县	Fuyuan	4.26	5.08	7.23	10.21	13.13	14.97	20.96	25.59
会泽县	Huize	6.70	7.23	9.15	11.26	14.86	17.45	21.00	26.10
沾益县	Zhanyi	3.21	3.43	4.61	5.99	7.79	9.45	12.68	15.24
宣威市	Xuanwei	7.35	8.67	11.88	14.58	19.79	24.58	31.32	37.95
市本级	City-level	8.25	9.74	11.75	17.11	19.46	21.96	29.85	35.00
玉溪市	**Yuxi**	**37.15**	**40.87**	**48.94**	**60.42**	**72.53**	**89.82**	**107.30**	**139.65**
红塔区	Hongta	5.66	6.10	7.03	8.71	9.96	11.88	15.10	17.33
江川县	Jiangchuan	2.67	2.96	3.45	3.92	5.24	6.24	7.37	9.54
澄江县	Chengjiang	2.04	2.07	2.91	2.84	4.02	5.92	6.64	7.58
通海县	Tonghai	2.47	2.62	3.35	4.05	4.80	6.01	7.38	10.20
华宁县	Huaning	2.11	2.38	2.63	3.16	4.32	5.38	6.77	8.24
易门县	Yimen	2.35	2.54	3.27	3.67	4.25	5.61	6.48	8.74
峨山县	Eshan	2.82	2.84	3.38	4.03	4.73	5.71	7.52	8.14
新平县	Xinping	3.54	4.04	5.03	6.79	8.25	10.92	13.79	17.68
元江县	Yuanjiang	2.68	2.82	3.27	4.10	4.67	6.89	7.99	9.05
市本级	City-level	10.82	12.51	14.61	19.16	22.28	25.28	28.28	43.14

19-11 续表1 continued

单位：亿元 (100 million yuan)

州市县	Region	2004	2005	2006	2007	2008	2009	2010	2011
保山市	**Baoshan**	**19.12**	**22.69**	**28.21**	**36.41**	**46.88**	**62.02**	**82.29**	**106.43**
隆阳区	Longyang	5.08	5.96	7.22	9.12	12.02	15.56	20.76	24.99
施甸县	Shidian	2.12	2.47	3.03	4.19	5.31	8.08	10.02	12.37
腾冲县	Tengchong	4.72	5.42	6.84	10.24	12.95	16.39	21.75	30.55
龙陵县	Longling	2.32	2.80	3.48	4.48	5.63	7.73	10.49	12.69
昌宁县	Changning	2.39	2.83	3.43	4.27	5.70	8.08	11.73	15.03
市本级	City-level	2.50	3.21	4.20	4.12	5.27	6.18	7.54	10.80
昭通市	**Zhaotong**	**32.75**	**37.18**	**48.62**	**63.06**	**88.30**	**111.50**	**146.60**	**178.28**
昭阳区	Zhaoyang	4.82	5.09	6.54	8.03	11.20	14.85	19.22	24.07
鲁甸县	Ludian	3.44	2.42	3.58	4.76	6.63	8.79	11.75	14.12
巧家县	Qiaojia	2.40	2.85	3.76	5.78	7.50	9.34	13.40	14.81
盐津县	Yanjin	1.95	2.34	3.90	4.23	5.75	7.03	8.29	11.25
大关县	Daguan	1.55	1.84	2.92	3.59	4.99	5.83	8.66	8.81
永善县	Yongshan	2.23	2.76	3.36	4.84	7.18	8.91	10.96	12.71
绥江县	Suijiang	1.32	1.42	1.72	2.43	3.10	4.17	5.61	8.27
镇雄县	Zhenxiong	4.45	5.85	7.28	10.06	15.23	20.00	26.19	33.19
彝良县	Yiliang	2.33	2.69	3.68	5.17	7.55	10.44	12.04	17.14
威信县	Weixin	2.17	2.50	3.16	4.27	6.38	7.43	9.82	11.52
水富县	Shuifu	1.51	1.72	2.24	2.61	3.83	3.82	5.67	5.90
市本级	City-level	4.57	5.68	6.48	7.28	8.96	10.90	14.98	16.51
丽江市	**Lijiang**	**16.34**	**17.57**	**22.35**	**28.72**	**36.70**	**47.45**	**59.11**	**81.49**
古城区	Gucheng	2.36	2.92	3.35	4.67	5.48	6.33	8.88	12.77
玉龙县	Yulong	2.96	2.80	3.62	4.08	5.41	7.50	9.44	12.16
永胜县	Yongsheng	3.13	3.20	4.14	5.90	7.36	10.23	11.78	15.19
华坪县	Huaping	2.45	3.06	4.07	5.25	6.33	7.59	9.08	12.62
宁蒗县	Ninglang	2.22	2.52	3.30	4.83	7.05	8.73	10.35	13.68
市本级	City-level	3.22	3.07	3.88	3.99	5.07	7.07	9.59	15.06
普洱市	**Pu'er**	**24.90**	**29.04**	**37.44**	**55.80**	**59.30**	**85.48**	**114.11**	**145.75**
思茅区	Simao	2.41	3.04	3.88	5.98	6.02	7.73	9.57	13.47
宁洱县	Ning'er	1.91	2.12	2.85	8.26	4.42	6.08	7.64	8.31
墨江县	Mojiang	2.50	2.74	3.52	5.03	6.10	9.13	11.58	12.48
景东县	Jingdong	2.69	3.02	3.79	4.74	5.90	9.29	11.49	12.36
景谷县	Jinggu	2.30	2.68	3.24	4.58	5.28	7.53	10.47	13.72
镇沅县	Zhenyuan	1.70	2.16	2.68	3.48	4.21	6.33	8.06	9.99
江城县	Jiangcheng	1.20	1.42	1.83	2.75	2.70	4.39	5.36	7.68
孟连县	Menglian	1.31	1.47	1.91	2.59	3.18	4.36	5.62	8.39
澜沧县	Lancang	2.85	3.77	4.76	6.93	9.12	13.04	17.52	23.26
西盟县	Ximeng	1.11	1.39	1.69	2.24	2.88	4.58	5.09	7.52
市本级	City-level	4.90	5.22	7.28	9.23	9.50	13.03	21.73	28.56
临沧市	**Lincang**	**20.50**	**22.69**	**29.16**	**38.60**	**49.16**	**69.54**	**90.77**	**128.79**
临翔区	Linxiang	2.31	2.41	3.28	4.52	5.68	8.05	9.77	15.43
凤庆县	Fengqing	2.48	2.51	3.65	4.99	6.78	10.25	12.43	16.33
云县	Yunxian	2.61	2.96	3.70	4.98	5.91	8.88	10.52	15.39
永德县	Yongde	1.94	2.42	3.02	4.28	5.46	7.44	11.17	15.01
镇康县	Zhenkang	1.85	1.87	2.32	3.31	4.43	6.48	8.16	11.32
双江县	Shuangjiang	1.40	1.71	2.21	2.98	4.41	5.82	6.73	11.08
耿马县	Gengma	2.23	2.26	3.08	4.07	5.35	7.97	11.69	16.14
沧源县	Cangyuan	1.68	1.81	2.36	3.43	4.60	6.90	8.43	11.37

19-11 续表2 continued

单位：亿元 (100 million yuan)

州 市 县	Region	2004	2005	2006	2007	2008	2009	2010	2011
市本级	City-level	4.00	4.74	5.54	6.04	6.54	7.74	11.87	16.72
楚 雄 州	**Chuxiong**	**31.74**	**35.61**	**43.46**	**57.10**	**70.04**	**91.06**	**108.58**	**126.76**
楚雄市	Chuxiong	4.70	5.51	7.27	10.16	12.37	14.64	18.71	21.60
双柏县	Shuangbo	1.55	1.83	2.01	3.01	3.83	5.42	6.77	7.35
牟定县	Mouding	1.66	2.02	2.31	3.00	3.82	5.69	6.63	8.66
南华县	Nanhua	1.81	2.11	2.63	3.84	4.26	6.45	8.07	9.02
姚安县	Yao'an	1.67	1.82	2.30	3.13	3.91	7.69	6.09	7.61
大姚县	Dayao	2.29	2.51	3.18	4.13	5.42	7.86	9.12	11.87
永仁县	Yongren	1.40	1.46	1.89	2.51	3.59	5.51	5.41	6.69
元谋县	Yuanmou	1.89	2.34	2.53	3.41	5.40	5.70	7.24	8.38
武定县	Wuding	1.99	2.30	2.97	4.02	5.42	7.62	8.23	10.88
禄丰县	Lufeng	3.76	4.55	5.24	7.16	8.17	11.61	15.65	15.01
州本级	Prefecture-level	9.02	9.17	11.13	12.73	13.87	12.87	16.65	19.70
红 河 州	**Honghe**	**43.70**	**52.42**	**63.55**	**81.98**	**107.35**	**137.65**	**169.42**	**213.19**
蒙自市	Mengzi	2.89	3.98	5.27	7.10	8.93	11.16	13.22	17.24
个旧市	Gejiu	4.78	6.78	7.54	9.77	12.98	15.21	21.02	23.17
开远市	Kaiyuan	3.80	4.46	4.69	6.21	8.34	8.91	12.51	15.80
屏边县	Pingbian	1.42	1.60	1.92	2.53	3.34	4.45	5.68	7.09
建水县	Jianshui	3.28	3.95	5.12	6.83	8.59	11.43	13.67	16.43
石屏县	Shiping	2.28	2.82	3.32	4.25	5.56	8.12	10.26	11.60
弥勒县	Mile	4.02	4.53	5.78	7.93	10.32	13.10	15.50	17.91
泸西县	Luxi	2.58	2.87	3.61	4.71	6.95	9.15	11.21	14.02
元阳县	Yuanyang	2.02	2.40	2.94	3.95	5.19	8.10	9.54	11.55
红河县	Honghe	1.64	2.07	2.62	3.40	4.21	6.57	9.04	11.44
金平县	Jinping	2.16	2.54	3.14	4.67	6.20	8.67	10.55	13.30
绿春县	Luchun	1.55	1.94	2.26	3.51	4.75	6.85	7.83	10.07
河口县	Hekou	1.44	1.87	2.43	2.55	3.65	5.24	5.96	7.60
州本级	Prefecture-level	9.85	10.59	12.90	14.59	18.33	20.68	23.44	35.98
文 山 州	**Wenshan**	**25.55**	**30.78**	**39.26**	**52.53**	**66.71**	**89.94**	**114.12**	**143.79**
文山市	Wenshan	3.87	5.05	6.06	6.91	9.02	11.68	15.27	20.08
砚山县	Yanshan	2.64	3.05	3.98	5.24	7.73	9.59	11.89	15.65
西畴县	Xichou	1.92	2.52	2.96	3.73	4.93	6.53	7.81	10.91
麻栗坡县	Malipo	2.13	2.65	3.37	4.80	6.03	8.74	11.34	13.02
马关县	Maguan	2.63	3.08	3.96	5.30	7.01	9.17	12.65	14.53
丘北县	Qiubei	2.49	2.82	3.93	5.48	7.33	9.66	13.51	16.70
广南县	Guangnan	3.23	4.09	5.30	6.82	9.32	12.67	15.72	20.91
富宁县	Funing	2.55	3.21	4.10	5.42	7.47	10.80	13.67	16.61
州本级	Prefecture-level	4.08	4.32	5.60	8.84	7.87	11.11	12.25	15.38
西双版纳州	**Xishuangbanna**	**10.60**	**12.82**	**16.57**	**20.77**	**25.68**	**35.24**	**42.43**	**67.12**
景洪市	Jinghong	3.31	3.86	5.18	6.81	8.40	12.24	14.27	26.31
勐海县	Menghai	2.11	2.72	3.43	4.73	6.01	7.76	10.21	15.34

19-11 续表3 continued

单位：亿元 (100 million yuan)

州市县	Region	2004	2005	2006	2007	2008	2009	2010	2011
勐腊县	Mengla	1.97	2.54	3.54	4.31	5.08	7.25	8.93	13.84
州本级	Prefecture-level	3.21	3.70	4.42	4.92	6.19	8.00	9.02	11.64
大 理 州	**Dali**	**33.67**	**39.66**	**50.15**	**60.71**	**75.02**	**102.39**	**124.24**	**159.62**
大理市	Dali	6.92	8.31	11.14	12.39	14.39	19.42	21.05	28.15
漾濞县	Yangbi	1.25	1.62	1.82	2.48	2.99	3.52	5.09	5.81
祥云县	Xiangyun	2.70	3.10	4.00	5.27	6.80	9.97	11.38	14.80
宾川县	Binchuan	2.44	3.01	3.80	5.27	6.25	9.19	9.95	11.96
弥渡县	Midu	1.76	2.18	2.79	3.50	4.81	6.86	8.56	10.83
南涧县	Nanjian	1.80	2.19	2.45	3.18	3.69	5.05	6.93	8.76
巍山县	Weishan	2.00	2.27	2.73	3.79	4.61	6.10	8.25	10.56
永平县	Yongping	1.58	1.78	2.24	2.97	3.54	5.22	6.15	8.19
云龙县	Yunlong	1.72	2.03	2.80	3.44	4.22	5.92	7.97	11.49
洱源县	Eryuan	2.19	2.64	3.09	3.76	4.65	6.40	8.50	10.70
剑川县	Jianchuan	1.67	1.95	2.48	3.18	3.75	4.98	6.50	7.77
鹤庆县	Heqing	2.07	2.36	3.14	3.74	5.65	7.29	9.00	10.26
州本级	Prefecture-level	5.58	6.22	7.66	7.73	9.65	12.46	14.91	20.33
德 宏 州	**Dehong**	**15.63**	**16.82**	**22.11**	**28.01**	**36.59**	**48.87**	**58.11**	**92.30**
芒 市	Mangshi	2.81	3.10	4.03	5.37	7.13	10.35	13.36	16.66
瑞丽市	Ruili	2.18	2.40	3.27	3.93	5.59	7.12	9.88	13.94
梁河县	Lianghe	1.69	1.72	2.18	2.76	3.71	5.32	6.23	7.98
盈江县	Yingjiang	2.90	2.99	3.78	5.12	8.78	9.84	11.07	28.86
陇川县	Longchuan	1.89	1.97	2.71	3.20	4.74	6.50	8.41	10.40
州本级	Prefecture-level	4.17	4.66	6.14	7.63	6.66	9.73	9.16	14.46
怒 江 州	**Nujiang**	**9.01**	**10.25**	**14.08**	**17.42**	**21.06**	**27.54**	**34.04**	**42.68**
泸水县	Lushui	2.59	2.88	3.35	3.72	4.67	6.88	8.47	9.52
福贡县	Fugong	1.28	1.45	1.99	2.42	3.26	4.72	5.80	6.90
贡山县	Gongshan	0.89	1.07	1.18	1.88	2.56	2.79	5.25	6.81
兰坪县	Lanping	2.37	2.72	4.38	5.86	6.35	7.77	9.33	11.35
州本级	Prefecture-level	1.88	2.14	3.16	3.54	4.22	5.37	5.19	8.10
迪 庆 州	**Diqing**	**9.11**	**10.71**	**13.88**	**18.69**	**23.55**	**30.09**	**43.15**	**66.11**
香格里拉县	Shangri-La	2.83	3.20	3.70	4.99	6.38	7.62	11.25	23.49
德钦县	Deqin	1.31	1.62	2.26	3.27	4.46	6.38	7.63	15.49
维西县	Weixi	2.17	2.50	2.90	3.58	5.08	6.62	10.67	11.55
州本级	Prefecture-level	2.80	3.39	5.01	6.84	7.63	9.47	13.61	15.59
省本级	**Provincial-level**	**195.34**	**219.14**	**213.07**	**260.20**	**340.95**	**512.83**	**463.57**	**573.69**

注：1994年以后全省分县财政支出数按新财政体制口径统计。

Note: Data of government expenditure by county after 1994 have been recorded according to the new financial system.

19-12 全省各州市县人均财政支出(2008-2011年)
Per Capita Government Expenditure by Region (2008-2011)

单位：元/人 (yuan/person)

州市县	Region	2008	2009	2010	2011
全　省	**Yunnan**	**3 247**	**4 284**	**4 984**	**6 346**
昆明市	**Kunming**	**3 756**	**4 325**	**5 445**	**6 835**
呈贡区	Chenggong	3 223	3 287	3 571	3 506
五华区	Wuhua	1 688	2 027	2 357	2 968
盘龙区	Panlong	1 907	2 209	2 610	3 086
官渡区	Guandu	2 433	2 987	3 682	4 170
西山区	Xishan	2 067	2 303	2 696	3 313
东川区	Dongchuan	4 276	4 816	5 661	7 173
晋宁县	Jinning	2 489	3 184	3 971	5 415
富民县	Fumin	2 521	2 854	4 482	5 460
宜良县	Yiliang	1 677	1 970	2 420	2 763
石林县	Shilin	2 309	2 925	3 809	4 524
嵩明县	Songming	2 077	2 871	4 014	5 527
禄劝县	Luquan	1 634	2 125	2 888	3 510
寻甸县	Xundian	1 721	2 125	2 686	3 581
安宁市	Anning	4 366	4 769	5 810	7 392
曲靖市	**Qujing**	**2 032**	**2 417**	**3 110**	**3 779**
麒麟区	Qilin	1 665	2 171	2 467	2 991
马龙县	Malong	2 422	2 980	4 586	5 213
陆良县	Luliang	1 602	1 892	2 430	3 078
师宗县	Shizong	1 934	2 369	2 909	3 766
罗平县	Luoping	1 557	1 851	2 348	2 947
富源县	Fuyuan	1 864	2 124	2 935	3 527
会泽县	Huize	1 664	1 912	2 301	2 865
沾益县	Zhanyi	1 930	2 317	3 015	3 506
宣威市	Xuanwei	1 491	1 838	2 334	2 903
玉溪市	**Yuxi**	**3 195**	**3 937**	**4 672**	**6 040**
红塔区	Hongta	2 108	2 499	3 104	3 489
江川县	Jiangchuan	1 882	2 232	2 625	3 388
澄江县	Chengjiang	2 460	3 597	3 968	4 453
通海县	Tonghai	1 585	1 975	2 434	3 370
华宁县	Huaning	2 031	2 512	3 148	3 826
易门县	Yimen	2 370	3 118	3 628	4 925
峨山县	Eshan	2 935	3 528	4 627	4 988
新平县	Xinping	2 908	3 836	4 832	6 173
元江县	Yuanjiang	2 159	3 169	3 669	4 147
保山市	**Baoshan**	**1 908**	**2 510**	**3 301**	**4 228**
隆阳区	Longyang	1 359	1 747	2 268	2 660
施甸县	Shidian	1 642	2 486	3 178	4 035
腾冲县	Tengchong	2 052	2 579	3 389	4 719
龙陵县	Longling	2 053	2 809	3 792	4 557
昌宁县	Changning	1 660	2 348	3 409	4 355
昭通市	**Zhaotong**	**1 674**	**2 096**	**2 776**	**3 403**
昭阳区	Zhaoyang	1 405	1 847	2 408	3 040
鲁甸县	Ludian	1 754	2 306	3 036	3 596
巧家县	Qiaojia	1 392	1 757	2 560	2 855
盐津县	Yanjin	1 542	1 866	2 215	3 026
大关县	Daguan	1 943	2 245	3 307	3 329
永善县	Yongshan	1 823	2 228	2 752	3 208
绥江县	Suijiang	1 966	2 621	3 583	5 374
镇雄县	Zhenxiong	1 118	1 448	1 925	2 486
彝良县	Yiliang	1 389	1 903	2 243	3 270
威信县	Weixin	1 689	1 946	2 552	2 971
水富县	Shuifu	3 990	3 968	5 710	5 743
丽江市	**Lijiang**	**3 012**	**3 879**	**4 782**	**6 518**
古城区	Gucheng	3 198	3 683	4 628	6 025
玉龙县	Yulong	2 349	3 246	4 227	5 642
永胜县	Yongsheng	1 849	2 561	2 972	3 857
华坪县	Huaping	3 855	4 607	5 448	7 482
宁蒗县	Ninglang	2 762	3 408	4 015	5 260
普洱市	**Pu'er**	**2 300**	**3 308**	**4 446**	**5 708**
思茅区	Simao	2 346	2 997	3 443	4 500
宁洱县	Ning'er	2 268	3 114	4 007	4 456
墨江县	Mojiang	1 609	2 403	3 125	3 452
景东县	Jingdong	1 556	2 447	3 107	3 429
景谷县	Jinggu	1 701	2 424	3 473	4 693
镇沅县	Zhenyuan	1 964	2 947	3 806	4 772
江城县	Jiangcheng	2 254	3 643	4 416	6 282
孟连县	Menglian	2 376	3 257	4 164	6 153
澜沧县	Lancang	1 827	2 611	3 531	4 712
西盟县	Ximeng	3 122	4 945	5 525	8 217
临沧市	**Lincang**	**2 070**	**2 911**	**3 760**	**5 278**
临翔区	Linxiang	1 865	2 631	3 097	4 752
凤庆县	Fengqing	1 495	2 250	2 714	3 550
云　县	Yunxian	1 329	1 986	2 344	3 410
永德县	Yongde	1 493	2 023	3 022	4 043
镇康县	Zhenkang	2 583	3 761	4 671	6 390
双江县	Shuangjiang	2 457	3 228	3 766	6 251
耿马县	Gengma	1 890	2 796	4 014	5 423
沧源县	Cangyuan	2 650	3 947	4 750	6 301

19-12 续表 continued

单位：元/人 (yuan/person)

州市县	Region	2008	2009	2010	2011
楚雄州	**Chuxiong**	**2 607**	**3 378**	**4 030**	**4 702**
楚雄市	Chuxiong	2 254	2 656	3 276	3 661
双柏县	Shuangbo	2 408	3 400	4 235	4 591
牟定县	Mouding	1 865	2 770	3 199	4 126
南华县	Nanhua	1 778	2 689	3 391	3 800
姚安县	Yao'an	1 876	3 685	2 993	3 817
大姚县	Dayao	1 872	2 711	3 234	4 324
永仁县	Yongren	3 293	5 061	4 950	6 110
元谋县	Yuanmou	2 535	2 671	3 368	3 877
武定县	Wuding	1 956	2 734	2 985	3 973
禄丰县	Lufeng	1 862	2 638	3 622	3 531
红河州	**Honghe**	**2 444**	**3 109**	**3 787**	**4 716**
蒙自市	Mengzi	2 232	2 775	3 221	4 117
个旧市	Gejiu	2 847	3 336	4 584	5 020
开远市	Kaiyuan	2 670	2 840	3 925	4 880
屏边县	Pingbian	2 244	3 002	3 760	4 590
建水县	Jianshui	1 635	2 167	2 576	3 078
石屏县	Shiping	1 886	2 737	3 438	3 861
弥勒县	Mile	1 956	2 459	2 883	3 304
泸西县	Luxi	1 778	2 326	2 817	3 483
元阳县	Yuanyang	1 341	2 067	2 412	2 895
红河县	Honghe	1 465	2 269	3 078	3 839
金平县	Jinping	1 809	2 482	2 977	3 715
绿春县	Luchun	2 184	3 088	3 517	4 512
河口县	Hekou	3 536	5 044	5 709	7 237
文山州	**Wenshan**	**1 951**	**2 613**	**3 272**	**4 071**
文山市	Wenshan	2 011	2 571	3 250	4 145
砚山县	Yanshan	1 700	2 095	2 575	3 365
西畴县	Xichou	1 956	2 587	3 074	4 260
麻栗坡县	Malipo	2 189	3 165	4 087	4 669
马关县	Maguan	1 935	2 510	3 445	3 938
丘北县	Qiubei	1 589	2 083	2 866	3 484
广南县	Guangnan	1 212	1 640	2 012	2 647
富宁县	Funing	1 884	2 700	3 378	4 060
西双版纳州	**Xishuangbanna**	**2 405**	**3 285**	**3 839**	**5 896**
景洪市	Jinghong	1 757	2 546	2 848	5 039
勐海县	Menghai	1 811	2 327	3 063	4 602
勐腊县	Mengla	1 972	2 798	3 297	4 889
大理州	**Dali**	**2 152**	**2 925**	**3 566**	**4 601**
大理市	Dali	2 292	3 054	3 255	4 300
漾濞县	Yangbi	2 848	3 430	4 971	5 659
祥云县	Xiangyun	1 506	2 183	2 490	3 237
宾川县	Binchuan	1 827	2 678	2 871	3 418
弥渡县	Midu	1 516	2 156	2 707	3 447
南涧县	Nanjian	1 659	2 264	3 183	4 127
巍山县	Weishan	1 482	1 967	2 684	3 458
永平县	Yongping	1 934	2 860	3 436	4 657
云龙县	Yunlong	2 036	2 860	3 922	5 730
洱源县	Eryuan	1 682	2 307	3 111	3 973
剑川县	Jianchuan	2 133	2 829	3 754	4 556
鹤庆县	Heqing	2 123	2 729	3 442	4 006
德宏州	**Dehong**	**3 099**	**4 108**	**4 829**	**7 586**
芒　市	Mangshi	1 892	2 721	3 458	4 255
瑞丽市	Ruili	3 331	4 216	5 635	7 635
梁河县	Lianghe	2 310	3 301	3 944	5 169
盈江县	Yingjiang	2 951	3 292	3 660	9 429
陇川县	Longchuan	2 644	3 608	4 642	5 714
怒江州	**Nujiang**	**3 967**	**5 153**	**6 357**	**7 971**
泸水县	Lushui	2 504	3 673	4 540	5 138
福贡县	Fugong	3 426	4 942	5 964	6 986
贡山县	Gongshan	6 874	7 470	13 918	17 935
兰坪县	Lanping	2 986	3 629	4 361	5 319
迪庆州	**Diqing**	**6 263**	**7 960**	**11 069**	**16 458**
香格里拉县	Shangri-La	4 011	4 720	6 701	13 526
德钦县	Deqin	7 064	10 124	11 782	23 174
维西县	Weixi	3 315	4 309	6 783	7 161

19-13 各州市县社会消费品零售总额(2010-2011年)

Total Retail Sales of Consumer Goods by Region (2010-2011)

单位：亿元 (100 million yuan)

州市县	Region	2010	2011	州市县	Region	2010	2011
全　省	**Yunnan**	**2 542.44**	**3 000.14**	**保山市**	**Baoshan**	**84.36**	**101.47**
昆明市	**Kunming**	**1 060.19**	**1 271.73**	隆阳区	Longyang	43.22	51.97
呈贡区	Chenggong	17.77	19.03	施甸县	Shidian	7.09	8.55
五华区	Wuhua	283.58	378.45	腾冲县	Tengchong	18.48	22.25
盘龙区	Panlong	213.06	239.53	龙陵县	Longling	6.44	7.74
官渡区	Guandu	205.23	238.05	昌宁县	Changning	9.12	10.96
西山区	Xishan	199.46	240.43	**昭通市**	**Zhaotong**	**105.67**	**126.83**
东川区	Dongchuan	10.07	11.94	昭阳区	Zhaoyang	43.12	51.15
晋宁县	Jinning	14.75	16.54	鲁甸县	Ludian	4.52	5.50
富民县	Fumin	8.20	9.13	巧家县	Qiaojia	6.74	8.17
宜良县	Yiliang	21.47	21.64	盐津县	Yanjin	4.44	5.41
石林县	Shilin	15.18	18.05	大关县	Daguan	3.42	4.23
嵩明县	Songming	14.58	15.72	永善县	Yongshan	5.90	6.99
禄劝县	Luquan	13.77	14.76	绥江县	Suijiang	3.38	4.15
寻甸县	Xundian	12.81	14.93	镇雄县	Zhenxiong	16.80	20.37
安宁市	Anning	30.26	33.52	彝良县	Yiliang	8.00	9.40
曲靖市	**Qujing**	**232.80**	**280.76**	威信县	Weixin	5.07	6.34
麒麟区	Qilin	71.76	85.98	水富县	Shuifu	4.29	5.12
马龙县	Malong	4.87	5.96	**丽江市**	**Lijiang**	**45.50**	**55.67**
陆良县	Luliang	19.22	23.58	古城区	Gucheng	21.59	26.59
师宗县	Shizong	7.85	9.08	玉龙县	Yulong	4.90	5.88
罗平县	Luoping	19.86	23.83	永胜县	Yongsheng	7.68	9.41
富源县	Fuyuan	19.43	23.88	华坪县	Huaping	6.83	8.26
会泽县	Huize	15.97	19.36	宁蒗县	Ninglang	4.47	5.53
沾益县	Zhanyi	12.85	15.57	**普洱市**	**Pu'er**	**72.66**	**86.22**
宣威市	Xuanwei	61.08	73.53	思茅区	Simao	23.04	26.97
玉溪市	**Yuxi**	**141.53**	**168.36**	宁洱县	Ning'er	5.50	6.46
红塔区	Hongta	68.25	80.56	墨江县	Mojiang	5.47	6.54
江川县	Jiangchuan	9.90	11.74	景东县	Jingdong	7.10	8.41
澄江县	Chengjiang	8.45	10.15	景谷县	Jinggu	9.50	11.20
通海县	Tonghai	13.14	15.69	镇沅县	Zhenyuan	5.05	6.06
华宁县	Huaning	7.79	9.31	江城县	Jiangcheng	3.08	4.49
易门县	Yimen	7.78	9.30	孟连县	Menglian	4.27	5.12
峨山县	Eshan	6.66	8.10	澜沧县	Lancang	8.39	9.76
新平县	Xinping	9.04	10.90	西盟县	Ximeng	1.26	1.48
元江县	Yuanjiang	10.52	12.63				

19−13 续表 continued

单位：亿元 (100 million yuan)

州 市 县	Region	2010	2011	州 市 县	Region	2010	2011
临沧市	**Lincang**	**72.58**	**87.10**	麻栗坡县	Malipo	9.01	10.60
临翔区	Linxiang	20.39	25.50	马关县	Maguan	14.70	17.66
凤庆县	Fengqing	11.54	13.86	丘北县	Qiubei	10.01	12.43
云　县	Yunxian	11.83	14.20	广南县	Guangnan	21.96	27.61
永德县	Yongde	8.10	9.39	富宁县	Funing	19.92	23.23
镇康县	Zhenkang	3.91	4.58	**西双版纳州**	**Xishuangbanna**	**50.60**	**60.70**
双江县	Shuangjiang	3.69	4.35	景洪市	Jinghong	31.27	37.72
耿马县	Gengma	8.47	9.82	勐海县	Menghai	8.84	10.53
沧源县	Cangyuan	4.66	5.40	勐腊县	Mengla	10.49	12.46
楚 雄 州	**Chuxiong**	**131.93**	**158.32**	**大 理 州**	**Dali**	**142.10**	**170.50**
楚雄市	Chuxiong	53.68	64.06	大理市	Dali	58.98	70.75
双柏县	Shuangbo	2.24	2.82	漾濞县	Yangbi	2.89	3.44
牟定县	Mouding	5.20	6.40	祥云县	Xiangyun	18.20	21.86
南华县	Nanhua	8.27	9.92	宾川县	Binchuan	10.59	12.71
姚安县	Yao'an	6.13	7.27	弥渡县	Midu	9.81	11.77
大姚县	Dayao	8.25	10.17	南涧县	Nanjian	6.35	7.62
永仁县	Yongren	2.02	2.48	巍山县	Weishan	7.70	9.24
元谋县	Yuanmou	5.17	6.30	永平县	Yongping	4.64	5.57
武定县	Wuding	5.98	7.57	云龙县	Yunlong	5.16	6.19
禄丰县	Lufeng	22.81	27.23	洱源县	Eryuan	7.28	8.74
红 河 州	**Honghe**	**153.47**	**184.21**	剑川县	Jianchuan	4.28	5.14
蒙自市	Mengzi	20.10	24.16	鹤庆县	Heqing	6.23	7.48
个旧市	Gejiu	30.82	36.98	**德 宏 州**	**Dehong**	**54.36**	**65.28**
开远市	Kaiyuan	19.36	23.48	芒　市	Mangshi	18.31	22.06
屏边县	Pingbian	4.59	5.51	瑞丽市	Ruili	15.22	18.40
建水县	Jianshui	16.81	20.18	梁河县	Lianghe	3.13	3.63
石屏县	Shiping	10.58	12.70	盈江县	Yingjiang	13.65	16.39
弥勒县	Mile	16.95	20.37	陇川县	Longchuan	4.06	4.79
泸西县	Luxi	13.79	16.59	**怒 江 州**	**Nujiang**	**14.87**	**17.65**
元阳县	Yuanyang	5.66	6.56	泸水县	Lushui	6.62	8.00
红河县	Honghe	3.96	4.75	福贡县	Fugong	1.74	2.03
金平县	Jinping	4.45	5.25	贡山县	Gongshan	1.31	1.53
绿春县	Luchun	3.75	4.47	兰坪县	Lanping	5.19	6.09
河口县	Hekou	2.69	3.23	**迪 庆 州**	**Diqing**	**20.99**	**25.34**
文 山 州	**Wenshan**	**143.64**	**173.13**	香格里拉县	Shangri-La	15.13	18.36
文山市	Wenshan	45.12	54.19	德钦县	Deqin	2.62	3.05
砚山县	Yanshan	17.51	21.01	维西县	Weixi	3.24	3.93
西畴县	Xichou	5.40	6.40				

19-14 主要年份各州市县城乡居民储蓄存款年末余额
Balance of Savings Deposits of Rural and Urban Residents at Year-end in Significant Years by Region

单位：亿元 (100 million yuan)

州市县	Region	2005	2006	2007	2008	2009	2010	2011
全　省	**Yunnan**	**2 430.28**	**2 854.86**	**3 046.40**	**3 783.78**	**4 668.61**	**5 719.55**	**6 654.87**
昆明市	**Kunming**	**993.81**	**1 156.07**	**1 212.17**	**1 525.36**	**1 922.92**	**2 341.55**	**2 615.65**
呈贡区	Chenggong	27.10	38.48	42.57	52.16	88.22	109.14	115.66
五华区	Wuhua	642.16	684.19	764.37	932.45	1 055.87	1 264.96	1 440.13
盘龙区	Panlong							
官渡区	Guandu	99.16	118.96	124.14	166.42	253.85	327.07	331.08
西山区	Xishan	69.22	76.13	80.94	128.67	226.30	276.74	284.12
东川区	Dongchuan	14.66	21.37	24.87	28.01	31.65	39.88	52.26
晋宁县	Jinning	17.11	20.53	23.20	29.37	37.13	46.55	54.74
富民县	Fumin	8.49	10.05	11.26	13.47	16.02	21.21	26.12
宜良县	Yiliang	28.72	32.60	35.26	42.10	51.41	59.86	70.28
石林县	Shilin	10.46	12.42	12.61	16.31	22.21	26.75	33.60
嵩明县	Songming	17.16	19.68	21.36	25.13	28.99	35.77	40.11
禄劝县	Luquan	8.16	9.82	11.39	14.64	17.17	21.58	28.13
寻甸县	Xundian	10.50	21.84	14.34	17.66	21.64	27.18	33.62
安宁市	Anning	40.66	89.99	45.86	58.97	72.46	84.86	105.80
曲靖市	**Qujing**	**212.86**	**249.07**	**274.44**	**352.45**	**420.95**	**509.68**	**599.19**
麒麟区	Qilin	80.96	94.68	98.95	129.57	157.64	194.29	227.93
马龙县	Malong	6.33	7.35	8.52	10.43	12.41	14.59	17.65
陆良县	Luliang	17.04	20.75	22.63	28.28	33.74	40.57	47.63
师宗县	Shizong	10.00	11.39	14.05	17.74	20.52	25.69	31.46
罗平县	Luoping	12.68	15.18	16.45	19.81	23.94	28.66	35.64
富源县	Fuyuan	19.12	21.87	27.40	37.59	45.35	54.85	62.64
会泽县	Huize	18.94	21.89	24.22	28.56	32.65	36.98	42.66
沾益县	Zhanyi	13.28	14.87	16.18	19.73	22.73	28.30	34.52
宣威市	Xuanwei	34.51	41.09	45.99	60.74	71.97	85.75	99.07
玉溪市	**Yuxi**	**188.85**	**213.08**	**211.40**	**266.16**	**318.65**	**374.66**	**433.43**
红塔区	Hongta	89.94	101.63	100.89	127.47	152.51	174.32	190.12
江川县	Jiangchuan	15.65	17.44	18.07	22.35	26.43	32.15	38.95
澄江县	Chengjiang	12.37	13.82	12.40	15.76	18.60	21.38	28.57
通海县	Tonghai	23.14	25.36	26.73	32.69	39.86	49.01	56.84
华宁县	Huaning	9.63	10.56	9.99	12.63	15.27	18.87	23.59
易门县	Yimen	10.39	12.31	11.39	14.69	17.19	20.71	25.13
峨山县	Eshan	10.59	11.99	11.99	15.06	16.91	20.21	23.37
新平县	Xinping	10.06	11.79	12.15	15.55	19.22	23.19	28.53
元江县	Yuanjiang	7.09	8.18	7.79	9.97	12.66	14.82	18.33

19-14 续表1 continued

单位：亿元 (100 million yuan)

州市县	Region	2005	2006	2007	2008	2009	2010	2011
保山市	**Baoshan**	**78.14**	**91.46**	**104.34**	**127.08**	**155.48**	**191.72**	**238.53**
隆阳区	Longyang	33.37	39.06	43.18	52.03	61.62	71.97	87.83
施甸县	Shidian	6.07	6.89	8.09	10.09	12.00	15.27	20.35
腾冲县	Tengchong	24.90	29.29	33.21	41.71	52.77	67.79	85.24
龙陵县	Longling	7.36	8.85	10.22	12.44	15.76	20.58	24.17
昌宁县	Changning	6.44	7.36	9.64	10.82	13.33	16.11	20.94
昭通市	**Zhaotong**	**85.43**	**106.32**	**118.49**	**150.01**	**187.1**	**234.77**	**293.54**
昭阳区	Zhaoyang	28.96	33.89	35.69	46.10	57.21	71.22	82.88
鲁甸县	Ludian	3.14	3.83	4.65	6.02	7.46	9.85	12.23
巧家县	Qiaojia	4.82	6.03	7.09	8.80	10.92	14.76	20.38
盐津县	Yanjin	5.14	6.60	7.96	9.79	11.66	14.30	17.70
大关县	Daguan	3.40	4.68	5.23	6.73	8.04	10.08	12.59
永善县	Yongshan	6.99	8.72	10.03	13.23	16.69	19.42	25.92
绥江县	Suijiang	3.91	4.98	6.16	8.16	10.56	13.72	19.60
镇雄县	Zhenxiong	9.74	11.12	13.70	18.66	24.44	31.81	41.69
彝良县	Yiliang	6.69	10.62	10.34	11.30	14.65	18.20	22.01
威信县	Weixin	4.72	6.12	8.36	10.33	12.68	15.95	19.75
水富县	Shuifu	7.93	9.72	9.27	10.90	12.79	15.46	18.79
丽江市	**Lijiang**	**53.66**	**65.11**	**73.90**	**94.05**	**117.19**	**147.37**	**182.12**
古城区	Gucheng	31.14	37.65	40.67	50.15	55.63	68.50	83.04
玉龙县	Yulong					8.53	11.06	15.07
永胜县	Yongsheng	10.11	11.92	13.69	17.78	21.28	26.32	31.59
华坪县	Huaping	9.33	11.57	14.89	20.05	24.24	31.05	38.49
宁蒗县	Ninglang	3.08	3.98	4.65	6.09	7.51	10.44	13.92
普洱市	**Pu'er**	**74.29**	**89.81**	**101.09**	**119.24**	**147.47**	**182.56**	**220.16**
思茅区	Simao	25.29	29.95	31.88	39.56	49.12	59.31	67.92
宁洱县	Ning'er	7.14	8.52	11.01	11.97	13.28	16.15	19.12
墨江县	Mojiang	6.57	8.18	9.35	10.62	13.63	16.04	19.53
景东县	Jingdong	6.32	7.98	8.81	10.38	12.98	17.39	21.87
景谷县	Jinggu	8.09	9.39	10.33	11.91	13.40	18.24	21.46
镇沅县	Zhenyuan	5.17	6.43	7.30	8.78	10.53	13.33	16.14
江城县	Jiangcheng	2.68	3.38	3.90	4.48	5.14	6.42	7.83
孟连县	Menglian	5.87	7.12	8.31	9.67	14.04	16.40	20.25
澜沧县	Lancang	5.97	7.37	8.54	9.95	12.94	16.11	22.07
西盟县	Ximeng	1.20	1.51	1.65	1.91	2.41	3.17	3.97
临沧市	**Lincang**	**48.38**	**56.53**	**62.77**	**74.33**	**93.90**	**118.92**	**148.45**
临翔区	Linxiang	14.23	15.81	15.90	19.61	24.47	31.44	39.42
凤庆县	Fengqing	6.54	7.79	9.38	10.68	12.94	15.98	19.60
云县	Yunxian	7.56	8.65	9.59	11.31	13.93	17.37	21.78
永德县	Yongde	3.92	4.90	5.79	6.85	8.28	11.57	15.33
镇康县	Zhenkang	3.58	4.45	5.12	5.94	9.30	10.02	11.86
双江县	Shuangjiang	2.52	3.13	3.75	4.33	5.43	7.45	9.76
耿马县	Gengma	7.15	8.33	9.11	11.04	12.74	16.47	20.82
沧源县	Cangyuan	2.89	3.47	4.14	4.57	6.81	8.62	9.88

19-14 续表2 continued

单位：亿元 (100 million yuan)

州市县	Region	2005	2006	2007	2008	2009	2010	2011
楚雄州	**Chuxiong**	**107.13**	**121.49**	**123.77**	**157.49**	**189.99**	**228.51**	**275.69**
楚雄市	Chuxiong	40.22	45.40	46.09	59.27	72.04	85.70	100.14
双柏县	Shuangbo	3.82	4.53	4.61	6.08	7.59	9.38	12.09
牟定县	Mouding	5.26	6.01	6.55	8.39	10.56	12.10	15.33
南华县	Nanhua	5.62	6.62	6.98	8.64	10.82	13.28	16.99
姚安县	Yao'an	5.87	7.02	7.07	8.70	10.93	12.70	16.20
大姚县	Dayao	8.15	9.30	9.51	11.52	14.14	17.07	20.78
永仁县	Yongren	3.23	3.64	3.55	4.50	5.67	7.23	9.18
元谋县	Yuanmou	6.67	7.58	7.76	9.52	11.97	13.65	17.39
武定县	Wuding	7.06	8.65	8.89	11.56	13.39	17.17	21.40
禄丰县	Lufeng	21.21	22.75	22.73	29.29	32.88	40.23	46.19
红河州	**Honghe**	**202.80**	**241.80**	**262.96**	**317.01**	**378.76**	**460.71**	**535.96**
蒙自市	Mengzi	21.12	25.03	29.02	36.90	46.44	60.30	73.35
个旧市	Gejiu	53.14	62.37	66.61	79.87	87.48	103.82	111.98
开远市	Kaiyuan	30.57	34.65	35.13	41.96	48.63	55.39	61.81
屏边县	Pingbian	3.21	3.76	4.16	4.85	6.13	7.64	9.31
建水县	Jianshui	26.09	33.53	37.56	42.56	49.57	60.58	72.12
石屏县	Shiping	14.78	16.64	17.72	21.23	25.19	30.84	37.78
弥勒县	Mile	20.80	24.98	25.39	32.17	42.84	50.66	59.93
泸西县	Luxi	11.57	14.15	17.01	21.81	28.27	35.39	41.23
元阳县	Yuanyang	4.57	5.79	7.13	8.04	10.23	13.05	15.38
红河县	Honghe	3.01	3.67	4.30	5.33	6.27	8.01	9.72
金平县	Jinping	4.10	5.20	5.84	7.26	8.92	12.36	15.35
绿春县	Luchun	2.02	2.40	2.93	3.42	4.79	6.12	8.23
河口县	Hekou	7.83	9.63	10.15	11.62	13.70	16.50	18.80
文山州	**Wenshan**	**78.17**	**96.17**	**115.11**	**137.71**	**162.51**	**204.12**	**251.92**
文山市	Wenshan	29.33	34.75	39.11	46.50	59.31	71.68	87.39
砚山县	Yanshan	9.57	11.73	14.16	16.83	18.49	22.84	28.48
西畴县	Xichou	3.83	4.61	5.76	7.24	8.47	10.82	13.32
麻栗坡县	Malipo	6.20	8.32	10.73	13.66	14.83	16.99	19.86
马关县	Maguan	9.47	12.95	14.93	16.93	19.07	24.65	30.15
丘北县	Qiubei	5.06	6.03	7.87	10.02	11.92	15.12	19.39
广南县	Guangnan	7.63	9.79	12.63	15.11	17.55	24.42	31.67
富宁县	Funing	7.09	8.52	9.91	11.42	12.87	17.6	21.66
西双版纳州	**Xishuangbanna**	**63.35**	**77.33**	**78.55**	**95.46**	**117.66**	**149.67**	**187.69**
景洪市	Jinghong	40.19	47.55	47.31	59.50	73.29	90.30	113.49
勐海县	Menghai	8.83	10.69	11.40	13.60	18.45	34.85	27.77

19−14 续表3 continued

单位：亿元 (100 million yuan)

州市县	Region	2005	2006	2007	2008	2009	2010	2011
勐腊县	Mengla	14.32	19.39	19.84	22.36	25.92	24.51	46.42
大 理 州	**Dali**	**143.08**	**169.36**	**177.71**	**216.16**	**262.48**	**322.18**	**379.57**
大理市	Dali	73.62	85.59	85.51	102.56	121.75	146.94	166.93
漾濞县	Yangbi	2.91	3.47	3.54	4.19	5.15	6.39	7.63
祥云县	Xiangyun	13.77	16.47	18.17	22.16	27.14	33.47	41.15
宾川县	Binchuan	8.35	9.45	9.60	13.03	17.54	23.65	27.86
弥渡县	Midu	7.49	8.92	10.28	12.88	15.35	18.03	22.53
南涧县	Nanjian	4.10	4.73	5.00	6.45	7.95	9.13	11.85
巍山县	Weishan	6.68	8.36	8.99	10.59	12.63	15.30	18.60
永平县	Yongping	3.53	4.24	4.87	6.09	7.68	9.40	11.68
云龙县	Yunlong	3.25	4.05	5.08	6.16	7.72	10.40	13.52
洱源县	Eryuan	6.49	7.64	8.13	9.57	11.89	15.50	18.03
剑川县	Jianchuan	4.37	5.45	6.26	7.49	8.89	11.33	13.81
鹤庆县	Heqing	8.49	11.00	12.27	15.00	18.77	22.65	25.97
德 宏 州	**Dehong**	**71.78**	**85.27**	**89.56**	**106.17**	**137.25**	**183.20**	**206.79**
芒 市	Mangshi	21.55	24.91	24.71	29.93	37.49	47.10	55.41
瑞丽市	Ruili	29.16	34.64	38.45	46.98	63.70	89.02	94.12
梁河县	Lianghe	3.94	4.75	5.29	6.12	7.84	10.53	12.16
盈江县	Yingjiang	11.68	14.07	13.64	14.39	18.33	24.43	30.59
陇川县	Longchuan	5.45	6.89	7.46	8.75	9.90	12.11	14.51
怒 江 州	**Nujiang**	**15.91**	**20.50**	**21.34**	**23.63**	**27.46**	**33.85**	**39.75**
泸水县	Lushui	7.61	9.03	8.09	9.66	11.60	14.40	17.20
福贡县	Fugong	1.25	1.43	1.49	1.84	2.29	2.95	3.55
贡山县	Gongshan	0.74	0.95	1.2	1.31	1.59	1.96	2.45
兰坪县	Lanping	6.32	9.09	10.56	10.81	11.98	14.54	16.55
迪 庆 州	**Diqing**	**12.64**	**14.95**	**18.89**	**23.69**	**28.82**	**36.09**	**46.44**
香格里拉县	Shangri-La	8.74	10.32	12.90	16.40	12.56	24.00	30.93
德钦县	Deqin	1.49	1.77	2.36	2.57	3.28	4.00	5.34
维西县	Weixi	2.42	2.86	3.61	4.72	5.91	8.00	10.17

19-15 各州市县城乡居民人均储蓄存款(2008-2011年)
Per Capita Savings Deposits of Rural and Urban Residents by Region (2008-2011)

单位：万元/人 (10 000 yuan/person)

州市县	Region	2008	2009	2010	2011
全　　省	**Yunnan**	**0.84**	**1.02**	**1.25**	**1.44**
昆 明 市	**Kunming**	**2.45**	**3.07**	**3.68**	**4.03**
呈贡区	Chenggong	2.30	3.88	4.03	3.65
五华区 盘龙区	Wuhua Panlong	6.08	7.08	7.74	8.58
官渡区	Guandu	2.21	3.34	4.04	3.85
西山区	Xishan	1.84	3.18	3.77	3.73
东川区	Dongchuan	0.96	1.08	1.41	1.91
晋宁县	Jinning	1.04	1.32	1.64	1.92
富民县	Fumin	0.90	1.06	1.42	1.78
宜良县	Yiliang	1.00	1.20	1.41	1.66
石林县	Shilin	0.68	0.91	1.09	1.35
嵩明县	Songming	0.72	0.91	1.25	1.39
禄劝县	Luquan	0.33	0.38	0.51	0.70
寻甸县	Xundian	0.35	0.42	0.56	0.73
安宁市	Anning	1.85	2.26	2.56	3.08
曲 靖 市	**Qujing**	**0.61**	**0.73**	**0.87**	**1.02**
麒麟区	Qilin	1.87	2.26	2.69	3.04
马龙县	Malong	0.54	0.64	0.77	0.94
陆良县	Luliang	0.46	0.54	0.65	0.76
师宗县	Shizong	0.47	0.54	0.66	0.80
罗平县	Luoping	0.36	0.44	0.52	0.64
富源县	Fuyuan	0.53	0.64	0.77	0.86
会泽县	Huize	0.32	0.36	0.41	0.47
沾益县	Zhanyi	0.49	0.56	0.67	0.79
宣威市	Xuanwei	0.46	0.54	0.64	0.76
玉 溪 市	**Yuxi**	**1.17**	**1.40**	**1.63**	**1.87**
红塔区	Hongta	2.70	3.21	3.58	3.82
江川县	Jiangchuan	0.80	0.95	1.15	1.38
澄江县	Chengjiang	0.96	1.13	1.28	1.67
通海县	Tonghai	1.08	1.31	1.62	1.87
华宁县	Huaning	0.59	0.71	0.88	1.09
易门县	Yimen	0.82	0.96	1.16	1.42
峨山县	Ershan	0.93	1.05	1.24	1.43
新平县	Xinping	0.55	0.68	0.81	0.99
元江县	Yuanjiang	0.46	0.58	0.68	0.84
保 山 市	**Baoshan**	**0.52**	**0.63**	**0.77**	**0.94**
隆阳区	Longyang	0.59	0.69	0.79	0.93
施甸县	Shidian	0.31	0.37	0.48	0.66
腾冲县	Tengchong	0.66	0.83	1.06	1.31
龙陵县	Longling	0.45	0.57	0.74	0.87
昌宁县	Changning	0.32	0.39	0.47	0.60
昭 通 市	**Zhaotong**	**0.28**	**0.35**	**0.44**	**0.56**
昭阳区	Zhaoyang	0.58	0.71	0.89	1.04
鲁甸县	Ludian	0.16	0.20	0.25	0.31
巧家县	Qiaojia	0.16	0.21	0.28	0.39
盐津县	Yanjin	0.26	0.31	0.38	0.47
大关县	Daguan	0.26	0.31	0.38	0.47
永善县	Yongshan	0.34	0.42	0.49	0.65
绥江县	Suijiang	0.52	0.66	0.88	1.27
镇雄县	Zhenxiong	0.14	0.18	0.23	0.31
彝良县	Yiliang	0.21	0.27	0.34	0.42
威信县	Weixin	0.27	0.33	0.41	0.51
水富县	Shuifu	1.14	1.33	1.56	1.82
丽 江 市	**Lijiang**	**0.77**	**0.96**	**1.19**	**1.45**
古城区	Gucheng	2.93	3.24	3.57	3.90
玉龙县	Yulong		0.37	0.50	0.70
永胜县	Yongsheng	0.45	0.53	0.66	0.80
华坪县	Huaping	1.22	1.47	1.86	2.27
宁蒗县	Ninglang	0.24	0.29	0.40	0.53
普 洱 市	**Pu'er**	**0.46**	**0.57**	**0.71**	**0.86**
思茅区	Simao	1.54	1.90	2.13	2.25
宁洱县	Ning'er	0.61	0.68	0.85	1.02
墨江县	Mojiang	0.28	0.36	0.43	0.54
景东县	Jingdong	0.27	0.34	0.47	0.61
景谷县	Jinggu	0.38	0.43	0.61	0.73
镇沅县	Zhenyuan	0.41	0.49	0.63	0.77
江城县	Jiangcheng	0.37	0.43	0.53	0.64
孟连县	Menglian	0.72	1.05	1.22	1.48
澜沧县	Lancang	0.20	0.26	0.32	0.45
西盟县	Ximeng	0.21	0.26	0.34	0.43
临 沧 市	**Lincang**	**0.31**	**0.39**	**0.49**	**0.61**
临翔区	Linxiang	0.64	0.80	1.00	1.21
凤庆县	Fengqing	0.24	0.28	0.35	0.42
云　县	Yunxian	0.25	0.31	0.39	0.48
永德县	Yongde	0.19	0.23	0.31	0.41
镇康县	Zhenkang	0.35	0.54	0.57	0.67
双江县	Shuangjiang	0.24	0.30	0.42	0.55
耿马县	Gengma	0.39	0.45	0.57	0.70
沧源县	Cangyuan	0.26	0.39	0.49	0.54

19-15 续表 continued

单位：万元/人 (10 000 yuan/person)

州 市 县	Region	2008	2009	2010	2011	州 市 县	Region	2008	2009	2010	2011
楚 雄 州	**Chuxiong**	**0.59**	**0.70**	**0.85**	**1.02**	富宁县	Funing	0.29	0.32	0.43	0.53
楚雄市	Chuxiong	1.08	1.31	1.50	1.70	**西双版纳州**	**Xishuangbanna**	**0.89**	**1.10**	**1.35**	**1.64**
双柏县	Shuangbo	0.38	0.48	0.59	0.75	景洪市	Jinghong	1.24	1.52	1.80	2.17
牟定县	Mouding	0.41	0.51	0.58	0.73	勐海县	Menghai	0.41	0.55	1.05	0.83
南华县	Nanhua	0.36	0.45	0.56	0.71	勐腊县	Mengla	0.87	1.00	0.90	1.64
姚安县	Yao'an	0.42	0.52	0.62	0.81	**大 理 州**	**Dali**	**0.62**	**0.75**	**0.92**	**1.09**
大姚县	Dayao	0.40	0.49	0.61	0.76	大理市	Dali	1.63	1.91	2.27	2.54
永仁县	Yongren	0.41	0.52	0.66	0.84	漾濞县	Yangbi	0.40	0.50	0.62	0.74
元谋县	Yuanmou	0.45	0.56	0.63	0.80	祥云县	Xiangyun	0.49	0.59	0.73	0.90
武定县	Wuding	0.42	0.48	0.62	0.78	宾川县	Binchuan	0.38	0.51	0.68	0.79
禄丰县	Lufeng	0.67	0.75	0.93	1.08	弥渡县	Midu	0.41	0.48	0.57	0.72
红 河 州	**Honghe**	**0.72**	**0.86**	**1.03**	**1.18**	南涧县	Nanjian	0.29	0.36	0.42	0.56
蒙自市	Mengzi	0.92	1.15	1.47	1.75	巍山县	Weishan	0.34	0.41	0.50	0.61
个旧市	Gejiu	1.75	1.92	2.26	2.42	永平县	Yongping	0.33	0.42	0.53	0.66
开远市	Kaiyuan	1.34	1.55	1.74	1.90	云龙县	Yunlong	0.30	0.37	0.51	0.67
屏边县	Pingbian	0.33	0.41	0.51	0.60	洱源县	Eryuan	0.35	0.43	0.57	0.67
建水县	Jianshui	0.81	0.94	1.14	1.35	剑川县	Jianchuan	0.43	0.50	0.65	0.81
石屏县	Shiping	0.72	0.85	1.03	1.25	鹤庆县	Heqing	0.56	0.70	0.87	1.01
弥勒县	Mile	0.61	0.80	0.94	1.10	**德 宏 州**	**Dehong**	**0.90**	**1.15**	**1.52**	**1.69**
泸西县	Luxi	0.56	0.72	0.89	1.02	芒 市	Mangshi	0.80	0.99	1.22	1.41
元阳县	Yuanyang	0.21	0.26	0.33	0.38	瑞丽市	Ruili	2.80	3.77	5.08	5.11
红河县	Honghe	0.19	0.22	0.27	0.32	梁河县	Lianghe	0.38	0.49	0.67	0.79
金平县	Jinping	0.21	0.26	0.35	0.43	盈江县	Yingjiang	0.48	0.61	0.81	1.00
绿春县	Luchun	0.16	0.22	0.27	0.37	陇川县	Longchuan	0.49	0.55	0.67	0.80
河口县	Hekou	1.12	1.32	1.58	1.79	**怒 江 州**	**Nujiang**	**0.44**	**0.51**	**0.63**	**0.74**
文 山 州	**Wenshan**	**0.40**	**0.47**	**0.59**	**0.71**	泸水县	Lushui	0.52	0.62	0.77	0.93
文山市	Wenshan	1.04	1.31	1.53	1.80	福贡县	Fugong	0.19	0.24	0.30	0.36
砚山县	Yanshan	0.37	0.40	0.49	0.61	贡山县	Gongshan	0.35	0.43	0.52	0.64
西畴县	Xichou	0.29	0.34	0.43	0.52	兰坪县	Lanping	0.51	0.56	0.68	0.77
麻栗坡县	Malipo	0.50	0.54	0.61	0.71	**迪 庆 州**	**Diqing**	**0.63**	**0.76**	**0.93**	**1.15**
马关县	Maguan	0.47	0.52	0.67	0.81	香格里拉县	Shangri-La	1.03	0.78	1.43	1.78
丘北县	Qiubei	0.22	0.26	0.32	0.40	德钦县	Deqin	0.41	0.52	0.62	0.80
广南县	Guangnan	0.20	0.23	0.31	0.40	维西县	Weixi	0.31	0.38	0.51	0.63

19-16 各州市县农村居民年人均纯收入(2007-2011年)

Rural Annual Per Capita Net Income by Region (2007-2011)

单位：元/人 (yuan/person)

州市县	Region	2007	2008	2009	2010	2011
全　省	**Yunnan**	**2 634**	**3 103**	**3 369**	**3 952**	**4 722**
昆明市	**Kunming**	**4 004**	**4 610**	**5 080**	**5 810**	**6 985**
呈贡区	Chenggong	5 459	6 225	6 805	7 648	9 146
五华区	Wuhua	5 266	5 991	6 638	7 578	8 822
盘龙区	Panlong	5 249	5 936	6 495	7 404	8 660
官渡区	Guandu	5 965	6 836	7 718	8 921	10 598
西山区	Xishan	5 938	6 672	7 312	8 245	9 697
东川市	Dongchuan	1 814	2 341	2 695	3 196	3 760
晋宁县	Jinning	3 820	4 334	5 062	6 075	7 522
富民县	Fumin	3 927	4 370	4 931	5 644	6 858
宜良县	Yiliang	3 999	4 600	5 241	5 890	7 087
石林县	Shilin	3 708	4 216	4 790	5 704	7 011
嵩明县	Songming	3 664	4 164	4 686	5 333	6 502
禄劝县	Luquan	2 041	2 346	2 707	3 205	3 808
寻甸县	Xundian	2 460	2 795	3 058	3 497	4 130
安宁市	Anning	4 669	5 563	6 170	6 913	8 104
曲靖市	**Qujing**	**2 666**	**3 166**	**3 666**	**4 130**	**5 035**
麒麟区	Qilin	3 847	4 540	5 017	5 569	6 747
马龙县	Malong	2 260	2 750	3 152	3 665	4 467
陆良县	Luliang	3 426	3 937	4 557	5 056	5 960
师宗县	Shizong	2 326	2 857	3 266	3 784	4 676
罗平县	Luoping	2 925	3 513	4 042	4 413	5 450
富源县	Fuyuan	2 685	3 287	3 809	4 267	5 210
会泽县	Huize	1 753	2 113	2 370	2 643	3 252
沾益县	Zhanyi	3 269	3 917	4 310	4 813	5 715
宣威市	Xuanwei	2 541	3 118	3 404	3 735	4 697
玉溪市	**Yuxi**	**4 008**	**4 761**	**5 119**	**5 747**	**6 616**
红塔区	Hongta	5 216	6 006	6 373	7 011	7 917
江川县	Jiangchuan	3 946	4 670	5 020	5 637	6 374
澄江县	Chengjiang	4 221	5 009	5 601	6 374	7 005
通海县	Tonghai	4 621	5 401	5 762	6 547	7 436
华宁县	Huaning	3 725	4 453	4 768	5 566	6 668
易门县	Yimen	3 505	4 267	4 630	5 193	6 003
峨山县	Eshan	3 542	4 248	4 532	5 231	6 089
新平县	Xinping	3 288	4 005	4 335	4 797	5 667
元江县	Yuanjiang	3 188	4 006	4 299	5 074	5 900
保山市	**Baoshan**	**2 365**	**2 717**	**3 120**	**3 627**	**4 439**
隆阳区	Longyang	2 714	3 069	3 528	4 090	4 850
施甸县	Shidian	2 086	2 389	2 686	3 116	3 922
腾冲县	Tengchong	2 592	3 002	3 482	4 048	5 018
龙陵县	Longling	2 174	2 504	2 895	3 376	4 044
昌宁县	Changning	2 348	2 714	3 143	3 653	4 563
昭通市	**Zhaotong**	**1 704**	**2 116**	**2 445**	**2 769**	**3 294**
昭阳区	Zhaoyang	2 016	2 495	2 927	3 226	3 786
鲁甸县	Ludian	1 688	1 990	2 336	2 572	3 046
巧家县	Qiaojia	1 711	2 143	2 465	2 745	3 164
盐津县	Yanjin	1 660	2 060	2 395	2 730	3 290
大关县	Daguan	1 559	1 962	2 258	2 600	3 002
永善县	Yongshan	1 610	2 016	2 362	2 723	3 183
绥江县	Suijiang	1 765	2 224	2 579	2 911	3 416
镇雄县	Zhenxiong	1 568	1 852	2 153	2 482	3 040
彝良县	Yiliang	1 629	2 001	2 310	2 650	3 192
威信县	Weixin	1 725	2 123	2 446	2 814	3 331
水富县	Shuifu	2 352	2 656	3 003	3 318	3 886
丽江市	**Lijiang**	**1 922**	**2 374**	**2 845**	**3 410**	**4 270**
古城区	Gucheng	3 220	3 885	4 434	5 220	7 012
玉龙县	Yulong	2 036	2 507	2 997	3 586	4 413
永胜县	Yongsheng	1 849	2 315	2 804	3 317	4 054
华坪县	Huaping	2 326	2 842	3 352	4 095	5 134
宁蒗县	Ninglang	1 261	1 614	1 938	2 388	2 962
普洱市	**Pu'er**	**2 155**	**2 536**	**2 954**	**3 456**	**4 338**
思茅区	Simao	2 588	3 050	3 472	3 983	4 802
宁洱县	Ning'er	2 420	2 539	2 920	3 362	4 196
墨江县	Mojiang	1 469	1 888	2 216	2 658	3 249
景东县	Jingdong	2 102	2 556	3 063	3 491	4 171
景谷县	Jinggu	2 366	2 862	3 342	3 903	4 762
镇沅县	Zhenyuan	1 774	2 262	2 677	3 138	3 993
江城县	Jiangcheng	1 324	1 818	2 258	2 624	3 325
孟连县	Menglian	1 588	1 980	2 300	2 675	3 356
澜沧县	Lancang	1 202	1 421	1 737	2 102	2 618
西盟县	Ximeng	1 080	1 326	1 578	1 949	2 550
临沧市	**Lincang**	**2 001**	**2 363**	**2 730**	**3 279**	**4 284**
临翔区	Linxiang	2 068	2 402	2 770	3 329	4 347
凤庆县	Fengqing	2 077	2 501	2 926	3 506	4 526

19-16 续表 continued

单位：元/人 (yuan/person)

州市县	Region	2007	2008	2009	2010	2011	州市县	Region	2007	2008	2009	2010	2011
云　县	Yunxian	2 296	2 758	3 122	3 759	4 795	马关县	Maguan	1 796	2 102	2 588	3 005	4 055
永德县	Yongde	1 899	2 282	2 647	3 131	4 150	丘北县	Qiubei	1 647	1 896	2 208	2 636	3 732
镇康县	Zhenkang	1 705	1 993	2 314	2 782	3 790	广南县	Guangnan	1 515	1 921	2 202	2 626	3 655
双江县	Shuangjiang	1 574	2 009	2 369	2 928	3 934	富宁县	Funing	1 695	2 023	2 337	2 739	3 793
耿马县	Gengma	2 238	2 586	2 964	3 559	4 591	**西双版纳州**	**Xishuangbanna**	**2 727**	**3 213**	**3 750**	**4 354**	**5 327**
沧源县	Cangyuan	1 678	1 998	2 328	2 768	3 780	景洪市	Jinghong	3 103	3 611	4 218	5 036	6 397
楚雄州	**Chuxiong**	**2 737**	**3 110**	**3 511**	**3 896**	**4 627**	勐海县	Menghai	2 578	2 977	3 346	3 848	4 560
楚雄市	Chuxiong	3 068	3 528	4 029	4 434	5 145	勐腊县	Mengla	2 501	2 915	3 236	3 663	4 415
双柏县	Shuangbo	2 190	2 479	2 805	3 083	3 814	**大理州**	**Dali**	**2 677**	**3 078**	**3 483**	**3 902**	**4 733**
牟定县	Mouding	2 379	2 674	3 016	3 356	3 986	大理市	Dali	4 010	4 416	4 872	5 407	6 430
南华县	Nanhua	2 603	2 956	3 207	3 602	4 228	漾濞县	yangbi	2 031	2 383	2 810	3 232	4 238
姚安县	Yao'an	2 606	2 959	3 344	3 722	4 376	祥云县	Xiangyun	2 554	2 909	3 359	3 801	4 857
大姚县	Dayao	2 594	2 908	3 267	3 491	4 117	宾川县	Binchuan	2 759	3 038	3 501	3 915	4 918
永仁县	Yongren	2 303	2 575	2 935	3 240	3 915	弥渡县	Midu	2 147	2 398	2 595	2 935	3 755
元谋县	Yuanmou	3 556	4 019	4 333	4 783	5 602	南涧县	Nanjian	1 837	2 046	2 228	2 518	3 539
武定县	Wuding	2 141	2 356	2 858	3 223	3 856	巍山县	Weishan	1 750	1 960	2 166	2 532	3 398
禄丰县	Lufeng	3 161	3 597	4 071	4 584	5 293	永平县	Yongping	1 726	2 065	2 467	3 060	4 138
红河州	**Honghe**	**2 528**	**3 023**	**3 446**	**3 922**	**4 650**	云龙县	Yunlong	1 512	1 767	2 102	2 378	3 189
蒙自市	Mengzi	2 602	3 163	3 612	4 139	4 876	洱源县	Eryuan	2 394	2 684	3 039	3 428	4 266
个旧市	Gejiu	4 096	4 676	5 335	6 080	6 781	剑川县	Jianchuan	1 592	1 795	2 069	2 396	3 199
开远市	Kaiyuan	3 710	4 241	4 839	5 498	6 438	鹤庆县	Heqing	1 902	2 350	2 986	3 408	4 365
屏边县	Pingbian	1 425	1 667	1 860	2 112	2 472	**德宏州**	**Dehong**	**2 046**	**2439**	**2 831**	**3 368**	**4 096**
建水县	Jianshui	2 767	3 196	3 645	4 169	4 836	芒　市	Mangshi	2 296	2 734	3 106	3 603	4 197
石屏县	Shiping	2 550	3 009	3 315	3 762	4 251	瑞丽市	Ruili	2 957	3 372	3 766	4 218	4 824
弥勒县	Mile	2 690	3 160	3 606	4 106	4 785	梁河县	Lianghe	1 277	1 586	2 016	2 461	3 108
泸西县	Luxi	2 259	2 621	2 988	3 448	4 060	盈江县	Yingjiang	2 218	2 669	3 122	3 716	4 712
元阳县	Yuanyang	1 750	1 925	2 156	2 448	2 867	陇川县	Longchuan	1 580	1 853	2 186	2 740	3 433
红河县	Honghe	1 588	1 748	1 923	2 183	2 555	**怒江州**	**Nujiang**	**1 232**	**1 448**	**1 709**	**2 005**	**2 362**
金平县	Jinping	1 205	1 502	1 809	2 128	2 556	泸水县	Lushui	1 485	1 745	1 972	2 214	2 645
绿春县	Luchun	1 406	1 618	1 866	2 119	2 505	福贡县	Fugong	927	1 075	1 248	1 460	1 832
河口县	Hekou	2 235	2 698	2 998	3 436	4 019	贡山县	Gongshan	894	1 037	1 257	1 502	1 886
文山州	**Wenshan**	**1 704**	**2 027**	**2 379**	**2 806**	**3 864**	兰坪县	Lanping	1 572	1 877	1 903	2 201	2 556
文山市	Wenshan	2 063	2 476	2 954	3 547	4 691	**迪庆州**	**Diqing**	**2 287**	**2 595**	**2 936**	**3 347**	**4 105**
砚山县	Yangshan	1 862	2 149	2 510	2 900	3 860	香格里拉县	Shangri-La	2 396	2 696	3 026	3 398	4 078
西畴县	Xichou	1 435	1 750	2 063	2 415	3 523	德钦县	Deqin	2 273	2 616	2 944	3 372	4 222
麻栗坡县	Malipo	1 610	1 879	2 205	2 630	3 680	维西县	Weixi	2 186	2 468	2 835	3 269	3 995

注：按照国家统一的调查方法，统计口径，2002年以后各县农民人均纯收入数据均通过农村住户抽样调查取得。

Note: According to the national uniform investigation method and statistical coverage, the data of farmers' per capita net income in each county in 2002 were obtained by the sample surveys on rural households.

19-17 各州市县农、林、牧、渔业总产值(2009-2011年)
Gross Output Value of Farming, Forestry, Animal Husbandry and Fishery by Region (2009-2011)

(按现行价格计算) (Calculated at current prices)

单位：亿元 (100 million yuan)

州市县	Region	2009	2010	2011	州市县	Region	2009	2010	2011
全　省	**Yunnan**	**1 706.19**	**1 810.53**	**2 306.49**	**保山市**	**Baoshan**	**114.08**	**126.07**	**160.64**
昆明市	**Kunming**	**190.96**	**200.73**	**225.07**	隆阳区	Longyang	43.24	48.20	55.06
呈贡区	Chenggong	12.83	10.83	9.80	施甸县	Shidian	14.02	16.06	20.17
五华区	Wuhua	2.48	2.45	2.72	腾冲县	Tengchong	24.01	29.09	35.91
盘龙区	Panlong	3.11	2.99	3.21	龙陵县	Longling	11.57	14.29	17.60
官渡区	Guandu	14.20	12.60	12.36	昌宁县	Changning	21.23	24.75	31.91
西山区	Xishan	4.72	4.35	4.86	**昭通市**	**Zhaotong**	**109.08**	**115.62**	**142.95**
东川区	Dongchuan	6.39	6.97	8.08	昭阳区	Zhaoyang	19.54	19.75	25.46
晋宁县	Jinning	17.71	19.69	22.55	鲁甸县	Ludian	8.15	8.70	10.52
富民县	Fumin	8.93	9.62	11.05	巧家县	Qiaojia	15.46	17.28	20.70
宜良县	Yiliang	37.13	40.84	45.78	盐津县	Yanjin	7.69	7.69	8.92
石林县	Shilin	16.76	18.71	21.65	大关县	Daguan	5.50	5.66	6.30
嵩明县	Songming	17.50	18.29	20.34	永善县	Yongshan	8.77	8.89	11.30
禄劝县	Luquan	18.50	20.31	23.84	绥江县	Suijiang	3.39	3.77	4.52
寻甸县	Xundian	18.84	20.33	23.84	镇雄县	Zhenxiong	21.24	23.79	27.77
安宁市	Anning	11.85	12.74	14.98	彝良县	Yiliang	10.90	11.36	17.47
曲靖市	**Qujing**	**283.55**	**303.34**	**376.89**	威信县	Weixin	6.59	6.85	7.70
麒麟区	Qilin	23.56	24.96	29.86	水富县	Shuifu	1.84	1.88	2.29
马龙县	Malong	8.99	9.75	10.93	**丽江市**	**Lijiang**	**40.54**	**44.94**	**53.01**
陆良县	Luliang	52.87	54.47	67.33	古城区	Lijiang	5.22	5.56	6.45
师宗县	Shizong	23.98	25.96	33.34	玉龙县	Yulong	9.74	10.81	12.73
罗平县	Luoping	33.28	35.87	48.13	永胜县	Yongsheng	13.31	15.22	17.78
富源县	Fuyuan	28.19	29.41	36.12	华坪县	Huaping	6.66	7.12	8.55
会泽县	Huize	32.74	36.42	47.63	宁蒗县	Ninglang	5.60	6.23	7.50
沾益县	Zhanyi	30.39	33.19	39.68	**普洱市**	**Pu'er**	**98.49**	**108.17**	**148.75**
宣威市	Xuanwei	49.55	53.31	63.87	思茅区	Simao	9.10	9.61	11.18
玉溪市	**Yuxi**	**108.14**	**114.16**	**141.82**	宁洱县	Ning'er	8.74	9.43	10.40
红塔区	Hongta	15.22	16.01	19.64	墨江县	Mojiang	9.29	11.42	14.04
江川县	Jiangchuan	14.13	15.44	16.89	景东县	Jingdong	16.87	19.07	24.55
澄江县	Chengjiang	8.52	9.71	12.06	景谷县	Jinggu	19.79	25.02	33.74
通海县	Tonghai	14.20	16.20	18.06	镇沅县	Zhenyuan	9.25	10.76	15.72
华宁县	Huaning	12.18	14.54	17.74	江城县	Jiangcheng	5.39	5.64	8.17
易门县	Yimen	9.83	11.17	13.13	孟连县	Menglian	5.88	6.73	9.20
峨山县	Eshan	7.46	8.33	9.95	澜沧县	Lancang	12.16	13.05	18.90
新平县	Xinping	13.63	14.22	17.25	西盟县	Ximeng	2.00	2.30	2.84
元江县	Yuanjiang	12.97	14.39	17.09					

注：因分级核算，各州(市)加总数不等于全省数，分县加总数不等于州(市)数。

19-17 续表 continued

(按现行价格计算) (Calculated at current prices)
单位：亿元 (100 million yuan)

州 市 县	Region	2009	2010	2011
临 沧 市	**Lincang**	**104.22**	**117.86**	**144.55**
临翔区	Linxiang	11.28	12.75	16.09
凤庆县	Fengqing	17.56	19.81	25.95
云 县	Yunxian	21.87	24.93	28.53
永德县	Yongde	12.36	13.54	16.11
镇康县	Zhenkang	7.59	8.63	10.83
双江县	Shuangjiang	7.50	8.43	10.03
耿马县	Gengma	18.14	20.64	26.04
沧源县	Cangyuan	7.93	9.14	10.98
楚 雄 州	**Chuxiong**	**137.99**	**149.01**	**181.29**
楚雄市	Chuxiong	23.18	25.60	30.14
双柏县	Shuangbo	8.87	9.83	12.06
牟定县	Mouding	9.13	10.03	12.30
南华县	Nanhua	12.07	13.56	15.94
姚安县	Yao'an	11.87	13.25	15.33
大姚县	Dayao	14.37	16.03	19.62
永仁县	Yongren	6.47	6.96	8.69
元谋县	Yuanmou	13.12	14.80	16.88
武定县	Wuding	14.58	15.82	19.28
禄丰县	Lufeng	24.22	26.63	31.05
红 河 州	**Honghe**	**165.68**	**175.84**	**207.56**
蒙自市	Mengzi	17.16	18.19	22.65
个旧市	Gejiu	11.03	11.70	13.86
开远市	Kaiyuan	14.20	15.06	18.01
屏边县	Pingbian	5.25	5.56	6.44
建水县	Jianshui	23.12	24.51	27.70
石屏县	Shiping	21.12	22.39	26.65
弥勒县	Mile	21.41	22.86	26.55
泸西县	Luxi	13.75	14.58	17.15
元阳县	Yuanyang	9.02	9.56	11.66
红河县	Honghe	8.76	9.30	10.82
金平县	Jinping	8.00	8.49	9.69
绿春县	Luchun	6.65	7.05	8.68
河口县	Hekou	6.23	6.60	7.71
文 山 州	**Wenshan**	**111.63**	**120.07**	**151.71**
文山市	Wenshan	15.20	16.02	20.40
砚山县	Yangshan	14.66	16.00	19.94
西畴县	Xichou	7.36	7.53	9.45
麻栗坡县	Malipo	9.22	9.52	11.91
马关县	Maguan	12.33	13.50	16.96
丘北县	Qiubei	16.53	18.53	23.50
广南县	Guangnan	23.33	25.08	31.73
富宁县	Funing	13.00	13.88	17.82
西双版纳州	**Xishuangbanna**	**65.63**	**73.16**	**97.63**
景洪市	Jinghong	29.50	32.29	44.16
勐海县	Menghai	13.15	15.17	19.91
勐腊县	Mengla	22.98	25.70	33.57
大 理 州	**Dali**	**176.60**	**188.69**	**234.82**
大理市	Dali	21.95	24.60	28.20
漾濞县	Yangbi	4.15	4.80	5.86
祥云县	Xiangyun	24.03	27.29	31.26
宾川县	Binchuan	33.54	37.79	47.23
弥渡县	Midu	14.02	15.76	18.21
南涧县	Nanjian	10.57	11.74	13.80
巍山县	Weishan	13.21	14.93	17.65
永平县	Yongping	9.50	10.98	13.44
云龙县	Yunlong	10.73	12.23	14.50
洱源县	Eryuan	17.22	18.96	22.45
剑川县	Jianchuan	6.09	6.71	7.59
鹤庆县	Heqing	11.58	12.91	14.64
德 宏 州	**Dehong**	**51.53**	**58.00**	**71.45**
芒 市	Mangshi	15.18	16.51	19.79
瑞丽市	Ruili	7.42	8.27	10.03
梁河县	Lianghe	4.89	5.36	6.60
盈江县	Yingjiang	14.39	16.45	20.75
陇川县	Longchuan	9.65	11.41	14.29
怒 江 州	**Nujiang**	**9.54**	**10.57**	**12.48**
泸水县	Lushui	3.45	3.93	4.49
福贡县	Fugong	1.41	1.54	1.93
贡山县	Gongshan	1.28	1.37	1.62
兰坪县	Lanping	3.41	3.73	4.44
迪 庆 州	**Diqing**	**10.98**	**11.72**	**13.20**
香格里拉县	Shangri-La	4.43	4.61	5.05
德钦县	Deqin	1.47	1.59	1.88
维西县	Weixi	5.08	5.52	6.27

注：因分级核算，各州(市)加总数不等于全省数，分县加总数不等于州(市)数。

19-18 各州市县主要农作物产量(一)(2011年)

Output of Major Farm Crops by County and City (I) (2011)

单位：万吨 (10 000 tons)

州市县	Region	粮食 Grain	稻谷 Rice	小麦 Wheat	玉米 Corn	豆类 Beans	#蚕豆 Broad Beans	薯类 Tubers
全 省	**Yunnan**	**1 755.38**	**509.20**	**85.81**	**704.80**	**113.01**	**46.53**	**250.02**
昆明市	**Kunming**	**119.84**	**27.99**	**8.94**	**45.89**	**10.22**	**6.06**	**18.47**
呈贡区	Chenggong	0.51			0.43	0.01		0.08
五华区	Wuhua	0.70	0.04	0.13	0.25	0.09	0.04	0.06
盘龙区	Panlong	1.18		0.19	0.61	0.14	0.02	0.12
官渡区	Guandu	2.25		0.21	1.65	0.18	0.07	0.11
西山区	Xishan	2.06	0.42	0.15	0.98	0.23	0.16	0.17
东川区	Dongchuan	7.27	1.48	0.34	2.63	0.19	0.02	2.46
晋宁县	Jinning	5.79	0.73	0.26	3.62	0.45	0.19	0.61
富民县	Fuming	6.31	1.82	0.92	2.37	0.78	0.21	0.27
宜良县	Yiliang	17.11	5.88	1.37	6.46	2.20	2.13	0.71
石林县	Shilin	13.44	2.77	1.42	6.51	0.91	0.59	1.10
嵩明县	Songming	14.05	4.63	0.85	4.08	1.85	1.36	1.42
禄劝县	Luquan	20.88	3.79	1.87	8.38	1.31	0.53	3.93
寻甸县	Xundian	23.64	5.83	0.97	4.91	1.58	0.63	7.26
安宁市	Anning	4.64	0.60	0.26	3.02	0.28	0.13	0.16
曲靖市	**Qujing**	**287.69**	**38.43**	**8.09**	**112.18**	**19.68**	**8.14**	**90.52**
麒麟区	Qilin	20.13	6.31	0.43	5.82	3.32	2.45	2.17
马龙县	Malong	9.50	2.26	0.35	2.35	0.31	0.06	2.32
陆良县	Luliang	33.01	11.06	0.54	7.05	2.26	1.96	10.00
师宗县	Shizong	19.27	2.62	1.28	7.92	2.53	0.30	3.39
罗平县	Luoping	30.96	3.83	1.06	19.22	2.23	0.67	3.94
富源县	Fuyuan	33.51	1.55	1.91	14.58	2.30	0.96	11.73
会泽县	Huize	42.72	2.85	0.81	10.78	1.53	0.40	25.45
沾益县	Zhanyi	28.93	4.45	0.06	9.38	3.05	0.92	8.02
宣威市	Xuanwei	69.67	3.51	1.64	35.08	2.16	0.42	23.49
玉溪市	**Yuxi**	**57.40**	**17.58**	**4.48**	**27.64**	**2.46**	**0.84**	**2.64**
红塔区	Hongta	6.28	1.53	0.47	3.73	0.35	0.09	0.07
江川县	Jiangchuan	4.22	2.00	0.29	1.08	0.22	0.12	0.61
澄江县	Chengjiang	3.57	1.09	0.38	1.73	0.15	0.03	0.17
通海县	Tonghai	3.65	0.47	0.58	2.22	0.16	0.06	0.15
华宁县	Huaning	6.34	1.57	0.67	3.24	0.44	0.04	0.40
易门县	Yimen	5.78	1.17	1.16	2.50	0.33	0.17	0.22
峨山县	Eshan	6.15	2.85	0.19	2.61	0.32	0.21	0.10
新平县	Xinping	12.94	4.11	0.24	6.25	0.21	0.07	0.68
元江县	Yuanjiang	8.46	2.81	0.48	4.27	0.28	0.06	0.24

19-18 续表1 continued

单位:万吨 (10 000 tons)

州市县	Region	粮食 Grain	稻谷 Rice	小麦 Wheat	玉米 Corn	豆类 Beans	#蚕豆 Broad Beans	薯类 Tubers
保山市	**Baoshan**	**129.47**	**51.44**	**4.80**	**50.13**	**6.14**	**1.81**	**6.80**
隆阳区	Longyang	45.03	16.12	2.45	20.16	3.18	0.96	1.29
施甸县	Shidian	15.03	4.20	1.24	6.73	0.82	0.32	0.79
腾冲县	Tengchong	38.23	19.66	0.25	10.83	0.64	0.05	2.36
龙陵县	Longling	13.14	4.84	0.32	4.86	0.47	0.11	1.09
昌宁县	Changning	18.04	6.63	0.53	7.55	1.02	0.37	1.27
昭通市	**Zhaotong**	**191.57**	**18.43**	**7.75**	**91.24**	**7.46**	**0.95**	**63.41**
昭阳区	Zhaoyang	29.07	4.01	0.18	11.55	1.99	0.07	10.67
鲁甸县	Ludian	15.21	1.30	0.40	6.47	0.57	0.06	5.78
巧家县	Qiaojia	21.73	2.11	0.85	7.72	1.05	0.21	9.40
盐津县	Yanjin	14.30	2.32	0.14	8.53	0.42	0.08	2.88
大关县	Daguan	9.37	1.13	0.24	4.46	0.32	0.07	3.15
永善县	Yongshan	16.70	2.15	0.68	5.90	0.72	0.12	6.63
绥江县	Suijiang	4.18	1.09	0.63	1.88	0.22	0.05	0.35
镇雄县	Zhenxiong	42.56	0.37	2.86	22.08	0.76	0.10	16.02
彝良县	Yiliang	18.76	1.17	0.62	10.93	0.74	0.07	5.15
威信县	Weixin	17.33	1.86	1.13	10.56	0.60	0.09	3.17
水富县	Shuifu	2.38	0.92	0.01	1.17	0.07	0.01	0.20
丽江市	**Lijiang**	**48.03**	**12.76**	**4.71**	**14.53**	**5.71**	**2.69**	**7.54**
古城区	Gucheng	4.66	0.46	0.58	1.89	0.43	0.24	0.82
玉龙县	Yulong	11.43	0.95	2.35	4.01	1.57	0.32	1.75
永胜县	Yongsheng	16.67	7.61	0.61	4.52	2.16	1.74	1.46
华坪县	Huaping	7.22	2.65	0.94	2.15	0.46	0.09	1.01
宁蒗县	Ninglang	8.05	1.08	0.24	1.97	1.09	0.29	2.50
普洱市	**Pu'er**	**103.90**	**41.29**	**4.27**	**48.71**	**4.13**	**0.81**	**3.83**
思茅区	Simao	5.69	1.75	0.28	3.29	0.20	0.06	0.10
宁洱县	Ning'er	7.76	3.05	0.57	3.35	0.20	0.05	0.49
墨江县	Mojiang	13.82	4.01	0.47	7.88	0.83	0.12	0.26
景东县	Jingdong	15.93	5.09	1.47	7.35	1.08	0.22	0.86
景谷县	Jinggu	16.17	6.46	0.53	6.77	0.56	0.11	1.60
镇沅县	Zhenyuan	9.72	3.87	0.61	4.51	0.55	0.15	0.12
江城县	Jiangcheng	4.13	1.79	0.04	2.20	0.06		0.05
孟连县	Menglian	5.56	3.25	0.01	2.20	0.06		0.02
澜沧县	Lancang	21.20	10.11	0.24	9.46	0.57	0.09	0.32
西盟县	Ximeng	3.92	1.91	0.04	1.71	0.04	0.01	0.01
临沧市	**Lincang**	**90.69**	**24.73**	**6.08**	**46.57**	**4.69**	**1.77**	**5.62**
临翔区	Linxiang	8.92	2.45	0.79	4.47	0.39	0.17	0.63
凤庆县	Fengqing	16.16	3.97	1.97	8.05	0.82	0.46	0.76

19-18 续表2 continued

单位:万吨 (10 000 tons)

州市县	Region	粮食 Grain Crops	稻谷 Rice	小麦 Wheat	玉米 Maize	豆类 Beans and Peas	#蚕豆 Broad Beans	薯类 Tubers
云县	Yunxian	18.67	4.42	1.13	10.66	0.89	0.45	1.11
永德县	Yongde	15.92	4.00	0.77	8.43	0.97	0.28	1.53
镇康县	Zhenkang	7.47	2.14	0.44	3.83	0.52	0.15	0.37
双江县	Shuangjiang	6.35	1.97	0.59	2.83	0.23	0.07	0.41
耿马县	Gengma	10.26	3.55	0.30	4.35	0.66	0.14	0.65
沧源县	Cangyuan	6.94	2.22	0.09	3.95	0.20	0.05	0.15
楚雄州	**Chuxiong**	**115.29**	**45.92**	**10.46**	**31.43**	**12.04**	**8.94**	**7.71**
楚雄市	Chuxiong	20.89	7.97	1.97	5.28	1.93	1.74	2.07
双柏县	Shuangbo	6.51	2.52	0.62	2.36	0.85	0.53	0.10
牟定县	Mouding	9.72	4.28	0.67	1.90	1.55	1.20	0.39
南华县	Nanhua	11.42	3.40	1.23	3.99	0.89	0.67	0.77
姚安县	Yao'an	9.01	3.45	0.92	2.49	1.33	1.00	0.33
大姚县	Dayao	12.31	4.43	0.98	2.41	1.98	1.50	2.14
永仁县	Yongren	4.98	2.19	0.31	1.42	0.46	0.33	0.32
元谋县	Yuanmou	8.13	4.67	0.39	2.52	0.23	0.12	0.23
武定县	Wuding	10.77	3.85	1.14	3.23	0.90	0.53	0.99
禄丰县	Lufeng	21.54	9.17	2.23	5.81	1.92	1.32	0.35
红河州	**Honghe**	**159.44**	**66.91**	**7.65**	**53.60**	**8.88**	**2.20**	**11.71**
蒙自市	Mengzi	15.16	5.12	0.43	6.30	1.36	0.54	1.30
个旧市	Gejiu	6.91	1.61	0.27	3.29	0.31	0.08	1.16
开远市	Kaiyuan	11.22	3.72	0.66	4.38	0.94	0.39	1.21
屏边县	Pingbian	7.06	2.74	0.13	2.86	0.42	0.05	0.41
建水县	Jianshui	19.38	8.88	1.18	5.61	1.08	0.24	2.41
石屏县	Shiping	11.38	5.63	1.23	2.54	0.51	0.12	1.30
弥勒县	Mile	21.22	6.66	2.96	9.46	0.67	0.49	0.67
泸西县	Luxi	16.61	5.08	0.24	4.16	0.56	0.15	1.40
元阳县	Yuanyang	15.52	8.73	0.02	4.08	1.17	0.04	0.77
红河县	Honghe	10.27	6.12	0.53	2.07	0.62	0.08	0.24
金平县	Jinping	13.38	7.70	0.01	4.50	0.75	0.01	0.26
绿春县	Luchun	8.99	3.99		3.01	0.42	0.02	0.56
河口县	Hekou	2.32	0.90		1.32	0.07		0.02
文山州	**Wenshan**	**146.89**	**43.25**	**7.24**	**70.56**	**11.75**	**1.02**	**12.51**
文山市	Wenshan	17.41	5.71	1.66	8.09	0.90	0.02	1.04
砚山县	Yanshan	24.03	6.05	1.72	13.80	0.74	0.11	1.73
西畴县	Xichou	10.32	2.70	0.20	5.66	0.47	0.05	1.28
麻栗坡县	Malipo	11.15	3.74	0.14	5.23	0.61	0.05	0.83
马关县	Maguan	16.19	4.58	0.39	8.11	1.62	0.09	1.09

19-18 续表3 continued

单位:万吨 (10 000 tons)

州市县	Region	粮食 Grain	稻谷 Rice	小麦 Wheat	玉米 Corn	豆类 Beans	#蚕豆 Broad Beans	薯类 Tubers
丘北县	Qiubei	21.63	4.52	1.98	12.64	0.96	0.15	0.98
广南县	Guangnan	31.53	9.53	1.11	11.62	5.02	0.47	4.24
富宁县	Funing	14.63	6.43	0.04	5.41	1.43	0.10	1.32
西双版纳州	**Xishuangbanna**	**41.50**	**24.41**	**0.03**	**16.18**	**0.29**	**0.04**	**0.52**
景洪市	Jinghong	12.56	5.74		6.70	0.07	0.02	0.04
勐海县	Menghai	21.11	15.71	0.03	4.86	0.16	0.02	0.35
勐腊县	Mengla	7.82	2.95		4.62	0.06		0.14
大理州	**Dali**	**157.26**	**50.54**	**4.94**	**57.20**	**15.41**	**10.11**	**8.10**
大理市	Dali	16.53	6.83	0.29	5.23	2.22	2.17	0.75
漾濞县	Yangbi	5.90	1.19	0.38	2.99	0.41	0.21	0.44
祥云县	Xiangyun	19.04	4.43	0.57	7.58	2.27	1.89	1.13
宾川县	Binchuan	14.30	4.94	0.21	8.07	0.71	0.58	0.22
弥渡县	Midu	15.99	5.32	0.65	5.48	0.61	0.33	0.32
南涧县	Nanjian	10.57	1.08	0.87	5.73	0.53	0.26	0.50
巍山县	Weishan	14.97	5.31	0.50	4.38	1.99	1.03	0.51
永平县	Yongping	8.96	2.70	0.75	3.48	0.64	0.28	0.45
云龙县	Yunlong	11.94	2.84	0.20	5.41	1.40	0.35	1.12
洱源县	Eryuan	17.10	7.92	0.10	3.45	2.82	2.17	1.08
剑川县	Jianchuan	8.08	2.23	0.22	1.57	1.06	0.27	0.98
鹤庆县	Heqing	13.89	5.76	0.21	3.83	0.74	0.57	0.60
德宏州	**Dehong**	**70.69**	**39.76**	**2.35**	**22.16**	**0.82**	**0.19**	**5.52**
芒市	Mangshi	21.81	12.36	1.34	6.65	0.30	0.06	1.14
瑞丽市	Ruili	9.20	5.20	0.09	3.73	0.04	0.01	0.14
梁河县	Lianghe	6.26	3.70	0.18	1.43	0.13	0.03	0.81
盈江县	Yingjiang	19.67	11.11	0.55	4.94	0.24	0.06	2.78
陇川县	Longchuan	13.75	7.39	0.19	5.41	0.11	0.03	0.65
怒江州	**Nujiang**	**19.42**	**4.09**	**1.12**	**9.31**	**2.03**	**0.36**	**1.76**
泸水县	Lushui	5.97	1.90	0.07	2.96	0.38	0.08	0.43
福贡县	Fugong	3.21	0.69		1.99	0.27	0.02	0.14
贡山县	Gongshan	1.04	0.10	0.02	0.73	0.05	0.01	0.08
兰坪县	Lanping	7.91	1.34	0.68	3.64	1.11	0.14	0.53
迪庆州	**Diqing**	**16.33**	**1.16**	**2.90**	**7.47**	**1.30**	**0.15**	**1.31**
香格里拉县	Shangri-La	6.33	0.65	1.35	2.51	0.32	0.09	
德钦县	Deqin	2.38	0.07	0.55	1.12	0.10		0.64
维西县	Weixi	6.31	0.89	0.71	3.41	0.66	0.05	0.09

19-19 各州市县主要农作物产量(二)(2011年)

Output of Major Farm Crops by County and City (II) (2011)

单位:万吨 (10 000 tons)

州市县	Region	油料 Oil-bearing Crops	花生 Peanuts	油菜籽 Rapeseeds	甘蔗 Sugarcane	烤烟 Flue-cured Tobacco	茶叶 Tea	园林水果 Fruits
全省	**Yunnan**	**60.75**	**7.04**	**51.84**	**1 898.78**	**101.82**	**23.83**	**476.43**
昆明市	**Kunming**	**1.52**	**0.10**	**1.30**	**0.19**	**9.00**	**0.01**	**18.47**
呈贡区	Chenggong							1.06
五华区	Wuhua	0.02		0.02		0.08		0.30
盘龙区	Panlong							0.12
官渡区	Guandu							0.73
西山区	Xishan	0.02		0.02				0.81
东川区	Dongchuan	0.10	0.06	0.04	0.07			1.35
晋宁县	Jinning	0.11		0.09		0.23		0.61
富民县	Fumin	0.11		0.09		0.30		2.62
宜良县	Yiliang	0.08	0.02	0.03	0.01	1.23		1.02
石林县	Shilin	0.15		0.11		1.62		3.86
嵩明县	Songming	0.01		0.01		1.26		0.68
禄劝县	Luquan	0.23	0.02	0.21	0.12	1.45		1.03
寻甸县	Xundian	0.53		0.52		2.46		1.02
安宁市	Anning	0.16		0.16		0.38		3.28
曲靖市	**Qujing**	**18.02**	**0.10**	**17.50**	**0.02**	**21.52**		**18.54**
麒麟区	Qilin	0.11		0.10		1.90		3.84
马龙县	Malong	0.17		0.14		2.11		1.92
陆良县	Luliang	0.11		0.10		2.72		3.07
师宗县	Shizong	3.69	0.01	3.38		2.73		0.71
罗平县	Luoping	12.03		12.03		3.80		1.58
富源县	Fuyuan	1.69	0.02	1.68		1.70		0.73
会泽县	Huize	0.14	0.07	0.07	0.02	0.80		3.65
沾益县	Zhanyi	0.04				2.01		1.38
宣威市	Xuanwei	0.03				3.74		1.67
玉溪市	**Yuxi**	**4.64**	**0.14**	**4.42**	**89.82**	**10.45**	**0.18**	**32.84**
红塔区	Hongta	1.29		1.28		0.67		1.70
江川县	Jiangchuan	0.75		0.75		1.46		0.31
澄江县	Chengjiang	0.06		0.05		0.67		0.27
通海县	Tonghai	0.19		0.17	0.03	0.87		1.32
华宁县	Huaning	0.29	0.02	0.25	0.03	1.58		13.50
易门县	Yimen	0.47		0.45	0.20	1.33		0.95
峨山县	Eshan	0.97	0.01	0.95	0.51	1.27	0.02	0.34
新平县	Xinping	0.15	0.06	0.09	46.99	1.39	0.05	4.50
元江县	Yuanjiang	0.46	0.04	0.42	42.08	1.21	0.10	9.96

19−19 续表1 continued

单位:万吨 (10 000 tons)

州市县	Region	油料 Oil-bearing Crops	花生 Peanuts	油菜籽 Rapeseeds	甘蔗 Sugarcane	烤烟 Flue-cured Tobacco	茶叶 Tea	园林水果 Fruits
保山市	**Baoshan**	**6.89**	**0.14**	**6.69**	**184.78**	**184.78**	**7.08**	**9.09**
隆阳区	Longyang	1.73	0.06	1.65	59.12	59.12	1.55	4.15
施甸县	Shidian	0.37	0.02	0.35	31.68	31.68	1.59	2.39
腾冲县	Tengchong	4.23		4.19	2.46	2.46	1.90	0.55
龙陵县	Longling	0.13	0.03	0.10	36.00	36.00	0.67	0.28
昌宁县	Changning	0.44	0.03	0.40	55.51	55.51	1.39	1.72
昭通市	**Zhaotong**	**3.81**	**0.80**	**2.96**	**9.83**	**9.83**	**5.17**	**20.63**
昭阳区	Zhaoyang	0.02		0.01	0.54	0.54	1.24	15.38
鲁甸县	Ludian	0.09	0.01	0.06	0.05	0.05	0.82	1.06
巧家县	Qiaojia	0.13	0.09	0.03	5.94	5.94	0.43	0.57
盐津县	Yanjin	0.71	0.15	0.56	0.17	0.17		0.30
大关县	Daguan	0.05	0.04	0.01	0.08	0.08	0.25	0.07
永善县	Yongshan	0.81	0.10	0.70	2.79	2.79	0.07	1.53
绥江县	Suijiang	0.20	0.01	0.19	0.15	0.15		0.32
镇雄县	Zhenxiong	0.71	0.16	0.55	0.01	0.01	1.50	0.75
彝良县	Yiliang	0.39	0.07	0.31	0.05	0.05	0.60	0.41
威信县	Weixin	0.62	0.15	0.47	0.05	0.05	0.25	0.08
水富县	Shuifu	0.08	0.02	0.06				0.17
丽江市	**Lijiang**	**1.18**	**0.15**	**0.83**	**11.27**	**11.27**	**3.15**	**13.80**
古城区	Gucheng	0.16		0.15			0.22	0.60
玉龙县	Yulong	0.51		0.51			1.59	1.33
永胜县	Yongsheng	0.38	0.11	0.11	10.51	10.51	0.80	2.05
华坪县	Huaping	0.10	0.04	0.06	0.76	0.76	0.24	8.68
宁蒗县	Ninglang	0.02		0.01			0.30	1.14
普洱市	**Pu'er**	**1.61**	**1.07**	**0.53**	**180.66**	**180.66**	**5.71**	**15.23**
思茅区	Simao	0.07	0.05	0.02	0.03	0.03	0.27	1.01
宁洱县	Ning'er	0.12	0.06	0.06	0.06	0.06	0.67	0.18
墨江县	Mojiang	0.33	0.32	0.01	5.61	5.61	0.93	0.61
景东县	Jingdong	0.11	0.06	0.05	22.15	22.15	1.45	1.73
景谷县	Jinggu	0.44	0.18	0.26	37.44	37.44	0.87	6.30
镇沅县	Zhenyuan	0.16	0.07	0.09	1.58	1.58	1.51	0.69
江城县	Jiangcheng	0.04	0.04		6.78	6.78		1.82
孟连县	Menglian	0.09	0.09		30.50	30.50		1.08
澜沧县	Lancang	0.24	0.19	0.05	72.30	72.30	0.01	1.59
西盟县	Ximeng	0.01	0.01		4.21	4.21		0.21
临沧市	**Lincang**	**2.08**	**0.29**	**1.73**	**613.30**	**613.30**	**4.64**	**39.06**
临翔区	Linxiang	1.11	0.01	1.09	13.53	13.53	1.16	0.55
凤庆县	Fengqing	0.23	0.01	0.23	32.94	32.94	1.20	0.79

19-19 续表2 continued

单位:万吨 (10 000 tons)

州市县	Region	油料 Oil-bearing Crops	花生 Peanuts	油菜籽 Rapeseeds	甘蔗 Sugarcane	烤烟 Flue-cured Tobacco	茶叶 Tea	园林水果 Fruits
云县	Yunxian	0.20	0.05	0.14	67.96	0.55	0.92	2.07
永德县	Yongde	0.14	0.10	0.01	130.93	0.67	0.73	4.35
镇康县	Zhenkang	0.02	0.02	0.01	62.70	0.11	0.29	1.22
双江县	Shuangjiang	0.14	0.02	0.12	52.29	0.40	0.58	0.31
耿马县	Gengma	0.14	0.08	0.06	196.23	0.40	0.81	29.19
沧源县	Cangyuan	0.09	0.01	0.07	56.73	0.15	0.47	0.59
楚雄州	**Chuxiong**	**4.92**	**0.24**	**4.50**	**0.84**	**9.82**	**0.11**	**20.73**
楚雄市	Chuxiong	0.94		0.93	0.01	1.67	0.02	0.99
双柏县	Shuangbo	0.18	0.02	0.16	0.31	0.82	0.05	0:53
牟定县	Mouding	0.59		0.55		0.79	0.01	1.24
南华县	Nanhua	0.39		0.38		1.08	0.02	0.64
姚安县	Yao'an	0.67		0.66		1.13		2.86
大姚县	Dayao	0.27		0.24	0.14	0.80		0.58
永仁县	Yongren	0.21	0.01	0.13	0.06	0.53		1.92
元谋县	Yuanmou	0.19	0.17	0.01	0.05	0.27		6.73
武定县	Wuding	0.29	0.03	0.26	0.05	1.11		1.63
禄丰县	Lufeng	1.21	0.01	1.20	0.22	1.62		3.61
红河州	**Honghe**	**3.94**	**1.27**	**2.55**	**132.06**	**9.60**	**0.89**	**129.97**
蒙自市	Mengzi	0.24	0.13	0.08	13.42	0.88	0.01	20.92
个旧市	Gejiu	0.14	0.12	0.02	4.11	0.31		4.35
开远市	Kaiyuan	0.18	0.14		11.21	0.54		1.85
屏边县	Pingbian	0.10	0.07	0.04	3.53	0.10	0.16	2.44
建水县	Jianshui	0.22	0.17	0.04	10.77	1.28		13.92
石屏县	Shiping	0.23	0.06	0.16	9.34	1.59		7.67
弥勒县	Mile	0.53	0.02	0.49	39.43	2.49		8.45
泸西县	Luxi	1.74		1.73	0.01	2.41		9.15
元阳县	Yuanyang	0.15	0.15		19.32		0.08	2.66
红河县	Honghe	0.05	0.04		20.31		0.15	2.59
金平县	Jinping	0.17	0.17		0.37		0.05	35.28
绿春县	Luchun	0.16	0.16		0.18		0.44	0.30
河口县	Hekou	0.02	0.02		0.07			20.40
文山州	**Wenshan**	**5.34**	**2.29**	**2.66**	**146.26**	**6.98**	**0.80**	**26.98**
文山市	Wenshan	0.86	0.43	0.28	12.01	1.05		1.89
砚山县	Yanshan	0.81	0.70	0.02	0.07	1.91		4.32
西畴县	Xichou	0.17	0.08	0.08	1.66	0.35	0.03	0.79
麻栗坡县	Malipo	0.26	0.13	0.13	1.94	0.47	0.05	1.49
马关县	Maguan	0.51	0.17	0.32	5.33	0.59	0.02	14.41

19-19 续表3 continued

单位:万吨 (10 000 tons)

州市县	Region	油料 Oil-bearing Crops	花生 Peanuts	油菜籽 Rapeseeds	甘蔗 Sugarcane	烤烟 Flue-cured Tobacco	茶叶 Tea	园林水果 Fruits
丘北县	Qiubei	0.54	0.23	0.25	0.06	1.55		0.78
广南县	Guangnan	1.74	0.37	1.32	23.78	1.08	0.67	2.21
富宁县	Funing	0.45	0.17	0.27	101.42		0.03	1.10
西双版纳州	**Xishuangbanna**	**0.23**	**0.23**		**97.18**		**3.09**	**65.71**
景洪市	Jinghong	0.10	0.10		0.13		1.34	25.92
勐海县	Menghai	0.08	0.08		91.53		1.38	12.34
勐腊县	Mengla	0.05	0.05		5.51		0.38	27.45
大理州	**Dali**	**4.26**	**0.11**	**4.06**	**9.79**	**8.47**	**0.54**	**47.88**
大理市	Dali	0.19		0.18		0.38	0.01	1.69
漾濞县	Yangbi	0.11		0.11		0.23		0.48
祥云县	Xiangyun	0.53		0.53		1.67		2.31
宾川县	Binchuan	1.08	0.08	0.98	0.41	0.84		37.65
弥渡县	Midu	0.43	0.02	0.36		0.91	0.03	0.40
南涧县	Nanjian	0.16		0.16	0.02	0.94	0.39	0.36
巍山县	Weishan	0.80		0.80		0.97	0.05	0.70
永平县	Yongping	0.24		0.24		0.67	0.02	0.35
云龙县	Yunlong	0.20		0.20	0.03	0.44	0.03	0.51
洱源县	Eryuan	0.30		0.30		0.65		2.08
剑川县	Jianchuan	0.14		0.14		0.43		0.34
鹤庆县	Heqing	0.08	0.01	0.07	9.33	0.36		1.01
德宏州	**Dehong**	**1.74**	**0.10**	**1.63**	**415.66**	**0.14**	**1.60**	**15.95**
芒市	Mangshi	0.23	0.06	0.17	67.27	0.05	0.91	4.34
瑞丽市	Ruili	0.13	0.01	0.12	35.40		0.02	4.97
梁河县	Lianghe	0.28	0.02	0.26	28.19	0.01	0.20	1.35
盈江县	Yingjiang	0.36	0.01	0.34	109.80	0.06	0.35	3.53
陇川县	Longchuan	0.75	0.01	0.74	175.00	0.02	0.13	1.76
怒江州	**Nujiang**	**0.19**	**0.02**	**0.12**	**7.12**		**0.01**	**0.59**
泸水县	Lushui	0.07		0.06	7.12		0.01	0.13
福贡县	Fugong	0.09	0.01	0.06				0.03
贡山县	Gongshan	0.01		0.01				0.03
兰坪县	Lanping	0.03						0.41
迪庆州	**Diqing**	**0.37**		**0.35**		**0.09**		**0.94**
香格里拉县	Shangri-La	0.22		0.21		0.08		0.32
德钦县	Deqin							0.36
维西县	Weixi	0.14		0.14				0.25

19-20 各州市县畜牧业、水产品生产情况（2011年）

单位:万头、万只、万吨

州市县	Region	猪 Hogs 存栏 Stocked	猪 Hogs 出栏 Slaughtered	猪 Hogs 肉产量 Output of meat	牛 Cattle and Buffaloes 存栏 Stocked	牛 Cattle and Buffaloes 出栏 Slaughtered	牛 Cattle and Buffaloes 肉产量 Output of meat	存栏 Stocked
全 省	**Yunnan**	**3 866.48**	**5 178.55**	**455.81**	**998.38**	**367.32**	**45.30**	**1 163.72**
昆明市	**Kunming**	**242.89**	**386.20**	**34.70**	**59.20**	**26.95**	**3.15**	**128.27**
呈贡区	Chenggong	0.24	0.32	0.02	0.12	0.03		0.31
五华区	Wuhua	7.11	10.40	0.91	0.60	0.13	0.01	1.52
盘龙区	Panlong	3.02	2.29	0.18	0.32	0.03		0.73
官渡区	Guandu	5.62	9.60	0.99	0.48	0.10	0.01	1.23
西山区	Xishan	8.25	9.59	0.84	0.97	0.23	0.03	3.08
东川区	Dongchuan	24.05	32.20	3.09	5.92	1.36	0.15	22.92
晋宁县	Jinning	13.65	26.21	2.36	2.63	0.75	0.10	3.38
富民县	Fuming	12.89	17.12	1.56	2.22	0.66	0.08	5.12
宜良县	Yiliang	29.30	63.48	5.78	5.82	1.73	0.34	10.14
石林县	Shilin	17.87	24.34	2.07	5.06	1.13	0.16	18.26
嵩明县	Songming	19.74	35.65	3.35	3.27	2.00	0.27	5.18
禄劝县	Luquan	33.44	44.63	3.56	11.97	6.06	0.59	28.50
寻甸县	Xundian	48.02	72.83	6.83	18.34	11.78	1.26	25.31
安宁市	Anning	19.69	37.52	3.17	1.46	0.95	0.15	2.60
曲靖市	**Qujing**	**755.93**	**1 282.68**	**130.52**	**119.53**	**62.42**	**9.19**	**236.33**
麒麟区	Qilin	52.20	110.73	11.11	4.70	3.30	0.33	6.84
马龙县	Malong	24.23	37.03	3.57	5.28	2.21	0.28	22.90
陆良县	Luliang	73.80	145.64	15.31	6.76	5.48	0.83	21.33
师宗县	Shizong	52.22	79.23	8.33	12.70	5.42	0.62	24.06
罗平县	Luoping	67.44	117.26	11.18	7.95	5.96	0.87	21.81
富源县	Fuyuan	91.55	150.34	13.82	12.97	7.04	0.99	26.51
会泽县	Huize	129.59	196.76	20.01	41.13	19.35	2.99	49.23
沾益县	Zhanyi	64.34	104.76	10.18	10.13	6.88	1.21	28.59
宣威市	Xuanwei	200.56	340.93	36.99	17.92	6.77	1.06	35.06
玉溪市	**Yuxi**	**156.02**	**230.25**	**19.39**	**28.27**	**14.69**	**1.98**	**37.26**
红塔区	Hongta	18.97	43.27	3.82	0.50	0.80	0.16	1.44
江川县	Jiangchuan	26.21	25.32	2.10	0.64	0.21	0.04	1.41
澄江县	Chengjiang	7.28	10.24	0.88	1.38	0.47	0.06	3.13
通海县	Tonghai	13.00	25.82	1.94	1.45	1.58	0.30	1.91
华宁县	Huaning	20.61	27.84	2.71	3.89	2.28	0.34	6.71
易门县	Yimen	16.19	28.20	2.21	3.01	2.14	0.24	4.50
峨山县	Eshan	11.74	20.45	1.60	2.78	2.23	0.26	4.06
新平县	Xinping	26.65	32.41	2.69	9.02	3.19	0.37	9.82
元江县	Yuanjiang	15.36	16.70	1.43	5.59	1.79	0.22	4.27

Output of Animal Husbandry Products and Aquaticts Products by County and City (2011)

(10 000 heads, 10 000 units, 10 000 tons)

羊 Sheep and Goats		家禽 Poultry			禽蛋产量	奶类产量		蜂蜜产量(吨)	水产品产量
出栏 Slaughtered	肉产量 Output of meat	存栏 Stocked	出栏 Slaughtered	肉产量 Output of meat	Poultry Eggs Output	Milk Output	#牛奶产量 Cow Milk Output	Honey Output(ton)	Total Output of Aquatic Products
780.90	**16.33**	**15 574.28**	**25 369.93**	**46.07**	**40.98**	**66.22**	**62.00**	**7 352**	**54.88**
80.05	**1.69**	**2 766.29**	**5 818.53**	**10.64**	**7.54**	**11.35**	**10.12**	**723**	**3.66**
0.12		42.69	57.39	0.11	0.44	0.15	0.15		0.11
0.54	0.01	29.18	27.95	0.06	0.13				0.02
0.22		26.40	15.06	0.10	0.20			1	0.09
0.30	0.01	77.23	64.38	0.13	1.31			5	0.20
1.25	0.03	35.05	65.96	0.17	0.11	0.05	0.05	7	0.18
10.84	0.19	97.39	190.84	0.37	0.11	0.01	0.01	26	0.12
2.03	0.05	350.13	402.59	0.74	1.18	3.14	3.14	23	0.45
1.92	0.06	89.63	96.98	0.25	0.61			54	0.04
6.68	0.17	610.11	2 030.30	3.50	0.57	4.58	4.52	383	0.84
9.57	0.25	424.25	1 138.08	1.94	0.23	1.52	0.36	30	0.13
2.70	0.08	119.64	159.43	0.29	0.64	1.56	1.56	13	0.76
21.74	0.45	80.02	135.92	0.24	0.06			121	0.06
19.86	0.32	194.94	218.73	0.32	0.61	0.01	0.01	38	0.52
2.27	0.06	589.63	1 214.91	2.43	1.33	0.32	0.32	23	0.15
179.14	**4.12**	**1 342.09**	**2 507.41**	**5.51**	**4.88**	**2.16**	**0.50**	**1 678**	**8.93**
6.47	0.19	139.98	394.07	1.00	1.34	0.31	0.31	3	1.15
14.53	0.34	87.50	122.15	0.21	0.34			35	0.24
16.91	0.47	202.11	412.55	1.17	0.43	1.73	0.07	41	1.03
18.69	0.41	99.83	173.86	0.26	0.20	0.01	0.01	82	0.66
16.01	0.27	54.22	200.94	0.36	0.23			1 305	2.85
22.43	0.41	145.19	222.94	0.35	0.34			8	0.55
45.72	0.86	236.47	354.41	0.63	0.85	0.06	0.06	142	0.75
19.79	0.70	146.45	307.45	0.78	0.38	0.04	0.04		0.70
18.60	0.46	230.34	319.03	0.75	0.77	0.01	0.01	62	1.00
24.16	**0.66**	**1 690.66**	**3 144.45**	**6.55**	**8.59**	**0.55**	**0.52**	**188**	**1.52**
1.23	0.04	303.47	653.72	1.45	1.52	0.02	0.02	8	0.13
0.98	0.04	109.75	230.68	0.52	0.86	0.01	0.01	5	0.38
1.21	0.03	96.37	177.45	0.35	0.18	0.17	0.17	24	0.16
1.95	0.06	587.27	626.41	1.14	4.96	0.31	0.31	1	0.32
3.19	0.09	98.03	228.58	0.47	0.14	0.03	0.01	16	0.13
3.67	0.11	211.65	559.12	1.36	0.19			6	0.06
3.16	0.08	66.56	238.23	0.49	0.25	0.01	0.01	10	0.08
6.49	0.13	146.75	335.22	0.60	0.25			98	0.11
2.29	0.06	70.83	95.04	0.16	0.25			20	0.14

19-20 续表1

单位:万头、万只、万吨

州市县	Region	猪 Hogs 存栏 Stocked	猪 Hogs 出栏 Slaughtered	猪 Hogs 肉产量 Output of meat	牛 Cattle and Buffaloes 存栏 Stocked	牛 Cattle and Buffaloes 出栏 Slaughtered	牛 Cattle and Buffaloes 肉产量 Output of meat	存栏 Stocked
保山市	**Baoshan**	**296.00**	**364.33**	**29.42**	**68.67**	**21.40**	**2.94**	**47.50**
隆阳区	Longyang	78.96	108.02	9.12	18.60	5.18	0.66	16.05
施甸县	Shidian	50.08	60.32	4.77	8.85	1.75	0.21	3.80
腾冲县	Tengchong	67.01	90.00	6.98	15.73	6.87	1.20	6.25
龙陵县	Longling	26.86	20.93	2.01	7.84	1.23	0.20	7.04
昌宁县	Changning	73.10	85.06	6.54	17.66	6.36	0.67	14.36
昭通市	**Zhaotong**	**343.32**	**437.08**	**38.59**	**59.40**	**19.27**	**2.30**	**63.92**
昭阳区	Zhaoyang	38.17	61.67	5.34	6.14	2.31	0.32	9.93
鲁甸县	Ludian	24.58	22.91	2.06	8.13	2.43	0.30	6.63
巧家县	Qiaojia	45.48	71.11	6.32	7.39	1.65	0.21	14.40
盐津县	Yanjin	43.65	51.78	3.86	2.39	0.35	0.04	1.09
大关县	Daguan	20.65	25.77	2.55	3.15	0.53	0.08	4.75
永善县	Yongshan	37.64	41.34	3.36	3.92	0.86	0.09	12.10
绥江县	Suijiang	7.66	12.91	1.18	0.87	0.37	0.06	0.97
镇雄县	Zhenxiong	67.41	85.20	8.17	11.53	7.02	0.76	3.60
彝良县	Yiliang	33.23	33.43	3.23	9.36	1.81	0.22	8.87
威信县	Weixin	19.85	23.46	1.91	6.39	1.92	0.22	0.62
水富县	Shuifu	5.00	7.50	0.61	0.13	0.04	0.01	0.97
丽江市	**Lijiang**	**114.11**	**113.33**	**8.48**	**39.76**	**10.69**	**1.33**	**108.53**
古城区	Gucheng	11.06	16.00	1.23	1.93	0.90	0.13	3.63
玉龙县	Yulong	27.74	34.01	2.53	9.94	3.31	0.48	16.91
永胜县	Yongsheng	32.26	35.67	2.73	11.88	4.21	0.45	38.84
华坪县	Huaping	16.52	12.69	0.85	4.83	1.17	0.13	13.08
宁蒗县	Ninglang	26.53	14.96	1.14	11.18	1.09	0.14	36.08
普洱市	**Pu'er**	**241.30**	**173.07**	**11.80**	**72.37**	**13.94**	**1.24**	**33.66**
思茅区	Simao	16.82	19.70	1.21	2.29	0.65	0.05	2.07
宁洱县	Ning'er	23.44	15.74	1.23	4.66	1.14	0.10	1.64
墨江县	Mojiang	29.11	17.97	1.52	13.98	1.71	0.16	3.65
景东县	Jingdong	44.01	29.18	2.00	10.64	2.77	0.22	12.55
景谷县	Jinggu	29.41	19.11	1.29	8.88	1.50	0.13	4.15
镇沅县	Zhenyuan	29.69	21.06	1.44	6.92	0.90	0.10	6.64
江城县	Jiangcheng	8.89	6.02	0.43	3.96	1.30	0.10	0.50
孟连县	Menglian	9.93	8.41	0.51	2.46	0.55	0.04	0.28
澜沧县	Lancang	45.24	32.19	1.93	16.69	2.93	0.29	1.86
西盟县	Ximeng	4.76	3.69	0.25	1.90	0.49	0.04	0.33
临沧市	**Lincang**	**264.87**	**256.95**	**17.19**	**70.01**	**15.62**	**1.93**	**62.37**
临翔区	Linxiang	24.25	22.12	1.48	4.79	1.10	0.13	5.88
凤庆县	Fengqing	52.07	67.05	4.49	12.79	3.94	0.47	18.28

continued

(10 000 heads, 10 000 units, 10 000 tons)

羊 Sheep and Goats		家禽 Poultry			禽蛋产量	奶类产量		蜂蜜产量(吨)	水产品产量
出栏 Slaughtered	肉产量 Output of meat	存栏 Stocked	出栏 Slaughtered	肉产量 Output of meat	Poultry Eggs Output	Milk Output	#牛奶产量 Cow Milk Output	Honey Output	Total Output of Aquatic Products
33.73	**0.78**	**692.14**	**1 091.00**	**2.53**	**13 357**	**9 046**	**9 046**	**840**	**2.74**
9.48	0.21	211.10	340.48	0.82	6 010	2 888	2 888	76	0.87
2.06	0.05	59.68	101.42	0.22	873	14	14	22	0.38
6.16	0.15	229.21	383.12	0.93	4 454	6 087	6 087	549	0.58
3.64	0.09	77.92	86.71	0.17	669	16	16	19	0.36
12.39	0.28	114.23	179.27	0.39	1 351	41	41	174	0.56
37.67	**0.77**	**785.81**	**948.12**	**1.76**	**20 373**	**561**	**561**	**163**	**1.68**
5.93	0.10	67.53	110.60	0.17	2 083	561	561	1	0.25
3.45	0.06	61.55	49.22	0.08	1 355			2	0.19
9.74	0.21	64.83	123.58	0.20	1 292			16	0.21
0.69	0.02	93.31	115.95	0.22	1 106			17	0.15
2.57	0.06	29.63	32.02	0.06	773			4	0.08
6.89	0.12	48.07	49.94	0.07	713			9	0.14
1.18	0.02	23.96	52.29	0.09	942			44	0.10
3.24	0.08	238.07	244.79	0.55	8 171			30	0.16
3.22	0.08	77.55	68.64	0.13	1 707			12	0.13
0.34	0.01	59.34	71.41	0.11	1 897			13	0.16
0.42	0.01	21.97	29.68	0.06	334			15	0.11
49.79	**0.86**	**311.49**	**369.98**	**0.65**	**4 591**	**7 600**	**7 596**	**233**	**1.13**
3.80	0.09	20.85	26.88	0.04	633	134	134	1	0.08
10.01	0.15	65.65	77.02	0.12	1 933	6 203	6 203	104	0.20
20.73	0.36	98.42	98.94	0.21	1 191	1 145	1 145	80	0.54
4.66	0.07	75.53	118.31	0.20	533			11	0.25
10.59	0.18	51.04	48.83	0.07	301	118	114	37	0.05
14.43	**0.28**	**991.75**	**1 018.78**	**1.35**	**6 304**	**245**	**245**	**540**	**6.52**
1.09	0.02	80.22	83.09	0.13	896	139	139	12	0.85
0.67	0.02	50.95	42.85	0.07	542			23	0.54
1.67	0.03	106.76	118.98	0.14	1 035			36	1.27
6.30	0.11	203.08	228.92	0.35	822			84	0.79
1.08	0.02	134.43	175.37	0.23	960	33	33	31	2.01
2.33	0.04	77.29	80.75	0.11	1 023			102	0.13
0.24	0.00	23.43	27.55	0.04	311			20	0.24
0.14	0.00	46.63	46.65	0.06	203			13	0.10
0.72	0.02	250.83	199.04	0.22	446	73	73	219	0.56
0.20	0.00	18.14	15.59	0.02	66				0.03
29.62	**0.62**	**899.64**	**1 022.82**	**1.53**	**5 046**	**717**	**717**	**262**	**3.29**
2.57	0.05	78.41	79.16	0.12	238	445	445	27	0.33
7.84	0.15	143.29	183.39	0.31	684	1	1	68	0.69

19-20 续表2

单位:万头、万只、万吨

州市县	Region	猪 Hogs			牛 Cattle and Buffaloes			
		存栏 Stocked	出栏 Slaughtered	肉产量 Output of meat	存栏 Stocked	出栏 Slaughtered	肉产量 Output of meat	存栏 Stocked
云县	Yunxian	54.85	65.99	4.41	14.64	2.56	0.32	19.09
永德县	Yongde	49.33	38.89	2.60	12.08	3.17	0.47	8.40
镇康县	Zhenkang	25.12	14.18	0.95	6.78	1.00	0.13	3.99
双江县	Shuangjiang	19.55	17.07	1.14	5.02	0.92	0.09	2.64
耿马县	Gengma	22.60	20.80	1.39	7.53	1.62	0.17	3.60
沧源县	Cangyuan	17.10	10.84	0.73	6.38	1.30	0.16	0.49
楚雄州	**Chuxiong**	**210.93**	**302.67**	**26.03**	**74.23**	**33.90**	**4.69**	**130.99**
楚雄市	Chuxiong	32.02	47.04	4.05	11.19	6.43	0.89	14.73
双柏县	Shuangbo	20.83	24.12	2.07	8.38	3.46	0.48	16.70
牟定县	Mouding	15.43	20.33	1.83	4.65	1.63	0.23	5.63
南华县	Nanhua	19.65	26.42	2.19	7.33	3.31	0.44	7.66
姚安县	Yao'an	10.70	23.42	2.01	4.36	2.70	0.38	6.24
大姚县	Dayao	19.57	25.86	2.22	7.24	3.20	0.45	20.29
永仁县	Yongren	12.91	16.34	1.41	4.43	1.82	0.25	12.20
元谋县	Yuanmou	14.16	20.24	1.74	5.73	1.85	0.26	12.42
武定县	Wuding	23.31	36.07	3.10	8.26	5.04	0.70	18.50
禄丰县	Lufeng	42.35	62.82	5.40	12.67	4.46	0.62	16.62
红河州	**Honghe**	**417.81**	**614.72**	**52.81**	**98.97**	**24.76**	**3.01**	**57.38**
蒙自市	Mengzi	38.12	66.23	5.53	5.32	1.31	0.19	2.71
个旧市	Gejiu	22.73	36.21	3.35	3.59	1.80	0.29	1.96
开远市	Kaiyuan	17.88	26.97	2.32	5.94	1.60	0.20	6.98
屏边县	Pingbian	20.94	24.64	1.94	3.95	0.23	0.03	0.87
建水县	Jianshui	52.03	104.08	10.10	10.93	2.99	0.44	7.92
石屏县	Shiping	60.01	85.01	7.27	11.00	2.50	0.31	4.30
弥勒县	Mile	44.07	79.08	7.48	13.58	4.63	0.47	14.42
泸西县	Luxi	56.77	77.16	5.70	10.74	3.21	0.48	12.12
元阳县	Yuanyang	34.75	38.93	3.38	10.97	2.30	0.21	1.83
红河县	Honghe	22.24	24.40	1.91	8.93	2.15	0.22	3.33
金平县	Jinping	25.45	28.21	2.04	6.11	0.87	0.07	0.59
绿春县	Luchun	17.07	17.21	1.32	6.85	1.05	0.10	0.32
河口县	Hekou	5.74	6.58	0.48	1.05	0.10	0.02	0.03
文山州	**Wenshan**	**336.22**	**457.36**	**39.06**	**133.84**	**53.83**	**5.35**	**38.04**
文山市	Wenshan	37.98	48.22	4.39	11.36	2.71	0.29	3.16
砚山县	Yanshan	33.04	43.77	3.57	14.00	6.38	0.69	6.88
西畴县	Xichou	23.45	36.96	3.13	7.05	3.25	0.28	0.57
麻栗坡县	Malipo	27.70	36.80	3.48	10.95	3.01	0.30	1.73
马关县	Maguan	36.22	46.28	3.72	10.76	2.11	0.26	0.51

continued

(10 000 heads, 10 000 units, 10 000 tons)

羊 Sheep and Goats		家禽 Poultry			禽蛋产量	奶类产量		蜂蜜	水产品产量
出栏 Slaughtered	肉产量 Output of meat	存栏 Stocked	出栏 Slaughtered	肉产量 Output of meat	Poultry Eggs Output	Milk Output	#牛奶产量 Cow Milk Output	产量(吨) Honey Output	Total Output of Aquatic Products
9.61	0.20	242.22	304.00	0.44	985	0.90	0.03	94	0.52
3.89	0.09	129.77	148.32	0.22	825	0.29		38	0.23
2.07	0.05	62.03	85.17	0.15	238	0.00		8	0.27
1.66	0.03	78.74	73.16	0.09	729	0.61		20	0.46
1.76	0.03	101.45	102.84	0.13	435			6	0.49
0.22		63.72	46.77	0.07	912				0.30
93.61	**1.64**	**1 017.41**	**1 737.66**	**2.96**	**9 035**	**0.06**	**0.11**	**839**	**1.70**
8.57	0.15	194.19	308.33	0.52	2 421	0.06	0.11	35	0.39
10.37	0.18	57.76	62.17	0.11	274			37	0.05
3.63	0.06	43.22	57.78	0.10	717			41	0.15
5.60	0.10	132.13	216.47	0.37	807			17	0.12
5.71	0.10	44.22	95.13	0.16	623		0.01	120	0.31
14.93	0.26	75.15	97.65	0.17	858			377	0.05
9.30	0.16	37.16	37.95	0.06	319			9	0.06
8.02	0.14	44.85	65.07	0.11	299			21	0.20
17.42	0.31	174.34	512.61	0.88	1 045			90	0.07
10.04	0.18	214.39	284.50	0.48	1 672			92	0.31
35.15	**0.81**	**1 607.12**	**3 155.21**	**4.93**	**60 090**	**0.97**	**2.44**	**656**	**6.20**
2.03	0.05	97.88	240.31	0.42	5 540	0.01	0.01	8	0.41
1.73	0.05	120.69	152.48	0.25	6 066	0.81	1.59	4	0.36
3.30	0.05	210.60	633.57	0.99	12 527	0.69	0.01	6	0.38
0.30	0.01	62.75	100.03	0.12	601	0.11		7	0.28
4.53	0.13	290.05	635.87	0.96	14 772	0.11		4	1.01
2.51	0.05	120.04	215.05	0.31	4 610	0.06	0.25	24	1.16
8.25	0.23	73.53	225.70	0.40	4 341	0.35	0.58	155	0.29
8.50	0.17	167.43	215.61	0.44	6 676	0.37		236	0.50
0.81	0.02	98.24	130.53	0.19	1 420				0.74
2.28	0.04	89.38	129.62	0.19	1 804			156	0.35
0.48	0.01	143.90	234.55	0.35	629			47	0.38
0.37	0.01	110.19	218.03	0.29	901			9	0.24
0.06		22.43	23.87	0.03	203				0.10
35.07	**0.67**	**1 184.94**	**1 567.10**	**2.51**	**12 391**		**0.03**	**60**	**4.92**
3.25	0.07	105.54	139.94	0.26	3 239			4	0.50
7.41	0.16	135.32	214.87	0.29	1 353	0.01		14	0.60
0.65	0.01	140.00	199.94	0.26	1 458				0.12
1.50	0.03	104.59	144.01	0.22	1 150	0.07		12	0.22
0.47	0.01	142.24	183.54	0.28	2 059	0.04		5	0.30

19-20 续表3

单位:万头、万只、万吨

州市县	Region	猪 Hogs 存栏 Stocked	猪 Hogs 出栏 Slaughtered	猪 Hogs 肉产量 Output of meat	牛 Cattle and Buffaloes 存栏 Stocked	牛 Cattle and Buffaloes 出栏 Slaughtered	牛 Cattle and Buffaloes 肉产量 Output of meat	存栏 Stocked
丘北县	Qiubei	54.01	80.04	80 162	17.62	10.81	1.18	19.73
广南县	Guangnan	86.02	120.42	95 613	35.96	15.53	1.40	3.51
富宁县	Funing	37.80	44.88	31 948	26.13	10.04	0.95	1.95
西双版纳州	**Xishuangbanna**	**50.91**	**34.87**	**24 604**	**9.05**	**4.29**	**0.43**	**1.03**
景洪市	Jinghong	18.52	13.69	9 219	2.13	1.24	0.13	0.40
勐海县	Menghai	19.47	11.45	7 531	5.39	2.44	0.23	0.41
勐腊县	Mengla	12.92	9.73	7 854	1.53	0.61	0.07	0.22
大理州	**Dali**	**265.83**	**384.31**	**341 768**	**102.52**	**51.49**	**6.18**	**142.30**
大理市	Dali	25.77	66.15	59 531	4.62	4.73	0.66	1.30
漾濞县	Yangbi	12.88	12.27	10 519	7.28	2.61	0.28	10.87
祥云县	Xiangyun	28.02	40.48	36 974	4.49	1.58	0.20	6.54
宾川县	Binchuan	24.50	35.03	34 459	6.10	1.54	0.16	14.38
弥渡县	Midu	26.07	40.72	40 046	9.72	3.41	0.46	3.98
南涧县	Nanjian	18.05	18.45	18 453	10.61	7.60	0.91	8.01
巍山县	Weishan	18.36	23.96	21 564	9.39	7.97	1.00	14.71
永平县	Yongping	24.36	20.71	15 027	8.80	5.29	0.46	15.76
云龙县	Yunlong	25.24	26.94	25 263	14.35	5.51	0.77	25.15
洱源县	Eryuan	19.61	33.99	26 411	13.05	3.98	0.37	15.47
剑川县	Jianchuan	18.18	18.49	15 050	8.11	4.57	0.55	14.17
鹤庆县	Heqing	24.78	47.13	38 471	5.99	2.71	0.35	11.97
德宏州	**Dehong**	**67.61**	**71.33**	**67 748**	**20.64**	**7.69**	**0.85**	**7.38**
芒市	Mangshi	19.70	19.59	18 594	5.63	1.77	0.20	2.07
瑞丽市	Ruili	6.92	10.56	10 024	2.05	2.40	0.26	0.59
梁河县	Lianghe	11.53	8.55	8 109	2.16	0.54	0.06	0.71
盈江县	Yingjiang	17.18	22.22	21 133	6.60	1.85	0.20	2.70
陇川县	Longchuan	12.27	10.41	9 888	4.20	1.13	0.12	1.31
怒江州	**Nujiang**	**54.14**	**40.84**	**25 272**	**16.89**	**3.03**	**0.33**	**45.86**
泸水县	Lushui	23.22	17.87	11 613	5.99	1.27	0.13	16.50
福贡县	Fugong	9.26	7.04	3 721	2.24	0.60	0.07	6.84
贡山县	Gongshan	3.88	2.97	1 510	0.98	0.17	0.02	2.08
兰坪县	Lanping	17.78	12.97	8 428	7.68	0.99	0.12	20.44
迪庆州	**Diqing**	**48.60**	**28.57**	**18 596**	**25.04**	**3.37**	**0.41**	**22.89**
香格里拉县	Shangri-La	23.96	13.14	9 974	12.35	1.59	0.24	7.63
德钦县	Deqin	5.78	2.68	1 609	6.19	0.54	0.06	4.40
维西县	Weixi	18.87	12.75	7 013	6.50	1.24	0.11	10.86

continued

(10 000 heads, 10 000 units, 10 000 tons)

羊 Sheep and Goats		家禽 Poultry			禽蛋产量	奶类产量		蜂蜜 产量(吨)	水产品产量 Total Output
出栏 Slaughtered	肉产量 Output of meat	存栏 Stocked	出栏 Slaughtered	肉产量 Output of meat	Poultry Eggs Output	Milk Output	#牛奶产量 Cow Milk Output	Honey Output	of Aquatic Products
17.20	0.31	148.03	185.71	0.33	1 019			25	0.83
3.26	0.06	242.69	282.60	0.55	1 461	0.03	0.03		0.51
1.33	0.02	166.54	216.50	0.31	652				1.84
0.46	**0.01**	**386.28**	**350.97**	**0.44**	**1 977**			**63**	**4.20**
0.18		156.30	147.23	0.20	628			19	1.78
0.08		123.86	102.07	0.13	1 116			43	1.50
0.19		106.12	101.66	0.11	233			1	0.93
133.30	**2.83**	**1 283.01**	**1 751.26**	**3.40**	**59 489**	**45.02**	**44.67**	**706**	**5.00**
1.27	0.03	275.50	497.76	1.00	14 790	17.40	17.40	3	1.25
7.32	0.13	41.78	62.20	0.10	659	0.05	0.05	51	0.00
2.81	0.08	362.73	189.50	0.36	26 478	0.27	0.27	78	0.71
10.02	0.16	72.97	90.52	0.20	2 187	0.61	0.61	90	0.52
4.63	0.12	57.32	88.23	0.21	1 701	3.80	3.80	8	0.73
14.82	0.22	130.51	225.06	0.34	1 758	0.01	0.01	47	0.10
21.09	0.36	99.07	201.21	0.40	1 847	0.37	0.37	24	0.42
12.29	0.19	56.67	83.27	0.15	613			45	0.05
18.65	0.48	54.90	114.68	0.23	3 602	0.01	0.01	235	0.03
19.63	0.64	46.60	76.39	0.16	1 906	19.62	19.62	47	0.68
9.89	0.18	41.73	54.91	0.10	1 078	2.22	1.88	25	0.16
10.87	0.26	43.22	67.53	0.15	2 870	0.66	0.66	53	0.36
5.65	**0.12**	**328.46**	**630.99**	**0.93**	**4 923**	**0.35**	**0.35**	**85**	**3.06**
1.45	0.03	87.05	167.35	0.25	1 194	0.19	0.19	25	0.85
1.29	0.03	93.11	260.34	0.38	1 302	0.01	0.01		0.73
0.46	0.01	27.92	40.72	0.06	298	0.01	0.01	15	0.27
1.44	0.03	80.41	105.75	0.15	1 315	0.08	0.08	37	0.60
1.01	0.02	39.97	56.83	0.08	814	0.06	0.06	8	0.60
21.67	**0.36**	**168.86**	**182.68**	**0.27**	**1 100**			**184**	**0.06**
8.27	0.14	81.43	107.92	0.16	552			55	0.03
4.79	0.08	31.63	22.49	0.03	113			20	0.01
0.75	0.01	17.28	14.51	0.02	83			39	0.01
7.86	0.13	38.53	37.76	0.06	352			70	0.01
7.40	**0.13**	**118.32**	**72.98**	**0.13**	**1 000**	**1.43**	**1.43**	**132**	**0.28**
2.38	0.05	71.01	30.77	0.05	445	0.79	0.79		0.13
0.91	0.02	16.44	13.98	0.04	200	0.59	0.59	58	0.01
4.12	0.06	30.87	28.23	0.04	355	0.06	0.06	74	0.14

19-21 各州市县规模以上工业企业单位数和工业总产值(2011年)
Number of Industrial Enterprises above Designated Size and Their Gross Output Value by Region (2011)

(按当年价新规定计算) (It is calculated according to the new regulation in the current year)

州市县	Region	企业单位数(个) Number of Enterprises (unit)	工业总产值(亿元) Gross Industrial Output Value (100 million yuan)	国有企业 State-owned Industry		集体企业 Collective-owned Enterprise		股份合作制企业 Corporations Enterprise	
				单位数(个) Number of Enterprise (unit)	总产值(亿元) Gross Output Value (100 million yuan)	单位数(个) Number of Enterprise (unit)	总产值(亿元) Gross Output Value (100 million yuan)	单位数(个) Number of Enterprise (unit)	总产值(亿元) Gross Output Value (100 million yuan)
全　省	**Yunnan**	**2 773**	**7 780.83**	**196**	**1 082.30**	**56**	**82.82**	**26**	**18.45**
昆明市	**Kunming**	**792**	**2 603.74**	**63**	**445.46**	**18**	**12.25**	**8**	**3.03**
呈贡区	Chenggong	50	127.47	3	5.42			3	1.05
五华区	Wuhua	102	765.47	11	19.28	1	0.26	2	0.79
盘龙区	Panlong	39	153.07	4	30.82			1	0.39
官渡区	Guandu	156	449.60	14	224.46	1	1.57		
西山区	Xishan	71	138.45	4	5.02	4	1.35		
东川区	Dongchuan	51	140.69			1	2.02		
晋宁县	Jinning	54	90.74	2	8.14				
富民县	Fumin	27	31.00			2	0.80	1	0.14
宜良县	Yiliang	33	57.20	2	1.40	3	1.38		
石林县	Shilin	28	19.73	2	2.12				
嵩明县	Songming	42	67.97	4	3.39			1	0.65
禄劝县	Luquan	19	11.87	1	1.77				
寻甸县	Xundian	20	45.50	1	2.10	1	0.65		
安宁市	Anning	100	504.99	15	141.54	5	4.20		
曲靖市	**Qujing**	**435**	**1 203.54**	**32**	**204.77**	**20**	**14.99**		
麒麟区	Qilin	90	458.34	7	120.96	3	2.03		
马龙县	Malong	20	50.66	1	2.58				
陆良县	Luliang	45	73.54	4	16.86	1	0.66		
师宗县	Shizong	35	41.43	6	14.45	6	4.17		
罗平县	Luoping	25	49.75	3	7.16				
富源县	Fuyuan	101	166.76	4	13.69				
会泽县	Huize	14	75.16	1	0.98				
沾益县	Zhanyi	25	191.65	1	2.99	2	0.63		
宣威市	Xuanwei	80	96.24	5	25.10	8	7.50		
玉溪市	**Yuxi**	**261**	**1 110.86**	**6**	**46.84**	**8**	**51.60**	**4**	**2.63**
红塔区	Hongta	83	761.62	1	1.26	7	48.06		2.63
江川县	Jiangchuan	24	20.26					1	
澄江县	Chengjiang	18	26.77						0.43
通海县	Tonghai	46	51.42	2	7.04			3	
华宁县	Huaning	19	10.72						2.21
易门县	Yimen	20	43.93						
峨山县	Eshan	21	44.08	1	1.97	1	3.54		
新平县	Xinping	14	138.02	2	36.57				
元江县	Yuanjiang	16	14.04						

注：国有企业中含国有联营企业和国有独资公司。
Note: State-owned enterprises include state-owned jointly-run enterprises and solely state-owned enterprises.

19−21 续表1 continued

州市县	Region	企业单位数（个）Number of Enterprises (unit)	工业总产值（亿元）Gross Industrial Output Value (100 million yuan)	国有企业 State-owned Industry 单位数（个）Number of Enterprise (unit)	总产值（亿元）Gross Output Value (100 million yuan)	集体企业 Collective-owned Enterprise 单位数（个）Number of Enterprise (unit)	总产值（亿元）Gross Output Value (100 million yuan)	股份合作制企业 Corporations Enterprise 单位数（个）Number of Enterprise (unit)	总产值（亿元）Gross Output Value (100 million yuan)
保 山 市	**Baoshan**	**94**	**153.06**	**3**	**4.37**			**3**	**4.41**
隆阳区	Longyang	35	59.14	1	3.60				
施甸县	Shidian	7	10.47						
腾冲县	Tengchong	23	39.72	1	0.71			1	1.13
龙陵县	Longling	11	24.24					1	2.78
昌宁县	Changning	18	19.48	1	0.06			1	0.51
昭 通 市	**Zhaotong**	**191**	**264.01**	**14**	**33.96**	**2**	**0.85**	**1**	**0.87**
昭阳区	Zhaoyang	29	91.14	4	19.04				
鲁甸县	Ludian	13	29.25	1	1.63				
巧家县	Qiaojia	9	10.80	1	0.72				
盐津县	Yanjin	8	12.78						
大关县	Daguan	9	3.65	1	0.32			1	0.87
永善县	Yongshan	4	3.75	1	0.74				
绥江县	Suijiang	7	4.04	1	0.77				
镇雄县	Zhenxiong	68	51.95	1	2.40	1	0.42		
彝良县	Yiliang	15	17.60	1	5.33				
威信县	Weixin	21	9.08						
水富县	Shuifu	8	29.98	3	3.01	1	0.43		
丽 江 市	**Lijiang**	**66**	**95.94**	**2**	**2.86**	**1**	**0.14**	**1**	**1.70**
古城区	Gucheng	12	20.06	2	2.86				
玉龙县	Yulong	5	6.55						
永胜县	Yongsheng	15	22.11						
华坪县	Huaping	22	41.24			1	0.14	1	1.70
宁蒗县	Ninglang	12	5.97						
普 洱 市	**Pu'er**	**99**	**124.82**	**10**	**19.10**				
思茅区	Simao	23	29.39	2	15.65				
宁洱县	Ning'er	12	14.78	2	1.18				
墨江县	Mojiang	9	11.69	1	0.53				
景东县	Jingdong	10	11.86	1	0.77				
景谷县	Jinggu	18	25.62						
镇沅县	Zhenyuan	6	5.09	1	0.37				
江城县	Jiangcheng	7	9.20	2	0.40				
孟连县	Menglian	2	2.71						
澜沧县	Lancang	10	13.58						
西盟县	Ximeng	2	0.90	1	0.21				
临 沧 市	**Lincang**	**73**	**121.28**	**4**	**3.77**				
临翔区	Linxiang	14	11.70	1	2.13				
凤庆县	Fengqing	9	21.99						
云 县	Yunxian	15	31.49	1	0.69				
永德县	Yongde	6	8.73						
镇康县	Zhenkang	10	14.76						
双江县	Shuangjiang	6	8.70	1	0.53				
耿马县	Gengma	5	15.43	1	0.42				
沧源县	Cangyuan	8	8.47						

19-21 续表2 continued

州市县	Region	企业单位数（个）Number of Enterprises (unit)	工业总产值（亿元）Gross Industrial Output Value (100 million yuan)	国有企业 State-owned Industry 单位数（个）Number of Enterprise (unit)	国有企业 State-owned Industry 总产值（亿元）Gross Output Value (100 million yuan)	集体企业 Collective-owned Enterprise 单位数（个）Number of Enterprise (unit)	集体企业 Collective-owned Enterprise 总产值（亿元）Gross Output Value (100 million yuan)	股份合作制企业 Corporations Enterprise 单位数（个）Number of Enterprise (unit)	股份合作制企业 Corporations Enterprise 总产值（亿元）Gross Output Value (100 million yuan)
楚 雄 州	**Chuxiong**	**138**	**362.68**	**11**	**26.59**	**2**	**1.76**	**2**	**0.92**
楚雄市	Chuxiong	47	179.32	3	16.29	1	1.01	1	0.72
双柏县	Shuangbo	7	7.62	1	0.39				
牟定县	Mouding	11	6.42	1	0.52	1	0.75		
南华县	Nanhua	9	15.59						
姚安县	Yao'an	4	2.24	1	0.44			1	0.21
大姚县	Dayao	17	23.70						
永仁县	Yongren	7	3.54						
元谋县	Yuanmou	10	9.10	1	0.65				
武定县	Wuding	9	8.39	1	0.80				
禄丰县	Lufeng	17	106.76	3	7.50				
红 河 州	**Honghe**	**194**	**874.94**	**20**	**191.75**	**1**	**0.18**	**1**	**0.22**
蒙自市	Mengzi	23	171.18	5	132.50				
个旧市	Gejiu	48	314.72	3	5.95				
开远市	Kaiyuan	25	103.48	5	42.91	1	0.18		
屏边县	Pingbian	8	6.00	1	0.36				
建水县	Jianshui	16	36.88	1	3.89				
石屏县	Shiping	17	9.15	1	0.87			1	0.22
弥勒县	Mile	20	173.05						
泸西县	Luxi	13	31.96	2	4.44				
元阳县	Yuanyang	3	4.78						
红河县	Honghe	4	1.99	1	0.40				
金平县	Jinping	11	16.17						
绿春县	Luchun	3	3.18	1	0.42				
河口县	Hekou	3	2.39						
文 山 州	**Wenshan**	**111**	**235.20**	**7**	**40.23**			**1**	**0.45**
文山市	Wenshan	23	94.36	3	37.86				
砚山县	Yanshan	23	56.19	3	2.20				
西畴县	Xichou	1	0.82						
麻栗坡县	Malipo	9	14.46						
马关县	Maguan	18	31.82						
丘北县	Qiubei	16	7.50	1	0.16				
广南县	Guangnan	13	16.97					1	0.45
富宁县	Funing	8	13.09						
西双版纳州	**Xishuangbanna**	**42**	**53.91**	**8**	**8.42**			**2**	**1.25**
景洪市	Jinghong	18	21.78	5	6.36			1	
勐海县	Menghai	18	24.25	3	2.05			1	1.25
勐腊县	Mengla	6	7.87						

19-21 续表3 continued

州市县	Region	企业单位数(个) Number of Enterprises (unit)	工业总产值(亿元) Gross Industrial Output Value (100 million yuan)	国有企业 State-owned Industry 单位数(个) Number of Enterprise (unit)	国有企业 总产值(亿元) Gross Output Value (100 million yuan)	集体企业 Collective-owned Enterprise 单位数(个) Number of Enterprise (unit)	集体企业 总产值(亿元) Gross Output Value (100 million yuan)	股份合作制企业 Corporations Enterprise 单位数(个) Number of Enterprise (unit)	股份合作制企业 总产值(亿元) Gross Output Value (100 million yuan)
大理州	**Dali**	**172**	**418.69**	**11**	**41.54**	**2**	**0.48**	**1**	**0.65**
大理市	Dali	49	190.35	3	18.53	1	0.25		
漾濞县	Yangbi	8	8.40	1	0.55				
祥云县	Xiangyun	28	90.59	2	17.02			1	0.65
宾川县	Binchuan	13	**12.38**	**1**	**1.33**				
弥渡县	Midu	8	7.06			1	0.23		
南涧县	Nanjian	10	13.53						
巍山县	Weishan	14	10.97	1	0.49				
永平县	Yongping	4	3.48						
云龙县	Yunlong	4	6.11						
洱源县	Eryuan	10	29.64	1	0.73				
剑川县	Jianchuan	7	13.10	1	1.06				
鹤庆县	Heqing	17	33.08	1	1.83				
德宏州	**Dehong**	**68**	**93.43**	**3**	**6.53**	**2**	**0.56**		
芒　市	Mangshi	21	35.84	1	2.92				
瑞丽市	Ruili	7	4.77						
梁河县	Lianghe	8	5.94			2	0.56		
盈江县	Yingjiang	26	30.87	1	0.93				
陇川县	Longchuan	6	16.00	1	2.68				
怒江州	**Nujiang**	**18**	**31.80**	**2**	**6.13**			**1**	**0.66**
泸水县	Lushui	11	14.12	2	6.13			1	0.66
福贡县	Fugong	1	0.18						
贡山县	Gongshan	2	0.65						
兰坪县	Lanping	4	16.86						
迪庆州	**Diqing**	**19**	**32.94**					**1**	**1.66**
香格里拉县	Shangri-La	15	24.80					1	1.66
德钦县	Deqin	2	6.24						
维西县	Weixi	2	1.90						

19-22 各州市县主要工业产品产量(2011年)

Output of Major Industrial Products by Region (2011)

州市县	Region	原煤 (万吨) Coal (10 000 tons)	发电量 (亿千瓦小时) Electricity (100 million kwh)	农用化肥 (万吨) Chemical Fertilizer (10 000 tons)	白酒 (万升) Liquor (10 000 kiloliter)	啤酒 (万升) Beer (10 000 kiloliter)	糖 (万吨) Sugar (10 000 tons)	水泥 (万吨) Cement (10 000 tons)
全　省	**Yunnan**	**9 957.41**	**1 555.13**	**326.93**	**38 372.50**	**76 218.70**	**173.51**	**6 788.88**
昆明市	**Kunming**	**637.36**	**176.05**	**145.13**	**33 920.00**	**25 114.20**		**1 233.82**
呈贡区	Chenggong		0.34	0.04				
五华区	Wuhua		66.64	0.04				
盘龙区	Panlong		0.19					6.80
官渡区	Guandu		1.12	8.62		3 627.40		157.27
西山区	Xishan		0.72	25.60				53.34
东川区	Dongchuan		1.94	1.74	46.50			88.30
晋宁县	Jinning		0.04	17.48				
富民县	Fumin		0.73		337.80			125.07
宜良县	Yiliang	224.24	51.06	10.36	876.00			358.07
石林县	Shilin	69.79	0.32		266.00			73.98
嵩明县	Songming	17.41			802.10	21 486.80		11.34
禄劝县	Luquan		9.62					52.19
寻甸县	Xundian	325.92	6.28	17.73	1 063.60			80.82
安宁市	Anning		37.07	63.53				226.65
曲靖市	**Qujing**	**4 030.84**	**345.87**	**29.78**	**1 459.40**			**1 203.20**
麒麟区	Qilin	527.64	4.66	1.33				106.64
马龙县	Malong		0.01		69.40			63.00
陆良县	Luliang		5.83	1.41	522.40			396.69
师宗县	Shizong	225.30	3.64		92.80			136.53
罗平县	Luoping	147.25	17.90	0.16				40.04
富源县	Fuyuan	2 109.06	175.80		291.20			
会泽县	Huize	15.00	6.47	2.01	483.60			73.18
沾益县	Zhanyi	51.83	61.43	22.72				117.14
宣威市	Xuanwei	954.75	70.13	2.16				269.98
玉溪市	**Yuxi**	**58.01**	**14.59**	**15.07**	**1 235.80**		**6.79**	**823.57**
红塔区	Hongta		1.37	2.83				163.48
江川县	Jiangchuan			0.93	74.00			58.92
澄江县	Chengjiang		1.72		22.60			110.25
通海县	Tonghai		0.09	3.71				37.52
华宁县	Huaning	29.80	0.42		155.00			71.37
易门县	Yimen		0.46		428.10			217.54
峨山县	Eshan	28.21	0.42	7.60	451.10		0.13	28.36
新平县	Xinping		6.38		53.00		3.59	20.69
元江县	Yuanjiang		3.72		52.00		3.07	115.45

注：本表统计范围为全部工业法人单位。

Note:The coverage of statistics are all industrial legal entities in this table.

19-22 续表1 continued

州市县	Region	原煤（万吨） Coal (10 000 tons)	发电量（亿千瓦小时） Electricity (100 million kwh)	农用化肥（万吨） Chemical Fertilizer (10 000 tons)	白酒（万升） Liquor (10 000 kiloliter)	啤酒（万升） Beer (10 000 kiloliter)	糖（万吨） Sugar (10 000 tons)	水泥（万吨） Cement (10 000 tons)
保山市	**Baoshan**	**41.01**	**52.72**	**0.18**	**1 356.40**	**2 017.70**	**19.64**	**276.67**
隆阳区	Longyang	3.92	30.93		594.20	2 017.70	4.46	41.75
施甸县	Shidian		0.64		49.30		2.57	153.53
腾冲县	Tengchong		11.65	0.18	103.50			73.29
龙陵县	Longling	2.70	8.81		201.40		7.62	
昌宁县	Changning	34.40	0.69		408.00		4.99	8.10
昭通市	**Zhaotong**	**1 849.05**	**58.13**	**31.47**	**2 141.10**		**0.38**	**328.79**
昭阳区	Zhaoyang	136.16	10.46		57.90			144.63
鲁甸县	Ludian		2.96	2.52	88.90			59.12
巧家县	Qiaojia	2.16	5.21		95.70		0.38	17.90
盐津县	Yanjin	152.29	8.41		278.90			
大关县	Daguan	42.33	4.11		141.00			16.02
永善县	Yongshan	17.52	1.91		219.00			6.37
绥江县	Suijiang	115.00	0.38		21.00			45.00
镇雄县	Zhenxiong	1 011.76	1.82		749.80			33.35
彝良县	Yiliang	238.72	4.48		192.00			3.78
威信县	Weixin	130.83	1.75		275.90			
水富县	Shuifu	2.27	16.65	28.95	21.00			2.62
丽江市	**Lijiang**	**896.90**	**68.70**	**7.10**	**1 237.50**		**0.66**	**320.92**
古城区	Gucheng		58.40		50.70			78.48
玉龙县	Yulong	12.08	3.65		444.50			
永胜县	Yongsheng	22.50	2.82		284.20		0.66	81.33
华坪县	Huaping	715.36	2.30	7.10	26.00			154.82
宁蒗县	Ninglang	146.96	1.54		432.10			6.29
普洱市	**Pu'er**	**91.22**	**70.01**		**1 104.31**	**1 371.10**	**18.31**	**256.21**
思茅区	Simao		49.67			1 371.10		141.29
宁洱县	Ning'er	9.58	1.00		46.00			46.55
墨江县	Mojiang		11.61		210.50		0.51	12.32
景东县	Jingdong	6.30	0.61		32.00		1.73	12.02
景谷县	Jinggu	15.28	4.46		708.82		2.55	15.66
镇沅县	Zhenyuan	11.98	0.56		8.30		0.17	10.00
江城县	Jiangcheng		0.29		31.19		1.00	
孟连县	Menglian	2.50	0.10		4.00		3.82	
澜沧县	Lancang	45.58	1.00		63.50		7.38	18.37
西盟县	Ximeng		0.71				1.16	
临沧市	**Lincang**	**16.77**	**85.22**		**2 511.02**	**12 157.00**	**64.04**	
临翔区	Linxiang	1.50	2.49		143.70		2.23	
凤庆县	Fengqing	0.44	0.99		130.00		3.24	
云　县	Yunxian		70.61		1 779.90	12 157.00	4.93	
永德县	Yongde	2.12	1.34		159.60		11.89	
镇康县	Zhenkang		5.24		17.40		10.27	
双江县	Shuangjiang	0.97	1.04		48.10		5.59	
耿马县	Gengma	2.89	1.23		203.36		18.95	
沧源县	Cangyuan	8.85	2.28		28.96		6.95	

19-22 续表2 continued

州市县	Region	原煤 (万吨) Coal (10 000 tons)	发电量 (亿千瓦小时) Electricity (100 million kwh)	农用化肥 (万吨) Chemical Fertilizer (10 000 tons)	白酒 (万升) Liquor (10 000 kiloliters)	啤酒 (万升) Beer (10 000 kiloliters)	糖 (万吨) Sugar (10 000 tons)	水泥 (万吨) Cement (10 000 tons)
楚雄州	**Chuxiong**	**169.82**	**10.87**	**6.31**	**3 162.50**	**12 904.70**		**106.24**
楚雄市	Chuxiong	38.80	2.14	0.69	2 052.10			52.99
双柏县	Shuangbo	4.29	3.29					2.56
牟定县	Mouding				162.60			
南华县	Nanhua	67.56			92.40	12 904.70		
姚安县	Yao'an				518.50			0.11
大姚县	Dayao		0.30					
永仁县	Yongren		0.67					2.56
元谋县	Yuanmou							7.47
武定县	Wuding				336.90			5.05
禄丰县	Lufeng	59.16	4.47	5.62				35.50
红河州	**Honghe**	**1 637.64**	**183.19**	**89.71**	**5 333.90**	**800.83**	**3.99**	**524.69**
蒙自市	Mengzi		4.99	0.73	1 357.90		0.29	164.96
个旧市	Gejiu		2.55	19.57	171.60			12.83
开远市	Kaiyuan	1 208.30	83.16	65.72	250.40	800.83	0.25	232.95
屏边县	Pingbian		7.75		278.80			
建水县	Jianshui	42.51	0.01		13.90		0.25	82.94
石屏县	Shiping	38.60	0.42				0.39	13.74
弥勒县	Mile	114.77	45.38	2.12	2 815.50		0.53	9.31
泸西县	Luxi	233.46	5.65	1.15	34.30			
元阳县	Yuanyang		0.57		11.90		0.95	5.20
红河县	Honghe		0.19		329.00		1.33	
金平县	Jinping		19.92	0.43	70.60			2.76
绿春县	Luchun		11.65					
河口县	Hekou		0.96					
文山州	**Wenshan**	**165.63**	**55.54**	**2.18**	**4 107.10**		**1.57**	**377.10**
文山市	Wenshan	0.82	6.95	1.33	282.80		0.59	138.54
砚山县	Yanshan	9.63	0.09	0.85	189.60			143.54
西畴县	Xichou		2.69					26.71
麻栗坡县	Malipo		21.06		47.10			
马关县	Maguan	4.02	11.46		371.10			13.24
丘北县	Qiubei	0.82	3.59		2 871.10			8.16
广南县	Guangnan	0.53	5.08		151.80		0.98	44.88
富宁县	Funing	149.81	4.62		193.60			2.04
西双版纳州	**Xishuangbanna**		**76.19**		**34.48**	**1 846.17**	**15.23**	**35.24**
景洪市	Jinghong		71.27		34.00	1 846.17		26.00
勐海县	Menghai		4.74		0.48		11.06	
勐腊县	Mengla		0.17				4.17	9.24

19—22 续表3 continued

州市县	Region	原煤(万吨) Coal (10 000 tons)	发电量(亿千瓦小时) Electricity (100 million kwh)	农用化肥(万吨) Chemical Fertilizer (10 000 tons)	白酒(万升) Liquor (10 000 kiloliters)	啤酒(万升) Beer (10 000 kiloliters)	糖(万吨) Sugar (10 000 tons)	水泥(万吨) Cement (10 000 tons)
大理州	**Dali**	**362.04**	**204.29**		**8 822.53**	**19 582.40**	**0.53**	**942.79**
大理市	Dali		7.17		176.60	19 582.40		463.23
漾濞县	Yangbi		18.40		286.70			
祥云县	Xiangyun	212.30			6 313.70			103.73
宾川县	Binchuan	70.76	0.28		530.90			58.70
弥渡县	Midu	46.13			235.73			22.28
南涧县	Nanjian		158.68		70.90			3.76
巍山县	Weishan				530.00			9.29
永平县	Yongping	3.50	0.57		141.50			10.49
云龙县	Yunlong		9.55		171.40			66.98
洱源县	Eryuan		5.63					
剑川县	Jianchuan	12.20	0.79		16.60			89.19
鹤庆县	Heqing	17.15	3.20		348.50		0.53	115.13
德宏州	**Dehong**	**1.13**	**110.98**		**255.90**	**424.60**	**42.37**	**186.09**
芒市	Mangshi		0.19		15.90	424.60	29.45	4.61
瑞丽市	Ruili		11.96		60.00		2.72	92.44
梁河县	Lianghe	1.13	4.56		7.20		3.73	17.86
盈江县	Yingjiang		89.45		156.90		1.96	71.18
陇川县	Longchuan		4.82		15.90		4.52	
怒江州	**Nujiang**		**21.62**		**259.20**			**15.79**
泸水县	Lushui		8.11		76.00			3.09
福贡县	Fugong		9.04		37.60			
贡山县	Gongshan		3.94					
兰坪县	Lanping		0.54		145.60			12.69
迪庆州	**Diqing**		**21.16**		**1 959.40**			**66.17**
香格里拉县	Shangri-La		14.87		1 947.40			60.18
德钦县	Deqin		0.95					
维西县	Weixi		5.33		12.00			6.00

19-23 各州市县规模以上工业企业主要财务指标(2011年)
Principal Financial Indicators of Industrial Enterprises above Designated Size by Region (2011)

单位：亿元 (100 million yuan)

州市县	Region	资产总计 Total Assets	负债总计 Total Liabilities	所有者权益总计 Total Owners ' Equities	主营业务收入 Revenue from Principal Business	利润总额 Total Profits	利税总额 Total Taxes and Profits
全　省	**Yunnan**	**11 053.93**	**6 763.81**	**4 291.24**	**7 621.91**	**639.70**	**1 664.48**
昆明市	**Kunming**	**3 161.14**	**1 834.83**	**1 325.68**	**2 667.24**	**180.74**	**429.19**
呈贡区	Chenggong	144.22	86.31	57.91	124.33	6.88	10.25
五华区	Wuhua	891.88	445.93	445.94	799.39	83.62	261.95
盘龙区	Panlong	232.01	111.79	120.23	173.46	15.62	23.43
官渡区	Guandu	546.50	367.78	178.67	444.44	23.88	43.80
西山区	Xishan	180.79	96.14	84.46	132.81	5.74	9.48
东川区	Dongchuan	77.85	50.62	27.23	138.49	5.27	11.80
晋宁县	Jinning	113.52	65.46	48.06	91.45	6.21	12.51
富民县	Fumin	41.25	30.56	10.70	33.73	0.76	1.76
宜良县	Yiliang	62.42	40.43	21.99	55.88	1.43	3.92
石林县	Shilin	22.76	6.54	15.91	19.48	1.41	2.75
嵩明县	Songming	42.26	25.04	17.18	67.12	2.11	3.96
禄劝县	Luquan	65.53	54.52	11.01	11.28	0.12	0.79
寻甸县	Xundian	68.46	50.70	17.77	44.02	3.03	5.20
安宁市	Anning	671.69	403.02	268.63	531.37	24.66	37.59
曲靖市	**Qujing**	**1 584.40**	**1 046.31**	**532.96**	**1 167.67**	**71.78**	**219.93**
麒麟区	Qilin	483.86	285.41	197.53	439.29	25.48	110.98
马龙县	Malong	30.53	24.19	6.34	47.92	5.03	5.96
陆良县	Luliang	74.47	42.14	32.33	71.06	5.96	8.60
师宗县	Shizong	61.18	43.47	17.71	37.01	- 1.11	0.58
罗平县	Luoping	47.86	34.91	12.95	46.31	3.51	5.18
富源县	Fuyuan	351.40	236.62	110.77	166.16	24.97	39.29
会泽县	Huize	90.29	37.65	52.44	72.26	6.40	37.96
沾益县	Zhanyi	307.46	234.73	72.73	192.71	3.65	8.53
宣威市	Xuanwei	137.36	107.18	30.18	94.92	- 2.11	2.84
玉溪市	**Yuxi**	**1 126.68**	**492.00**	**634.68**	**1 057.61**	**105.07**	**382.20**
红塔区	Hongta	779.48	270.38	509.10	721.83	75.36	335.33
江川县	Jiangchuan	23.68	10.96	12.72	18.42	1.40	2.66
澄江县	Chengjiang	42.20	31.39	10.81	23.42	1.27	2.26
通海县	Tonghai	43.06	26.30	16.76	51.25	2.06	3.19
华宁县	Huaning	14.64	12.53	2.11	10.73	0.19	0.62
易门县	Yimen	30.67	15.79	14.88	43.40	6.94	8.34
峨山县	Eshan	38.37	25.57	12.81	40.57	4.69	6.81
新平县	Xinping	129.92	81.38	48.54	133.12	13.12	22.05
元江县	Yuanjiang	24.66	17.70	6.96	14.87	0.03	0.94

19-23 续表1 continued

单位：亿元 (100 million yuan)

州市县	Region	资产总计 Total Assets	负债总计 Total Liabilities	所有者权益总计 Total Owners ' Equities	主营业务收入 Revenue from Principal Business	利润总额 Total Profits	利税总额 Total Taxes and Profits
保山市	**Baoshan**	**377.71**	**258.63**	**119.08**	**142.99**	**17.35**	**28.87**
隆阳区	Longyang	177.51	121.91	55.60	49.49	3.57	7.86
施甸县	Shidian	13.26	6.18	7.08	9.94	2.10	2.87
腾冲县	Tengchong	54.16	34.23	19.93	43.32	6.75	9.89
龙陵县	Longling	32.95	21.24	11.71	21.98	2.11	3.74
昌宁县	Changning	99.83	75.07	24.76	18.26	2.81	4.52
昭通市	**Zhaotong**	**522.85**	**309.15**	**213.70**	**246.53**	**22.61**	**74.98**
昭阳区	Zhaoyang	172.43	87.35	85.08	84.60	9.18	48.02
鲁甸县	Ludian	75.49	60.20	15.29	23.10	4.18	6.05
巧家县	Qiaojia	31.52	24.33	7.19	9.07	- 0.14	0.40
盐津县	Yanjin	17.36	11.83	5.53	11.41	1.16	2.01
大关县	Daguan	6.50	3.04	3.46	3.53	0.41	0.87
永善县	Yongshan	3.79	2.41	1.38	2.52	0.17	0.56
绥江县	Suijiang	3.88	2.94	0.93	4.16	0.28	0.96
镇雄县	Zhenxiong	32.28	19.85	12.43	51.70	3.76	8.95
彝良县	Yiliang	29.47	19.36	10.10	17.55	1.55	3.48
威信县	Weixin	6.39	2.59	3.80	9.08	0.52	1.57
水富县	Shuifu	143.74	75.24	68.50	29.82	1.53	2.12
丽江市	**Lijiang**	**238.83**	**164.32**	**70.08**	**91.94**	**10.65**	**17.48**
古城区	Gucheng	94.67	71.30	23.17	19.44	1.41	2.61
玉龙县	Yulong	7.73	3.34	4.39	5.33	0.71	0.79
永胜县	Yongsheng	85.50	59.63	22.77	21.10	3.99	4.71
华坪县	Huaping	46.69	27.43	18.13	40.16	3.86	8.18
宁蒗县	Ninglang	4.24	2.62	1.62	5.91	0.68	1.19
普洱市	**Pu'er**	**471.67**	**359.73**	**111.59**	**114.57**	**15.99**	**25.60**
思茅区	Simao	135.38	94.58	40.80	27.71	27.15	5.75
宁洱县	Ning'er	29.35	23.59	5.50	6.75	1.27	0.91
墨江县	Mojiang	58.51	49.75	8.75	7.86	19.90	2.97
景东县	Jingdong	77.55	55.20	22.33	8.73	3.19	2.33
景谷县	Jinggu	44.69	35.33	9.36	20.39	36.30	4.84
镇沅县	Zhenyuan	6.74	5.36	1.31	5.06	5.87	0.75
江城县	Jiangcheng	58.65	52.59	6.05	22.03	30.61	1.63
孟连县	Menglian	2.82	0.78	2.05	2.69	8.53	1.16
澜沧县	Lancang	57.17	42.36	14.82	12.45	24.90	4.96
西盟县	Ximeng	0.80	0.19	0.62	0.90	2.13	0.31
临沧市	**Lincang**	**487.47**	**350.67**	**136.81**	**118.04**	**21.64**	**31.96**
临翔区	Linxiang	45.17	23.47	21.69	11.97	1.59	2.33
凤庆县	Fengqing	218.14	169.12	49.02	21.07	4.62	7.56
云县	Yunxian	137.83	98.93	38.90	29.20	6.20	8.51
永德县	Yongde	21.46	13.58	7.88	8.36	1.16	1.82
镇康县	Zhenkang	31.37	21.43	9.94	14.90	2.38	3.56
双江县	Shuangjiang	8.64	4.98	3.65	9.09	1.30	1.89
耿马县	Gengma	17.37	13.28	4.08	14.56	2.99	4.17
沧源县	Cangyuan	7.50	5.87	1.64	8.87	1.41	2.13

19-23 续表2 continued

单位：亿元 (100 million yuan)

州市县	Region	资产总计 Total Assets	负债总计 Total Liabilities	所有者权益总计 Total Owners' Equities	主营业务收入 Revenue from Principal Business	利润总额 Total Profits	利税总额 Total Taxes and Profits
楚雄州	**Chuxiong**	**398.28**	**217.99**	**193.60**	**342.17**	**23.91**	**82.29**
楚雄市	Chuxiong	197.26	100.62	110.21	167.87	11.61	62.88
双柏县	Shuangbo	6.72	4.94	1.79	8.29	0.59	0.91
牟定县	Mouding	7.52	4.55	2.94	5.45	0.27	0.61
南华县	Nanhua	12.12	7.13	4.98	14.89	0.80	1.44
姚安县	Yao'an	1.54	1.14	0.41	2.26	- 0.06	0.03
大姚县	Dayao	27.99	20.23	7.58	25.88	1.70	2.83
永仁县	Yongren	2.89	2.49	0.41	3.32	0.05	0.21
元谋县	Yuanmou	4.12	2.51	1.61	8.89	0.42	0.81
武定县	Wuding	5.99	4.07	1.91	7.20	0.47	0.86
禄丰县	Lufeng	132.12	70.31	61.77	98.12	8.06	11.72
红河州	**Honghe**	**1 169.34**	**752.74**	**415.27**	**844.92**	**56.30**	**177.21**
蒙自市	Mengzi	171.75	108.89	62.67	166.78	10.98	18.73
个旧市	Gejiu	412.44	300.32	112.06	312.64	11.21	22.23
开远市	Kaiyuan	191.87	136.14	55.69	99.86	5.57	12.82
屏边县	Pingbian	8.02	3.44	4.58	5.07	0.56	0.84
建水县	Jianshui	59.46	37.00	22.11	28.27	0.80	1.76
石屏县	Shiping	6.09	3.20	2.88	8.97	0.51	1.13
弥勒县	Mile	212.55	86.00	126.54	165.30	21.70	110.09
泸西县	Luxi	58.93	45.48	13.34	29.26	1.70	2.72
元阳县	Yuanyang	5.67	1.39	4.28	4.40	1.32	1.59
红河县	Honghe	1.97	1.22	0.43	2.10	0.25	0.44
金平县	Jinping	35.90	27.04	8.79	16.87	1.42	4.19
绿春县	Luchun	2.12	1.12	0.81	3.01	0.24	0.39
河口县	Hekou	2.58	1.50	1.08	2.38	0.04	0.27
文山州	**Wenshan**	**308.91**	**181.44**	**127.46**	**217.41**	**29.28**	**48.88**
文山市	Wenshan	103.98	55.88	48.09	86.78	7.59	16.44
砚山县	Yanshan	49.75	26.37	23.38	53.78	3.92	6.29
西畴县	Xichou	0.43	0.31	0.12	0.87	0.03	0.12
麻栗坡县	Malipo	55.85	36.43	19.42	14.84	2.80	4.88
马关县	Maguan	55.48	35.78	19.70	25.51	5.34	7.99
丘北县	Qiubei	9.48	6.07	3.40	7.23	0.35	0.55
广南县	Guangnan	20.01	11.33	8.68	16.49	3.54	5.35
富宁县	Funing	13.94	9.27	4.67	11.91	5.71	7.26
西双版纳州	**Xishuangbanna**	**227.06**	**159.10**	**67.66**	**55.34**	**11.77**	**17.32**
景洪市	Jinghong	179.93	137.97	41.66	24.84	2.23	4.77
勐海县	Menghai	33.20	15.36	17.84	22.51	8.11	10.02
勐腊县	Mengla	13.93	5.78	8.15	8.00	1.43	2.53

19−23 续表3 continued

单位：亿元 (100 million yuan)

州市县	Region	资产总计 Total Assets	负债总计 Total Liabilities	所有者权益总计 Total Owners' Equities	主营业务收入 Revenue from Principal Business	利润总额 Total Profits	利税总额 Total Taxes and Profits
大理州	**Dali**	**596.56**	**371.35**	**225.20**	**395.89**	**50.37**	**93.09**
大理市	Dali	204.90	106.82	98.08	183.58	20.61	53.81
漾濞县	Yangbi	20.99	10.82	10.17	8.75	0.71	1.18
祥云县	Xiangyun	57.48	23.53	33.95	79.78	7.08	9.56
宾川县	Binchuan	17.51	12.61	4.91	11.97	0.96	1.51
弥渡县	Midu	10.10	6.69	3.40	5.88	0.12	0.34
南涧县	Nanjian	101.44	78.48	22.96	13.28	1.72	3.03
巍山县	Weishan	43.39	33.44	9.95	10.27	0.83	1.88
永平县	Yongping	25.09	19.25	5.85	3.42	0.63	1.08
云龙县	Yunlong	21.43	16.68	4.75	6.29	0.90	1.60
洱源县	Eryuan	33.01	25.35	7.66	29.31	3.00	3.29
剑川县	Jianchuan	14.70	11.52	3.19	12.71	0.65	1.23
鹤庆县	Heqing	46.50	26.18	20.32	30.64	13.17	14.58
德宏州	**Dehong**	**227.50**	**158.34**	**69.16**	**97.36**	**15.81**	**24.44**
芒　市	Mangshi	84.88	61.79	22.23	34.13	1.64	1.22
瑞丽市	Ruili	3.87	2.48	5.48	23.13	5.60	6.10
梁河县	Lianghe	13.24	9.63	3.61	6.49	1.46	1.61
盈江县	Yingjiang	100.30	65.65	33.13	24.85	6.39	11.48
陇川县	Longchuan	25.21	18.79	4.72	8.76	0.72	4.03
怒江州	**Nujiang**	**80.30**	**48.00**	**32.30**	**31.75**	**1.42**	**4.07**
泸水县	Lushui	35.61	24.52	11.09	13.63	0.53	1.48
福贡县	Fugong	1.68	1.26	0.41	0.18	- 0.02	- 0.01
贡山县	Gongshan	3.16	3.49	- 0.33	0.65	- 0.02	0.01
兰坪县	Lanping	39.85	18.72	21.13	17.29	0.94	2.59
迪庆州	**Diqing**	**75.24**	**59.21**	**16.02**	**30.48**	**5.01**	**6.96**
香格里拉县	Shangri-La	59.96	45.64	14.32	23.15	3.36	4.59
德钦县	Deqin	12.43	11.00	1.44	5.69	1.47	1.95
维西县	Weixi	2.84	2.58	0.27	1.64	0.18	0.42

19-24 各州市县“三上”企业和房地产开发经营企业数(2011年)

Number of Industrial Enterprises above Designated Size ,Wholesale and Retail, Hotels and Catering Services Enterprises above Designated Size,Qualified Construction and Real Estate Enterprises,and Real Estate Enterprises of Development and Management by County

单位：个 (unit)

州市县	Region	三上企业个数 Number of Industrial Enterprises above Designated Size	工业 Industry	建筑业 Construction	批零贸易业 Wholesale and Retail Trades	住宿餐饮业 Hotels and Catering Services	房地产业 Real Estate
全省	**Yunnan**	**10 473**	**2 773**	**2 227**	**2 098**	**700**	**2 675**
昆明市	**Kunming**	**3 660**	**792**	**1 031**	**758**	**266**	**813**
呈贡区	Chenggong	123	50	24	13	3	33
五华区	Wuhua	824	103	266	199	46	210
盘龙区	Panlong	572	38	239	122	63	110
官渡区	Guandu	772	156	181	198	65	172
西山区	Xishan	496	71	131	124	49	121
东川区	Dongchuan	106	51	17	6	5	27
晋宁县	Jinning	115	54	25	11	2	23
富民县	Fumin	79	27	25	7	3	17
宜良县	Yiliang	90	33	20	12	4	21
石林县	Shilin	73	28	15	6	7	17
嵩明县	Songming	101	42	22	6	3	28
禄劝县	Luquan	50	19	14	8	1	8
寻甸县	Xundian	55	20	23	2	1	9
安宁市	Anning	204	100	29	44	14	17
曲靖市	**Qujing**	**1 123**	**435**	**203**	**205**	**69**	**211**
麒麟区	Qilin	363	90	97	65	29	82
马龙县	Malong	49	20	5	2	5	17
陆良县	Luliang	108	45	22	20	5	16
师宗县	Shizong	58	35	4	6	1	12
罗平县	Luoping	74	25	11	21	4	13
富源县	Fuyuan	138	101	4	24	1	8
会泽县	Huize	67	14	19	20	3	11
沾益县	Zhanyi	63	25	9	19	1	9
宣威市	Xuanwei	203	80	32	28	20	43
玉溪市	**Yuxi**	**788**	**261**	**154**	**145**	**50**	**178**
红塔区	Hongta	353	83	87	82	15	86
江川县	Jiangchuan	59	24	14	1	6	14
澄江县	Chengjiang	52	18	9	4	9	12
通海县	Tonghai	99	46	10	21	4	18
华宁县	Huaning	54	19	5	11	4	15
易门县	Yimen	41	20	6	5	2	8
峨山县	Eshan	45	21	6	5	3	10
新平县	Xinping	46	14	11	9	5	7
元江县	Yuanjiang	39	16	6	7	2	8

19－24 续表1 continued

单位:个 (unit)

州市县	Region	三上企业个数 Number of Industrial Enterprises above Designated Size	工业 Industry	建筑业 Construction	批零贸易业 Wholesale and Retail Trades	住宿餐饮业 Hotels and Catering Services	房地产业 Real Estate
保山市	**Baoshan**	**324**	**94**	**54**	**59**	**13**	**104**
隆阳区	Longyang	156	35	35	27	3	56
施甸县	Shidian	22	7	3	3	2	7
腾冲县	Tengchong	87	23	11	18	4	31
龙陵县	Longling	26	11	2	4	3	6
昌宁县	Changning	33	18	3	7	1	4
昭通市	**Zhaotong**	**427**	**191**	**71**	**69**	**28**	**68**
昭阳区	Zhaoyang	129	29	32	31	11	26
鲁甸县	Ludian	29	13	7	3	1	5
巧家县	Qiaojia	23	9	3	7	2	2
盐津县	Yanjin	19	8	3	5	1	2
大关县	Daguan	15	9	1	2		3
永善县	Yongshan	14	4	4	4		2
绥江县	Suijiang	16	7	4	2	2	1
镇雄县	Zhenxiong	88	68	6	7	1	6
彝良县	Yiliang	25	15	2	2	2	4
威信县	Weixin	33	21	3	4	4	1
水富县	Shuifu	36	8	6	2	4	16
丽江市	**Lijiang**	**329**	**66**	**60**	**50**	**52**	**101**
古城区	Gucheng	172	12	34	30	44	52
玉龙县	Yulong	55	5	10	4	2	34
永胜县	Yongsheng	32	15	8	3	2	4
华坪县	Huaping	46	22	5	9	1	9
宁蒗县	Ninglang	24	12	3	4	3	2
普洱市	**Pu'er**	**416**	**99**	**83**	**70**	**16**	**148**
思茅区	Simao	175	23	40	24	5	83
宁洱县	Ning'er	27	12	5	3	2	5
墨江县	Mojiang	30	9	2	5	5	9
景东县	Jingdong	42	10	12	12	1	7
景谷县	Jinggu	50	18	9	8	1	14
镇沅县	Zhenyuan	23	6	6	4	1	6
江城县	Jiangcheng	12	7	1	2		2
孟连县	Menglian	13	2	1	4		6
澜沧县	Lancang	41	10	6	8	1	16
西盟县	Ximeng	3	2	1			
临沧市	**Lincang**	**270**	**73**	**49**	**44**	**10**	**94**
临翔区	Linxiang	98	14	24	16	4	40

19-24 续表2 continued

单位:个 (unit)

州市县	Region	三上企业个数 Number of Industrial Enterprises above Designated Size	工业 Industry	建筑业 Construction	批零贸易业 Wholesale and Retail Trades	住宿餐饮业 Hotels and Catering Services	房地产业 Real Estate
凤庆县	Fengqing	31	9	4	3	3	12
云县	Yunxian	43	15	6	9	1	12
永德县	Yongde	22	6	7	4		5
镇康县	Zhenkang	21	10	1	1	1	8
双江县	Shuangjiang	15	6	4	2		3
耿马县	Gengma	23	5	2	6		10
沧源县	Cangyuan	17	8	1	3	1	4
楚雄州	**Chuxiong**	**512**	**138**	**125**	**115**	**35**	**99**
楚雄市	Chuxiong	213	47	62	53	9	42
双柏县	Shuangbo	14	7	3		1	3
牟定县	Mouding	37	11	11	5	2	8
南华县	Nanhua	36	9	6	10	6	5
姚安县	Yao'an	19	4	4	5	1	5
大姚县	Dayao	43	17	6	11		9
永仁县	Yongren	26	7	3	5	2	9
元谋县	Yuanmou	36	10	8	9	4	5
武定县	Wuding	32	9	7	4	5	7
禄丰县	Lufeng	56	17	15	13	5	6
红河州	**Honghe**	**826**	**194**	**125**	**134**	**46**	**327**
蒙自市	Mengzi	173	23	25	27	13	85
个旧市	Gejiu	193	48	28	34	10	73
开远市	Kaiyuan	126	25	25	26	3	47
屏边县	Pingbian	15	8	2	3		2
建水县	Jianshui	75	16	11	12	4	32
石屏县	Shiping	44	17	4	3	1	19
弥勒县	Mile	73	20	11	10	4	28
泸西县	Luxi	45	13	8	7	4	13
元阳县	Yuanyang	13	3	1		2	7
红河县	Honghe	11	4	2	1	2	2
金平县	Jinping	19	11	1	1	1	5
绿春县	Luchun	9	3	3			3
河口县	Hekou	30	3	4	10	2	11
文山州	**Wenshan**	**374**	**111**	**41**	**107**	**23**	**92**
文山市	Wenshan	144	23	27	30	12	52
砚山县	Yanshan	50	23	2	17	1	7
西畴县	Xichou	8	1	2	5		

19-24 续表3 continued

单位:个 (unit)

州市县	Region	三上企业个数 Number of Industrial Enterprises above Designated Size	工业 Industry	建筑业 Construction	批零贸易业 Wholesale and Retail Trades	住宿餐饮业 Hotels and Catering Services	房地产业 Real Estate
麻栗坡县	Malipo	21	9	1	3		8
马关县	Maguan	29	18	4	6	1	
丘北县	Qiubei	48	16	1	14	4	13
广南县	Guangnan	45	13	2	19	2	9
富宁县	Funing	29	8	2	13	3	3
西双版纳州	**Xishuangbanna**	**266**	**42**	**28**	**71**	**25**	**100**
景洪市	Jinghong	185	18	19	55	22	71
勐海县	Menghai	40	18	5	9		8
勐腊县	Mengla	41	6	4	7	3	21
大理州	**Dali**	**606**	**172**	**135**	**103**	**32**	**164**
大理市	Dali	332	49	82	64	22	115
漾濞县	Yangbi	10	8	1			1
祥云县	Xiangyun	78	28	17	14	2	17
宾川县	Binchuan	23	13	6	1		3
弥渡县	Midu	31	8	4	9	1	9
南涧县	Nanjian	17	10	4		1	2
巍山县	Weishan	23	14	3	1		5
永平县	Yongping	14	4	3	5		2
云龙县	Yunlong	7	4	1			2
洱源县	Eryuan	18	10	3	2	2	1
剑川县	Jianchuan	18	7	6	2	2	1
鹤庆县	Heqing	35	17	5	5	2	6
德宏州	**Dehong**	**400**	**68**	**36**	**138**	**13**	**145**
瑞丽市	Mangshi	160	7	10	70	5	68
芒　市	Ruili	148	21	19	44	6	58
梁河县	Lianghe	16	8	2	2		4
盈江县	Yingjiang	52	26	3	10	2	11
陇川县	Longchuan	24	6	2	12		4
怒江州	**Nujiang**	**59**	**18**	**13**	**9**	**6**	**13**
泸水县	Lushui	39	11	7	8	3	10
福贡县	Fugong	5	1	2			2
贡山县	Gongshan	3	2	1			
兰坪县	Lanping	12	4	3	1	3	1
迪庆州	**Diqing**	**93**	**19**	**19**	**21**	**16**	**18**
香格里拉县	Shangri-La	76	15	14	19	13	15
德钦县	Deqin	8	2	2	1	2	1
维西县	Weixi	9	2	3	1	1	2

中国统计出版社最新图书简目

(仅供参考,以最后出书为准)

统计资料

中国统计年鉴-2012	中国统计摘要-2012	国际统计年鉴-2012
2012中国发展报告	中国第三产业统计年鉴-2012	中国区域经济统计年鉴-2012
中国劳动统计年鉴-2012	中国社会统计年鉴-2012	中国城市统计年鉴-2012
中国建筑业统计年鉴-2012	中国人口和就业统计年鉴-2012	中国工业经济统计年鉴-2012
中国商品交易市场统计年鉴-2012	中国房地产统计年鉴-2012	中国能源统计年鉴-2012
中国民政统计年鉴-2012	中国贸易外经统计年鉴-2012	2012中国地区经济监测报告
中国科技统计年鉴-2012	中国农村统计年鉴-2012	中国农产品价格调查年鉴-2012
中国高技术产业统计年鉴-2012	中国教育经费统计年鉴-2010	中国农村贫困监测报告-2012
全国农产品成本收益资料汇编-2012	中国科学技术协会统计年鉴-2012	工业企业科技活动资料-2012
大中型批发零售和住宿餐饮企业统计年鉴-2012		中国城市(镇)生活与价格年鉴-2012
中国县（市）社会经济统计年鉴-2012	中国农村住户调查年鉴-2012（中、英文）	中国农村全面建设小康监测报告-2012
第二次全国R&D资源清查资料汇编—综合卷	第二次全国R&D资源清查资料汇编—工业企业卷	中国零售和餐饮连锁企业统计年鉴-2012
	中国民族统计年鉴2011、2012	2010年中国第六次人口普查公报

2012年省级综合统计年鉴系列

北京 天津 河北 山西 内蒙古	辽宁 吉林 黑龙江 上海 江苏	浙江 安徽 福建 江西 山东
河南 湖北 湖南 广东 广西	海南 重庆 四川 贵州 云南	西藏 陕西 甘肃 青海 宁夏
		新疆 新疆生产建设兵团

2012年市(县)级综合统计年鉴系列

天津滨海新区	石家庄 唐山 邯郸 太原 大同	长治 阳泉 晋城 朔州 晋中
运城 忻州 临汾 呼和浩特	包头 沈阳 大连 长春 吉林市	四平 哈尔滨 黑龙江垦区
上海浦东新区	苏州 无锡 常州 徐州 南通	盐城 镇江 江阴 丹阳
杭州 宁波 绍兴 台州 温州	金华 嘉兴 衢州	福州 福州经济技术开发区
厦门经济特区 南昌 上饶	济南 青岛 潍坊 郑州	洛阳 三门峡 南阳 武汉 宜昌
十堰 荆州 咸宁 长沙 广州	东莞 惠州 深圳 桂林 南宁	柳州 来宾 河池 海口 成都 绵阳
	贵阳 昆明 庆阳 西安	兰州 银川 乌鲁木齐

2010年人口普查资料系列

中国2010年人口普查资料	北京 天津 河北 山西 内蒙古	辽宁 吉林 黑龙江 上海 江苏
浙江 安徽 福建 江西 山东	河南 湖北 湖南 广东 广西	海南 重庆 四川 贵州 云南
西藏 陕西 甘肃 青海 宁夏	新疆 新疆生产建设兵团	河南省各市2010年人口普查资料丛书
中国分县2010年人口普查资料	中国分乡镇、街道2010年人口普查资料	中国分民族2010年人口普查资料

“十一五”规划教材

非参数统计　医学统计学	概率论与数理统计　统计学	现代金融投资统计分析
多元统计分析　经济计量学教程	应用时间序列分析	统计指数理论及应用
统计数据处理概论	质量管理统计方法　社会统计学	多元统计分析实验
企业经营管理统计	市场调查与预测	统计学原理（非统计专业使用）
统计学:从数据到结论	国民经济核算教程(国民经济统计学)	概率论与数理统计(经济、管理类专业使用)

重点图书

挑大学选专业2012—高考志愿填报指南　　挑大学选专业2012—考研择校指南

欲购以上图书请与中国统计出版社发行部联系

电话：（010）63376907,63376908　同樨行书店电话：68783171,68783172

通讯地址：北京市西城区三里河月坛南街57号　邮政编码：100826

网址：http://csp.stats.gov.cn